컴퓨터 활용과 실습 2016

컴퓨터 기초, 한글 2018, 엑셀 2016, 파워포인트 2016

김주영 지음

지은이 **김주영** kimjy@songgok.ac.kr

강원대학교, 한림성심대학교 등에서 컴퓨터 개론 및 실습, 웹 프로그래밍 등을 강의했고 현재는 송곡대학교 보건의료정보과 교수로 재직 중이며 보건의료전산학, 의료정보DB, 병원전산 등을 강의하고 있다. 주요 저서로는 《정보통신이론과 네트워크 응용》, 《IT CookBook, ASP 쇼핑몰 구축 프로젝트》, 《IT CookBook, 컴퓨터 실습》, 《IT CookBook, 컴퓨터 활용》, 《IT CookBook, 컴퓨터 활용과 실습》 등이 있다.

컴퓨터 활용과 실습 2016

초판발행 2019년 7월 15일
4쇄발행 2022년 1월 20일

지은이 김주영 / **펴낸이** 전태호
펴낸곳 한빛아카데미(주) / **주소** 서울시 서대문구 연희로2길 62 한빛아카데미(주) 2층
전화 02-336-7112 / **팩스** 02-336-7199
등록 2013년 1월 14일 제2017-000063호 / **ISBN** 979-11-5664-450-7 93000

책임편집 김성무 / **기획** 김미정 / **편집** 신꽃다미 / **전산편집** 김희정 / **진행** 이해원
디자인 표지 김미현, 김연정 내지 김미현 / **제작** 박성우, 김정우
영업 김태진, 김성삼, 이정훈, 임현기, 이성훈, 김주성 / **마케팅** 길진철, 김호철, 주희

이 책에 대한 의견이나 오탈자 및 잘못된 내용에 대한 수정 정보는 아래 이메일로 알려주십시오.
잘못된 책은 구입하신 서점에서 교환해 드립니다. 책값은 뒤표지에 표시되어 있습니다.

홈페이지 www.hanbit.co.kr / 이메일 question@hanbit.co.kr

Published by HANBIT Academy, Inc. Printed in Korea

컴퓨터 활용과 실습 2016

컴퓨터 기초, 한글 2018, 엑셀 2016, 파워포인트 2016

김주영 지음

한빛아카데미
Hanbit Academy, Inc.

컴퓨터 기본과 오피스 활용, IT 자격증을 위한 입문서

컴퓨터를 잘 다루고 싶으신가요?

컴퓨터는 인간의 정보처리 능력을 극대화하기 위한 도구로서 자료를 입력하면 처리 과정을 거쳐 정보를 제공합니다. 다시 말해 처리 과정을 담당하는 소프트웨어에 적절한 입력을 하면 원하는 결과를 얻을 수 있습니다.

컴퓨터를 잘 다룬다는 말의 의미는 컴퓨터에 설치된 소프트웨어의 기능을 정확히 이해하고 적합한 데이터를 입력해 기대하는 결과물을 도출할 수 있다는 것입니다. 하지만 우리가 사용하는 컴퓨터 소프트웨어는 다양한 환경의 변화에 따라 꾸준히 발전하고 있기에 계속 배우고 적응해 나가야 합니다.

컴퓨터 활용이 익숙하지 않다고요?

이 책은 새내기 대학생, 이제 막 사회생활을 시작한 직장인, 컴퓨터 사용이 처음인 일반 입문자들의 컴퓨터 활용 능력을 제고시키기 위한 내용으로 구성하였습니다. 컴퓨터 활용 능력을 평가하는 보편적인 기준은 자격증 취득인데, 대학의 교양 교과 수준에서 다루기에는 한계가 있습니다. IT 관련 학과에서는 자격증을 취득할 수 있도록 전공 교과를 개설하여 지도하지만 그렇지 않은 학과에서는 학원이나 인터넷 동영상 강좌로 대신하곤 합니다. 또한 근래에는 직장인들도 컴퓨터를 이용해 많은 업무를 처리하므로 새롭게 출시되거나 업데이트되는 소프트웨어의 사용법을 숙지하고 있어야 업무 능력을 인정받을 수 있습니다.

이러한 전반적인 상황을 만족하도록 목차와 내용을 기획하였고 오랜 강의 경험을 통해 완성된 이론과 실습을 적용했습니다. 따라서 컴퓨터 교양 교과를 이수하는 새내기 대학생과 IT 자격증 취득을 목표로 하는 직장인 또는 일반인에게 체계적이면서도 실용적인 IT 기본서 및 수험서 역할을 손색없이 할 것입니다.

컴퓨터 활용에 필요한 내용을 한 번에 배우고 싶으신가요?

이 책은 컴퓨터 일반과 윈도우 10, 한글 2018, 엑셀 2016, 파워포인트 2016을 다루고 있습니다. 각 장마다 소프트웨어의 기능을 따라해 볼 수 있는 기본예제, 다양한 기능을 체계적으로 적용해 제작하는 종합예제, 여러 기능을 응용해서 풀이하는 연습문제 등이 포함되어 있습니다. 그리고 한글 워드프로세서, 컴퓨터 활용 능력, MOS 등의 자격시험에 대한 소개와 시험 대비 모의 문제를 통해 자격증 취득에 대비할 수 있도록 구성했습니다.

한글 워드프로세서 자격시험 대비를 위해 체계적으로 실습할 수 있도록 내용을 구성했고, 엑셀의 함수 부분을 보강해 컴퓨터 활용 능력 자격시험의 계산 작업 파트에 대비할 수 있도록 했습니다. 또한 파워포인트 실습을 완료하면 MOS(Microsoft Office Specialist) 자격시험을 대비하기에 부족함이 없을 것입니다.

어려운 상황에서도 이 책의 집필부터 탈고까지 인도하여 주신 하나님께 영광을 돌리고, 기획에서 출간까지 인내심을 갖고 큰 도움을 주신 한빛아카데미 기획1팀의 김미정 차장님께 깊은 감사의 말씀을 드립니다. 마지막으로 삶의 의미이자 활력소가 되는 우리 가족에게 감사와 사랑을 전합니다.

지은이 **김주영**

학습 보조 자료

학습에 필요한 자료는 다음 주소에서 내려받을 수 있습니다.

http://www.hanbit.co.kr/src/4450

연습문제 해답

이 책은 대학 강의용 교재로 개발되었으므로 연습문제 해답을 제공하지 않습니다.

이 책의 구성요소

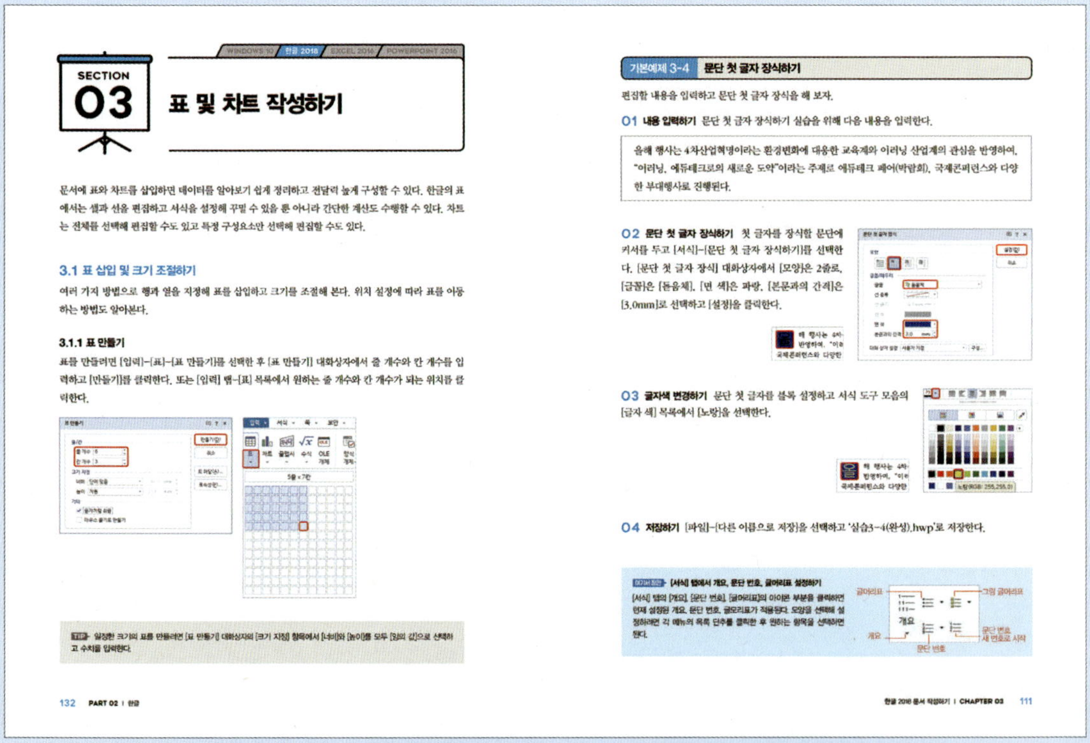

핵심 기능 소개

각 프로그램의 핵심 기능을 소개합니다. 예제를 통해 학습할 수 있는 내용이므로 가벼운 마음으로 읽어 보세요.

기본예제

프로그램의 기본 기능과 활용 방법을 학습할 수 있는 예제입니다. 설명과 그림을 보며 차근차근 따라해 보세요.

TIP / 여기서 잠깐

예제를 따라할 때 알아두면 좋은 내용입니다. 다양한 실무 활용 팁을 얻을 수 있으니 꼼꼼히 살펴보세요.

강의 보조 자료

한빛아카데미 홈페이지에서 '교수회원'으로 가입하신 분은 인증 후 교수용 강의 보조 자료를 제공받을 수 있습니다. 한빛아카데미 홈페이지 상단의 [교수전용공간] 메뉴를 클릭하세요.

http://www.hanbit.co.kr/academy

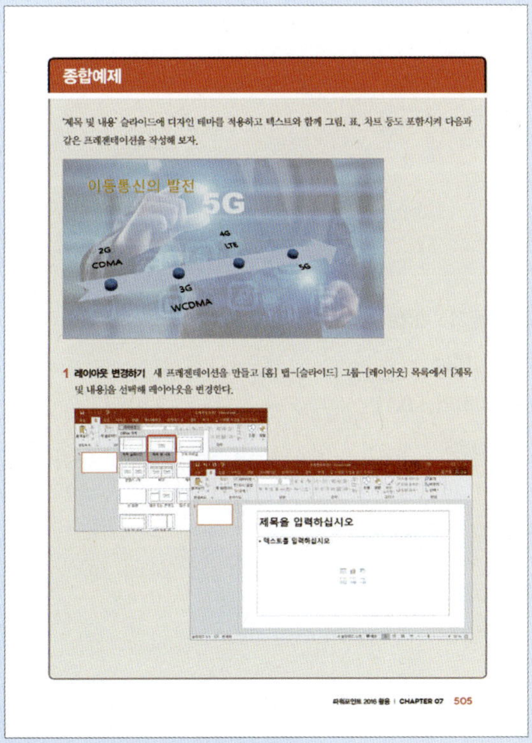
종합예제

'제목 및 내용' 슬라이드에 디자인 테마를 적용하고 텍스트와 함께 그림, 표, 차트 등도 포함시켜 다음과 같은 프레젠테이션을 작성해 보자.

1 **레이아웃 변경하기** 새 프레젠테이션을 만들고 [홈] 탭–[슬라이드] 그룹–[레이아웃] 목록에서 [제목 및 내용]을 선택해 레이아웃을 변경한다.

파워포인트 2016 활용 | CHAPTER 07 505

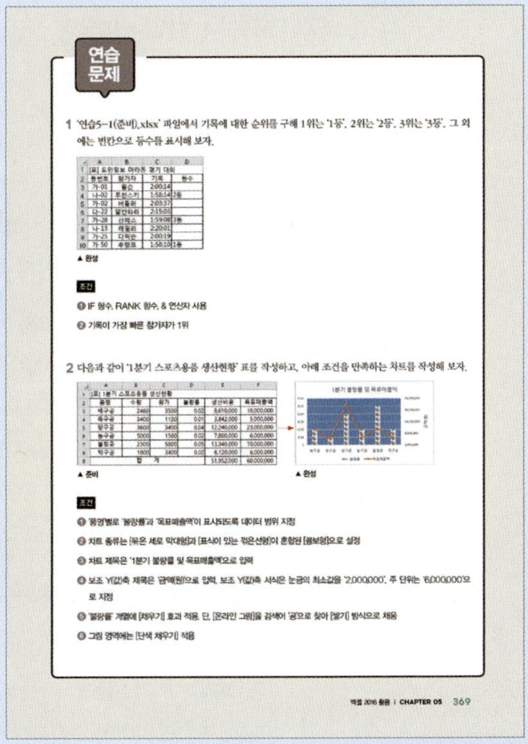
연습문제

1 '연습5–1(준비).xlsx' 파일에서 기록에 대한 순위를 구해 1위는 '1등', 2위는 '2등', 3위는 '3등', 그 외에는 빈칸으로 등수를 표시해 보자.

	A	B	C	D
1	[표] 도민일보 마라톤 경기 대회			
2	등번호	참가자	기록	등수
3	가-01	황순	2:00:14	
4	나-02	루진스키	1:58:14	2등
5	가-02	버틀러	2:03:37	
6	다-22	알칸타라	2:15:03	
7	가-28	산체스	1:59:08	3등
8	나-13	레일리	2:20:01	
9	가-25	다익손	2:00:19	
10	가-50	후랭코	1:58:10	1등

▲ 완성

조건

❶ IF 함수, RANK 함수, & 연산자 사용

❷ 기록이 가장 빠른 참가자가 1위

2 다음과 같이 '1분기 스포츠용품 생산현황' 표를 작성하고, 아래 조건을 만족하는 차트를 작성해 보자.

	A	B	C	D	E	F
1	[표] 1분기 스포츠용품 생산현황					
2	품명	수량	원가	불량률	생산비용	목표매출액
3	배구공	2460	3500	0.02	8,610,000	18,000,000
4	족구공	3400	1130	0.01	3,842,000	5,000,000
5	당구공	3600	3400	0.04	12,240,000	23,000,000
6	농구공	5000	1560	0.02	7,800,000	6,000,000
7	볼링공	2300	5800	0.05	13,340,000	10,000,000
8	탁구공	1800	3400	0.02	6,120,000	6,000,000
9	합계				51,952,000	60,000,000

▲ 준비

▲ 완성

조건

❶ '품명'별로 '불량률'과 '목표매출액'이 표시되도록 데이터 범위 지정

❷ 차트 종류는 [묶은 세로 막대형]과 [표식이 있는 꺾은선형]이 혼합된 [콤보형]으로 설정

❸ 차트 제목은 '1분기 불량률 및 목표매출액'으로 입력

❹ 보조 Y(값)축 제목은 '금액(원)'으로 입력, 보조 Y(값)축 서식은 눈금의 최소값을 '2,000,000', 주 단위는 '6,000,000'으로 지정

❺ '불량률' 계열에 [채우기] 효과 적용. 단, [온라인 그림]을 검색어 '공'으로 찾아 [쌓기] 방식으로 채움

❻ 그림 영역에는 [단색 채우기] 적용

엑셀 2016 활용 | CHAPTER 05 369

종합예제

각 장에서 배운 내용에 추가 기능을 적용해 만든 종합예제입니다. 각 프로그램의 기본 기능을 빠르게 공부하고 싶거나 배운 내용을 복습하려는 학습자, 수업 중 과제가 필요한 강의자에게 유용합니다.

연습문제

각 장의 핵심 내용을 제대로 이해했는지 확인할 수 있는 연습문제입니다. 예시 화면을 보고 어떻게 만들면 될지 구상한 후 상세 항목을 따라 실습하면 활용 능력을 키울 수 있습니다.

PART

02 한글

CHAPTER 02 한글 2018 기본 기능

PART

04 파워포인트

CHAPTER 06 파워포인트 2016 기본 기능

PART

01

윈도우

WINDOWS 10

CHAPTER 01

컴퓨터 일반과 윈도우 10

학습목표

- 컴퓨터 시스템이 어떻게 구성되어 있는지 이해한다.
- 하드웨어 및 소프트웨어의 종류를 설명할 수 있다.
- 윈도우 10의 특징과 시스템 사양을 이해한다.
- 작업 표시줄의 기능을 설명할 수 있다.
- 파일과 폴더를 관리할 수 있다.
- 윈도우 10을 설정할 수 있다.
- 윈도우 10의 기본 앱을 활용할 수 있다.

SECTION 01

컴퓨터 일반

숫자를 계산하는 기계에서 출발한 컴퓨터는 발전을 거듭하여 현재는 산업과 인간 생활 전반에 걸쳐 없어서는 안 되는 요소가 되었다. 컴퓨터는 여러 가지 장치와 기술이 유기적으로 연결되어 동작한다. SECTION 01에서는 컴퓨터가 어떻게 구성되어 있는지 알아보고, 하드웨어와 소프트웨어에 대해 세부적으로 알아본다. 원론적인 설명뿐 아니라 핵심 부품과 기술의 최신 동향까지 간략하게 살펴본다.

1.1 컴퓨터의 구성

컴퓨터는 하드웨어와 소프트웨어로 구성되어 있다. 하드웨어는 중앙처리장치(Central Processing Unit, CPU), 주기억장치(RAM), 보조기억장치(HDD, SSD), 입력장치(키보드, 마우스), 출력장치(모니터, 프린터) 등으로 구성되어 있으며, 소프트웨어는 운영체제, 응용소프트웨어 등으로 구성된다.

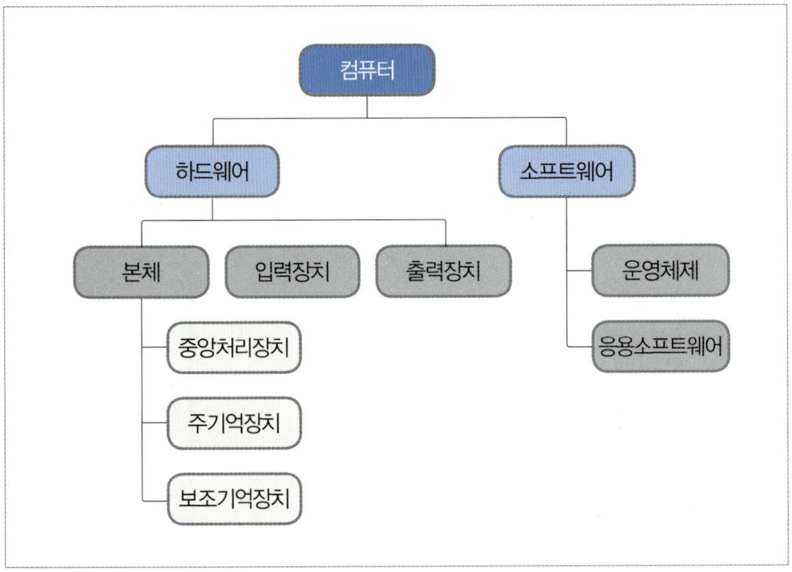

▲ 컴퓨터의 구성

일반적으로 하드웨어는 핵심 부품으로 구성된 본체와 주변장치인 입력장치와 출력장치로 구분한다. 소프트웨어는 하드웨어를 구동하기 위한 운영체제와 다양한 업무를 실행하기 위한 응용소프트웨어로 구분한다.

1.2 하드웨어

하드웨어의 본체를 구성하고 있는 핵심 부품에는 중앙처리장치, 주기억장치, 보조기억장치가 있다.

중앙처리장치는 컴퓨터의 두뇌에 해당하는 핵심 장치로, 컴퓨터를 제어하고 데이터를 처리하는 기능을 한다. 주기억장치는 프로그램과 데이터가 저장되는 공간으로, 중앙처리장치가 접근하여 이를 처리한다. 보조기억장치는 주기억장치의 한정된 기억용량을 보조하기 위해 사용하는 장치이다.

1.2.1 중앙처리장치

출처 www.intel.co.kr

▲ 중앙처리장치

중앙처리장치는 제어장치, 연산장치, 레지스터로 구성되어 있다. 제어장치는 사용자로부터 입력된 명령어를 해석하고 하드웨어를 제어하는 등의 역할을 하며, 연산장치는 산술 및 논리연산을 실행한다. 레지스터는 중앙처리장치 내에 데이터 또는 중간 처리 결과를 일시적으로 기억하는 고속의 기억장치이다.

중앙처리장치의 성능은 클록(Clock) 주파수와 코어(Core) 수에 의해 영향을 받는다. 클록 주파수는 클록 펄스의 발생 주기를 의미하는 것으로 이 펄스를 이용해 각 장치와 회로의 모든 동작을 동기화한다. 코어는 중앙처리장치의 주요 처리회로를 의미하며, 두 개 이상의 코어를 포함하는 다중 코어인 듀얼 코어(2 core), 트리플 코어(3 core), 쿼드 코어(4 core), 헥사 코어(6 core), 옥타 코어(8 core) 등이 대중화되고 있다.

여기서 잠깐 **코어 확인하기**

컴퓨터의 코어 수를 확인하려면 작업 표시줄의 [검색] 단추를 클릭하고 '시스템'이라고 입력해 찾은 [시스템 정보] 앱을 클릭한다. [시스템 정보] 창의 [프로세서] 항목에서 클록 주파수, 코어 수 등을 확인할 수 있다. 최근 출시된 인텔 코어 i9-9900K 프로세서의 경우 8 core, 3.60GHz의 사양으로 출시되었다.

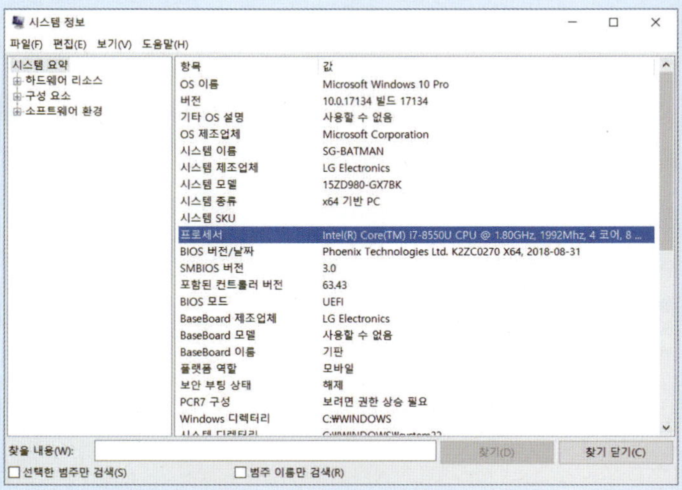

1.2.2 주기억장치(메모리)

주기억장치에는 램(Random Access Memory, RAM)과 롬(Read Only Memory, ROM)이 있는데, 일반적으로 주기억장치라고 하면 램을 지칭한다. 주기억장치는 전원이 공급되는 동안만 내용을 기억하는 휘발성 특징이 있으며, 대용량 기억장치로 사용되는 DRAM과 고속 캐시 메모리로 사용되는 SRAM으로 나눠진다.

PC의 메인 메모리로 사용되는 것은 DRAM으로, 현재는 DDR-SDRAM 계열의 램이 사용되는데, DDR2와 DDR3를 거쳐 현재는 성능이 DDR1의 8배인 DDR4-SDRAM이 사용되고 있다.

▲ DDR4-SDRAM

출처 en.wikipedia.org

> **여기서 잠깐 ▶ 램의 용량**
>
> 램 용량의 단위로는 저장장치 단위인 GB(Giga Byte)를 사용하며, 램 용량이 늘어날수록 컴퓨터 성능이 향상된다. 램을 업그레이드할 때는 현재 사용 중인 컴퓨터의 메인보드와 호환되는 제품을 선택해야 한다. 동일한 DDR 계열의 램이라도 모듈의 모양이 다르기 때문에 메인보드의 램 슬롯을 반드시 확인해야 하며, 규격이 같은 램이라 해도 용량이나 속도가 다르면 낮은 성능의 램에 동기화된다.

1.2.3 보조기억장치

보조기억장치는 주기억장치와 달리 전원이 차단되어도 내용이 지워지지 않으며, 대표적인 보조기억장치에는 하드 디스크 드라이브(Hard Disk Drive, HDD)가 있다.

하드 디스크 드라이브는 플래터(Platter)라는 원판에 헤드를 이용해 데이터를 기록하는 방식이므로, 물리적인 탐색시간, 지연시간, 소음 등이 발생한다. 따라서 아무리 성능이 좋은 중앙처리장치와 램을 갖추었다고 해도 하드 디스크의 속도로 인해 컴퓨터 시스템의 전반적인 성능이 떨어진다. 이러한 한계를 극복하기 위한 것이 낸드 플래시 메모리(NAND Flash Memory)에 데이터를 저장하는 방식을 사용하는 솔리드 스테이트 드라이브(Solid State Drive, SSD)로서, 전력 소모가 적고 지연시간이 거의 없다. 솔리드 스테이트 드라이브에는 SATA 인터페이스의 AHCI 방식과 PCIe 인터페이스의 NVMe 방식이 있는데, NVMe 방식이 상대적으로 더 빠른 속도를 지원한다.

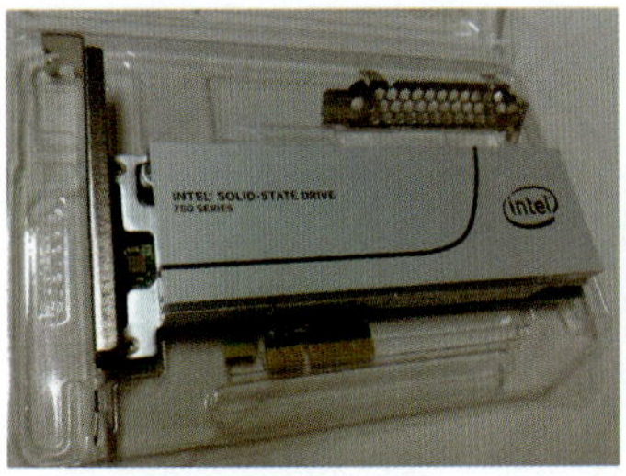

출처 en.wikipedia.org

▲ NVMe 방식의 SSD

1.3 소프트웨어

소프트웨어는 하드웨어와 대비되는 용어로, 시스템 소프트웨어 즉 운영체제(Operating System, OS)와 응용소프트웨어(Application Software)로 구분된다.

운영체제는 하드웨어를 제어하고 응용소프트웨어를 실행하기 위한 환경을 제공하는 등 사용자(응용소프트웨어)와 하드웨어의 중재 역할을 하는 소프트웨어를 의미한다. PC 운영체제에는 윈도우, 맥 OS, 리눅스 등이 있으며, 모바일 운영체제에는 구글의 안드로이드 OS와 애플의 iOS 등이 있다.

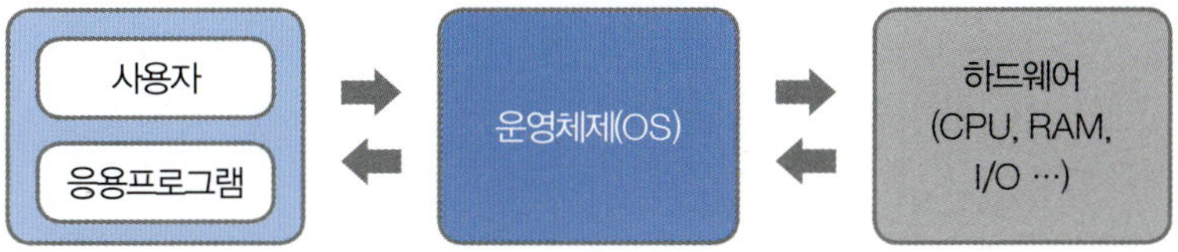

▲ 운영체제의 역할

다음은 운영체제의 종류별 특징을 정리한 것이다.

종류	특징
윈도우 10	• 마이크로소프트의 운영체제 • 멀티태스킹 및 그래픽 사용자 인터페이스(GUI) 환경 지원 • 용도에 따라 개인용, 기업용, 임베디드용으로 구분됨 • 2019년 5월 기준 전체 데스크톱 운영체제 시장에서 윈도우 점유율은 87.44%임
맥 OS	• 애플의 운영체제로 유닉스 계열 기반으로 제작 • 인텔 프로세서용으로 포팅됨
리눅스	• 유닉스를 기반으로 개발되고 인터넷을 통해 무료로 배포되는 운영체제 • 오픈소스 개념으로 개발되어 소스가 공개되어 있고, 레드햇, 우분투, 수세 리눅스 등 다양한 배포판이 있음
안드로이드 OS	• 구글에서 개발한 모바일용 운영체제 • 개방형 시스템으로 국내외 많은 제조사가 안드로이드 기반의 다양한 제품을 출시하고 있음
iOS	• 아이폰, 아이패드 등 모바일 기기와 애플 TV 등에 사용되는 애플의 모바일 운영체제

▲ 다양한 운영체제

출처 각 회사 홈페이지

응용소프트웨어는 운영체제에서 실행되는 모든 소프트웨어를 의미하지만, 일반적으로 컴파일러, 어셈블러, 링커, 로더 등 시스템 소프트웨어를 제외한 워드프로세서, 오피스 제품군, 그래픽 프로그램, 웹 브라우저 등 다양한 업무를 실행하기 위한 프로그램을 지칭한다.

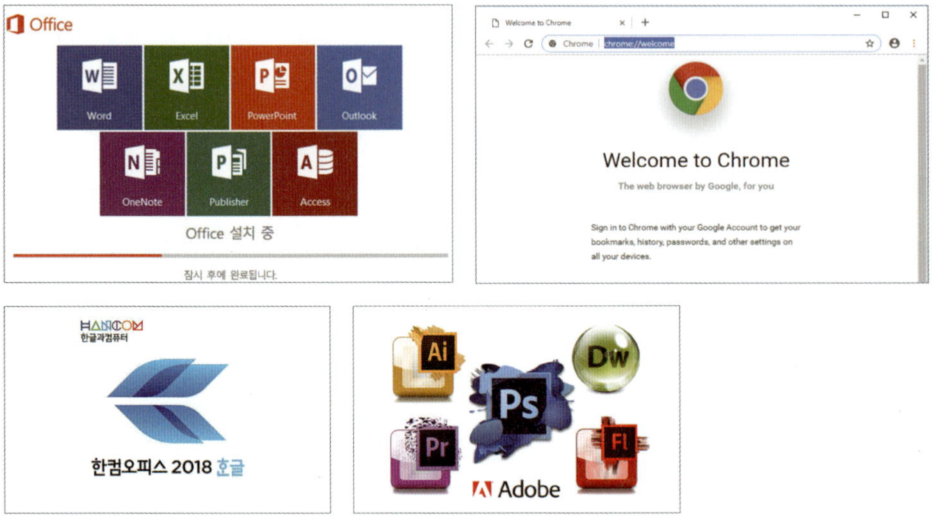

▲ 다양한 응용소프트웨어

여기서 잠깐 **소프트웨어의 기술 동향**

소프트웨어는 4차 산업혁명 시대를 맞이하여 인공지능, 빅데이터, 블록체인, 가상현실, 증강현실 등의 혁신적 신기술이 도입되어 새롭게 변화하고 있다.

- 가상현실(Virtual Reality, VR)은 실제와 유사하게 특정한 환경이나 상황을 3차원 그래픽을 통해 구축하고, 가상 세상을 체험할 수 있는 기술을 의미한다. HMD(Head Mounted Display) 장치를 통해 시각 및 청각 정보를 제공받으며, 게임, 스포츠, 건축, 교육 등 다양한 분야에 적용할 수 있다.
- 증강현실(Augmented Reality, AR)은 현실 세계에 표현하고자 하는 부가적인 정보를 컴퓨터 그래픽으로 제작하여 투영하는 기술이다. 현실과 가상 환경이 융합되므로 사용자의 몰입감과 현실감을 높일 수 있다. 오락, 상거래, 공간정보 등 다양한 분야에 적용할 수 있으며, 대표적인 증강현실 모바일 게임인 포켓몬고는 사회적 이슈가 되기도 했다.

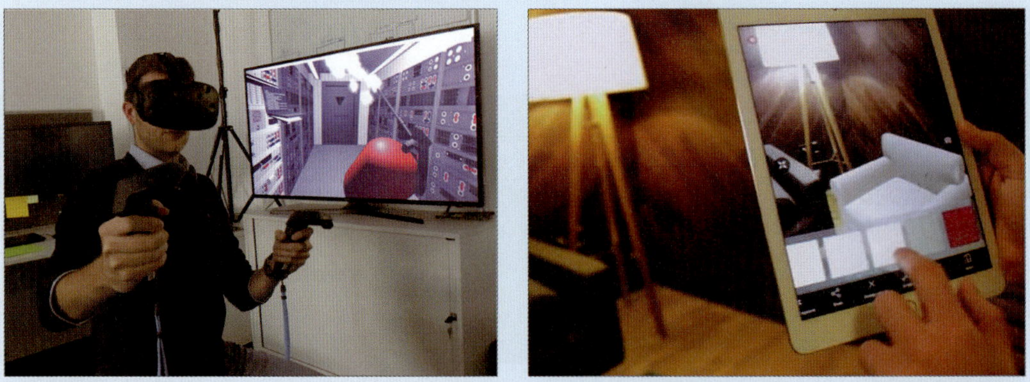

▲ 가상현실과 증강현실

출처 en.wikipedia.org

SECTION 02

윈도우 10 시작하기

윈도우 10은 2015년 7월에 출시된 윈도우 계열 개인용 컴퓨터 운영체제로, 강력한 보안 기능, 각종 모바일 기기와의 동기화 유지, 얼굴 또는 지문 인식 로그인 기능 등의 특징이 있다. SECTION 02에서는 윈도우 10을 설치하는 방법과 기본적인 관리 방법을 알아본다.

2.1 윈도우 10 설치하기

윈도우 10은 이전 버전과 달리 휴대폰, 사물 인터넷(IoT) 기기 등의 모든 단말에서 사용할 수 있도록 개별 운영체제가 통합되었다. 윈도우 10을 설치하기 전에 윈도우 10의 에디션 종류와 시스템 권장 사양을 알아보면 다음과 같다.

에디션 종류	윈도우 10 홈	• 일반 가정용으로 출시되는 제품
	윈도우 10 프로	• 홈 에디션에 비해 공유와 관련된 기능이 많으며, 일부 엔터프라이즈 에디션용 기능 제공
	윈도우 10 엔터프라이즈	• 윈도우 10 프로 기반 • 기업에서 사용할 수 있도록 안정성이 확보된 버전 사용을 지원(Long Term Servicing Branch 정책)
	윈도우 10 에듀케이션	• 윈도우 10의 교육기관용 에디션(볼륨 라이선스) • 엔터프라이즈 에디션의 Long Term Servicing Branch 정책을 제외하고 동일한 기능 제공
시스템 권장 사양		• CPU: 1GHz 이상 프로세서 • RAM: 1GB RAM(32비트) 또는 2GB RAM(64비트) • 하드 디스크: 16GB(32비트) 또는 32GB(64비트) • 그래픽 장치: WDDM 1.0 이상의 드라이버를 사용하는 DirectX 9 이상 그래픽 장치

여기서 잠깐 **32비트와 64비트**

윈도우를 설치할 때 32비트와 64비트 중에서 선택하는 기준은 일반적으로 메모리 용량이다. 윈도우 10의 경우 32비트 버전에서는 최대 4GB, 64비트 버전에서는 4GB 이상을 지원한다. 현재 설치된 운영체제의 종류는 윈도우 검색 상자에 '시스템'을 입력해 찾은 [시스템 정보] 앱을 실행해 [시스템 종류] 항목을 확인하면 된다. 참고로 32비트는 x86, 64비트는 x64이다.

기본예제 1-1 윈도우 10 설치 미디어 만들기

윈도우 10 다운로드 웹페이지에서 미디어 생성 도구를 다운로드하여 '업그레이드' 또는 '설치 미디어 만들기'를 진행할 수 있다. 다른 PC에 윈도우 10을 설치할 수 있는 설치 미디어를 만들어 보자.

TIP 라이선스를 보유하고 있고, 윈도우 7 또는 윈도우 8.1을 업그레이드하거나 윈도우 10을 재설치하려는 경우에는 업그레이드를, 다른 PC 또는 노트북에 윈도우 10을 설치하는 경우에는 설치 미디어 만들기를 진행한다.

01 도구 다운로드 및 사용권 동의 윈도우 10 다운로드 웹페이지(https://www.microsoft.com/ko-kr/software-download/windows10)에서 [지금 도구 다운로드]를 클릭하고 웹 브라우저 하단의 [실행]을 클릭해 미디어 생성 도구를 실행한다. [관련 통지 및 사용 조건] 창이 열리면 [동의]를 클릭한다.

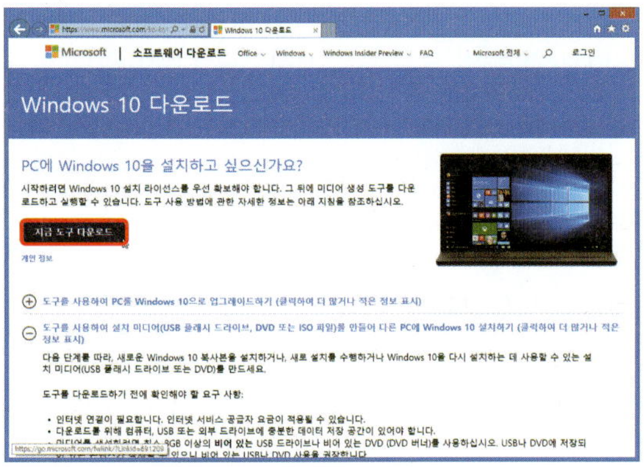

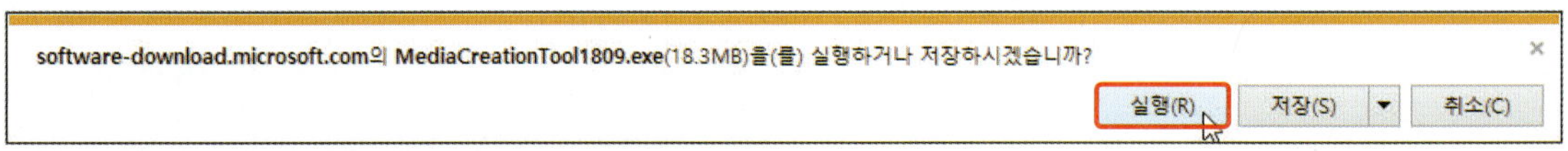

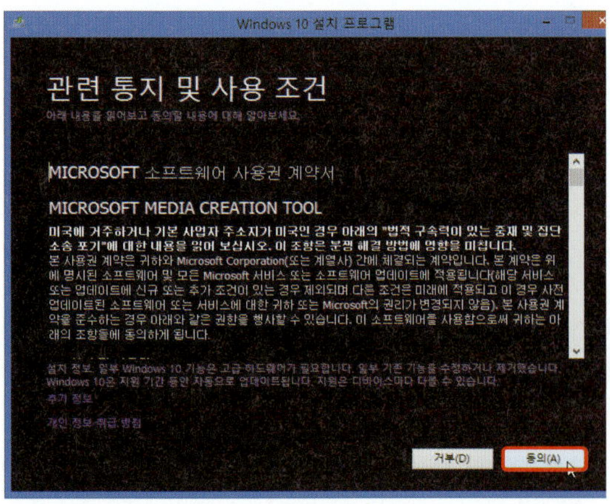

02 설치 작업 및 버전 선택 설치 미디어를 만들기 위해 [다른 PC용 설치 미디어(USB 플래시 드라이브, DVD 또는 ISO 파일) 만들기]를 선택하고 [다음]을 클릭한다. [언어, 아키텍처 및 버전 선택] 창에서 다음 그림과 같이 선택한다.

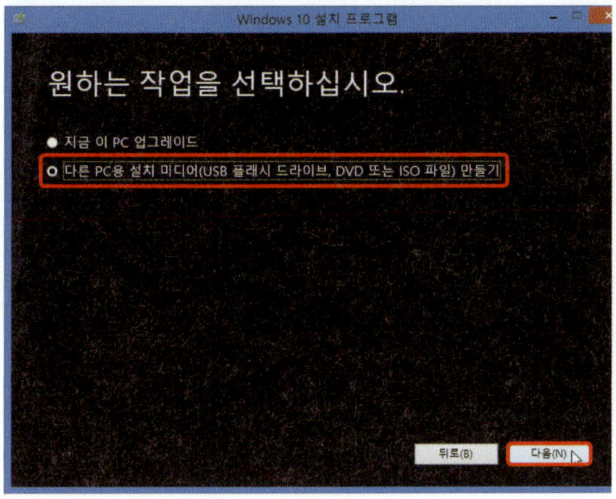

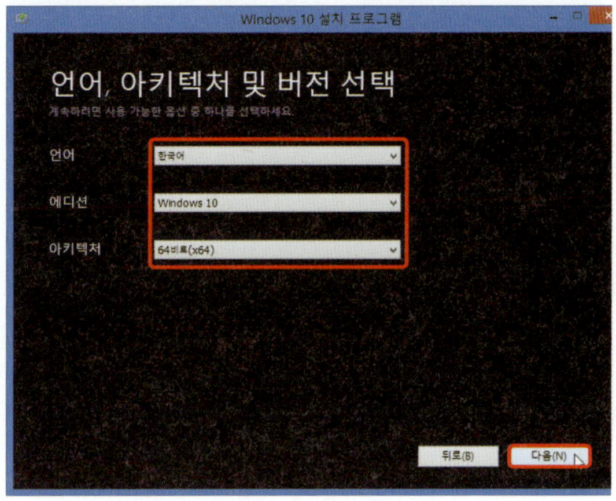

> **TIP** 일반적으로 RAM이 4GB 이상이면 아키텍처를 [64비트(x64)]로 선택한다.

03 미디어 종류 및 드라이브 선택 [사용할 미디어 선택] 창에서 [USB 플래시 드라이브] 또는 [ISO 파일]을 선택하고 [다음]을 클릭한다. [USB 플래시 드라이브 선택] 창에서 설치 미디어를 생성할 이동식 드라이브를 선택하고, [다음]을 클릭한다.

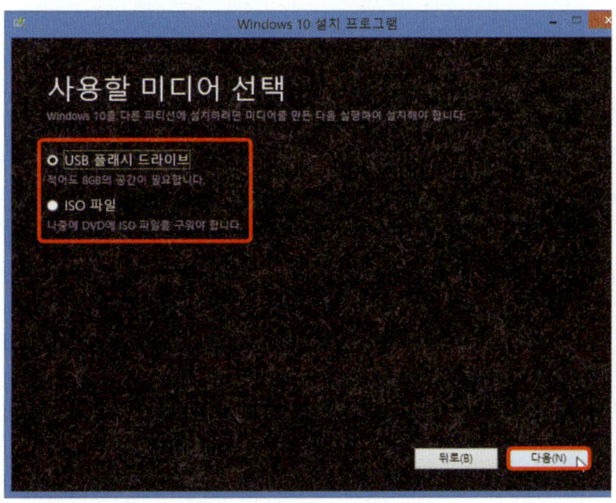

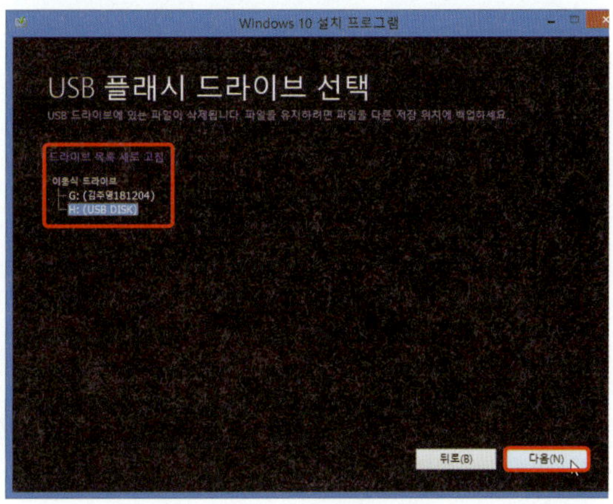

> **TIP** [USB]를 선택하는 경우에는 USB 용량이 4GB 이상이어야 한다.

04 설치 파일 다운로드 및 설치 미디어 만들기 설치 파일 다운로드 작업이 진행되고, 이어서 USB 플래시 드라이브에 설치 미디어 만들기 작업이 진행된다.

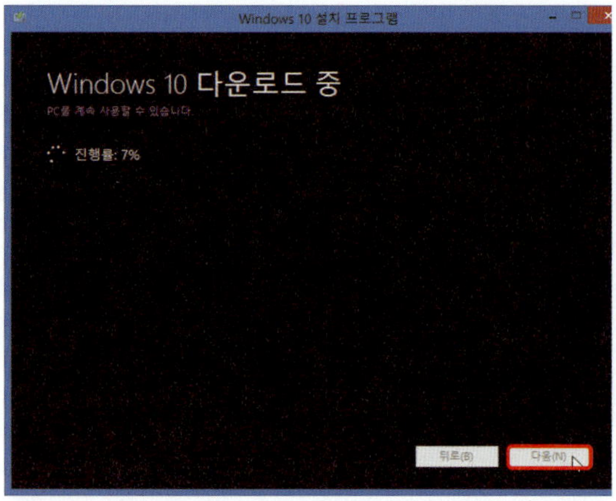

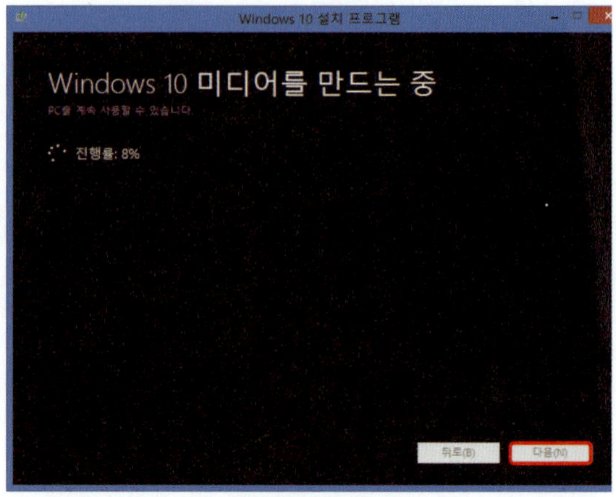

05 설치 미디어 완성 및 확인 설치 미디어 만들기가 완료되면 해당 드라이브가 준비되었다는 메시지를 확인하고 [마침]을 클릭한다. 윈도우 탐색기를 실행하고 **03**에서 설정한 드라이브를 열어 설치 파일을 확인한다.

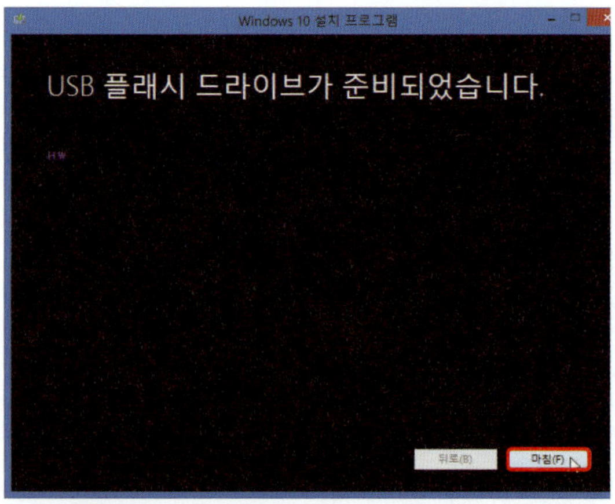

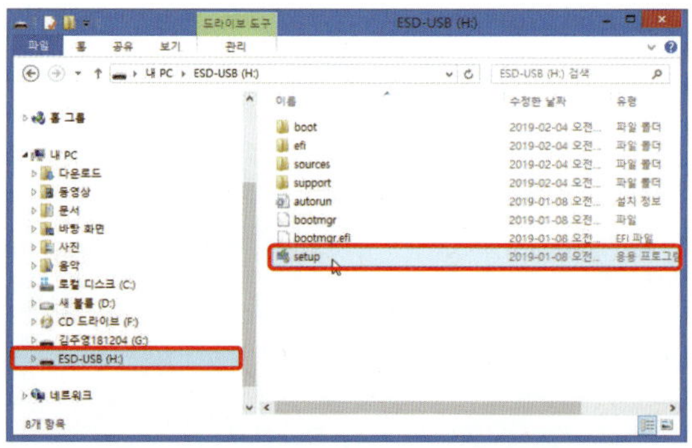

TIP 윈도우 10 설치는 바이오스 설정(진입키: Delete 또는 F2)에서 부팅 우선순위를 해당 USB로 선택한 후 진행하면 된다.

2.2 바탕 화면 및 작업 표시줄 관리하기

윈도우 10 바탕 화면은 폴더 및 바로 가기 아이콘을 관리할 수 있는 공간이고, 작업 표시줄은 시작 단추, 검색, 작업 보기, 앱 아이콘, 피플, 시스템 아이콘, 바탕 화면 보기 등으로 구성되어 있다.

2.2.1 바탕 화면 아이콘 관리하기

바탕 화면에서 마우스 오른쪽 단추를 클릭하고 바로 가기 메뉴에서 [보기]를 선택하면 바탕 화면 아이콘의 크기, 정렬, 표시 옵션 등을 선택할 수 있다.

TIP 바탕 화면의 폴더 및 아이콘을 보이지 않게 하려면 바로 가기 메뉴에서 [보기]–[바탕 화면 아이콘 표시]를 선택해 체크 표시를 해제한다.

기본예제 1-2 바탕 화면 기본 아이콘 설정하기

바탕 화면에 기본적으로 표시되는 아이콘을 설정해 보자.

01 개인 설정 선택하기 바탕 화면에서 마우스 오른쪽 단추를 클릭하고 바로 가기 메뉴에서 [개인 설정]을 선택한다.

02 바탕 화면 아이콘 설정하기 [설정] 창에서 왼쪽의 [테마]를 클릭하고 [관련 설정] 항목의 [바탕 화면 아이콘 설정]을 클릭한다. [바탕 화면 아이콘 설정] 창이 열리면 [바탕 화면 아이콘] 항목에서 바탕 화면에 표시하려는 아이콘을 선택한 후 [확인]을 클릭한다.

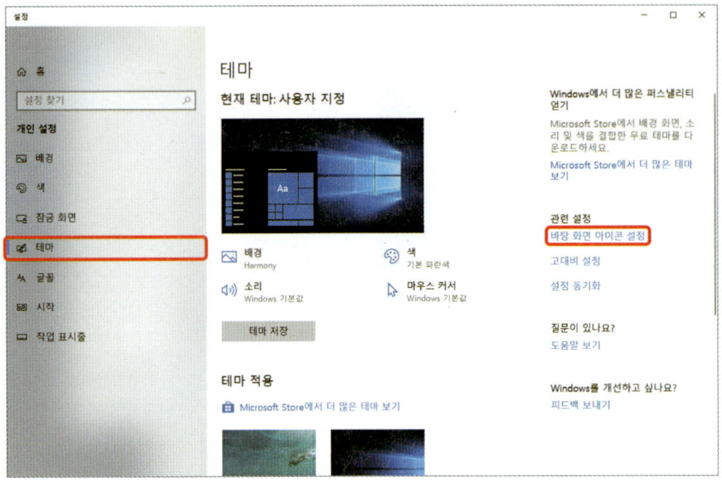

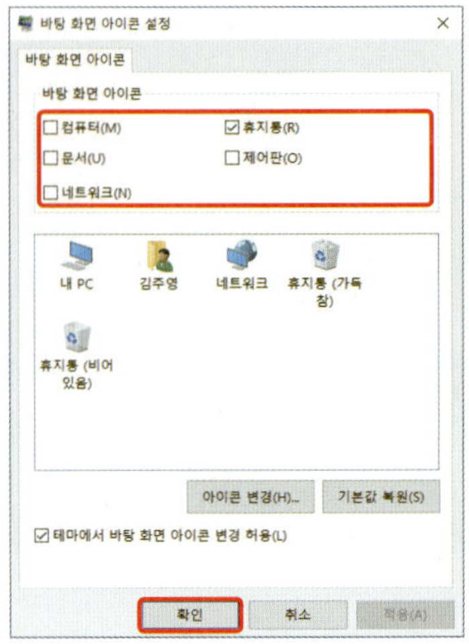

2.2.2 작업 표시줄 관리하기

작업 표시줄의 왼쪽에는 시작 메뉴를 표시하기 위한 [시작] 단추, [검색] 단추, [작업 보기] 단추, 자주 사용하는 앱 아이콘 등이 있으며, 오른쪽에는 피플, 시스템 아이콘, 바탕 화면 보기 등이 있다.

▲ 작업 표시줄

- **시작 메뉴**

시작 메뉴는 실행하려는 앱을 선택하는 메뉴이다. 작업 표시줄의 [시작] 단추를 클릭하면 왼쪽은 시작 메뉴, 오른쪽은 라이브 타일로 구성된 메뉴가 표시된다.

TIP 라이브 타일은 날씨, 일정, 금융, 뉴스 등의 실시간 정보를 타일 형태로 제공하는 메뉴이다.

시작 메뉴의 앱을 시작 화면에 고정하려면 앱을 마우스 오른쪽 단추로 클릭하고 바로 가기 메뉴에서 [시작 화면에 고정]을 선택해 라이브 타일에 추가한다.

> **TIP** 목록에 있는 앱을 라이브 타일 위로 드래그해도 시작 화면에 고정할 수 있다.

- **작업 보기**

작업 보기는 현재 실행 중인 모든 앱을 표시하는 기능으로, 작업 중인 앱들을 한눈에 보면서 선택할 수 있어 편리하다. 또한 작업 보기 화면에 있는 [새 데스크톱]을 클릭하면 새로운 데스크톱 화면이 생성되어 다른 작업 환경을 구축할 수 있다.

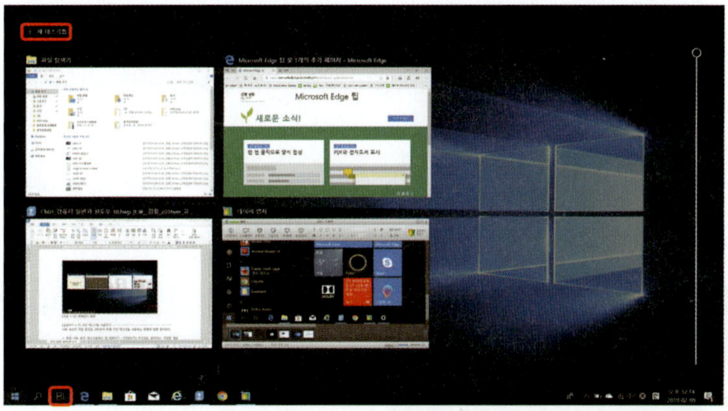

> **TIP** 작업 보기의 단축키는 ⊞+Tab이고, 새 데스크톱을 추가하는 단축키는 ⊞+Ctrl+D이다.

기본예제 1-3 가상 데스크톱 사용하기

다른 용도의 작업 환경을 관리하기 위해 가상 데스크톱을 사용하는 방법에 대해 알아보자.

01 현재 사용 중인 데스크톱에서 앱 선택하기 [작업 보기] 단추를 클릭하고, 작업할 앱을 선택한다.

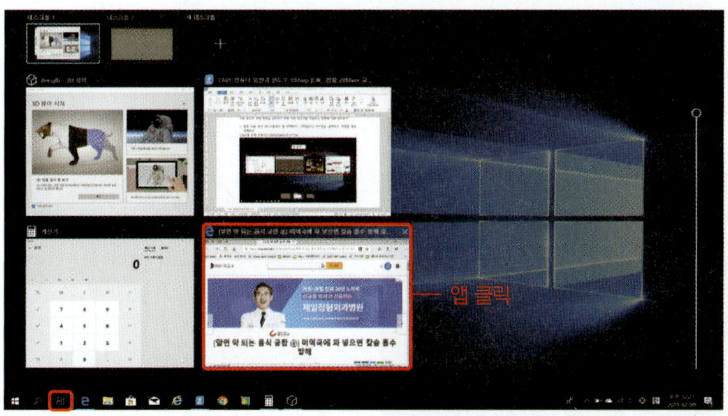

> **TIP** 단순히 현재 작업 중인 앱의 목록을 보면서 다른 앱으로 전환하고자 한다면 윈도우 10 이전부터 쓰이던 단축키 Alt+Tab을 이용해도 된다.

02 새 데스크톱 생성하기 작업 보기 화면에서, 새로운 작업 환경을 구성하기 위해 [새 데스크톱]을 클릭한다. 새로운 데스크톱 환경은 이미 사용하던 데스크톱과 다른 용도의 앱으로 새롭게 구성할 수 있다.

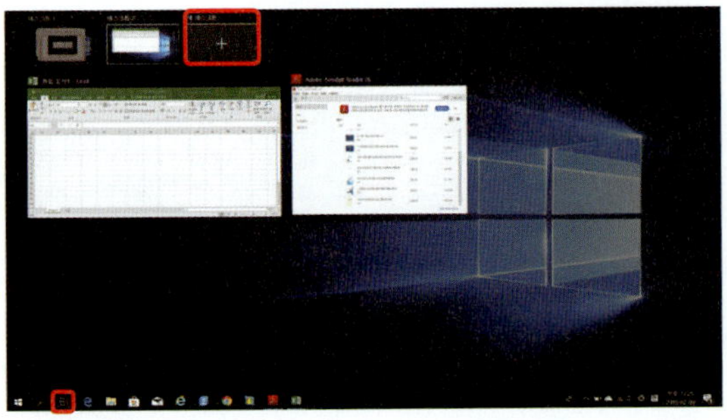

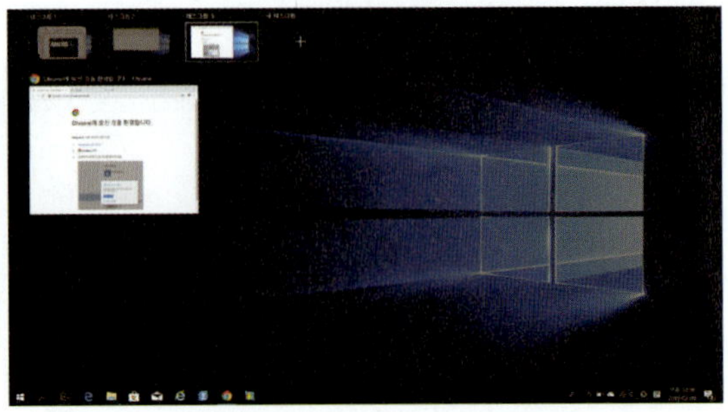

TIP 데스트톱 1은 업무를 위한 앱, 데스크톱 2는 취미활동을 위한 앱 등으로 분리해 구성하면 더 편리하고 효율적으로 정리된 환경에서 작업할 수 있다. 다른 데스크톱으로 이동하는 단축키는 ⊞+Ctrl+←/→이다.

03 데스크톱 간에 앱 이동하기 작업 보기 화면에서 이동할 앱을 마우스 오른쪽 단추로 클릭하고 바로 가기 메뉴에서 [이동 위치]–[데스크톱 3]을 선택한다.

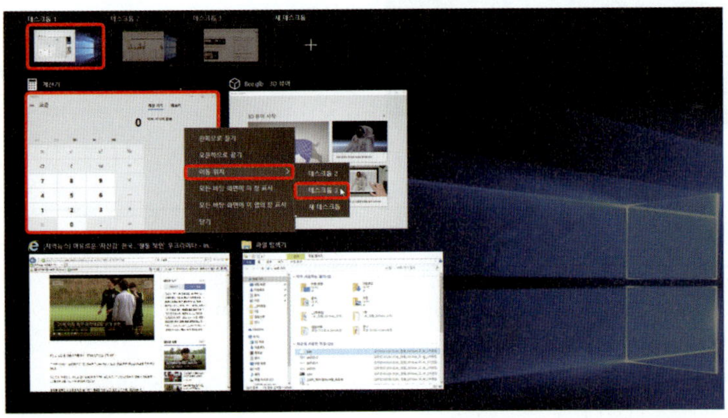

04 데스크톱 삭제하기 작업에 사용하지 않는 데스크톱을 삭제하려면 작업 보기 화면에서 삭제할 데스크톱의 [닫기] 단추를 클릭한다.

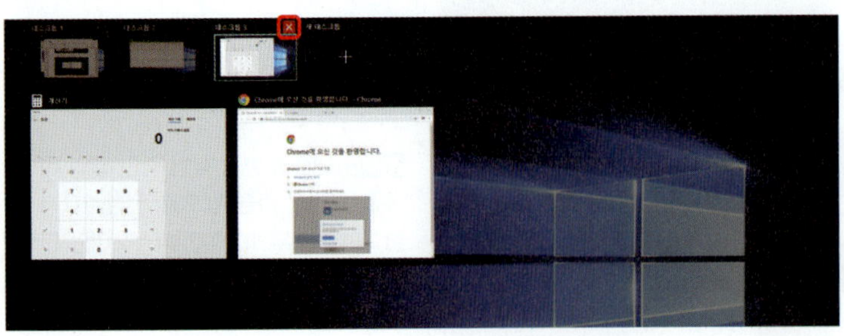

TIP 현재 데스크톱을 닫는 단축키는 ⊞+Ctrl+F4이다.

2.3 파일 및 폴더 관리하기

폴더는 앱이나 관련 있는 파일을 관리하기 위한 저장 공간이며, 파일은 앱에서 생성되는 고유의 확장자를 가진 데이터의 모임이다. 폴더와 파일을 관리할 때 사용하는 앱은 파일 탐색기로, 작업 표시줄에서 파일 탐색기( ) 아이콘을 선택하면 파일 탐색기가 실행된다. 파일 탐색기는 기본적으로 왼쪽에 폴더가 트리 구조로 표시되며, 오른쪽에는 '자주 사용하는 폴더'와 '최근에 사용한 파일'이 표시된다.

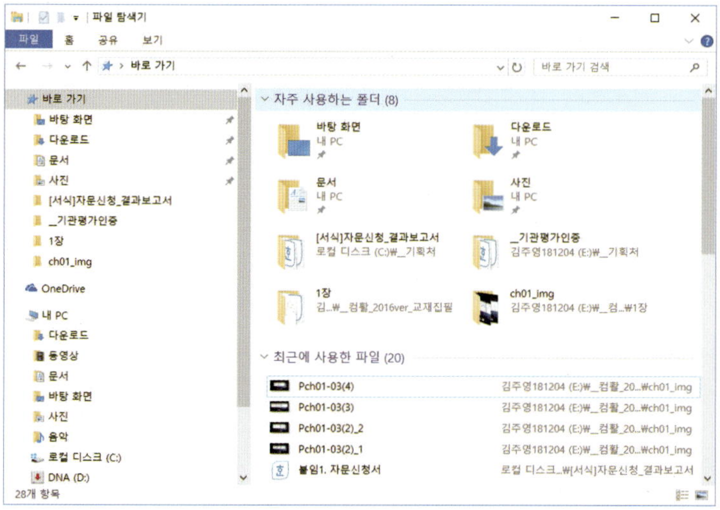

TIP 파일에는 고유의 확장자가 있어 작성 프로그램을 구분할 수 있다. 엑셀의 확장자는 xlsx, 파워포인트의 확장자는 pptx, 한글 워드프로세서의 확장자는 hwp이다.

2.3.1 폴더 또는 파일 선택하기

폴더 또는 파일을 선택하는 방법은 연속적인 위치에 있는 경우와 임의의 위치에 있는 경우로 구분할 수 있다. 선택할 파일이 연속적으로 있다면 시작 파일을 클릭하고 Shift를 누른 채 마지막 파일을 클릭하며, 임의의 위치에 있다면 Ctrl을 누른 채로 파일을 각각 클릭한다.

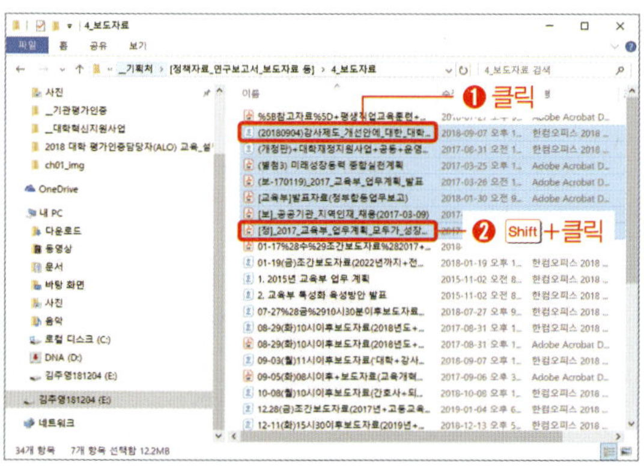

▲ 연속적인 파일 선택

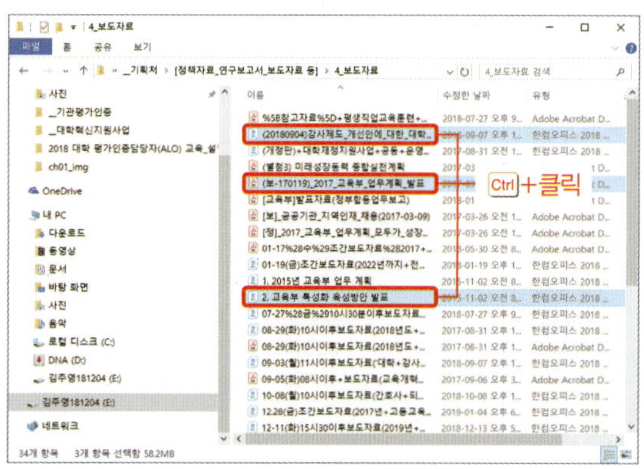

▲ 임의 위치의 파일 선택

2.3.2 폴더 생성하기

폴더를 새로 만들려면 원하는 드라이브를 선택하고 파일 탐색기의 [홈] 탭-[새로 만들기] 그룹-[새 폴더]를 클릭한다. 생성된 폴더의 이름을 입력하고 Enter를 누른다.

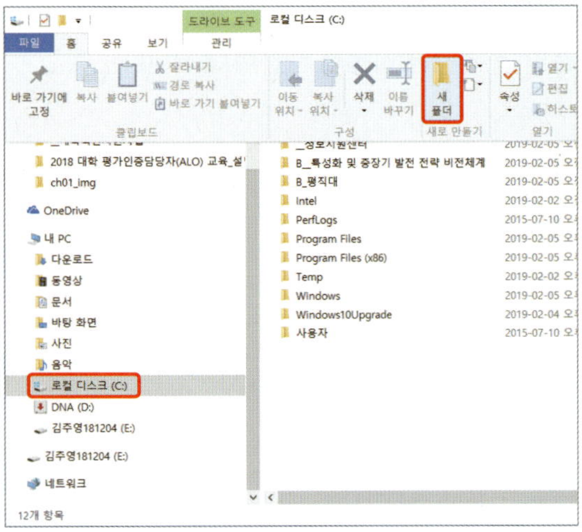

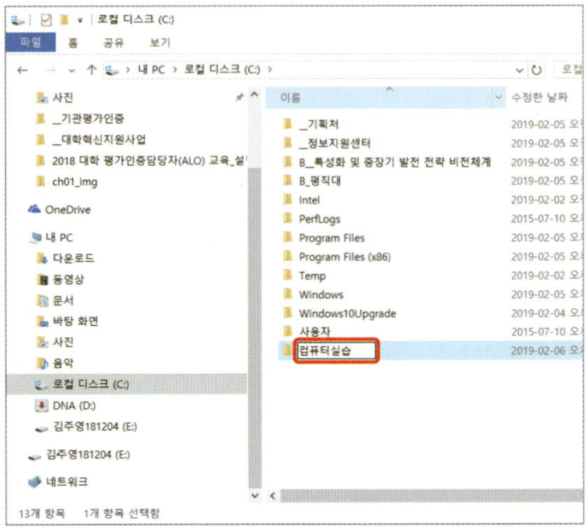

2.3.3 파일 복사 및 이동하기

파일 복사는 원본 파일과 동일한 복사본 파일을 하나 더 생성하는 것이고, 파일 이동은 원본 파일의 위치만 이동하는 것이다.

파일을 복사하려면 대상 파일을 선택하고 Ctrl+C를 누른 후 복사할 폴더를 선택하고 Ctrl+V를 누른다. 파일을 이동하려면 대상 파일을 선택하고 Ctrl+X를 누른 후 이동할 폴더를 선택하고 Ctrl+V를 누른다.

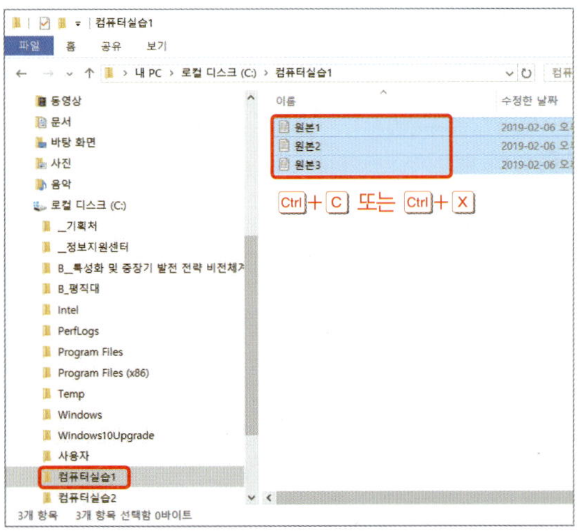

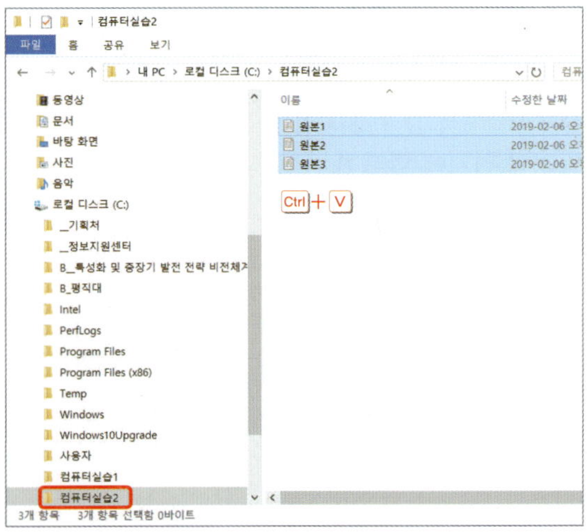

기본예제 1-4 파일 연결 프로그램 변경하기

바탕 화면이나 탐색기에서 파일을 더블클릭하면 연결 프로그램으로 설정된 기본 앱이 실행되면서 파일이 열린다. 연결 프로그램은 원하는 앱으로 변경할 수 있다. 기본으로 설정된 텍스트 파일의 편집 앱은 '메모장'인데, 파일 속성을 변경하여 '워드패드'로 바꾸어 보자.

01 파일 속성 선택하기 파일 편집 앱을 변경하기 위해 파일을 선택하고 마우스 오른쪽 단추를 클릭해 바로 가기 메뉴에서 [속성]을 선택한다.

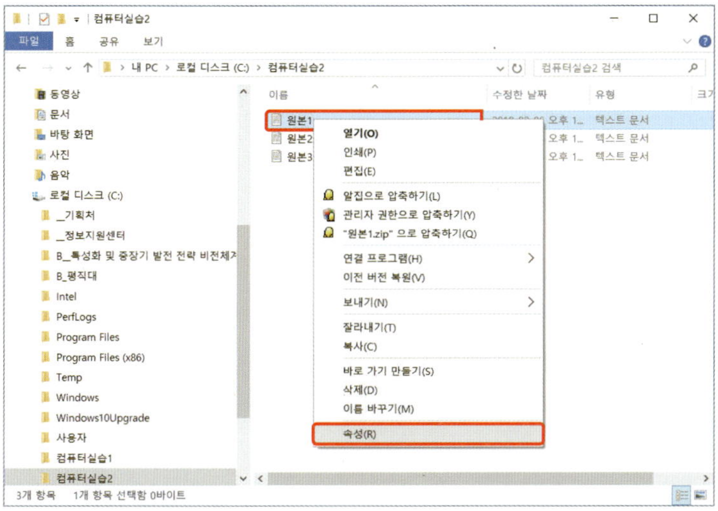

TIP 속성을 변경하지 않고 이번에 실행할 앱만 선택하려면 [연결 프로그램]을 선택한다.

02 연결 프로그램 변경하기 [속성] 창에서 [연결 프로그램] 항목의 [변경]을 클릭하고 편집할 '워드패드' 앱을 선택한 후 [확인]을 클릭한다. [속성] 창에서도 [확인]을 클릭한다. 이제부터 텍스트 파일을 더블클릭하여 열거나 편집하려고 하면 워드패드가 실행된다.

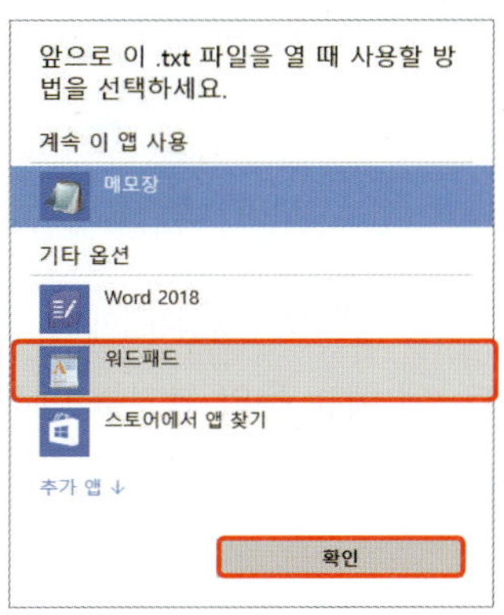

SECTION 03

윈도우 10 설정 및 활용하기

윈도우 10은 설치 후 따로 설정할 항목이 많지 않으므로 특별한 문제가 없다면 그대로 사용하면 된다. SECTION 03에서는 사용자 환경에 맞게 하드웨어를 설정하고 보안 관리를 하는 방법을 알아본다. 또한 윈도우 10용 웹 브라우저인 마이크로소프트 엣지와 캡처 도구를 활용하는 방법도 알아본다.

3.1 윈도우 10 설정하기

사용자의 연령이나 취향 등에 맞게 디스플레이 설정을 변경하면 더 편안한 환경에서 컴퓨터를 활용할 수 있다. 프린터를 추가하고 네트워크를 활용해 공유하면 작업 환경을 더 편리하게 구성할 수 있으며, 주기적으로 업데이트와 보안 점검을 실행하면 좀 더 안전하게 시스템을 관리할 수 있다. 이처럼 컴퓨터를 더 효율적으로 사용할 수 있도록 하는 윈도우 10의 다양한 설정 기능에 대해 알아본다.

3.1.1 디스플레이 설정하기

[시작] 단추를 클릭하고 [설정]을 선택한 후 [설정] 창에서 [시스템]을 클릭한다. [시스템] 목록에서 [디스플레이]를 선택하고 [밝기 및 색], [배율 및 레이아웃], [여러 디스플레이], [고급 디스플레이 설정] 등을 변경한다.

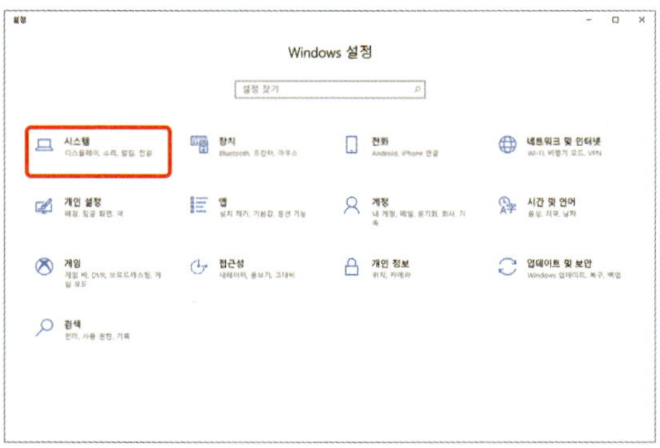

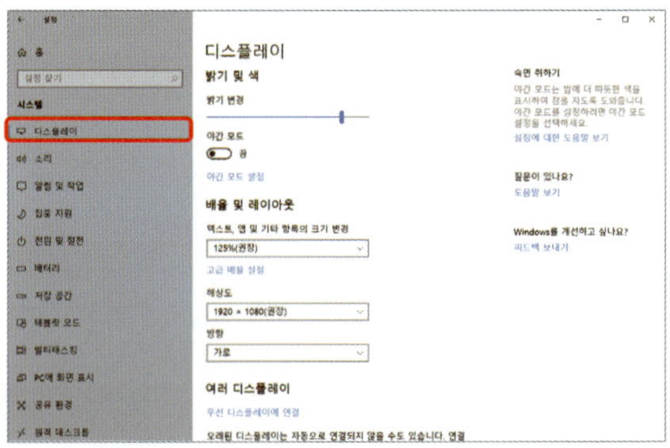

디스플레이 해상도는 [배율 및 레이아웃] 항목의 [해상도]에서 설정할 수 있다. 디스플레이 해상도 설정 변경으로 화면 크기가 달라져 텍스트, 앱 메뉴 등의 크기를 변경해야 할 때는 [텍스트, 앱 및 기타 항목의 크기 변경] 값을 조정한다.

기본예제 1-5 디스플레이 해상도 변경하기

컴퓨터 디스플레이의 해상도를 확인하고 변경해 보자.

01 디스플레이 설정 선택하기 [시작] 단추–[설정]을 선택하고 [설정] 창에서 [시스템]을 클릭한 후 [시스템] 목록에서 [디스플레이]를 선택한다.

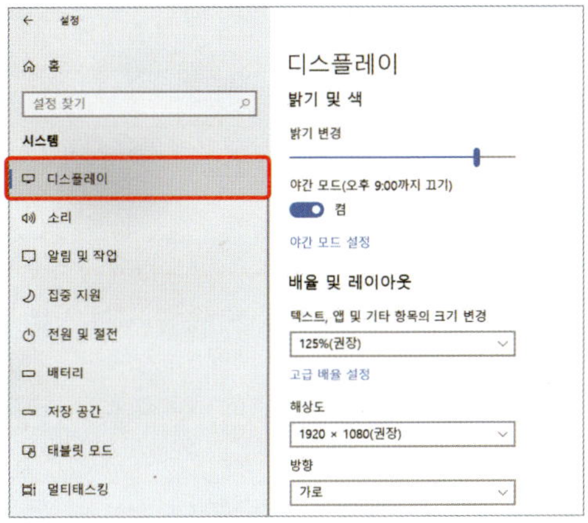

02 해상도 변경하기 현재 설정된 해상도를 확인할 수 있다. 해상도를 변경하려면 목록 단추를 클릭해 변경 가능한 해상도 목록을 확인한 후 선택한다.

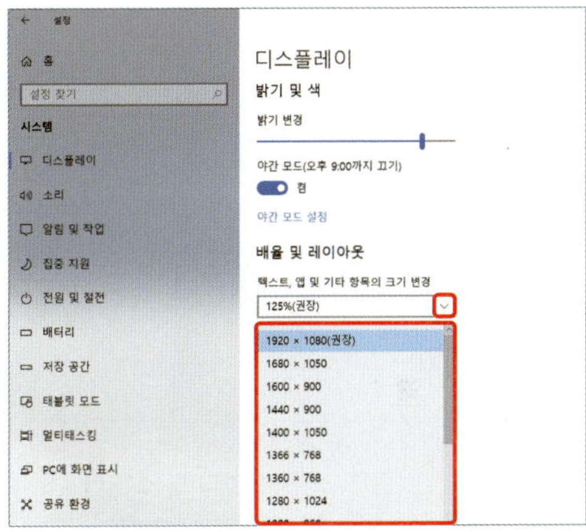

3.1.2 앱 제거하기

[시작] 단추–[설정]을 선택하고 [설정] 창에서 [앱]을 클릭한다. [앱] 목록의 [앱 및 기능]을 선택해 시스템에 설치된 앱 목록을 확인할 수 있고, 앱을 선택하고 [제거]를 클릭해 시스템에서 제거할 수 있다.

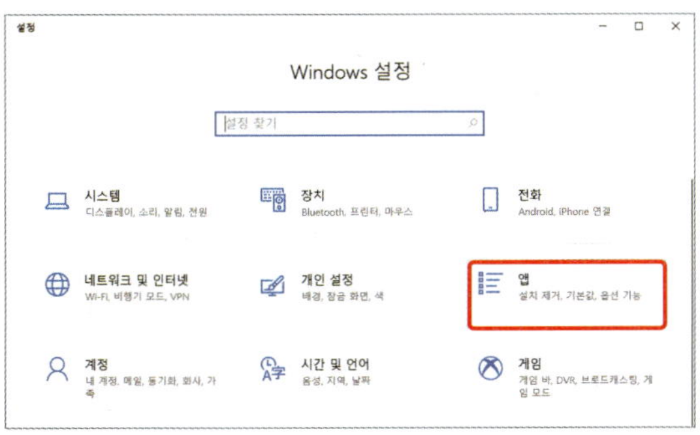

3.1.3 프린터 추가 및 공유하기

[시작] 단추–[설정]을 선택하고 [설정] 창에서 [장치]를 클릭한다. [장치] 목록에서 [프린터 및 스캐너]를 선택하고 [프린터 또는 스캐너 추가]를 클릭해 프린터를 추가할 수 있다.

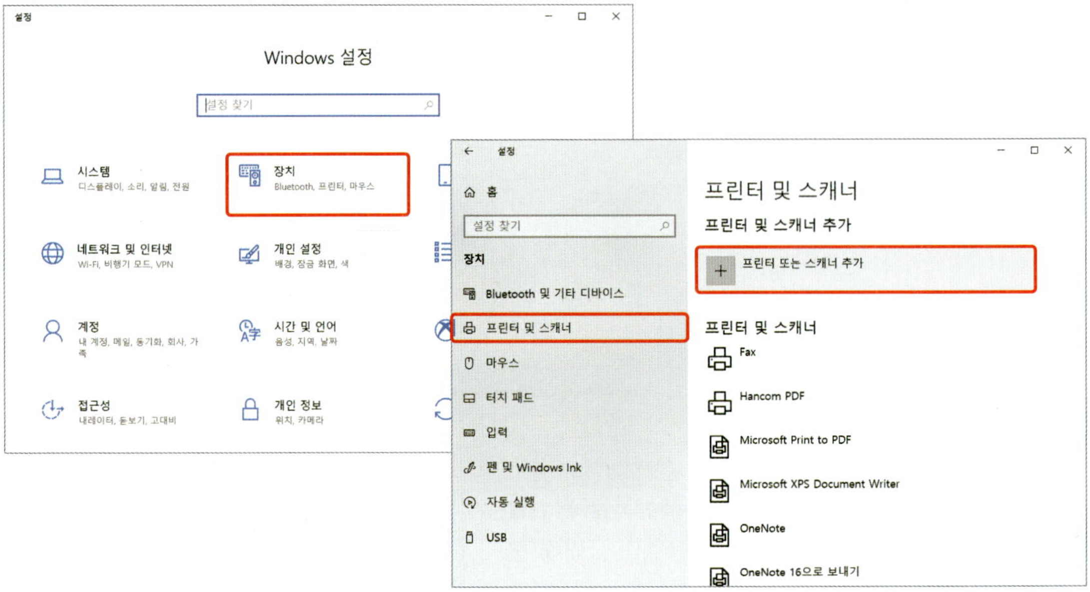

프린터 드라이버가 설치되지 않는 경우에는 [원하는 프린터가 목록에 없습니다]를 클릭하고 [수동 설정으로 로컬 프린터 또는 네트워크 프린터 추가]를 선택한 후, 포트, 제조사, 모델명 등을 선택해 프린터를 추가할 수 있다.

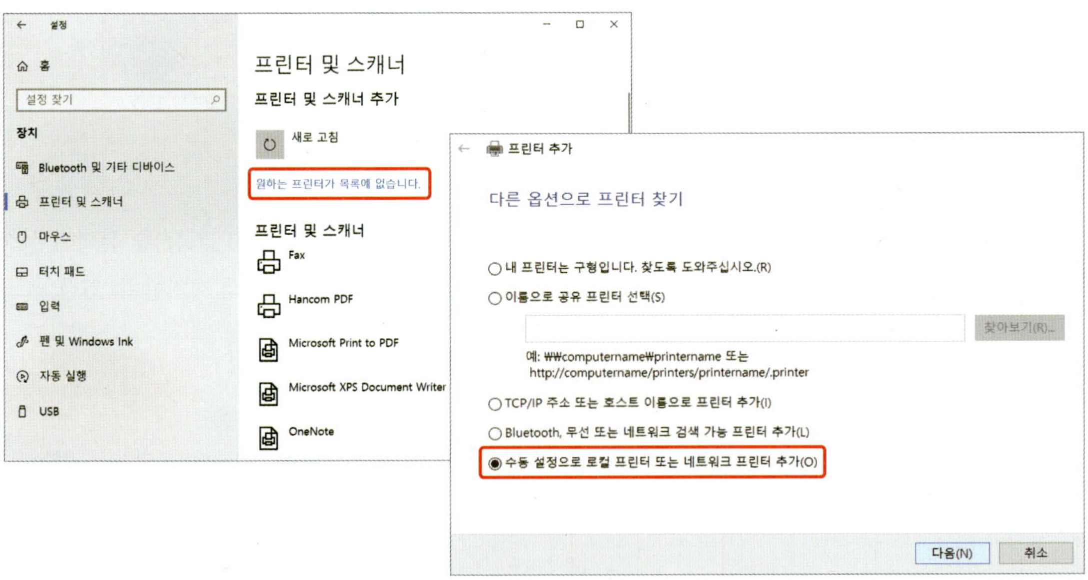

프린터를 공유하려면 [시작] 단추-[설정]을 선택한 후 [설정] 창에서 [네트워크 및 인터넷]을 클릭한다. [네트워크 및 인터넷] 목록에서 [Wi-Fi]를 선택하고 [고급 공유 옵션 변경]을 클릭한 후 '개인' 영역을 펼쳐서 '네트워크 검색 켜기', '파일 및 프린터 공유 켜기'를 선택한다.

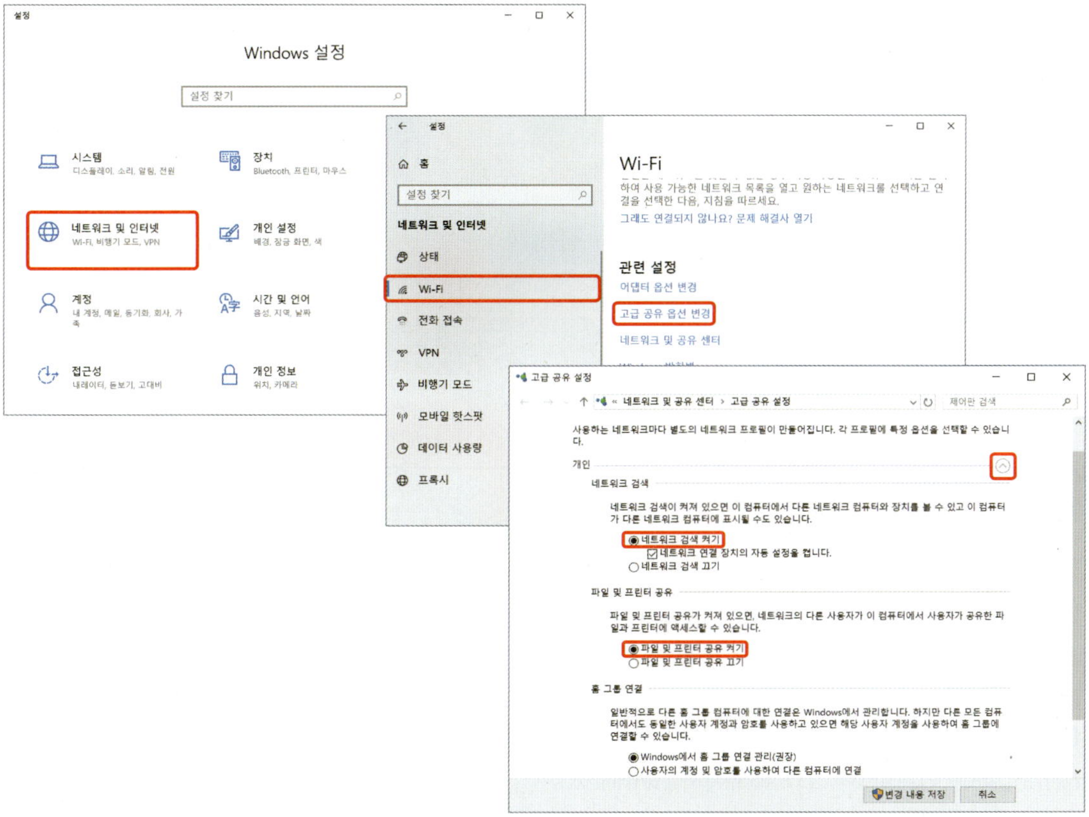

3.1.4 업데이트 확인 및 보안 설정하기

[시작] 단추-[설정]을 선택한 후 [설정] 창에서 [업데이트 및 보안]을 클릭한다. [업데이트 및 보안] 목록에서 [Windows 업데이트]를 선택하고 [업데이트 확인]을 클릭해 업데이트 다운로드 및 설치를 진행한다.

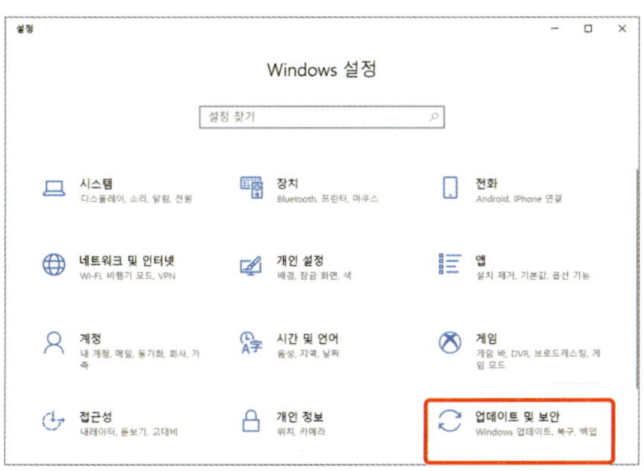

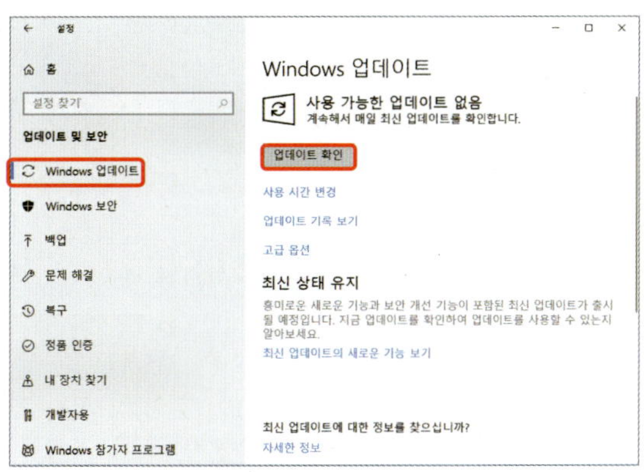

Windows Defender 보안 센터는 윈도우 8부터 안티 스파이웨어 기능에 안티 바이러스 기능이 추가되어서, 실시간 보호, 클라우드 기반 보호 등의 기능을 제공한다.

기본예제 1-6 바이러스 검사하기

V3, 알약 등의 바이러스 백신과 더불어 안티 바이러스 소프트웨어의 하나로 마이크로소프트에서 제공하는 Windows Defender 보안 센터를 이용해 실시간 보호 기능 확인, 바이러스 및 스파이웨어 검사 등을 실습해 보자.

01 Windows Defender 보안 센터 열기 작업 표시줄의 [검색] 단추를 클릭하고 검색 상자에 *defender*를 입력한 후 결과 목록에서 [Windows Defender 설정]을 클릭한다. 그리고 [설정] 창에서 [Windows Defender 보안 센터 열기]를 클릭한다.

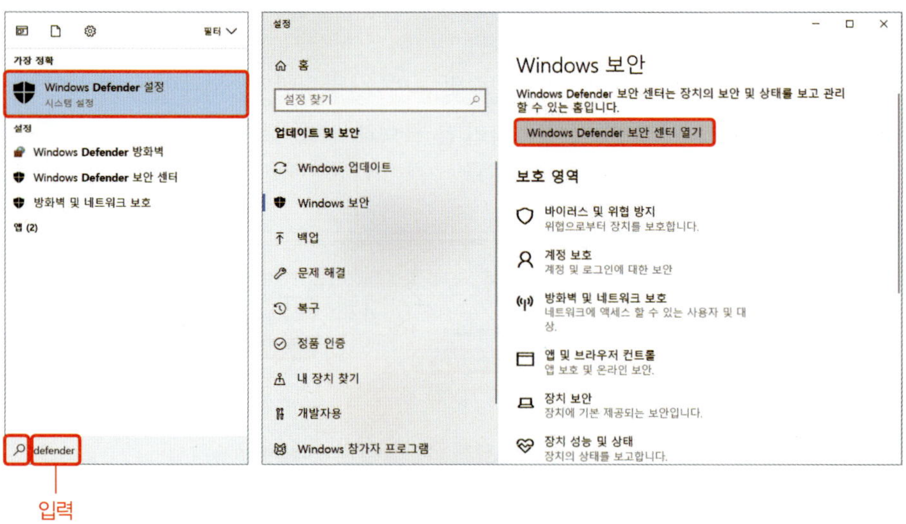

02 검사하기 [Windows Defender 보안 센터] 창에서 [바이러스 및 위협 방지]를 클릭하고 [지금 검사]를 클릭한다. 바이러스, 스파이웨어, 사용자 동의 없이 설치된 소프트웨어 등을 포함한 악성 소프트웨어로 인해 감염될 가능성이 높은 영역을 검사한다.

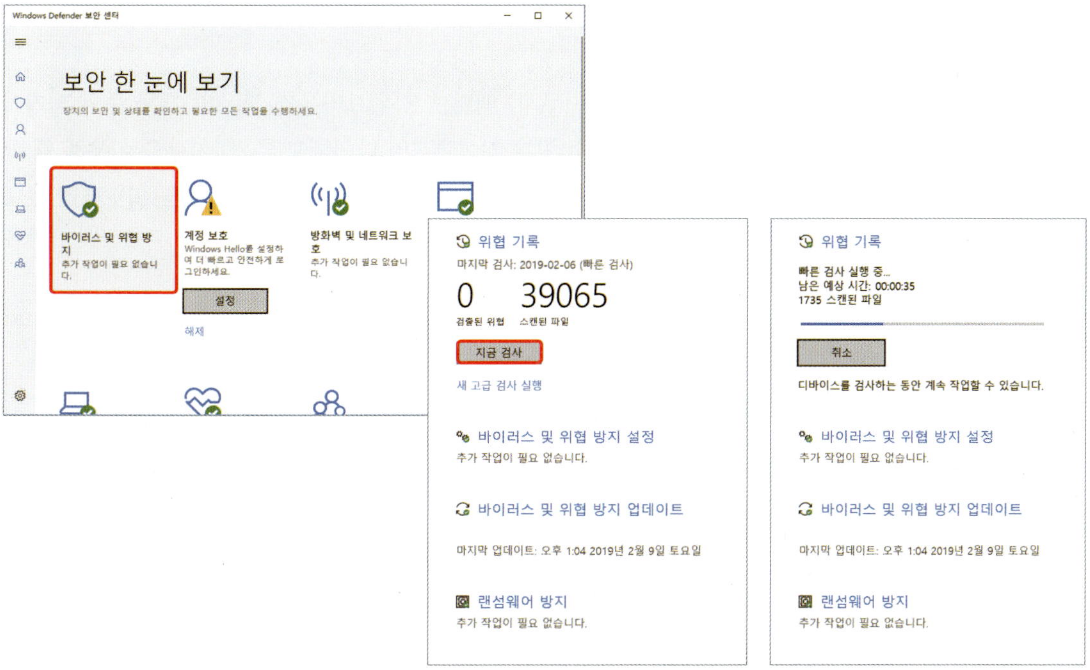

TIP [지금 검사] 단추 아래에 있는 [새 고급 검사 실행]을 클릭하면 [전체 검사], [사용자 지정 검사], [Windows Defender 오프라인 검사] 등의 옵션을 선택할 수 있다.

03 실시간 보호 옵션 확인하기 [Windows Defender 보안 센터] 창에서 [바이러스 및 위협 방지 업데이트]를 클릭해 [실시간 보호] 항목이 '켬'인지 확인한다.

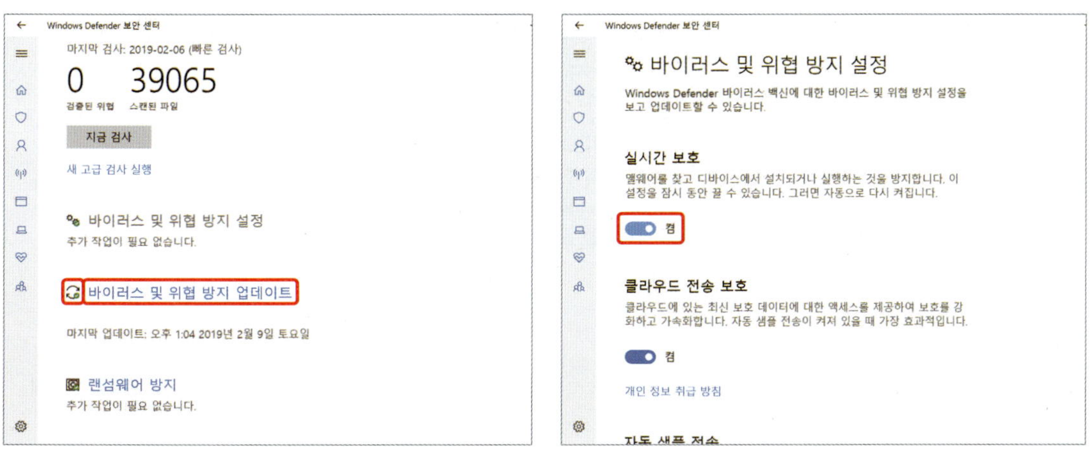

3.2 윈도우 10 활용하기

윈도우 10에서 활용할 수 있는 여러 기능 중에서 마이크로소프트 엣지와 캡처 도구를 활용하는 방법에 대해 알아본다.

3.2.1 마이크로소프트 엣지

마이크로소프트 엣지는 윈도우 10용 웹 브라우저로서, 액티브 X와 브라우저 도우미 개체 등의 레거시 기술들을 지원하지 않아 가볍고 빠르게 사용할 수 있는 것이 특징이다. [메모 추가] 기능을 이용해 웹 페이지에서 메모, 필기 등을 할 수 있으며, 강조하고 싶은 내용을 표시해 마이크로소프트 원노트로 보낼 수도 있다.

> **TIP** 인터넷 뱅킹 등 일부 마이크로소프트 엣지와 호환이 되지 않는 웹사이트는 윈도우 10에서 지원되는 인터넷 익스플로러 11을 사용해 연다.

마이크로소프트 엣지는 작업 표시줄에서 e 아이콘을 클릭해 실행하며, 시작 페이지는 MSN 사이트이다. [읽기용 보기]는 광고와 같은 불필요한 기능을 제거해 내용에 집중할 수 있도록 하는 읽기 전용 모드이고, 즐겨찾기에 추가한 웹 페이지 목록은 [허브]를 통해 관리할 수 있다. [메모 추가]에는 펜을 이용한 필기, 형광펜을 이용한 강조, 메모 추가, 원하는 영역 자르고 클립보드에 복사하기, 저장, 공유 등의 기능이 있다.

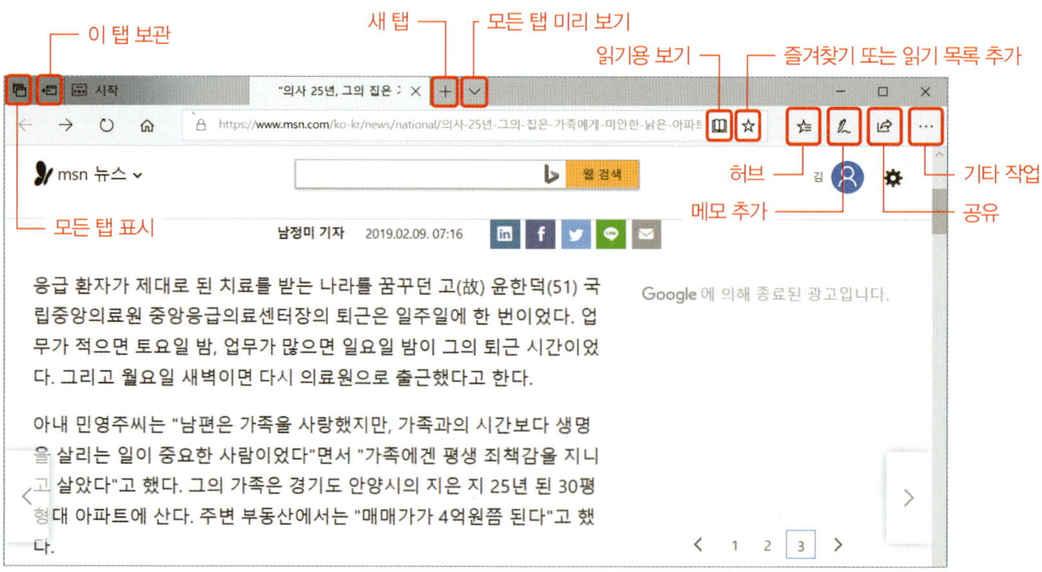

> **TIP** 시작 페이지는 [설정]에서 [다음 프로그램으로 Microsoft Edge 열기] 항목의 [특정 페이지]를 선택하고 주소를 입력해 다른 웹 사이트로 변경할 수 있다.

기본예제 1-7 마이크로소프트 엣지 활용하기

마이크로소프트 엣지의 [읽기용 보기] 기능과 [메모 추가] 기능을 사용해 보자.

01 [읽기용 보기] 선택하기 [읽기용 보기] 단추를 클릭하면 웹페이지가 읽기 전용 모드로 최적화된다. 배경색은 피로감이 덜한 색상으로 변경되고, 광고 등이 제거되어 화면이 간략해진다.

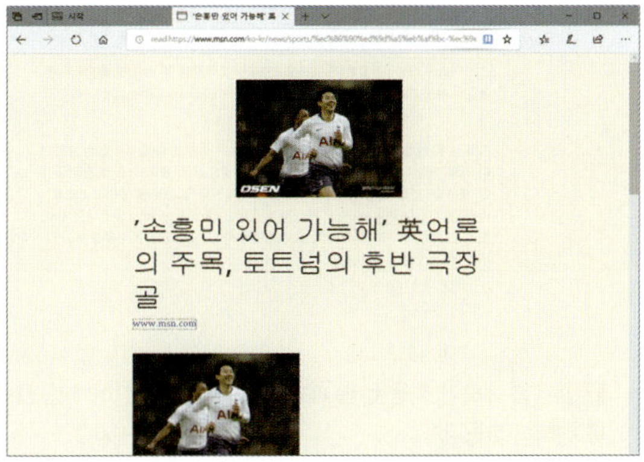

TIP [읽기용 보기]를 해제하려면 단추를 한 번 더 클릭한다.

02 [메모 추가] 선택하기 [메모 추가] 단추를 클릭하고 [형광펜]을 선택한 후 강조할 부분을 드래그 한다.

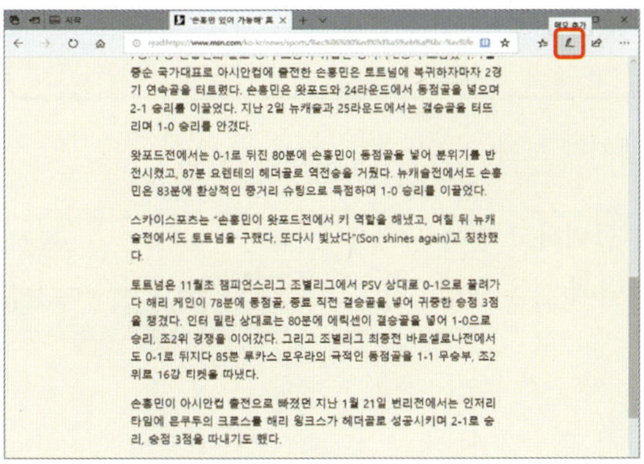

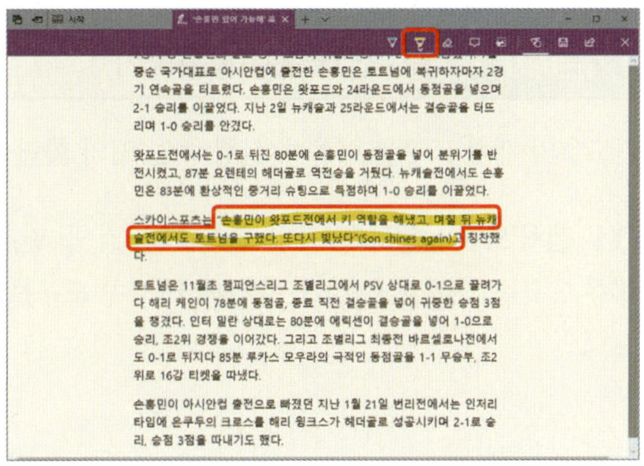

TIP [형광펜] 단추를 한 번 더 클릭하면 펜의 굵기, 색상 등을 선택할 수 있다.

03 즐겨찾기에 저장하기 메모를 추가한 웹 페이지를 저장하려면 [웹 메모 저장]을 클릭하고 [즐겨찾기]를 선택한 후 [이름] 항목에 내용을 입력하고 [저장]을 클릭한다.

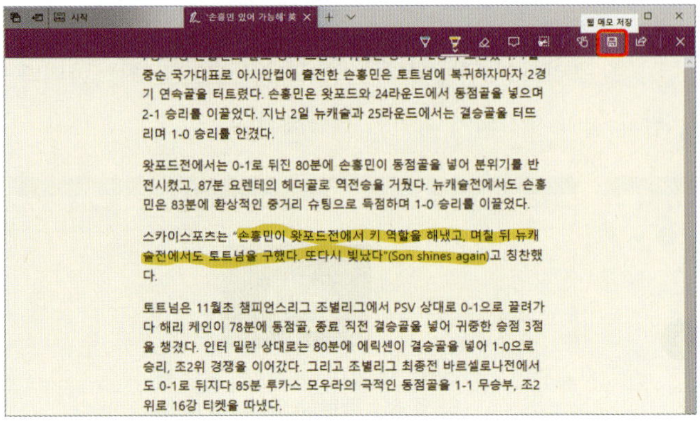

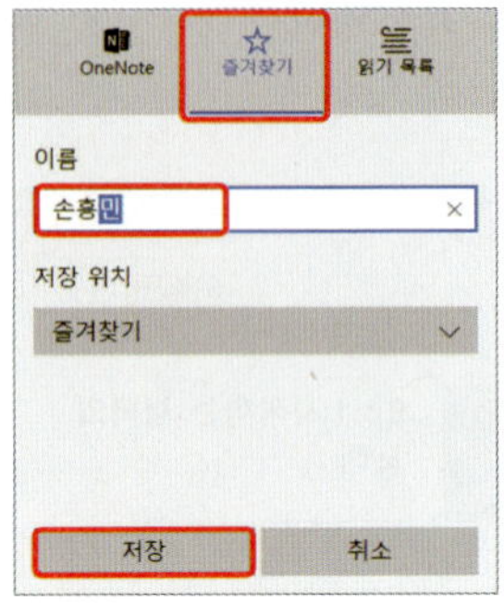

> **TIP** 웹 메모가 적용된 웹 페이지를 확인하려면 [허브]를 클릭한 후 즐겨찾기 항목에서 [웹 메모] 아이콘이 있는 즐겨찾기를 선택하면 된다.

3.2.2 캡처 도구

캡처 도구는 화면의 일부 또는 전체를 이미지 형태로 저장하는 도구로서, 작업 표시줄의 [검색] 단추를 클릭하고 [캡처 도구] 앱을 검색해 실행한다.

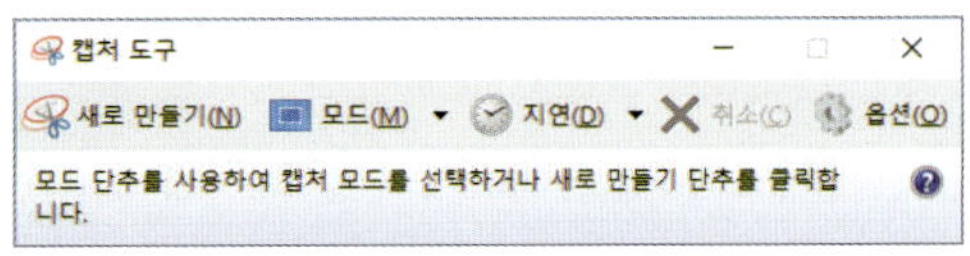

기본예제 1-8 캡처 도구 활용하기

윈도우의 캡처 도구를 이용해 실행 중인 앱의 화면을 캡처해 보자.

01 캡처 도구 실행하기 작업 표시줄의 [검색] 단추를 클릭하고 검색 상자에 *캡처 도구*를 입력한 후 결과 목록에서 [캡처 도구]를 클릭해 앱을 실행한다.

02 캡처 유형 선택하기 캡처할 화면에 가장 적합한 모드를 선택하기 위해 [모드]를 [사각형 캡처]로 선택하고 [새로 만들기]를 클릭한다.

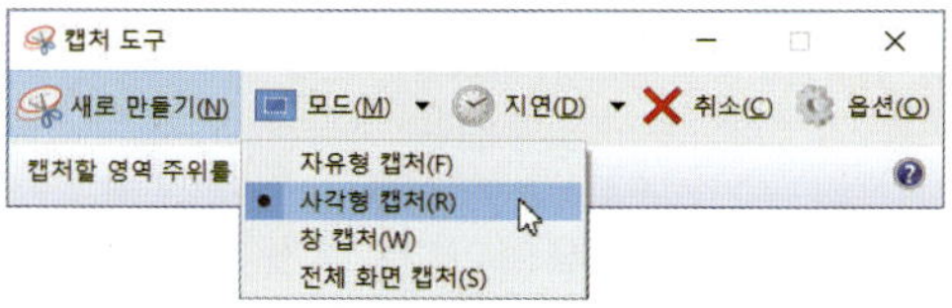

TIP 같은 모드로 계속 캡처할 때는 [모드]를 선택하지 않고 [새로 만들기]를 클릭한다. 단축키는 Ctrl+N이다.

03 캡처하기 캡처할 화면을 대각선 방향으로 드래그한다. 파일로 저장하기 위해 캡처 도구 메뉴에서 [캡처 저장] 단추를 클릭한 후 [다른 이름으로 저장] 대화상자에서 폴더를 선택하고 파일명을 입력한 후 [저장]을 클릭한다.

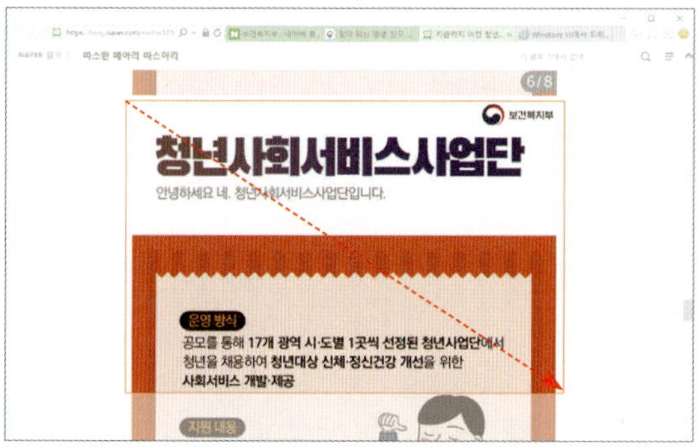

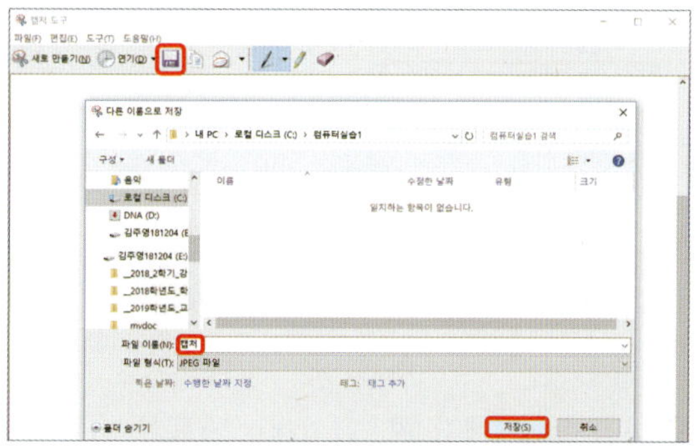

TIP 캡처한 화면에 펜이나 형광펜을 이용해 주석을 표시할 수도 있고, [지연] 메뉴를 사용해 1~5초 이후의 화면을 캡처할 수도 있다.

종합예제

파일 탐색기를 이용해 폴더를 생성하고, 메모장과 캡처 도구를 이용해 생성한 파일을 저장해 보자.

1 작업 표시줄에서 파일 탐색기(■) 아이콘을 클릭해 실행하고 '내 PC' 항목의 '로컬 디스크(C:)'를 선택한다.

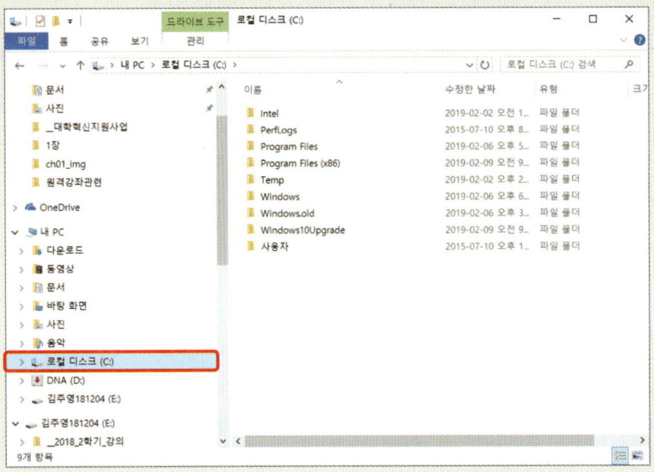

TIP 일반적으로 로컬 디스크의 드라이브 문자는 C:부터 시작되는데, 그 이유는 예전에 사용하던 보조저장장치인 플로피 디스크 드라이브로 A:, B:가 먼저 할당되었기 때문이다.

2 파일 탐색기에서 [홈] 탭–[새로 만들기] 그룹–[새 폴더]를 클릭해 새 폴더를 생성하고, 폴더 이름으로 *보조프로그램활용*을 입력한다.

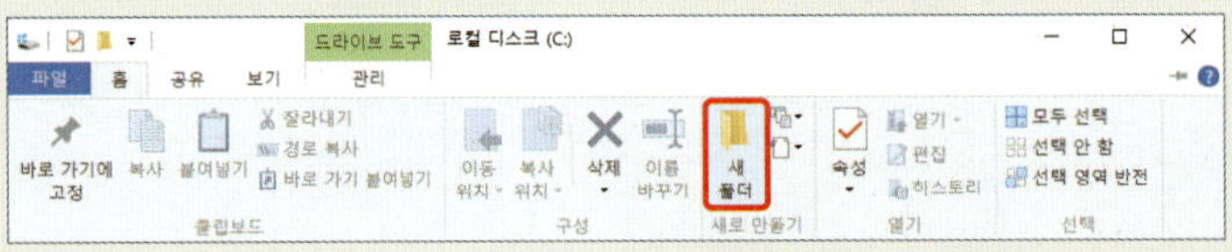

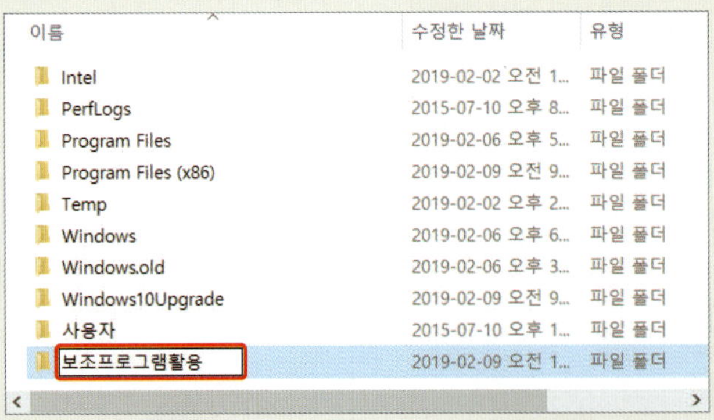

3 작업 표시줄의 [검색] 단추를 클릭하고 *메모장*을 입력한 후 결과 목록에서 [메모장]을 클릭해 실행한다.

4 메모장 앱이 실행되면 다음과 같이 한글, 영문, 한자를 입력해 본다.

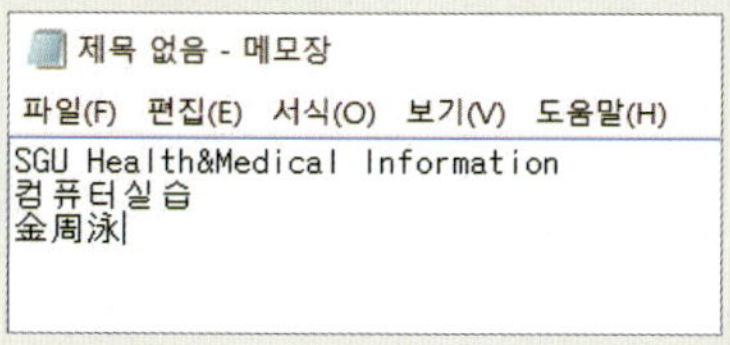

TIP 영문은 [한/영], 한자는 [한자]를 이용해 입력한다.

5 [파일]-[다른 이름으로 저장]을 선택하고, [다른 이름으로 저장] 창에서 '로컬 디스크(C:)'를 선택한다. '보조프로그램활용' 폴더를 더블클릭해 열고 [파일 이름]에 *메모장실습*을 입력한 후 [저장]을 클릭한다.

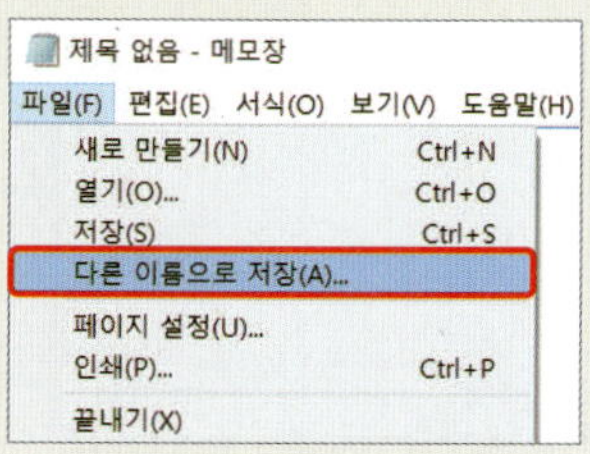

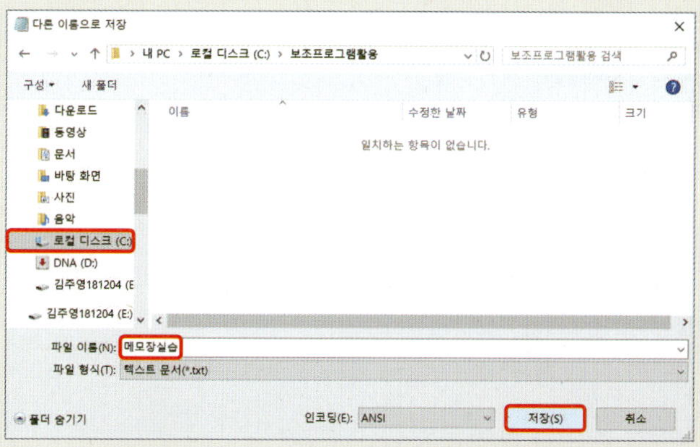

6 캡처 도구를 이용해 원하는 화면을 캡처한 후 [캡처 저장]을 클릭해 '보조프로그램활용' 폴더에 파일 이름 '캡처실습'으로 저장한다.

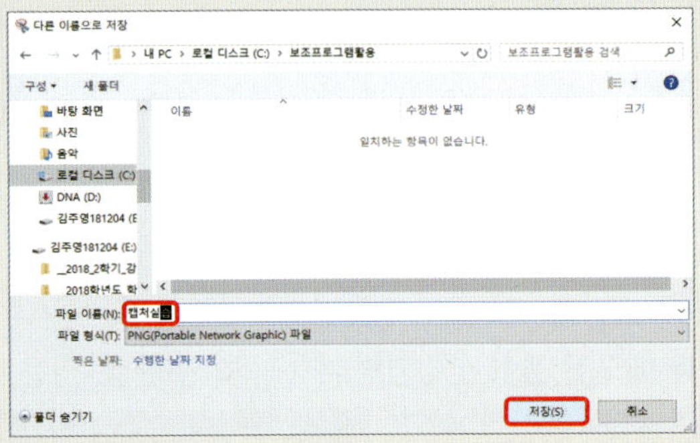

7 '보조프로그램활용' 폴더에 생성된 파일은 다음과 같다.

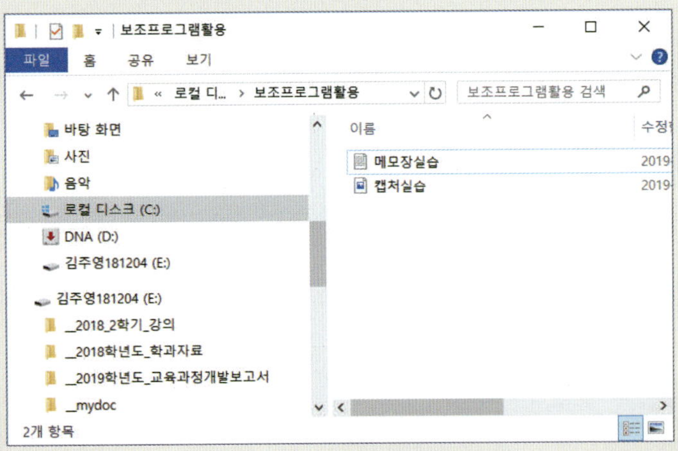

연습문제

1 32비트 운영체제와 64비트 운영체제를 비교해 설명하시오.

2 인텔 CPU 아키텍처에 대해 서술하시오.

3 혼합 현실(Mixed Reality)에 대해 서술하시오.

4 인터넷에서 무료로 제공되는 PDF 파일을 다운로드해 열어 보시오.

5 비디오 편집기 앱을 이용해 여러 장의 사진을 이용한 동영상을 제작해 보시오. 단, 동영상에 텍스트를 삽입하고 3D 효과 등을 적용하시오.

HINT 작업 표시줄의 [검색]을 클릭하고 비디오 편집기를 입력한 후 결과 목록에서 [비디어 편집기]를 클릭해 실행한다. 사진을 추가하고 스토리보드에서 텍스트 및 3D 효과를 적용한다.

6 마이크로소프트 엣지를 이용해 기사를 선택하고 [소리내어 읽기] 기능을 사용해 보시오.

7 동영상 파일을 실행하고 캡처 도구의 [창 캡처] 모드를 이용해 마음에 드는 장면을 캡처해 보시오.

PART

02

한글

한글 2018

CHAPTER 02

한글 2018 기본 기능

학습목표

- 한글 2018의 새로운 기능과 화면 구성을 설명할 수 있다.
- 한글 문서를 생성하고 저장할 수 있다.
- 다양한 방법으로 글자를 입력할 수 있다.
- 편집 용지를 설정하고 블록 설정을 할 수 있다.
- 글자 모양과 문단 모양을 설정할 수 있다.
- 쪽 설정을 할 수 있다.
- 문서를 인쇄할 수 있다.

SECTION 01 한글 2018 소개하기

한글 2018은 개선된 사용자 인터페이스와 강력해진 편집 기능을 제공한다. 기본 사용 방법은 이전 버전과 같으므로 기존 버전 사용자라면 더 익숙하게 다룰 수 있다. SECTION 01에서는 한글 2018의 새로운 기능에 대해 알아본다.

1.1 한글 2018의 주요 특징

한글 2018의 주요 특징으로 들 수 있는 문서 시작 도우미, 한컴 애셋, 한컴 툴즈에 대해 살펴보고, 강화된 프레젠테이션 기능에 대해서도 알아본다.

1.1.1 문서 시작 도우미

문서 시작 도우미 화면에서는 새 문서 서식의 유형을 선택할 수 있고, 최근 작업 중인 문서의 목록에서 필요한 문서를 선택하여 편집할 수 있다. 또한, 넷피스 24에 연결해 원하는 문서를 바로 불러올 수 있다.

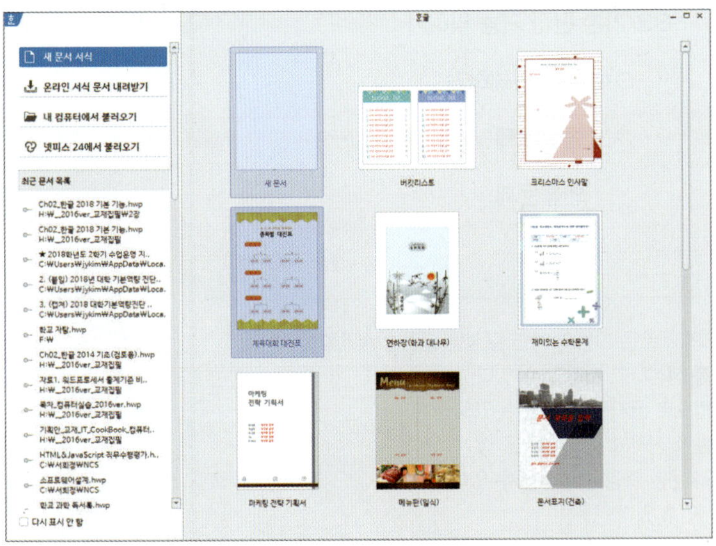

1.1.2 한컴 애셋

한글 2018은 한컴 애셋이라는 도구를 통해 세련되고 완성도 높은 문서를 작성할 수 있는 다양한 문서 서식, 클립아트, 글꼴을 제공한다. 원하는 콘텐츠를 온라인에서 다운로드할 수 있고, 범주를 직접 선택하거나 검색어를 입력해 찾을 수도 있다. 다음은 범주별 서식을 선택해 다운로드할 수 있는 화면이다.

1.1.3 한컴 툴즈

한컴 툴즈는 PC와 모바일 기기를 블루투스로 연결해 한컴오피스를 원격 제어할 수 있는 안드로이드용 응용프로그램 패키지이다. 이 기능을 이용하면 키보드나 마우스 없이 음성만으로 문서를 작성할 수 있다.

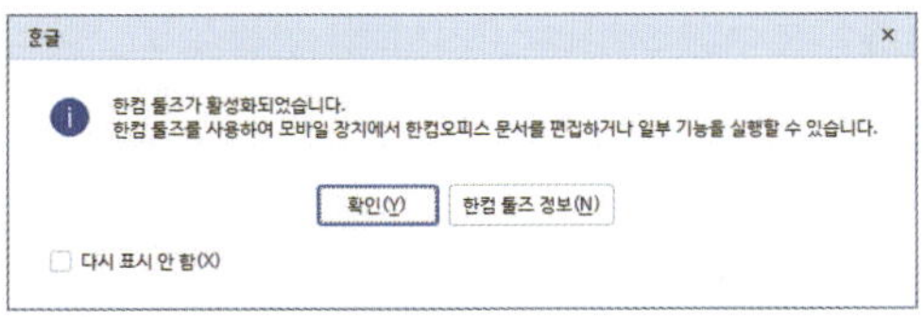

▲ PC에서 한컴 툴즈 활성화하기

▲ PC와 블루투스로 연결된 모바일 기기에서 음성 입력

1.1.4 프레젠테이션 기능 강화

프레젠테이션을 실행하거나 제외할 구역을 간편하게 지정할 수 있고, 발표자는 모든 쪽을 썸네일 이미지로 확인할 수 있으며, 프레젠테이션 화면에 제공되는 반투명한 빠른 메뉴를 사용할 수 있다.

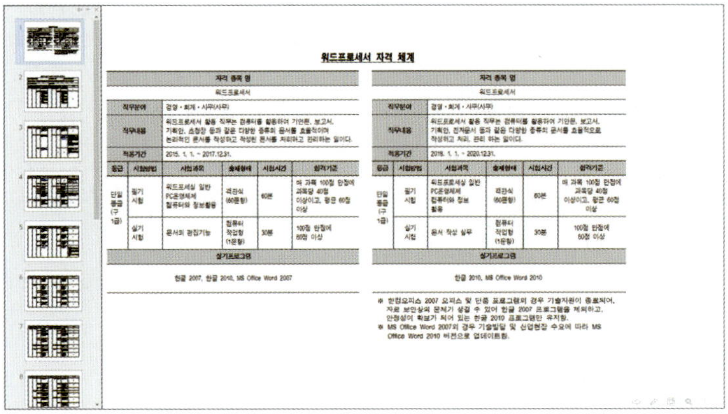

1.2 사용자 편의 기능

한글 2018에서는 참고 문헌 관리, 맞춤법 검사, 쪽 복사, 확인용 글머리표, 수식 등의 사용자 편의 기능이 강화되었다. 각 기능의 특징을 알아본다.

1.2.1 참고 문헌 관리

논문 또는 보고서처럼 인용 내용이 포함된 문서를 작성할 때 참고 문헌 정보를 쉽게 추가할 수 있다. 또한 APA, Chicago, IEEE, ISO 등 다양한 형식의 인용 스타일을 적용하거나 변경할 수 있다.

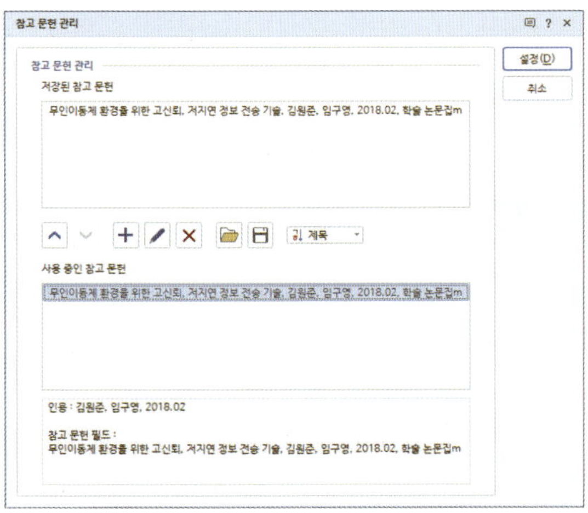

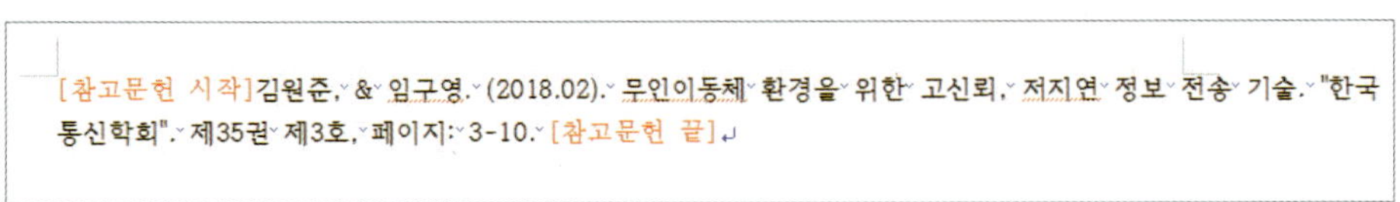

1.2.2 강력해진 맞춤법 검사

최신 외래어 표기법을 적용하고 신조어에 대한 오류 유형을 추가하여 사전에 등록되지 않은 단어도 올바르게 교정할 수 있게 되었다. 여러 어절로 이루어진 문구, 문맥에 맞지 않거나 어색한 표현도 오류 항목으로 분류하여 더욱 적절하고 올바른 예문을 제시한다.

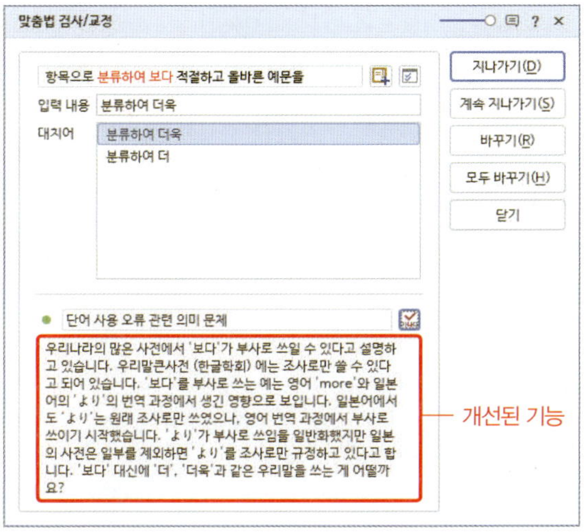

1.2.3 쪽 복사

용지 속성 및 쪽 스타일이 다른 문서의 복사할 내용을 블록으로 지정하지 않고도 하나의 쪽을 통째로 복사하여 원하는 위치에 간편하게 붙여넣을 수 있다.

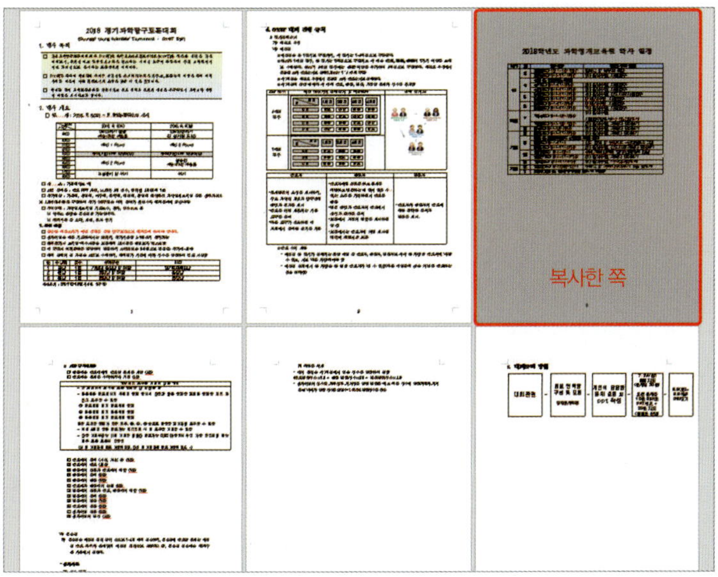

1.2.4 확인용 글머리표

확인란 모양의 글머리표를 사용하여 개인 일정, 설문지 등에서 목록을 관리할 수 있다.

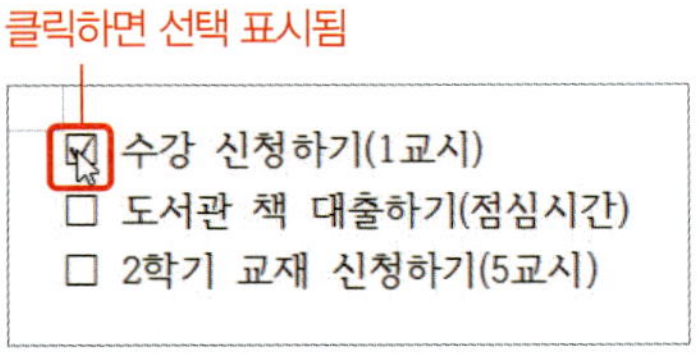

1.2.5 수식 기능 강화

세로형 나눗셈, 최소공배수, 최대공약수 등의 수식 유형이 새로 추가되었으며 사용자가 명령어를 입력할 때 자동으로 완성된 명령어를 보여준다. 다음은 세로 나눗셈 수식을 작성한 화면이다.

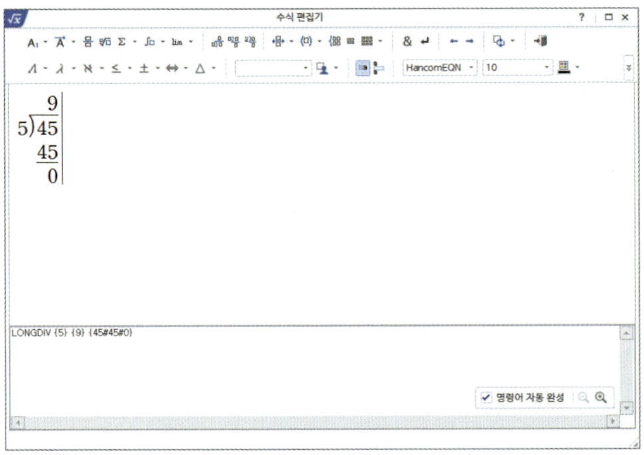

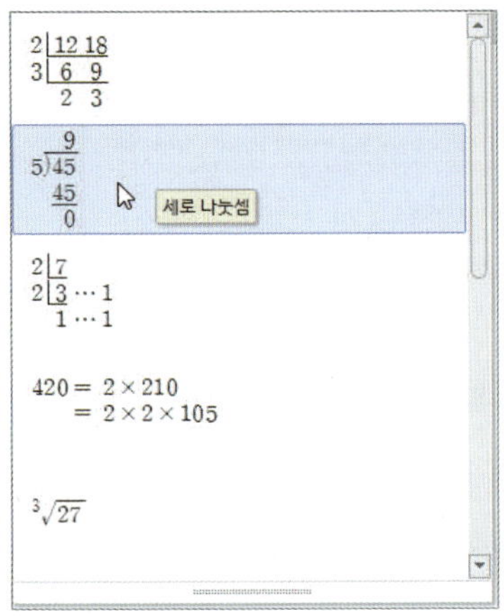

SECTION 02

기본 기능 익히기

SECTION 02에서는 한글 2018의 화면이 어떻게 구성되어 있는지 살펴보고 다양한 화면 보기 기능을 활용해 본다. 또한 사용자 환경 설정을 변경해 효율적인 작업 환경을 구성해 보고, 새 문서 생성과 저장, PDF로 저장, 문서 불러오기, 영문자/한자/외국어/특수문자 입력 등 한글의 기본 기능에 대해 알아본다.

2.1 한글 2018의 메뉴 구성

한글 2018의 화면은 다음과 같이 구성되어 있다. 한글의 모든 기능은 메뉴 또는 도구 상자의 명령을 이용하거나 단축키를 이용하여 실행할 수 있다.

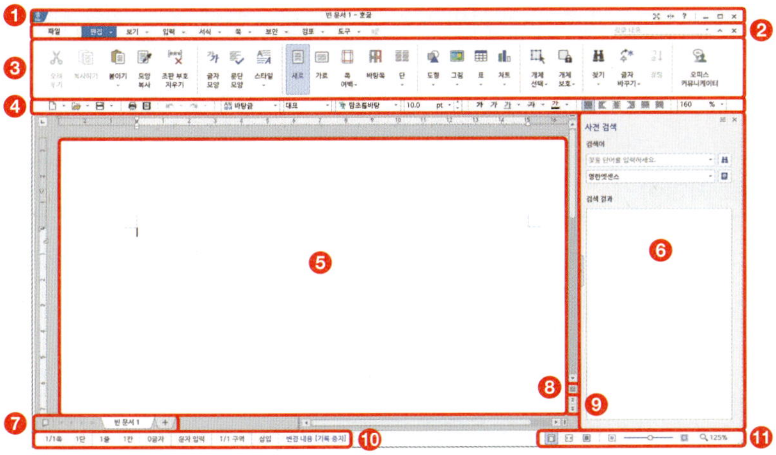

❶ 제목 표시줄
❷ 메뉴 표시줄
❸ 기본 도구 상자
❹ 서식 도구 상자
❺ 편집 창
❻ 작업 창
❼ 탭 메뉴
❽ 보기 선택
❾ 쪽 이동
❿ 상황선
⓫ 화면 보기 및 확대/축소

❶ **제목 표시줄** 편집 중인 문서의 파일 이름과 저장 위치가 표시된다. 새 문서가 생성될 때마다 '빈 문서 1', '빈 문서 2' 등의 순서로 표시된다. 오른쪽에는 전체 화면, 크게 보기/기본 보기, 도움말, 최소화, 최대화/이전 크기로, 닫기 단추가 있다.

❷ **메뉴 표시줄** 한글 2018의 모든 메뉴가 유사한 기능별로 분류되어 있다.

❸ **기본 도구 상자** 메뉴 중에서 자주 사용하는 기능이 그룹별 메뉴 탭 형식으로 제공된다. 기본적으로 메뉴별 도구 상자가 나타나며, 상황에 따라 개체별 도구 상자와 상태별 도구 상자가 자동으로 표시된다.

❹ **서식 도구 상자** 문서 편집 시 자주 사용하는 기능들이 아이콘 모양으로 표시되어 있다.

❺ **편집 창** 문서 작성과 편집이 이루어지는 작업 공간이다.

❻ 작업 창 문서 편집에 유용한 기능들로 구성되어 있으며, 보이게 하거나 숨길 수 있다.

❼ 탭 메뉴 문서 탭 목록, 탭 이동 아이콘, 문서 탭, 새 탭 등으로 여러 문서를 관리하기 위한 기능이다. 문서 탭에는 작성 중인 문서의 파일 이름이 표시되며, 여러 개의 문서가 열려 있을 때는 편집할 문서의 탭을 클릭해 화면에 나타낼 수 있다.

> **TIP** 문서 탭은 각각 개별적인 한글 파일이므로 문서 탭마다 저장해야 한다. 저장하지 않은 문서의 파일 이름은 빨간색, 자동 저장된 문서는 파란색, 저장 완료된 문서는 검은색으로 표시된다. 빈 문서 1 빈 문서 2 빈 문서 3

❽ 보기 선택 쪽 윤곽, 문단 부호, 조판 부호, 투명 선 등의 [보이기/숨기기]와 격자 설정 등의 보기 관련 기능을 선택할 수 있다. 또한 찾기 기능과 쪽, 구역, 줄, 스타일, 조판 부호, 책갈피, 개체 등의 찾아가기 기능을 선택할 수 있다.

❾ 쪽 이동 작성 중인 문서가 여러 쪽인 경우 쪽 단위로 이동하기 위해 사용한다.

❿ 상황선 편집 창의 상태 및 커서가 위치한 곳의 정보를 확인할 수 있다.

⓫ 화면 보기 및 확대/축소 쪽 윤곽, 폭 맞춤, 쪽 맞춤 등의 화면 보기 상태와 화면 확대/축소 등을 선택할 수 있다.

기본예제 2-1 화면 보기 기능 설정하기

한글 문서 편집에 활용할 수 있는 다양한 화면 보기 기능을 활용해 보자. [파일]–[불러오기]를 선택해 '실습2-1(준비).hwp' 파일을 불러온 후, 1쪽 하단과 2쪽 상단이 동시에 보이도록 스크롤한다.

01 쪽 윤곽 설정하기 처음 문서를 열면 다음과 같이 인쇄할 때 나타나는 용지 여백, 머리말/꼬리말, 쪽 번호 등을 확인할 수 있다. 쪽 윤곽을 감추려면 [보기]–[쪽 윤곽]을 선택하고, 다시 나타내려면 [보기]–[쪽 윤곽]을 한 번 더 선택한다.

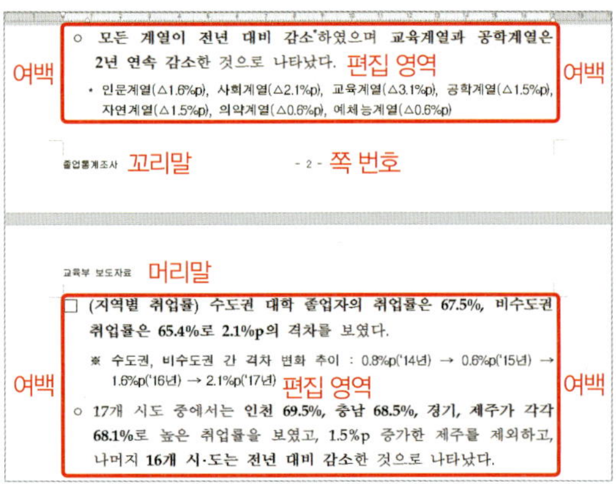

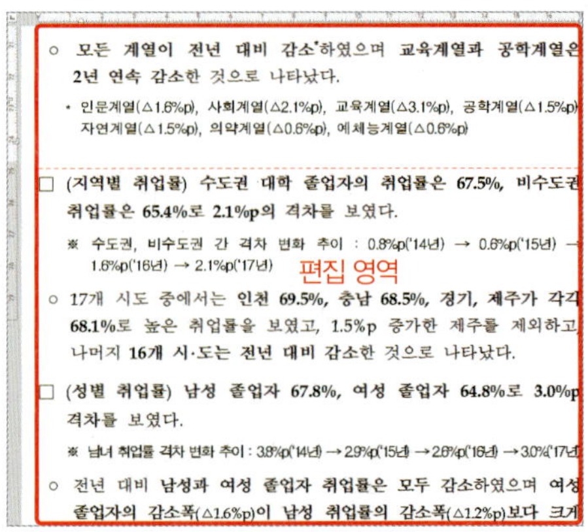

02 조판 부호 및 문단 부호 설정하기 [보기]–[표시/숨기기]–[조판 부호]를 선택한다. 조판 부호는 [그림], [표] 등과 같이 붉은색 부호로 표시되며, 문단 부호는 ↵, ˅ 등과 같이 파란색 부호로 표시된다. 이 부호들을 감추려면 [보기]–[표시/숨기기]–[조판 부호]를 다시 선택한다.

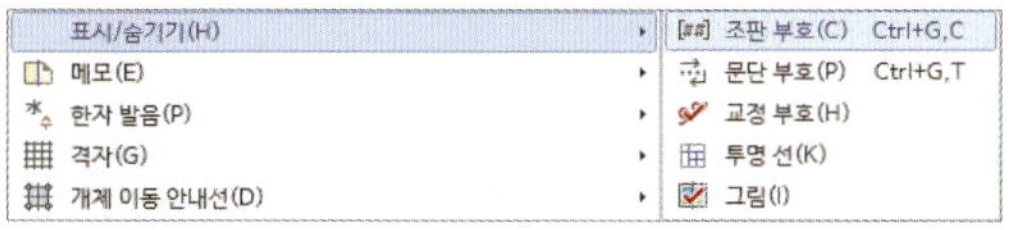

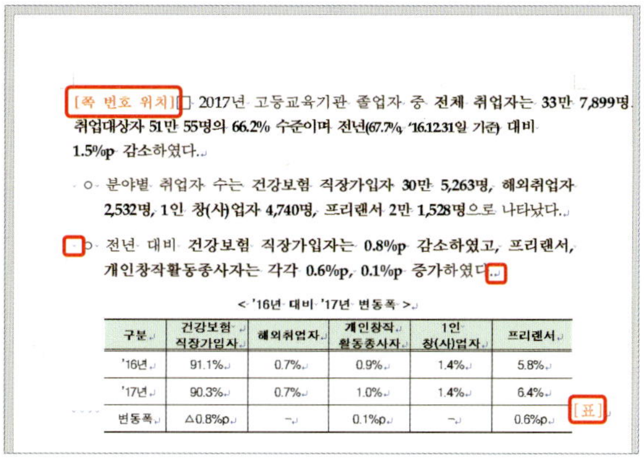

> **TIP** 조판 부호 보이기는 문단 부호 보이기를 포함하기 때문에 조판 부호와 문단 부호가 모두 표시된다. 조판 부호와 문단 부호는 인쇄할 때는 표시되지 않는다.

03 쪽 맞춤과 폭 맞춤 설정하기 쪽 맞춤은 머리말/꼬리말, 쪽 번호 등의 배치 상황을 확인하기 위해 사용하는 기능이다. [보기]–[확대/축소]를 선택하고 [확대/축소] 대화상자에서 [쪽 맞춤]과 [두 쪽]을 선택한 후 [설정]을 클릭한다. 편집 용지의 크기와 관계없이 선택한 옵션에 맞게 한 화면에 모두 볼 수 있는 배율로 축소 또는 확대되어 보인다. 용지 너비를 문서 창에 맞도록 축소하거나 확대하려면 [보기]–[확대/축소]를 선택하고 [폭 맞춤]과 [한 쪽]을 선택한 후 [설정]을 클릭한다.

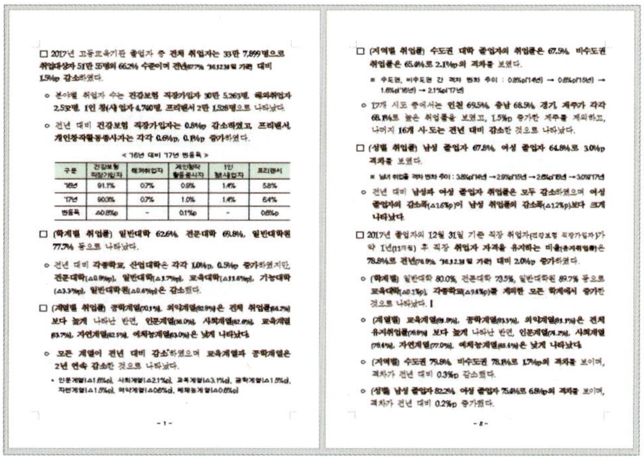

> **TIP** 화면 확대/축소 기능은 화면 배율만 조절하는 것이므로 편집에는 영향을 주지 않는다.

2.2 사용자 환경 설정하기

한글 2018의 기능은 대부분 환경 설정 없이 사용할 수 있지만, 사용자의 효율적인 작업 환경을 제공하기 위한 환경 설정 기능을 제공한다. [도구]-[환경 설정]을 선택해 [환경 설정] 대화상자를 열고 최근 문서 불러오기, 저장 옵션, 복구용 임시 파일 자동 저장 등을 설정할 수 있다.

[환경 설정] 창의 [편집] 탭에 있는 [최근 문서] 항목은 문서를 불러올 때 새 창으로 열 것인지, 현재 창에 새 탭으로 열 것인지를 결정하고, 파일 메뉴에 최근 문서 보이기 등을 설정한다. [파일] 탭의 [저장] 항목에서는 백업 파일, 압축 파일, 암호 설정, 동시 저장 여부를 설정할 수 있고, [복구용 임시 파일 자동 저장] 항목에서는 [무조건 자동 저장], [쉴 때 자동 저장] 등을 설정할 수 있다.

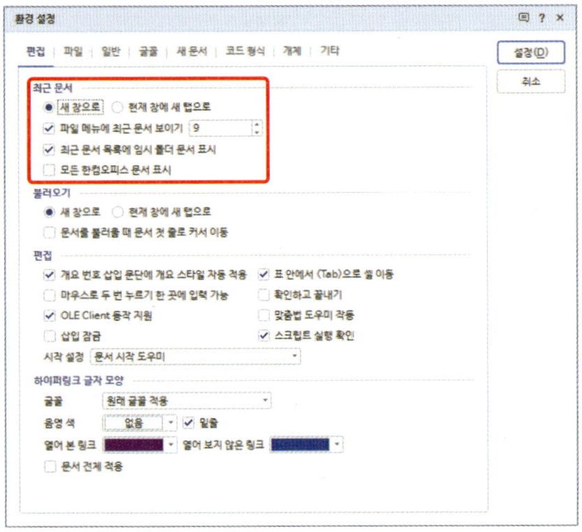

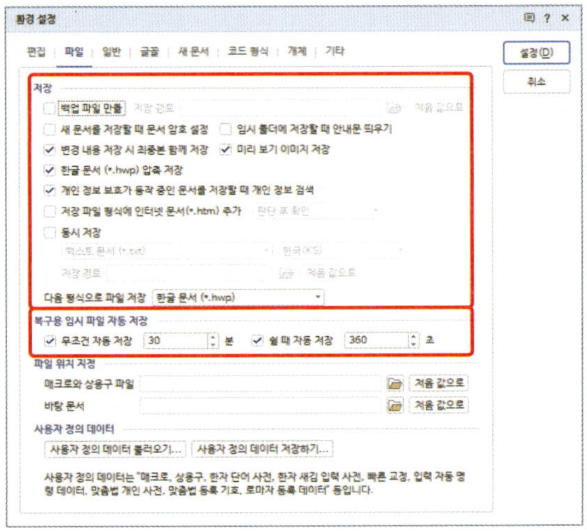

TIP [무조건 자동 저장]은 1~60분까지 설정할 수 있으며, [쉴 때 자동 저장]은 1~360초까지 설정할 수 있다. 자동 저장 파일(*.asv)은 한글 2018이 정상적으로 종료되면 자동으로 지워진다.

기본예제 2-2 한글 환경 설정하기

한글의 환경 설정 기능을 이용해 사용자 환경에 적합하도록 환경 설정을 해 보자.

01 [파일] 메뉴에서 최근 작업 문서 보이지 않게 하기 [파일] 메뉴에 최근 작업 문서 목록을 보이지 않게 하려면 [도구]-[환경 설정]을 선택하고 [환경 설정] 대화상자의 [편집] 탭에서 [파일 메뉴에 최근 문서 보이기]의 체크를 해제한다.

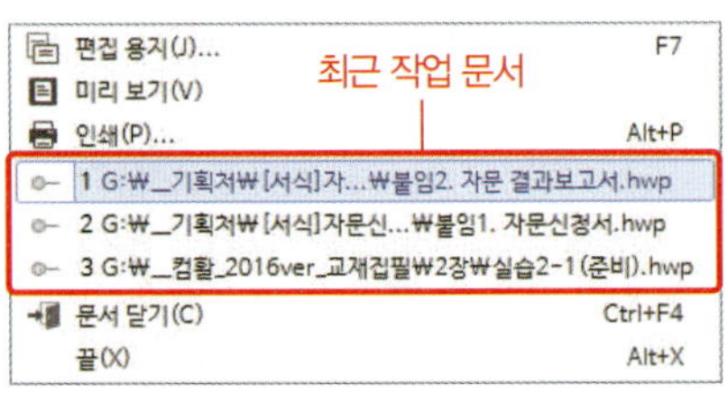

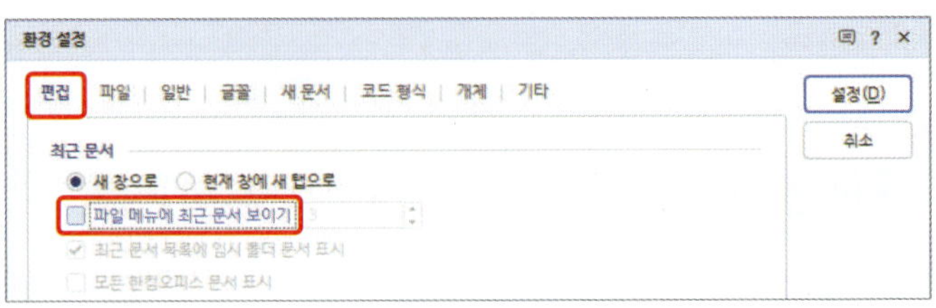

02 백업 파일 만듦 백업 파일은 혹시 모를 사고에 대비하기 위해 동일한 파일을 자동으로 하나 더 만드는 것이다. [도구]-[환경 설정]을 선택하고 [환경 설정] 대화상자의 [파일] 탭에서 [저장] 항목의 [백업 파일 만듦]을 선택한다. 저장 경로를 선택하고 [설정]을 클릭한다.

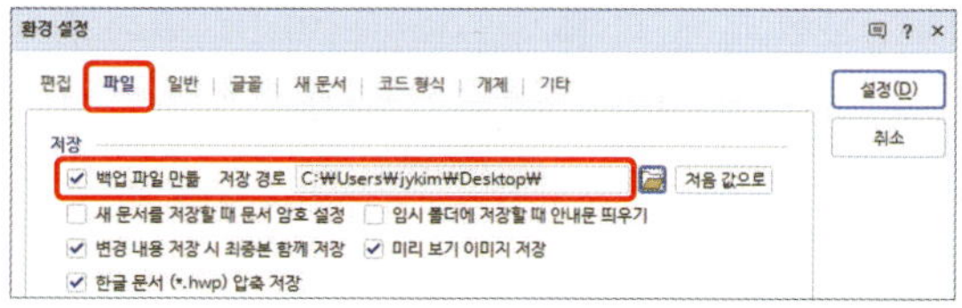

TIP 작업 중인 문서 파일을 저장하면 저장 경로에 백업 파일이 생성된다.

03 쉴 때 자동 저장되도록 설정하기 [쉴 때 자동 저장]은 일정한 시간 동안 입력이 없을 때 복구용 임시 파일을 자동으로 저장하는 기능으로, [도구]-[환경 설정]을 선택하고 [환경 설정] 대화상자의 [파일] 탭에서 [복구용 임시 파일 자동 저장] 항목의 [쉴 때 자동 저장] 옵션값을 입력해 설정한다.

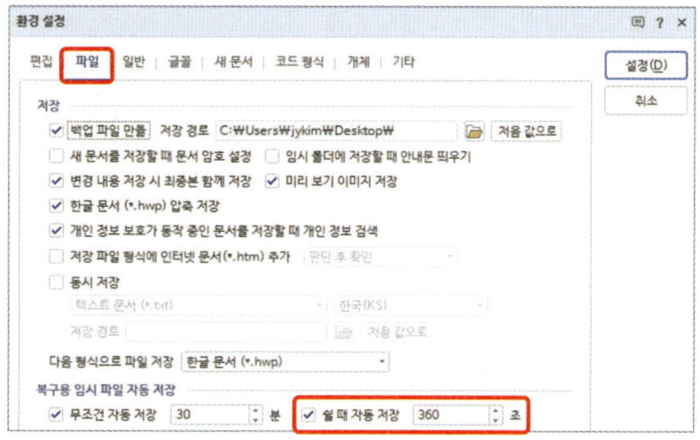

2.3 새 문서 생성 및 저장하기

한글 2018에서는 문서 시작 도우미 화면이 추가되어 새 문서를 생성할 때 다양한 서식 문서를 선택할 수 있게 되었다. 새 문서를 생성하는 방법과 저장하는 방법에 대해 알아본다.

2.3.1 문서 생성하기

한글을 실행하면 다음과 같은 문서 시작 도우미 화면이 열린다. 문서 서식 중에서 선택하거나 최근 문서 목록에서 저장된 문서를 선택해 문서를 생성할 수 있다.

TIP [파일]-[문서 시작 도우미]를 선택하면 한글을 실행했을 때 나타나는 첫 화면과 동일한 화면을 볼 수 있다.

문서 작업 중에 새 문서를 만들려면 [파일]-[새 문서] 또는 [파일]-[새 문서]-[새 탭]을 선택한다.

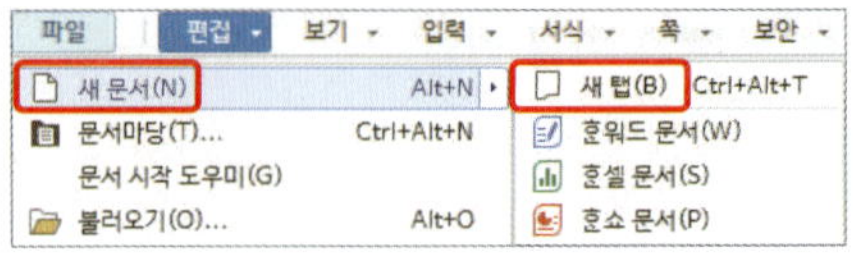

기본예제 2-3 문서마당을 이용해 문서 만들기

문서마당은 자주 사용하는 문서의 모양을 서식 파일로 미리 만들어 놓고 필요할 때마다 불러와 빈 부분만 채우는 템플릿 방식의 기능이다. 문서마당의 다양한 서식 파일을 이용해 문서를 만들어 보자.

01 문서마당 실행하기 [파일]-[문서마당]을 선택한다.

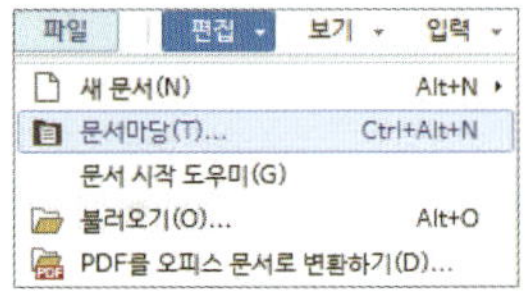

02 문서마당 꾸러미(이력서) 선택하기 [문서마당] 대화상자의 [문서마당 꾸러미] 탭에서 [_공공기관 문서] 항목의 [이력서]를 선택하고 [열기]를 클릭한다. 이력서의 빈 부분을 채워 작성한다.

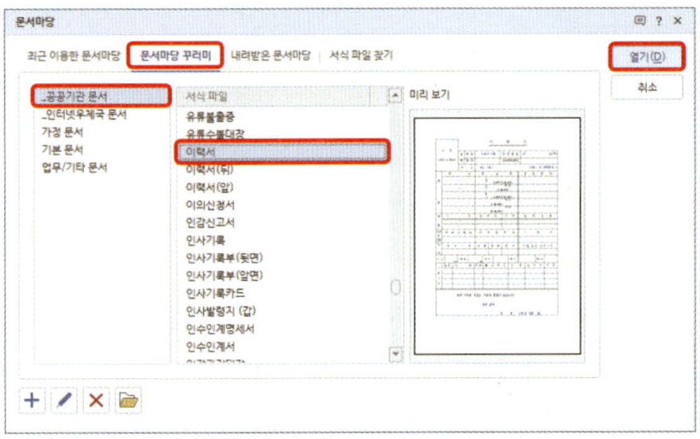

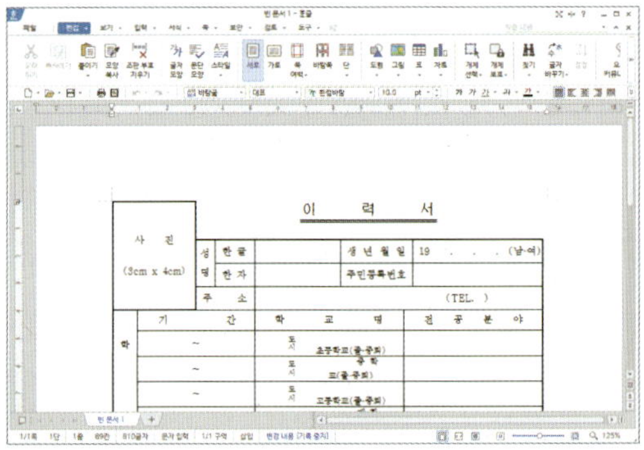

03 문서마당 꾸러미(버킷리스트) 선택하기 [파일]-[문서마당]을 선택해 [문서마당] 대화상자를 열고 [문서마당 꾸러미] 탭에서 [기본 문서]의 [버킷리스트]를 선택하고 [열기]를 클릭한다. 미리 만들어져 있는 문서가 열리면 빈 부분을 채워 작성한다.

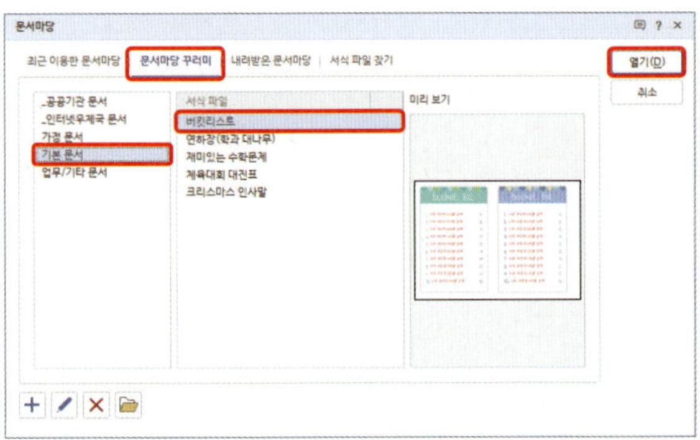

2.3.2 문서 저장하기

한글 문서를 저장하려면 [파일]–[저장하기] 또는 [파일]–[다른 이름으로 저장하기]를 선택한다. 처음 만든 문서를 저장하거나 현재 파일에 작성한 내용을 저장하려면 [파일]–[저장하기]를 선택하고, 파일 이름 또는 형식을 바꿔서 저장하려면 [파일]–[다른 이름으로 저장하기]를 선택한다. [다른 이름으로 저장하기] 대화상자에서 저장 위치, 파일 이름, 파일 형식을 선택하고 [저장]을 클릭한다.

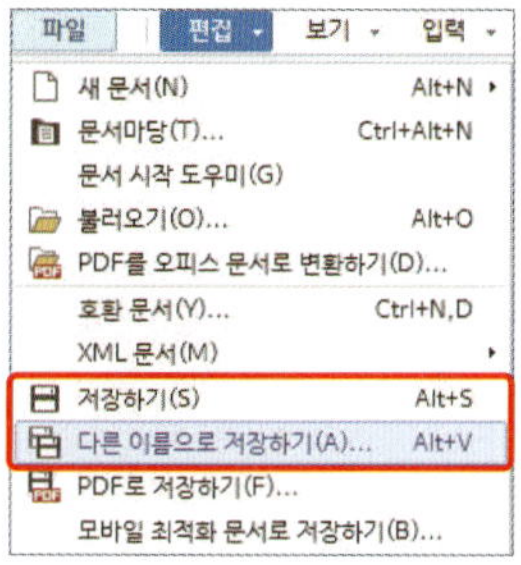

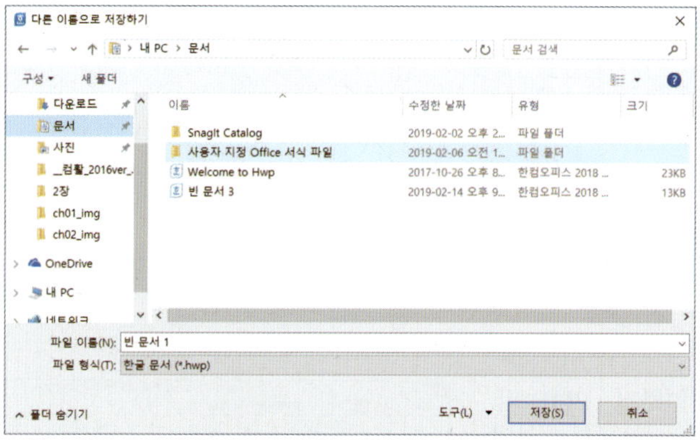

> **TIP** [저장하기]의 단축키는 Alt+S이고, [다른 이름으로 저장하기]의 단축키는 Alt+V이다.

기본예제 2-4 PDF 파일로 저장하기

PDF 파일은 운영체제나 응용프로그램에 관계 없이 전자적으로 배포할 수 있으며, 보안 기능이 뛰어나 공문서 배포에 많이 활용되고 있다. 한글 문서를 PDF 파일로 저장해 보자.

01 준비 파일 불러오기 [파일]–[불러오기]를 선택하고 '실습2-4(준비).hwp' 파일을 불러온다.

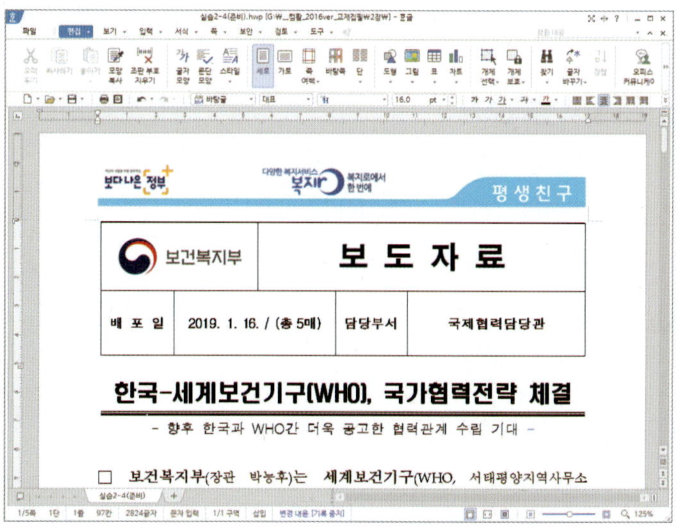

02 PDF 저장하기 [파일]-[PDF로 저장하기]를 선택하고 [PDF로 저장하기] 대화상자에서 저장 위치를 지정한 후 파일 이름을 '실습2-4(완성)'이라고 입력하고 [저장]을 클릭한다.

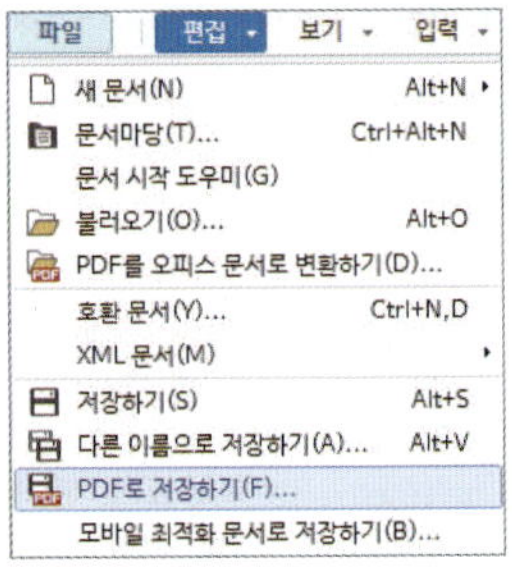

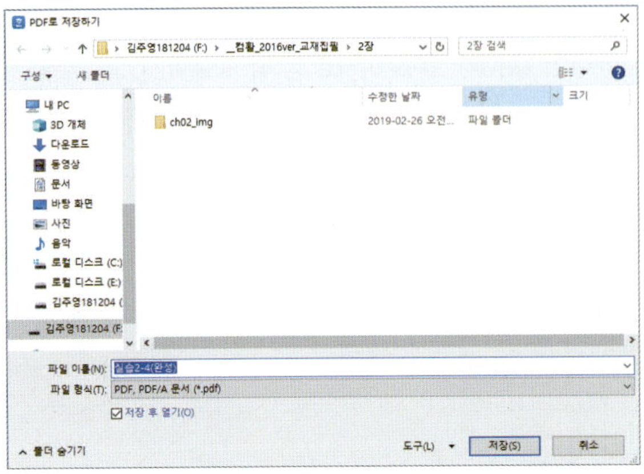

03 PDF 파일 확인하기 PDF 파일 변환이 끝나면 '흔PDF' 프로그램이 실행되고 PDF 파일을 확인할 수 있다.

TIP PDF 파일은 Adobe Acrobat Reader DC와 같은 프로그램을 이용해 확인할 수도 있다.

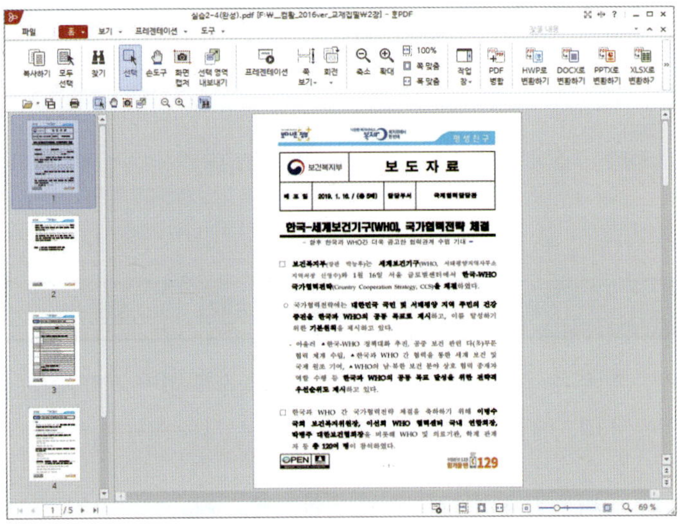

2.3.3 문서 불러오기

저장된 한글 문서를 불러오려면 [파일]-[불러오기]를 선택한다. [불러오기] 대화상자에서 원하는 파일을 선택하고 [열기]를 클릭한다.

TIP 윈도우의 파일 탐색기에서 원하는 한글 파일(*.hwp)을 선택하고 더블클릭해 불러올 수도 있다.

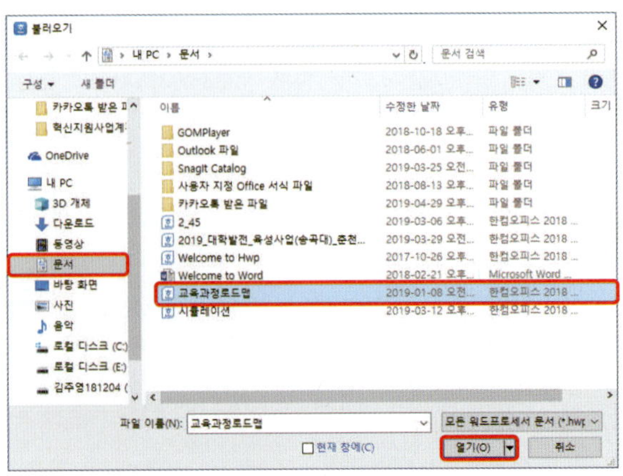

2.4 글자 입력하기

한글에서는 영문자, 한자, 외국어, 특수문자 등 다양한 글자를 입력할 수 있다. 여러 방법으로 글자를 입력해 보고, 한자 단어 사전에 새로운 단어를 입력하는 방법과 글자판을 전환하는 방법도 알아본다.

2.4.1 영문자 및 한자 입력하기

글자 입력은 기본이 한글 입력 상태이며, 영문자는 키보드의 한/영 또는 왼쪽 Shift+Space Bar를 눌러 영문 입력 상태로 변경한 후 입력한다. 한/영을 한 번 더 누르면 다시 한글 입력 상태로 전환된다. 영문 대문자는 Caps Lock을 눌러 대문자 입력 상태로 변경한 후 입력하거나 Shift를 누른 채로 입력한다.

한자를 입력할 때는 먼저 한자의 음을 한글로 입력한 후 한자 또는 F9를 눌러 [한자로 바꾸기] 대화상자가 열리면 원하는 한자를 선택해 변경한다.

기본예제 2-5 한자 입력하기

한자를 낱글자 단위와 단어 단위로 각각 입력해 보고, 입력 형식도 변경해 보자.

01 한자 낱글자 입력하기 입력하려는 한자의 음을 한글로 입력하고 한자를 눌러 [한자로 바꾸기] 대화상자가 열리면 알맞은 한자를 선택하고 [바꾸기]를 클릭한다.

TIP 바꾸기는 커서 위치에 따라 낱글자 또는 단어 단위로 실행되며, 블록을 설정하여 많은 양의 한글을 연속적으로 한 번에 바꿀 수도 있다.

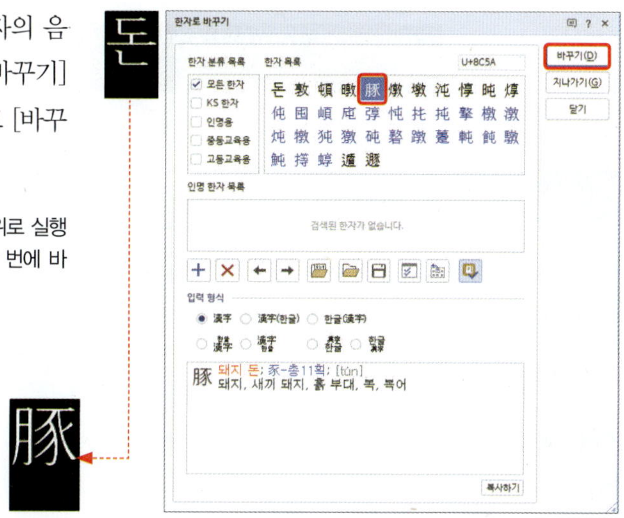

02 한자 단어 입력하기 입력하려는 한자 단어의 음을 한글로 입력하고 한자를 눌러 [한자로 바꾸기] 대화상자가 열리면 알맞은 한자 단어를 선택하고 [바꾸기]를 클릭한다.

TIP 한자 단어가 등록되어 있지 않으면 낱글자 단위로 변환해야 한다.

03 입력 형식 변경하기 한자 단어의 음을 한글로 입력하고 한자를 눌러 [한자로 바꾸기] 대화상자가 열리면 알맞은 한자 단어를 선택한다. [입력 형식] 항목에서 [漢字(한글)]을 선택한 후 [바꾸기]를 클릭한다.

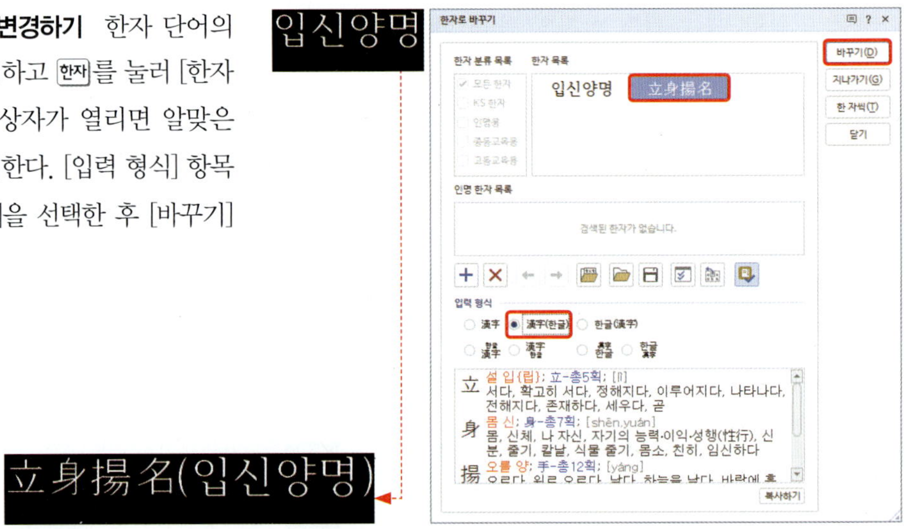

기본예제 2-6 한자 단어 등록하기

한글에서 기본으로 제공하는 한자 단어 사전에는 16만 개 이상의 단어가 등록되어 있다. 하지만 [한자로 바꾸기]를 실행했을 때 자주 쓰는 한자 단어가 사전에 등록되어 있지 않다면 사용자가 직접 등록할 수 있다. 한자 단어를 사전에 등록해 보자.

01 한자 단어 입력하기 *주영*이라고 입력하고 [입력]–[한자 입력]–[한자 단어 등록]을 선택한다.

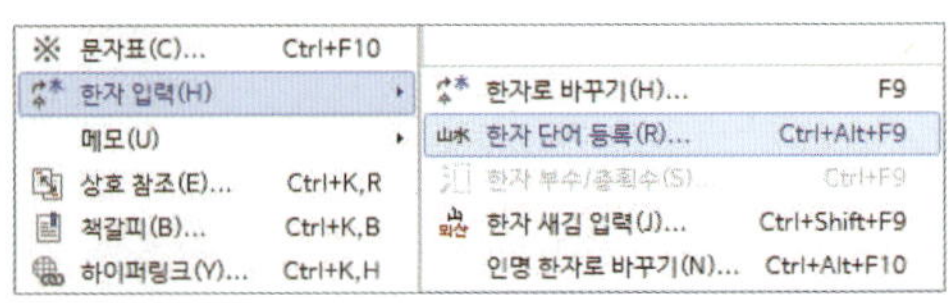

02 한 글자씩 한자로 변환하기 [한자 단어 등록] 대화상자에서 [등록할 한자 단어] 항목의 [한글]과 [한자]에 각각 '주영'이라고 입력되어 있는 것을 확인할 수 있다. [바꾸기] 항목에서 [한 글자씩 연속 바꾸기]를 선택한 후 [한자로]를 클릭해 한 글자씩 한자로 변환한다.

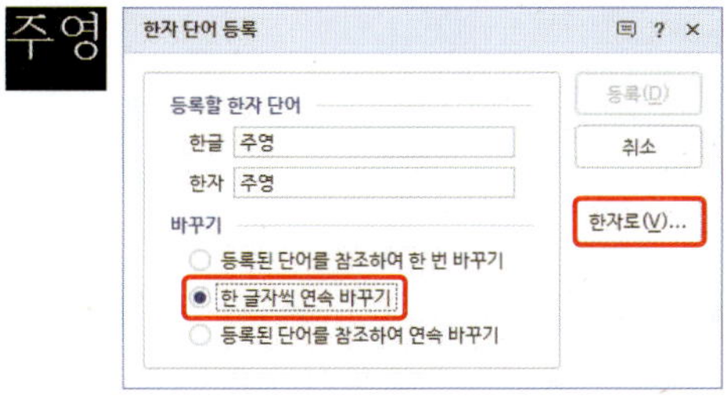

03 한자 단어 등록하기 [한자 단어 등록] 대화상자에서 변환된 한자를 확인한 후 [등록]을 클릭한다. 그리고 한자로 변환할 단어 뒤에 커서를 두고 한자를 누른 후 한자 목록에서 등록한 한자 단어를 확인하고 [바꾸기]를 클릭한다.

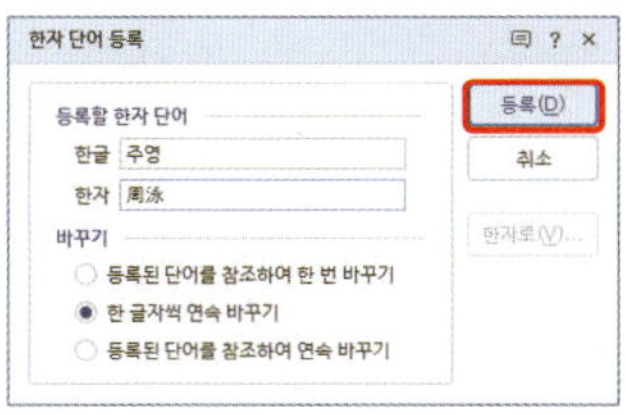

2.4.2 외국어 및 특수문자 입력하기

한글 2018은 한글은 물론 영어, 일본어, 중국어, 외국어, 특수문자 등의 글자판을 제공하므로 다양한 종류의 문자를 쉽고 빠르게 입력할 수 있다. 현재 선택한 글자판의 자판 배열을 확인하려면 [도구]-[글자판]-[글자판 보기]를 선택한다. 글자판을 바꾸려면 [도구]-[글자판]-[글자판 바꾸기]를 선택하고 [입력기 환경 설정] 대화상자의 [글자판 바꾸기] 탭에서 언어와 글자판을 선택해 변경한다. 왼쪽 Shift+Space Bar와 오른쪽 Shift+Space Bar 조합을 이용해 총 네 개의 글자판을 설정할 수 있다.

문자표를 이용하면 키보드에 없는 문자나 기호 등을 쉽게 입력할 수 있다. 문자표는 문자를 찾기 쉽도록 유니코드 문자를 재구성하여 제공하는 '사용자 문자표', 유니코드 체계에 의한 '유니코드 문자표', 한글 97에서 지원했던 '한글(HNC) 문자표', KS 완성형 코드인 '완성형(KS) 문자표'로 구성된다.

> **TIP** 유니코드는 세계 각국의 언어를 통일된 방법으로 표현할 수 있도록 국제 표준으로 지정한 2바이트 문자 코드 체계이다.

문자표를 이용해 문자를 입력하려면 [입력]–[문자표]를 선택한 후 [문자표] 대화상자에서 문자표 종류 탭을 선택한다. 그리고 [문자 영역], [문자 선택] 항목을 각각 선택한 후 [넣기]를 클릭하면 편집 창의 현재 커서 위치에 문자가 입력된다.

> **TIP** [문자표] 대화상자를 여는 단축키는 Ctrl+F10이다.

기본예제 2-7 글자판 전환하기

3/4 글자판을 새로 설정하고, 1/2 글자판, 3/4 글자판을 각각 전환해 보자.

01 글자판 설정하기 [도구]–[글자판]–[글자판 바꾸기]를 선택한 후 [입력기 환경 설정] 대화상자에서 [제3글자판]을 [특수 기호]와 [한국어 원 문자], [제4글자판]을 [특수 기호]와 [한국어 괄호 문자]로 각각 선택하고 [설정]을 클릭한다.

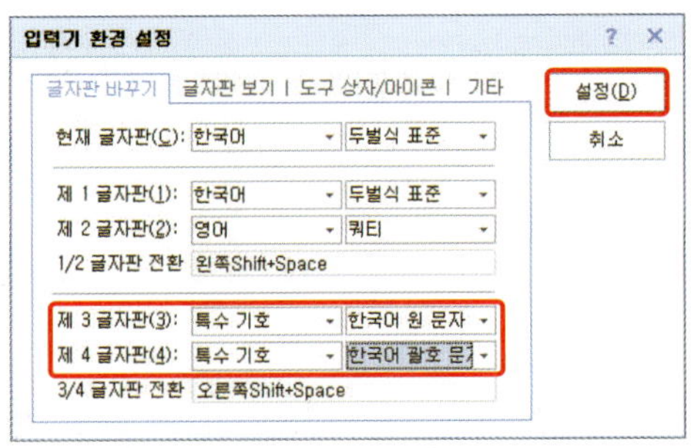

02 1/2 글자판 전환하기 기본값으로 설정된 제1글자판(한국어, 두벌식 표준)에서 제2글자판(영어, 쿼티)으로 전환할 때는 왼쪽 Shift+Space Bar를 누른다. 누를 때마다 제 1글자판과 제 2글자판이 번갈아 선택된다.

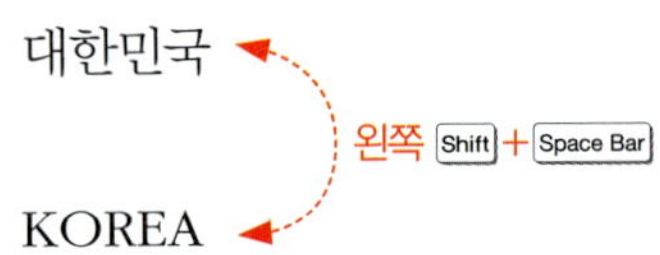

03 3/4 글자판 전환하기 01에서 설정한 제3글자판(한국어 원 문자)에서 제4글자판(한국어 괄호 문자)으로 전환할 때는 오른쪽 Shift+Space Bar를 누른다. 누를 때마다 제 3글자판과 제 4글자판이 번갈아 선택된다.

기본예제 2-8 외국어 입력하기

한글 2018에서 입력할 수 있는 다양한 외국어 중에서 일본어와 중국어를 입력해 보자.

01 일본어 입력하기 [도구]–[글자판]–[글자판 바꾸기]를 선택하고 [입력기 환경 설정] 대화상자에서 [현재 글자판]을 [일본어], [Hiragana]로 변경한다. 영문으로 빈칸없이 *o ha yo u go za i ma su* Enter Enter *a ri ga to u go za i ma su* Enter Enter *i ta da ki ma su* Enter 와 같이 일본어 히라가나를 입력해 본다. 원래대로 글자판을 [한국어], [두벌식 표준]으로 변경한다.

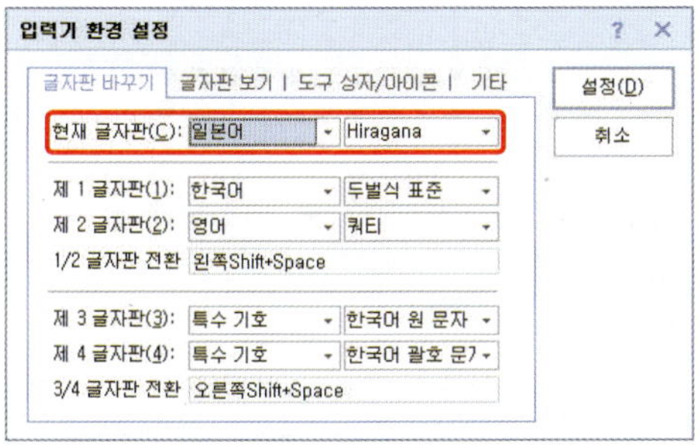

おはようございます
ありがとうございます
いただきます

TIP 식별의 편의상 o ha yo u go za i ma su와 같이 띄어쓰기로 구분했지만 공간 없이 ohayougozaimasu로 입력해야 한다.

02 중국어 입력하기 [도구]–[글자판]–[글자판 바꾸기]를 선택하고 [입력기 환경 설정] 대화상자에서 [현재 글자판]을 [중국어 간체], [병음(성조)]로 변경한다. *ni3 ha3o* Enter Enter *xie4xie* Enter Enter *za4ijia4n* Enter 와 같이 중국어 병음을 입력해 본다. 원래대로 글자판을 [한국어], [두벌식 표준]으로 변경한다.

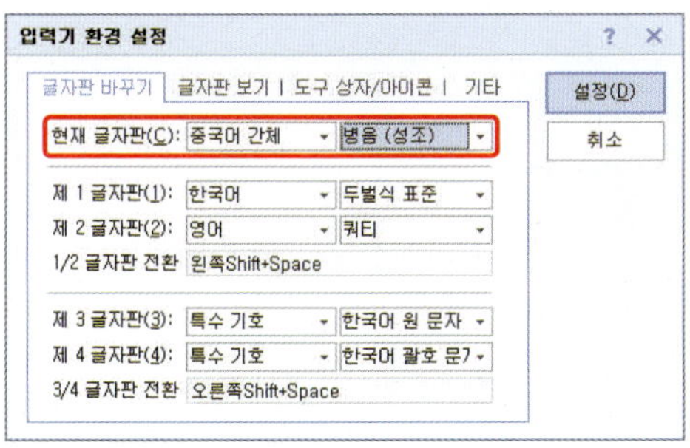

nǐhǎo
xièxie
zàijiàn

TIP 중국어 병음은 중국어 발음을 영어로 표기하는 것을 말하고, 성조는 음의 높낮이를 의미한다. 한글에서 성조를 입력하려면 영문자와 숫자를 이용한다.

기본예제 2-9 특수문자 입력하기

문자표를 이용해 다양한 종류의 특수문자를 입력해 보자.

01 원문자 입력하기 [입력]-[문자표]를 선택해 [문자표] 대화상자를 열고 [유니코드 문자표] 탭을 선택한 후 [괄호 문자] 영역에서 ①를 선택하고 [넣기]를 클릭한다.

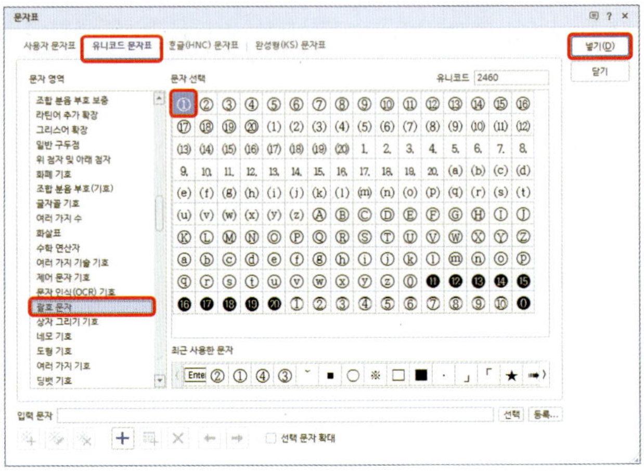

TIP 여러 문자를 한꺼번에 입력하려면 해당 문자를 각각 더블클릭해 하단의 [입력 문자]에 추가하고 [넣기]를 클릭한다.

02 불릿 기호 입력하기 [입력]-[문자표]를 선택해 [문자표] 대화상자를 열고 [한글(HNC) 문자표] 탭의 [불릿 기호] 영역에서 □ ■ •를 각각 선택하고 [넣기]를 클릭한다.

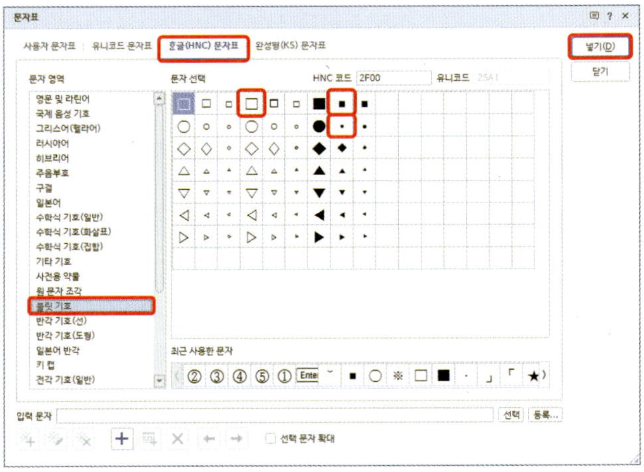

03 유용한 문자표 입력하기 [입력]-[문자표]를 선택해 [문자표] 대화상자를 열고 [한글(HNC) 문자표] 탭의 [전각기호(일반)] 영역에서 『 』÷ ※ ☞를 각각 선택하고 [넣기]를 클릭한다.

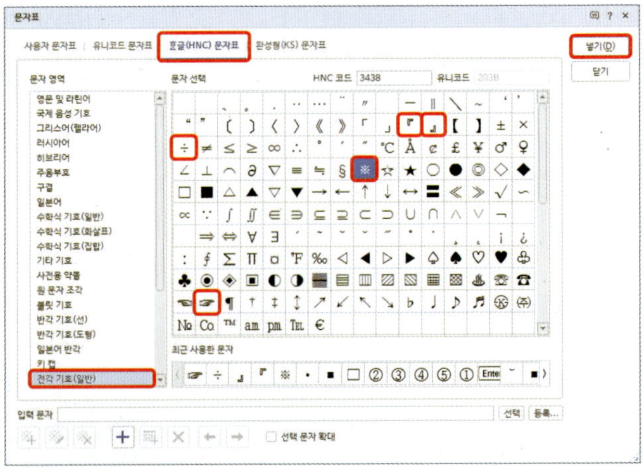

SECTION 03

기본 편집 기능 익히기

한글 2018의 기본 편집 기능은 이전 버전과 거의 동일하다. SECTION 03에서는 편집 용지 설정하기, 블록 설정하기, 글자 모양과 문단 모양 설정하기, 쪽 설정하기 방법에 대해 알아본다. 여기에서 소개하는 기능들만 사용해도 기본적인 문서는 충분히 작성할 수 있다.

3.1 편집 용지 설정하기

편집 용지 설정은 용지 종류, 용지 방향, 제본, 용지 여백, 적용 범위 등을 미리 정하는 기능이다. [파일]–[편집 용지] 또는 [쪽]–[편집 용지]를 선택해 [편집 용지] 대화상자를 열고 [기본] 탭에서 설정한다.

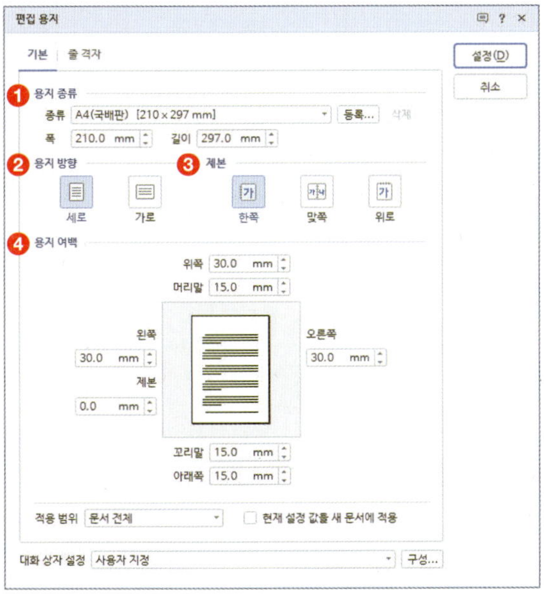

TIP [편집 용지] 대화상자를 여는 단축키는 F7이다.

❶ **용지 종류** 문서를 어떤 크기의 종이에 편집할 것인지 정한다. 기본값으로는 A4 크기가 지정되어 있다.

❷ **용지 방향** 문서의 방향을 세로(좁게)로 할지, 가로(넓게)로 할지 지정한다.

❸ **제본** 문서를 홀짝수 쪽 구별 없이 한쪽으로만 편집할 것인지, 홀짝수 쪽을 구별하는 맞쪽 보기로 편집할 것인지, 또는 위로 넘기도록 편집할 것인지 설정한다.

❹ **용지 여백** 용지의 위, 아래, 왼쪽, 오른쪽 여백과 머리말/꼬리말 여백, 제본 여백을 지정한다.

기본예제 2-10 편집 용지 설정하기

용지 여백을 설정하고, 설정한 용지를 등록한 후 불러와 활용해 보자.

01 용지 여백 설정하기 [파일]–[편집 용지]를 선택해 [편집 용지] 대화상자가 열리면 [용지 여백]의 값을 위쪽 · 아래쪽 · 왼쪽 · 오른쪽 각각 20mm, 머리말 · 꼬리말 각각 10mm로 변경하고 [설정]을 클릭한다.

02 용지 설정 등록하기 용지 여백 설정값을 저장하기 위해 [용지 종류] 항목의 [등록]을 클릭한다. [다른 이름으로 등록] 대화상자에서 [용지 이름]을 *워드실기*로 입력하고 [등록]을 클릭한다.

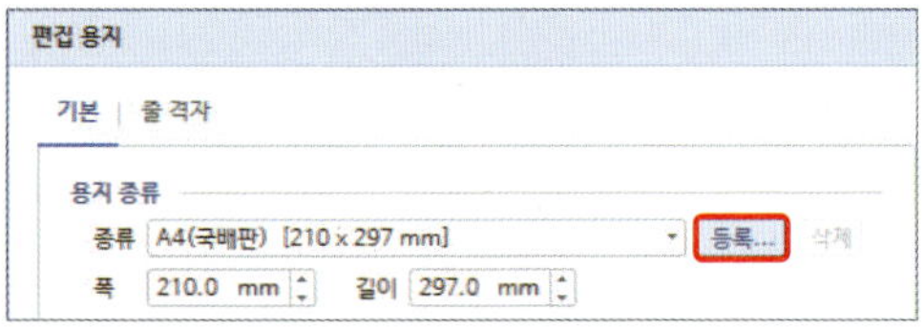

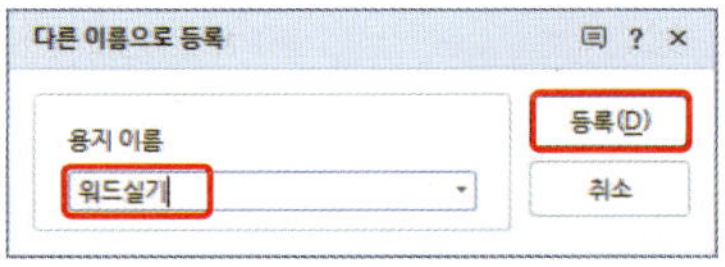

03 등록된 용지 설정 불러오기 새 문서에서 F7을 눌러 [편집 용지] 대화상자를 열고 [용지 종류] 항목의 목록에서 '워드실기'를 선택한 후 [설정]을 클릭한다. 문서를 열 때마다 용지 여백을 설정할 필요 없이 한 번에 변환할 수 있다.

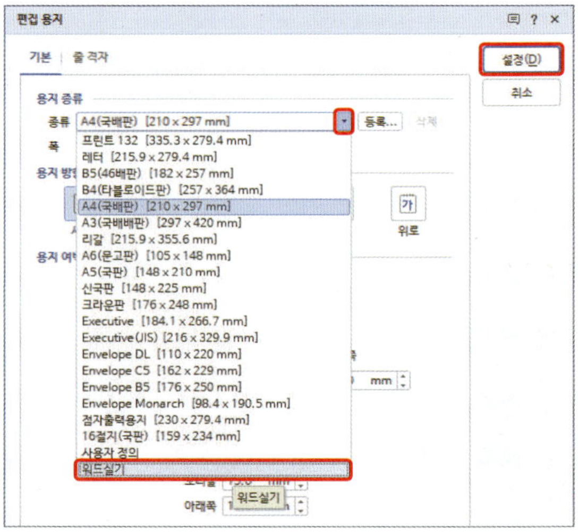

3.2 블록 설정하기

한글 문서에서 블록 설정은 편집 기능이 적용될 범위를 미리 정하는 것으로, 글자 모양이나 문단 모양을 변경할 때, 내용의 일부를 복사하거나 지울 때 주로 사용한다. 블록을 설정하는 기본 방법은 시작 지점에서 클릭하여 끝 지점까지 드래그하는 것이다. 또한 특정 단어를 두 번 클릭하면 해당 단어가 블록 설정되고, 세 번 클릭하면 단어가 포함된 문단 전체가 블록 설정된다. 블록으로 설정된 범위는 역상으로 표시된다. 블록 설정을 해제하려면 Esc를 누른다.

TIP 문서의 왼쪽 용지 여백을 한 번 클릭하면 줄 블록, 두 번 클릭하면 문단 블록, 세 번 클릭하면 문서 전체 블록이 설정된다.

기본예제 2-11 칸 단위 블록 설정하기

문단이 한 줄씩 이루어진 경우 칸 단위 블록을 설정해 세로 방향으로 특정 열만 복사하거나 삭제할 수 있다. 칸 단위 블록 설정을 하려면 F4를 누른 후 방향키를 이용하거나 Alt를 누른 채 드래그한다. 칸 단위 블록을 설정해 특정 열을 제거해 보자.

01 항목 입력하기 다음과 같은 내용을 입력한다. 항목 사이는 Tab을 눌러 구분한다.

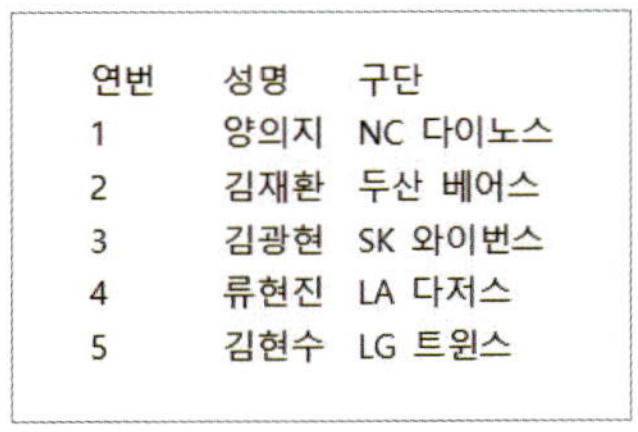

02 칸 단위 블록 시작 지점 설정하기 첫 번째 줄의 '연번' 앞에 커서를 두고 F4를 누른다.

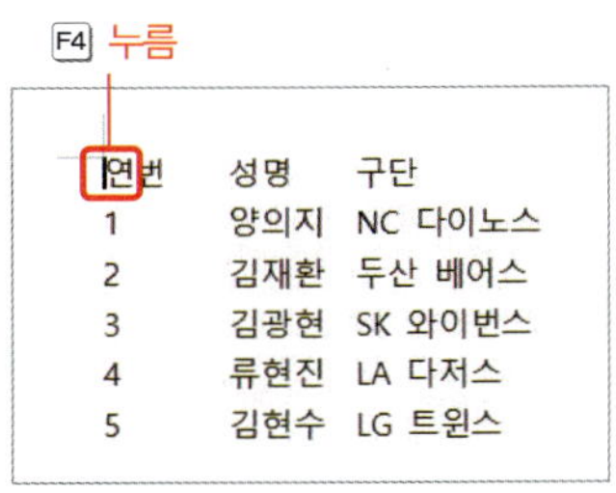

03 칸 단위 블록 설정하기 →를 세 번, ↓를 다섯 번 눌러 칸 단위 블록을 설정한다.

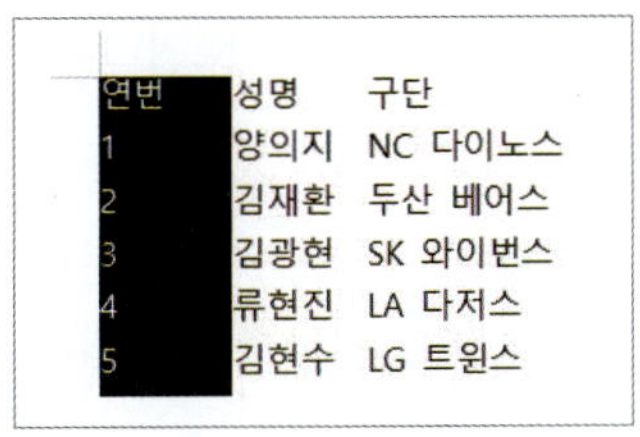

04 블록 삭제하기 Delete를 눌러 블록 설정 부분을 지운다.

성명	구단
양의지	NC 다이노스
김재환	두산 베어스
김광현	SK 와이번스
류현진	LA 다저스
김현수	LG 트윈스

3.3 글자 모양 설정하기

글자 모양은 글꼴, 글자 크기, 글자 색과 음영 색 등의 글자 속성을 모두 포함하는 개념이다. 메뉴에서 [서식]-[글자 모양]을 선택하거나 기본 도구 상자에서 [편집] 탭-[글자 모양]을 클릭해 [글자 모양] 대화상자를 열어 설정한다. 설정한 글자 모양은 입력할 내용이나 블록 설정한 내용에 일괄적으로 적용된다.

TIP [글자 모양] 대화상자를 여는 단축키는 Alt+L이다.

[글자 모양] 대화상자에서는 다음과 같은 설정을 할 수 있다.

❶ **기준 크기** 글자 크기를 조절한다. 1pt부터 편집 용지 크기까지 제한이 없으며, 0.1pt 단위로 조정한다.

❷ **언어** [대표], [한글], [영문], [한자], [일어], [외국어], [기호], [사용자] 중에서 선택한다. [대표] 글꼴은 각 언어별 글꼴에 대하여 서로 어울리는 글꼴끼리 짝지어 집합으로 만들어 놓은 것이다.

❸ **글꼴** 언어에서 [대표]를 선택해 한꺼번에 지정하거나 언어별로 다르게 지정할 수 있다.

❹ **상대 크기** 기준 크기를 먼저 지정한 다음 각 언어별로 서로 다른 글자 크기를 지정한다. 한글과 영문, 한자 등을 섞어 쓸 때 각 언어별로 적당한 상대 크기를 정해 놓고 사용하면 글자의 크기와 모양을 고르게 표시할 수 있다.

❺ **장평** 글자의 '가로/세로' 비율을 의미하며, 글자의 크기는 그대로 유지하면서 글자의 가로 폭에 변화를 주는 것이다. 설정할 수 있는 값은 50~200%이다.

TIP 장평 값이 100%보다 작으면 홀쭉한 글자가 되고, 100%보다 크면 옆으로 퍼진 글자가 된다.

❻ **글자 위치** 글자의 기준선을 기준으로 글자를 위나 아래로 움직여 위치를 조정한다.

❼ **자간** 글자와 글자 사이의 간격을 의미한다. 설정할 수 있는 값은 –50~50%이다. 0%보다 작으면 다음 글자와의 간격이 좁아지고, 0%보다 크면 다음 글자와의 간격이 넓어진다.

> **TIP** 문단의 마지막 줄에 한두 글자만 남아 있으면 문서의 완성도가 떨어져 보인다. 이 경우 마지막 문장을 블록 설정한 후 자간 값을 –3~–8% 정도로 조절하면 다른 부분과 크게 차이 나지 않으면서 자연스럽게 문단이 마무리된다.

❽ **진하게** 글자의 획을 굵게 표시한다.

❾ **기울임** 글자를 오른쪽으로 기울여 표시한다.

❿ **밑줄** 글자에 밑줄을 긋는다.

⓫ **취소선** 글자의 중앙에 취소선을 긋는다.

⓬ **외곽선** 외곽선으로 이루어진 글자 모양으로 만든다.

⓭ **그림자** 글자의 오른쪽 아래에 비연속 그림자를 표시한다.

⓮ **양각** 글자를 돌출된 양각 모양으로 표시한다.

⓯ **음각** 글자를 파인 음각 모양으로 표시한다.

⓰ **위 첨자** 글자를 위 첨자로 표시한다.

⓱ **아래 첨자** 글자를 아래 첨자로 표시한다.

⓲ **보통 모양** 설정한 모든 글자 속성을 해제한다.

⓳ **글자 색** 글자 색을 변경한다.

⓴ **음영 색** 글자의 음영 색을 변경한다.

다음은 [글자 모양] 대화상자에서 장평, 자간을 적용한 예이다.

장평 150%	- 한글 워드프로세서
장평 100%	- 한글 워드프로세서
장평 50%	- 한글 워드프로세서
자간 50%	- 한 글 워 드 프 로 세 서
자간 0%	- 한글 워드프로세서
자간 -50%	- 한글워드프로세서

다음은 [글자 모양] 대화상자에서 글자 속성을 적용한 예이다.

진하게	**컴퓨터실습**	기울임	*컴퓨터실습*
밑줄	컴퓨터실습	취소선	~~컴퓨터실습~~
외곽선	컴퓨터실습	그림자	컴퓨터실습
양각	컴퓨터실습	음각	컴퓨터실습
위 첨자	컴퓨터실습	아래 첨자	컴퓨터실습
글자 색	컴퓨터실습	음영 색	컴퓨터실습

기본예제 2-12 글자 모양 설정하기

글자 모양 중 글꼴, 장평, 자간, 글자 속성을 설정해 보자.

01 글꼴 설정하기 다음 문장을 입력하고 블록 설정한 후 [서식]–[글자 모양]을 선택해 [글자 모양] 대화상자를 열고 [글꼴]은 [맑은 고딕], [기준 크기]는 [15]로 설정한다. 문서의 빈 공간을 클릭해 블록 설정을 해제한다.

나 하늘로 돌아가리라. 아름다운 이 세상 소풍 끝내는 날...

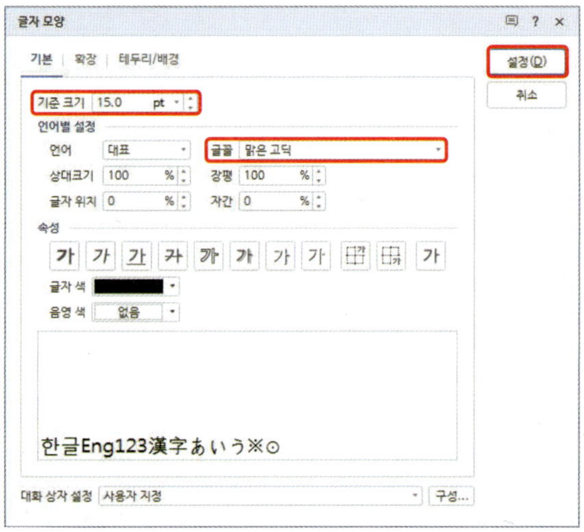

나 하늘로 돌아가리라. 아름다운 이 세상 소풍 끝내는 날...

02 장평, 자간 설정하기 입력한 문장을 블록 설정하고 [글자 모양] 대화상자에서 [장평]은 [120%], 자간은 [10%]로 설정한다.

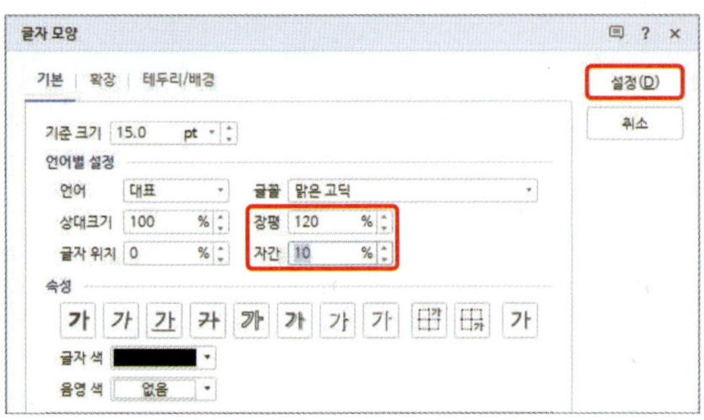

나 하늘로 돌아가리라. 아름다운 이 세상 소풍 끝내는 날...

03 글자 속성 설정하기 블록 설정된 상태로 [글자 모양] 대화상자에서 [속성]의 [진하게]와 [그림자]를 클릭하고 [글자 색]은 [파랑]으로 선택한다. 문서의 빈 공간을 클릭해 블록 설정을 해제한다.

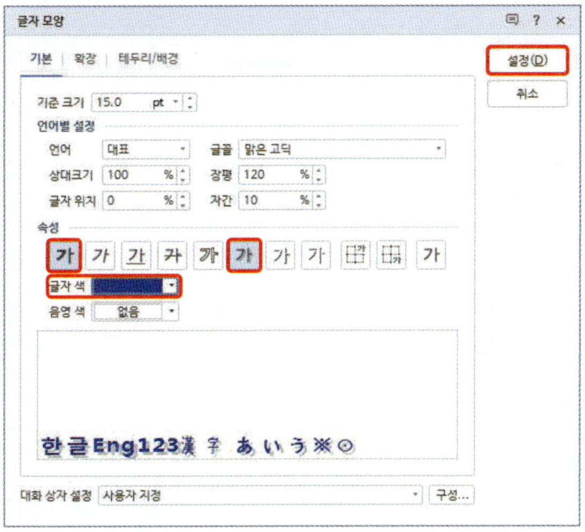

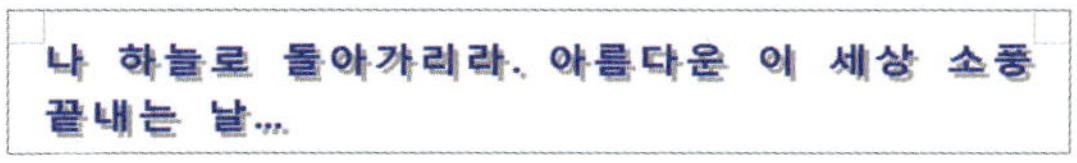

TIP 글자 속성 중에서 진하게, 기울임, 밑줄, 취소선, 글자 색은 서식 도구 모음에서 해당 도구를 클릭해 적용하면 편리하다.

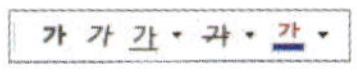

3.4 문단 모양 설정하기

문단이란 문맥에 따라 구분되는 단위를 말한다. 한글에서는 Enter를 눌러 줄을 바꾸면 문단으로 취급된다. 문단 모양은 메뉴에서 [서식]-[문단 모양]을 선택하거나 기본 도구 모음에서 [편집] 탭-[문자 모양]을 클릭해 [문단 모양] 대화상자를 열어 설정할 수 있다. 변경할 수 있는 항목은 문단 여백, 첫 줄 모양, 정렬 방식, 줄 간격, 문단 테두리와 배경, 탭 설정 등이다.

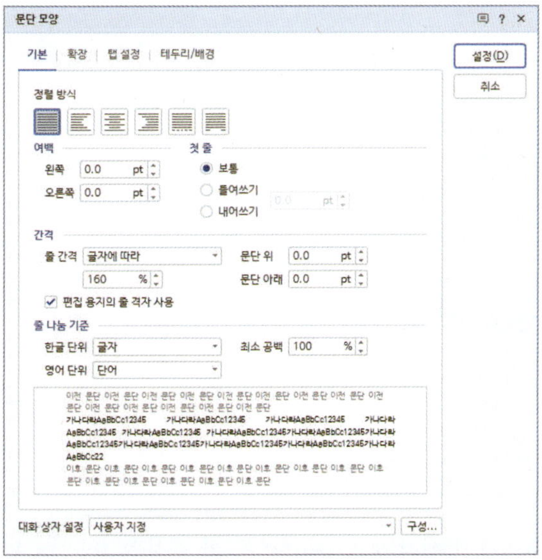

TIP 마우스 오른쪽 단추를 클릭해 [문단 모양]을 선택해도 되고, 단축키 Alt+T를 눌러도 된다.

문단 모양은 문단 단위로 적용되기 때문에 커서가 놓인 문단에만 영향을 미친다. 여러 문단에 동일한 문단 모양을 적용하려면 해당 문단을 모두 블록 설정한 후 변경한다.

3.4.1 문단 정렬 방식

문단 정렬은 문단 안의 낱말들을 어떤 방식으로 정렬할 것인지 설정하는 기능으로, 양쪽 정렬, 왼쪽 정렬, 가운데 정렬, 오른쪽 정렬, 배분 정렬, 나눔 정렬 등이 있다.

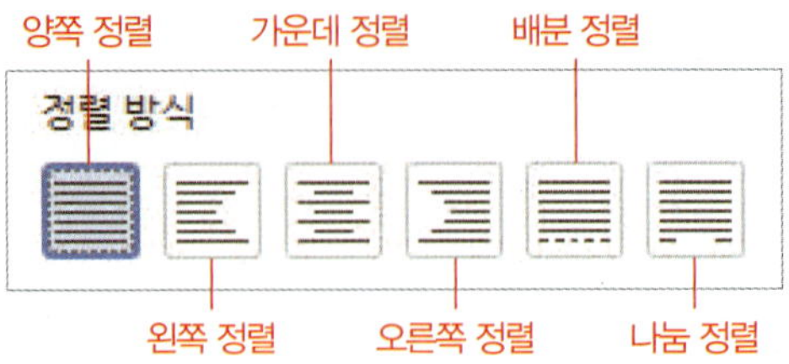

▲ 문단 정렬 방식의 종류

양쪽 정렬은 가장 널리 쓰이는 정렬 방식으로 양쪽을 가지런하게 맞추는 것이고, 왼쪽 정렬은 왼쪽만 가지런하게 맞추는 것이다. 왼쪽 정렬은 글을 쓰다가 단어가 중간에서 분리될 경우 단어 자체를 다음 줄로 넘기지만, 양쪽 정렬은 단어가 분리되더라도 문단 끝까지 메우고 다음 줄로 넘긴다. 즉 양쪽 정렬은 음절 또는 어절 단위로 줄 바꿈을 하고, 왼쪽 정렬은 어절 단위로 줄 바꿈을 한다.

배분 정렬과 나눔 정렬은 양쪽 정렬을 변형한 것이다. 배분 정렬은 글자 사이를 일정하게 띄우고, 나눔 정렬은 어절 사이를 일정하게 띄운다.

문단 정렬 방식을 변경하려면 해당 문단 내에 커서를 위치시키거나 블록을 설정하고 [서식]–[문단 모양]을 선택해 [문단 모양] 대화상자를 열어 설정한다.

TIP 문단 정렬 방식을 설정하고 다음 문단을 입력하면 동일한 정렬 방식이 적용되기 때문에 입력을 모두 마친 후 변경하는 것이 효율적이다.

3.4.2 문단 여백과 첫 줄 모양

문단 여백은 문단의 왼쪽, 오른쪽 여백을 설정하는 기능이다. 해당 문단에 커서를 위치시키고 [서식]–[문단 모양]을 선택해 [문단 모양] 대화상자를 열고 [여백] 항목에서 설정한다.

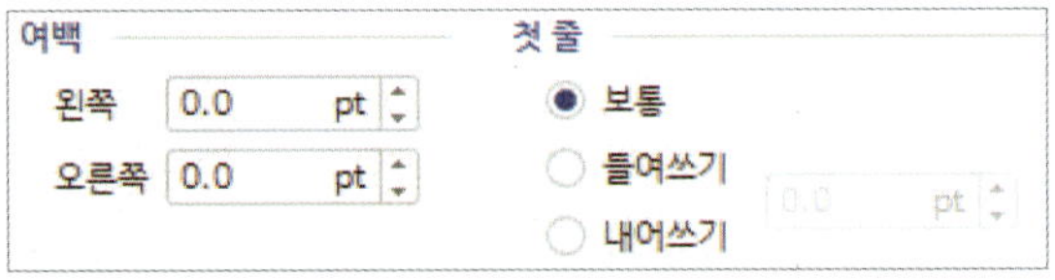

TIP 편집 용지의 왼쪽, 오른쪽 여백과 문단의 왼쪽, 오른쪽 여백은 별개이다.

문단의 첫 줄 모양은 [보통], [들여쓰기], [내어쓰기] 중에서 선택하며, 해당 문단에 커서를 위치시키고 [서식]–[문단 모양]을 선택해 [문단 모양] 대화상자의 [첫 줄] 항목에서 설정한다. [들여쓰기]를 적용한 문단은 첫 줄이 그 문단 전체 여백보다 오른쪽으로 들어가서 시작되고, [내어쓰기]를 적용한 문단은 첫 줄을 제외한 그 문단 전체의 왼쪽 여백이 내어쓰기 값만큼 들어가서 시작된다.

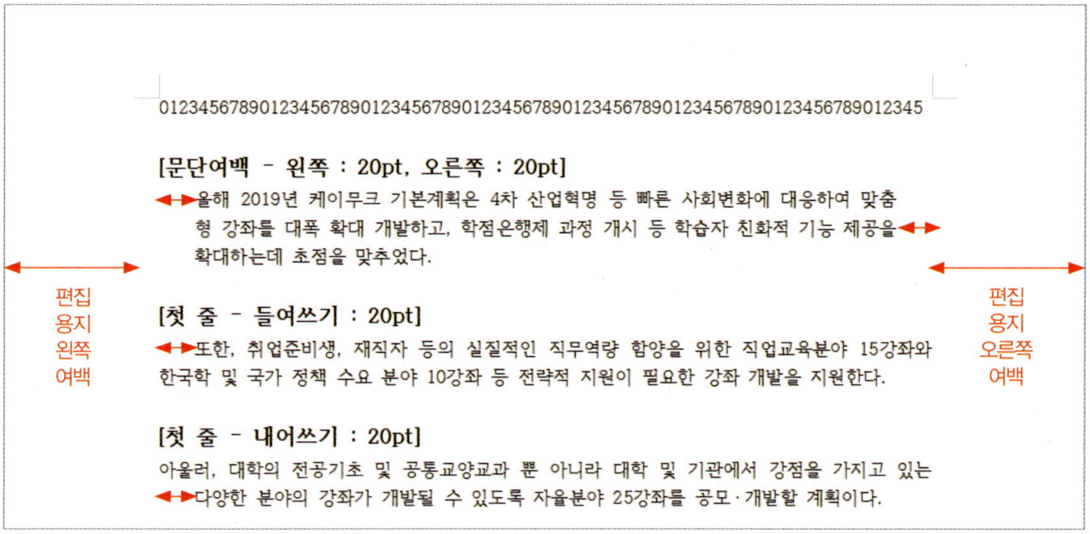

TIP 첫 번째 줄의 시작 지점에 상관없이 현재 커서 위치를 기준으로 첫 줄 내어쓰기를 하려면 Shift+Tab을 누른다.

3.4.3 줄 간격과 줄 나눔 기준

줄 간격은 문단 단위 내의 줄 간격을 의미하며, 해당 문단에 커서를 위치시키고 [서식]-[문단 모양]을 선택해 [문단 모양] 대화상자의 [줄 간격] 항목에서 설정한다.

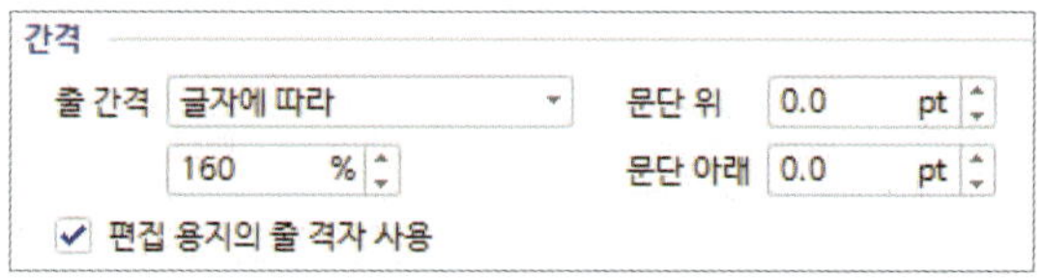

- **글자에 따라** 해당 문단에서 가장 큰 글자의 높이에 비례한 값을 퍼센트(%) 단위로 입력한다. 기본값은 160%이며, 0~500% 범위에서 설정할 수 있다.
- **고정 값** 현재 줄 글자 상단에서 다음 줄 글자 상단까지의 값을 포인트(pt), 센티미터(cm), 인치(inch) 등의 단위로 설정한다.
- **여백만 지정** 현재 줄 글자 하단에서 다음 줄 글자 상단까지의 여백 값을 포인트(pt), 센티미터(cm), 인치(inch) 등의 단위로 설정한다.
- **최소** 현재 줄 글자 상단에서 다음 줄 글자 상단까지 값을 포인트(pt), 센티미터(cm), 인치(inch) 등의 단위로 입력한 값만큼 띄우되 설정한 최소값 이하로는 적용하지 않는다.

이 외에도 문단과 문단 사이의 간격인 문단 위, 문단 아래 값을 설정할 수 있다.

줄 나눔 기준은 문단에서 한 낱말의 일부분이 오른쪽 여백에 걸릴 때 어떻게 줄을 나눌지 설정하는 기능이다.

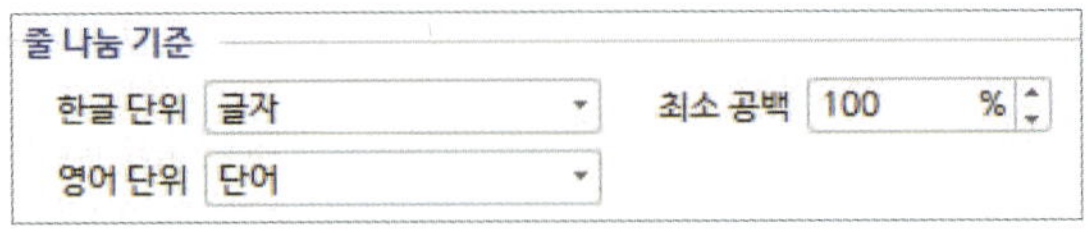

- **한글 단위** [글자] 또는 [어절] 단위 중에서 선택한다.
- **영문 단위** [단어], [하이픈], [글자] 단위 중에서 선택한다.
- **최소 공백** 낱말 사이의 빈칸 간격을 일정한 범위까지 줄임으로써 줄 끝에 걸린 낱말이 다음 줄로 넘어가지 않고 그 줄에 남을 수 있도록 하는 최소 공백 값을 설정한다.

TIP 한글은 [글자] 단위로, 영문은 [단어] 단위로 정렬해야 가독성이 좋다.

3.4.4 문단 테두리와 배경

문단 테두리와 배경은 [문단 모양] 대화상자의 [테두리/배경] 탭에서 설정한다.

문단 테두리를 설정하려면 [테두리] 항목에서 [종류], [굵기], [색] 등을 먼저 선택한 후 오른쪽의 미리보기에서 테두리가 적용될 위치를 클릭한다. 문단 배경은 [배경] 항목의 [면 색], [무늬 색], [무늬 모양]의 목록에서 각각 선택한다.

기본예제 2-13 문단 정렬하기

다양한 방식으로 문단을 정렬해 보자.

01 준비 파일 불러오기 [파일]–[불러오기]를 선택해 '실습2-13(준비).hwp' 파일을 연다.

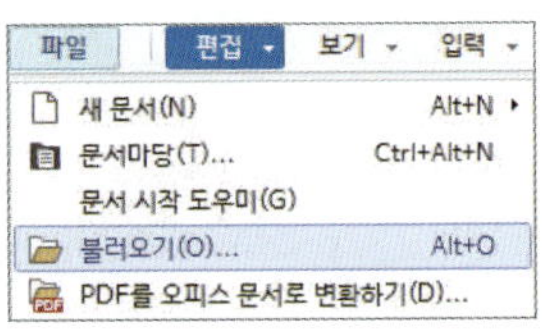

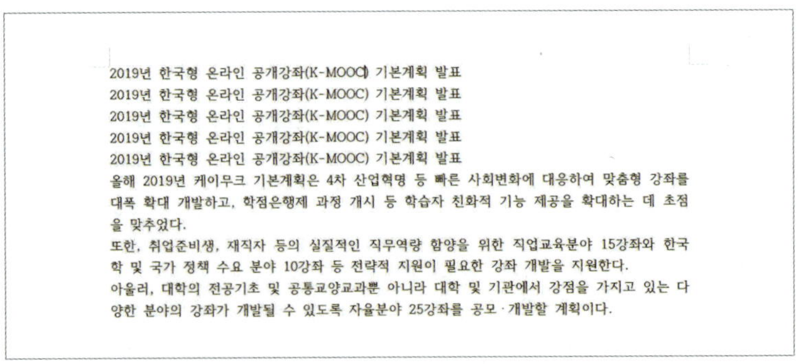

02 가운데 정렬하기 첫 번째, 세 번째 문단에 각각 커서를 두고 [서식]-[문단 모양]을 선택하거나 [편집] 탭-[문단 모양]을 클릭해 [문단 모양] 대화상자를 열고 [정렬 방식]의 [가운데 정렬]을 선택한다.

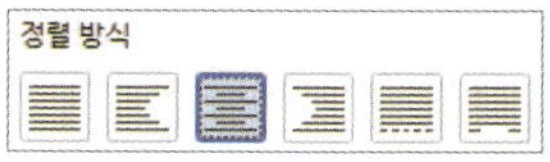

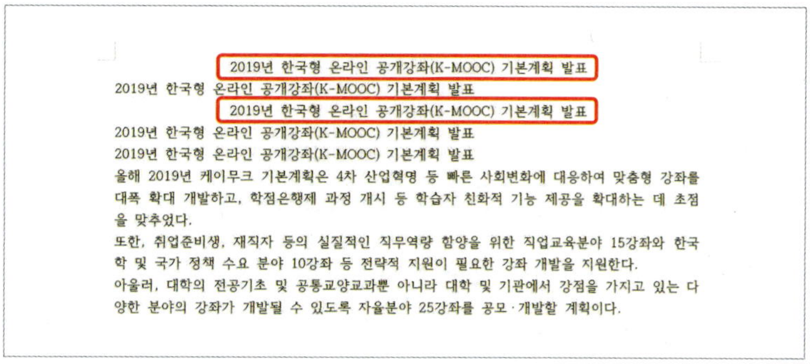
2019년 한국형 온라인 공개강좌(K-MOOC) 기본계획 발표
2019년 한국형 온라인 공개강좌(K-MOOC) 기본계획 발표
2019년 한국형 온라인 공개강좌(K-MOOC) 기본계획 발표
2019년 한국형 온라인 공개강좌(K-MOOC) 기본계획 발표
2019년 한국형 온라인 공개강좌(K-MOOC) 기본계획 발표
올해 2019년 케이무크 기본계획은 4차 산업혁명 등 빠른 사회변화에 대응하여 맞춤형 강좌를 대폭 확대 개발하고, 학점은행제 과정 개시 등 학습자 친화적 기능 제공을 확대하는 데 초점을 맞추었다.
또한, 취업준비생, 재직자 등의 실질적인 직무역량 함양을 위한 직업교육분야 15강좌와 한국학 및 국가 정책 수요 분야 10강좌 등 전략적 지원이 필요한 강좌 개발을 지원한다.
아울러, 대학의 전공기초 및 공통교양교과뿐 아니라 대학 및 기관에서 강점을 가지고 있는 다양한 분야의 강좌가 개발될 수 있도록 자율분야 25강좌를 공모·개발할 계획이다.

TIP 서식 도구 모음에서 [가운데 정렬] 도구를 클릭해 설정해도 된다.

03 오른쪽 정렬하기 네 번째, 다섯 번째 문단을 동시에 설정하기 위해 블록으로 설정하고 [문단 모양] 대화상자에서 [오른쪽 정렬]을 선택한다.

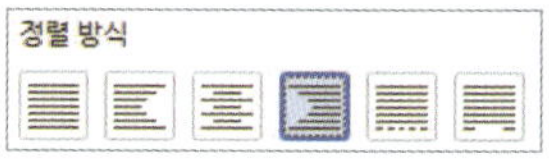

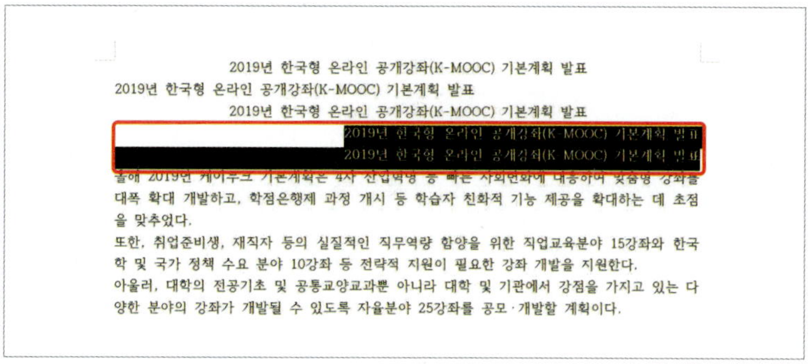
2019년 한국형 온라인 공개강좌(K-MOOC) 기본계획 발표
2019년 한국형 온라인 공개강좌(K-MOOC) 기본계획 발표
2019년 한국형 온라인 공개강좌(K-MOOC) 기본계획 발표
2019년 한국형 온라인 공개강좌(K-MOOC) 기본계획 발표
2019년 한국형 온라인 공개강좌(K-MOOC) 기본계획 발표
올해 2019년 케이무크 기본계획은 4차 산업혁명 등 빠른 사회변화에 대응하여 맞춤형 강좌를 대폭 확대 개발하고, 학점은행제 과정 개시 등 학습자 친화적 기능 제공을 확대하는 데 초점을 맞추었다.
또한, 취업준비생, 재직자 등의 실질적인 직무역량 함양을 위한 직업교육분야 15강좌와 한국학 및 국가 정책 수요 분야 10강좌 등 전략적 지원이 필요한 강좌 개발을 지원한다.
아울러, 대학의 전공기초 및 공통교양교과뿐 아니라 대학 및 기관에서 강점을 가지고 있는 다양한 분야의 강좌가 개발될 수 있도록 자율분야 25강좌를 공모·개발할 계획이다.

04 왼쪽 정렬하기 일곱 번째 문단에 커서를 두고 [문단 모양] 대화상자에서 [왼쪽 정렬]을 선택한다.

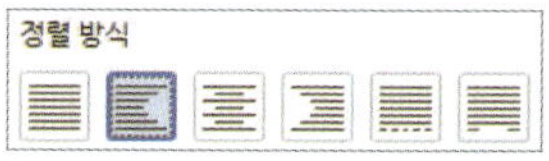

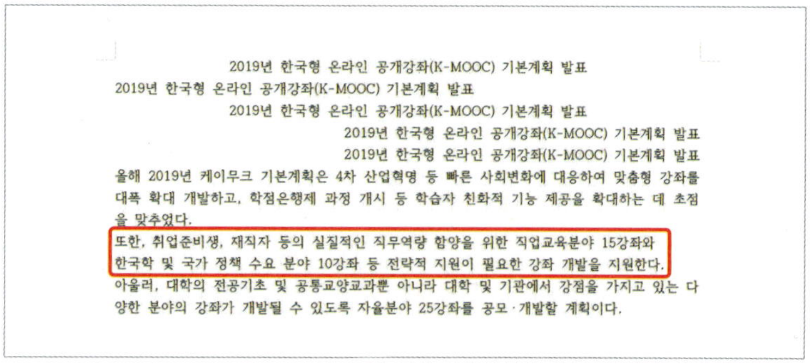
2019년 한국형 온라인 공개강좌(K-MOOC) 기본계획 발표
2019년 한국형 온라인 공개강좌(K-MOOC) 기본계획 발표
2019년 한국형 온라인 공개강좌(K-MOOC) 기본계획 발표
2019년 한국형 온라인 공개강좌(K-MOOC) 기본계획 발표
2019년 한국형 온라인 공개강좌(K-MOOC) 기본계획 발표
올해 2019년 케이무크 기본계획은 4차 산업혁명 등 빠른 사회변화에 대응하여 맞춤형 강좌를 대폭 확대 개발하고, 학점은행제 과정 개시 등 학습자 친화적 기능 제공을 확대하는 데 초점을 맞추었다.
또한, 취업준비생, 재직자 등의 실질적인 직무역량 함양을 위한 직업교육분야 15강좌와 한국학 및 국가 정책 수요 분야 10강좌 등 전략적 지원이 필요한 강좌 개발을 지원한다.
아울러, 대학의 전공기초 및 공통교양교과뿐 아니라 대학 및 기관에서 강점을 가지고 있는 다양한 분야의 강좌가 개발될 수 있도록 자율분야 25강좌를 공모·개발할 계획이다.

05 배분 정렬하기 여덟 번째 문단에 커서를 두고 [문단 모양] 대화상자에서 [배분 정렬]을 선택한다.

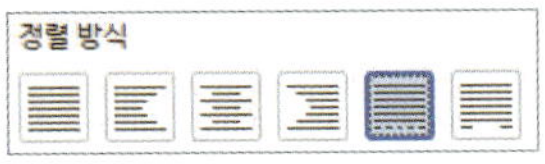

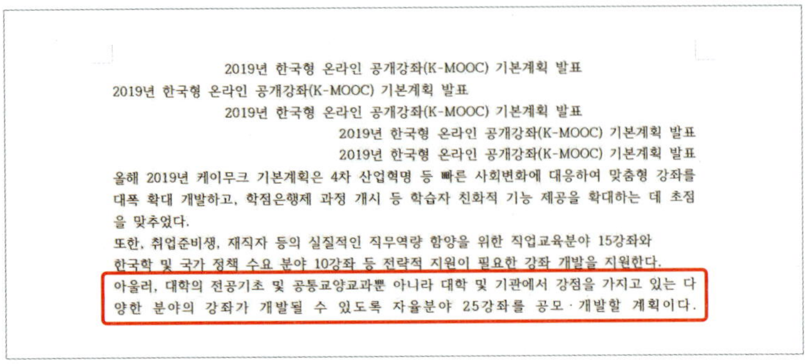

06 나눔 정렬하기 여섯 번째 문단에 커서를 두고 [문단 모양] 대화상자에서 [나눔 정렬]을 선택한다.

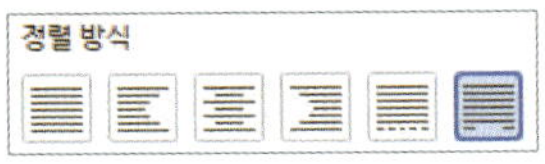

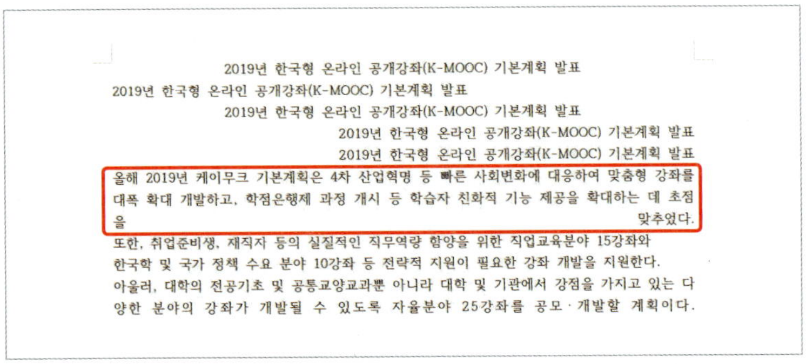

07 저장하기 [파일]–[다른 이름으로 저장]을 선택해 [다른 이름으로 저장하기] 대화상자를 열고 파일 이름을 '실습2–13(완성).hwp'로 설정해 저장한다.

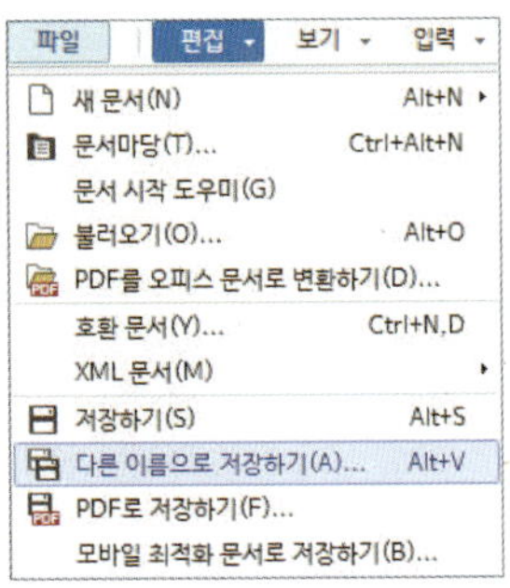

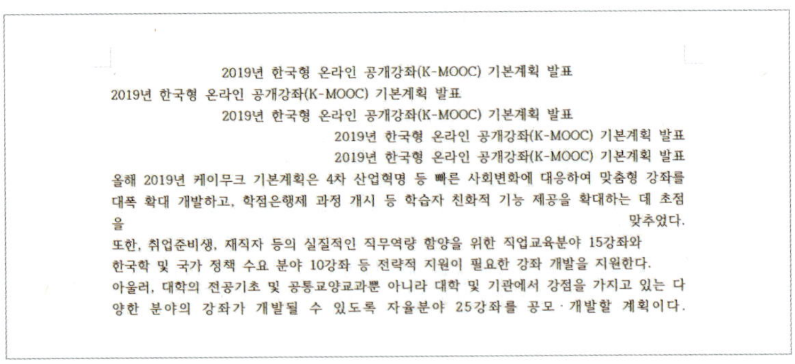

기본예제 2-14 문단 속성 설정하기

문단 여백, 첫 줄 모양, 줄 간격 등의 문단 속성을 설정해 보자.

01 문단 여백 설정하기 [파일]–[불러오기]를 선택해 '실습2-14(준비).hwp' 파일을 불러온다. 2~5줄, 9~12줄을 각각 블록 설정하고 [서식]–[문단 모양]을 선택해 [문단 모양] 대화상자를 열어 왼쪽 여백을 [20pt]로 설정한다.

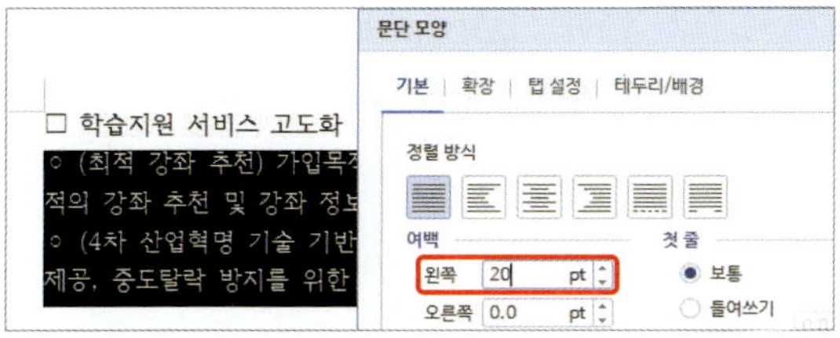

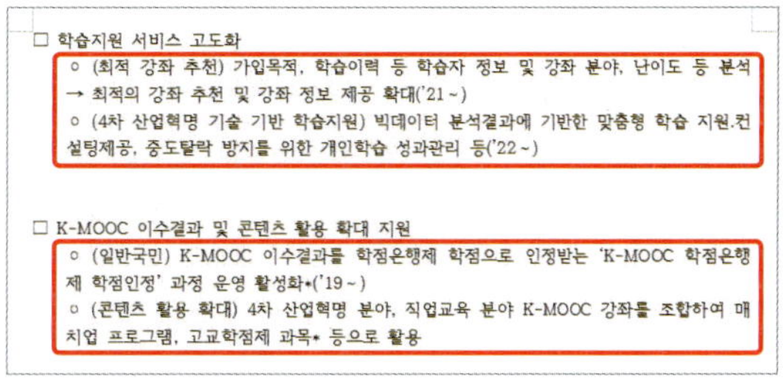

02 빠른 내어쓰기 2, 4, 9, 11줄의 괄호 앞에 커서를 위치시키고 Shift+Tab을 누른다.

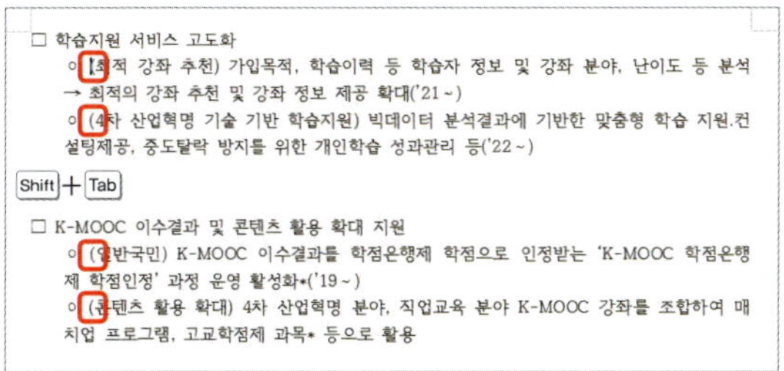

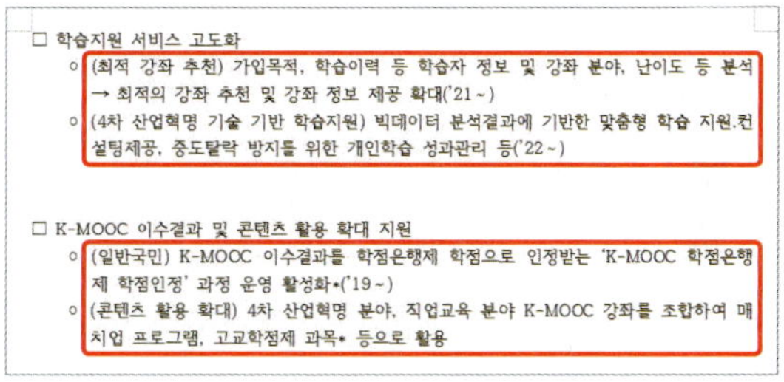

03 줄 간격 설정하기 본문 전체를 블록 설정한 후 [서식]–[문단 모양]을 선택해 [문단 모양] 대화상자를 열고 [줄 간격]을 [글자에 따라], [200%]로 설정한다.

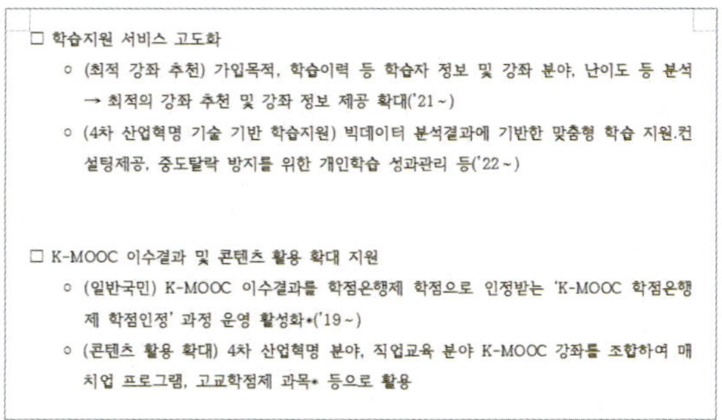

TIP 본문 전체 블록 설정을 하려면 Ctrl+A를 누른다.

04 저장하기 [파일]-[다른 이름으로 저장]을 선택해 [다른 이름으로 저장하기] 대화상자를 열고 파일 이름을 '실습2-14(완성).hwp'로 설정해 저장한다.

기본예제 2-15 문단 테두리와 배경 설정하기

문단 테두리와 문단 배경색을 설정해 보자.

01 문단 테두리 설정하기 [파일]-[불러오기]를 선택해 '실습2-14(완성).hwp' 파일을 불러온다. 본문 전체를 블록 설정한 후 [서식]-[문단 모양]을 선택해 [문단 모양] 대화상자를 열고 [테두리/배경] 탭의 [테두리] 항목에서 [종류]는 [실선], [굵기]는 [0.5mm], [색]은 [주황]으로 설정한다. 그리고 오른쪽의 미리 보기에서 [모두]를 클릭한다.

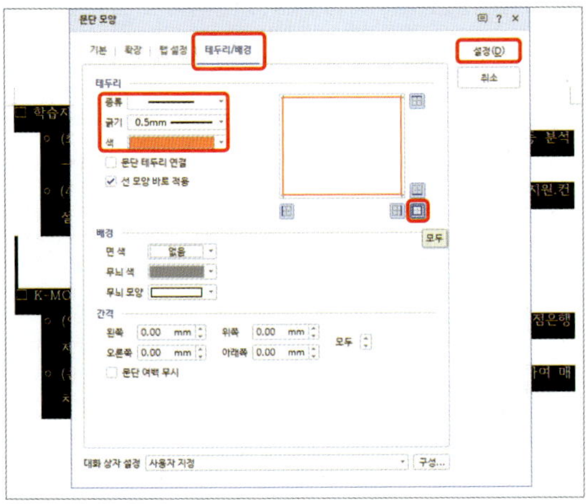

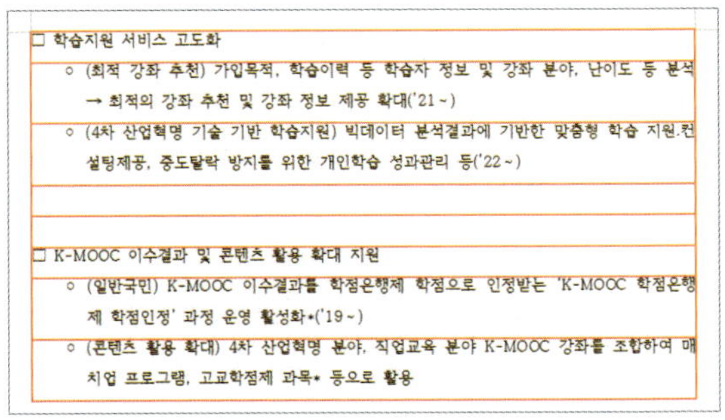

02 문단 배경색 설정하기 전체 블록 설정된 상태에서 [문단 모양] 대화상자의 [테두리/배경] 탭에서 [배경] 항목의 [면 색]을 [주황 80% 밝게]로 설정한다.

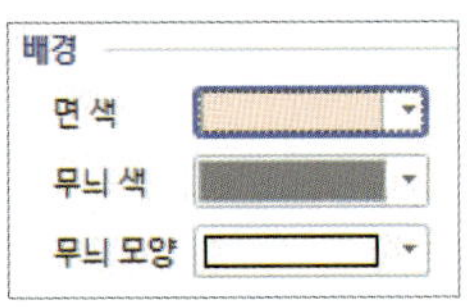

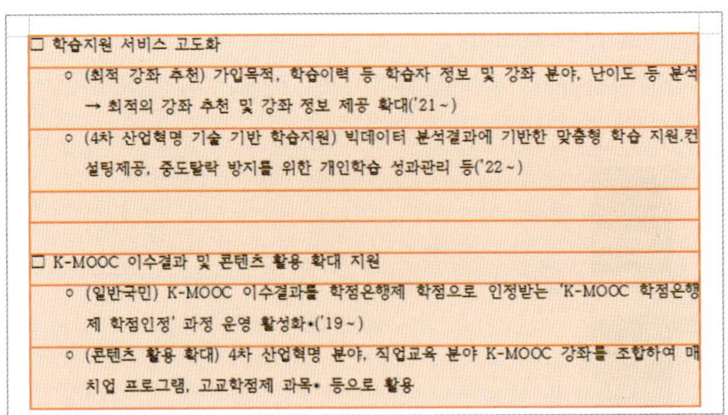

O3 간격 설정하기 전체 블록 설정된 상태에서 [문단 모양] 대화상자의 [테두리/배경] 탭에서 [간격] 항목의 [왼쪽], [오른쪽], [위쪽], [아래쪽]을 모두 [2mm]로 설정한다. 문단 테두리와 본문 내용 간의 간격이 2mm로 설정된다.

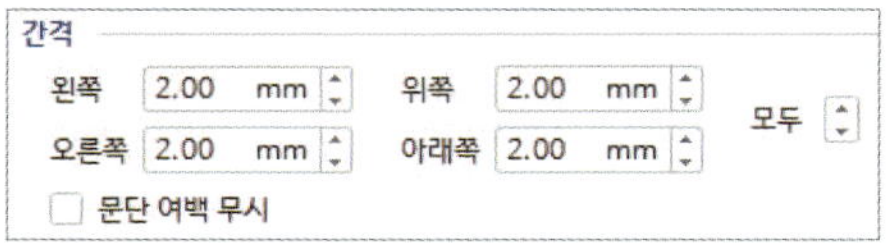

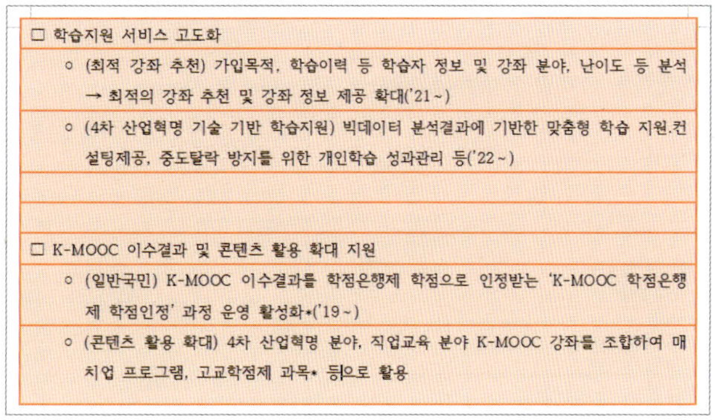

O4 문단 테두리 연결하기 전체 블록 설정된 상태에서 [문단 모양] 대화상자의 [테두리/배경] 탭에서 [테두리] 항목의 [문단 테두리 연결]을 선택해 문단 테두리를 하나로 연결한다.

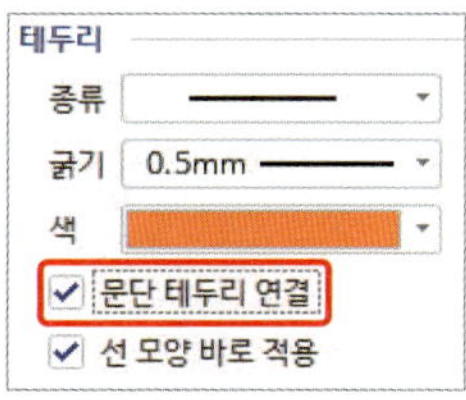

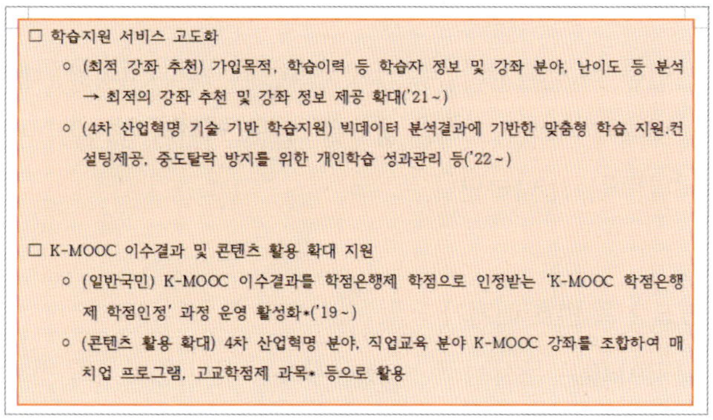

O5 저장하기 [파일]-[다른 이름으로 저장]을 선택해 [다른 이름으로 저장] 대화상자를 열고 '실습 2-15(완성).hwp'로 저장한다.

3.5 쪽 설정하기

문서의 완성도를 높이기 위해 머리말/꼬리말, 쪽 번호를 삽입하고 쪽 테두리나 배경을 설정하는 방법을 알아본다.

3.5.1 머리말/꼬리말

머리말/꼬리말은 쪽(페이지)의 상단과 하단에 고정된 내용을 반복적으로 표시하는 기능을 의미하며, 일반적으로 책 제목, 장 제목, 쪽 번호 등을 표시하는 데 사용한다.

머리말/꼬리말은 [쪽]–[머리말/꼬리말]을 선택해 [머리말/꼬리말] 대화상자를 열고 [머리말/꼬리말 마당] 항목에서 선택하거나 직접 입력해 삽입한다. 기본적으로 문서 전체에 반영되며, 조판 기호는 커서가 있는 쪽에 삽입된다. 입력을 끝내려면 [머리말/꼬리말] 탭의 [닫기] 단추를 클릭한다.

TIP [머리말/꼬리말] 대화상자를 여는 단축키는 Ctrl+N, H이다.

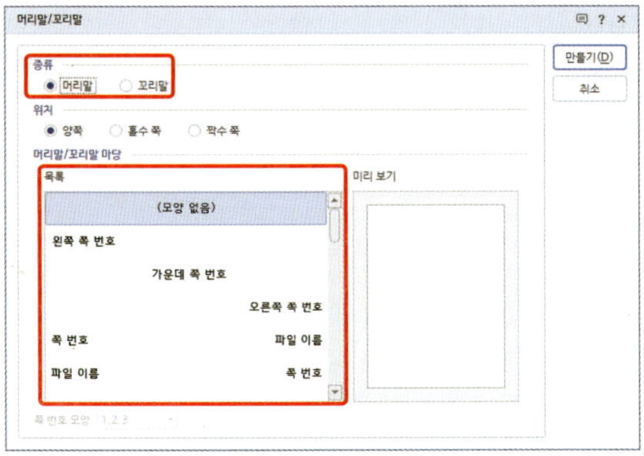

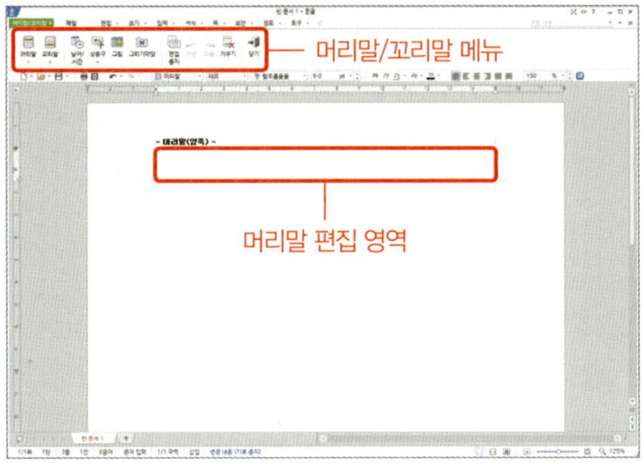

삽입한 머리말/꼬리말을 수정하려면 [머리말/꼬리말] 대화상자에서 [편집]을 클릭하거나 쪽 윤곽 보기 상태에서 머리말/꼬리말 영역을 더블클릭한다. 화면이 머리말/꼬리말 편집 상태로 전환되고 [머리말/꼬리말] 메뉴가 나타난다.

3.5.2 쪽 번호 매기기

분량이 많은 문서는 쪽 번호를 매기는 것이 좋다. [쪽 번호 매기기]는 문서에 쪽 번호를 자동으로 매겨주는 기능으로, [쪽]–[쪽 번호 매기기]를 선택해 [쪽 번호 매기기] 대화상자를 열어 번호 위치와 번호 모양을 지정한다.

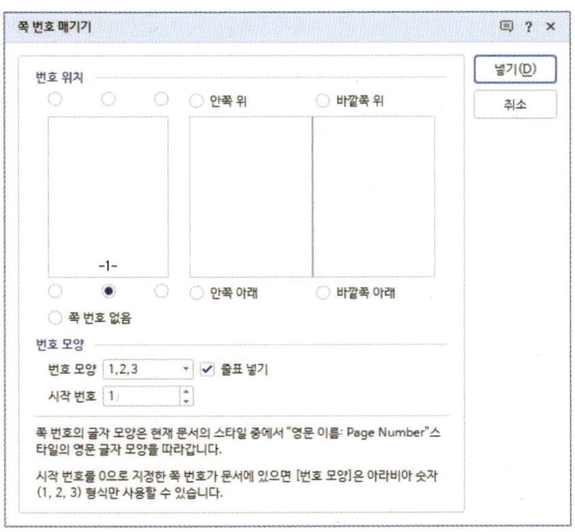

쪽 번호를 지우려면 [편집]–[찾기]–[찾아가기]를 선택해 [찾아가기] 대화상자를 열고 [조판 부호] 항목을 선택한 후 '쪽 번호 위치'를 검색해 삭제하면 된다. 쪽 번호 위치의 조판 부호는 다음과 같은 모양이다.

[쪽 번호 위치]

> **TIP** 논문이나 보고서의 표지나 간지 등에는 쪽 번호를 넣지 않는 것이 좋다. 쪽 번호를 감추려면 해당 쪽에 커서를 위치시키고 [쪽]–[감추기]를 선택해 [감추기] 대화상자를 연 후 [쪽 번호] 항목을 선택하고 [설정]을 클릭한다.

문서 중간에서 쪽 번호를 새로 시작하려면 [쪽]–[새 번호로 시작]을 선택하거나 [쪽] 탭–[새 번호로 시작]을 클릭해 [새 번호로 시작] 대화상자를 열고 [쪽 번호]를 선택한 후 [시작 번호]를 지정한다.

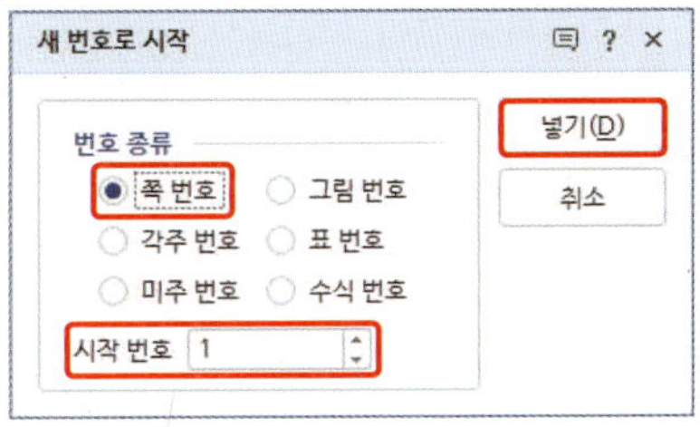

3.5.3 쪽 테두리와 배경

쪽 테두리와 배경을 이용하면 문서의 본문 주위에 테두리를 그리거나 바탕색, 배경 그림 등을 넣어 보기 좋게 꾸밀 수 있다. [쪽]–[쪽 테두리/배경]을 선택하거나 [쪽] 탭–[쪽 테두리/배경]을 클릭해 [쪽 테두리/배경] 대화상자를 열어 설정한다.

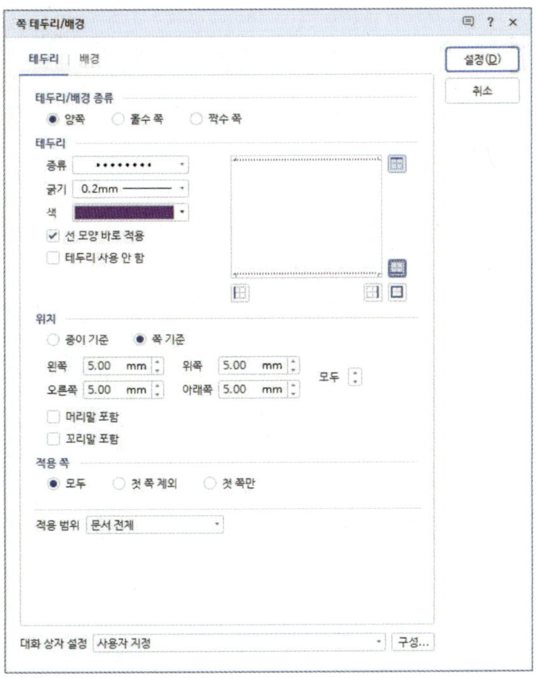

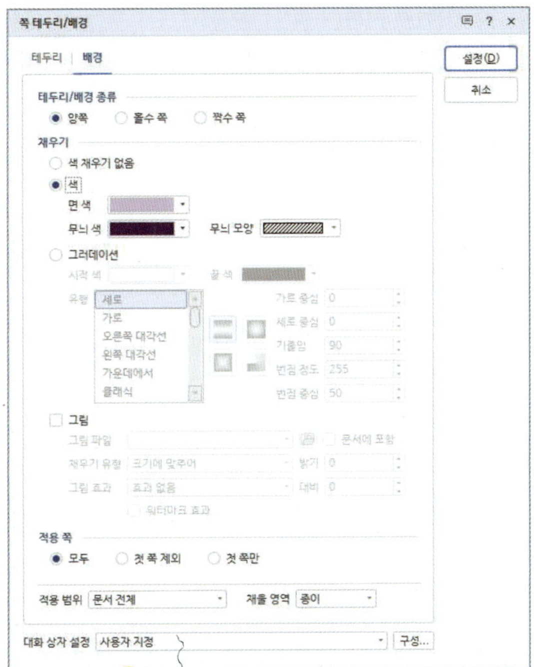

기본예제 2-16 머리말/꼬리말 만들기

머리말과 꼬리말을 문서에 삽입해 보자.

01 머리말 만들기 빈 문서에서 [쪽]–[머리말/꼬리말]을 선택해 [머리말/꼬리말] 대화상자를 열고 [종류] 항목에서 [머리말]을, [머리말/꼬리말 마당] 항목에서 [(모양 없음)]을 선택하고 [만들기]를 클릭한다. [입력]–[그림]–[그림]을 선택하고 [그림 넣기] 대화상자를 이용해 '머리말이미지.png' 파일을 삽입한다. 삽입된 그림 옆에 *컴퓨터 실습*을 입력하고 블록 설정한 후 서식 도구 상자에서 [글꼴]은 [중고딕], [글자 크기]는 [8pt]로 설정한다. [머리말/꼬리말] 탭에서 [닫기]를 클릭해 머리말 편집을 마친다.

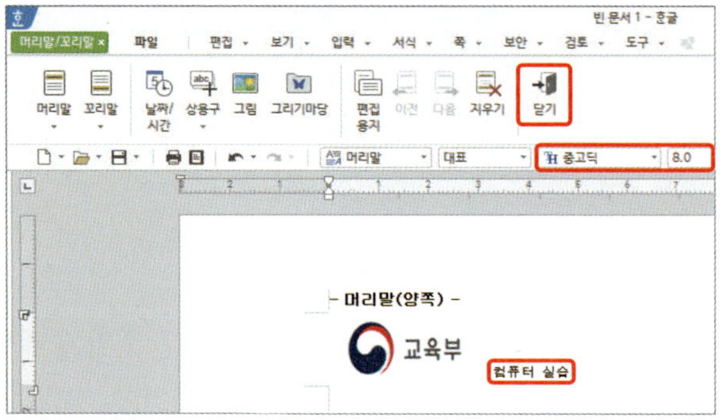

02 꼬리말 만들기 [머리말/꼬리말] 대화상자에서 [종류]를 [꼬리말]로 선택하고 [만들기]를 클릭한다. *전자계산학과 폰노이만*이라고 입력하고 블록 설정을 한 후 서식 도구 상자에서 [글꼴]은 [중고딕], [글자 크기]는 [8pt]로 설정하고 [오른쪽 정렬]을 클릭한다. [머리말/꼬리말] 탭에서 [닫기]를 클릭해 꼬리말 편집을 마친다.

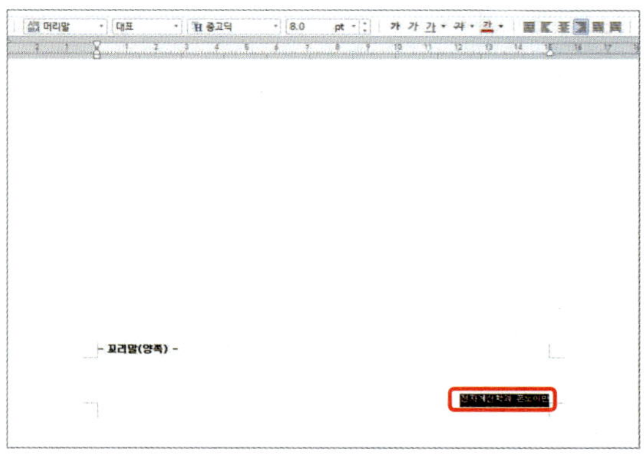

03 저장하기 [파일]–[다른 이름으로 저장]을 선택해 [다른 이름으로 저장] 대화상자를 열고 파일 이름을 '실습2–16(완성).hwp'로 설정해 저장한다.

기본예제 2-17 쪽 번호 매기기

문서에 쪽 번호를 매기고 새 번호로 시작해 보자.

01 쪽 번호 매기기 [쪽]–[쪽 번호 매기기]를 선택해 [쪽 번호 매기기] 대화상자를 열고 [번호 위치]를 [가운데 아래]로 지정한다. [번호 모양]은 [i, ii, iii]을 선택한 후 [넣기]를 클릭한다.

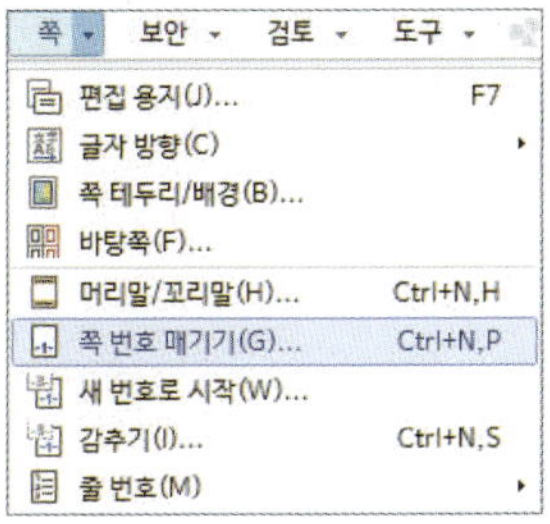

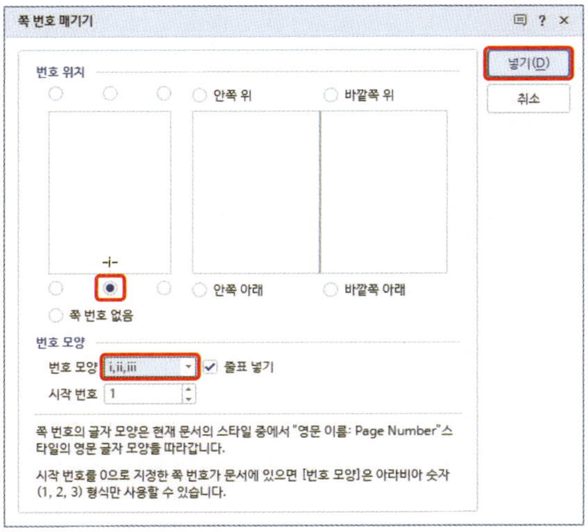

02 새 번호로 시작하기 [쪽]–[새 번호로 시작]을 선택해 [새 번호로 시작] 대화상자에서 [쪽 번호]를 선택하고 [시작 번호]를 [2]로 설정한 후 [넣기]를 클릭한다.

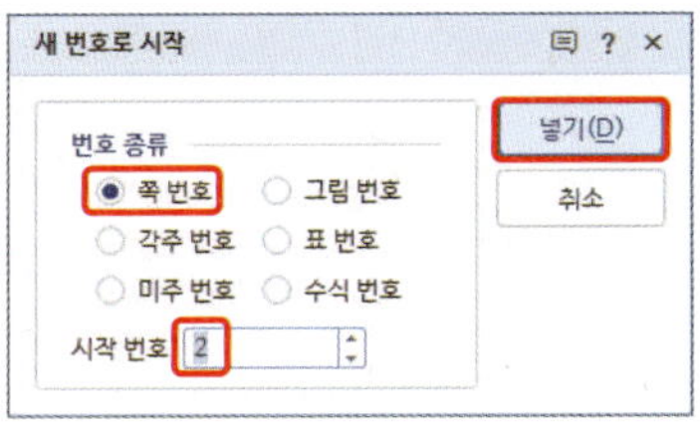

03 저장하기 [파일]–[다른 이름으로 저장]을 선택해 [다른 이름으로 저장] 대화상자를 열고 파일 이름을 '실습2–17(완성).hwp'로 설정해 저장한다.

기본예제 2-18 쪽 테두리 설정하기

문서에 쪽 테두리를 설정해 보자.

01 쪽 테두리 설정하기 빈 문서에서 [쪽]–[쪽 테두리/배경]을 선택해 [쪽 테두리/배경] 대화상자가 열리면 [테두리] 탭에서 [테두리] 항목의 [종류]는 [실선], [굵기]는 [0.4mm]로 설정한 후 미리보기에서 [모두]를 클릭한다.

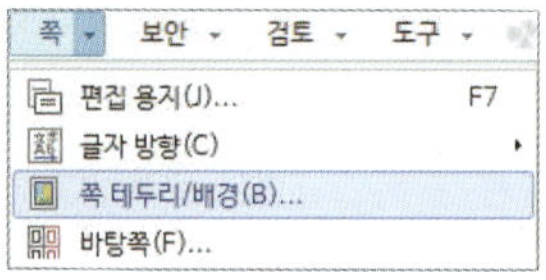

02 쪽 테두리 위치 설정하기 [쪽 테두리/배경] 대화상자의 [테두리] 탭에서 [위치] 항목의 [쪽 기준]을 선택한 후 [왼쪽], [오른쪽], [위쪽], [아래쪽]을 각각 [10mm]로 설정하고 [설정]을 클릭한다.

03 저장하기 완성된 결과를 확인한 후 [파일]–[다른 이름으로 저장]을 선택해 [다른 이름으로 저장] 대화상자를 열고 파일 이름을 '실습2–18(완성).hwp'로 설정해 저장한다.

SECTION 04

문서 인쇄하기

작성한 문서는 인쇄를 통해 완성된다. 종이에 인쇄하는 작업뿐 아니라 PDF 파일로 제작하거나 그림 파일로 저장하는 작업도 문서 인쇄 기능에 포함된다. SECTION 04에서는 한글 2018에서 설정할 수 있는 인쇄 조건에 어떤 것들이 있는지 알아본다.

4.1 인쇄 미리 보기

문서를 프린터로 인쇄하기 전에 미리 보기를 실행하면 문서가 인쇄될 전체 모양을 보면서 최종 점검을 할 수 있다. [파일]-[미리 보기]를 선택하거나 서식 도구 상자에서 [미리 보기]를 클릭하면 다음과 같은 창이 열리고 상단에 [미리 보기] 탭이 나타난다. 편집 창으로 돌아가려면 [닫기]를 클릭하거나 Esc를 누른다.

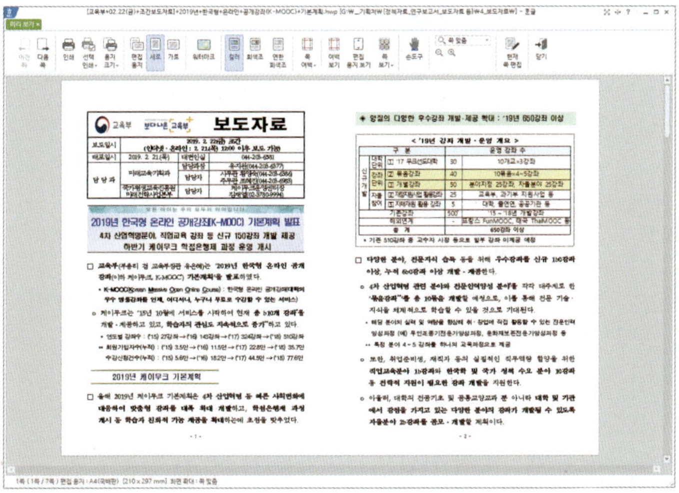

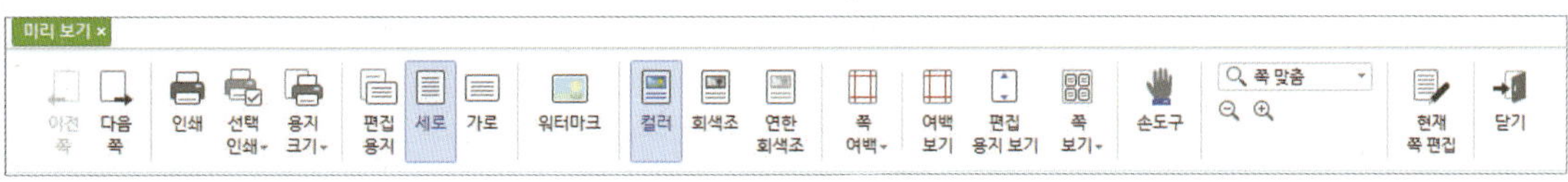

▲ [미리 보기] 탭

4.2 기본 인쇄 조건 설정하기

현재 편집 화면에 있는 문서는 [파일]-[인쇄]를 선택하면 열리는 [인쇄] 대화상자의 [기본] 탭에서 인쇄 조건을 설정하고 인쇄할 수 있다.

> **TIP** [인쇄] 대화상자를 여는 단축키는 Alt + P 이다.

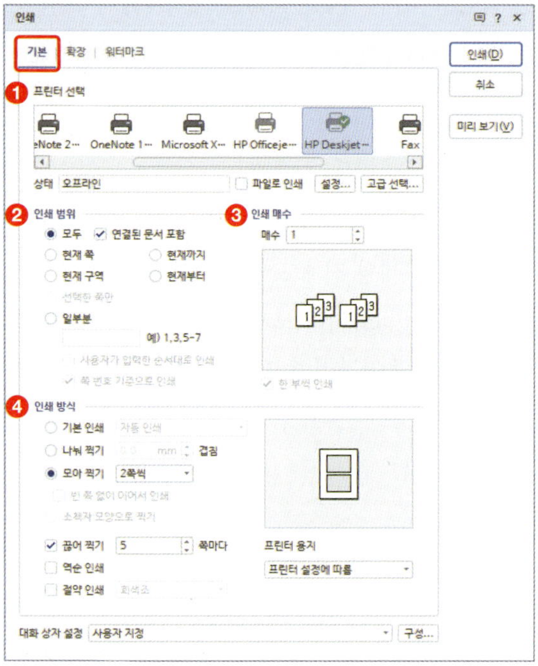

❶ **프린터 선택** 문서를 인쇄하는 데 사용할 프린터를 선택한다. [프린터 선택] 항목의 목록 상자에서 프린터를 추가하거나 선택할 수 있고, [PDF 저장], [그림으로 저장하기], [FAX] 기능도 사용할 수 있다.

❷ **인쇄 범위** 문서에서 인쇄할 범위를 지정한다. [모두], [현재 쪽], [현재까지], [현재 구역], [현재부터], [선택한 쪽만], [일부분] 등을 선택할 수 있다.

❸ **인쇄 매수** 인쇄할 매수를 지정한다. 2매 이상 인쇄할 경우 [한 부씩 인쇄]가 자동 선택된다.

> **TIP** [한 부씩 인쇄]가 선택된 상태에서 인쇄를 실행하면 문서 전체가 묶음으로 한 부씩 인쇄되므로 수작업으로 모을 필요가 없어 편리하다. [한 부씩 인쇄] 선택을 해제하면 문서의 각 페이지가 선택한 매수만큼 차례로 인쇄된다.

❹ **인쇄 방식** 편집된 문서를 공급 용지 안에 어떻게 배치하여 인쇄할 것인가를 지정하는 항목이다.

- **나눠 찍기** 큰 종이에 맞춰 편집된 문서를 작은 종이 여러 장에 나누어 인쇄한다.
- **모아 찍기** 용지 한 장에 여러 쪽을 모아 인쇄한다. 쪽수를 지정하면 축소 비율은 자동으로 조절된다.
- **끊어 찍기** 지정한 쪽수만큼 인쇄하고 잠시 중단하여 인쇄 결과를 확인한 후 인쇄를 계속 진행한다.
- **역순 인쇄** 마지막 쪽부터 인쇄한다.
- **절약 인쇄** 출력 결과물의 색이나 명암을 엷게 또는 진하게 조절하는 기능으로 [회색조], [연한 회색조] 중에서 선택할 수 있다.

여기서 잠깐 **한글 인쇄 관리자**

[한글 인쇄 관리자]를 이용하면 한글 프로그램을 실행하지 않고도 한글 파일을 인쇄할 수 있다. 파일 탐색기에서 인쇄할 파일을 선택하고 마우스 오른쪽 단추를 클릭해 [한글 문서(hwp) 인쇄]를 선택한다.

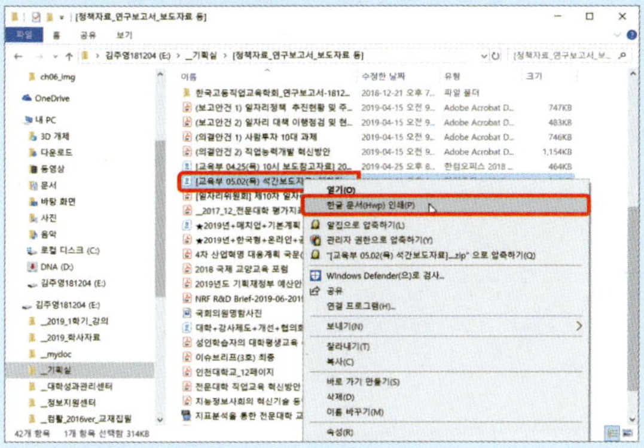

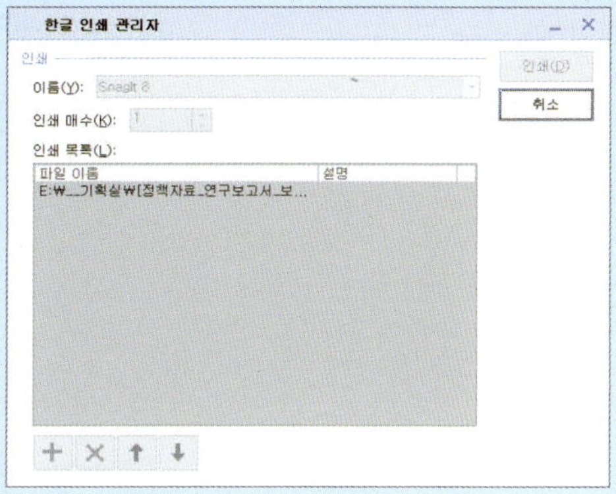

4.3 확장 인쇄 조건 설정하기

[인쇄] 대화상자의 [확장] 탭에서 세부 인쇄 조건을 설정할 수 있다.

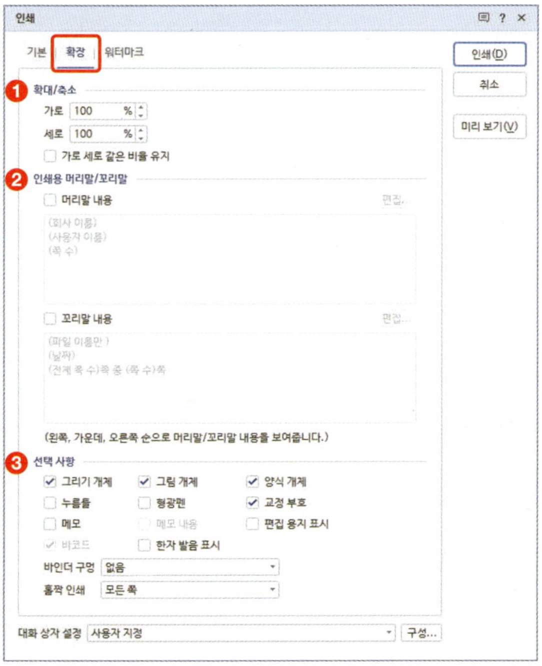

❶ **확대/축소** 편집된 문서를 임의의 크기로 확대하거나 축소하기 위해 가로와 세로 비율을 입력한다. 10~500% 사이의 값을 입력할 수 있다.

TIP 편집 용지를 B4로 설정하고 가로/세로 축소 비율을 70%로 설정하면 B5 용지의 크기에 맞게 축소 인쇄된다.

❷ **인쇄용 머리말/꼬리말** 인쇄용 머리말은 출력물의 쪽 윗부분에 회사 이름, 사용자 이름, 현재 쪽 수를, 인쇄용 꼬리말은 출력물의 쪽 아랫부분에 파일 이름, 인쇄 날짜, 전체 쪽 수와 현재 쪽 수가 인쇄되도록 하는 기능이다.

TIP 인쇄용 머리말 내용과 꼬리말 내용은 [편집]을 클릭해 수정할 수 있다. 회사 이름과 사용자 이름은 [도구]-[환경 설정]을 선택하면 열리는 [환경 설정] 대화상자의 [일반] 탭에서 설정한다.

❸ **선택 사항** 문서에 있는 요소 중에서 출력할 요소를 고를 수 있다. 이곳에서 체크를 해제하면 출력되지 않는다. 그리기 개체, 그림 개체, 양식 개체, 누름틀, 형광펜, 교정 부호, 메모, 메모 내용, 편집 용지 표시, 바코드, 한자 발음 표시를 선택할 수 있다.

4.4 워터마크 설정하기

[인쇄] 대화상자의 [워터마크] 탭에서는 인쇄할 때만 문서에 적용되는 그림 워터마크 및 글자 워터마크를 설정할 수 있다. [인쇄] 대화상자에서 워터마크를 설정하고 [미리 보기]를 클릭하면 인쇄 결과를 미리 확인할 수 있다.

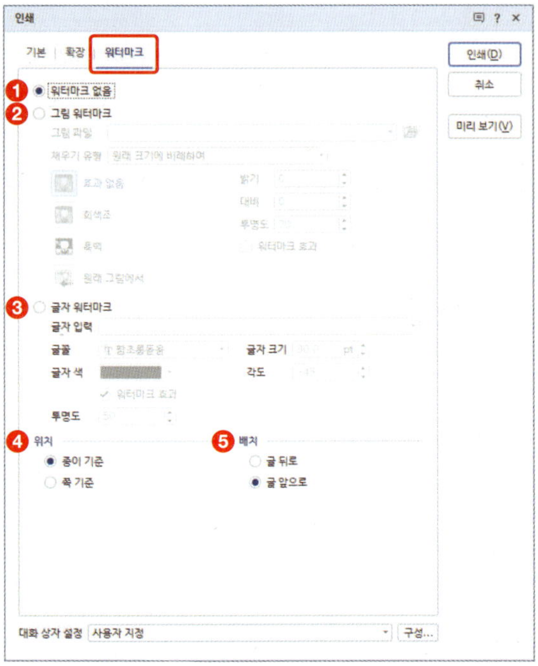

❶ **워터마크 없음** 워터마크 기능을 사용하지 않는다.

❷ **그림 워터마크** 그림 파일을 불러와 문서에 워터마크로 삽입한다.

❸ **글자 워터마크** 글자를 입력해 문서에 워터마크로 삽입한다.

❹ **위치** 워터마크의 위치를 [종이 기준]으로 설정하면 편집 용지 전체 크기를 기준으로 워터마크가 삽입되고, [쪽 기준]으로 설정하면 쪽 테두리 범위 안에서 워터마크가 삽입된다.

❺ **배치** 워터마크 개체와 본문 내용이 겹치는 경우 [글 뒤로]를 선택하면 워터마크 개체가 본문 내용 뒤에 배치되고, [글 앞으로]를 선택하면 본문 내용 앞에 배치된다.

기본예제 2-19 워터마크 설정하기

글자 워터마크를 설정하고 미리 보기로 확인해 보자.

01 글자 워터마크 삽입하기 빈 문서에서 [파일]-[인쇄]를 선택해 [인쇄] 대화상자를 열고 [워터마크] 탭에서 [글자 워터마크]를 선택한다. [글자 입력]에 *Top Secret*이라고 입력하고, [글꼴]은 [맑은 고딕], [글자 크기]는 [80pt], [글자 색]은 [빨강], [각도]는 [−45°]로 설정한 후 [워터마크 효과]에 체크한다.

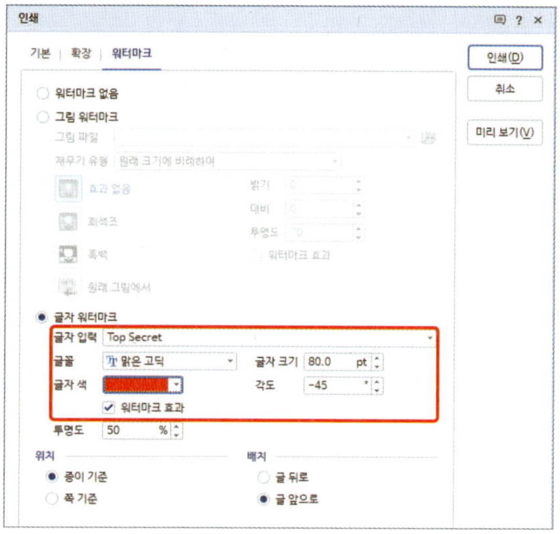

02 미리 보기 [인쇄] 대화상자에서 [미리 보기]를 클릭해 미리 보기 화면이 나타나면 워터마크가 올바른 위치에 나타나는지 확인한다.

TIP 미리 보기 화면의 메뉴에서 [워터마크]를 클릭하면 [워터마크] 탭만 있는 [인쇄] 대화상자가 열린다. 여기에서 워터마크를 새로 만들거나 수정할 수 있다.

03 워터마크 설정 해제하기 [인쇄] 대화상자의 [워터마크] 탭에서 [워터마크 없음]을 선택하고 [설정]을 클릭한다.

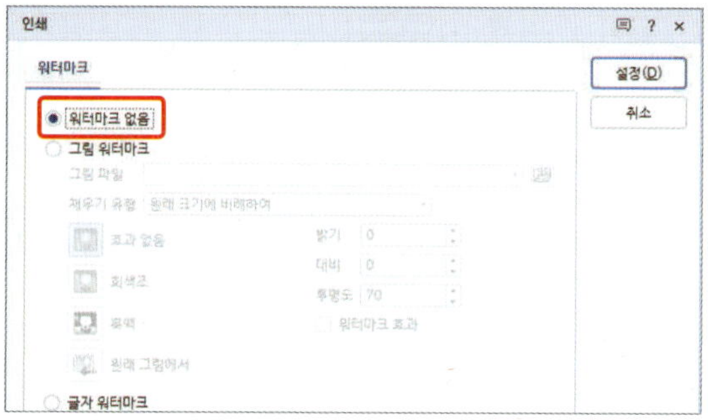

TIP 워터마크가 설정된 상태에서 인쇄하면 모든 문서에 동일한 워터마크가 인쇄되므로 필요한 쪽을 인쇄한 후에는 워터마크 설정을 해제하는 것이 바람직하다.

종합예제

편집 용지 설정, 글자 모양 설정, 문단 모양 설정 등을 이용하고 머리말과 쪽 번호를 삽입해 다음과 같은 문서를 만들어 보자.

1 편집 용지 설정하기 빈 문서에서 [쪽]–[편집 용지]를 선택해 [편집 용지] 대화상자를 열고 [용지 여백] 항목에서 [위쪽], [아래쪽], [왼쪽], [오른쪽]은 각각 [20mm], [머리말], [꼬리말]은 각각 [10mm]로 설정한다.

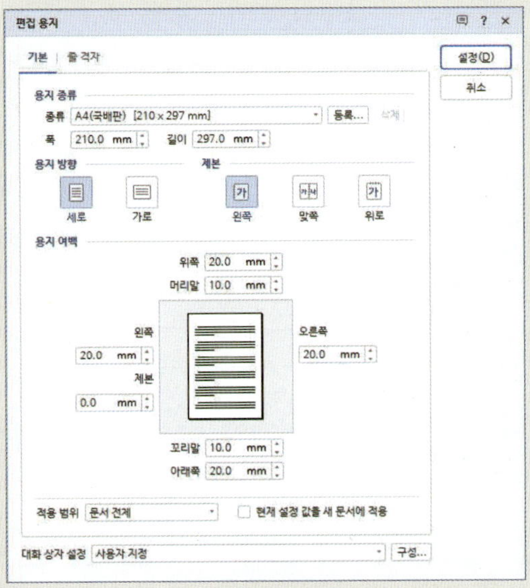

2 글자 입력하고 글자 모양 지정하기 다음과 같은 내용을 입력하고 블록 설정한 후 [서식]-[글자 모양]을 선택해 [글자 모양] 대화상자를 열어 [글꼴]은 [휴먼명조], [기준 크기]는 [15pt], [장평]은 [105%], [자간]은 [10%]로 설정한다. [속성]은 [진하게]와 [기울임]을 선택하고 [글자 색]은 [하늘색]으로 설정한다. 빈 공간을 클릭해 블록을 해제한다.

우리는 세계 최고수준의 네트워크와 ICT 역량, 제조 경쟁력, 우수한 인적자원 등의 강점을 보유, 4차 산업혁명을 선도할 잠재력을 확보

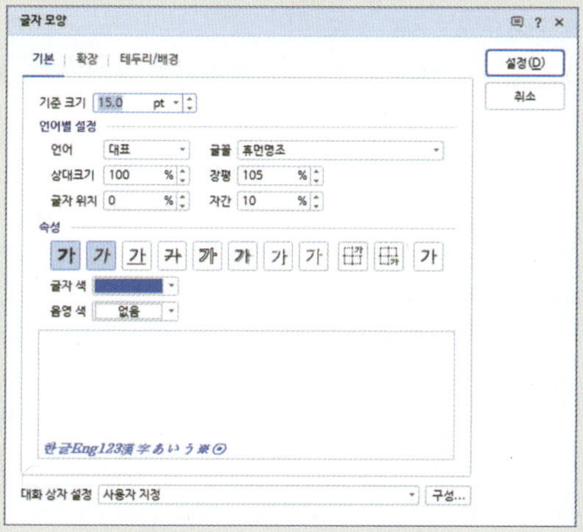

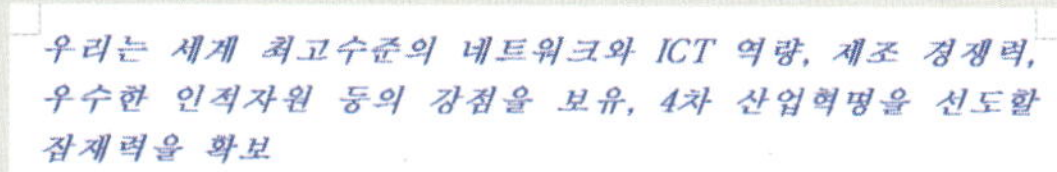

3 문단 모양 설정하기 문단 내에 커서를 두고 [서식]-[문단 모양]을 선택해 [문단 모양] 대화상자를 열고 [여백] 항목에서 [왼쪽]과 [오른쪽]을 [20pt]로 설정한다. [첫 줄] 항목의 [들여쓰기]는 [10pt], [간격] 항목의 [줄 간격]은 [글자에 따라], [200%]로 설정한다.

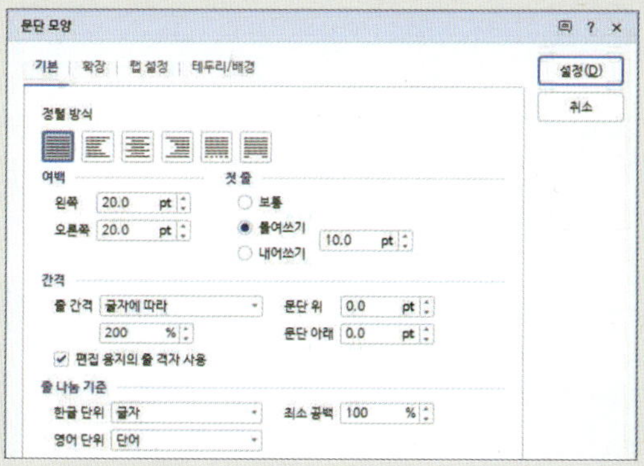

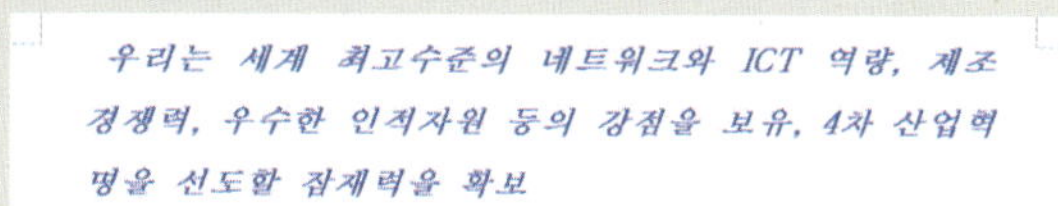

4 머리말 만들기 [쪽]–[머리말/꼬리말]을 선택해 [머리말/꼬리말] 대화상자를 열어 [머리말], [양쪽], [(모양 없음)]을 선택하고 [만들기]를 클릭한다. 머리말 영역에 *4차 산업혁명*을 입력하고 서식 도구 상자에서 [글꼴]은 [맑은 고딕], [글자 크기]는 [9pt]로 설정하고 [오른쪽 정렬]을 클릭한다. [머리말/꼬리말] 메뉴에서 [닫기]를 클릭한다.

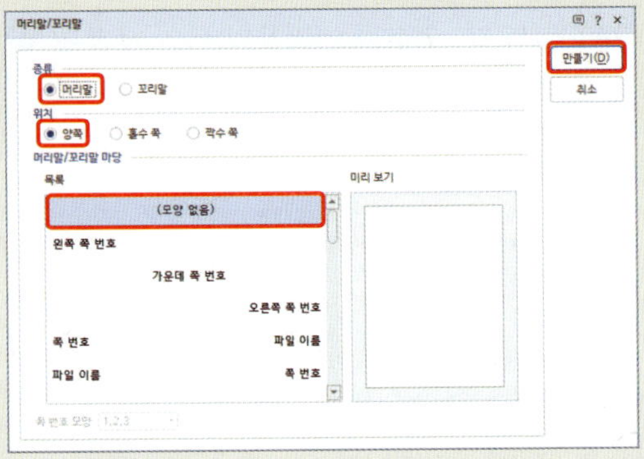

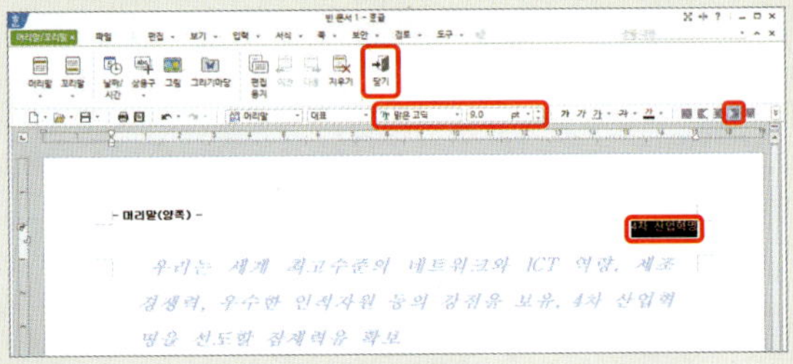

5 쪽 번호 매기기 [쪽]–[쪽 번호 매기기]를 선택해 [쪽 번호 매기기] 대화상자를 열고 [번호 위치]는 [오른쪽 아래], [번호 모양]은 [i, ii, iii]로 설정한다. [줄표 넣기]는 해제하고 [넣기]를 클릭한다.

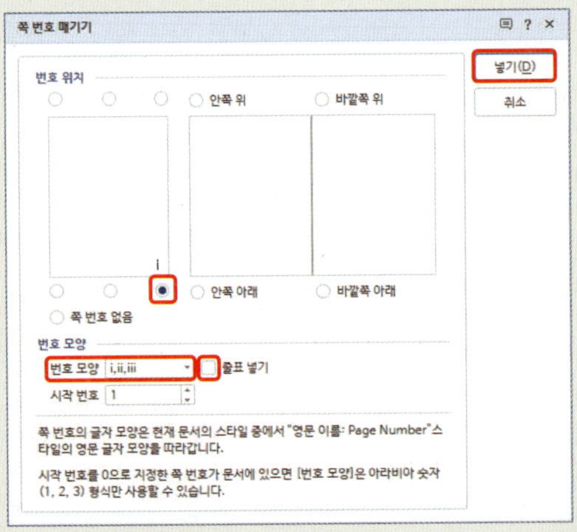

6 저장하기 [파일]–[다른 이름으로 저장]을 선택하고 [다른 이름으로 저장] 대화상자에서 파일 이름을 '종합2(완성).hwp'로 설정해 저장한다.

연습문제

1 '연습2-1(준비).hwp' 파일을 불러와 다음 지시대로 편집하시오. 조건에 명시되지 않은 부분은 결과 화면과 유사하게 편집하시오.

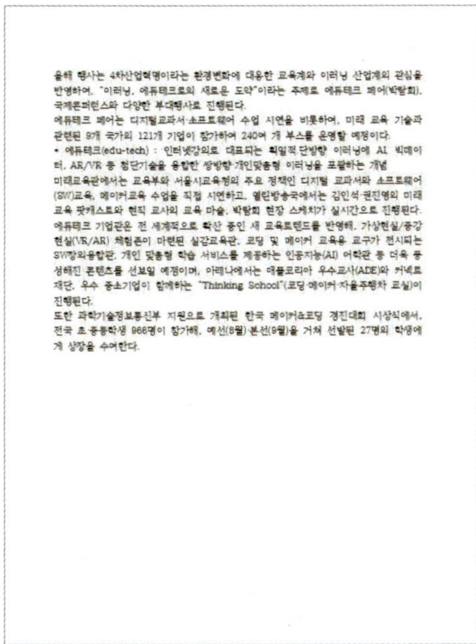

▲ 준비

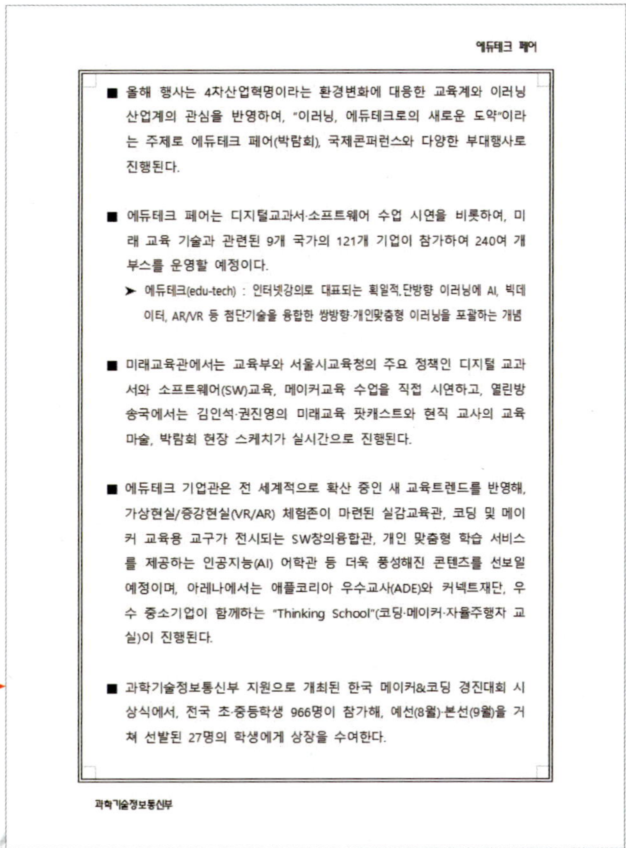

에듀테크 페어

■ 올해 행사는 4차산업혁명이라는 환경변화에 대응한 교육계와 이러닝 산업계의 관심을 반영하여, "이러닝, 에듀테크로의 새로운 도약"이라는 주제로 에듀테크 페어(박람회), 국제콘퍼런스와 다양한 부대행사로 진행된다.

■ 에듀테크 페어는 디지털교과서·소프트웨어 수업 시연을 비롯하여, 미래 교육 기술과 관련된 9개 국가의 121개 기업이 참가하여 240여 개 부스를 운영할 예정이다.
➤ 에듀테크(edu-tech) : 인터넷강의로 대표되는 획일적,단방향 이러닝에 AI, 빅데이터, AR/VR 등 첨단기술을 융합한 쌍방향·개인맞춤형 이러닝을 포괄하는 개념

■ 미래교육관에서는 교육부와 서울시교육청의 주요 정책인 디지털 교과서와 소프트웨어(SW)교육, 메이커교육 수업을 직접 시연하고, 열린방송국에서는 김인석·권진영의 미래교육 팟캐스트와 현직 교사의 교육 마술, 박람회 현장 스케치가 실시간으로 진행된다.

■ 에듀테크 기업관은 전 세계적으로 확산 중인 새 교육트렌드를 반영해, 가상현실/증강현실(VR/AR) 체험존이 마련된 실감교육관, 코딩 및 메이커 교육용 교구가 전시되는 SW창의융합관, 개인 맞춤형 학습 서비스를 제공하는 인공지능(AI) 어학관 등 더욱 풍성해진 콘텐츠를 선보일 예정이며, 아레나에서는 애플코리아 우수교사(ADE)와 커넥트재단, 우수 중소기업이 함께하는 "Thinking School"(코딩·메이커·자율주행자 교실)이 진행된다.

■ 과학기술정보통신부 지원으로 개최된 한국 메이커&코딩 경진대회 시상식에서, 전국 초·중등학생 966명이 참가해, 예선(8월)·본선(9월)을 거쳐 선발된 27명의 학생에게 상장을 수여한다.

과학기술정보통신부

▲ 완성

조건

❶ [문자표]를 이용하여 특수문자를 입력하시오.

❷ [글꼴]은 [맑은 고딕], [글자 크기]는 [12pt]로 설정하시오.

❸ [왼쪽] 여백은 [10pt], [오른쪽] 여백은 [10pt], [줄 간격]은 [200%]로 설정하시오.

❹ 문단마다 빠른 내어쓰기를 적용하시오.

❺ 세 번째 문단의 장평과 자간을 조절하여 두 줄로 만드시오.

❻ [머리말]과 [꼬리말]을 완성 화면과 같은 위치에 삽입하고, 내용으로 각각 '에듀테크 페어', '과학기술정보통신부'를 입력하시오.

❼ 완성 화면과 같은 위치에 [이중 실선] 쪽 테두리를 삽입하시오.

2 다양한 글자 입력 방식을 사용하여 다음과 같은 모양의 명함을 만드시오. 조건에 명시되지 않은 부분은 결과 화면과 유사하게 편집하시오.

송 곡 대 학 교
SONGGOK UNIVERSITY

金 周 泳 정보지원센터장 ■ 보건의료정보과 ■ 교수

(24465) 강원도 춘천시 남산면 송곡대학길 34
E-mail: kimjy at songgok.ac.kr
Homepage: www.songgok.ac.kr

조건

❶ 적당한 크기의 글상자를 삽입하고 글상자의 [안쪽 여백]을 [왼쪽], [오른쪽] 각각 [10mm]로 설정하시오.

❷ 글상자 안에 한글, 영문, 한자, 특수문자로 명함 내용을 입력하시오.

❸ [글꼴], [글자 크기], [장평], [자간]을 다음과 같이 설정하시오.

- 한글대학명: 함초롬바탕, 11pt, 110%(장평)
- 영문대학명: 함초롬바탕, 8pt, 95%(장평), −5%(자간)

❹ 문단의 [정렬 방식]과 [줄 간격]을 다음과 같이 설정하시오.

- 대학명: 오른쪽 정렬, 줄 간격 100%
- 주소 및 부가 정보: 오른쪽 정렬, 줄 간격 130%

CHAPTER

03

한글 2018 문서 작성하기

학습목표

- 개요 번호, 문단 번호, 글머리표를 설정할 수 있다.
- 다단의 필요성을 알고 다단을 나눌 수 있다.
- 스타일을 추가하고 적용할 수 있다.
- 개체와 주석을 삽입하고 편집할 수 있다.
- 표와 차트를 만들고 편집할 수 있다.
- 책갈피와 하이퍼링크를 사용하고, 차례를 만들 수 있다.
- 메일 머지를 활용할 수 있다.
- 워드프로세서 자격증에 대해 알고 모의 문제를 풀 수 있다.

SECTION 01

문단 편집하기

한글에서는 다양한 문단 편집 기능을 이용해 문서의 가독성과 전달력을 높일 수 있다. 제목이나 항목들을 잘 구분할 수 있도록 개요, 문단 번호, 글머리표 등을 설정할 수 있고, 긴 문장을 여러 단으로 나누어 읽기 좋게 할 수도 있다. 또한 문단에 스타일을 적용하면 편집하는 데 드는 시간을 획기적으로 줄일 수 있으며 문서의 일관성을 지킬 수 있다. 여러 가지 문단 편집 기능을 알아본다.

1.1 개요 설정하기

개요 번호는 '1.', '1)', '가'와 같이 목차나 제목 앞에 붙여 문서를 체계적으로 볼 수 있게 해 주는 번호이다. 한글에서는 개요 번호를 자동으로 붙이고 개요 수준도 자유롭게 설정할 수 있다.

1.1.1 문단에 개요 적용하기

문단에 개요를 적용하려면 해당 문단에 커서를 두고 [서식]–[개요 적용/해제]를 선택한다. 상위 개요 수준을 적용하려면 [서식]–[한 수준 증가]를 선택하고 하위 개요 수준을 적용하려면 [서식]–[한 수준 감소]를 선택한다. 개요를 해제하려면 [서식]–[개요 적용/해제]를 한 번 더 선택한다.

1.1.2 개요 번호 모양 선택하기

[개요 적용/해제] 메뉴를 이용하면 현재 설정되어 있는 개요 번호 모양이 적용되는데, 이 모양을 바꾸려면 [서식]–[개요 번호 모양]을 선택해 [개요 번호 모양] 대화상자를 열고 지정한다.

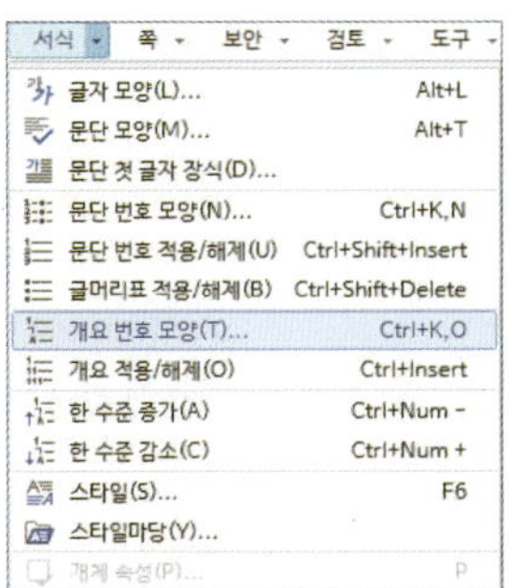

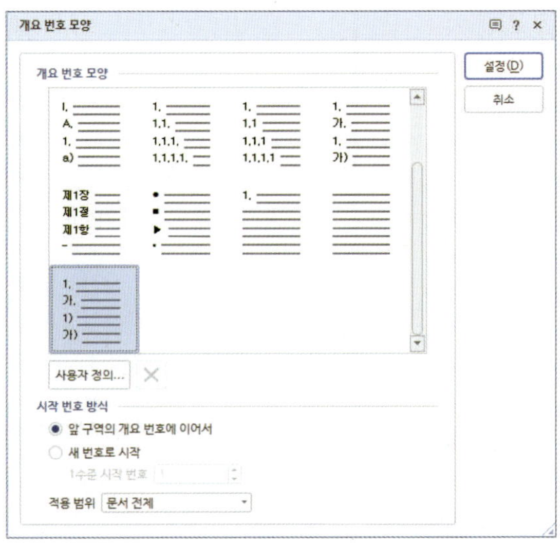

TIP 개요 번호는 1~10 수준으로 적용할 수 있다.

기본예제 3-1 개요 번호 매기기

문서에 내용을 입력한 후 개요 번호를 입력해 보자.

01 빈 문서에 내용 입력하기 빈 문서에 다음 내용을 입력한다.

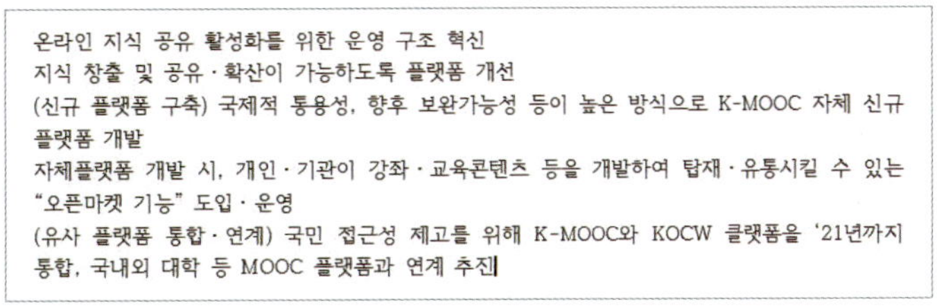

02 개요 번호 모양 설정하기 첫 번째 문단에 커서를 두고 [서식]-[개요 번호 모양]을 선택한다. [개요 번호 모양] 대화상자가 열리면 [개요 번호 모양]에서 원하는 모양을 선택하고 [설정]을 클릭한다.

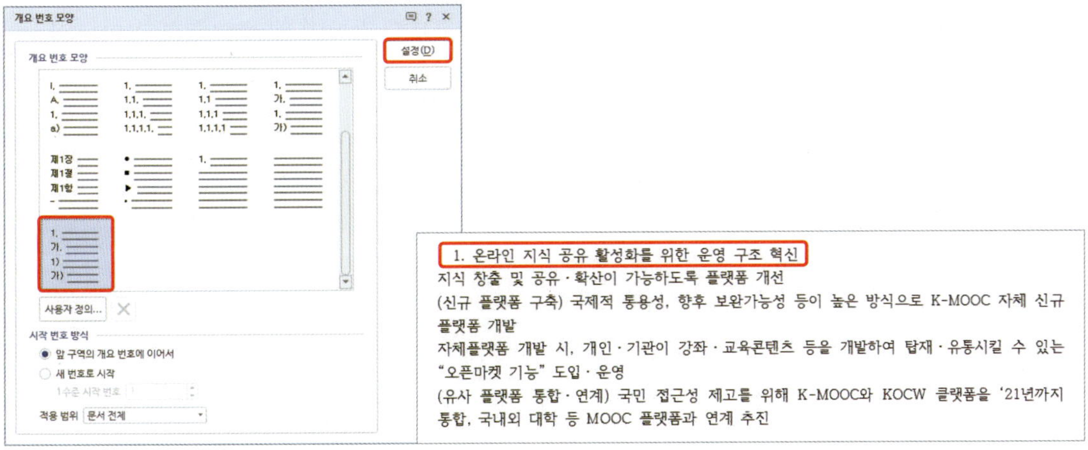

03 개요 적용하기 두 번째에서 마지막 문단까지 블록 설정하고 [서식]-[개요 적용/해제]를 선택해 설정된 개요 번호 속성을 적용한다.

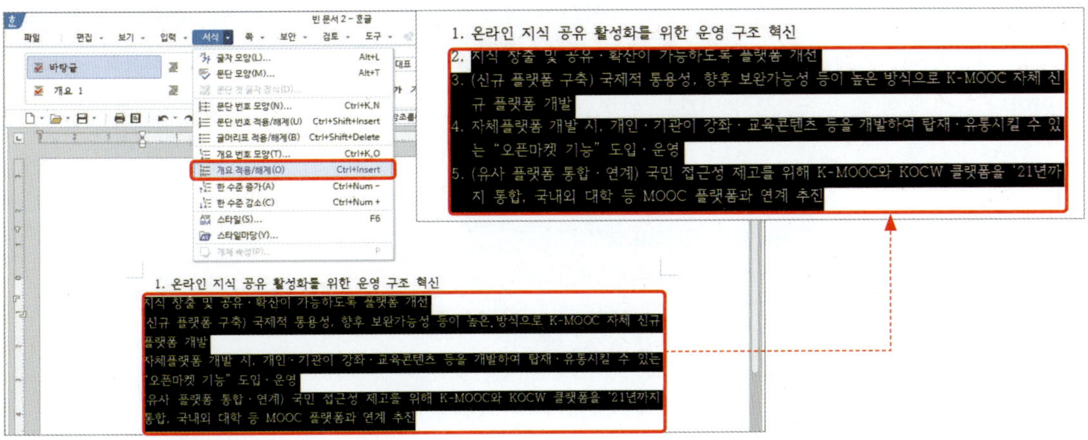

04 한 수준 감소시키기 두 번째 문단에 커서를 두고 [서식]–[한 수준 감소]를 선택한다. 세 번째 문단은 두 수준 감소, 네 번째 문단은 세 수준 감소, 다섯 번째 문단은 두 수준 감소를 각각 적용한다.

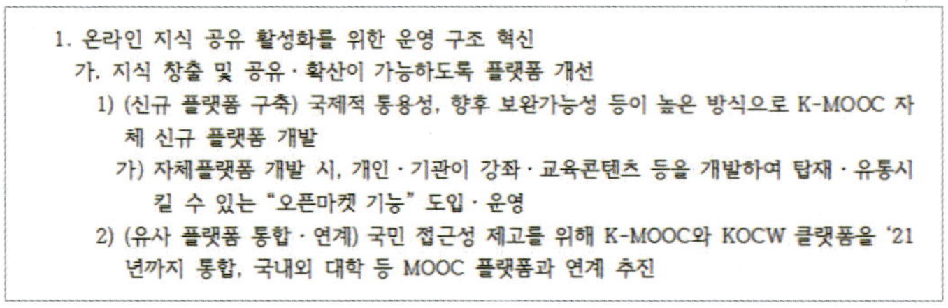
1. 온라인 지식 공유 활성화를 위한 운영 구조 혁신
  가. 지식 창출 및 공유·확산이 가능하도록 플랫폼 개선
    1) (신규 플랫폼 구축) 국제적 통용성, 향후 보완가능성 등이 높은 방식으로 K-MOOC 자체 신규 플랫폼 개발
      가) 자체플랫폼 개발 시, 개인·기관이 강좌·교육콘텐츠 등을 개발하여 탑재·유통시킬 수 있는 "오픈마켓 기능" 도입·운영
    2) (유사 플랫폼 통합·연계) 국민 접근성 제고를 위해 K-MOOC와 KOCW 클랫폼을 '21년까지 통합, 국내외 대학 등 MOOC 플랫폼과 연계 추진

TIP 두 수준을 감소하려면 [서식]–[한 수준 감소]를 두 번 실행하면 된다. 단축키는 Ctrl++이다. 한 수준 증가의 단축키는 Ctrl+-이다.

05 저장하기 [파일]–[다른 이름으로 저장]을 선택하고 '실습3-1(완성).hwp'로 저장한다.

1.2 문단 번호와 글머리표 설정하기

문단 번호와 글머리표는 여러 항목을 나열할 때 각 항목을 구분할 수 있도록 문단 앞에 붙이는 표식이다. 문단 번호나 글머리표를 넣으려면 해당 문단에 커서를 두고 [문단 번호 적용/해제]를 선택한다. [서식]–[문단 번호 모양]을 선택해 [글머리표 및 문단 번호] 대화상자를 열고 원하는 모양을 선택한 후 설정해도 된다.

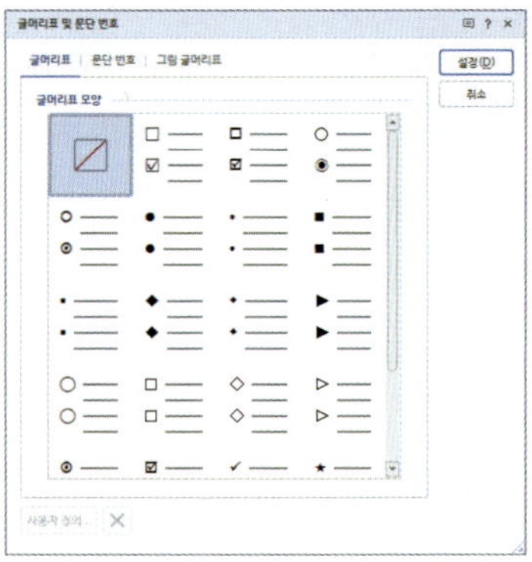

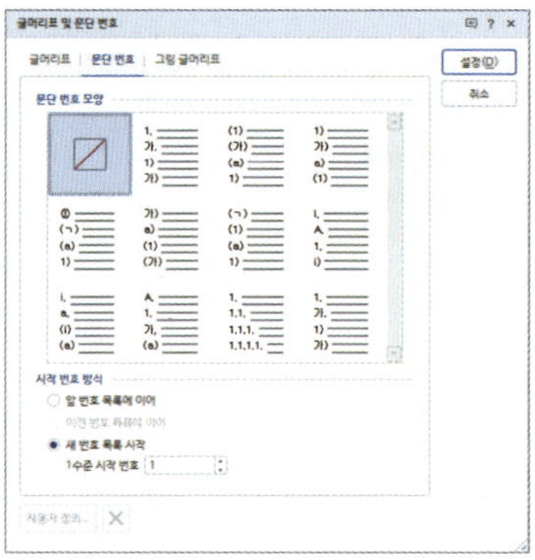

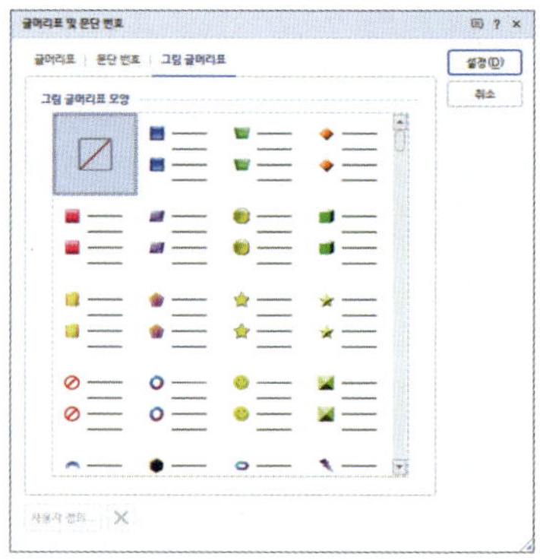

개요와 달리 글머리표와 문단 번호는 현재 커서가 놓여 있는 문단에만 적용되고 위 아래 문단에는 영향을 미치지 않는다. 여러 문단에 삽입하려면 문단을 블록 설정하고 적용한다. 또한 문단 번호의 모양은 문단마다 다르게 할 수 있고, 시작 번호도 설정할 수 있다.

여기서 잠깐 **[서식] 탭에서 개요, 문단 번호, 글머리표 설정하기**

[서식] 탭의 [개요], [문단 번호], [글머리표]의 아이콘 부분을 클릭하면 현재 설정된 개요, 문단 번호, 글머리표가 적용된다. 모양을 선택해 설정하려면 각 메뉴의 목록 단추를 클릭한 후 원하는 항목을 선택하면 된다.

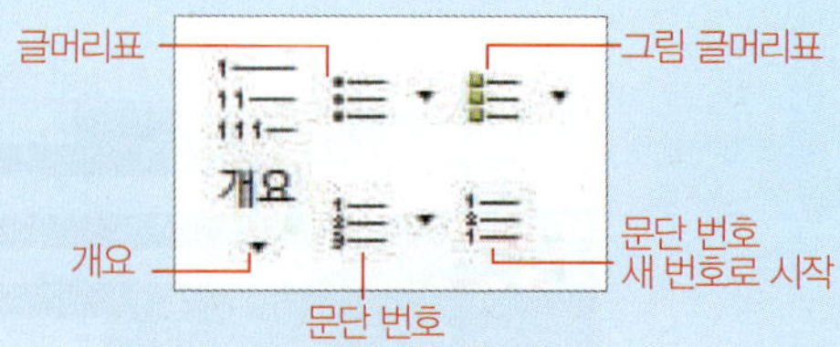

기본예제 3-2 글머리표 입력하기

문서에 내용을 입력하고 글머리표를 적용해 보자.

01 빈 문서에 내용 입력하기 빈 문서에 다음 내용을 입력한다.

> 개최목적 : 오픈이노베이션을 위한 사내벤처의 역할과 과제에 관한 국내·외 우수사례를 공유하고, 성공전략을 모색하기 위한 토론의 장 마련
> 포럼주제 : 개방형 혁신시대, 사내벤처의 역할과 과제
> 일시·장소 : '19. 3. 15(금) 14:00~17:30 /팁스타운 팁스홀(서울 강남구 역삼동)
> 참석대상 : 사내벤처 및 분사창업에 관심 있는 기업(대기업.중견.중소기업, 공기업, 스타트업 등) 및 학계, 유관기관 등 300명 내외

02 글머리표 모양 설정하기 첫 번째 문단에 커서를 두고 [서식]–[문단 번호 모양]을 선택한 후 [글머리표 및 문단 번호] 대화상자의 [글머리표] 탭에서 글머리표 모양을 고르고 [설정]을 클릭한다.

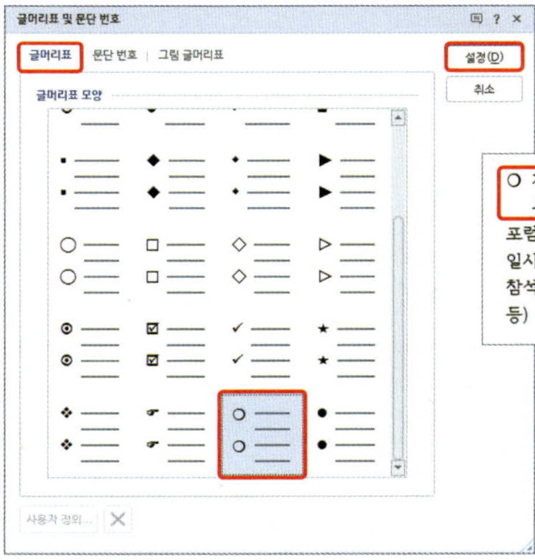

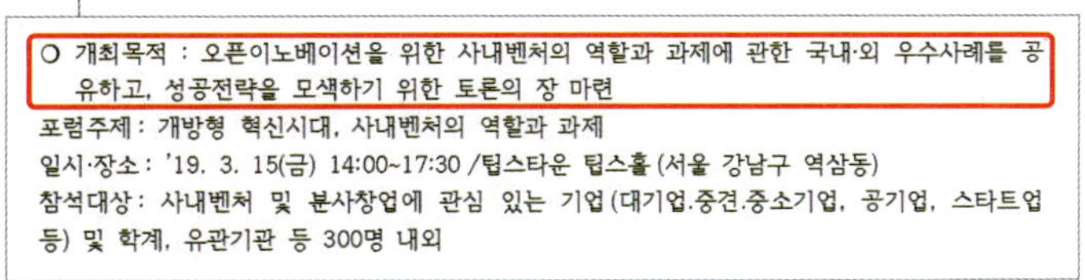

TIP 적용된 문단 번호 속성을 해제하려면 해당 문단에 커서를 두거나 블록으로 설정한 후 [서식]–[문단 번호 적용/해제]를 한 번 더 선택한다.

03 글머리표 적용하기 두 번째 문단에서 네 번째 문단까지 블록 설정한 후 [서식]–[글머리표 적용/해제]를 선택해 설정된 글머리표를 적용한다.

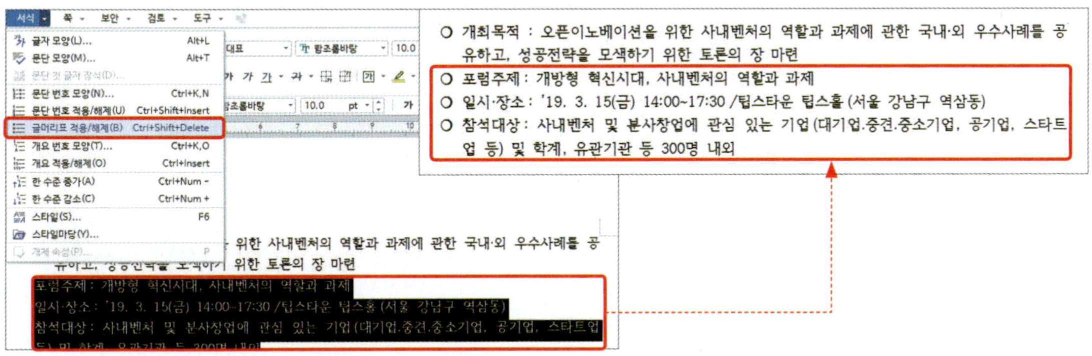

04 저장하기 [파일]–[다른 이름으로 저장]을 선택하고 '실습3–2(완성).hwp'로 저장한다.

1.3 다단 설정하기

다단은 긴 문단을 읽기 쉽도록 분할하여 흐르게 하는 편집 방식으로, 신문, 잡지, 찾아보기 등을 편집할 때 유용하게 쓰인다. 다단을 설정하려면 [쪽]-[단]에서 원하는 다단의 형태를 선택하거나, [쪽]-[단]-[다단 설정]을 선택해 [단 설정] 대화상자를 열고 [단 종류], [단 개수], [구분선], [너비 및 간격], [단 방향] 등을 설정한다.

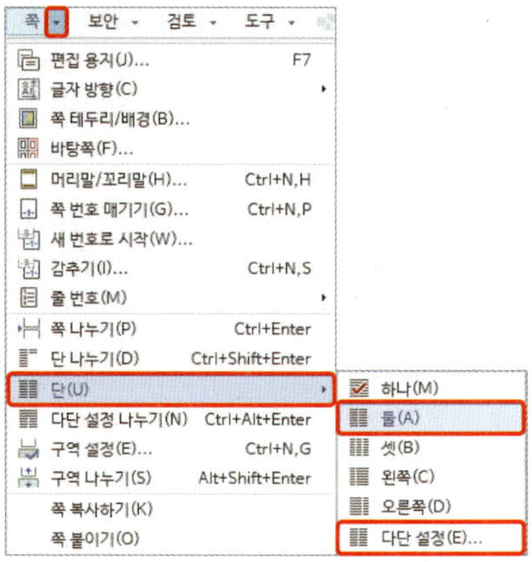

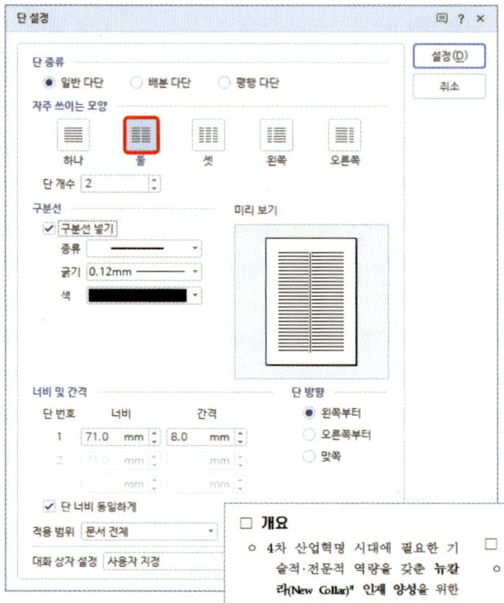

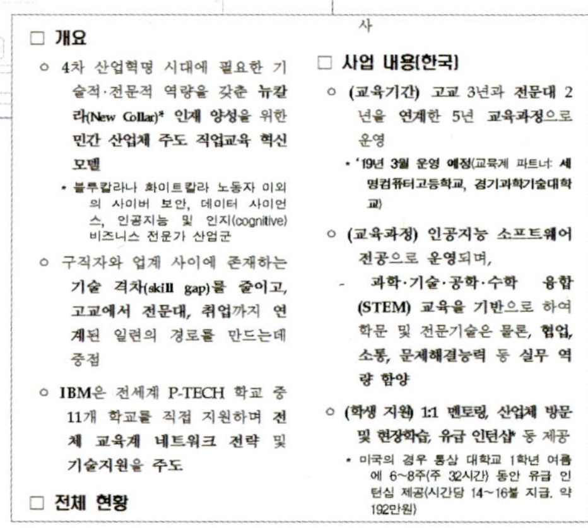

TIP 다단 편집 중 단의 내용이 다 차지 않은 상태에서 다음 단으로 이동하려면 [쪽]-[단 나누기]를 선택한다.

같은 쪽 또는 같은 문서에서 여러 개의 단 모양을 사용할 수도 있다. 새로운 단으로 시작하고 싶은 곳에 커서를 두고 [쪽]-[다단 설정 나누기]를 선택한 후 다시 [쪽]-[단]-[다단 설정]을 선택해 새로 적용할 다단 모양을 설정한다.

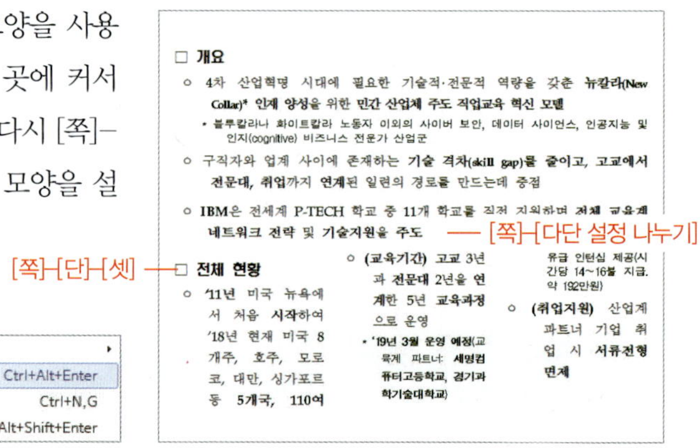

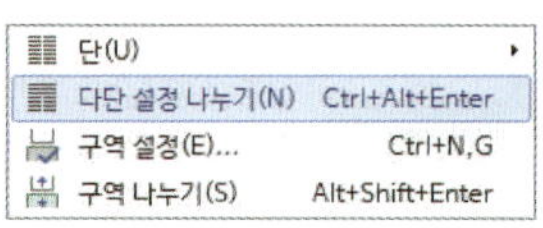

기본예제 3-3 다단 나누기

문서 전체를 2단으로 나눈 후 새로운 다단을 설정해 3단으로 나누어 보자.

01 준비 파일 불러오기 [파일]-[불러오기]를 선택하고 '실습3-3(준비).hwp' 파일을 연다.

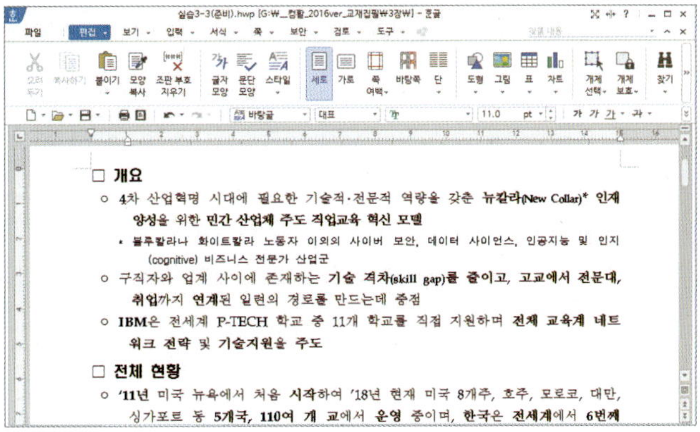

02 2단 나누기 파일을 2단으로 나누기 위해 [쪽]-[단]-[둘]을 선택한다.

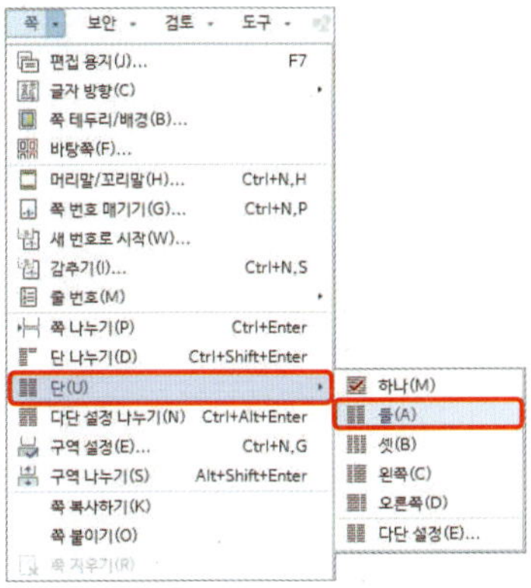

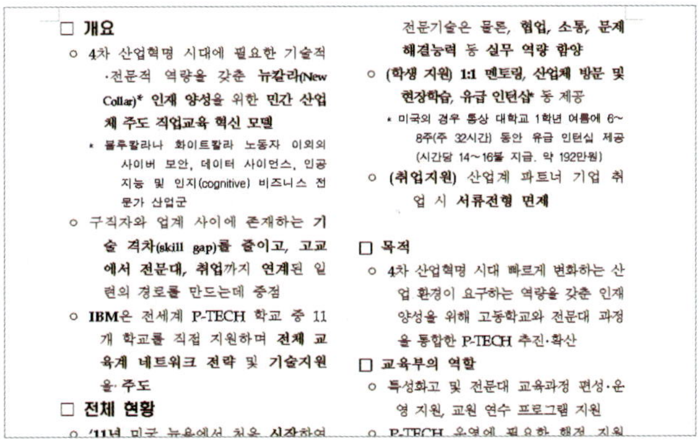

03 다단 설정 나누기 1쪽의 '□ 목적' 앞에 커서를 두고 [쪽]-[다단 설정 나누기]를 선택한다.

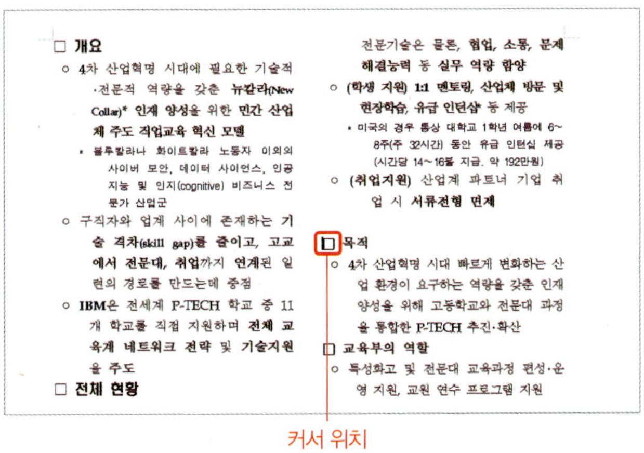

04 새로운 다단 설정하기 [다단 설정 나누기]를 실행한 위치에서 새로운 다단 모양을 설정하기 위해 [쪽]–[단]–[다단 설정]을 선택한다. [단 설정] 대화상자가 열리면 [단 개수]를 [3]으로 설정하고 [구분선]을 점선으로 선택한 후 [설정]을 클릭한다.

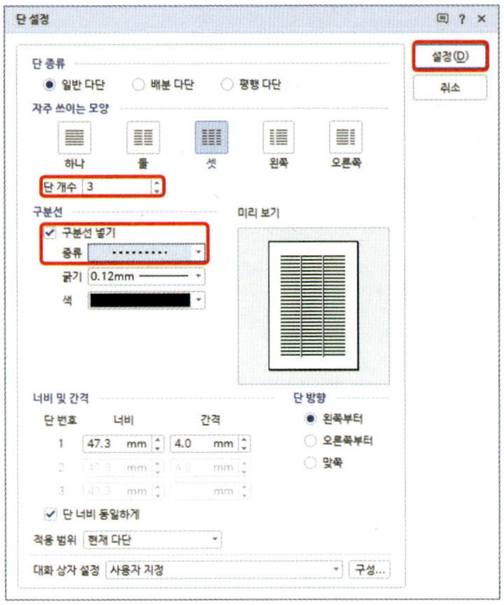

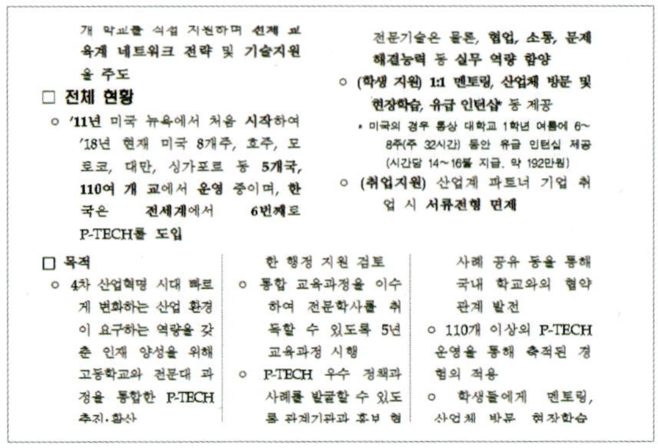

05 저장하기 [파일]–[다른 이름으로 저장]을 선택하고 '실습3-3(완성).hwp'로 저장한다.

1.4 문단 첫 글자 장식하기

문단 첫 글자 장식은 첫 글자를 두 줄 또는 세 줄 크기의 글상자 안에 넣어 크게 만드는 기능으로, 글의 도입부에서 주목도를 높이기 위해 많이 사용된다. 문단 첫 글자를 장식하려면 해당 문단에 커서를 두고 [서식]–[문단 첫 글자 장식]을 선택한 후 [문단 첫 글자 장식] 대화상자에서 [모양], [글꼴/테두리] 등을 설정한다.

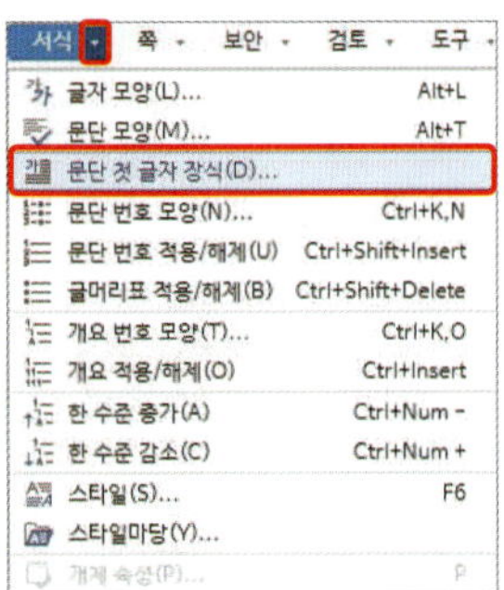

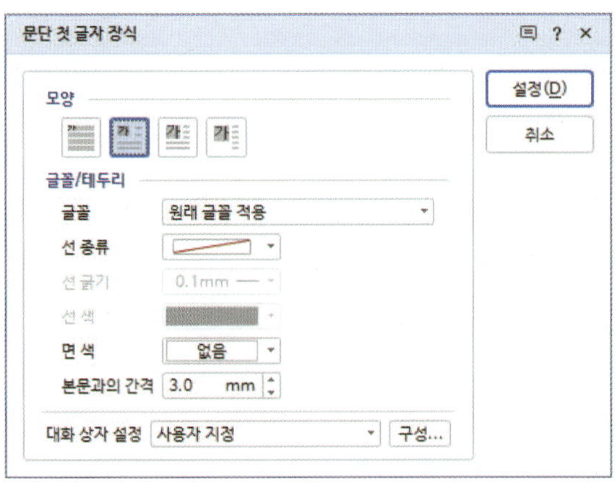

기본예제 3-4 문단 첫 글자 장식하기

편집할 내용을 입력하고 문단 첫 글자 장식을 해 보자.

01 내용 입력하기 문단 첫 글자 장식하기 실습을 위해 다음 내용을 입력한다.

> 올해 행사는 4차산업혁명이라는 환경변화에 대응한 교육계와 이러닝 산업계의 관심을 반영하여, "이러닝, 에듀테크로의 새로운 도약"이라는 주제로 에듀테크 페어(박람회), 국제콘퍼런스와 다양한 부대행사로 진행된다.

02 문단 첫 글자 장식하기 첫 글자를 장식할 문단에 커서를 두고 [서식]–[문단 첫 글자 장식하기]를 선택한다. [문단 첫 글자 장식] 대화상자에서 [모양]은 2줄로, [글꼴]은 [돋움체], [면 색]은 파랑, [본문과의 간격]은 [3.0mm]로 선택하고 [설정]을 클릭한다.

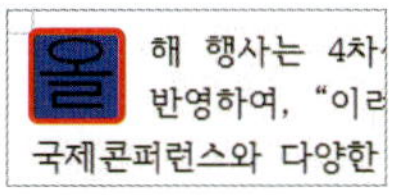

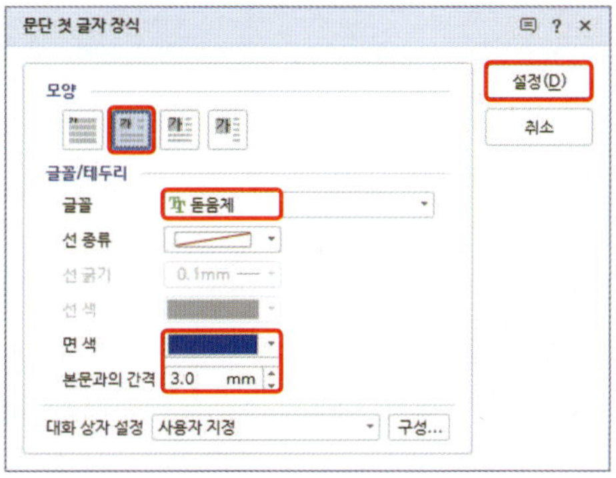

03 글자색 변경하기 문단 첫 글자를 블록 설정하고 서식 도구 모음의 [글자 색] 목록에서 [노랑]을 선택한다.

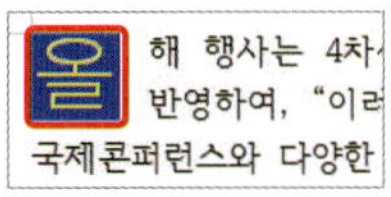

04 저장하기 [파일]–[다른 이름으로 저장]을 선택하고 '실습3–4(완성).hwp'로 저장한다.

1.5 스타일 지정하기

스타일은 자주 사용하는 글자 모양이나 문단 모양을 등록하여 관리하는 기능으로, 분량이 많은 문서에서 일관성 있는 형식을 유지하기 위해 사용한다. 스타일을 만들어 놓으면 글자 모양과 문단 모양을 일일이 설정하지 않고 등록된 스타일만 적용해도 일관성 있게 편집할 수 있다.

1.5.1 새 스타일 추가하기

새 스타일을 등록하려면 [서식]-[스타일]을 선택하고 [스타일] 대화상자에서 [+ 스타일 추가하기] 단추를 클릭한다. [스타일 추가하기] 대화상자에서 [스타일 이름]을 입력하고 [스타일 종류]를 선택한 후 [문단 모양], [글자 모양], [글머리표/문단 번호] 등을 클릭해 속성을 설정하고 [추가]를 클릭한다.

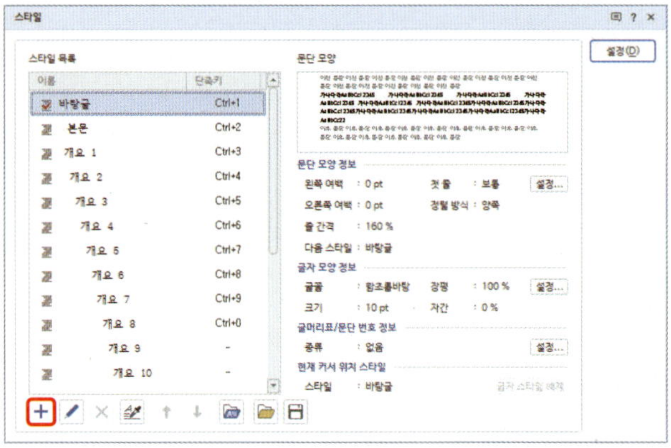

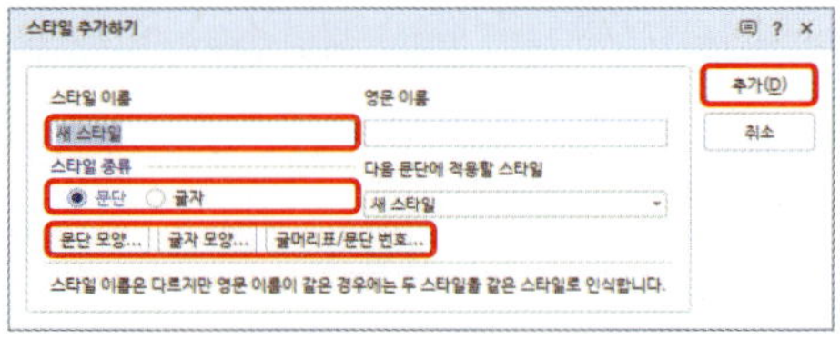

TIP 스타일 종류에서 [문단]을 선택하면 문단 모양과 글자 모양을 설정할 수 있고, [글자]를 선택하면 글자 모양만 설정할 수 있다.

1.5.2 스타일 편집하기

등록된 스타일을 편집하려면 [서식]-[스타일]을 선택하고 [스타일] 대화상자의 [스타일 목록]에서 편집할 스타일을 선택한 후 [✎ 스타일 편집하기] 단추를 클릭한다. [스타일 편집하기] 대화상자에서 [스타일 이름], [문단 모양], [글자 모양], [글머리표/문단 번호] 등을 설정하고 [설정]을 클릭해 스타일 편집을 완료한다.

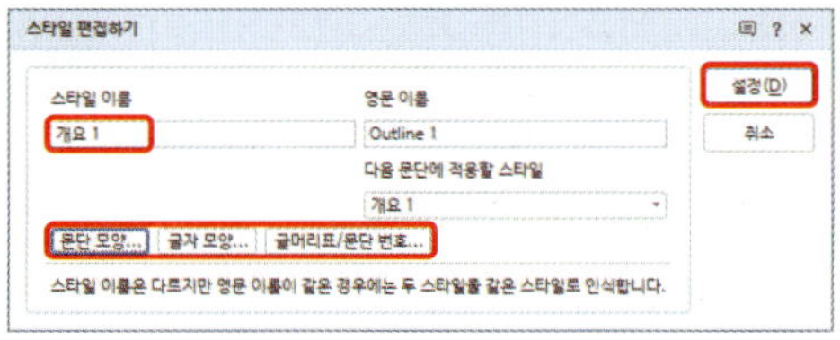

1.5.3 스타일 적용하기

현재 커서가 있는 문단에 스타일을 적용하려면 [서식]-[스타일]을 선택해 [스타일] 대화상자를 열고 [스타일 목록]에서 원하는 스타일을 선택한 후 [설정]을 클릭한다. 또는 서식 도구 상자의 [스타일] 목록에서 원하는 스타일을 선택해 적용할 수도 있다.

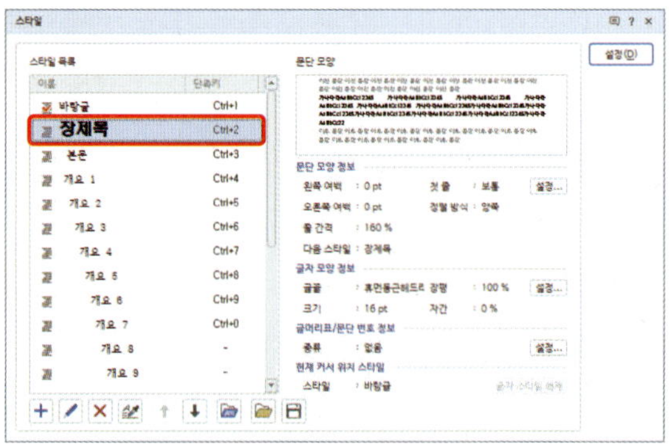

TIP 현재 문서에 적용된 스타일은 [스타일] 대화상자의 스타일 목록 이름 옆에 ✔ 표시가 나타난다.

1.5.4 스타일마당

한글은 등록된 스타일 외에도 문서의 종류에 따라 자주 쓰이는 스타일 묶음인 스타일마당을 제공해 일관성 있는 문서 작성은 물론 다양한 형태의 문서를 쉽고 빠르게 만들 수 있도록 도와준다. 스타일마당에서는 논문 스타일, 단행본 스타일, 보고서 스타일, 신문 스타일, 편지글 스타일, 프레젠테이션 스타일 등 용도별로 스타일을 제공한다. 단, 스타일마당은 바탕문서의 기본 스타일을 적용한 문서에만 적용할 수 있다.

스타일마당을 적용하려면 기본 스타일을 적용해 문서를 작성한 후 [서식]–[스타일마당]을 선택한다. [스타일마당] 대화상자의 [스타일마당 목록]에서 원하는 스타일을 선택하고 [적용]을 클릭한다.

기본예제 3-5 스타일 추가하고 적용하기

편집할 내용을 입력하고 스타일 추가 및 적용을 해 보자.

01 내용 입력하기 다음과 같이 스타일을 적용할 내용을 입력한다.

소제목
표제목
참고문헌

02 스타일 추가하기 [서식]–[스타일]을 선택해 [스타일] 대화상자를 열고 [+ 스타일 추가하기] 단추를 클릭한다.

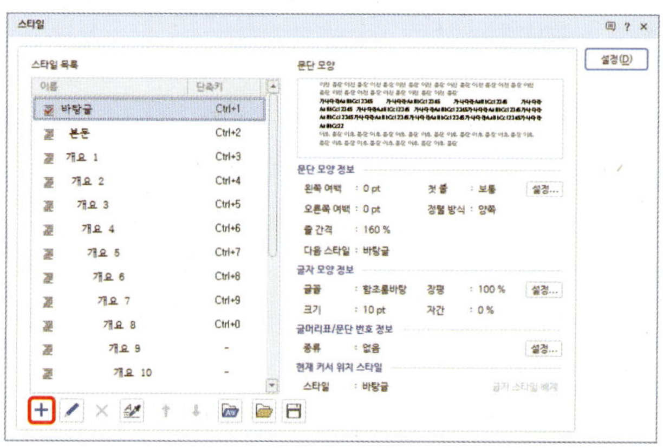

03 '소제목' 스타일 설정하기 [스타일 이름]은 *소제목*으로 입력하고 [스타일 종류]는 [문단]을 선택한다. 글자 모양과 문단 모양을 다음 그림과 같이(돋움체, 12pt, 진하게, 그림자, 왼쪽 여백:10pt) 설정한 후 [스타일 추가하기] 대화상자에서 [추가]를 클릭한다.

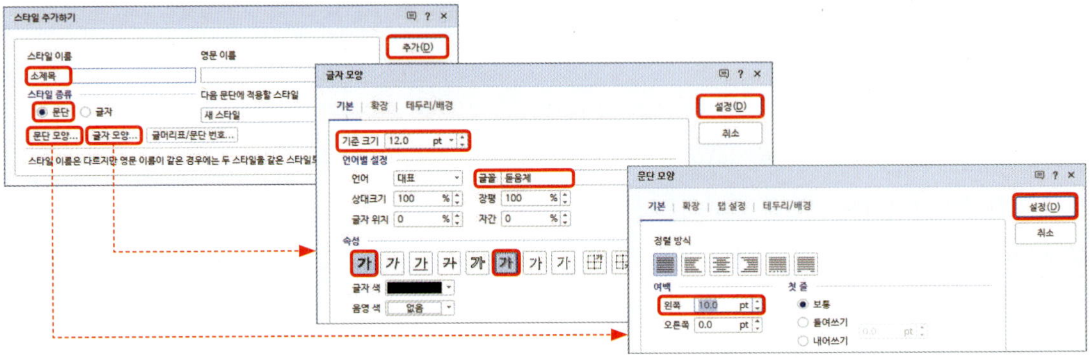

04 '표제목' 스타일 설정하기 [스타일 이름]은 *표제목*으로 입력하고 [스타일 종류]는 [문단]을 선택한다. 글자 모양과 문단 모양을 다음과 같이(돋움체, 11pt, 진하게, 장평:110%, 가운데 정렬) 설정한 후 [스타일 추가하기] 대화상자에서 [추가]를 클릭한다.

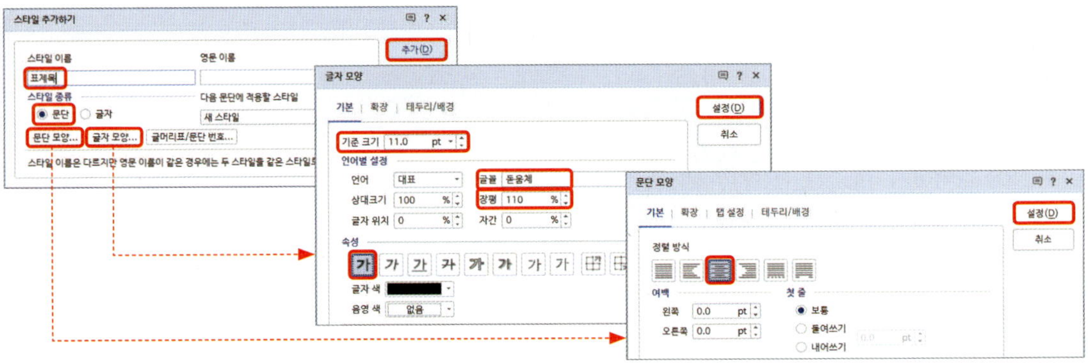

05 '참고문헌' 스타일 설정하기 [스타일 이름]은 *참고문헌*으로 입력하고 [스타일 종류]는 [문단]을 선택한다. 글자 모양과 문단 모양을 다음과 같이(신명조, 10pt, 줄 간격:130%) 설정한 후 [스타일 추가하기] 대화상자에서 [추가]를 클릭한다.

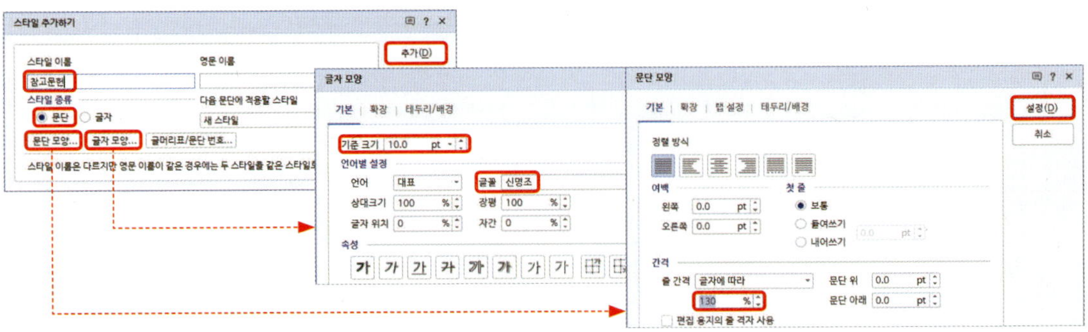

06 스타일 적용하기 문서의 첫 줄에 커서를 두고 서식 도구 상자의 [스타일]에서 '소제목' 스타일을 선택한다. 두 번째 줄에는 '표제목' 스타일을, 세 번째 줄에는 '참고문헌' 스타일을 각각 적용한다.

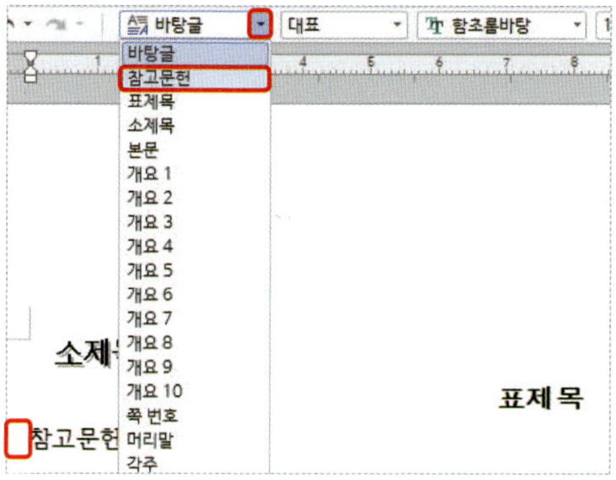

07 저장하기 [파일]–[다른 이름으로 저장]을 선택하고 '실습3–5(완성).hwp'로 저장한다.

1.6 구역 나누기

같은 문서 안에서 용지 크기나 방향, 쪽 테두리 등을 다르게 설정하거나, 그림이나 표와 같은 개체 번호를 다시 시작해야 하는 경우가 있다. 한글에서는 구역을 나누면 이런 작업을 쉽게 수행할 수 있다. 구역마다 서로 다른 머리말/꼬리말, 바탕쪽, 각주/미주 모양, 테두리/배경, 개요 모양, 메모, 편집 용지 등을 설정할 수 있다.

구역을 나누려면 새로운 구역을 시작할 곳에 커서를 두고 [쪽]–[구역 설정]을 선택한다. [구역 설정] 대화상자가 열리면 [적용 범위]를 [새 구역으로]로 선택하고 [설정]을 클릭한다.

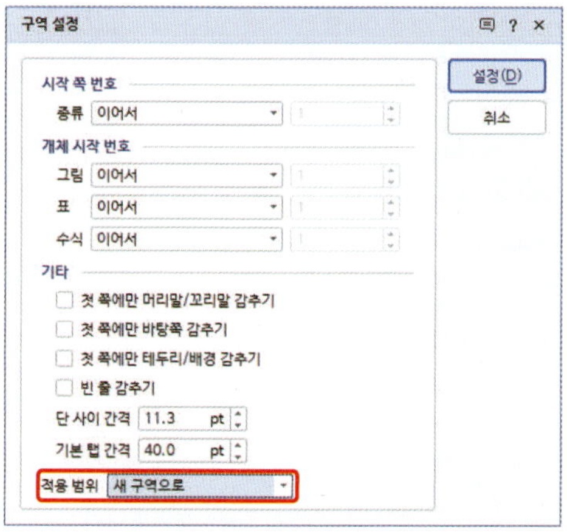

TIP 강제로 구역을 나누고 싶은 곳에서 [쪽]–[구역 나누기]를 선택하면 현재 커서 위치에서 쪽이 나뉘면서 새로운 구역이 만들어진다.

기본예제 3-6 구역 나누기

구역을 나누고 구역별로 편집 용지 방향을 다르게 설정해 보자.

01 문서의 편집 용지 방향 확인하기 빈 문서를 열고 현재 구역의 편집 용지 방향을 확인하기 위해 [쪽] 탭–[편집 용지]를 클릭해 [편집 용지] 대화상자를 열어 본다.

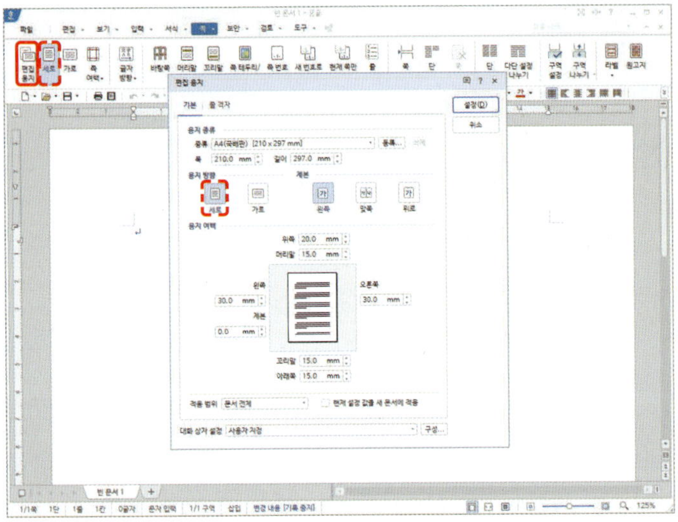

02 구역 나누기 구역을 나누기 위해 [쪽]–[구역 설정]을 선택하거나 [쪽] 탭–[구역 설정]을 클릭해 [구역 설정] 대화상자를 열고 [적용 범위]를 [새 구역으로]로 선택한 후 [설정]을 클릭한다. 구역이 나누어지면서 새 쪽으로 이동된다.

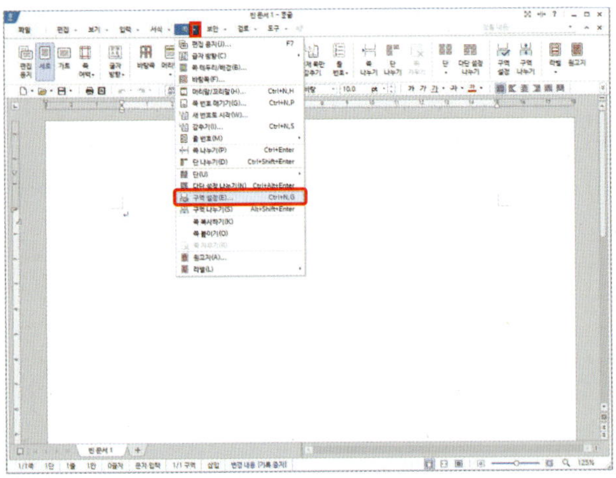

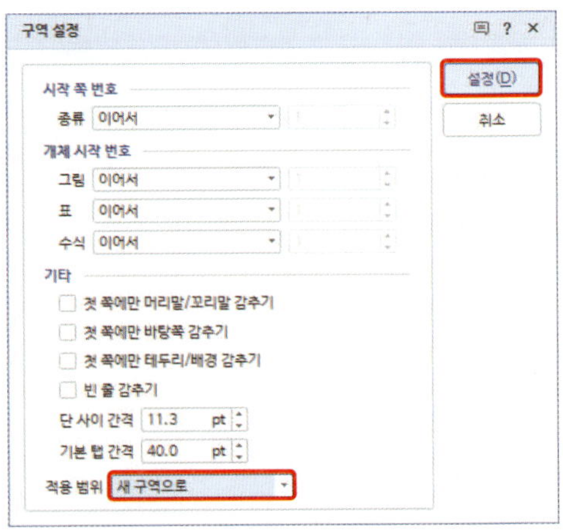

TIP [쪽] 탭에서 [세로]가 선택되어 있는지 [가로]가 선택되어 있는지를 보아도 현재 구역의 편집 용지 방향을 알 수 있다.

03 새 구역에서 편집 용지 방향 바꾸기 [쪽] 탭–[편집 용지]를 클릭하고 [편집 용지] 대화상자에서 [용지 방향]을 [가로]로 선택한 후 [설정]을 클릭한다.

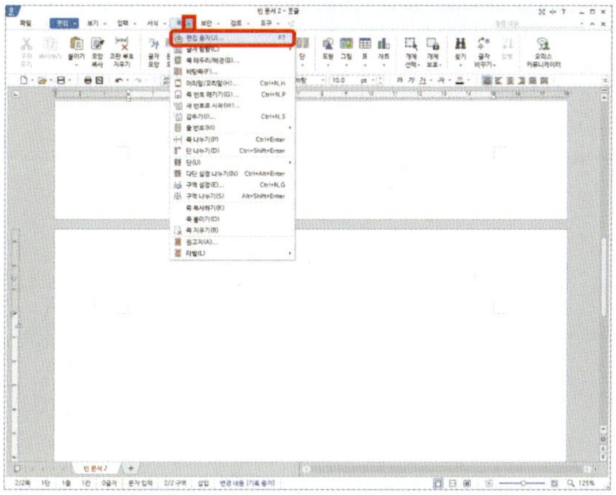

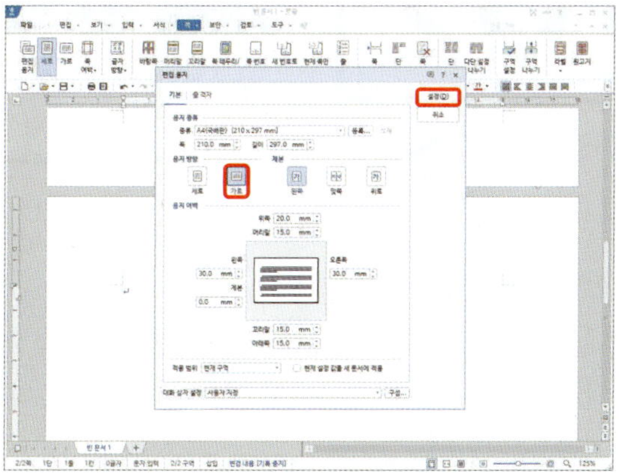

TIP [쪽]–[편집 용지]를 선택하거나 단축키 F7을 눌러도 [편집 용지] 대화상자가 열린다.

04 저장하기 새 구역에서 편집 용지의 방향이 바뀐 것을 확인한 후 [파일]–[다른 이름으로 저장]을 선택하고 '실습3–6(완성).hwp'로 저장한다.

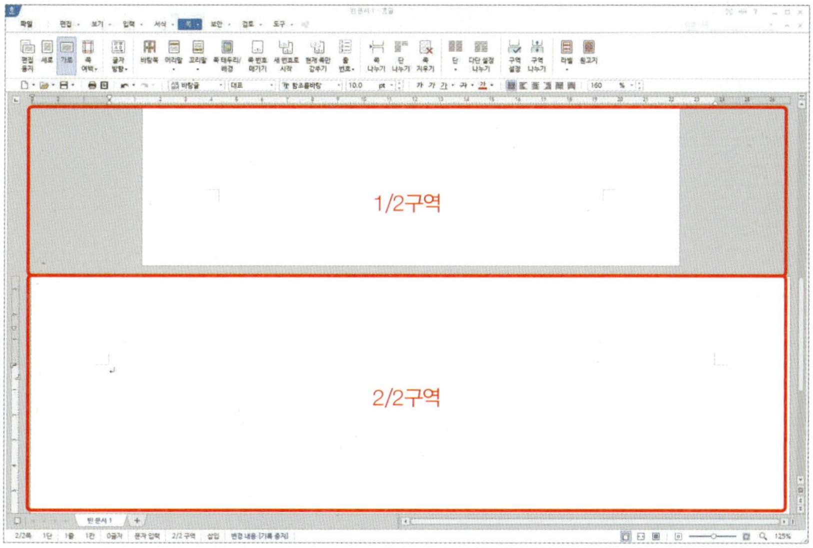

SECTION 02

개체 및 주석 입력하기

한글에서는 문서 내에 글상자, 글맵시, 그림 등 다양한 개체를 삽입하고 활용할 수 있다. SECTION 02에서는 개체를 사용하는 방법과 쓰임새에 대해 알아본다. 또한 문서마당의 서식 파일에 입력할 내용을 알려주는 누름틀과 본문에서 인용한 자료의 출처를 밝히거나 보충 자료를 제시할 때 사용하는 주석을 입력하는 방법도 알아본다.

2.1 글상자 입력하기

글상자는 문서에서 원하는 위치에 글자를 넣는 경우, 여러 단에 걸쳐 제목을 넣는 경우, 문서 내에 요약 글을 넣는 경우 등 다양한 용도로 활용된다. 글상자를 만들고 편집하는 방법을 알아본다.

2.1.1 글상자 만들기

글상자를 만들려면 [입력]-[글상자]를 선택하고 마우스 포인터가 십자(+) 모양으로 바뀌었을 때 원하는 크기만큼 드래그해 그린다. 글상자 내부에 글자를 입력하고, 편집을 마치려면 글상자 바깥을 클릭한다.

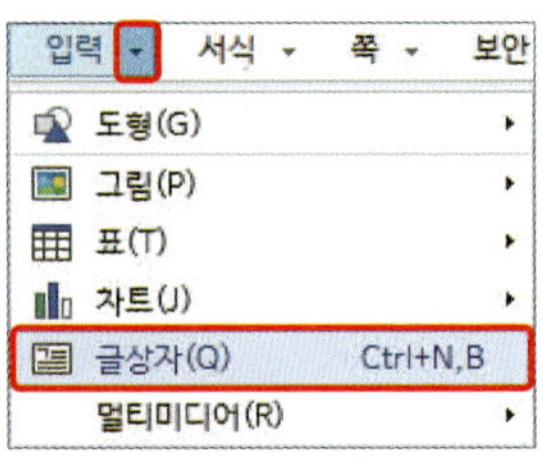

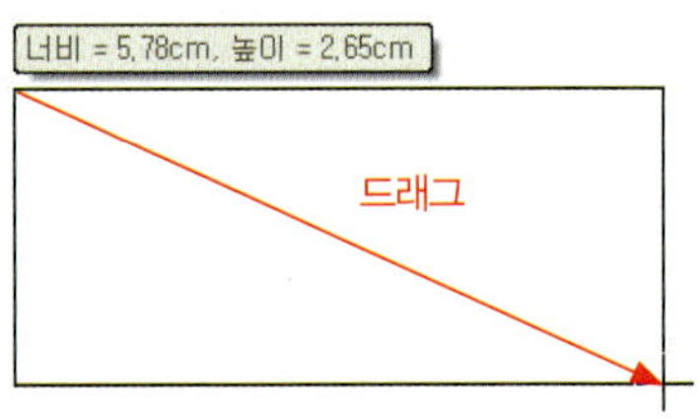

TIP 글상자에 입력된 내용에도 글꼴, 글자 크기, 속성 등을 적용할 수 있다.

[입력] 탭의 이미지 꾸러미에서 [가로 글상자]를 선택하고 그려도 된다. [세로 글상자]를 선택하고 그리면 글상자에 글자가 세로쓰기로 입력된다.

2.1.2 글상자 편집하기

글상자의 위치를 이동하려면 글상자 테두리를 선택한 후 드래그하고, 크기를 조절하려면 테두리를 선택한 후 조절점을 드래그한다.

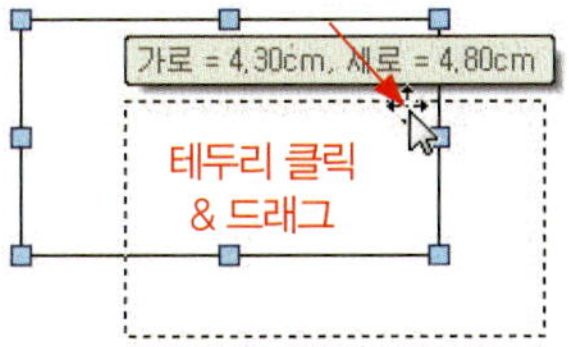

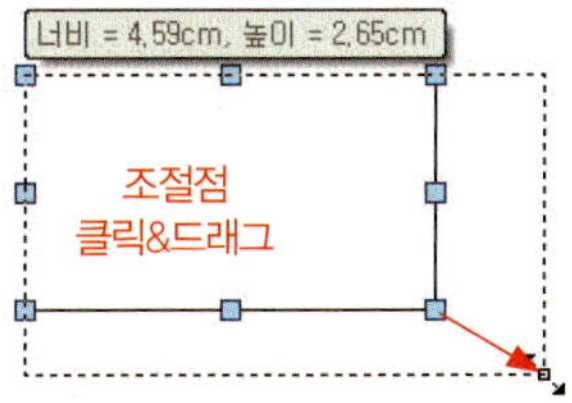

글상자 속성은 글상자 테두리를 선택한 후 마우스 오른쪽 단추를 클릭하고 바로 가기 메뉴에서 [개체 속성]을 선택해 [개체 속성] 대화상자를 열고 설정할 수 있다. [기본] 탭에서는 [크기]와 [위치] 등을, [선] 탭에서는 [선]과 [사각형 모서리 곡률] 등을, [채우기] 탭에서는 [채우기]와 [투명도 설정] 등을, [글상자] 탭에서는 [안쪽 여백]과 [세로 정렬] 등을 설정할 수 있다.

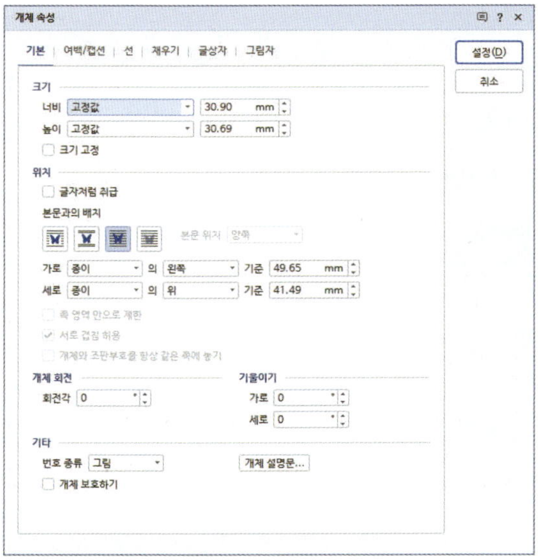

▲ [개체 속성]의 [기본] 탭

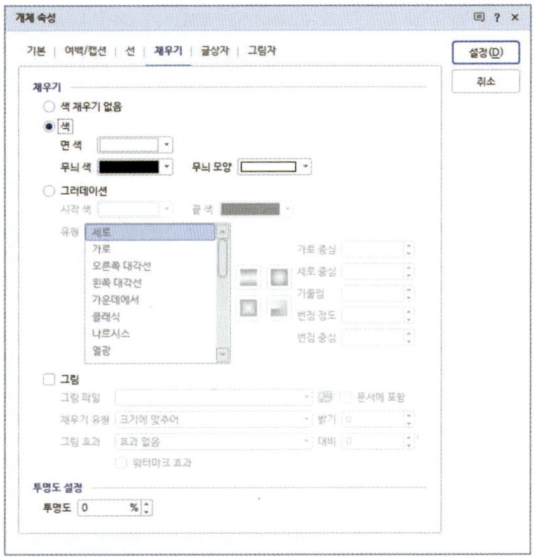

▲ [개체 속성]의 [채우기] 탭

▲ [개체 속성]의 [선] 탭

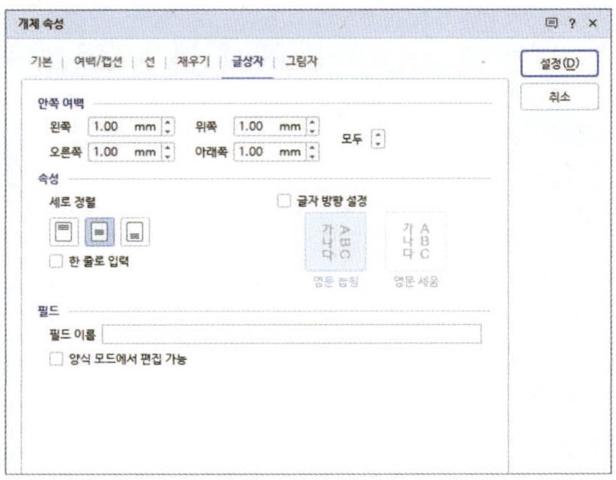

▲ [개체 속성]의 [글상자] 탭

기본예제 3-7 글상자 만들기

글상자를 입력한 후 속성을 설정하고 내용을 입력해 보자.

01 글상자 만들기 빈 문서를 열고 [입력]-[글상자]를 선택한 후 적당한 크기로 드래그해 글상자를 만든다. 테두리를 클릭하고 마우스 오른쪽 단추를 클릭해 [개체 속성]을 선택한다. [개체 속성] 대화상자의 [기본] 탭-[크기] 항목에서 [너비]는 [고정값], [150mm], [높이]는 [고정값], [20mm]로 설정한다.

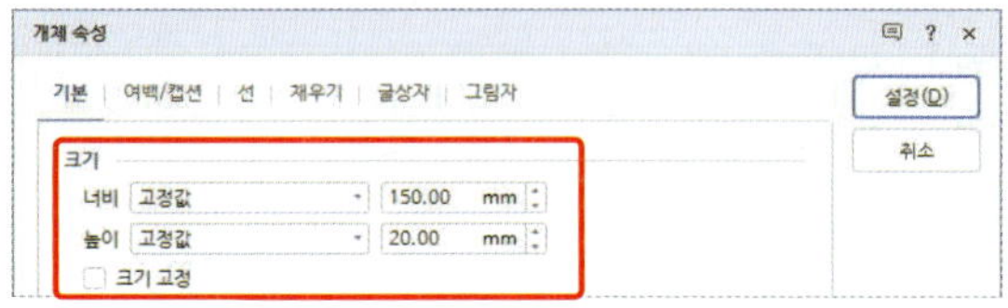

02 글상자 위치 및 여백 설정하기 [개체 속성] 대화상자의 [기본] 탭-[위치] 항목에서 [본문과의 배치]를 [자리차지]로, [가로]를 [종이], [가운데], [0.00mm]로, [세로]를 [종이], [위], [50mm]로 설정한다. [여백/캡션] 탭-[바깥 여백] 항목에서는 [아래쪽] 값을 [5mm]로 설정한다.

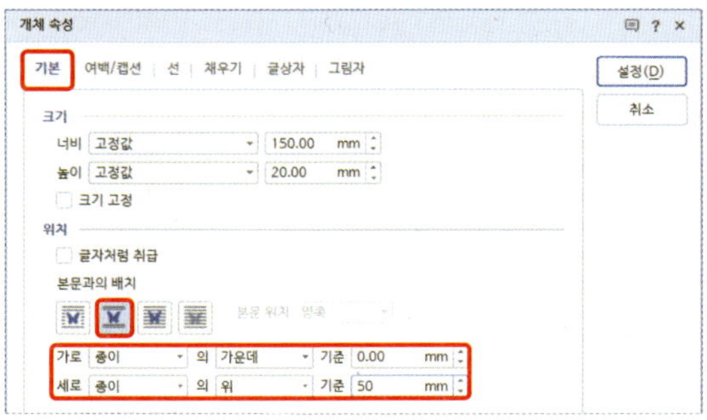

03 선 및 채우기 설정하기 [개체 속성] 대화상자의 [선] 탭-[선] 항목에서 [굵기]를 [0.3mm]로 설정한다. [채우기] 탭-[채우기] 항목에서 [면 색]을 [주황 80% 밝게]로 선택하고 [설정]을 클릭한다.

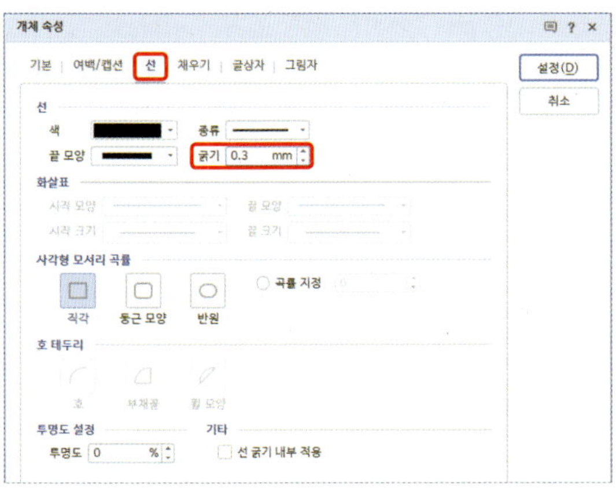

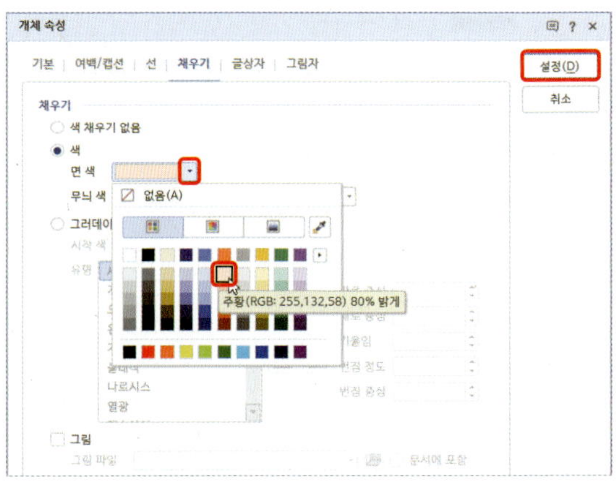

04 내용 입력하고 서식 적용하기 글상자 내부를 클릭하고 두 줄에 걸쳐 *Report #1*과 *제출자 김주영*을 입력한다. 첫 줄을 블록 설정하고 서식 도구 모음을 이용해 [글꼴]은 [맑은 고딕], [글자 크기]는 [12pt], 문단 모양은 [가운데 정렬]로 설정한다. 두 번째 줄에 커서를 두고 [서식]–[문단 모양]을 선택해 [문단 모양] 대화상자에서 [정렬 방식]은 [오른쪽 정렬], [여백]은 [오른쪽]을 [10pt]로 설정한다.

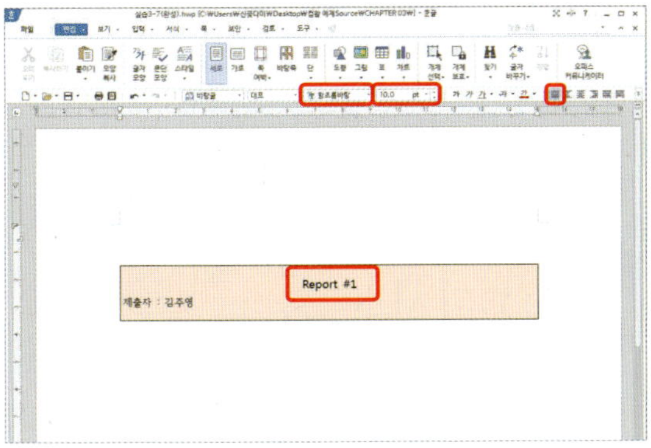

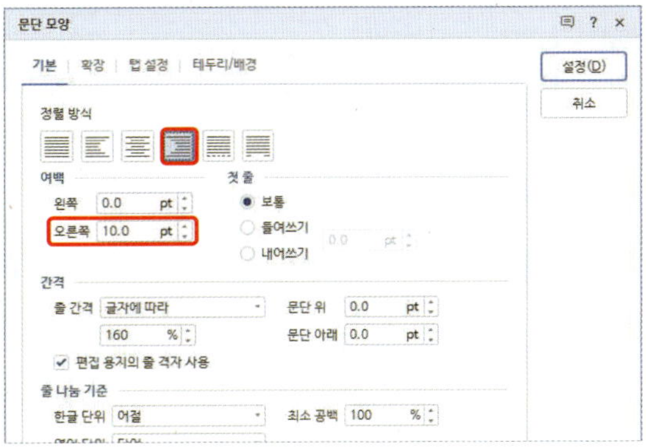

05 저장하기 완성된 문서를 [파일]–[다른 이름으로 저장]을 선택하고 '실습3-7(완성).hwp'로 저장한다.

2.2 글맵시 입력하기

글맵시는 입력한 글자의 형태를 휘게 만드는 기능으로, 글자 모양을 독특하게 꾸며 제목 등을 눈에 띄게 만드는 데 사용할 수 있다.

2.2.1 글맵시 만들기

글맵시를 만들려면 [입력]–[개체]–[글맵시]를 선택해 [글맵시 만들기] 대화상자를 열고 글맵시로 표현할 내용을 입력한 후 [글맵시 모양], [글꼴], [줄 간격], [글자 간격] 등을 설정한다.

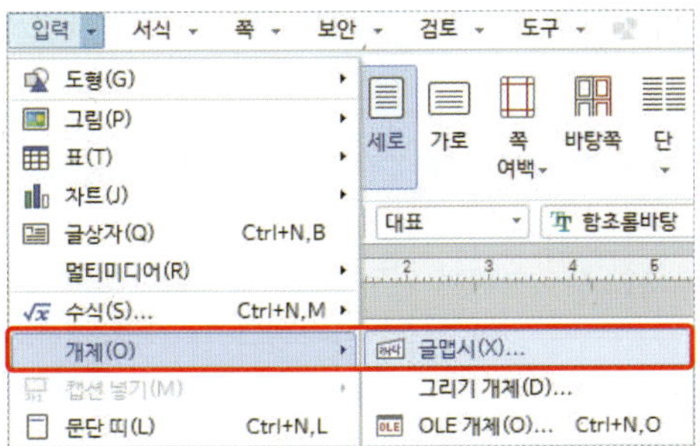

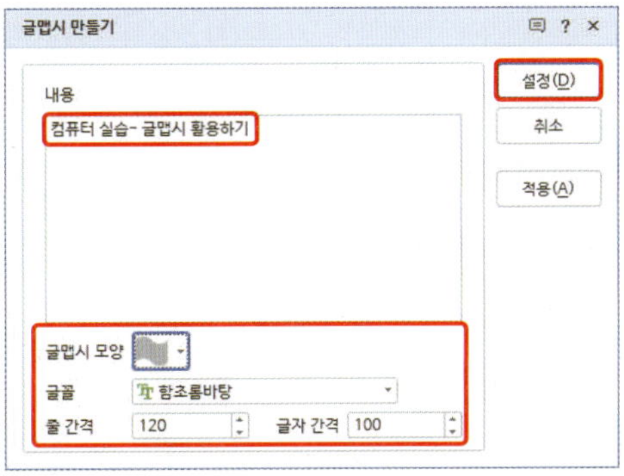

TIP [입력] 탭의 [글맵시] 목록에서 글맵시 모양을 선택해도 [글맵시 만들기] 대화상자가 열린다.

2.2.2 글맵시 편집하기

삽입된 글맵시를 선택하면 활성화되는 [글맵시] 탭에서 [글맵시 속성], [글맵시 스타일], [글맵시 모양], [그림자 모양], [크기], [배치] 등의 속성을 설정할 수 있다.

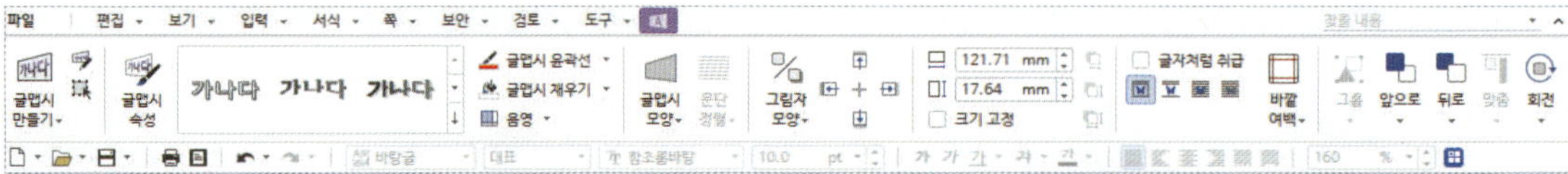

2.2.3 글맵시 크기 조절 및 이동하기

글맵시의 크기를 조절하려면 글맵시 테두리의 조절점을 드래그하고, 글맵시를 이동하려면 글맵시 내부를 클릭해 선택하고 원하는 위치로 드래그한다.

기본예제 3-8 글맵시 만들기

글맵시를 만들고 [글맵시] 탭을 이용해 수정해 보자.

01 글맵시 만들기 빈 문서를 열고 [입력]–[개체]–[글맵시]를 선택해 [글맵시 만들기] 대화상자를 연다. [내용]에 *4차산업혁명의 개요*를 입력하고 [설정]을 클릭한다.

02 글맵시 스타일 변경하기 만들어진 글맵시를 클릭하고 [글맵시] 탭에서 [글맵시 스타일]의 [자세히] 단추를 클릭한 후 [채우기 – 파란색 그러데이션, 역갈매기형 수장 모양]을 선택한다.

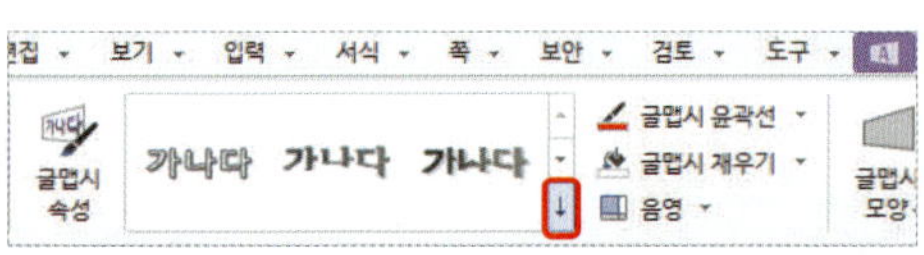

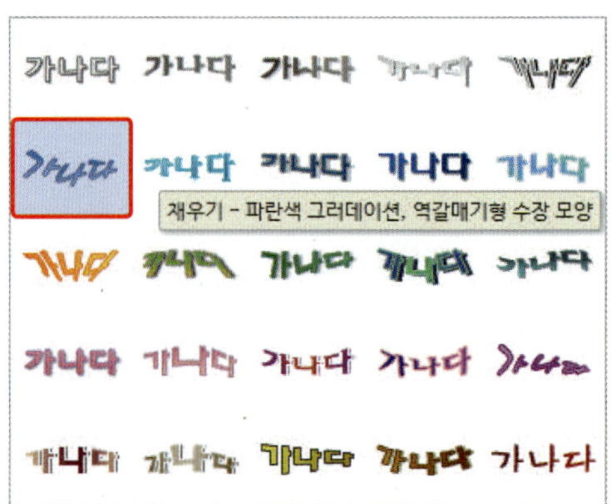

03 글맵시 내용 편집하기 [글맵시] 탭에서 [내용 편집]을 클릭해 [글맵시 고치기] 대화상자를 연다. [내용]을 *4차산업혁명의 기술적 개요*로 수정하고 [설정]을 클릭한다.

04 저장하기 만들어진 글맵시를 확인하고 [파일]-[다른 이름으로 저장]을 선택해 '실습3-8(완성).hwp'로 저장한다.

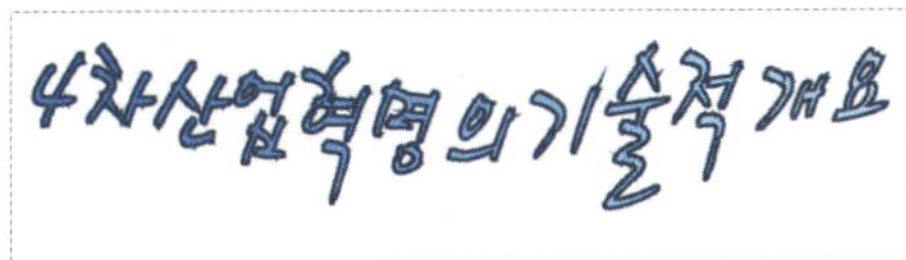

2.3 그림 입력하기

한글 문서에는 GIF, JPG, PNG, BMP, TIFF, WMF 등 다양한 형식의 그림 파일을 삽입할 수 있다. 문서에 그림을 삽입한 후 속성을 설정하고, 스크린 샷도 활용해 본다.

2.3.1 그림 넣기

그림을 삽입하려면 [입력]-[그림]-[그림]을 선택해 [그림 넣기] 대화상자를 열고 원하는 그림 파일을 선택한 후 [열기]를 클릭한다.

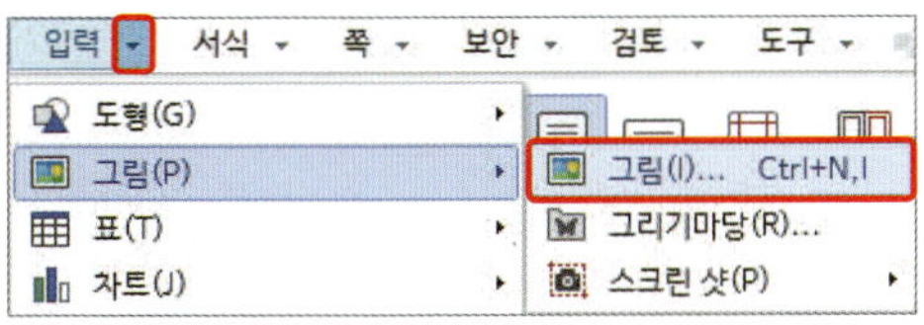

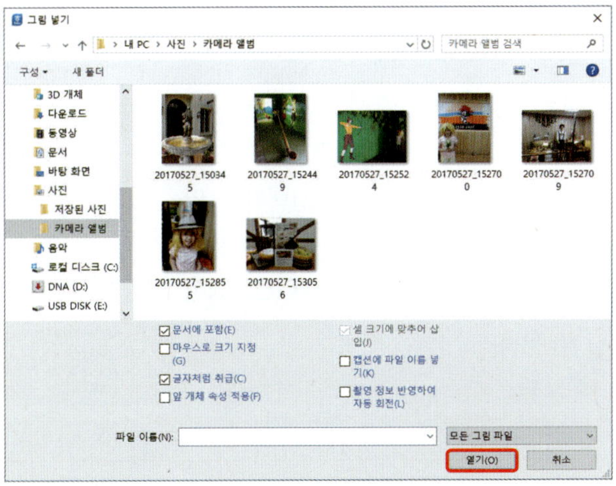

> **TIP** [그림 넣기] 대화상자에서 [마우스로 크기 지정]을 선택하면 원하는 크기로 그림을 드래그해 삽입할 수 있으며, 선택하지 않으면 원본 그림의 100% 크기로 삽입된다.

2.3.2 그림 속성 설정하기

그림을 삽입하면 활성화되는 [그림] 탭에서 [그림 스타일], [그림 속성], [크기], [배치] 등의 속성을 설정할 수 있다.

2.3.3 그림 크기 조절 및 이동하기

그림 크기를 조절하려면 그림을 선택한 후 테두리의 조절점을 드래그하고, 위치를 이동하려면 그림 내부를 클릭해 선택하고 드래그한다.

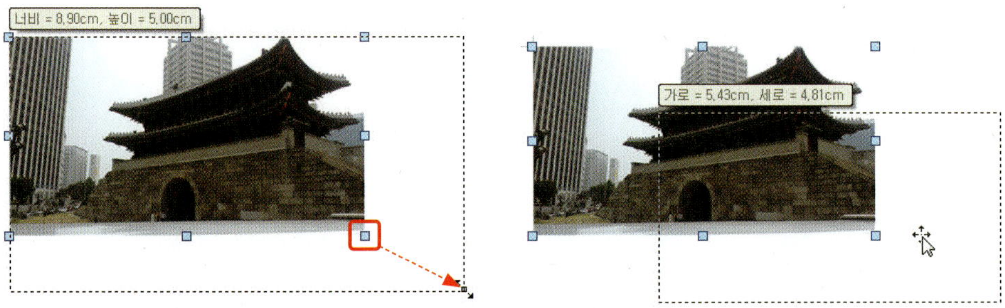

TIP 그림 넣기를 할 때 [글자처럼 취급]에 체크되어 있으면 마우스로 그림 위치를 이동할 수 없고, 글자처럼 Enter 나 Space Bar 등을 이용해 이동해야 한다.

2.3.4 스크린 샷

스크린 샷은 컴퓨터의 배경 화면을 캡처해 한글에 삽입할 수 있는 기능이다. [입력]–[그림]–[스크린 샷]을 선택하고 열려 있는 프로그램의 전체 창을 캡처하거나 [화면 캡처]를 선택해 일부분을 캡처할 수 있다.

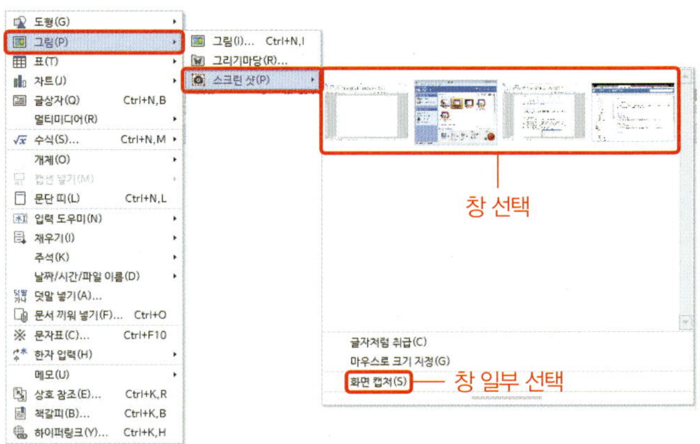

기본예제 3-9 그림 삽입하기

문서에 그림을 삽입하고 위치와 크기를 조절해 보자.

01 그림 삽입하기 '실습3-9(준비).hwp' 파일을 불러온 후, 네 번째 줄의 '대가 없이' 다음에 커서를 위치시킨다. [입력]-[그림]-[그림]을 선택하고 [그림 넣기] 대화상자에서 '실습3-9(이미지).jpg' 파일을 선택한 후 [열기]를 클릭한다. 이때 [글자처럼 취급], [마우스로 크기 지정]의 선택은 모두 해제한다.

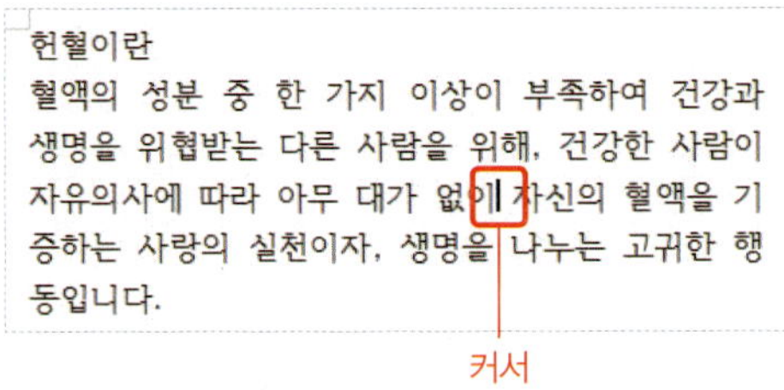

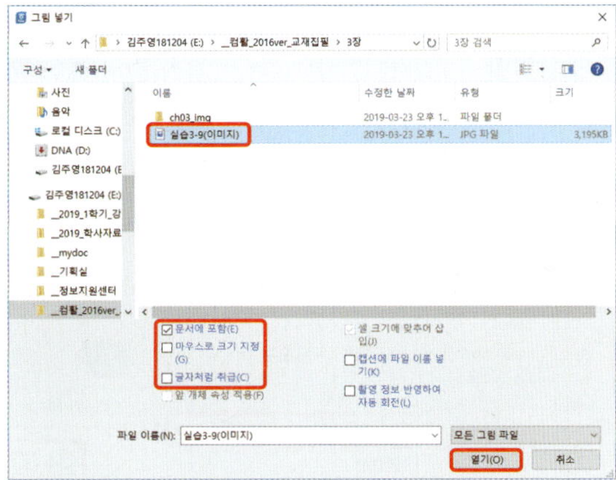

02 그림 위치 및 크기 조절하기 그림의 속성을 변경하기 위해 삽입된 그림을 더블클릭한다. [개체 속성] 대화상자의 [기본] 탭에서 [크기] 항목의 [너비]와 [높이]를 각각 [25mm]로 설정하고 [위치] 항목에서 [본문과의 배치]를 [어울림]으로 설정한 후 [가로]와 [세로] 기준을 그림과 같이 설정한다. [여백/캡션] 탭에서는 [바깥 여백] 항목의 왼쪽, 오른쪽, 위쪽, 아래쪽을 모두 [2mm]로 하고 [설정]을 클릭한다.

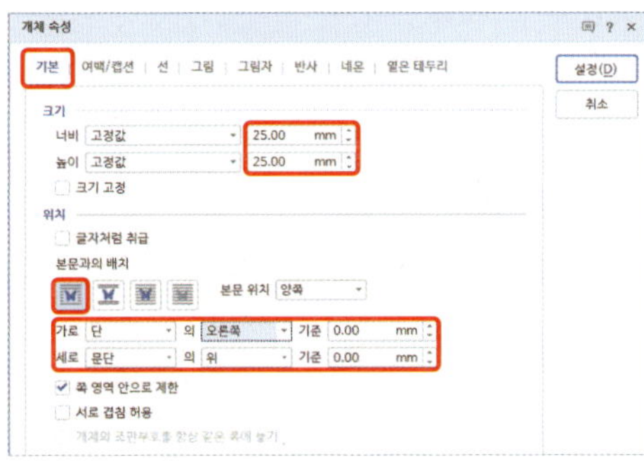

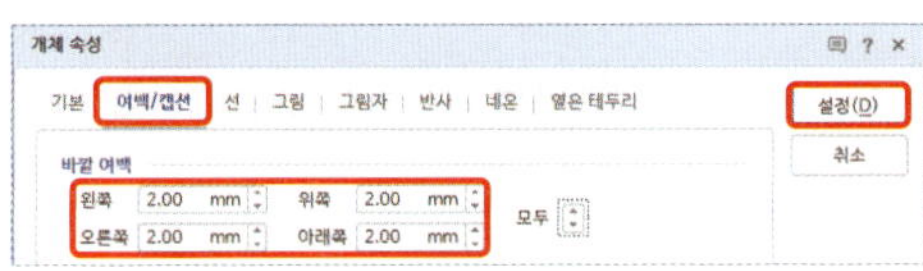

03 저장하기 그림의 위치와 크기가 변경된 것을 확인한 후 [파일]-[다른 이름으로 저장]을 선택하고 '실습3-9(완성).hwp'로 저장한다.

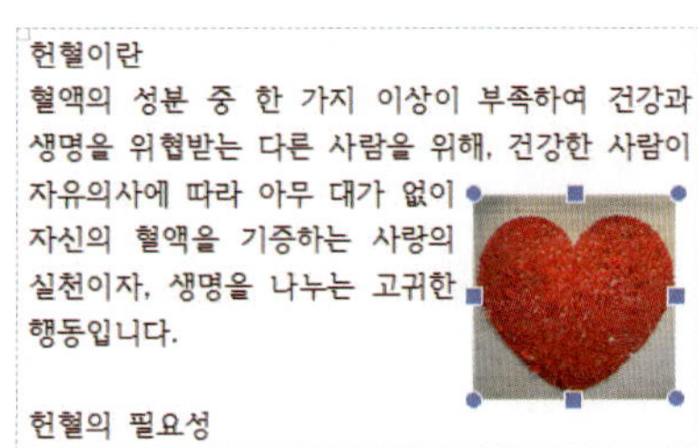

2.4 도형 그리기

한글에서는 편집 화면에서 직접 도형을 그리고 관리할 수 있다. [그리기 개체]에서 선택하면 특정 모양의 도형을 쉽게 삽입할 수 있으며, 여러 도형을 연결하거나 묶으면 복잡한 도형도 구성할 수 있다. 또한 많이 쓰이는 그리기 개체를 미리 등록해 놓은 그리기마당을 이용하면 쓰임새에 따라 필요한 도형을 쉽고 빠르게 삽입할 수 있다.

2.4.1 도형 그리기

도형을 그리려면 [입력]-[도형]을 선택하고 [그리기 개체]와 [연결선]에서 원하는 도형을 선택하거나 [입력] 탭의 이미지 꾸러미에서 선택한다.

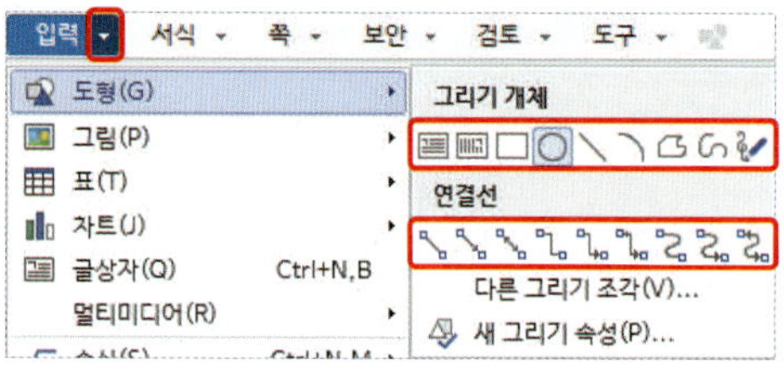

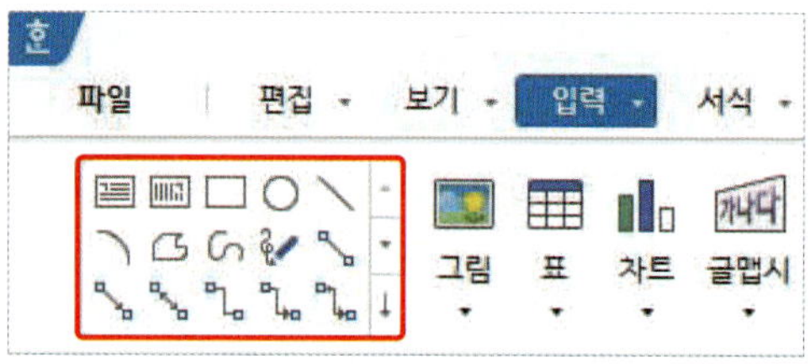

도형을 선택했으면 워크시트에 원하는 크기만큼 드래그한다. 선에는 직선, 곡선, 자유선, 개체 연결선 형태가 있는데, 이중 개체 연결선은 조직도나 순서도와 같이 도형을 이을 때 사용하며, 도형에 이은 연결선은 도형을 이동하면 같이 이동한다. 도형의 크기를 조절하려면 주위의 조절점을 드래그하고, 위치를 이동하려면 도형을 선택한 후 드래그한다.

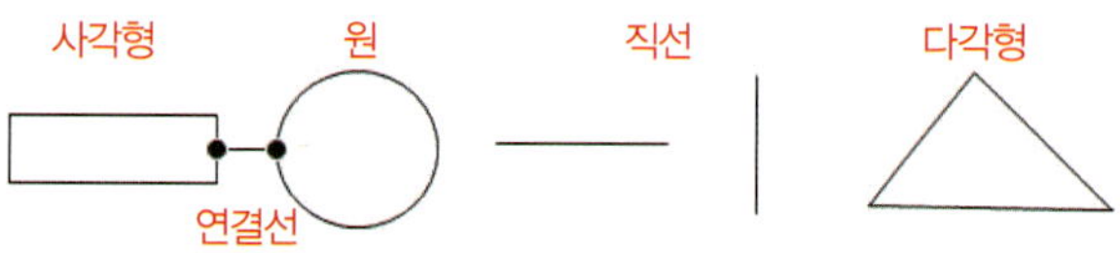

2.4.2 개체 선택과 묶기

개체의 크기 또는 색 변경, 위치 이동, 묶기/풀기 등의 작업을 하려면 개체를 선택해야 한다. 개체를 선택하려면 [편집] 탭에서 [개체 선택]을 클릭한 후 선택하려는 도형의 범위보다 약간 크게 드래그해 감싼다.

> **TIP** 여러 개체를 선택할 때는 Shift를 누른 채 개체들을 각각 클릭한다.

여러 개체를 선택한 후 개체 묶기를 하면 하나의 개체로 관리할 수 있다. 개체 묶기를 하려면 묶을 개체를 선택한 후 마우스 오른쪽 단추를 클릭하고 바로 가기 메뉴에서 [개체 묶기]를 선택한다.

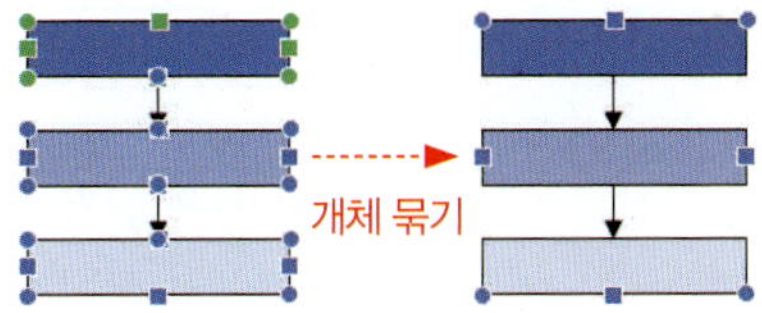

TIP 묶인 개체를 원래 상태로 되돌리려면 개체를 마우스 오른쪽 단추로 클릭하고 [개체 풀기]를 선택한다. [개체 묶기]의 단축키는 G이고, [개체 풀기]의 단축키는 U이다.

2.4.3 도형의 개체 속성 설정하기

도형을 그린 후 여러 가지 속성을 설정할 수 있다. 도형을 선택하면 활성화되는 [도형] 탭에서 [도형 윤곽선], [도형 채우기], [음영], [그림자 모양], [크기], [순서], [맞춤], [회전] 등을 설정한다.

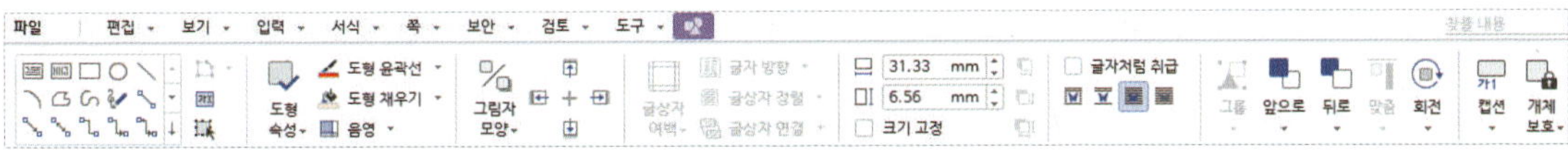

TIP 개체는 생성된 순서대로 아래쪽부터 놓인다. 포토샵의 레이어와 유사한 개념으로, 위쪽에 놓이는 개체는 아래쪽의 개체를 가리게 된다. 순서를 변경하려면 [도형] 탭의 [앞으로], [뒤로] 등을 선택한다.

2.4.4 그리기마당

그리기마당은 많이 쓰이는 그리기 개체를 미리 등록해 놓은 것으로, 등록된 개체를 필요할 때마다 가져와 쉽고 빠르게 이용할 수 있다. 그리기마당은 한글에서 그린 그림들을 모아 놓은 그리기 조각과 외부에서 그린 그림들을 모아 놓은 클립아트로 구성되어 있다.

그리기마당에서 그리기 조각이나 클립아트를 삽입하려면 [입력]-[그림]-[그리기마당]을 선택해 [그리기마당] 대화상자를 열고 [그리기 조각] 탭이나 [공유 클립아트] 탭에서 원하는 개체를 선택한다.

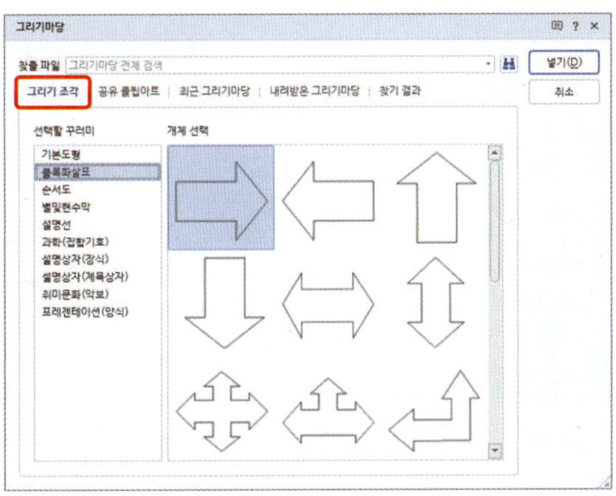

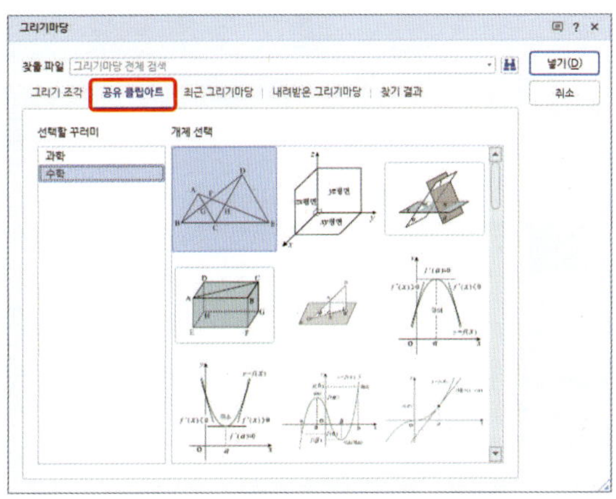

기본예제 3-10 도형 만들고 속성 설정하기

원과 사각형을 그리고 속성을 설정해 보자.

01 원과 사각형 그리기 빈 문서를 열고 [입력] 탭의 [도형] 이미지 꾸러미에서 [직사각형]과 [타원]을 각각 선택한 후 드래그해 도형을 그린다.

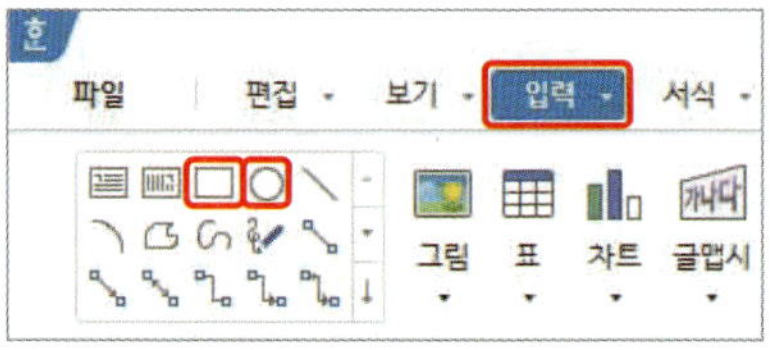

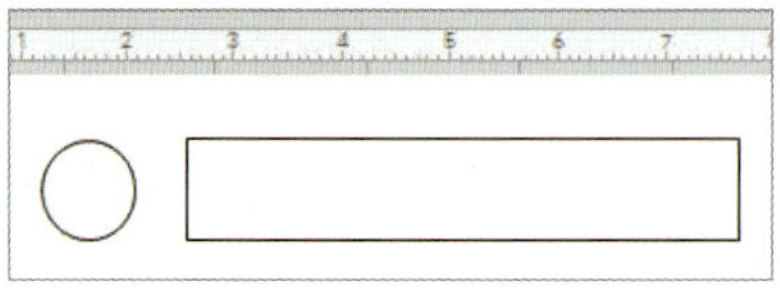

TIP 원을 그릴 때 Shift를 누른 채 드래그하면 정원이 그려진다.

02 속성 설정하기 원을 선택하고 [도형] 탭-[도형 채우기] 목록에서 [하늘색]을 선택한다. 같은 방법으로 사각형은 [하늘색 80% 밝게]로 채운다.

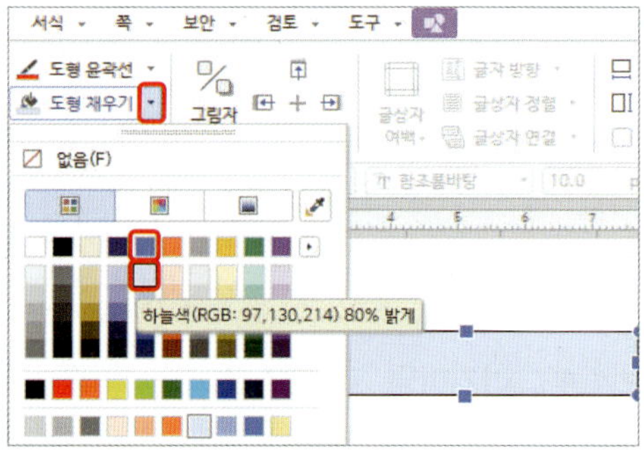

03 개체 묶고 그림자 설정하기 [편집] 탭-[개체 선택]을 클릭하고 원과 사각형이 모두 포함되도록 드래그해 선택한 후 마우스 오른쪽 단추를 클릭해 [개체 묶기]를 선택한다. 이어서 [도형] 탭-[그림자 모양] 목록에서 [오른쪽 아래]를 선택해 두 도형에 그림자를 설정한다.

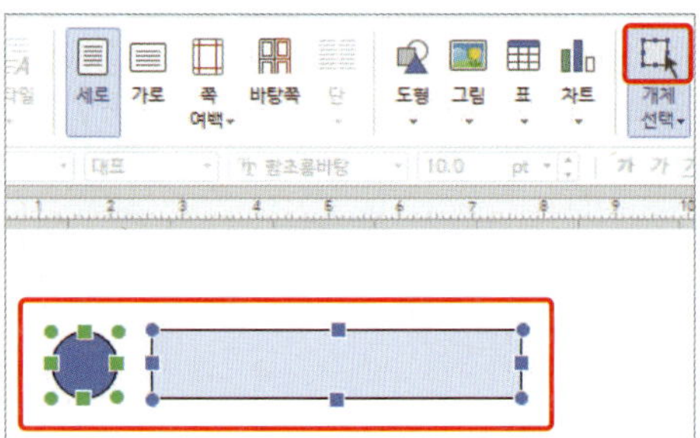

TIP [도형] 탭이 활성화되어 있다면 [도형] 탭에 있는 [개체 선택]을 이용하는 것이 더 편리하다.

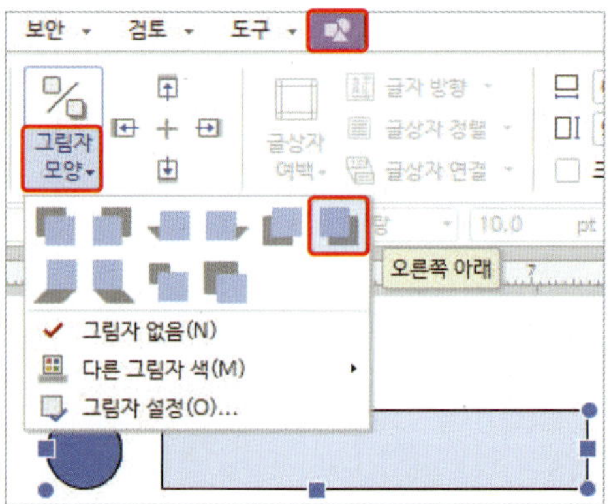

04 개체 복사하고 맞춤 정렬하기 묶음 개체를 선택하고 Ctrl을 누른 채 아래쪽으로 드래그해 두 번 복사한다. 이어서 Shift를 누른 채로 세 개의 묶음 개체를 각각 클릭해 모두 선택한 후, [도형] 탭–[맞춤] 목록에서 [왼쪽 맞춤], [세로 간격을 동일하게]를 차례로 선택한다.

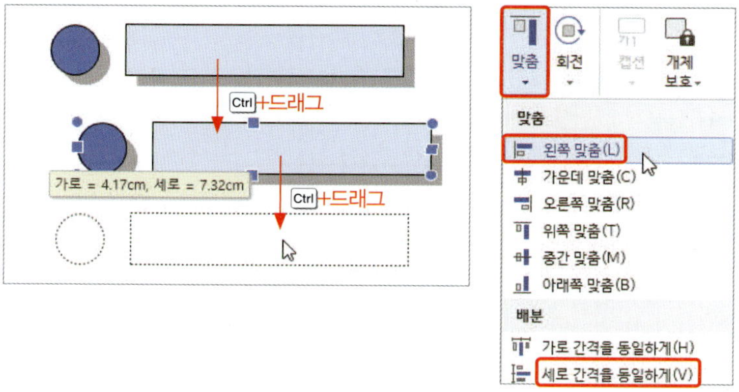

05 선 색 설정하기 세 개의 묶음 개체가 모두 선택된 상태에서 [도형] 탭–[도형 윤곽선] 목록의 [하양 15% 어둡게]를 선택한다.

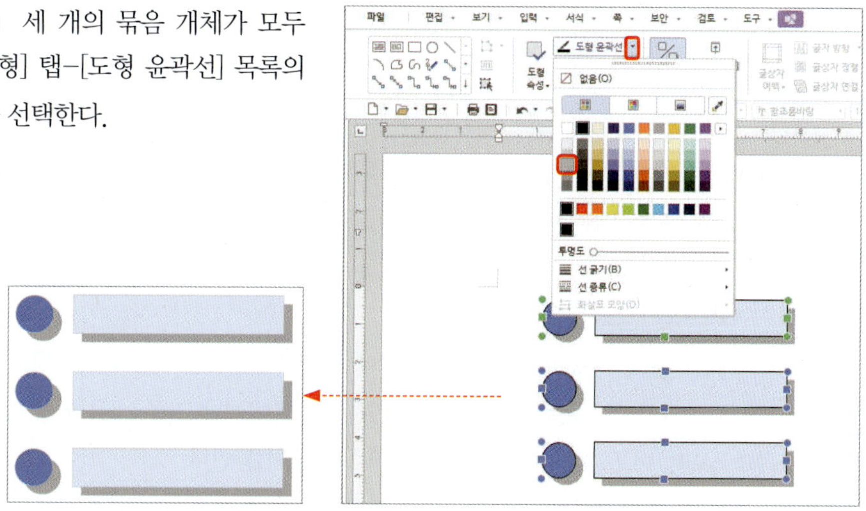

06 저장하기 [파일]–[다른 이름으로 저장]을 선택하고 '실습3-10(완성).hwp'로 저장한다.

2.5 누름틀 입력하기

누름틀은 문서마당의 서식 파일을 불러왔을 때 빈 곳에 나타낼 안내문과 그에 대한 간단한 메모를 입력하는 기능이다. 누름틀을 입력하려면 [입력]-[개체]-[필드 입력]을 선택하고 [필드 입력] 대화상자의 [누름틀] 탭에서 [입력할 내용의 안내문], [메모 내용] 등을 입력한다.

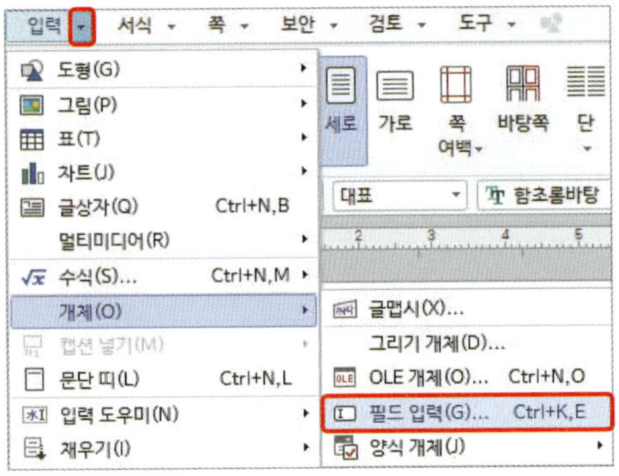

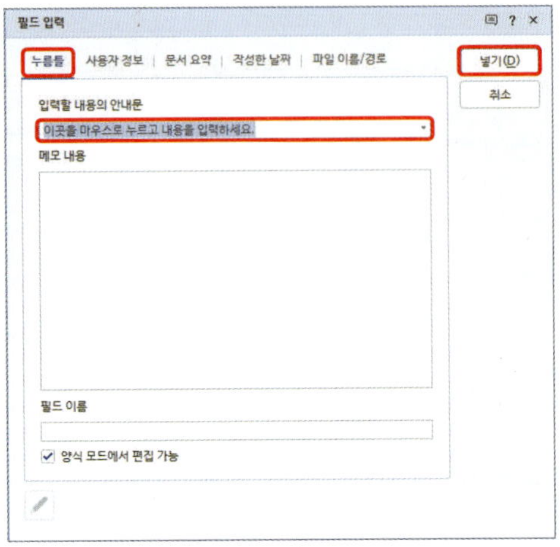

TIP 누름틀을 입력하면 메시지가 빨간색 기울임 글자 속성으로 표시된다.

2.6 주석 입력하기

주석은 본문에서 인용한 자료의 출처를 밝히거나 보충 자료를 제시할 때 사용하는 기능으로, 각주 또는 미주 형식으로 삽입한다. 각주는 각주 번호가 있는 쪽의 아래에 각주 내용이 놓이고, 미주는 미주 번호가 있는 쪽과 상관없이 문서의 가장 뒷부분에 미주 내용이 놓인다.

2.6.1 각주 달기

본문에 각주를 삽입하려면 각주를 넣을 단어 뒤에 커서를 두고 [입력]-[주석]-[각주]를 선택하거나 [입력] 탭-[각주]를 클릭한다.

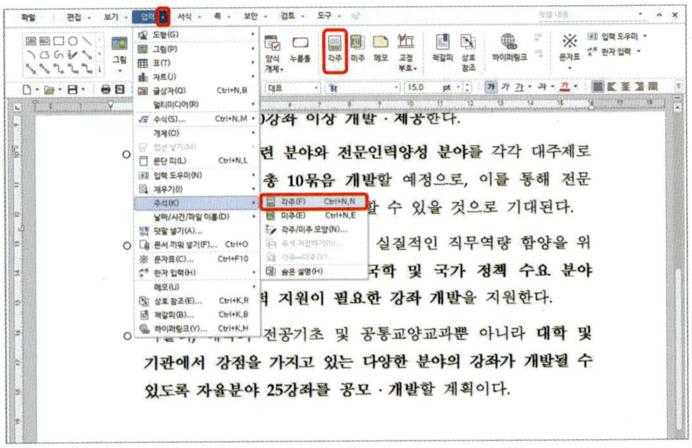

각주 번호는 커서 위치에 자동으로 매겨지고, 각주 내용은 해당 쪽의 아래에 커서가 옮겨지면 입력한다.

각주 내용을 고치려면 각주 번호 앞에 커서를 두고 [편집]-[고치기]를 선택하거나, 각주 번호를 더블클릭한다.

본문에서 각주 번호를 지우면 그 번호에 해당하는 각주 내용도 함께 지워진다.

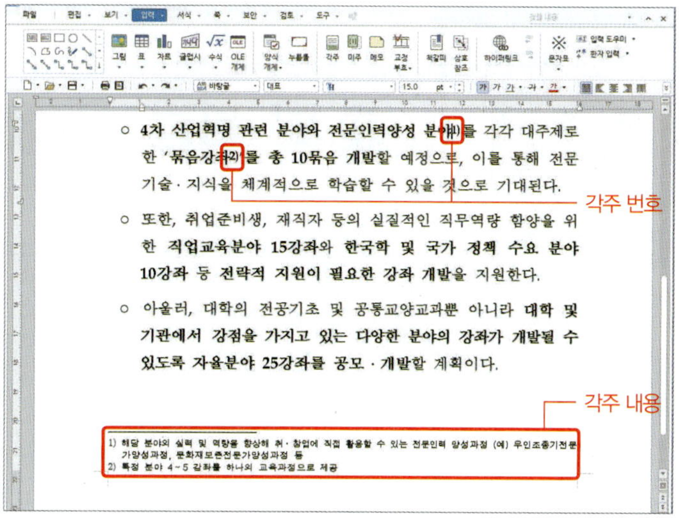

주석 번호나 주석 내용을 선택하면 [주석] 탭이 활성화되는데, 여기서 [각주/미주 모양], [구분선 스타일], [주석 지우기] 등의 기능을 쉽게 실행할 수 있다.

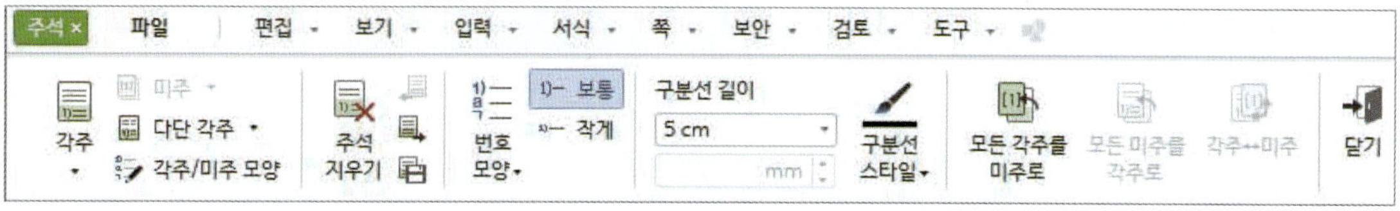

2.6.2 미주 달기

본문에 미주를 삽입하는 방법은 각주와 거의 유사하다. 미주 내용이 미주 번호와 같은 쪽이 아니라 문서의 맨 뒤에 표시된다는 점만 다르다.

미주를 삽입하려면 미주를 넣을 낱말 뒤에 커서를 두고 [입력]-[주석]-[미주]를 선택하거나 [입력] 탭-[미주]를 클릭한다. 커서 위치에 미주 번호가 매겨지고 문서의 끝으로 커서가 옮겨지면 미주 내용을 입력한다.

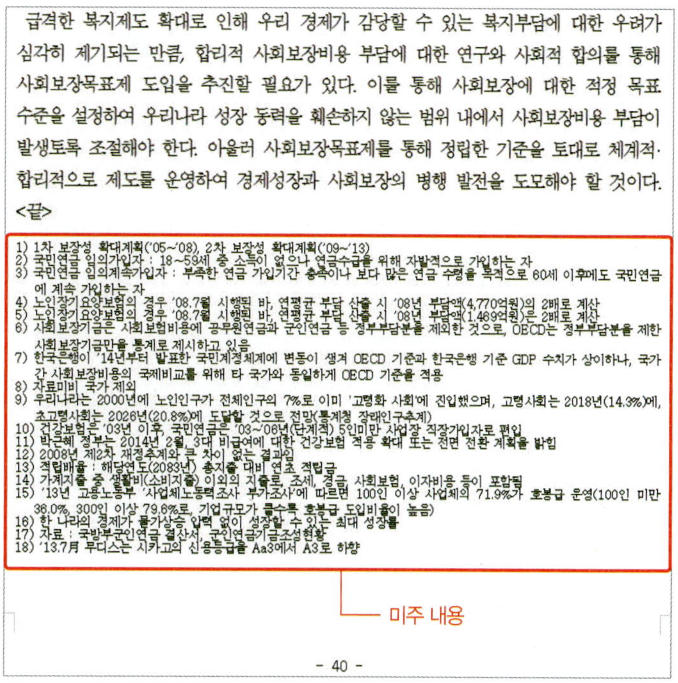

SECTION 03

표 및 차트 작성하기

문서에 표와 차트를 삽입하면 데이터를 알아보기 쉽게 정리하고 전달력 높게 구성할 수 있다. 한글의 표에서는 셀과 선을 편집하고 서식을 설정해 꾸밀 수 있을 뿐 아니라 간단한 계산도 수행할 수 있다. 차트는 전체를 선택해 편집할 수도 있고 특정 구성요소만 선택해 편집할 수도 있다.

3.1 표 삽입 및 크기 조절하기

여러 가지 방법으로 행과 열을 지정해 표를 삽입하고 크기를 조절해 본다. 위치 설정에 따라 표를 이동하는 방법도 알아본다.

3.1.1 표 만들기

표를 만들려면 [입력]–[표]–[표 만들기]를 선택한 후 [표 만들기] 대화상자에서 줄 개수와 칸 개수를 입력하고 [만들기]를 클릭한다. 또는 [입력] 탭–[표] 목록에서 원하는 줄 개수와 칸 개수가 되는 위치를 클릭한다.

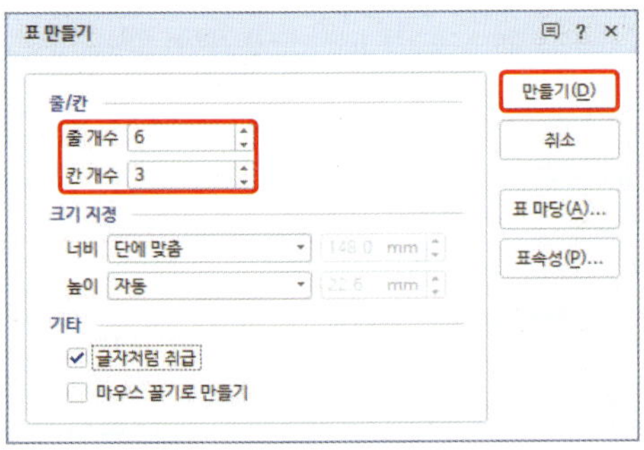

TIP 일정한 크기의 표를 만들려면 [표 만들기] 대화상자의 [크기 지정] 항목에서 [너비]와 [높이]를 모두 [임의 값]으로 선택하고 수치를 입력한다.

[표 만들기] 대화상자에서 [기타] 항목의 [글자처럼 취급]을 선택하면 현재 커서 위치에 표가 만들어지며 글을 입력하거나 삭제하는 대로 표의 위치가 같이 변한다. [마우스 끌기로 만들기]를 선택하면 드래그한 위치에 표가 만들어진다.

기본예제 3-11 일정한 크기의 표 만들기

줄 개수와 칸 개수를 입력하고 크기를 지정해 표를 만들어 보자.

01 표 만들기 옵션 설정하기 빈 문서에서 [입력]-[표]-[표 만들기]를 선택하고 [표 만들기] 대화상자에서 [줄 개수]를 [5], [칸 개수]를 [7]로 설정한다.

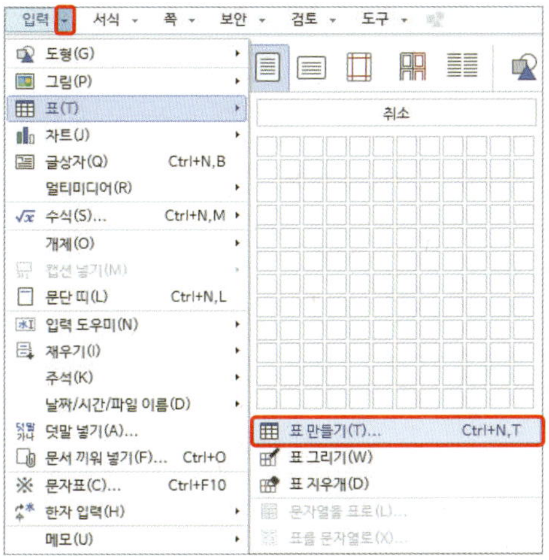

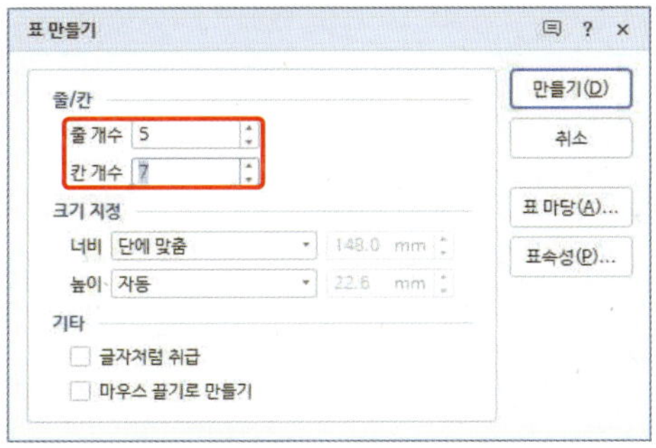

02 표 크기 지정하기 표 크기를 지정하기 위해 [너비]는 [임의 값], [120mm]로, [높이]는 [임의 값], [50mm]로 설정한다. [기타] 항목에서 [글자처럼 취급]을 선택하고 [마우스 끌기로 만들기]의 선택은 해제한 후 [만들기]를 클릭한다.

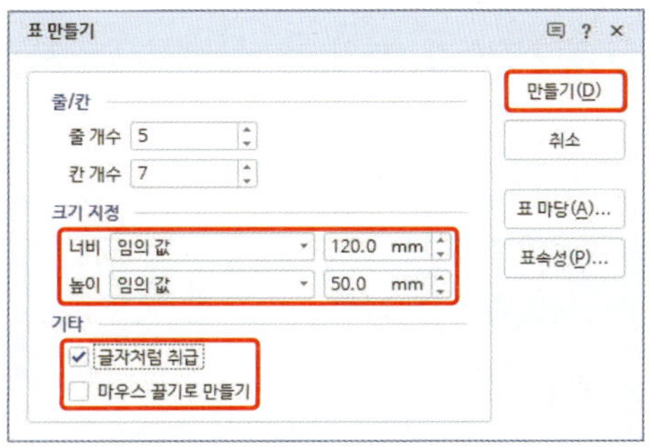

03 저장하기 [파일]-[다른 이름으로 저장]을 선택하고 '실습3-11(완성).hwp'로 저장한다.

기본예제 3-12 원하는 크기의 표 만들기

마우스로 드래그하여 원하는 크기의 표를 만들어 보자.

01 표 만들기 옵션 설정하기 [입력]-[표]-[표 만들기]를 선택하고 [표 만들기] 대화상자에서 [줄 개수]와 [칸 개수]를 각각 [5]로 설정한다. 마우스로 표 크기를 지정하기 위해 [기타] 항목의 [마우스 끌기로 만들기]를 선택하고 [만들기]를 클릭한다.

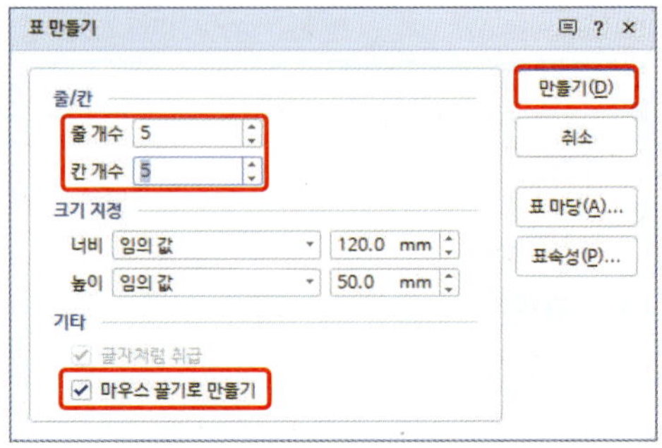

02 표 크기 지정하기 원하는 크기로 표를 그리기 위해 대각선 방향으로 드래그한다.

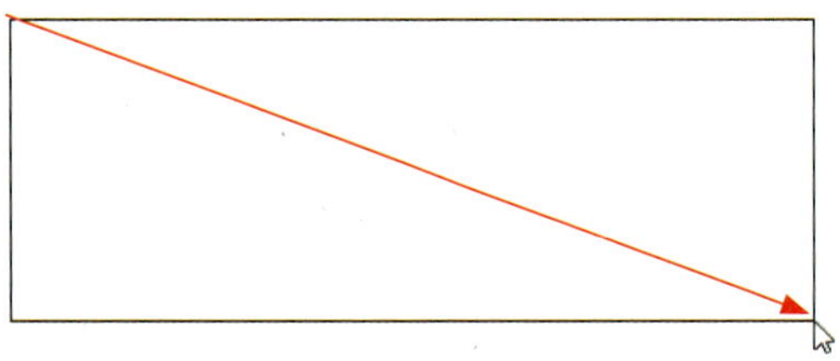

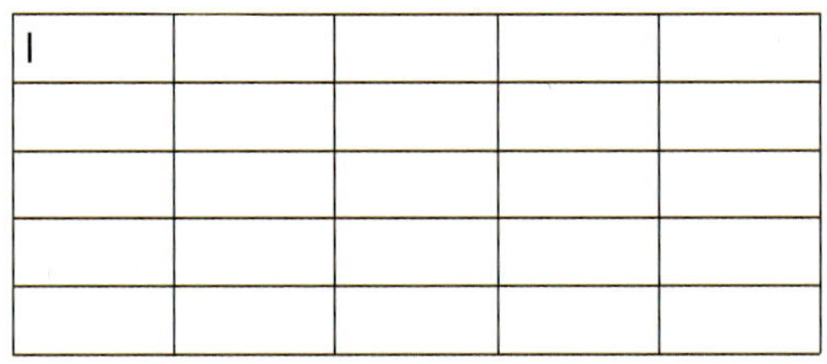

03 표에서 빠져나오기 Shift+Esc를 누르거나 표 바깥쪽을 클릭해 표에서 빠져나온다.

04 저장하기 [파일]-[다른 이름으로 저장]을 선택하고 '실습3-12(완성).hwp'로 저장한다.

기본예제 3-13 표 안에 표 만들기

표 만들기를 한 후 다시 표 안에 표를 만들어 보자.

01 표 만들기 [입력]-[표]-[표 만들기]를 선택하고 [표 만들기] 대화상자에서 [줄 개수]를 [1], [칸 개수]를 [1]로 설정한 후 [기타] 항목의 [마우스 끌기로 만들기]를 선택하고 [만들기]를 클릭한다.

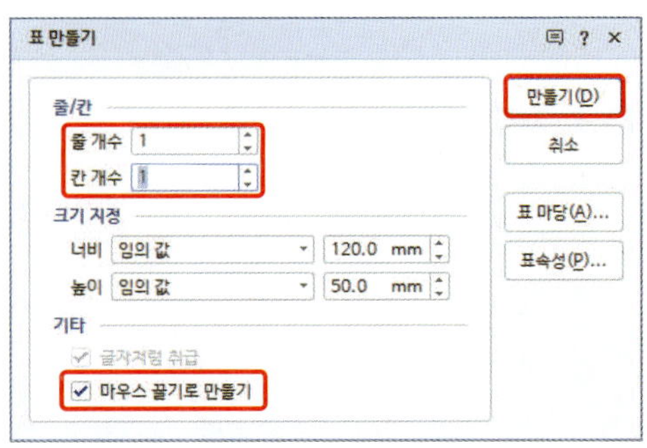

02 표 안에 표 만들기 표 안에 커서를 위치시킨 후 [입력]-[표]-[표 만들기]를 선택하고 [줄 개수]를 [3], [칸 개수]를 [4]로 설정해 표를 추가한다. 표 안에 표를 만들 때는 [기타] 항목의 [글자처럼 취급]을 선택한다.

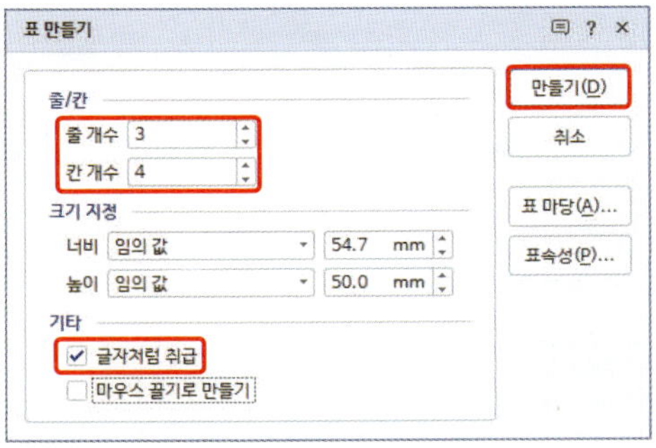

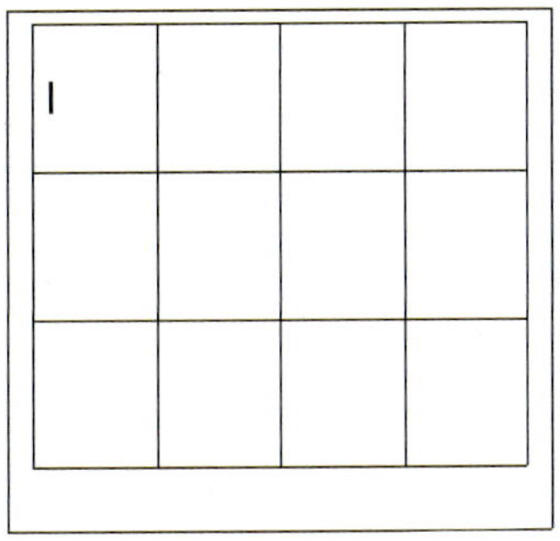

03 저장하기 [파일]-[다른 이름으로 저장]을 선택하고 '실습3-13(완성).hwp'로 저장한다.

3.1.2 표/셀 크기 조절 및 표 위치 이동하기

표 크기를 조절하려면 표 테두리를 클릭한 후 오른쪽 아래 조절점을 드래그한다.

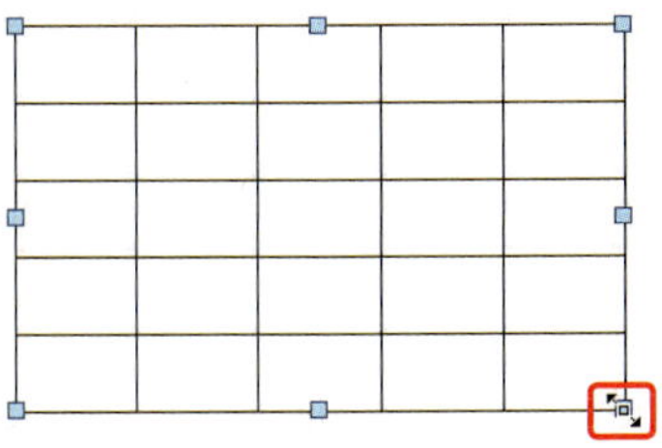

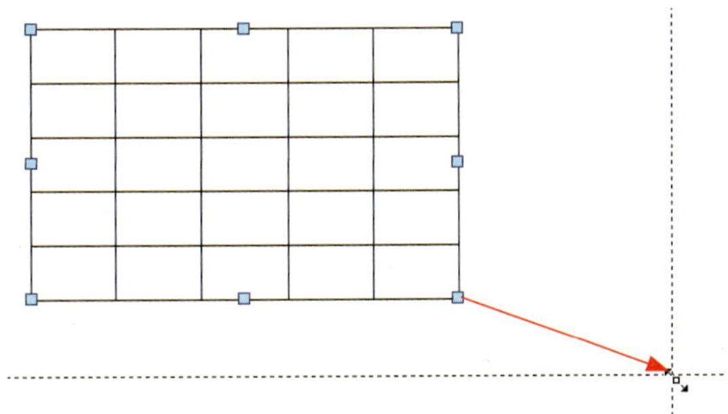

셀 크기를 조절하려면 해당 셀의 왼쪽, 오른쪽, 위, 아래 경계선을 드래그한다.

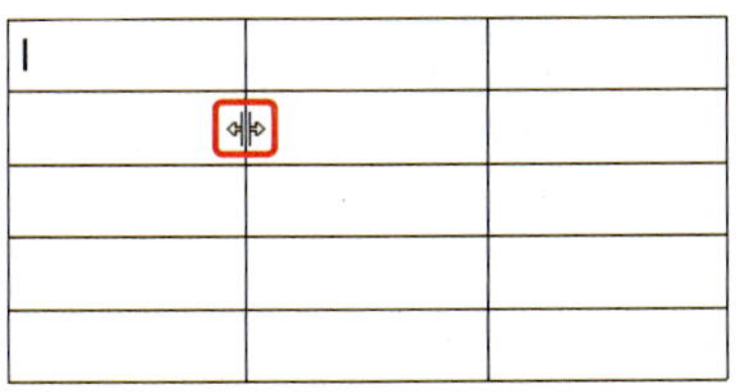

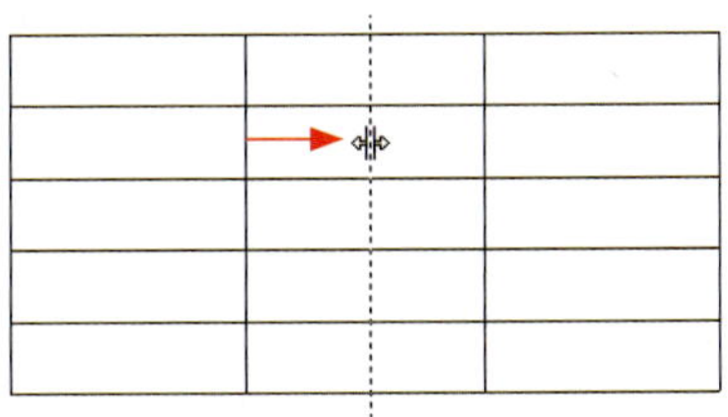

표의 위치를 이동하려면 표 테두리를 클릭하거나 Alt를 누른 채로 표 내부에 마우스 포인터를 위치시키고 원하는 위치까지 드래그한다.

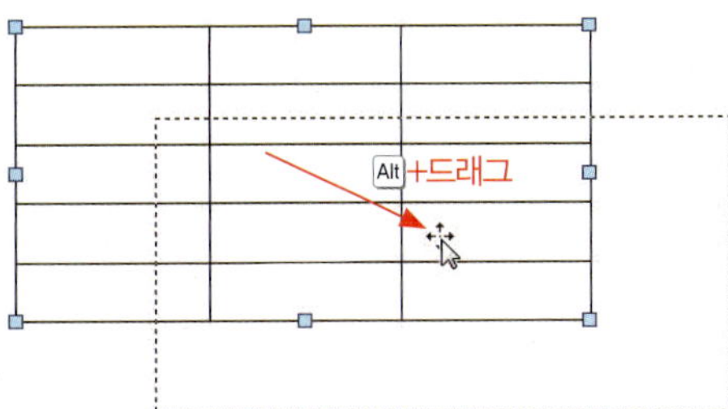

TIP 표 위치 속성이 [글자처럼 취급]으로 설정되어 있으면 드래그로 이동할 수 없고 글자와 마찬가지로 Enter나 Space Bar를 이용해야 한다.

3.2 표 편집하기

표의 셀 블록을 설정/해제하는 방법, 셀을 합치거나 나누는 방법, 줄/칸을 삽입하거나 지우는 방법을 알아본다. 또한 표의 위치, 여백, 캡션, 테두리, 배경 등을 설정하는 방법도 알아본다.

3.2.1 [표 디자인] 및 [표 레이아웃] 탭

생성된 표의 내부에 커서를 위치시키면 [표 디자인]과 [표 레이아웃] 탭이 활성화되어 표 편집 작업을 쉽게 수행할 수 있다.

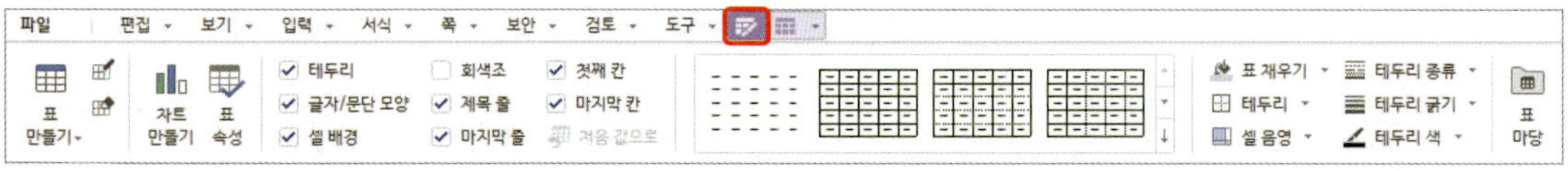

▲ [표 디자인] 탭

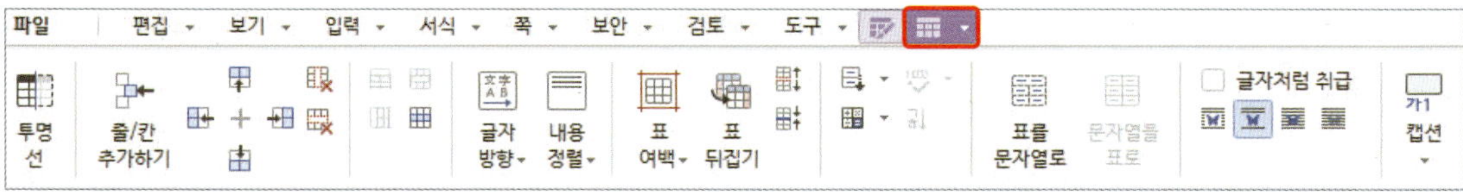

▲ [표 레이아웃] 탭

3.2.2 셀 블록 설정하기

셀(cell)은 표를 구성하는 사각형을 지칭하는 것으로, 표 편집의 기본 단위이다. 셀 블록은 마우스나 키보드를 이용하여 설정할 수 있는데, 셀 블록을 설정하는 이유는 다음과 같다.

- 셀 내부의 글자 모양, 문단 모양, 테두리, 배경 등을 바꾸고 싶은 경우
- 여러 셀을 하나로 합치거나 하나의 셀을 여러 개로 나누고 싶은 경우
- 셀 크기를 조절하거나 셀 내부의 여백을 조절하고 싶은 경우

셀 내부를 클릭하고 F5를 누르면 셀이 역상으로 표시되면서 셀 블록이 설정된다. 마우스를 이용해 셀 블록을 설정하려면 Ctrl을 누른 채 해당 셀을 클릭한다.

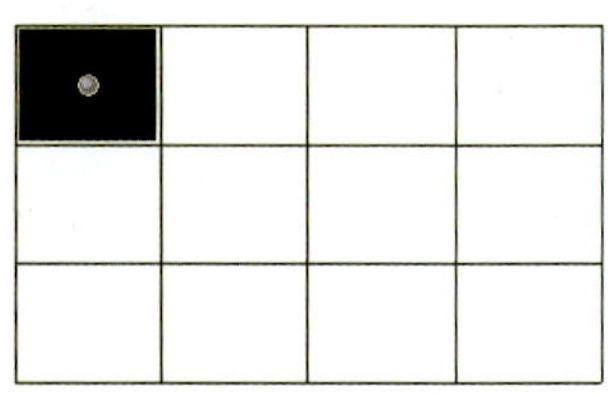

TIP 셀 내부를 클릭하고 Ctrl을 누른 채로 임의의 셀을 선택하면 불연속적으로 셀 블록을 설정할 수 있다.

셀 블록을 확장하려면 F5를 연속해서 두 번 누른 후 방향키 ←, →, ↑, ↓를 이용한다. 커서가 지나간 셀이 모두 블록으로 설정된다. 마우스를 이용해 셀 블록을 확장하려면 셀 블록의 시작 위치부터 마지막 위치까지 드래그한다.

TIP F5를 연속해서 세 번 누르면 표 전체가 셀 블록으로 설정된다.

셀 블록 상태에서 Ctrl, Alt, Shift를 각각 누른 채로 방향키 ←, →, ↑, ↓를 누르면 셀 크기가 조절된다.

- Ctrl을 누른 채로 방향키를 누르면 해당 행/열의 크기가 조절되면서 표 전체 크기에도 변화가 생긴다.
- Alt를 누른 채로 방향키를 누르면 표 전체 크기는 변하지 않은 채로 해당 행/열의 크기가 조절되므로 인접한 행/열의 크기가 함께 변한다.
- Shift를 누른 채로 방향키를 누르면 해당 셀의 크기만 변화한다.

TIP 표 전체 크기를 조절하려면 표 전체를 블록 설정하고 Ctrl과 방향키를 누른다.

셀 블록 상태에서 Esc 또는 Enter를 누르면 셀 블록이 해제되고 현재 셀에 커서가 위치하게 된다.

3.2.3 셀 나누기 및 합치기

셀 나누기를 하려면 해당 셀에 커서를 위치시키거나 셀 블록을 설정하고 [표 레이아웃] 탭의 목록에서 [셀 나누기]를 선택한다. [셀 나누기] 대화상자에서는 [줄 개수], [칸 개수]를 설정하고 [줄 높이를 같게 나누기], [셀을 합친 후 나누기] 등을 선택할 수 있다.

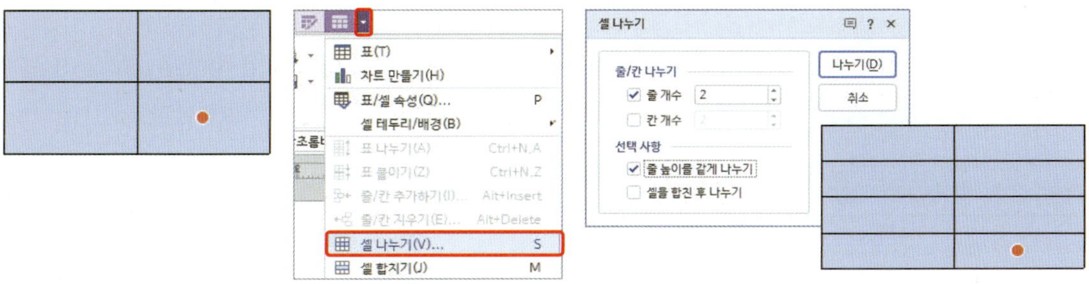

▲ 셀 블록을 두 줄로 나누기

TIP 해당 셀에 커서를 위치시키거나 셀 블록을 설정하고 마우스 오른쪽 단추를 클릭해 [셀 나누기]를 선택해도 된다. 단축키는 S이다.

셀 합치기는 두 개 이상의 셀을 하나로 합치는 기능으로, 셀 블록을 설정한 상태에서 마우스 오른쪽 단추를 클릭하고 [셀 합치기]를 선택해 실행한다.

TIP 셀 블록을 설정하고 [표 레이아웃] 탭의 목록에서 [셀 합치기]를 선택해도 된다. 단축키는 M이다.

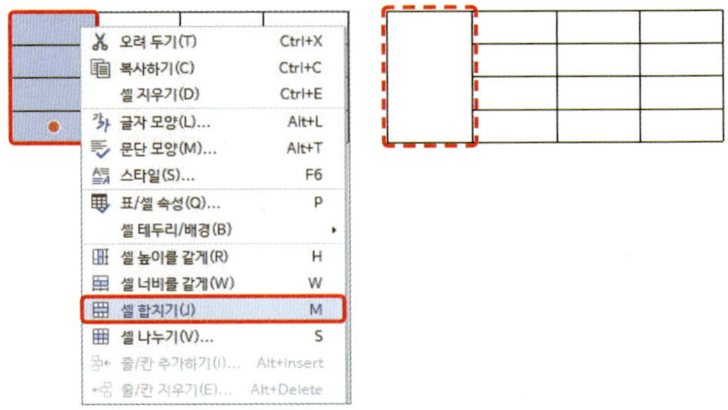

3.2.4 줄/칸 추가하기 및 지우기

생성된 표에 줄이나 칸을 추가해야 하는 경우에는 기준 셀에 커서를 두고 마우스 오른쪽 단추를 클릭해 [줄/칸 추가하기]를 선택한다. [줄/칸 추가하기] 대화상자에서 추가하고자 하는 방향과 [줄/칸 수]를 설정하고 [추가]를 클릭한다.

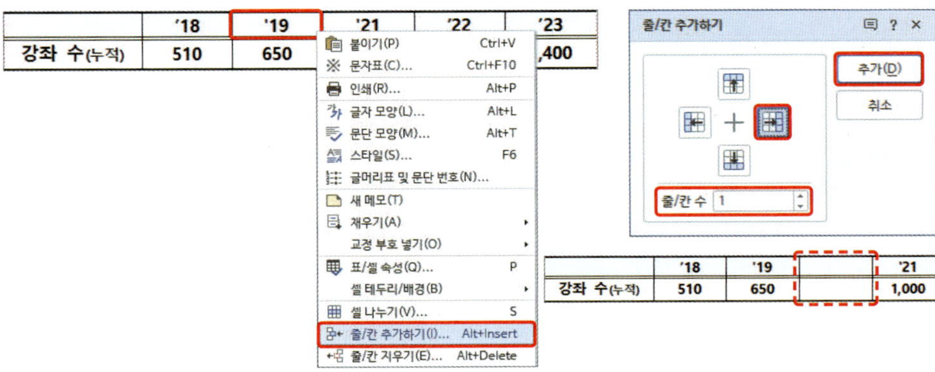

TIP 추가한 줄/칸이나 셀 나누기를 실행한 셀은 너비와 높이가 기존의 셀과 다를 수 있다. 이 경우 높이나 너비를 동일하게 하려면 표 전체를 블록 설정하고 마우스 오른쪽 단추를 클릭한 후 [셀 높이를 같게] 또는 [셀 너비를 같게]를 선택한다.

불필요한 줄이나 칸을 지우려면 기준 셀에 커서를 두고 마우스 오른쪽 단추를 클릭한 후 [줄/칸 지우기]를 선택한다. [줄/칸 지우기] 대화상자에서 [줄] 또는 [칸]을 선택하고 [지우기]를 클릭한다.

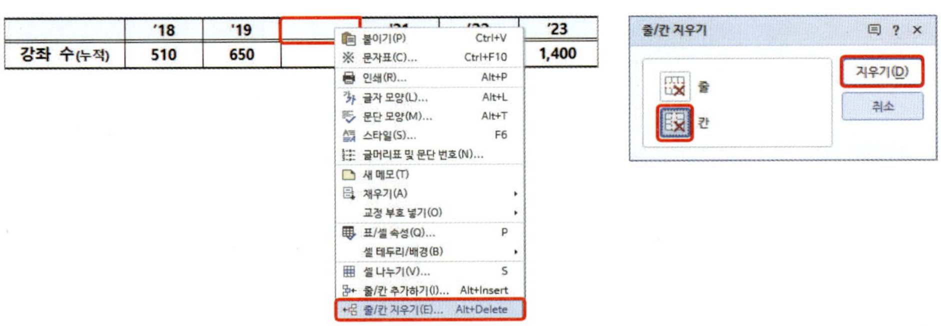

기본예제 3-14 표를 이용해 시간표 만들기

표 편집 기능을 활용해 시간표를 만들어 보자.

01 표 만들기 빈 문서에서 [입력]–[표]–[표 만들기]를 선택해 [표 만들기] 대화상자를 열고 [줄 개수]를 [9], [칸 개수]를 [5]로 설정하고 [너비]는 [단에 맞춤], [높이]는 [자동]으로 설정한다. [기타] 항목의 [글자처럼 취급]을 선택하고 [만들기]를 클릭한다.

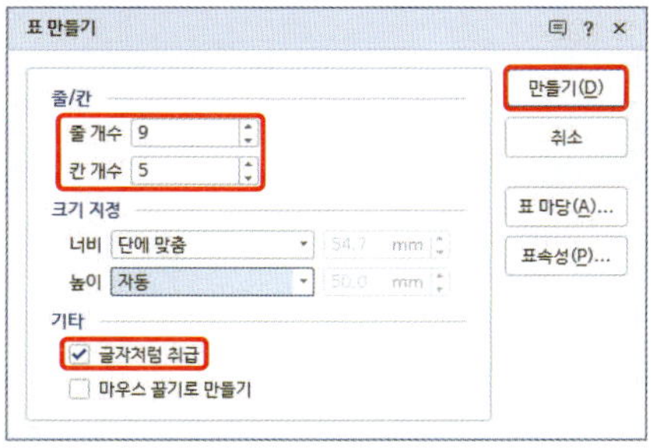

02 셀 나누기 다섯 번째 열을 블록 설정하고 마우스 오른쪽 단추를 클릭해 [셀 나누기]를 선택한다. [셀 나누기] 대화상자에서 [칸 개수]를 [2]로 설정하고 [나누기]를 클릭한다.

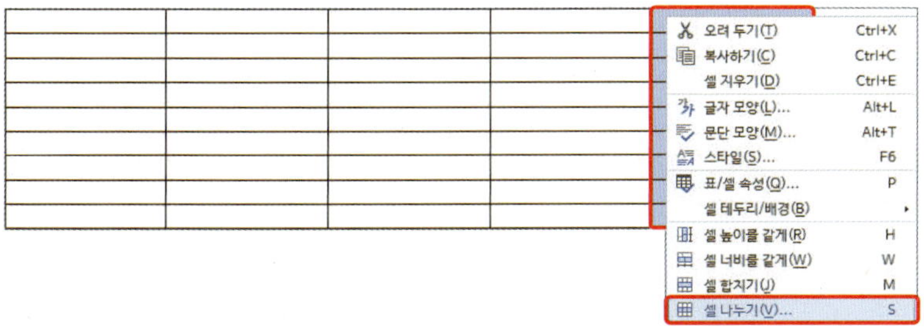

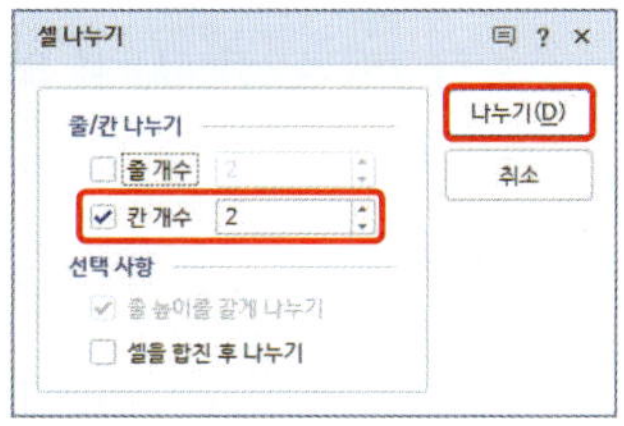

03 셀 너비를 같게 하기 표 전체를 드래그해 블록 설정한 후 마우스 오른쪽 단추를 클릭하고 [셀 너비를 같게]를 선택한다.

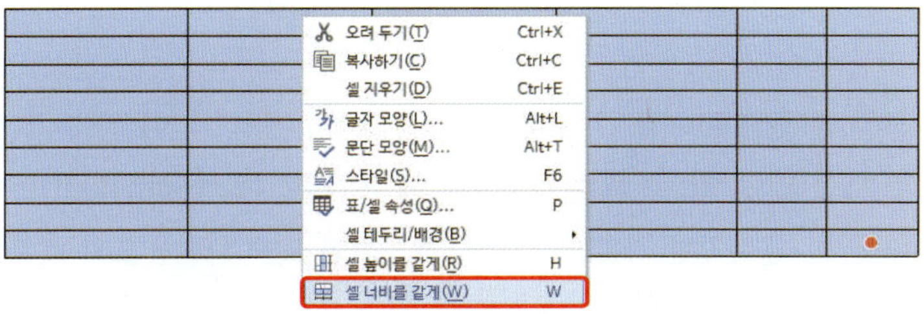

04 내용 입력하고 셀 합치기 Esc를 눌러 블록을 해제하고 다음과 같이 내용을 입력한다. 그리고 테두리 표시한 부분을 각각 블록 설정한 후 마우스 오른쪽 단추를 클릭해 [셀 합치기]를 선택한다.

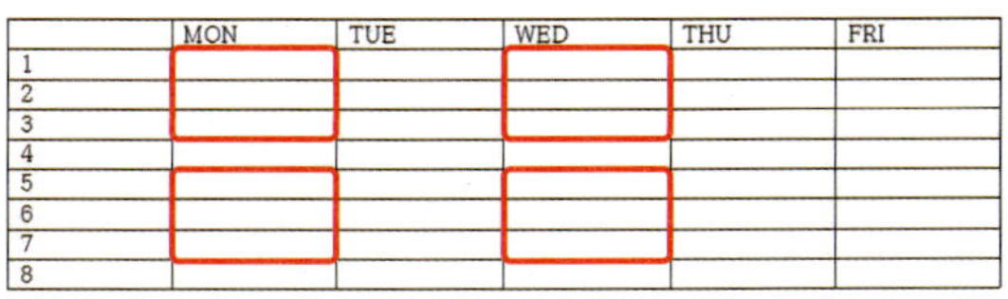

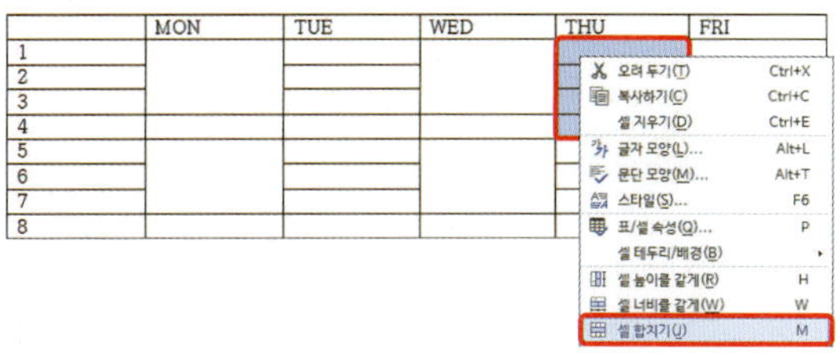

05 셀 크기 조절하기 첫 번째 열의 너비를 줄이기 위해 블록 설정하고 Ctrl을 누른 채 ←를 10번 누른다. 모든 셀의 높이를 늘리기 위해 표 전체를 블록 설정하고 Ctrl를 누른 채 ↓를 5번 누른다.

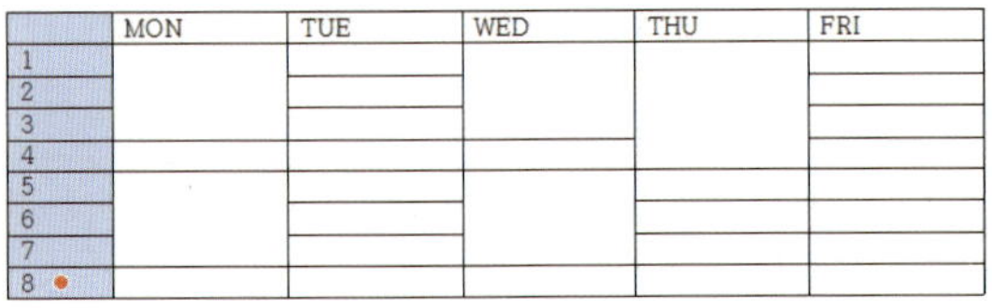

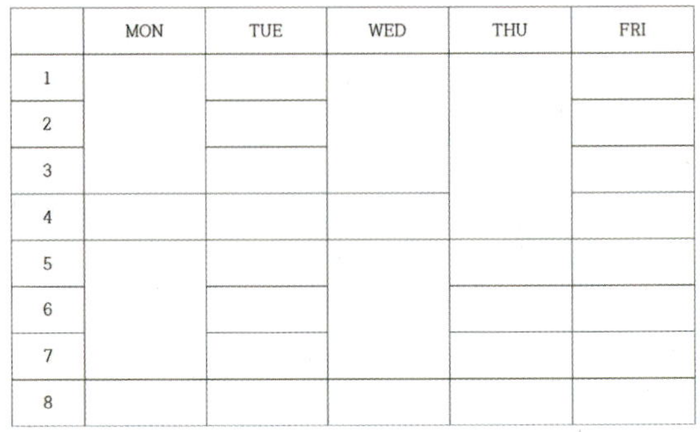

06 내용 정렬하기 블록이 설정된 상태에서 서식 도구 모음의 [가운데 정렬]을 클릭해 내용을 정렬하고 Esc를 눌러 블록을 해제한다. 작업을 완료했으면 파일을 '실습3-14(완성).hwp'로 저장한다.

3.2.5 [표/셀 속성]에서 표 위치 설정하기

표/셀 속성은 표 또는 셀을 선택하고 [표 디자인] 탭의 [표 속성]을 클릭해 [표/셀 속성] 대화상자를 열어 설정할 수 있다. 표 테두리를 선택한 경우 [기본], [여백/캡션], [테두리], [배경], [표] 탭의 속성을 설정할 수 있고, 셀 블록을 설정한 경우 [기본], [여백/캡션], [표], [셀] 탭의 속성을 설정할 수 있다.

> **TIP** [표/셀 속성] 대화상자를 구성하는 탭은 표를 선택했는지 셀을 선택했는지에 따라 달라진다.

본문 내에서 표의 위치는 [표/셀 속성] 대화상자의 [기본] 탭에 있는 [위치] 항목에서 설정한다. [글자처럼 취급]을 선택하면 현재 커서 위치에 표가 위치하며 글을 입력하거나 삭제하는 대로 표의 위치가 같이 변한다. [글자처럼 취급]의 선택을 해제하면 드래그하여 표의 위치를 설정할 수 있고, [본문과의 배치], [가로]와 [세로] 위치 등도 설정할 수 있다.

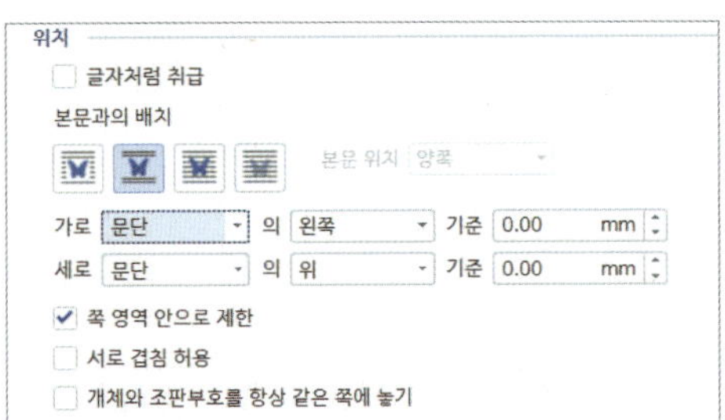

본문과의 배치는 [어울림], [자리 차지] 등으로 설정할 수 있다. [어울림]은 표와 본문과의 배치 방법을 정하는 것으로, [양쪽], [왼쪽], [오른쪽], [큰 쪽] 중에서 선택할 수 있고, [자리 차지]는 표가 그 높이만큼 자리를 차지하는 것으로, 좌우에 본문이 오지 못한다.

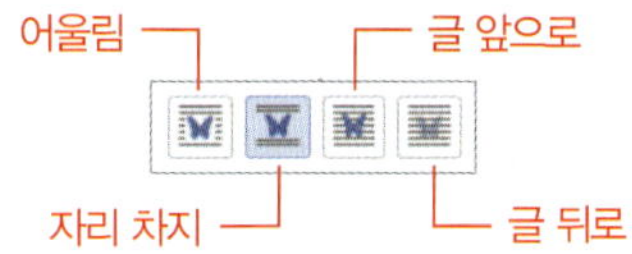

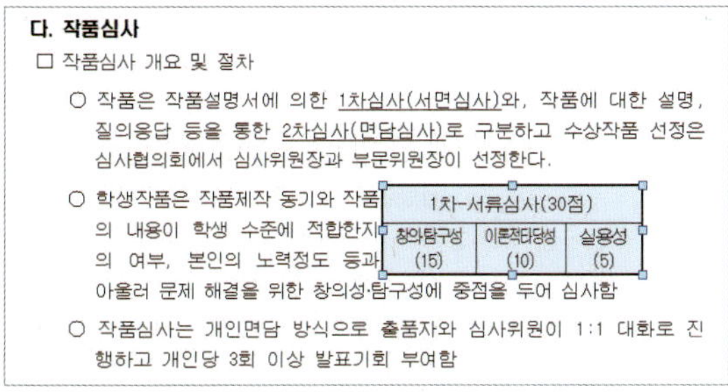

▲ 어울림, 본문 위치 – 왼쪽

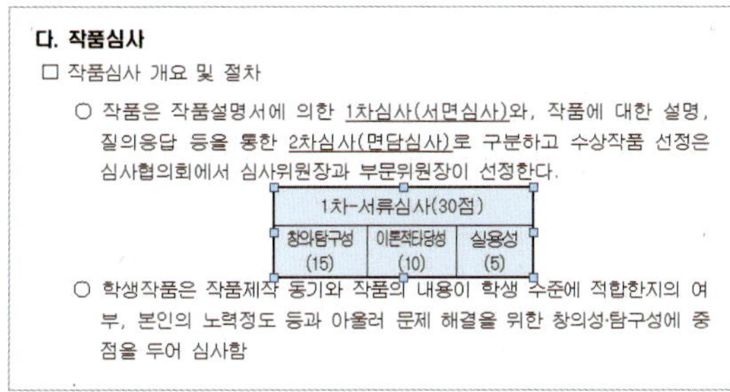

▲ 자리 차지

3.2.6 [표/셀 속성]에서 표 바깥 여백과 캡션 위치 설정하기

표 바깥 여백은 표 테두리에서 본문까지의 간격을 의미하며, [표/셀 속성] 대화상자의 [여백/캡션] 탭에서 설정할 수 있다.

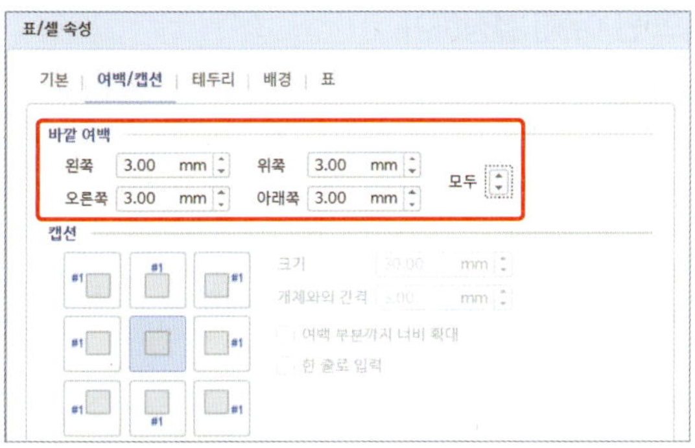

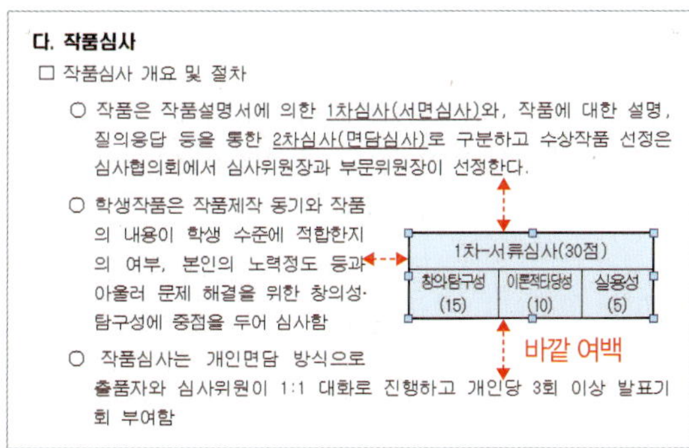

▲ 표 바깥 여백 설정하기

캡션(Caption)은 표의 제목을 의미한다. [표/셀 속성] 대화상자의 [여백/캡션] 탭에서 캡션의 위치를 선택하고 입력할 수 있다.

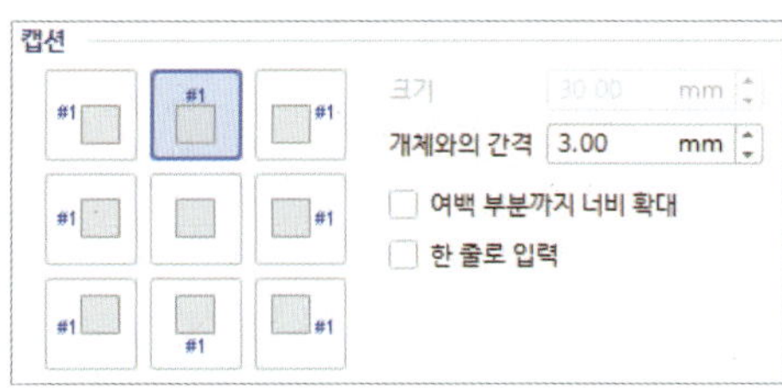

▲ 표의 캡션 설정하기

TIP 캡션을 지우려면 표의 캡션을 마우스 오른쪽 단추로 클릭하고 [캡션 없음]을 선택한다.

3.2.7 [표/셀 속성]에서 표 테두리와 배경 설정하기

[표/셀 속성] 대화상자의 [테두리] 탭에서는 표 테두리의 종류, 굵기, 색 등을 설정할 수 있고, [배경] 탭에서는 표의 배경을 색과 무늬로 채우거나 그러데이션, 그림 등 다양한 채우기 효과를 설정할 수 있다.

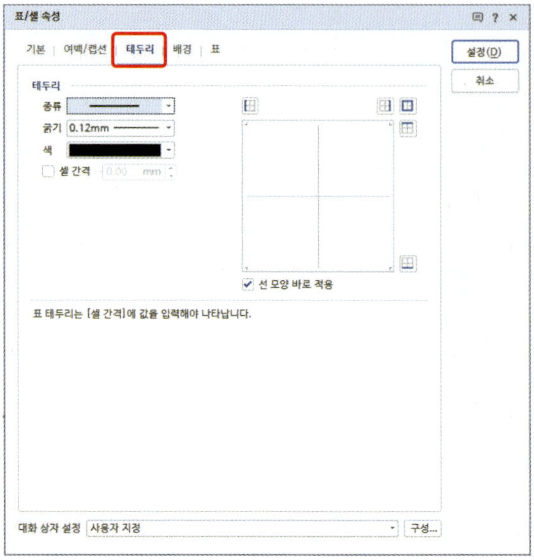

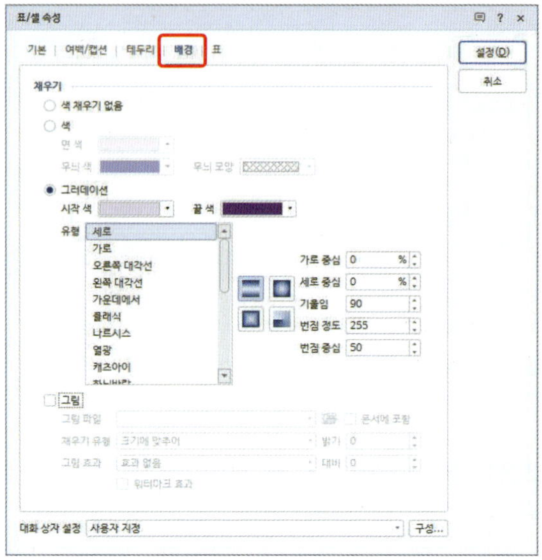

3.2.8 [표/셀 속성]에서 표의 [여러 쪽 지원]과 [모든 셀의 안 여백] 설정하기

표의 [여러 쪽 지원]은 표가 현재 페이지에 다 들어가지 못할 때 다음 페이지에 걸쳐 이어지도록 하는 기능이다. [표/셀 속성] 대화상자의 [표] 탭에서 설정할 수 있다.

> **TIP** 표의 기준 위치를 [글자처럼 취급]으로 설정한 경우에는 [여러 쪽 지원]이 불가능하며, 표 크기가 한 페이지를 넘지 못한다.

[모든 셀의 안 여백]은 각 셀 테두리로부터 표 내용까지의 간격을 의미하며, [표/셀 속성] 대화상자의 [표] 탭에서 설정할 수 있다.

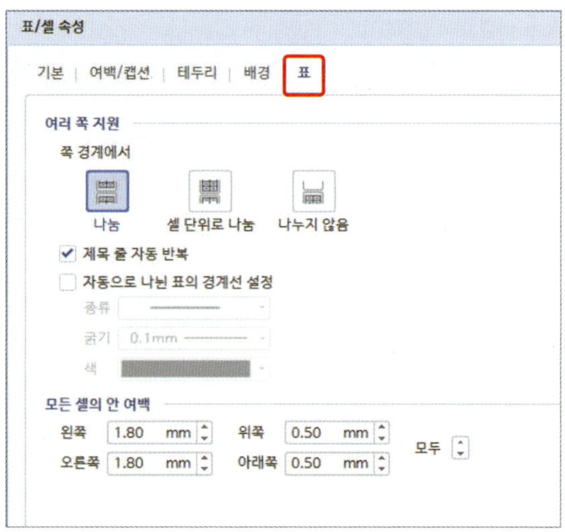

3.2.9 [표/셀 속성]에서 셀 속성 설정하기

셀의 크기와 안 여백을 설정할 수 있으며, [한 줄로 입력], [셀 보호], [제목 셀], [세로쓰기], [세로 정렬] 등을 지정할 수 있다. [표/셀 속성] 대화상자의 [셀] 탭에서 설정한다.

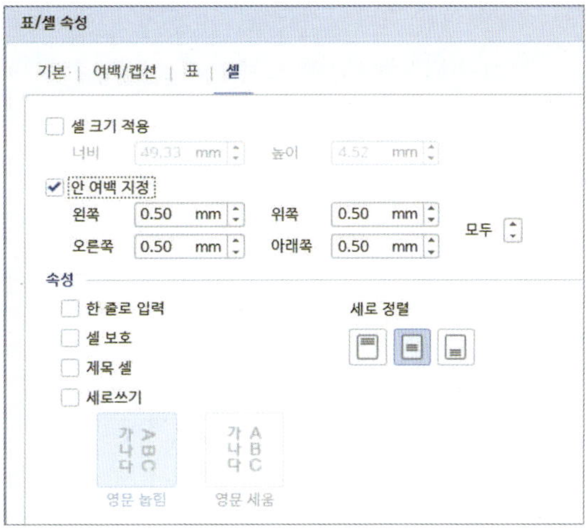

기본예제 3-15 표 속성 설정하기

문서에 포함된 표와 본문의 배치 방법을 설정해 위치를 지정하고 바깥 여백과 캡션도 설정해 보자.

01 표 위치 설정하기 '실습3-15(준비).hwp' 파일을 불러온 후 페이지 하단의 표 내부를 선택하고 마우스 오른쪽 단추를 클릭해 [표/셀 속성]을 선택한다. [표/셀 속성] 대화상자의 [기본] 탭에서 [글자처럼 취급]의 선택을 해제하고 [본문과의 배치]를 [어울림], [본문 위치]를 [왼쪽]으로 설정한 후 [가로]와 [세로]의 기준 위치를 그림과 같이 설정한다.

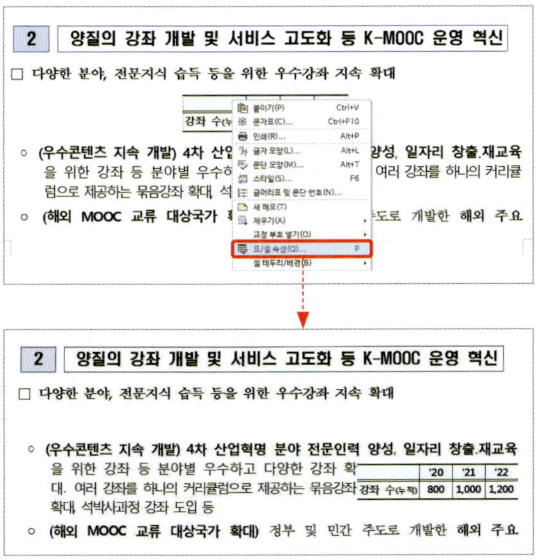

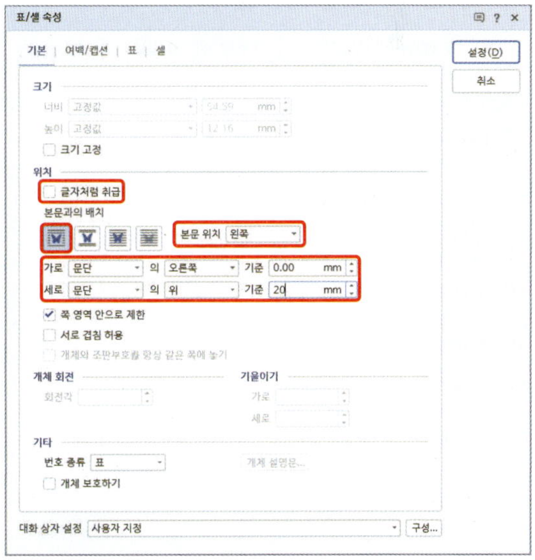

02 바깥 여백과 캡션 설정하기 표의 테두리를 클릭하고 [표 디자인] 탭–[표 속성]을 클릭해 [표/셀 속성] 대화상자를 연다. [여백/캡션] 탭에서 [바깥 여백]을 [왼쪽], [위쪽], [아래쪽] 각각 [5mm]로 설정하고 [캡션]의 위치를 [위]로 선택한 후 [설정]을 클릭한다. 표에 캡션이 설정되면 내용을 *K–MOOC 강좌 수*로 입력한다.

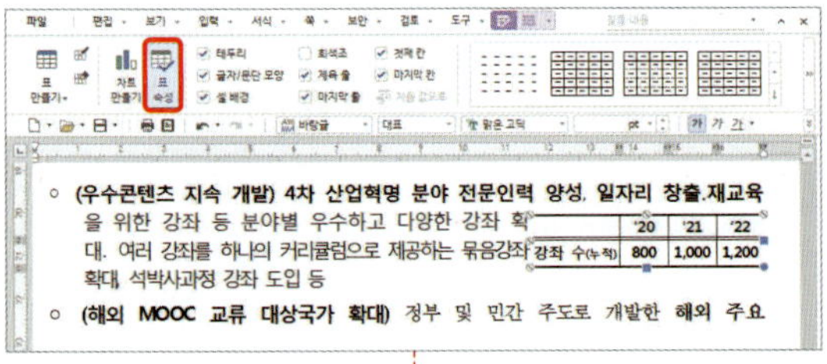

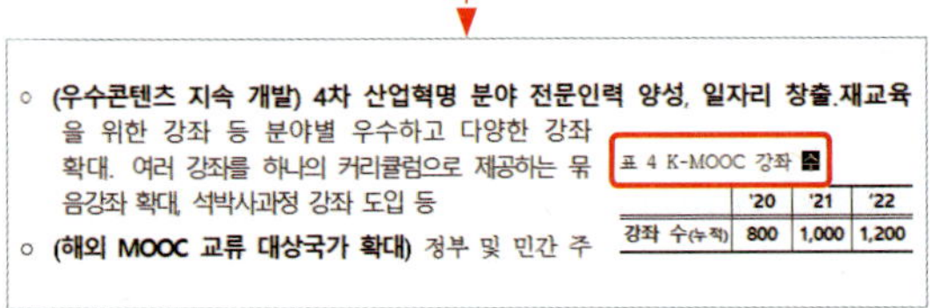

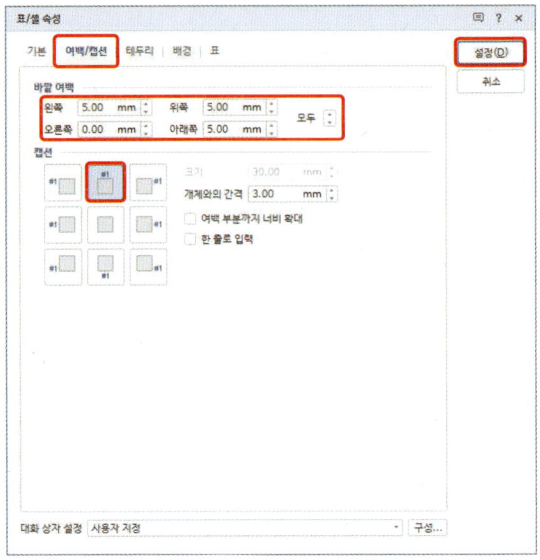

03 저장하기 [파일]–[다른 이름으로 저장]을 선택하고 '실습3–15(완성).hwp'로 저장한다.

3.2.10 셀 테두리 및 배경 설정하기

셀 테두리와 배경은 적용 범위에 따라 하나의 셀 또는 여러 셀 단위로 블록을 설정한 후 적용한다. 셀 테두리를 설정하려면 적용할 셀 범위를 블록으로 설정한 후 마우스 오른쪽 단추를 클릭하고 [셀 테두리/배경]–[각 셀마다 적용]을 선택한다. [셀 테두리/배경] 대화상자의 [테두리] 탭에서 [종류], [굵기], [색] 등을 설정하고 테두리 미리 보기 영역에서 위치를 선택한다.

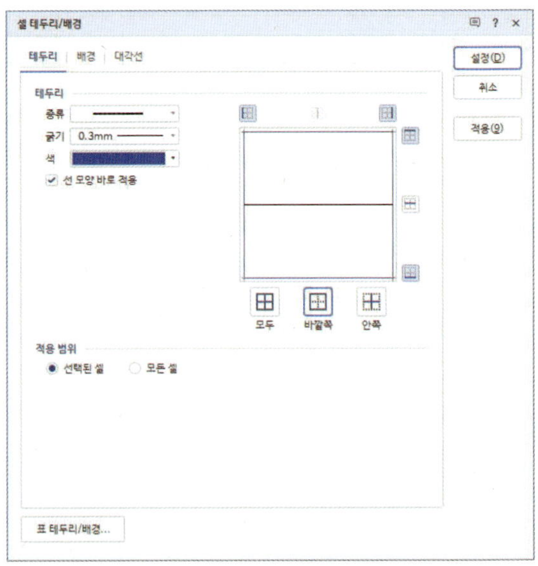

셀 배경은 적용하려는 셀 범위를 블록으로 설정한 후 각 셀마다 배경을 적용하려면 바로가기 메뉴에서 [셀 테두리/배경]-[각 셀마다 적용]을 선택하고, 여러 셀을 하나의 셀처럼 인식하여 배경을 적용하려면 바로가기 메뉴에서 [셀 테두리/배경]-[하나의 셀처럼 적용]을 선택한다. [셀 테두리/배경] 대화상자가 열리면 [배경] 탭의 [색], [그러데이션], [그림] 중에서 선택해 설정한다.

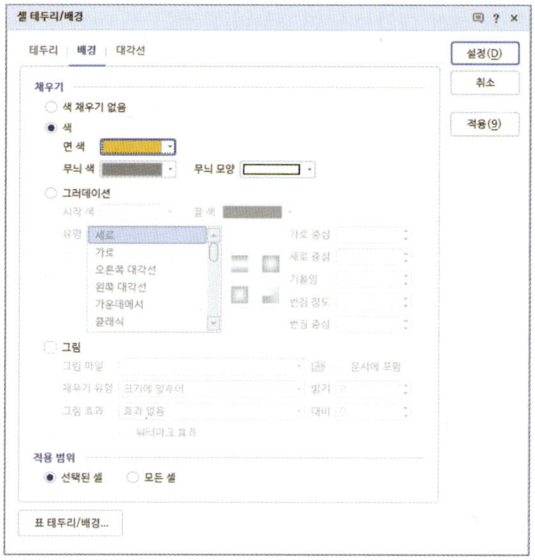

3.2.11 대각선 넣기

셀에 대각선을 넣으려면 원하는 셀에 커서를 두고 마우스 오른쪽 단추를 클릭하고 [셀 테두리/배경]-[각 셀마다 적용]을 선택한다. [셀 테두리/배경] 대화상자의 [대각선] 탭에서 [종류], [굵기], [색]을 설정하고 대각선의 방향을 선택한다.

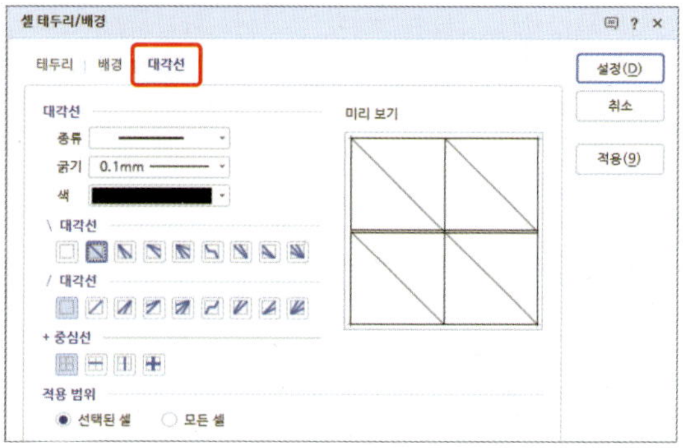

기본예제 3-16 표를 이용해 보고서 표지 만들기

표의 [테두리], [대각선], [셀 합치기] 등의 기능을 이용해 보고서 표지 제목으로 사용할 리본 모양의 표를 만들어 보자.

01 표 만들기 빈 문서에서 [입력]-[표]-[표 만들기]를 선택하고 [표 만들기] 대화상자에서 [줄 개수]는 [3], [칸 개수]는 [7]로 설정한다. [크기 지정] 항목에서 [너비]는 [임의 값], [140mm]로, [높이]는 [임의 값], [60mm]로 설정한다. [기타] 항목의 [글자처럼 취급]과 [마우스 끌기로 만들기]의 선택을 해제하고 [만들기]를 클릭한다.

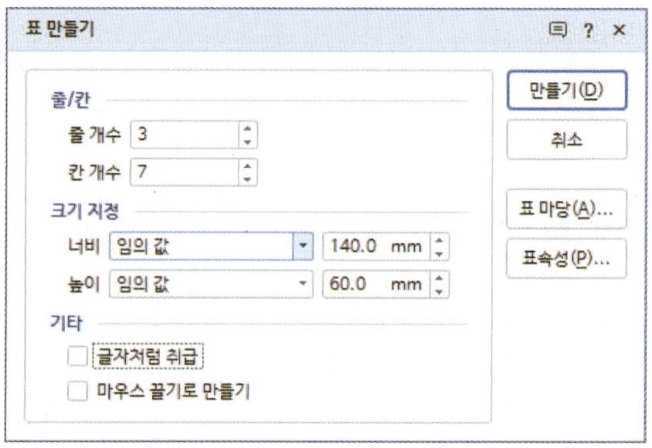

02 셀에 대각선 넣기 두 번째 줄의 첫 번째 칸에 커서를 두고 [표 디자인] 탭–[테두리] 목록에서 [대각선 아래]를 선택한다. 나머지 셀도 같은 방법으로 그림과 같이 대각선을 넣는다.

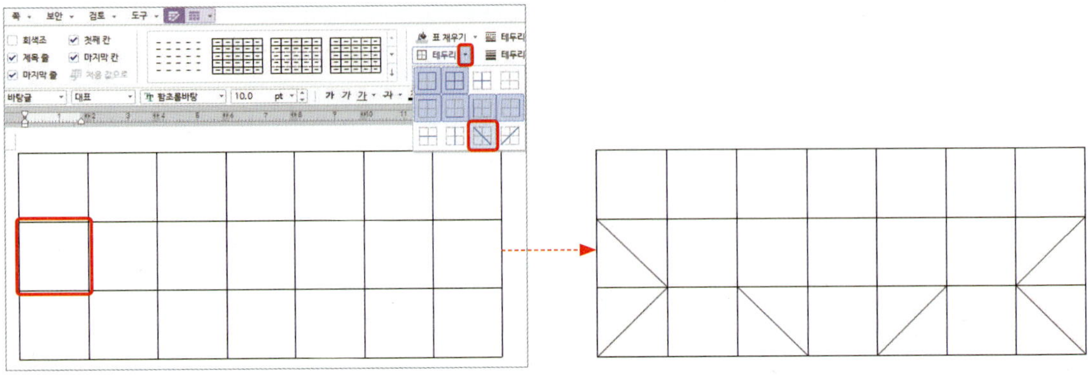

03 테두리 감추기 테두리를 감출 셀을 블록 설정하고 마우스 오른쪽 단추를 클릭해 [셀/테두리 배경]–[각 셀마다 적용]을 선택한 후 [셀 테두리/배경] 대화상자의 [테두리] 탭에서 [종류]를 [선 없음]으로 선택하고 미리보기에서 [왼쪽], [가운데], [위]를 선택한다. 같은 방법으로 리본 모양에 필요 없는 테두리를 하나씩 지운다.

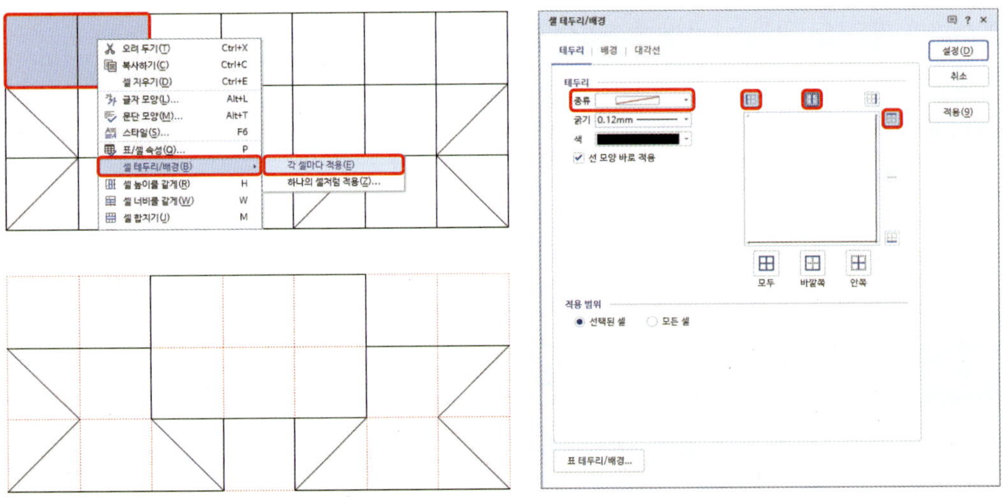

TIP 빨간색 점선은 '선 없음'을 적용한 결과이며, 셀의 윤곽을 보여주기 위한 것으로 인쇄할 때는 나타나지 않는다.

04 셀 합치기 표의 가운데 셀 6개를 블록 설정하고 마우스 오른쪽 단추를 클릭해 [셀 합치기]를 선택한다.

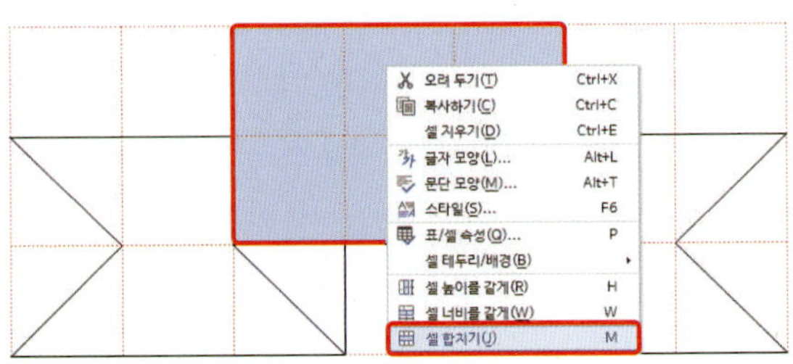

05 내용 입력하기 합쳐진 셀에 *보고서*를 입력하고 서식 도구 모음에서 [글자 크기]를 [32pt]로 설정하고 [가운데 정렬]을 클릭한다.

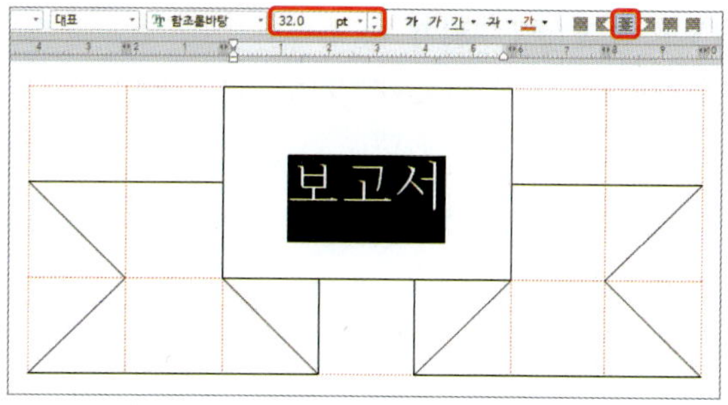

06 저장하기 완성된 문서를 '실습3-16(완성).hwp'로 저장한다.

기본예제 3-17 표에서 블록 계산식 구하기

표에 입력된 데이터의 블록 합계와 블록 평균을 계산해 보자.

01 표 만들기 빈 문서에서 [입력]-[표]-[표 만들기]를 선택하고 [표 만들기] 대화상자에서 [줄 개수]를 [4], [칸 개수]를 [6]으로 설정한다. [크기 지정] 항목에서 [너비]는 [임의 값], [100mm]로, [높이]는 [임의 값], [40mm]로 설정한 후 [기타] 항목의 [글자처럼 취급]과 [마우스 끌기로 만들기]의 선택을 해제하고 [만들기]를 클릭한다.

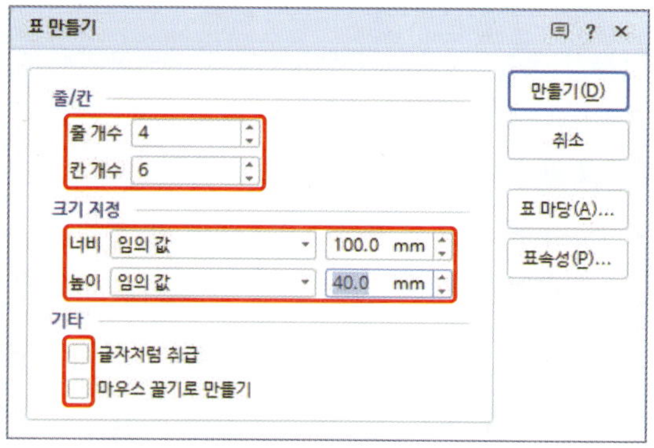

02 내용 입력하기 각 셀에 다음 내용을 입력하고 F5를 세 번 눌러 표 전체를 블록 설정한 후 서식 도구 모음에서 [가운데 정렬]을 클릭해 정렬한다.

학번	전산학	DB	HTML	합계	평균
201901	88	95	92		
201902	92	91	95		
201903	73	81	83		

03 블록 합계 구하기 각 항목의 점수와 합계를 입력할 셀을 블록 설정하고 마우스 오른쪽 단추를 클릭해 [블록 계산식]-[블록 합계]를 선택한다. 계산된 결과가 '학번'별로 '합계' 셀에 입력된다.

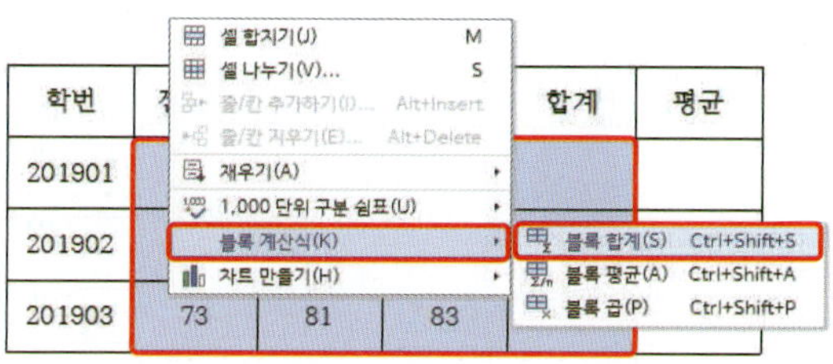

학번	전산학	DB	HTML	합계	평균
201901	88	95	92	275	
201902	92	91	95	278	
201903	73	81	83	237	

04 블록 평균 구하기 각 항목의 점수, 합계와 평균을 입력할 셀을 블록 설정하고 마우스 오른쪽 단추를 클릭해 [블록 계산식]-[블록 평균]을 선택한다. 계산된 결과가 '학번'별로 '평균' 셀에 소수점 둘째 자리까지 표시된다.

학번	전산학	DB	HTML	합계	평균
201901	88	95	92	275	91.67
201902	92	91	95	278	92.67
201903	73	81	83	237	79.00

TIP 평균 결과를 입력할 셀의 바로 앞 셀에 블록 계산식 결과(총점)가 포함되어 있어도 이와 상관없이 평균값이 계산된다.

05 저장하기 완성된 문서를 '실습3-17(완성).hwp'로 저장한다.

3.3 차트

차트는 자료의 변화를 알아보기 쉽게 그래프 형식으로 나타낸 것으로, 표 데이터 또는 메뉴를 이용해 만들 수 있다. 차트의 구성요소를 알아보고, 차트를 만들고 편집해 본다.

3.3.1 표 데이터를 이용해 차트 만들기

표 데이터를 이용해 차트를 만들려면 표 전체 또는 일부를 블록 설정하고 [표 디자인] 탭-[차트 만들기]를 클릭한다.

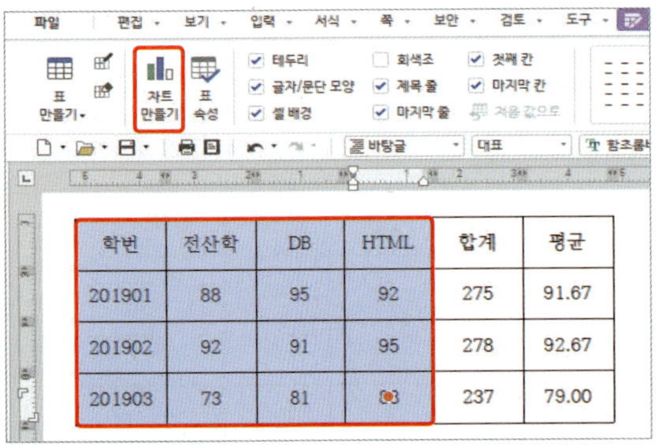

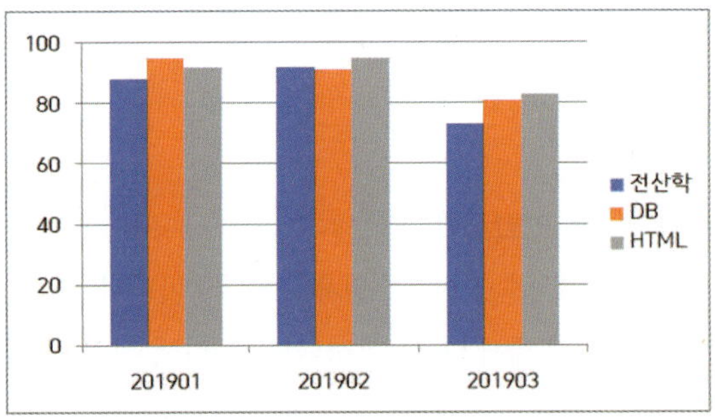

TIP 표 데이터를 블록으로 설정한 후 차트를 만들면 표의 입력 내용과 연동된 차트가 만들어진다. 이 경우 표 데이터를 수정하면 바로 차트에 반영된다.

3.3.2 메뉴를 이용해 차트 만들기

메뉴를 이용해 차트를 만들려면 [입력]–[차트]에서 차트 종류를 선택해 기본 차트 형태를 만든 후 차트 데이터와 차트 구성요소를 편집한다.

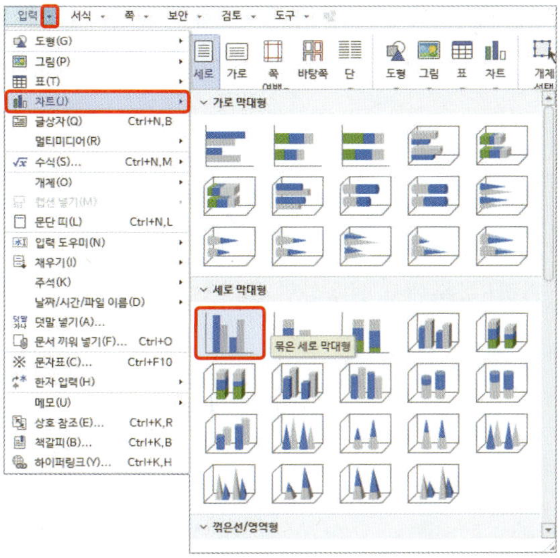

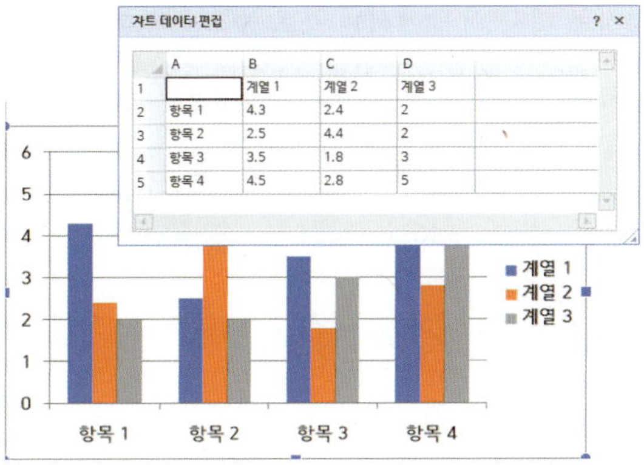

3.3.3 차트의 구성요소

차트는 다음과 같은 구성요소로 이루어져 있다.

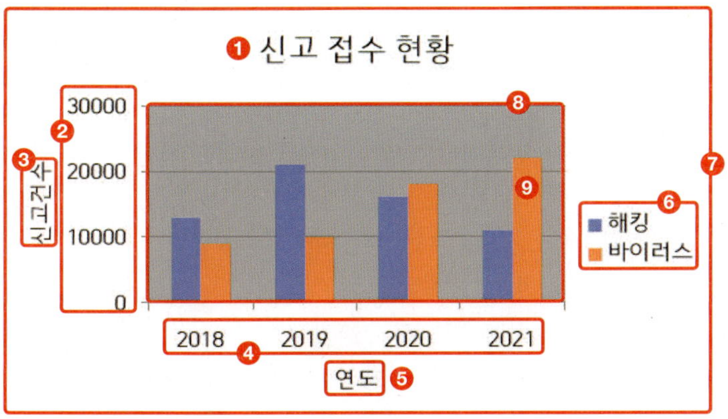

❶ **차트 제목** 차트 제목을 표시한다.

❷ **값 축** 표 데이터를 기준으로 생성되며, 차트 요소의 값을 확인한다.

❸ **값 축 제목** 세로 값 축 제목을 표시한다.

❹ **항목 축** 표 데이터를 기준으로 생성되며, 차트 계열을 비교하기 위한 항목을 확인한다.

❺ **항목 축 제목** 가로 항목 축 제목을 표시한다.

❻ **차트 범례** 차트 계열을 구분한다.

❼ **차트 영역** 차트 축을 포함하는 그래프 영역을 의미한다.

❽ **그림 영역** 차트 계열을 표시하는 사각형 영역을 의미한다.

❾ **차트 계열** 차트에 그려지는 관련 그래프의 집합을 의미한다.

3.3.4 [차트 디자인] 탭에서 차트 수정하기

차트를 수정하려면 우선 수정하고 싶은 구성요소를 더블클릭해 선택한 후 작업 창에서 속성을 변경하거나, 차트를 선택하고 [차트 디자인], [차트 서식] 탭에서 해당 설정을 변경한다.

[차트 디자인] 탭에서는 차트 종류를 변경하고 차트 구성요소를 추가할 수 있으며, [차트 레이아웃], [차트 계열색 바꾸기], [차트 스타일], [줄/칸 전환], [차트 데이터 편집] 등을 실행할 수 있다.

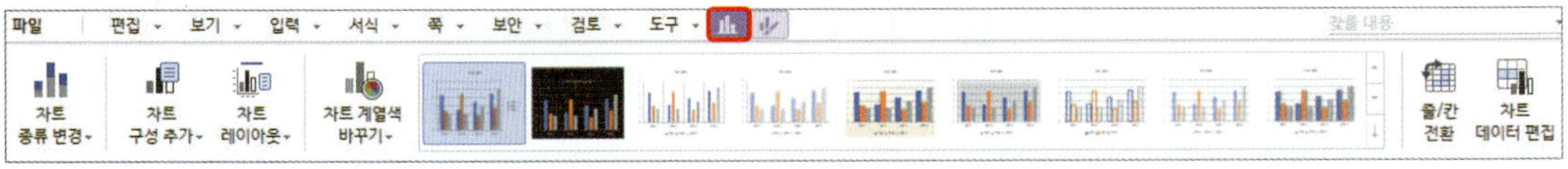

차트 종류를 변경하려면 [차트 디자인] 탭–[차트 종류 변경] 목록에서 선택하면 된다.

[차트 디자인] 탭–[차트 구성 추가] 목록에서는 [축], [축 제목], [차트 제목], [데이터 레이블], [눈금선], [범례] 등을 추가하거나 삭제할 수 있다.

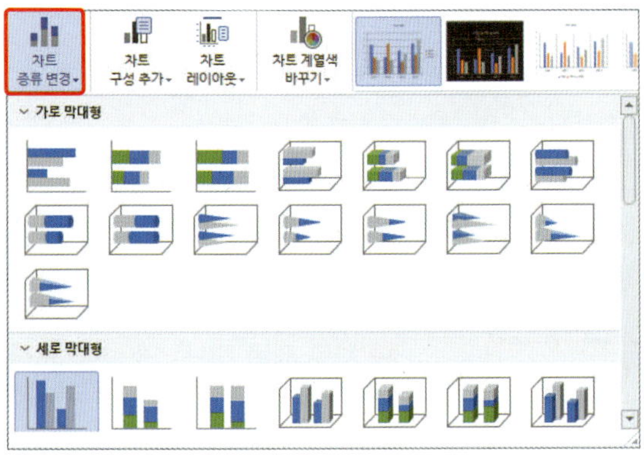

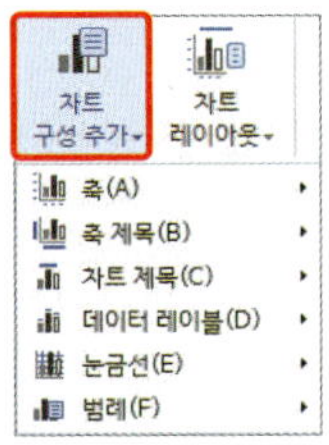

[차트 디자인] 탭에서 [줄/칸 전환]을 클릭하면 차트의 행 데이터와 열 데이터를 바꿔 표현할 수 있다.

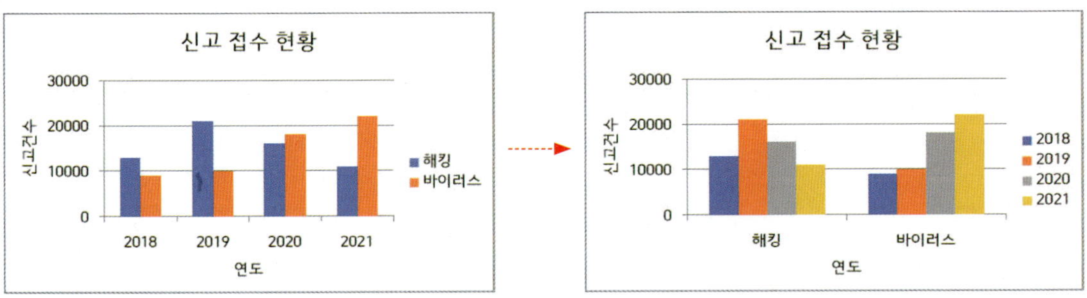

▲ 차트의 줄/칸 전환하기

차트 데이터를 편집하려면 [차트 디자인] 탭에서 [차트 데이터 편집]을 클릭해 [차트 데이터 편집] 대화상자를 열고 데이터 값 변경, 행/열의 추가 및 삭제 등을 실행한다.

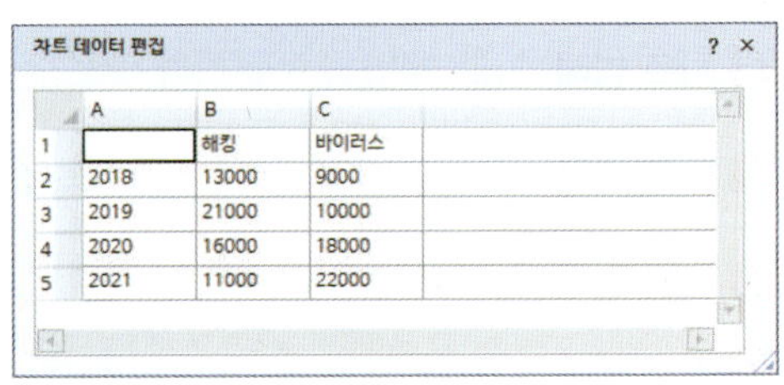

	A	B	C
1		해킹	바이러스
2	2018	13000	9000
3	2019	21000	10000
4	2020	16000	18000
5	2021	11000	22000

3.3.5 [차트 서식] 탭에서 차트 수정하기

[차트 서식] 탭에서는 차트 서식, 도형 스타일, 글자 스타일, 크기, 위치, 정렬 등 다양한 차트 속성을 바꿀 수 있다.

차트 서식을 변경하려면 차트가 선택된 상태에서 [차트 서식] 탭-[차트 요소] 목록에서 변경하려는 구성요소를 선택하고 [선택 영역 서식]을 클릭한다.

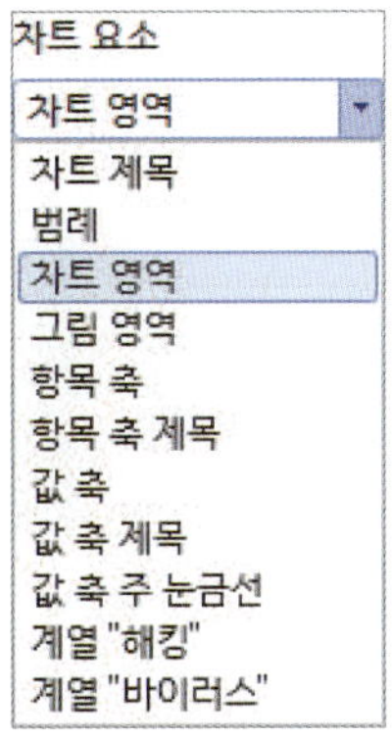

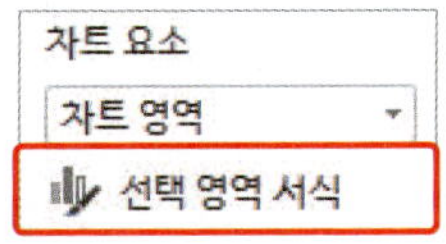

기본예제 3-18 표 데이터를 이용해 차트 만들기

표 데이터를 이용해 차트를 만들고 차트 속성을 변경해 보자.

01 표 만들기 빈 문서에서 [입력]-[표]-[표 만들기]를 선택하고 3×6 표를 만든다. 표의 각 셀에 다음과 같이 입력한다.

	한국	일본	독일	미국	중국
수출액	2,833	3,422	7,658	8,036	10,619
수입액	2,631	4,181	6,278	11,772	9,590

02 차트 만들기 표 내부에 커서를 두고 F5를 세 번 눌러 표 전체를 블록 설정한 후 [표 디자인] 탭-[차트 만들기]를 클릭한다.

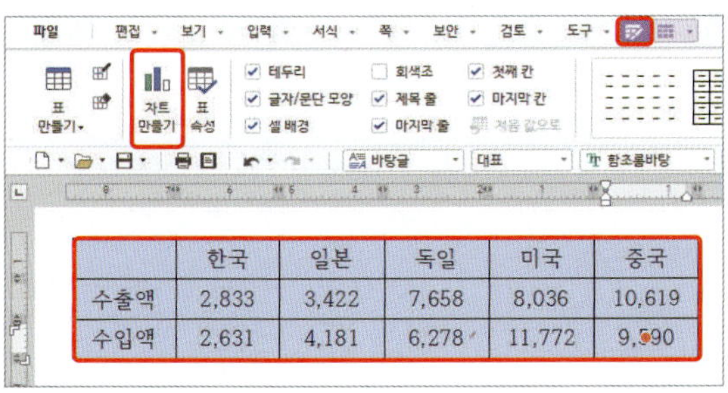

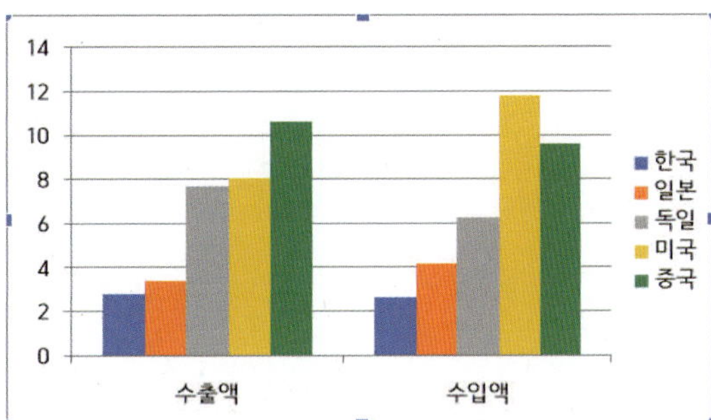

	한국	일본	독일	미국	중국
수출액	2,833	3,422	7,658	8,036	10,619
수입액	2,631	4,181	6,278	11,772	9,590

03 줄/칸 전환 행과 열의 데이터를 서로 바꾸기 위해 차트를 선택하고 [차트 디자인] 탭–[줄/칸 전환]을 클릭한다.

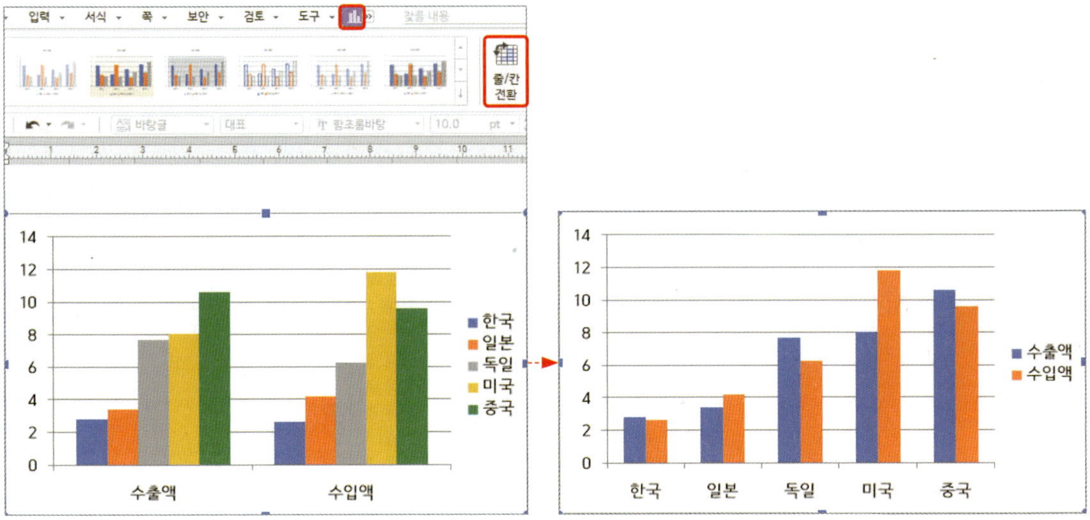

04 범례 위치 변경하기 차트를 선택하고 [차트 디자인] 탭–[차트 구성 추가] 목록에서 [범례]–[아래쪽]을 선택한다.

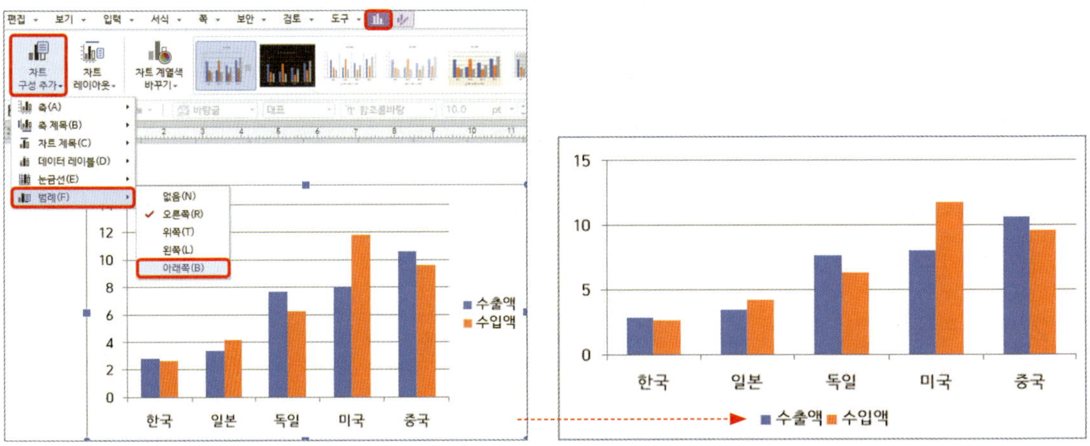

TIP 차트 구성요소를 추가/삭제하거나 위치를 이동하면 다른 구성요소의 크기와 위치 등도 그에 맞게 자동으로 조절된다.

05 차트 제목 설정하기 차트를 선택하고 [차트 디자인] 탭–[차트 구성 추가] 목록–[차트 제목]–[위쪽]을 선택한다. 차트 제목을 선택하고 마우스 오른쪽 단추를 클릭해 [제목 편집]을 선택한 후 [차트 글자 모양] 대화상자에서 [글자 내용]을 *주요국의 수출 및 수입*으로 입력하고 [설정]을 클릭한다.

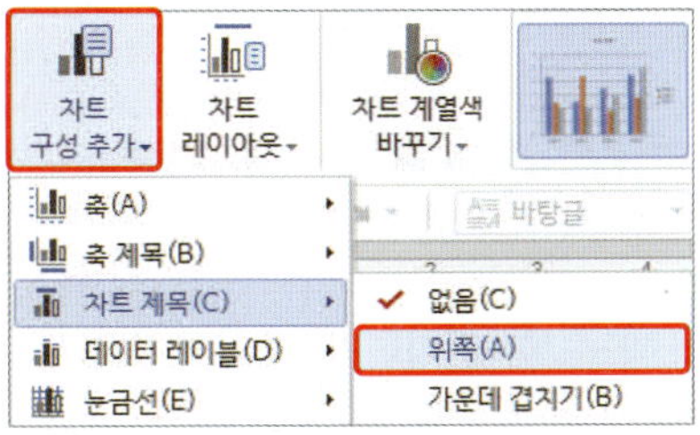

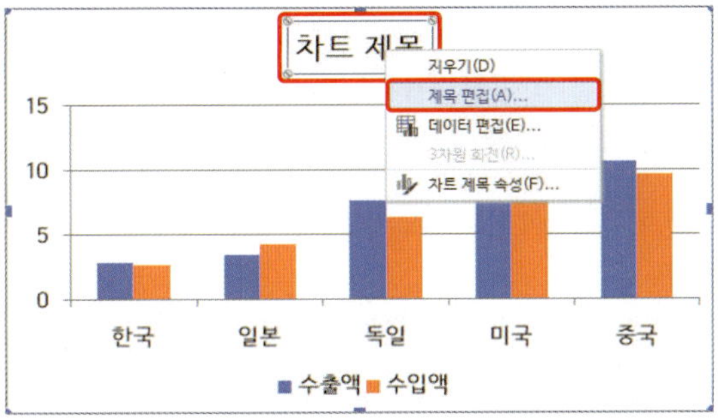

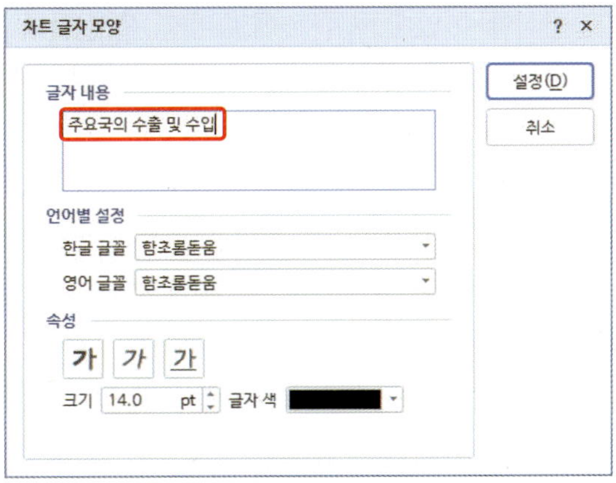

06 차트 배경 설정하기 차트가 선택된 상태에서 마우스 오른쪽 단추를 클릭해 [차트 영역 속성]을 선택한다. 화면 오른쪽에 열리는 [개체 속성] 작업 창에서 [차트 영역] 탭–[채우기] 항목을 클릭하고 [단색]을 선택한 후 [색]을 [하늘색 80% 밝게]로 설정한다.

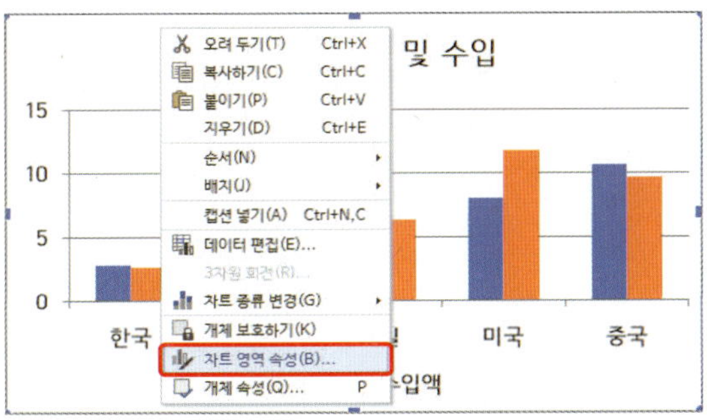

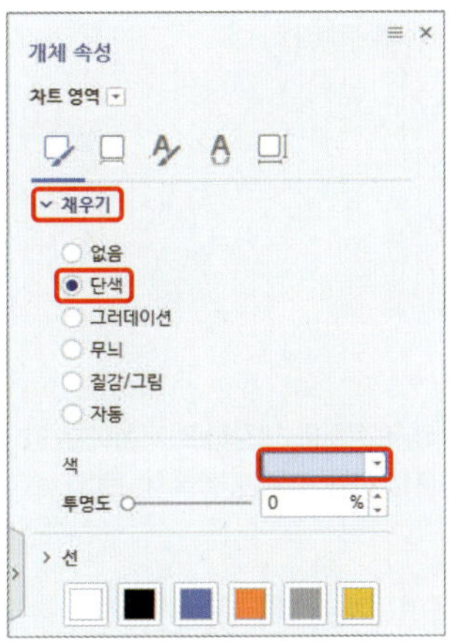

07 저장하기 완성된 문서를 '실습3-18(완성).hwp'로 저장한다.

SECTION 04

참조 및 도구 사용하기

내용이 많은 문서의 경우 한글에서 제공하는 여러 가지 도구를 사용해 좀 더 편리하게 관리할 수 있다. 특정 위치로 한 번에 이동할 수 있게 해 주는 책갈피와 하이퍼링크, 다량의 주소록을 일괄적으로 편집하고 인쇄할 수 있게 해 주는 메일 머지, 문서 안에 포함하지 않고 참조 내용을 입력할 수 있는 메모, 문서 전체를 일목요연하게 정리해 주는 차례 기능을 사용하는 방법을 알아본다.

4.1 책갈피와 하이퍼링크

책갈피는 문서를 편집하는 도중에 본문의 특정 위치에 표시를 해 두었다가 커서를 바로 이동시키는 기능이고, 하이퍼링크는 문서의 특정 위치에 파일, 현재 문서나 다른 문서, 웹 페이지, 전자 우편 주소 등을 연결하여 참조하거나 이동할 수 있게 하는 기능이다. 문서에 책갈피와 하이퍼링크를 삽입해 보자.

4.1.1 책갈피

책갈피를 입력하려면 책갈피로 지정할 위치에 커서를 두거나 블록 설정을 한 후 [입력]-[책갈피]를 선택해 [책갈피] 대화상자를 열고 [책갈피 이름]에 자동 입력된 이름을 사용하거나 원하는 이름으로 수정한 후 [넣기]를 클릭한다.

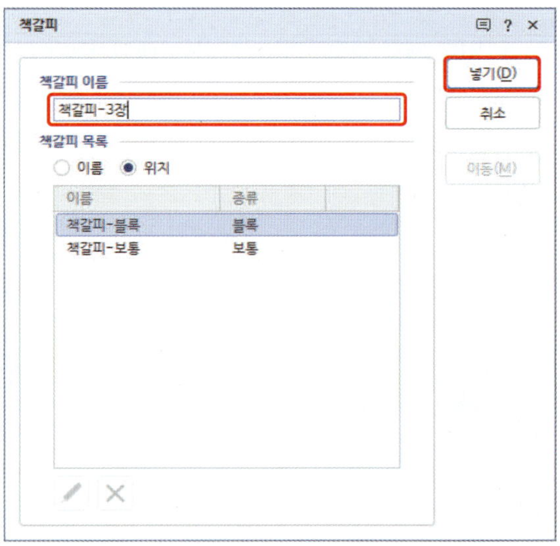

TIP 책갈피 종류는 현재 커서 위치를 책갈피로 지정하는 경우는 '보통', 블록을 책갈피로 지정하는 경우는 '블록'이 된다.

책갈피 이름을 바꾸려면 [책갈피] 대화상자의 [책갈피 목록]에서 이름을 바꿀 책갈피를 선택한 후 [책갈피 이름 바꾸기] 단추를 클릭하고, 책갈피를 삭제하려면 [삭제] 단추를 클릭한다. 책갈피로 이동하려면 [책갈피] 대화상자의 [책갈피 목록]에서 원하는 책갈피를 선택하고 [이동]을 클릭한다.

4.1.2 하이퍼링크

하이퍼링크를 삽입하려면 연결 대상을 선택한 후 [입력]-[하이퍼링크]를 선택해 [하이퍼링크] 대화상자를 열고 [표시할 문자열], [연결 대상] 등을 설정한다. 본문에 삽입한 하이퍼링크는 밑줄이 그어진 파란색 글자로 표시된다.

[하이퍼링크] 대화상자의 [연결 대상]에는 [파일], [한글 문서], [웹 주소], [전자 우편]이 있다. [파일]은 기존 파일이나 새 파일로, [한글 문서]는 한글 문서의 책갈피, 개요, 표, 그림, 수식 등의 개체 위치로, [웹 주소]는 인터넷상의 특정 웹 페이지로, [전자 우편]은 전자 우편 주소로 하이퍼링크가 연결된다.

TIP 본문에 웹 주소나 전자 우편 주소를 입력하면 해당 주소를 하이퍼링크로 자동 연결되는데, 이를 방지하려면 [도구]-[빠른 교정]-[입력 자동 실행]의 선택을 해제해야 한다.

하이퍼링크를 수정하려면 본문에 삽입된 하이퍼링크 표시 안에 커서를 두고 [편집]-[고치기]를 선택하거나 마우스 오른쪽 단추를 클릭해 [하이퍼링크 고치기]를 선택한다.

하이퍼링크 속성을 없애려면 본문에 삽입된 하이퍼링크 표시 안에 커서를 두고 마우스 오른쪽 단추를 클릭해 [하이퍼링크 지우기]를 선택한다.

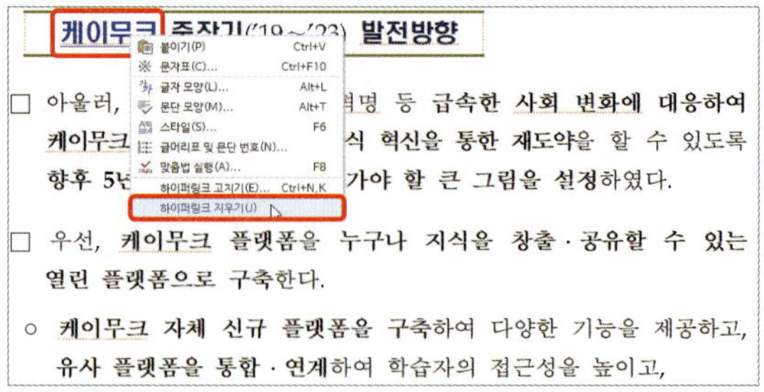

연결 대상이 개체인 경우 하이퍼링크 속성을 없애려면 개체를 선택한 후 마우스 오른쪽 단추를 클릭해 [하이퍼링크 고치기]를 선택하고 [하이퍼링크 고치기] 대화상자에서 [링크 지우기]를 클릭한다.

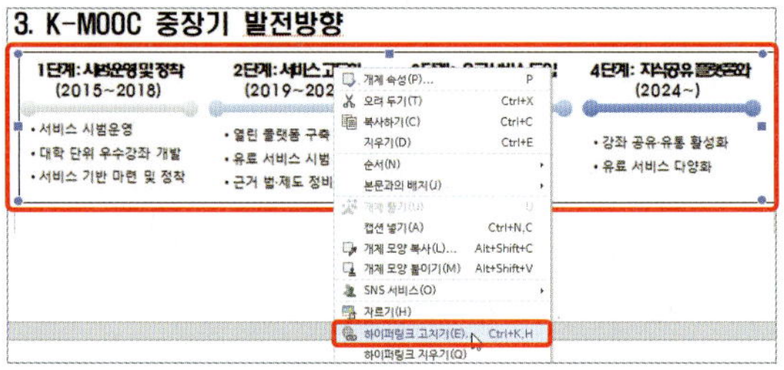

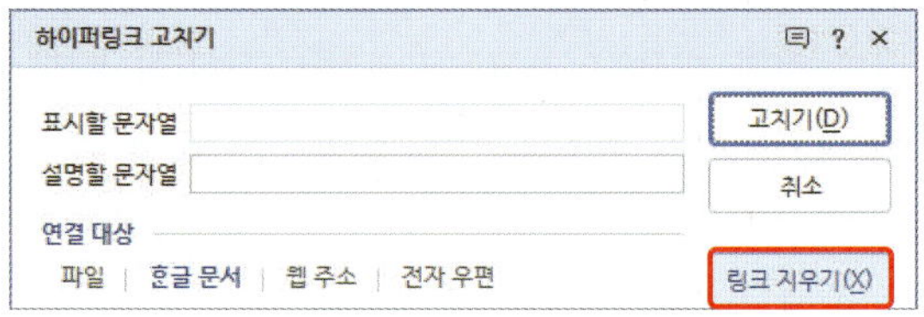

기본예제 3-19 책갈피로 하이퍼링크 연결하기

문서에 책갈피를 삽입한 후 만들어진 책갈피로 하이퍼링크를 연결해 보자.

01 책갈피 넣기 '실습3-19(준비).hwp' 파일을 불러온 후 2쪽 1행에 커서를 두고 [입력]-[책갈피]를 선택한다. [책갈피] 대화상자에서 [책갈피 이름]을 확인하고 [넣기]를 클릭한다. 이어서 6쪽 1행, 8쪽 1행, 10쪽 1행에도 책갈피를 넣는다.

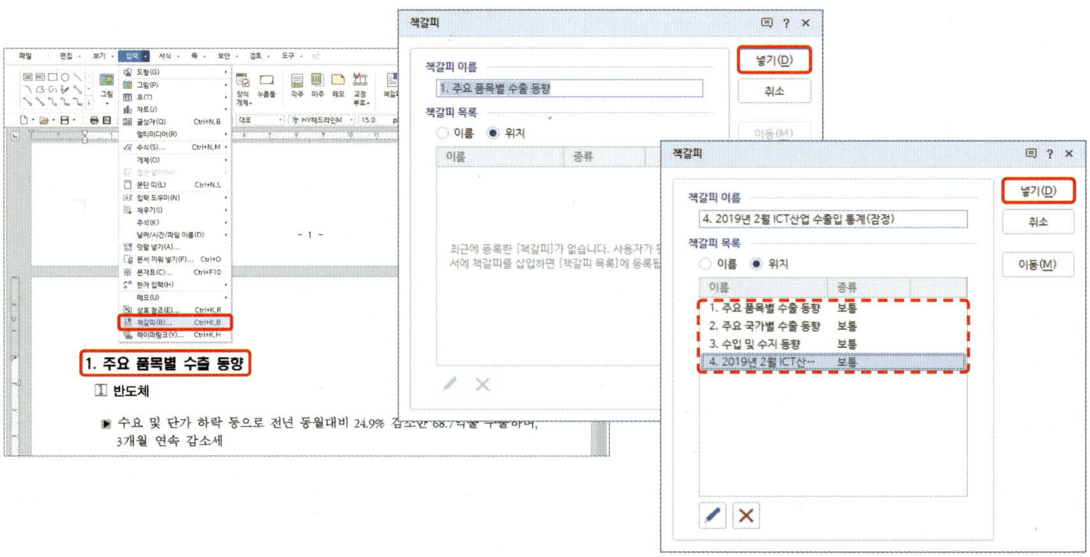

02 책갈피 하이퍼링크 연결하기 준비 파일의 1쪽 1행을 블록 설정하고 [입력]–[하이퍼링크]를 선택한다. [하이퍼링크] 대화상자의 [연결 대상] 항목에서 [한글 문서] 탭을 열고 '현재 문서 〉 책갈피 〉 1. 주요 품목별 수출 동향'을 선택한 후 [넣기]를 클릭한다. 2~4번에도 나머지 책갈피와 하이퍼링크 연결한다.

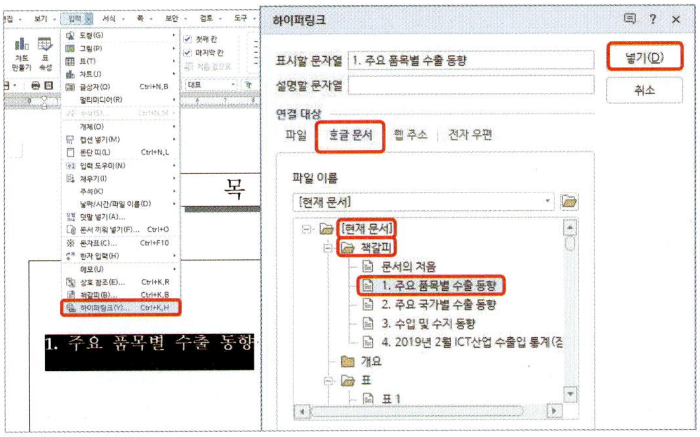

03 개체 하이퍼링크 연결하기 준비 파일의 2쪽에 있는 그림 개체를 클릭하고 [입력]–[하이퍼링크]를 선택한다. [하이퍼링크] 대화상자의 [연결 대상] 항목에서 [웹 주소] 탭을 열고 [웹 주소]에 https://www.dramexchange.com/을 입력한 후 [넣기]를 클릭한다. Ctrl을 누른 채 하이퍼링크가 연결된 그림 개체에 마우스를 위치시키면 포인터가 손가락 모양으로 바뀌고, 클릭하면 연결된 웹 주소로 이동한다.

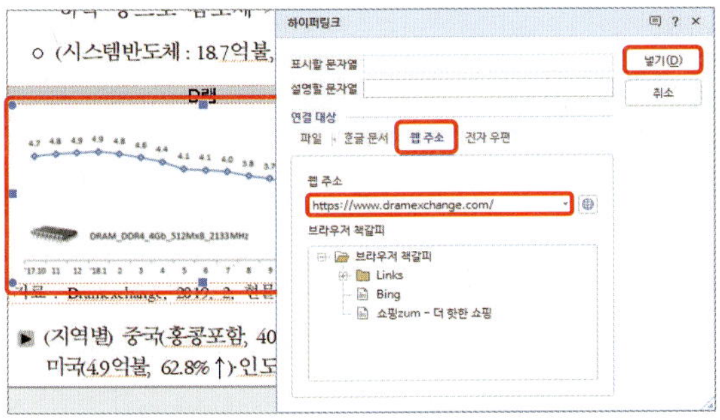

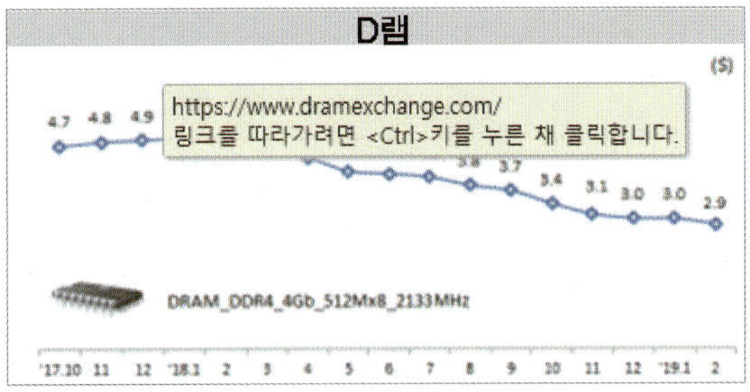

04 저장하기 완성된 내용을 '실습3–19(완성).hwp'로 저장한다.

4.2 메일 머지 만들기

메일 머지는 주소록 역할을 하는 데이터 파일과 템플릿 역할을 하는 서식 파일을 결합해 이름, 주소만 다르고 내용이 같은 수십, 수백 통의 편지를 만드는 기능이다. 이와 같은 기능은 동호회 회원 안내장, 초대장 등 많은 양의 단순 반복 작업에 유용하게 활용할 수 있다.

메일 머지 기능을 이용하려면 데이터 파일과 서식 파일이 필요하다. 데이터 파일은 서식 파일에 대입될 개별 이름이나 주소를 담고 있는 한글 파일(*.hwp) 또는 엑셀 파일(*.xlsx) 등을 말하며, 서식 파일은 공통적으로 들어갈 본문 내용을 적은 파일이다.

메일 머지를 만들려면 개인별 이름이나 주소 등을 담은 데이터 파일을 만들고, 서식 파일에서 데이터 파일의 각 레코드가 들어갈 위치에 커서를 두고 [도구]–[메일 머지]–[메일 머지 표시 달기]를 선택한다.

[메일 머지 표시 달기] 대화상자에서 [필드 만들기] 탭의 입력 상자에 필드 번호를 입력한다. 계속해서 [도구]–[메일 머지]–[메일 머지 만들기]를 선택하고 [메일 머지 만들기] 대화상자에서 데이터 파일과 [출력 방향] 등을 지정한다. [출력 방향]으로 [화면]을 선택하면 미리보기 화면에서 레코드 수에 상응하는 쪽이 만들어진 것을 확인할 수 있다.

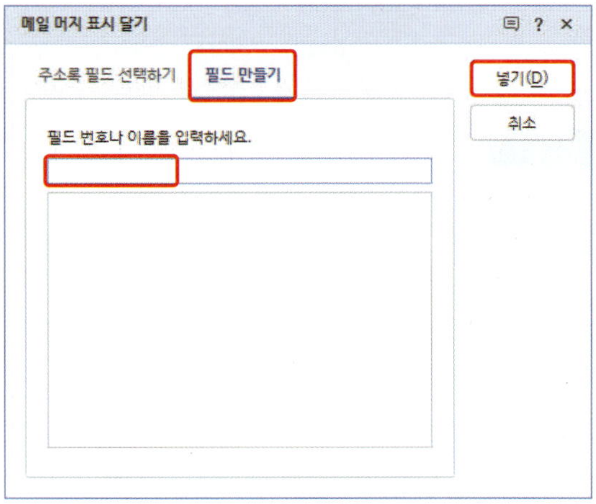

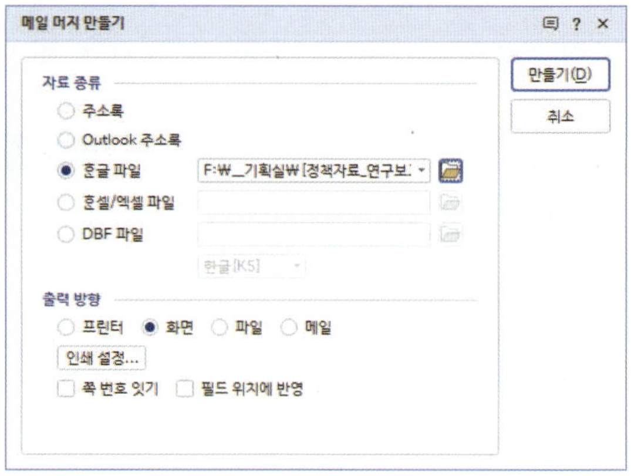

기본예제 3-20 메일 머지를 활용한 주소록 라벨 인쇄하기

메일 머지를 활용해 주소록 라벨을 만들어 인쇄해 보자.

01 라벨 문서 만들기 메일 머지에 사용할 서식 파일인 라벨 문서를 만들기 위해 빈 문서에서 [쪽] 탭–[라벨]–[라벨 문서 만들기]를 선택한다. [라벨 문서 만들기] 대화상자의 [라벨 문서 꾸러미] 탭에서 제조회사와 용지 종류를 선택하고 [열기]를 클릭한다.

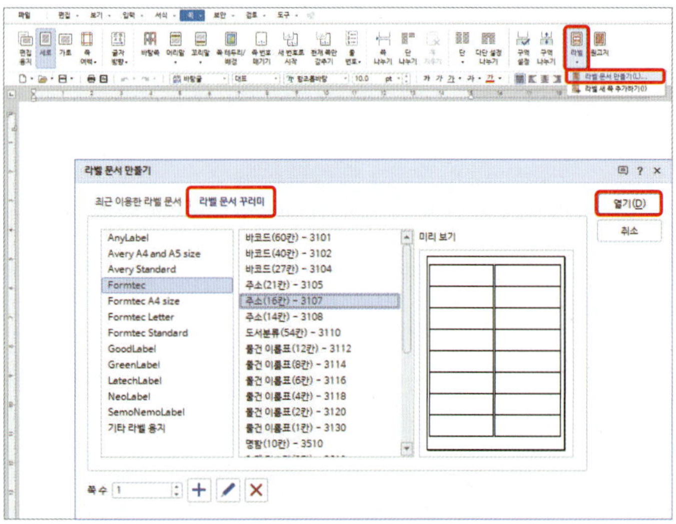

TIP 라벨 용지 제조회사와 용지 종류는 인쇄를 위해 준비한 용지에서 확인해 선택한다.

02 메일 머지 표시 달기 첫 번째 라벨 이름표에 커서를 두고 [도구]–[메일 머지]–[메일 머지 표시 달기]를 선택한다. [메일 머지 표시 달기] 대화상자의 [필드 만들기] 탭에서 필드 번호로 *1*을 입력하고 [넣기]를 클릭한다. Enter를 두 번 누른 후 두 번째 메일 머지 표시를 달고 (필드 번호 '2') *귀하*를 입력한다.

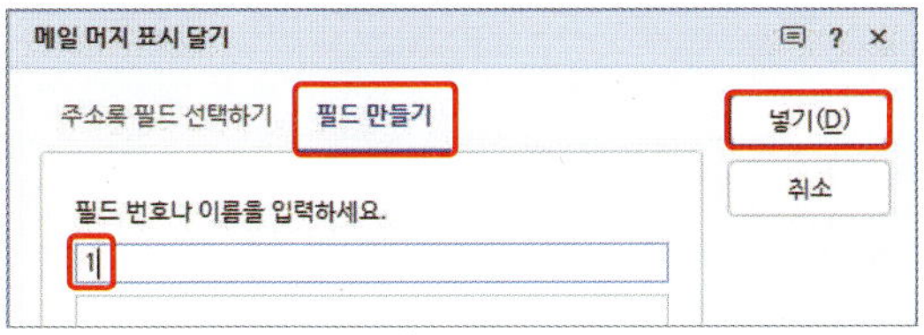

03 라벨 꾸미기 두 개의 메일 머지 표시에 각각 글자 모양(맑은 고딕/12pt, 궁서/12pt)과 문단 모양(양쪽, 오른쪽)을 설정한다. F5를 세 번 눌러 라벨 상자를 선택하고 마우스 오른쪽 단추를 클릭해 바로 가기 메뉴의 [표/셀 속성]을 선택한다. [표/셀 속성] 대화상자의 [셀] 탭에서 셀 안쪽 여백을 모두 [5mm]로 지정하고 [설정]을 클릭한다.

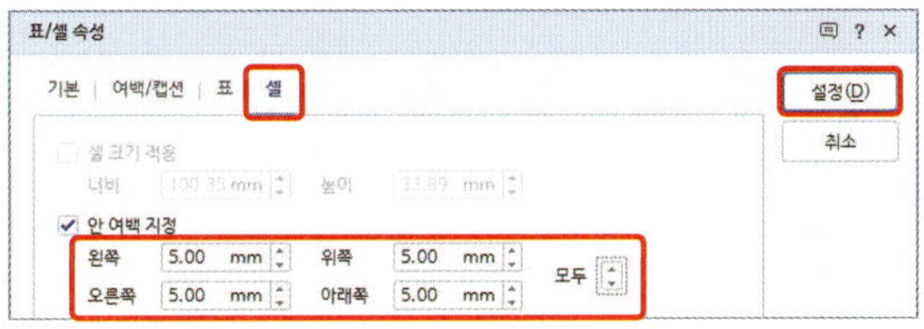

04 메일 머지 만들기 [도구]–[메일 머지]–[메일 머지 만들기]를 선택해 [메일 머지 만들기] 대화상자가 열리면 [자료 종류] 항목을 [한글 파일]의 '실습3–20(준비).hwp'로 지정하고 [출력 방향] 항목을 [화면]으로 설정한 후 [만들기]를 클릭한다. 미리보기 화면이 열리고, 라벨 용지 크기에 맞게 주소록이 삽입된 것을 확인할 수 있다. 완성한 라벨 문서를 '실습3–20(완성).hwp'로 저장한다.

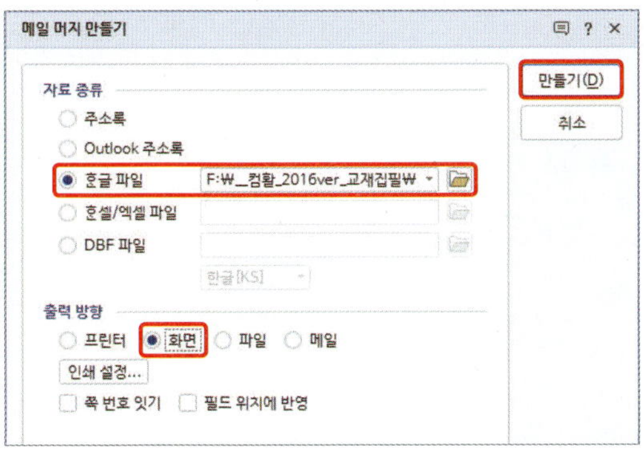

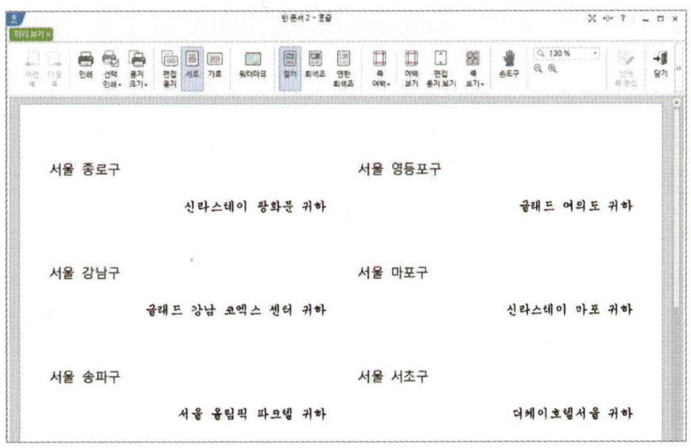

TIP 설정한 라벨 용지가 프린터에 있으면 [출력 방향]을 [프린터]로 선택해 주소록을 인쇄할 수 있다.

4.3 메모

메모는 특정 단어나 문자열에 간단한 설명을 적는 기능으로, 메모를 삽입하려면 단어 또는 문자열을 블록 설정한 후 [입력]–[메모]–[새 메모]를 선택하거나 [입력] 탭–[메모]를 클릭한다. 메모 입력 상자가 생기면 내용을 입력한다.

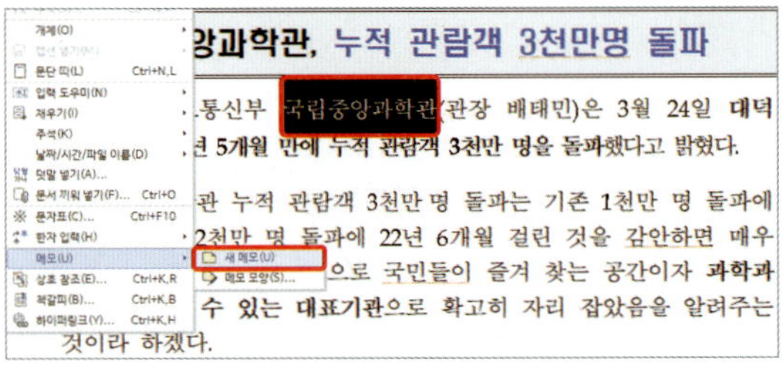

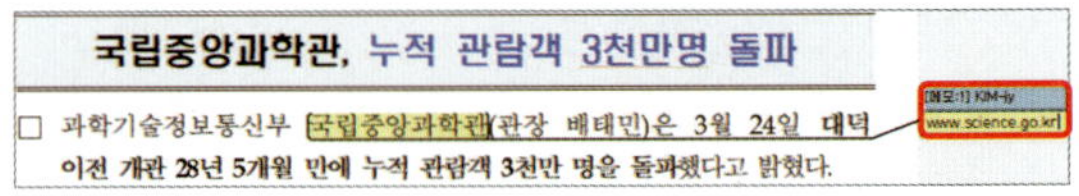

삽입한 메모를 선택하면 [메모] 탭이 활성화되는데, 여기에서 이전/다음 메모로 이동하거나 현재 선택된 메모를 지울 수 있고, 메모 상자의 모양도 설정할 수 있다.

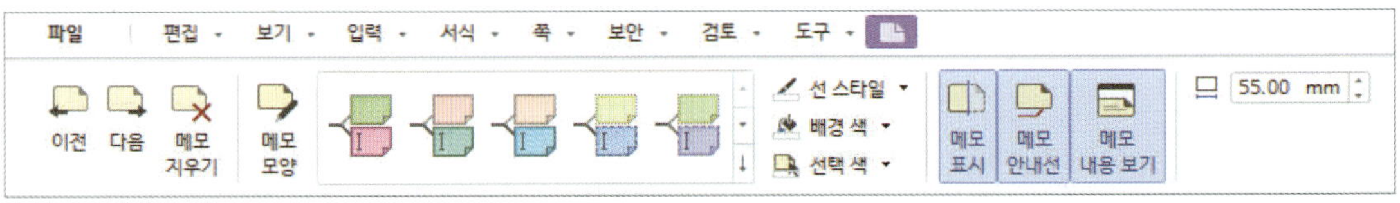

TIP 메모 내용 안에 커서를 두고 마우스 오른쪽 단추를 클릭한 후 [메모 지우기]를 선택해도 메모가 지워진다. 또 메모를 넣기 전에 메모의 크기, 테두리 모양, 색 등을 설정하려면 [입력]–[메모]–[메모 모양], 또는 [검토]–[메모 모양]을 선택해 [메모 모양] 대화상자를 열고 진행한다.

메모를 숨기려면 [보기] 탭에서 [메모]의 선택을 해제하거나 [검토] 탭–[메모]–[모든 메모 표시]를 선택한다. 다시 표시하려면 [보기] 탭에서 [메모]를 선택해도 되고, [검토] 탭–[메모]–[모든 메모 표시]를 한 번 더 선택해도 된다.

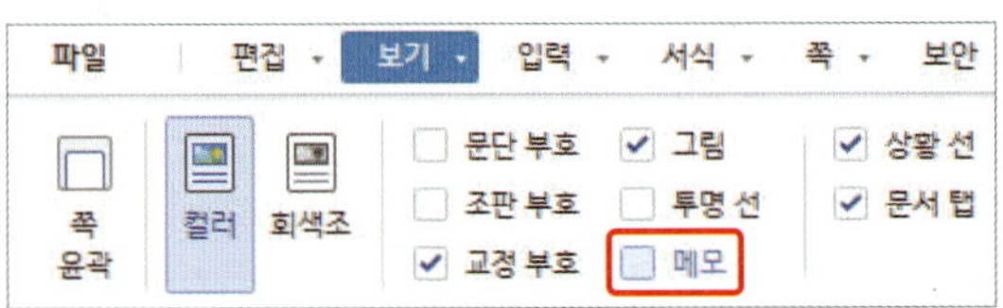

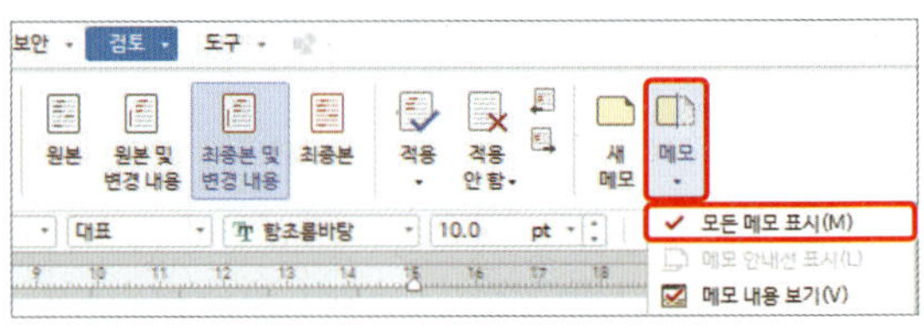

메모 내용을 보려면 [보기]–[메모]–[메모 내용 보기], 또는 [검토] 탭–[메모]–[메모 내용 보기]를 선택한다.

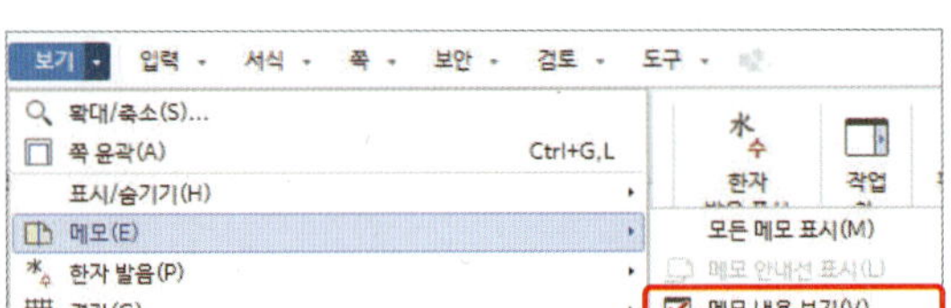

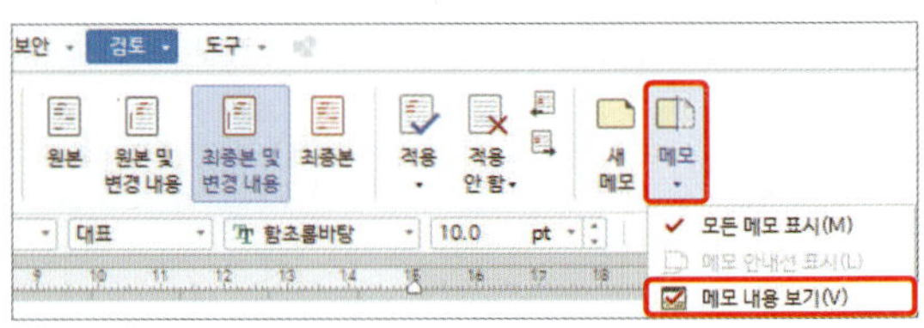

4.4 차례 만들기

차례 만들기는 본문의 제목, 표, 그림, 수식 등이 들어 있는 줄을 한곳에 모아 쪽 번호를 붙여 주는 기능으로, 단행본이나 논문 등을 만들 때 유용하게 쓰인다.

차례를 만들려면 차례에 포함시킬 줄에서 [도구]-[차례/색인]-[제목 차례 표시]를 실행하고, 차례를 만들 쪽에서 [도구]-[차례/색인]-[차례 만들기]를 실행한다. [차례 만들기] 대화상자의 [만들 차례] 항목에서 어떤 항목을 차례로 만들 것인지 선택하고 [탭 모양] 항목에서 만들어질 차례의 모양을 설정한다. [기타] 항목에서는 차례를 만들 위치를 설정한다.

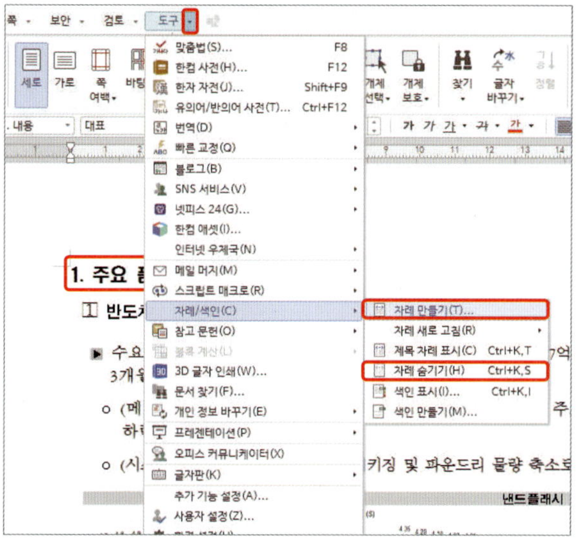

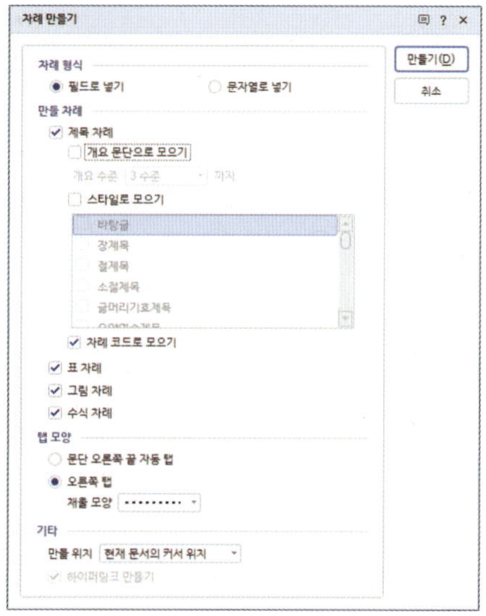

기본예제 3-21 차례 만들기

준비 파일의 장 제목에 차례 코드를 표시하고, 차례 만들기를 이용해 목차를 만들어 보자.

01 제목 차례 추가하기(1) '실습3-21(준비).hwp' 파일을 불러온 후 2쪽의 첫 행 제목 앞에 커서를 두고 [도구]-[차례/색인]-[제목 차례 표시]를 선택한다. 올바로 추가되었는지 확인하기 위해 [보기] 탭에서 [조판 부호]를 선택한다.

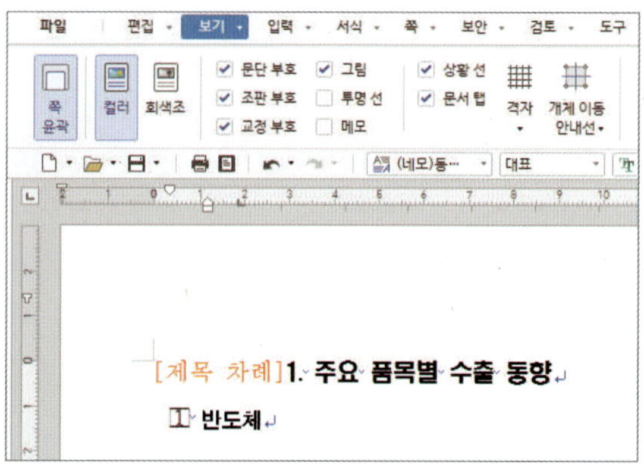

TIP 제목 차례를 추가하는 단축키는 Ctrl+K, T이다.

02 제목 차례 추가하기(2) 나머지 제목에도 차례 코드를 추가하기 위해 6쪽의 1행, 8쪽의 1행, 10쪽의 1행 제목 앞에서 각각 [도구]–[차례/색인]–[제목 차례 표시]를 선택한다.

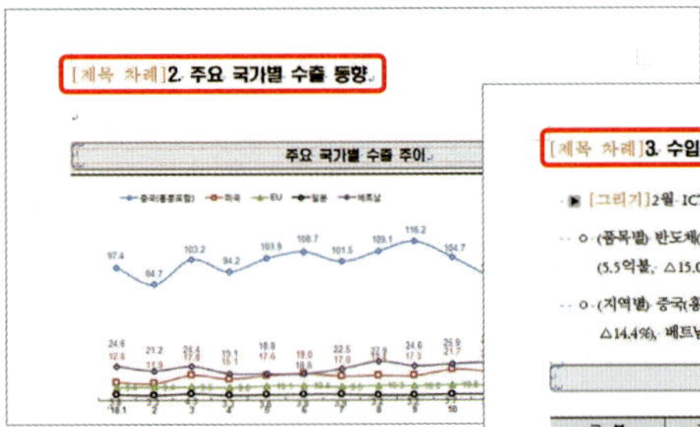

▲ 6쪽

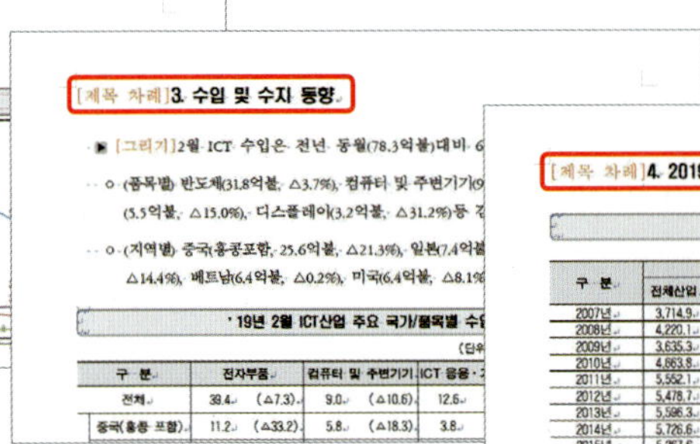

▲ 8쪽

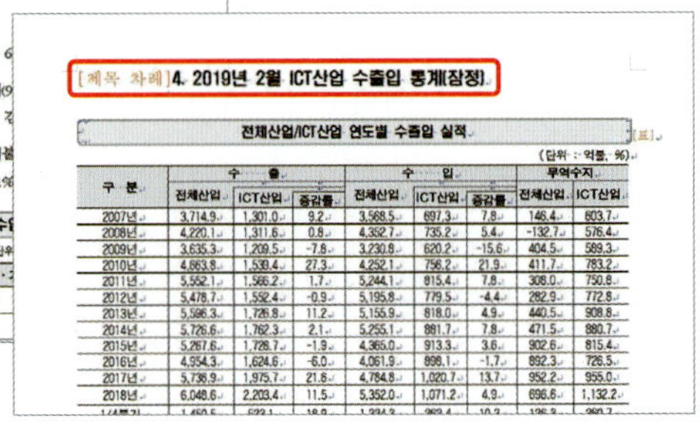

▲ 10쪽

03 차례 만들기 1쪽의 글상자 안에 커서를 두고 [도구]–[차례/색인]–[차례 만들기]를 선택한다. [차례 만들기] 대화상자의 [만들 차례] 항목에서 [제목 차례]와 [차례 코드로 모으기]만 선택하고 [탭 모양] 항목에서는 [오른쪽 탭]과 [·········]를, [만들 위치]에서는 [현재 문서의 커서 위치]를 선택하고 [만들기]를 클릭한다.

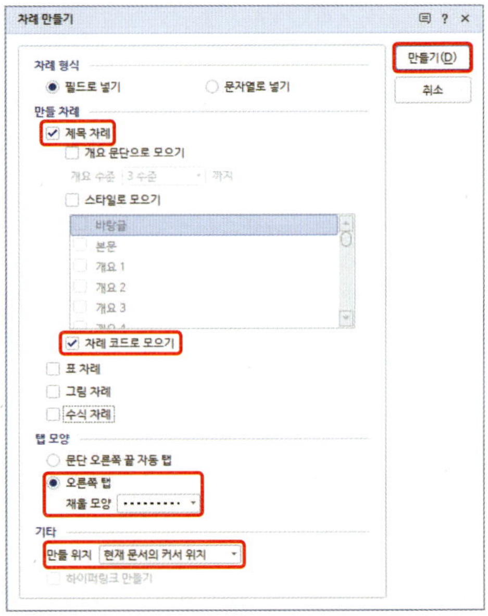

04 서식 설정하기 만들어진 내용 중 〈*제목 차례*〉는 삭제하고, 다음과 같이 [글자 크기]는 [16pt], [줄 간격]은 [300%]로 설정한다.

05 저장하기 완성된 내용을 확인한 후 '실습3-21(완성).hwp'로 저장한다.

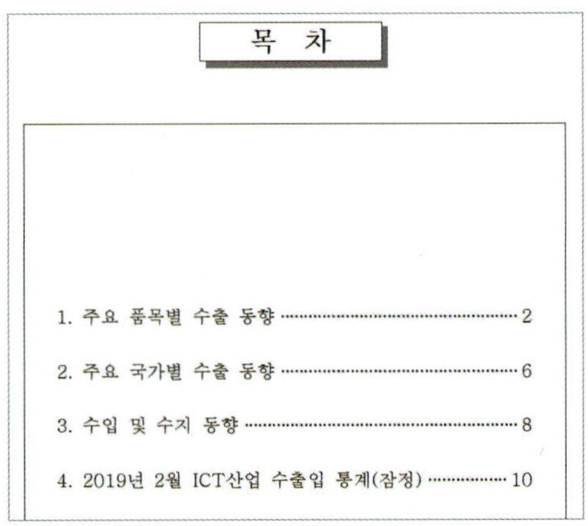

SECTION 05

워드프로세서 자격시험 대비하기

대한상공회의소 검정사업단에서 시행하는 워드프로세서 자격시험은 컴퓨터의 기초 사용법과 워드프로세싱 프로그램의 운영 및 편집 능력을 평가하는 국가기술자격시험이다. 단일 등급으로 필기시험(평균 60점 이상 합격)과 실기시험(80점 이상 합격)에 모두 합격해야 취득할 수 있고, 실기시험에 사용하는 프로그램은 한글 2010, MS Word 2010이다.

5.1 워드프로세서 모의 문제 1

5.1.1 세부 지시사항

다음 문서를 〈세부 지시사항〉에 따라 작성하시오.

❶ 본문 내용 입력
❷ 글상자: 너비(고정 값, 140mm), 높이(고정 값, 13mm), 글자처럼 취급, 선 종류(이중 실선)
❸ 제목 모양: 글자 모양(HY헤드라인M, 16pt, 바다색)과 문단 모양(가운데 정렬)
❹ 특수 문자: ▶(전각 기호(일반), HNC코드: 347A)
❺ 문단 첫 글자 장식: 모양(2줄), 선 종류(점선), 면 색(진달래색)
❻ 각주: 각주 내용(http://www.nhic.or.kr)
❼ 표 편집
- 표 크기: 가로 눈금자의 약 8.5cm
- 표 테두리: 선 종류(실선), 굵기(0.4mm), 테두리 방향(위, 아래) / 선 종류(선 없음), 테두리 방향(왼쪽, 오른쪽)
- 셀 배경 및 내용 서식: 표의 첫째 줄에 면색(검정), 글자 색(하양) 적용
- 표 캡션(제목): 제목(계절성 알레르기 비염 진료비 추이 Enter 단위: 백만 원, %),
  첫째 줄은 글자 속성(밑줄), 문단 모양(가운데 정렬), 둘째 줄은 문단 모양(오른쪽 정렬)

❽ 차트
- 크기: 너비(고정 값, 60mm), 높이(고정 값, 35mm)
- 범례, 항목 축, 값 축: 글꼴 크기(8)
- 차트 속성: [벽 설정] 항목에서 면 색(진달래색 60% 밝게) 적용

❾ 특수 문자 입력, 문단 들여쓰기
- 특수 문자 입력: ○ (전각 기호(일반), HNC코드: 343B)
  – (전각 기호(일반), HNC코드: 3409)
- 문단 들여쓰기: 10pt

❿ 글자 모양, 문단 모양: 글자 속성(밑줄, 기울임)과 문단 모양(오른쪽 정렬)
⓫ 머리말: 머리말 내용(국민건강보험공단), 글자 속성(기울임), 문단 모양(오른쪽 정렬)

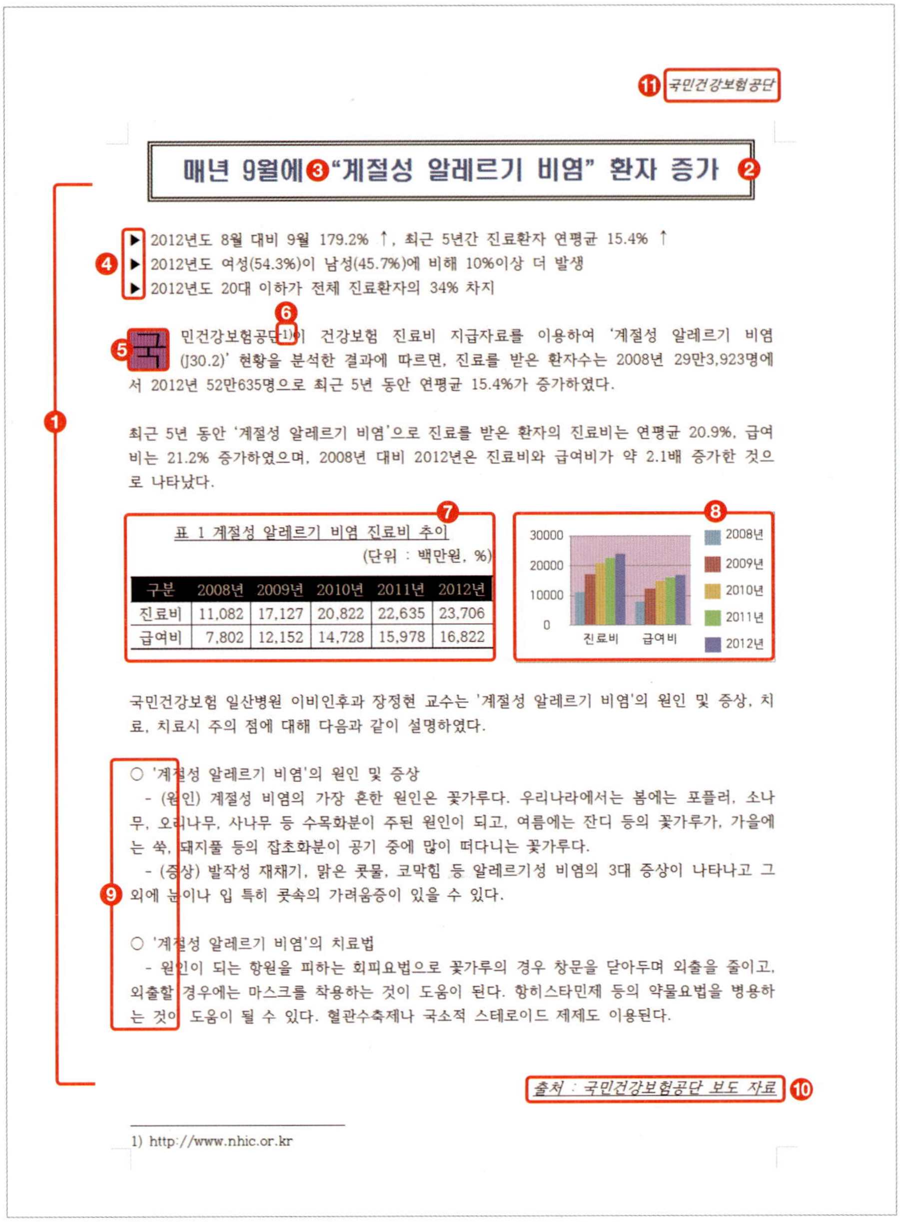

국민건강보험공단

매년 9월에 "계절성 알레르기 비염" 환자 증가

▶ 2012년도 8월 대비 9월 179.2% ↑, 최근 5년간 진료환자 연평균 15.4% ↑
▶ 2012년도 여성(54.3%)이 남성(45.7%)에 비해 10%이상 더 발생
▶ 2012년도 20대 이하가 전체 진료환자의 34% 차지

국민건강보험공단[1]이 건강보험 진료비 지급자료를 이용하여 '계절성 알레르기 비염(J30.2)' 현황을 분석한 결과에 따르면, 진료를 받은 환자수는 2008년 29만3,923명에서 2012년 52만635명으로 최근 5년 동안 연평균 15.4%가 증가하였다.

최근 5년 동안 '계절성 알레르기 비염'으로 진료를 받은 환자의 진료비는 연평균 20.9%, 급여비는 21.2% 증가하였으며, 2008년 대비 2012년은 진료비와 급여비가 약 2.1배 증가한 것으로 나타났다.

표 1 계절성 알레르기 비염 진료비 추이

(단위 : 백만원, %)

구분	2008년	2009년	2010년	2011년	2012년
진료비	11,082	17,127	20,822	22,635	23,706
급여비	7,802	12,152	14,728	15,978	16,822

국민건강보험 일산병원 이비인후과 장정현 교수는 '계절성 알레르기 비염'의 원인 및 증상, 치료, 치료시 주의 점에 대해 다음과 같이 설명하였다.

○ '계절성 알레르기 비염'의 원인 및 증상
- (원인) 계절성 비염의 가장 흔한 원인은 꽃가루다. 우리나라에서는 봄에는 포플러, 소나무, 오리나무, 사나무 등 수목화분이 주된 원인이 되고, 여름에는 잔디 등의 꽃가루가, 가을에는 쑥, 돼지풀 등의 잡초화분이 공기 중에 많이 떠다니는 꽃가루다.
- (증상) 발작성 재채기, 맑은 콧물, 코막힘 등 알레르기성 비염의 3대 증상이 나타나고 그 외에 눈이나 입 특히 콧속의 가려움증이 있을 수 있다.

○ '계절성 알레르기 비염'의 치료법
- 원인이 되는 항원을 피하는 회피요법으로 꽃가루의 경우 창문을 닫아두며 외출을 줄이고, 외출할 경우에는 마스크를 착용하는 것이 도움이 된다. 항히스타민제 등의 약물요법을 병용하는 것이 도움이 될 수 있다. 혈관수축제나 국소적 스테로이드 제제도 이용된다.

출처 : 국민건강보험공단 보도 자료

1) http://www.nhic.or.kr

5.1.2 문제 풀이

❶ **본문 내용 입력하기** 차트를 제외한 본문 내용을 입력한다.

❷ **글상자 만들기** [입력]–[개체]–[글상자]를 선택한 후 드래그하여 글상자를 만든다. 글상자의 속성은 세부 지시사항에 따라 설정하고, 가운데 정렬한다.

❸ **제목 모양 설정하기** 본문 첫 줄(매년 ~ 환자 증가)을 글상자 내부에 붙여 넣고, 세부 지시 사항에 따라 제목 모양을 설정한다.

❹ 특수 문자 입력하기 Ctrl+F10을 눌러 [문자표] 대화상자에서 특수문자 '▶'를 선택한 후 [넣기]를 클릭한다.

❺ 문단 첫 글자 장식하기 [서식]–[문단 첫 글자 장식]을 선택해 세부 지시 사항에 따라 설정한다.

❻ 각주 입력하기 [입력]–[주석]–[각주]를 선택하고 각주 내용(http://www.nhic.or.kr)을 입력한다.

❼ 표 편집하기

- 크기 조절하기: 표 테두리를 선택하고 오른쪽 모서리 조절점을 드래그하여 가로 눈금자의 약 8.5cm까지 표 크기를 조절한다.
- 표 테두리 설정하기: 표 전체를 마우스로 드래그하여 블록 설정하고 마우스 오른쪽 단추를 클릭해 바로 가기 메뉴에서 [셀 테두리/배경]–[각 셀마다 적용]을 선택하고 세부 지시 사항에 따라 표 테두리를 설정한다.
- 셀 배경 및 내용 서식 설정하기: 표의 첫 행을 블록 설정하고 마우스 오른쪽 단추를 클릭해 바로 가기 메뉴에서 셀 배경과 글자 색을 설정한다.
- 표 캡션(제목) 입력하기: 표 테두리를 선택하고 [입력]–[캡션 넣기]–[위]를 선택한다. 세부 지시 사항에 따라 제목과 글자 속성, 문단 모양을 설정한다.

❽ 차트 만들기

- 차트 삽입하기: 표 전체를 블록 설정하고 [표 디자인] 탭–[차트 만들기]를 클릭해 차트를 만든다. 차트를 선택하고 마우스 오른쪽 단추를 클릭해 [개체 속성]을 선택하고, 세부 지시 사항에 맞게 차트 크기를 설정한다.
- 차트 구성요소와 글자 크기 변경하기: 범례를 선택하고 세로로 표시되도록 조절점을 드래그하여 크기를 변경한다. 범례, 항목 축, 값 축을 각각 더블클릭해 글꼴 크기를 변경한다. 차트 영역과 범례의 크기를 적절하게 조절하여 마무리한다.
- 차트 속성 설정하기: 차트 영역을 선택하고 마우스 오른쪽 단추를 클릭해 바로 가기 메뉴에서 [차트 속성]을 선택한다. [차트 속성] 대화상자가 열리면 세부 지시 사항에 따라 면 색을 설정한다.

❾ 특수 문자 입력하고 문단 들여쓰기 Ctrl+F10을 눌러 특수문자 'ㅇ'와 '–'를 입력한다. 그리고 세 문단을 각각 블록 설정한 후 바로 가기 메뉴에서 [문단 모양]을 선택하여 세부 지시 사항에 따라 들여쓰기를 설정한다.

❿ 출처의 글자 모양과 문단 모양 설정하기 본문의 마지막 행을 블록 설정하고 세부 지시 사항에 따라 글자 모양과 문단 모양을 설정한다.

⓫ 머리말 삽입하기 [쪽]–[머리말/꼬리말]을 선택하고 [머리말/꼬리말] 대화상자에서 [만들기]를 클릭한다. 세부 지시사항에 따라 머리말 내용, 글자 속성, 문단 모양을 설정한다.

5.2 워드프로세서 모의 문제 2

5.2.1 세부 지시사항

다음 문서를 〈세부 지시사항〉에 따라 작성하시오.

※ 1. 편집 용지 여백: 왼쪽 20mm, 오른쪽 20mm, 위쪽 5mm, 아래쪽 10mm, 머리말 15mm, 꼬리말 10mm

2. 문서의 본문은 2단으로 편집하되, 단 간격은 8mm, 구분선은 선 없음으로 설정하시오.

❶ 쪽 테두리

- 선의 종류 및 굵기: 실선 0.12mm
- 위치: 쪽 기준, 왼쪽·오른쪽·위쪽·아래쪽 모두 5.0mm

❷ 글상자

- 크기: 너비 168mm, 높이 23mm
- 위치: 본문과의 배치 - 자리 차지, 가로 - 종이의 가운데 0.0mm, 세로 - 종이의 위 15mm
- 바깥 여백: 아래쪽 5mm
- 선 종류 및 굵기: 검정, 실선, 0.2mm
- 색 채우기: 하늘색 80% 밝게

❸ 제목

- 글자 모양(중고딕, 12pt), 문단 모양(가운데 정렬)
- 특수문자: 「 (전각 기호(일반), HNC코드: 3418), 」(전각 기호(일반), HNC코드: 3419)

❹ 문단 첫 글자 장식

- 모양(2줄), 글꼴(함초롬바탕), 면색(검정색), 본문과의 간격(3mm), 글자색(하양)

❺ 스타일

① 개요1 수정: 왼쪽 여백 0pt, 중고딕, 12pt, 진하게

② 개요2 수정: 왼쪽 여백 10pt

③ 표제목: 스타일 이름–표제목, 스타일 종류(문단), 중고딕, 10pt, 진하게, 장평(95%), 가운데 정렬

❻ 각주: 함초롬바탕, 9pt

❼ 표

- 길이: 너비 78mm~80mm, 높이 18mm~20mm
- 위치: 글자처럼 취급, 가운데 정렬
- 모든 셀의 높이와 너비를 같게
- 제목 행: 셀 배경색(파랑), 글자색(하양), 가운데 정렬
- 선 모양: 표 바깥의 위쪽·아래쪽 (실선, 0.4mm), 왼쪽·오른쪽(선 없음)
  표 안쪽(실선, 0.12mm), 제목 행 아래쪽(이중 실선)

❽ 캡션

- 표 위에 삽입 후 오른쪽 정렬

❾ 차트

- 차트 모양: 묶은 세로 막대형(2차원 세로 막대형)
- 차트 크기: 너비 80mm, 높이 55mm, 크기 고정
- 위치: 본문과의 배치-자리 차지, 왼쪽 단의 표 아래(가로-단의 가운데 0.0mm, 세로-문단의 위 0.0mm)
- 차트의 바깥 여백: 아래쪽 5mm

⑩ 쪽 번호

- 위치: 오른쪽 아래
- 모양: 아라비아 숫자, 줄표 넣기

⑪ 머리말: 머리말 내용(국민건강보험공단), 글자모양(중고딕, 12pt)

국민건강보험공단 보도자료

「양극성 장애(조울증)」 환자, 20대 청년층과 70대 이상 노령층에서 빠른 증가

국민건강보험공단이 건강보험 진료데이터를 활용하여 2013~2017년간 조울증[1] 환자를 분석한 결과, 진료인원은 5년간 21.0%(연평균 4.9%) 증가하였으며, 70대 이상 환자의 연평균 증가율이 12.2%로 전체 연평균 증가율을 크게 웃도는 것으로 나타났다.

1. 2017년 '조울증'환자는 86,706명

가. 최근 5년 동안 건강보험 가입자 중 '조울증'으로 요양기관을 방문한 진료인원은 매년 꾸준히 증가한 것으로 나타났다.

나. 성별 진료실인원은 5년간 여성이 남성보다 1.4배 많았고, 남성은 2013년 29,576명에서 2017년 35,908명으로 연평균 5.0%(6,332명) 증가하였고, 여성은 2013년 42,111명에서 2017년 50,798명으로 연평균 4.8%(8,687명)이 증가하였다.

<표> 연도별 '조울증' 진료실인원 현황

(단위 : 명)

구분	2013년	2014년	2015년	2016년	2017년
남성	29,576	31,408	32,863	34,398	35,908
여성	42,111	44,248	45,805	48,207	50,798

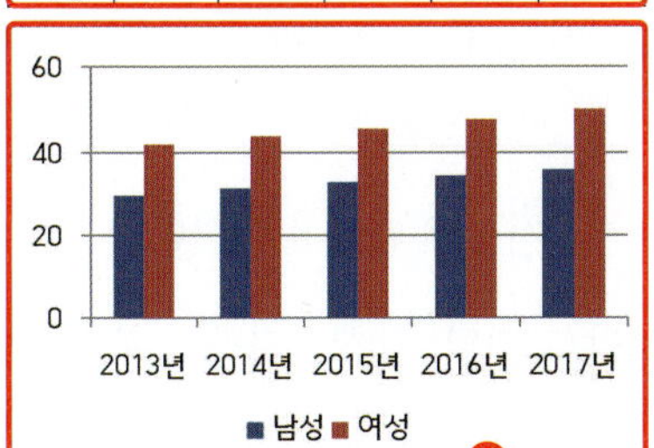

2. 노령층과 청년층에서 뚜렷한 증가세

가. 5년간 연령대별 연평균 증가율을 비교해보면 70대 이상이 12.2%로 전체 연령대 연평균 증가율인 4.9%를 크게 웃도는 것으로 나타났다. 20대 또한 8.3%로 그 뒤를 이었으며, 60대도 7.2%로 나타나 60대 이상과 20대 환자의 증가세가 뚜렷했다.

나. 인구 10만 명당 진료인원의 연령대별 연평균 증가율은 성별에 따른 차이를 보였다. 최근 5년간 남자는 20대 환자가 8.5%(여자 20대, 6.5%)로 가장 높은 증가율을 보인 반면, 여자는 70대 이상이 9.2%(남자 70대 이상, 5.2%)로 가장 높았다.

다. 국민건강보험 일산병원 신경과 이정석 교수는 최근 5년간'조울증'진료인원의 연평균 증가율이 70대 이상과 20대에서 뚜렷한 증가 추세에 있는 원인에 대해 노년기에는 가까운 사람들이 세상을 떠나거나 신체적 질병에 시달리는 등 여러 스트레스 요인이 많기 때문에 양극성 장애를 악화시키는 요인이 될 수 있습니다. 20대는 흔히 인생의 황금기라고 일컬어지지만 최근에는 무한경쟁으로 인한 학업, 취업스트레스로 20대들이 극심한 스트레스에 시달리고 있습니다. 국내 20대의 사망원인 1위가 자살일 정도로 많은 20대가 정신건강에 문제가 있는 것이 현실이며 이러한 이유로 국내 20대의 양극성 장애 환자가 늘어나고 있는 것으로 생각됩니다. "라고 설명하였다.

3. 입원 환자 진료비가 가장 빠르게 증가

가. '조울증' 질환의 진료비를 살펴보면, 2013년 872억 원에서 2017년 1,042억 원으로 170억 원이 증가하여, 2013년 대비 19.5% 증가 하였다.

나. 입원 1인당 진료비가 최근 5년간 가장 빠르게 증가(연평균 4.6%)하고 있으며, 약국 1인당 진료비는 2.4% 감소한 것으로 나타났다.

1) 양극성 정동장애, F31

- 1 -

5.2.2 문제 풀이

편집 용지 여백, 단 등을 설정한 후에 본문 내용을 입력하고 다음의 순서에 따라 문서를 편집한다.

❶ **쪽 테두리 설정하기** [쪽]–[쪽 테두리/배경]을 선택하고 [쪽 테두리/배경] 대화상자에서 세부 지시사항대로 쪽 테두리를 설정한다.

❷ **글상자 설정하기** [입력]–[글상자]를 선택하여 두 단에 걸쳐 드래그하고, [개체 속성] 대화상자에서 세부 지시사항에 따라 설정한다.

❸ **글상자 제목 설정하기** 글상자 내부의 제목을 블록 설정하고 세부 지시시항에 따라 글자 모양과 문단 모양을 설정한다.

❹ **문단 첫 글자 장식하기** 글상자 아래 '국민건강보험공단이 …' 앞에 커서를 두고 [서식]–[문단 첫 글자 장식]을 선택해 세부 지시사항에 따라 설정한다.

❺ **스타일 적용하기** F6을 누르고 [스타일] 대화상자에서 세부 지시사항에 따라 '개요1', '개요2' 스타일을 수정한다. 본문의 '개요1' 3곳, '개요2' 7곳을 각각 블록 설정하고 서식 도구 모음의 스타일 목록에서 '개요1', '개요2'를 각각 선택하여 스타일을 적용한다. 그리고 '표제목' 스타일을 추가하고 '표제목' 1곳에 스타일을 적용한다.

❻ 왼쪽 단의 상단에 있는 '조울증' 뒤에 커서를 두고 [입력]–[주석]–[각주]를 선택해 내용을 입력한다. 입력 내용을 블록 설정하고 글자 모양을 설정한다.

❼ **표 만들기** [입력]–[표]–[표 만들기]를 선택하고 [표 만들기] 대화상자에서 줄 개수, 칸 개수를 설정하고 세부 지시사항에 따라 설정한다.

❽ **캡션 설정하기** 표 테두리를 선택하고 [표 디자인] 탭–[표 속성]을 클릭한다. [개체 속성] 대화상자의 [여백/캡션] 탭에서 캡션 방향을 위쪽으로 설정한다. 캡션을 입력하고 오른쪽 정렬한다.

❾ **차트 설정하기** 표를 블록 설정하고 [표 디자인] 탭–[차트 만들기]를 클릭한다. [차트 디자인] 탭의 [줄/칸 전환]을 선택하고 세부 지시시항에 따라 설정한다.

❿ **쪽 번호 입력하기** [쪽]–[쪽 번호 매기기]를 선택하고 세부 지시사항에 따라 설정한다.

⓫ **머리말 삽입하기** [쪽]–[머리말/꼬리말]을 선택하고 [머리말/꼬리말] 대화상자에서 세부 지시사항에 따라 머리말을 설정한다.

종합예제

편집 용지와 다단을 설정하고 글상자와 표, 차트를 삽입해 다음과 같은 문서를 만들어 보자.

"「비타민 D 결핍」 환자 꾸준한 증가 경향"
적당한 야외활동으로 면역력 강화해야

(단위 : 명)

구분	'13년	'14년	'15년	'16년	'17년
봄	5749	9612	16525	23359	29210
여름	6500	10916	17137	23157	30735
가을	7102	11909	18342	23395	31400
겨울	8885	15167	22371	27584	37358

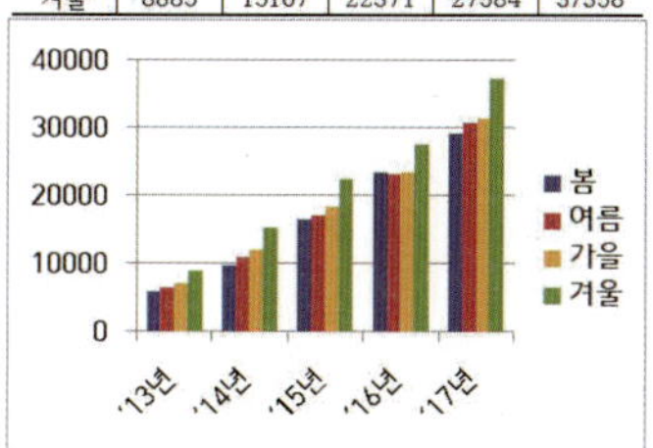

1 편집 용지 설정하기 빈문서에서 F7을 눌러 [편집 용지] 대화상자를 열고 [용지 여백]을 다음과 같이 설정한다.

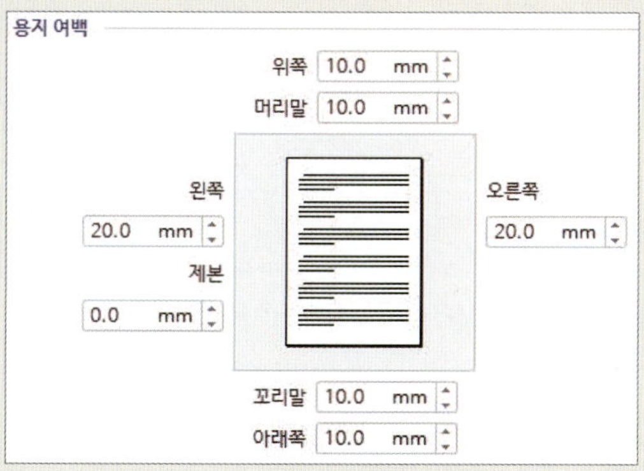

2 다단 설정하기 [쪽]–[단]–[단 설정]을 선택하고 [단 설정] 대화상자에서 [단 개수]는 [2], [구분선]은 [실선], [0.12mm], [검은색]으로 설정한다.

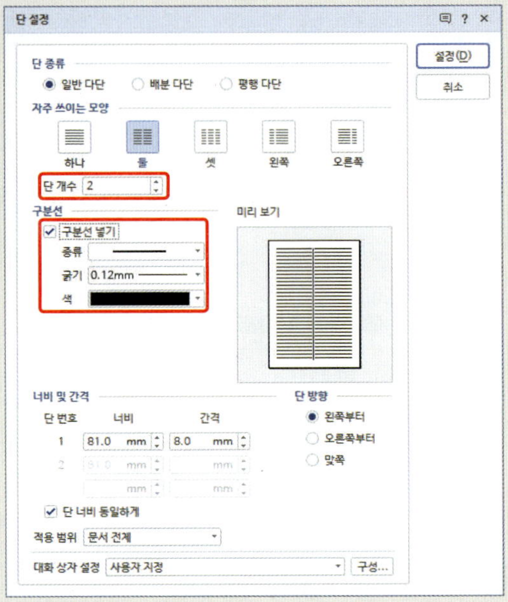

3 글상자 입력하기 [입력]–[글상자]를 선택하고 드래그하여 글상자를 입력한다. 글상자 테두리를 더블클릭해 [개체 속성] 대화상자를 열고 [너비]는 [168mm], [높이]는 [22mm]로 설정한다. [위치]는 [자리차지]로 설정하고 [가로]는 [종이의 가운데 0.0mm], [세로]는 [종이의 위 20mm]로 설정한다.

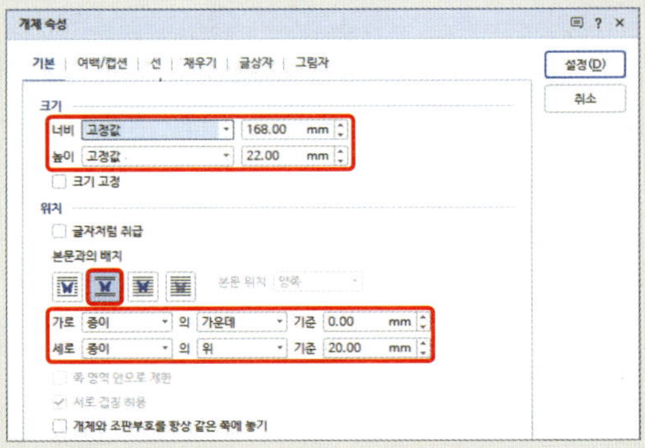

4 제목 입력하기 제목을 입력하고 [글꼴]은 [중고딕], [글자 크기]는 [16pt]로 설정한다. [진하게] 속성과 [가운데 정렬]도 설정한다.

"「비타민 D 결핍」 환자 꾸준한 증가 경향" 적당한 야외활동으로 면역력 강화해야

5 표 만들기(1) [입력]-[표]-[표 만들기]를 선택하고 [표 만들기] 대화상자에서 [줄 개수]는 [5], [칸 개수]는 [6]으로 설정하고 [만들기]를 클릭한다. 표 내용을 입력하고 전체를 블록 설정한 후 [글자 크기]는 [9pt], [정렬 방식]은 [가운데 정렬]로 설정한다.

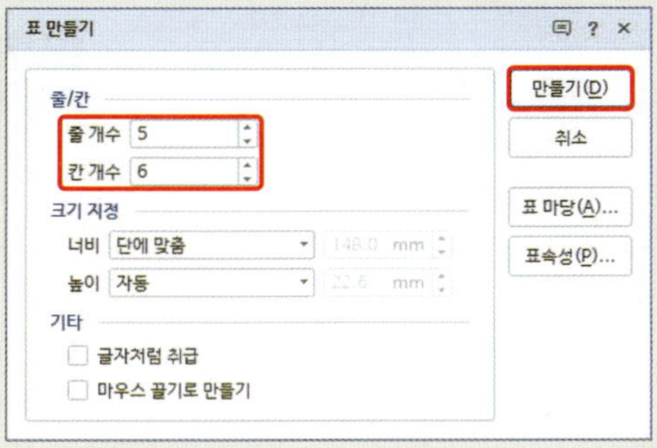

구분	'13년	'14년	'15년	'16년	'17년
봄	5749	9612	16525	23359	29210
여름	6500	10916	17137	23157	30735
가을	7102	11909	18342	23395	31400
겨울	8885	15167	22371	27584	37358

6 표 만들기(2) 표 내부에서 F5를 세 번 눌러 전체 블록 설정한 후 마우스 오른쪽 단추를 클릭해 [셀 테두리/배경]-[각 셀마다 적용]을 선택한다. [셀 테두리/배경] 대화상자의 [테두리] 탭에서 표의 위쪽 · 아래쪽 테두리는 [실선], [0.4mm]로, 왼쪽 · 오른쪽 테두리는 [선 없음]으로 설정한다. 제목 행을 블록 설정하고 마우스 오른쪽 단추를 클릭해 [셀 테두리/배경]-[각 셀마다 적용]을 선택한다. [셀 테두리/배경] 대화상자의 [테두리] 탭에서 아래 테두리를 [이중 실선], [0.5mm]로 설정하고, [배경] 탭에서 [면 색]을 [파랑]으로 설정한 후, 서식 도구 모음에서 [글자 색]을 [하양]으로 설정한다.

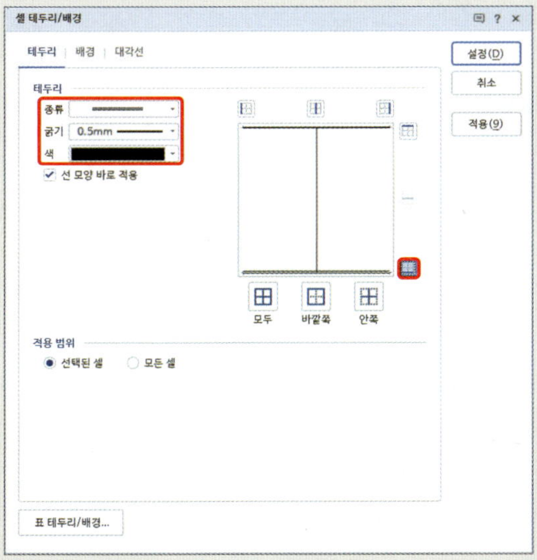

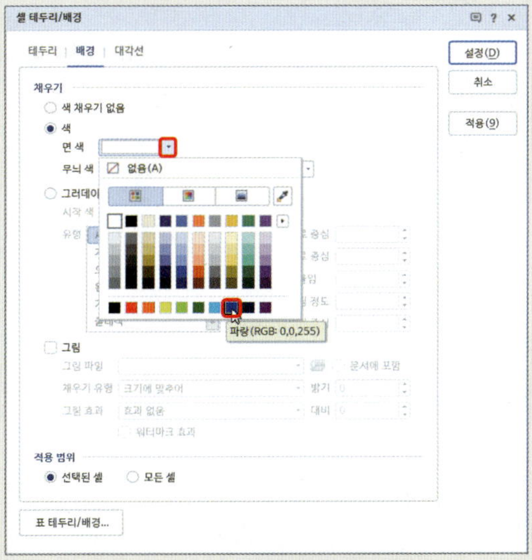

7 표 캡션 입력하기 표 내부를 클릭하고 [표 디자인] 탭–[표 속성]을 클릭한다. [표/셀 속성] 대화상자의 [여백/캡션] 탭에서 캡션 위치를 위쪽으로 선택한다. 기본 입력값을 지우고 (단위 명)을 입력한 후 [글자 크기]를 [9pt], [정렬 방식]은 [오른쪽 정렬]로 설정한다.

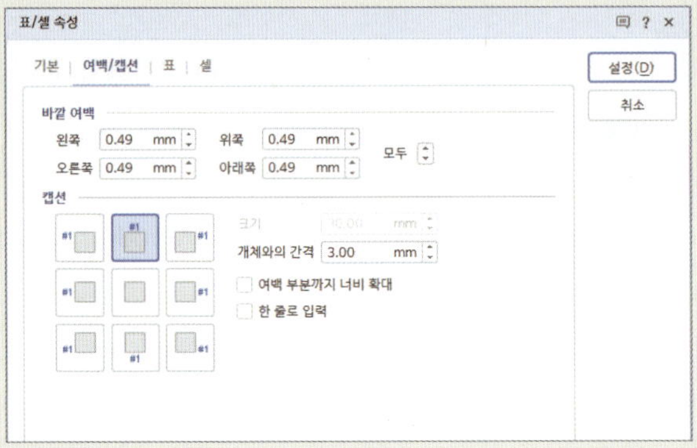

(단위 : 명)

구분	'13년	'14년	'15년	'16년	'17년
봄	5749	9612	16525	23359	29210
여름	6500	10916	17137	23157	30735
가을	7102	11909	18342	23395	31400
겨울	8885	15167	22371	27584	37358

8 차트 만들기 표 전체를 블록 설정하고 [표 디자인]–[차트 만들기]를 선택한다. 차트의 X축과 Y축을 전환하기 위해 [차트 디자인] 탭–[줄/칸 전환]을 클릭한다. 차트가 선택된 상태에서 마우스 오른쪽 단추를 클릭해 [개체 속성]을 선택하고 [개체 속성] 대화상자의 [크기] 항목에서 [너비]는 [80mm], [높이]는 [55mm]로 설정한다.

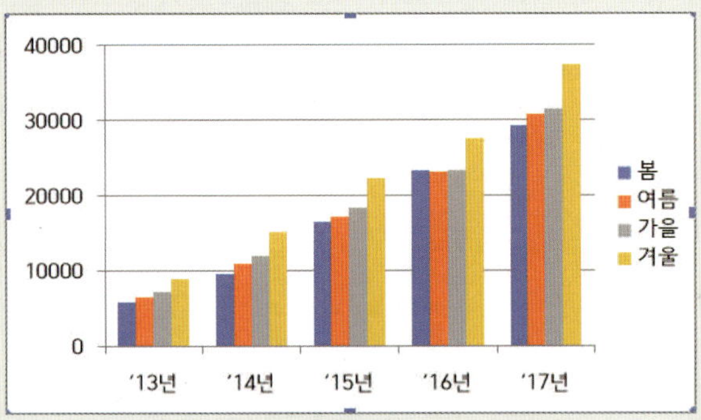

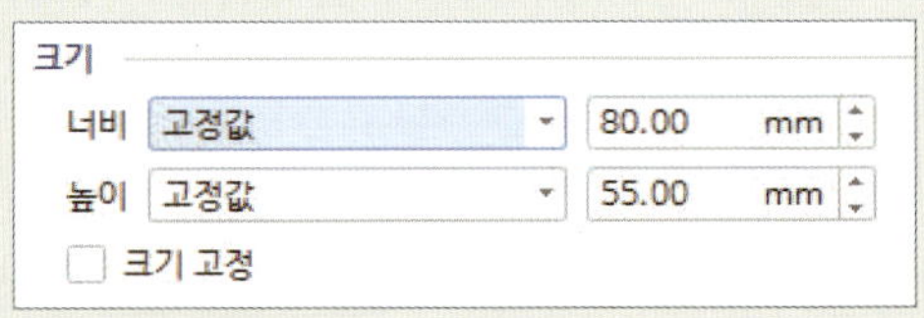

9 저장하기 완성된 내용을 확인한 후 '종합3(완성).hwp'로 저장한다.

연습문제

1 다음과 같은 공문서를 만들어 보자. 지시사항에 없는 내용은 그림과 유사하게 작성한다.

로고 그림	VISION	
	○ ○ 대 학 교	

수신자	내부결재
(경유)	
제 목	**2019학년도 2학기 보건의료정보과 캡스톤디자인 발표회 결과 보고 건**

표로 작성

보건의료정보과에서는 캡스톤디자인 교과목의 캡스톤디자인 발표회에 대한 결과 보고를 다음과 같이 드리오니 검토 후 결재하여 주시기 바랍니다.

\- 다 음 -

1. 행사명 : 캡스톤디자인 발표회
2. 대 상 : 보건의료정보과 2학년
3. 일 시 : 2019. 11. 08.(14:00 ~ 15:30)
4. 장 소 : 경천관 304호
5. 주 제
   가. 만성질환에 따른 환자의 우울도에 관한 연구
   나. 요양병원 내 시설 및 서비스에 관한 현황 조사
   다. 요양병원 내 노인들의 삶의 질에 대한 설문 조사

개요 번호 적용

붙임 1. 행사결과보고서 1부 끝.

○ ○ 대 학 교 총 장					
수신자					
학과장		교무처장		총장	
협조자					
시행	부서명2019-050 (2019.11.11)	접수	(2019. . .)		
우	우편번호	기관 주소		기관 홈페이지 주소	
전화	담당자 전화번호	전송	담당자 팩스번호	/ 담당자 이메일주소 /	공개

[면 색]으로 [하양, 35% 어둡게] 채우기

표로 작성

TIP 빨간색의 투명 선은 표의 테두리가 적용되지 않은 것으로, 표의 형태를 보이고자 표시한 것이며, [보기]-[표시/숨기기]-[투명 선]을 선택하면 보이기와 감추기가 반복된다.

2 다음은 국제 환경 지킴이 대회 참가자 현황을 나타낸 표이다. 다음 표 데이터를 이용해 조건에 맞는 차트를 만들어 보자.

조건

❶ 차트 데이터 범위: 아시아, 유럽, 아프리카 대륙의 유치부, 초등부, 중등부, 대학부 참가자

❷ 차트 종류: 표식이 있는 꺾은선

❸ 차트 제목: 국제 환경 지킴이 대회 참가자 현황

❹ 범례: 차트 오른쪽에 표시

대륙별	대륙별 참가자 현황				
분야별	아시아	유럽	아프리카	남아메리카	북아메리카
유치부	54	45	12	23	23
초등부	45	39	23	35	19
중등부	43	29	16	32	28
대학부	65	41	32	28	22
합계	207	154	83	118	92

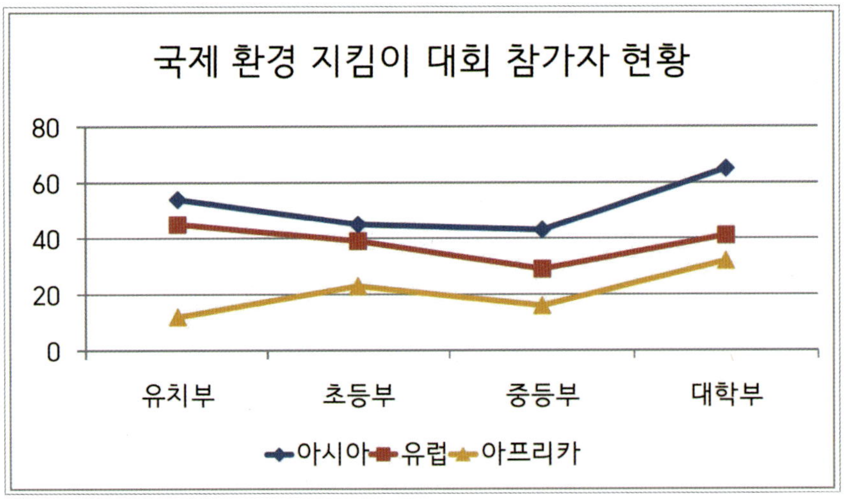

3 소식지는 단체나 기관의 대소사를 알리기 위한 문서로, 한정된 지면을 활용하기 때문에 한글의 다단 기능을 이용해 작성하는 경우가 많다. 다음 예제와 같이 다단, 그림, 그리기 도구, 글맵시, 글상자, 표, 머리말/꼬리말 등의 기능을 이용해 소식지를 완성해 보자.

교육기관 및 대학가 소식지

혁신지원사업 '역량강화형' 발표

교육부(부총리 겸 교육부장관 유은혜)와 한국연구재단(이사장 노정혜)은 **대학·전문대학혁신지원사업**('19년~'21년)의 **역량강화형**(II유형) **선정**평가 결과를 **발표**하였다.

선정평가는 '18년 대학 기본역량 진단 결과 **역량강화대학**으로 선정된 **66개교**(대학 30개교, 전문대학 36개교) 중 **56개교**(대학 27개교, 전문대학 29개교)가 신청하였으며, 대학이 제출한 **'대학혁신지원 사업계획'***을 토대로 선정평가지표**에 따른 **서면·대면평가** 및 **사업관리위원회**의 최종 **심의·확정**을 거쳐 **22개교**(대학 12개교, 전문대학 10개교)를 **선정**하였다.

패널별 **평가위원**은 학계, 연구계, 산업계 등 **분야별 전문가**로 구성하고 **상피·제척** 등을 엄격히 적용하였으며 특히, **평가위원 중 50% 이상**을 **'평가위원 외부 공모'**를 통해 선발하여 **평가위원**의 **전문성** 및 **평가과정**의 **공정성**을 확보하기 위한 노력을 기울였다.

이번 선정결과에 따라 **대학**은 **총 276억 원(12개교, 평균 23억 원)**, **전문대학은 총 130억 원(10개교, 평균 13억 원)**의 사업비*를 **향후 3년간 지원**('19년~'21년)받게 되며, 이는 대학의 **적정 규모화** 및 **특성화 발전** 지원으로 이어질 예정이다.

제 6회 안전한 학교 공모전 개최

▶ 기간 - 2019년 4. 8 ~ 5.31
▶ 접수 -공모전 홈페이지에서 온라인으로 접수(www.ssifcontest.com)
▶ 공모 주제
- 모두에게 안전하고 행복한 학교를 만들기 위한 학교안전사고 예방 아이디어
- 학교안전 공제제도 홍보, 공제제도 후기 등 공제 제도와 관련된 내용

▶ 주최 - **교육부**
▶ 주관 - **학교안전공제중앙회**

한국형 온라인 공재강좌 K-MOOC

▶ 지원내용 - 300개 이상 강좌를 무료로 공재
▶ 선정대상 - 제한없음
▶ 선정인원 - 없음
▶ 신청방법 - K-MOOC 홈페이지에서 무료로 회원가입 후 이용

국비유학생 선발 파견

▶ 지원내용 - 장학금 연간 최대 35,000USD, 왕복항공료 실비 지원
▶ 선정대상 - 국내대학 학사학위 소지자
▶ 선정인원 - **50명**
▶ 선정방법 - 1차 서류심사, 2차 면접심사
▶ 신청방법 - 한국육학종합시스템에서 접수 후 국립국제교육원에 증명서류 제출

요건검토	평가 및 심의·선정				
정원감축 권고 이행계획 등	정량평가(10%) 교육여건 지표에 대한 정량점수 산출	⇨	정성평가(90%) 패널(권역)별로 서면검토 및 대면평가 실시	⇨	종합심의 평가결과에 대한 최종심의·선정
교육부·한국연구재단	선정평가위원회				사업관리위원회

	권역 (지원규모*)	수도권 (2)	대구경북강원권 (2)	충청권 (3)	호남제주권 (3)	부산울산경남권 (2)
대학	학교명	덕성여자대학교 한경대학교	가톨릭관동대학교 연세대학교(원주)	건양대학교 목원대학교 유원대학교	순천대학교 우석대학교 조선대학교	동서대학교 한국해양대학교
전문대학	권역 (지원규모*)	수도권 (3)	대구경북권 (1)	충청강원권 (2)	호남제주권 (2)	부산울산경남권 (2)
전문대학	학교명	오산대학교 용인송담대학교 청강문화산업대학교	성덕대학교	강릉영동대학교 송곡대학교	조선간호대학교 한영대학	경남도립거창대학 김해대학교

Edu Press

PART

03

엑셀

EXCEL 2016

CHAPTER
04

엑셀 2016 기본 기능

학습목표

- 셀을 선택하고 범위를 지정할 수 있다.
- 데이터의 종류를 이해하고, 종류에 따라 올바르게 입력할 수 있다.
- 셀을 편집하고 서식을 설정할 수 있다.
- 수식을 입력하고 기본적인 함수를 사용할 수 있다.
- 엑셀 문서를 인쇄할 수 있다.

SECTION 01

엑셀 시작하기

엑셀은 스프레드시트 프로그램의 일종으로, 수식 및 함수를 이용한 수치 계산, 데이터 관리 및 분석 작업에 강력한 기능을 제공한다. SECTION 01에서는 스프레드시트 프로그램과 엑셀의 기본 기능, 엑셀 2016의 새로운 기능에 대해서 알아본다. 그리고 엑셀 프로그램을 시작하고 종료하는 방법과 화면 구성에 대해 알아본다.

1.1 스프레드시트와 엑셀

스프레드시트(Spread Sheet)는 '표에 숫자나 문자 자료를 입력하고 이를 조작하여 자료를 처리하는 프로그램'으로 원래 미국인들이 경리, 회계 업무에 사용하던 일정한 형태의 계산 용지를 일컫는 말이었다. 최초의 스프레드시트는 1978년 애플 컴퓨터에서 단순 계산용으로 개발된 비지칼크(VisiCalc)였고, 이후 로터스 1-2-3, 엑셀 등으로 발전하면서 기능이 향상되고 그래픽 및 데이터베이스 기능이 추가되어 강력한 성능을 발휘하는 프로그램으로 자리잡았다.

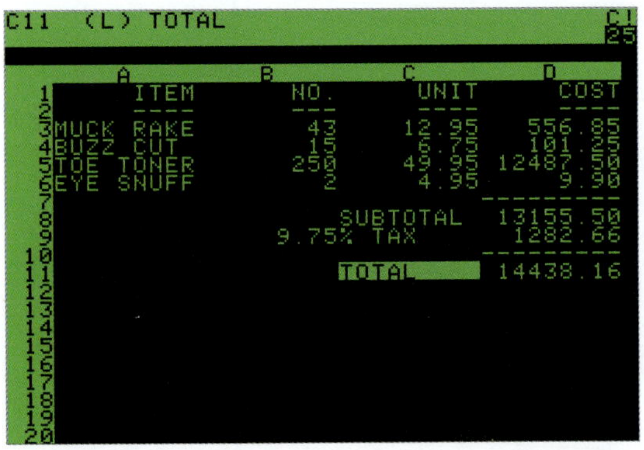

▲ 비지칼크

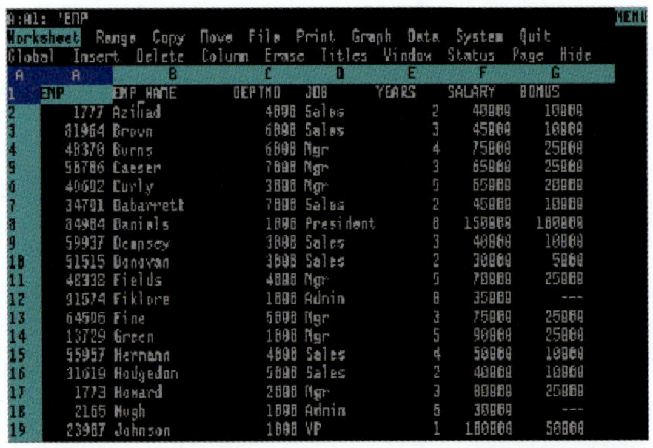

▲ 로터스1-2-3

출처 en.wikipedia.org

엑셀(Excel)은 마이크로소프트에서 개발한 대표적인 스프레드시트 프로그램으로, MS 오피스 제품군(MS 워드, MS 엑셀, MS 파워포인트, MS 액세스 등)에 포함되어 있다.

1.2 엑셀의 기능

엑셀은 수치가 포함된 문서를 작성하고 계산하는 데 특장점이 있는 프로그램으로, 다양한 함수식을 통해 복잡한 계산을 쉽게 처리하거나 차트를 이용해 데이터를 시각화하는 기능도 뛰어나다. 또한 대량의 데이터를 관리하고 분석하는 기능도 제공한다.

1.2.1 문서 작성

셀 서식과 글꼴 서식 도구 등을 이용해 다양한 형태의 문서를 작성하고 처리할 수 있다. 무엇보다 반복적이고 복잡한 계산을 자동으로 처리할 수 있어 수치 데이터가 많이 포함된 문서 작성에 효율적이다.

1.2.2 함수식 계산

엑셀에서 제공하는 수학/삼각, 통계, 재무, 날짜/시간, 논리, 텍스트, 찾기/참조, 데이터베이스 등의 함수를 이용하면 복잡한 계산도 간편하게 할 수 있다.

1.2.3 다양한 차트 작성

엑셀에는 막대형, 원형, 꺾은선형, 영역형, 분산형 등 다양한 형태의 차트가 제공된다. 데이터의 상관관계를 파악할 수 있도록 데이터 유형에 적합한 차트를 선택해 데이터 분석에 유용하게 사용할 수 있다.

1.2.4 데이터 관리

많은 양의 데이터를 기준에 맞춰 정렬하거나 필터링 조건에 맞는 행(또는 레코드)을 검색할 수 있다.

1.2.5 데이터 분석

엑셀에는 인사, 재무 등의 각종 업무 데이터를 요약·분석할 수 있는 피벗 테이블 기능이 있다. 이러한 기능을 이용하면 데이터 표시 방식을 변경하면서 세부 정보를 보거나 다양한 데이터 요약 결과를 계산할 수 있다. 그리고 피벗 테이블의 요약 데이터를 시각화하여 제공하는 피벗 차트를 이용하면 데이터의 패턴과 추세를 간편하게 볼 수 있다.

1.2.6 매크로

자주 수행하는 반복 작업은 매크로 기능을 이용해 자동화할 수 있다. 매크로는 해당 작업이 필요할 때마다 실행할 수 있도록 일련의 명령과 함수를 비주얼 베이직 모듈(Visual Basic for Application)로 저장해 놓은 것이다.

1.3 엑셀 2016의 새로운 기능

엑셀 2016에 새롭게 추가된 스마트 조회 기능과 새로운 차트에 대해 알아본다.

1.3.1 스마트 조회

스마트 조회(Smart Lookup)는 엑셀 통합 문서에 포함된 단어의 정보를 조회하는 기능이다. 단어가 포함된 셀을 마우스 오른쪽 단추로 클릭하고 바로가기 메뉴에서 [스마트 조회]를 선택하면 엑셀 화면 오른쪽에 [정보 활용] 작업 창이 열리고 이미지 검색, 웹 검색 등의 정보가 나타난다. 링크를 클릭하면 추가 정보를 얻을 수 있다.

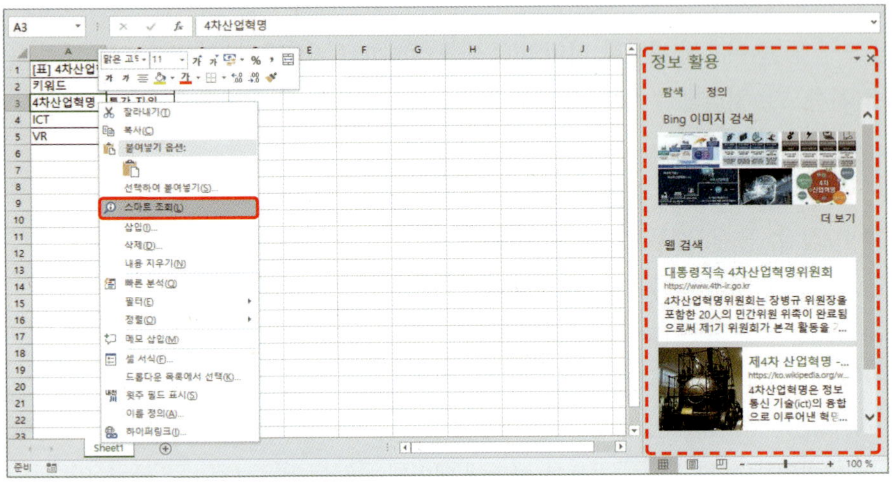

1.3.2 새로운 차트

엑셀 2016에는 새로운 차트 유형 6개가 추가되었다. 새로운 차트를 확인하려면 차트 데이터를 입력하고 [삽입] 탭–[차트] 그룹–[추천 차트]를 클릭한다.

- **트리맵 차트** 계층적인 데이터를 표시하는 경우에 효율적이며, 값을 직사각형 영역으로 표시한다. 최상위 카테고리와 하위 카테고리의 크기를 비교하기에 용이하다.

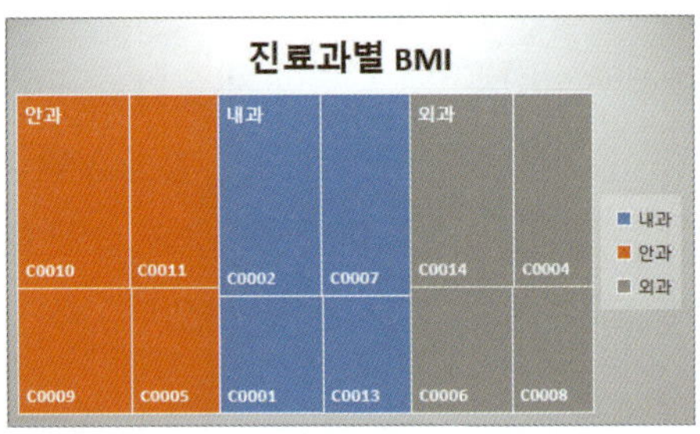

- **폭포 차트** 재무제표를 시각화하는 데 적합하며, 최종 순가치에 대한 양/음 기여도의 누계를 표시한다.

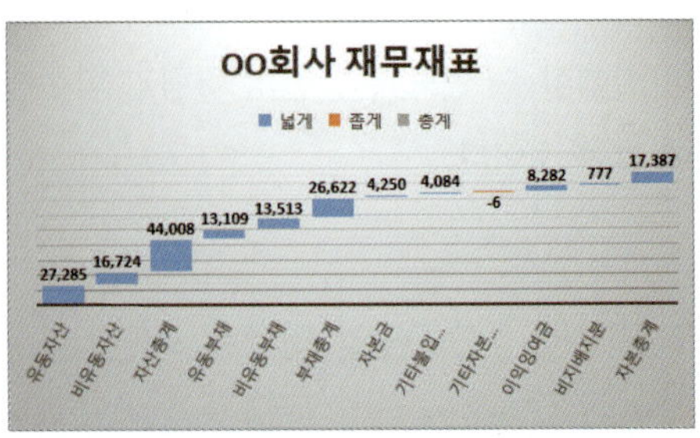

• **선버스트 차트** 계층 구조 데이터를 원에서 동심원형의 고리로 표시한다. 가장 안쪽에 있는 원에 최상위 카테고리, 그 다음 바깥 원에 하위 카테고리가 포함된다.

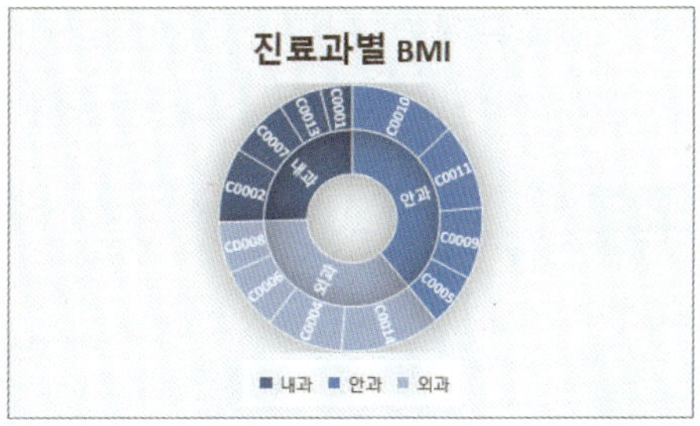

• **히스토그램과 파레토 차트** 데이터 집합 내의 빈도를 표시한다. 파레토 차트는 막대와 선 그래프로 표시되는데, 데이터 값은 내림차순/막대로 표시되고 막대의 누적 총 비율은 선으로 표시된다.

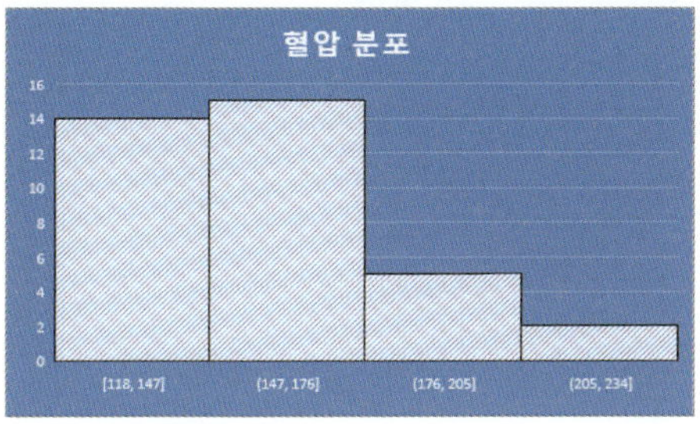

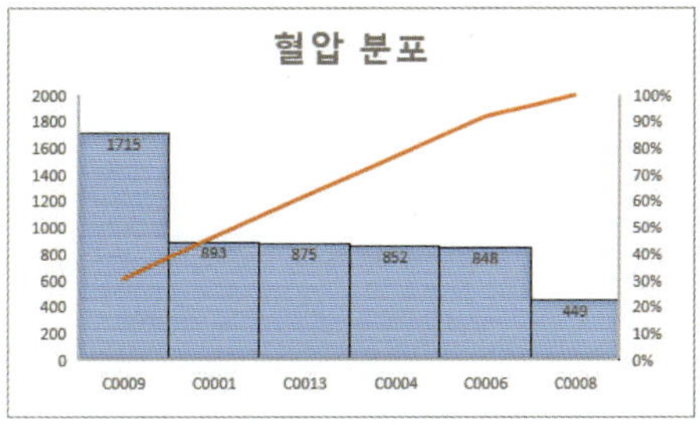

• **상자 수염 차트** 데이터 집합 내의 빈도뿐 아니라 다양한 분석 정보를 제공한다. 차트 내의 '상자'는 첫 번째부터 세 번째 사분위를, '수염'은 상하 범위를, 상자 내의 가로선은 중간 가격을 표시한다.

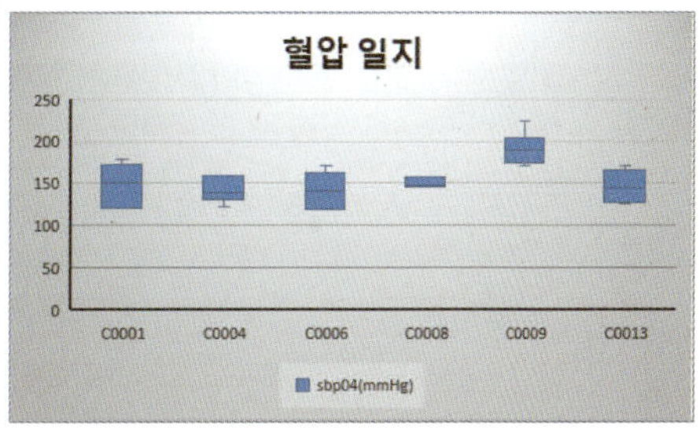

1.4 엑셀 2016 시작과 종료하기

윈도우에서 [시작] 단추-[Excel 2016]을 클릭하면 엑셀 2016의 '빠르게 시작하기' 화면이 실행된다. 이 화면에서 [최근 항목], [다른 통합 문서 열기], [새 통합 문서]와 여러 가지 서식 파일 등을 선택해 시작할 수 있다.

엑셀 2016은 통합 문서별로 창이 열리기 때문에 현재 작업 중인 통합 문서를 닫으려면 [파일] 탭-[닫기]를 선택하거나, 프로그램 창 오른쪽 위의 [× 닫기] 단추를 클릭한다.

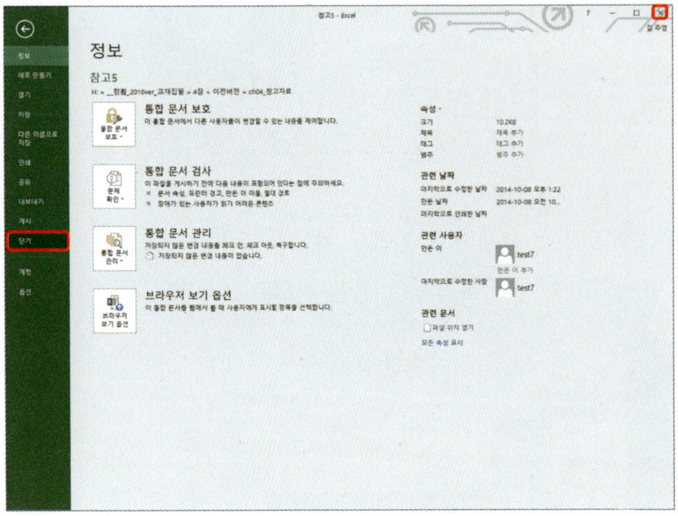

1.5 엑셀 2016의 화면 구성

엑셀 2016의 시작 화면은 다음과 같다.

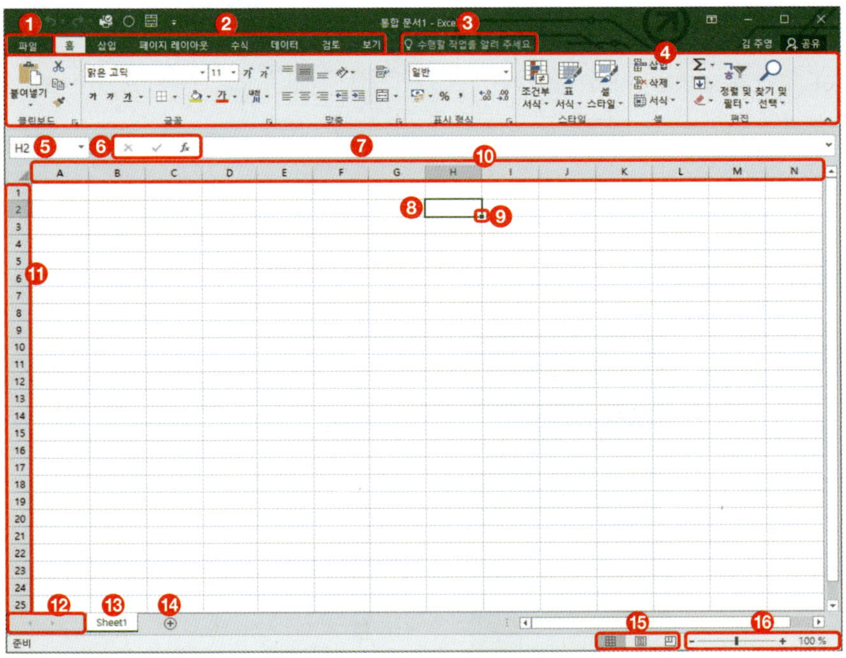

❶ [파일] 탭
❷ 리본 메뉴의 기본 탭
❸ 설명 상자
❹ 리본 메뉴
❺ 이름 상자
❻ 입력 취소, 입력 확정, 함수 삽입
❼ 수식 입력줄
❽ 셀 포인터
❾ 채우기 핸들
❿ 열 머리글
⓫ 행 머리글
⓬ 시트 탭 이동 단추
⓭ 시트 탭
⓮ 워크시트 삽입 단추
⓯ 보기 모드
⓰ 확대/축소 슬라이드 및 비율 단추

❶ [파일] 탭 통합 문서 파일 관련 명령으로 구성되어 있다. 새로 만들기, 열기, 저장, 인쇄 등 기본적인 명령이 있고, 공유, 내보내기, 게시, 닫기, 계정, 옵션 등을 선택할 수 있다.

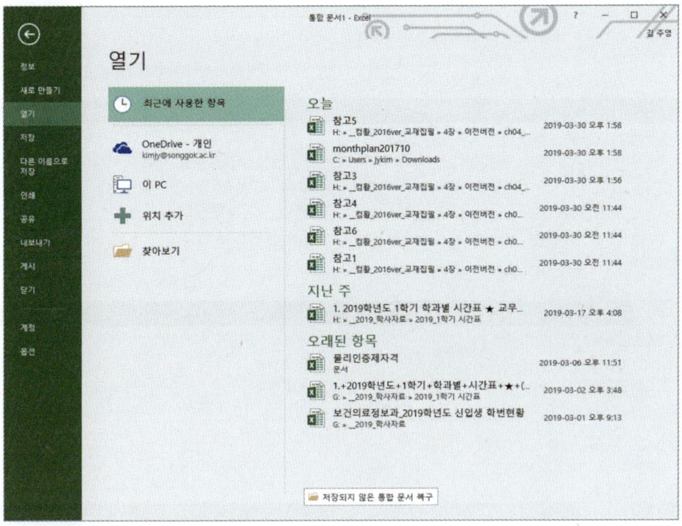

❷ 리본 메뉴의 기본 탭 리본 메뉴의 기본 탭은 [홈], [삽입], [페이지 레이아웃], [수식], [데이터], [검토], [보기]의 7가지이다. 각 탭을 클릭하면 작업 내용에 따라 실행할 수 있는 명령 단추가 열리는데, 명령 단추는 기능별 그룹으로 구분되어 있다.

TIP 표, 차트, 그림, 도형, 스마트아트, 피벗 테이블 등을 선택하면 추가로 도구 탭이 표시되며, 필요에 따라 도구마다 [디자인], [서식], [분석] 탭 등으로 구분되어 표시된다.

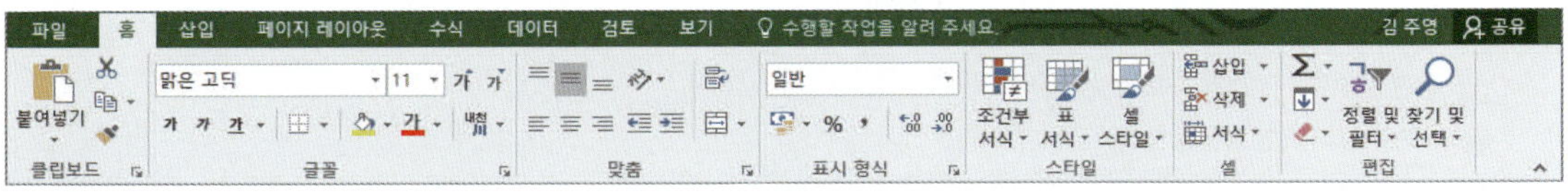

▲ **[홈] 탭** 글꼴 및 맞춤, 표시 형식, 셀 스타일, 삽입과 삭제, 편집 등 가장 많이 사용하는 서식 도구 명령으로 구성

▲ **[삽입] 탭** 피벗 테이블, 표, 일러스트레이션(그림, 도형, 스마트아트, 스크린샷), 차트, 3D 맵, 스파크라인, 필터 등 개체를 삽입할 수 있는 명령으로 구성

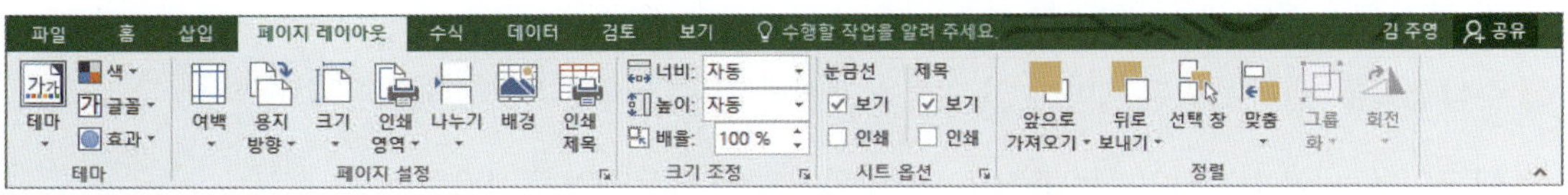

▲ **[페이지 레이아웃] 탭** 테마, 페이지 설정, 크기 조정, 시트 옵션, 정렬 등 문서를 인쇄하기 전에 설정해야 하는 명령으로 구성

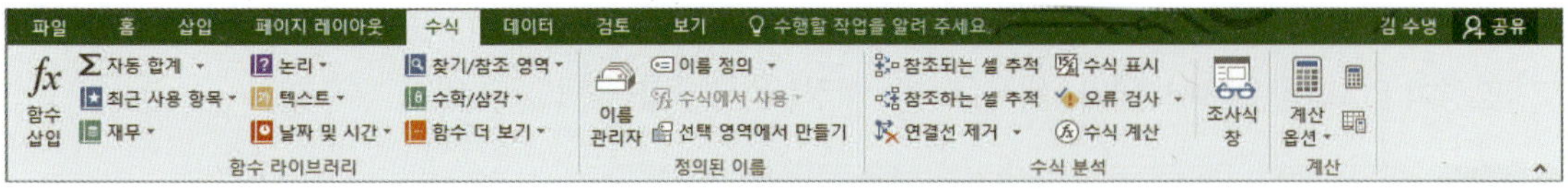

▲ **[수식] 탭** 함수 마법사, 범주별로 분류된 함수 라이브러리, 정의된 이름, 수식 분석 등으로 구성

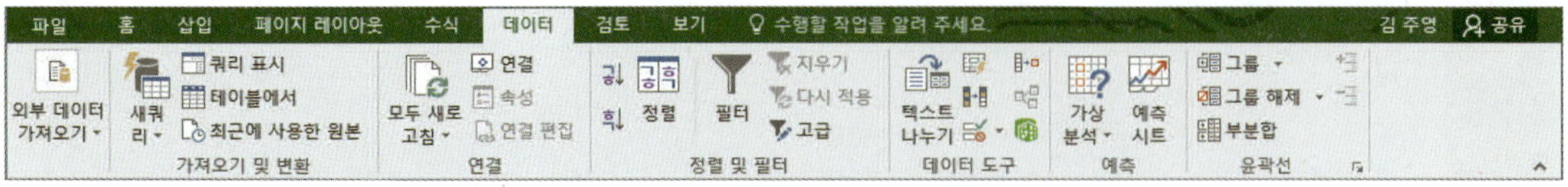

▲ **[데이터] 탭** 외부 데이터 가져오기, 가져오기 및 변환, 연결, 정렬 및 필터, 데이터 도구, 예측, 윤곽선 등의 명령으로 구성

▲ **[검토] 탭** 맞춤법 검사, 스마트 조회, 언어, 메모, 시트 보호, 통합 문서 보호 등의 명령으로 구성

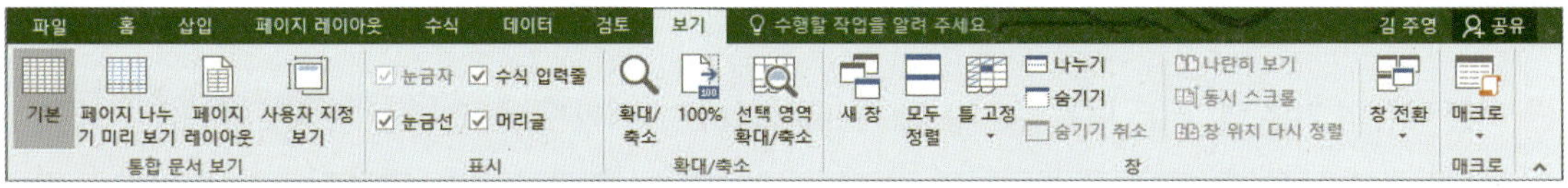

▲ **[보기] 탭** 통합 문서 보기, 표시, 확대/축소, 창, 매크로 등의 명령으로 구성

❸ **설명 상자** 검색어를 입력하면 엑셀 2016 기능을 찾아서 보여준다. 검색어와 연관된 기능이 없는 경우에는 도움말과 스마트 조회로 확장할 수 있다.

❹ **리본 메뉴** 리본 메뉴의 각 탭에 기능별로 명령을 구분해 놓은 것이다. 그룹에 표시되지 않은 추가 명령은 탭 하단의 [↘] 단추를 클릭해 관련 대화상자를 열어 실행할 수 있다.

❺ **이름 상자** 셀 주소, 셀 이름, 개체 이름, 함수 목록 등이 표시된다.

❻ **입력 취소, 입력 확정, 함수 삽입** 셀에 입력된 내용을 취소하거나, 셀에 입력된 내용을 확정한다. 그리고 함수 마법사를 실행해 함수를 삽입한다.

❼ **수식 입력줄** 셀에 입력된 데이터 및 수식을 표시하고, 수정하거나 직접 입력할 수 있다.

❽ **셀 포인터** 셀이 선택되었다는 표시로, 셀 주위에 굵은 테두리가 표시된다.

❾ **채우기 핸들** 셀 포인터 오른쪽 아래의 작은 사각형을 지칭하며, 드래그하여 데이터 또는 수식을 채울 수 있다.

❿ **열 머리글** 워크시트의 열 이름(A~XFD열, 총 16,384열)이 표시되는 곳이다.

⓫ **행 머리글** 워크시트의 행 번호(1~1,048,576행)가 표시되는 곳이다.

⓬ **시트 탭 이동 단추** 워크시트가 많은 경우에 가려진 시트로 이동하기 위한 단추다.

⓭ **시트 탭** 현재 통합 문서를 구성하는 워크시트가 표시된다. 워크시트의 삽입, 이동, 복사, 삭제, 이름 바꾸기 등이 가능하다.

TIP 워크시트가 여러 개인 경우 시트 탭의 색상을 다르게 설정하면 구별하기 쉽다.

⓮ **워크시트 삽입 단추** 새 워크시트를 삽입한다.

⓯ **보기 모드** 기본 보기, 페이지 레이아웃 보기, 페이지 나누기 미리 보기 등 워크시트 보기 상태를 선택한다.

⓰ **확대/축소 슬라이드 및 비율 단추** 슬라이드 바를 드래그하여 확대/축소할 수 있으며, 확대/축소 비율 단추를 클릭하여 10% 단위로 확대/축소할 수 있다.

WINDOWS 10 / 한글 2018 / EXCEL 2016 / POWERPOINT 2016

SECTION 02

통합 문서 관리하기

엑셀에서 관리되는 문서는 여러 워크시트로 구성되어 있으므로 통합 문서라고 한다. SECTION02에서는 통합 문서 생성과 저장, 저장된 통합 문서 불러오기, 워크시트 관리 기능에 대해 알아본다.

2.1 새 통합 문서 만들기

새 통합 문서는 내용이 비어 있는 새 통합 문서와 서식 파일 기반의 통합 문서로 만들 수 있다. 비어 있는 새 통합 문서를 만들려면 [파일] 탭-[새로 만들기]를 선택한 후 [새로 만들기] 백 스테이지에서 [새 통합 문서]를 클릭한다.

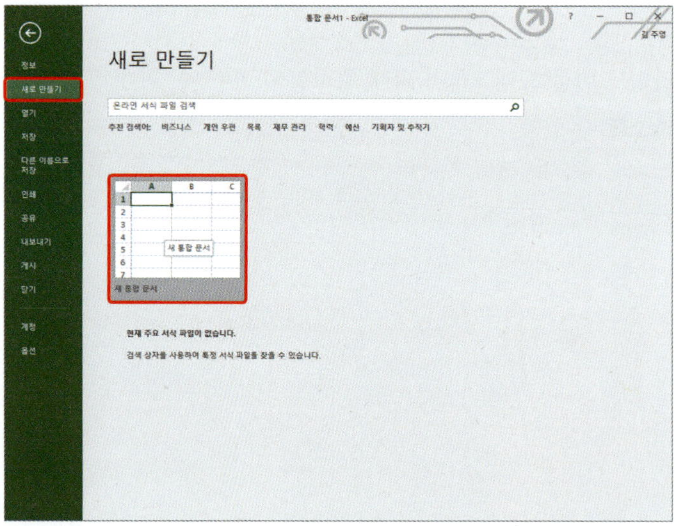

TIP 비어 있는 새 통합 문서를 만드는 단축키는 Ctrl+N이다.

서식 파일은 내용만 입력하면 사용할 수 있도록 문서의 형식을 미리 만들어 놓은 파일이다. 서식 파일을 기반으로 새 통합 문서를 만들려면 [파일] 탭-[새로 만들기]를 선택한 후 서식 파일 목록에서 선택하거나 온라인 검색으로 찾아 선택한다.

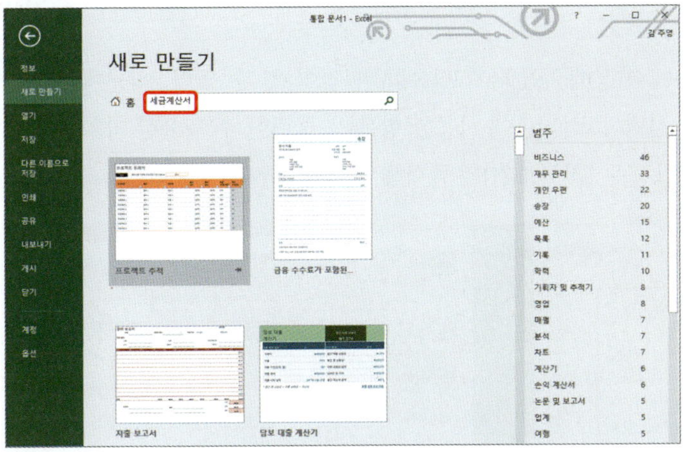

2.2 통합 문서 저장하기

현재 작업 중인 새 통합 문서를 저장하려면 [파일] 탭–[저장]을 선택하고 [OneDrive–개인]이나 [이 PC]를 선택한 후 폴더 목록에서 저장할 폴더를 선택하거나 [찾아보기]를 클릭한다. [다른 이름으로 저장] 대화상자가 열리면 저장할 폴더를 선택하고 통합 문서 파일명을 입력한다. 기존에 작업 중인 통합 문서를 다른 이름으로 저장하려면 [파일] 탭–[다른 이름으로 저장]을 선택하여 저장한다.

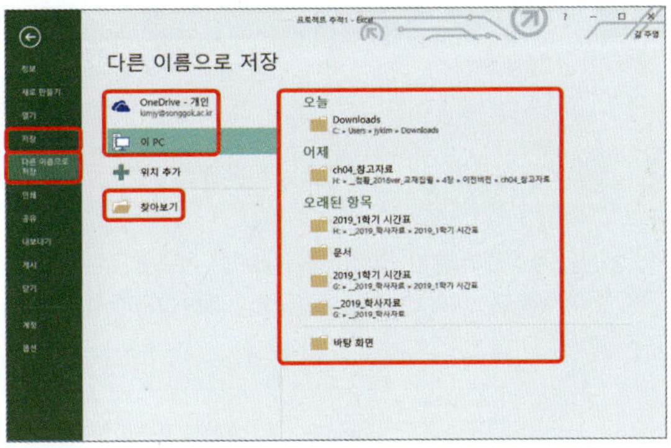

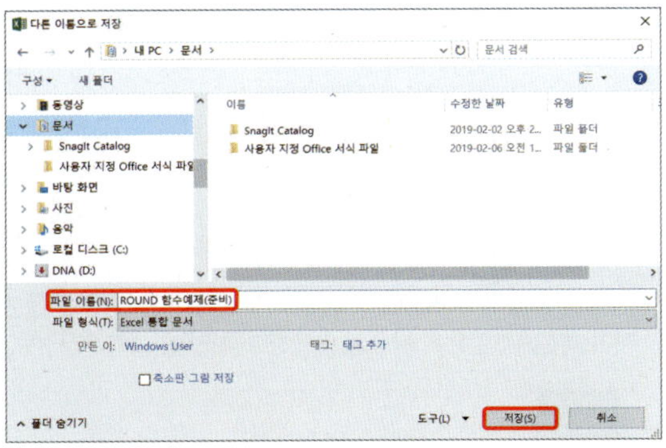

백업 파일을 만들거나 암호를 지정하려면 [다른 이름으로 저장] 대화상자에서 [도구]–[일반 옵션]을 선택한다.

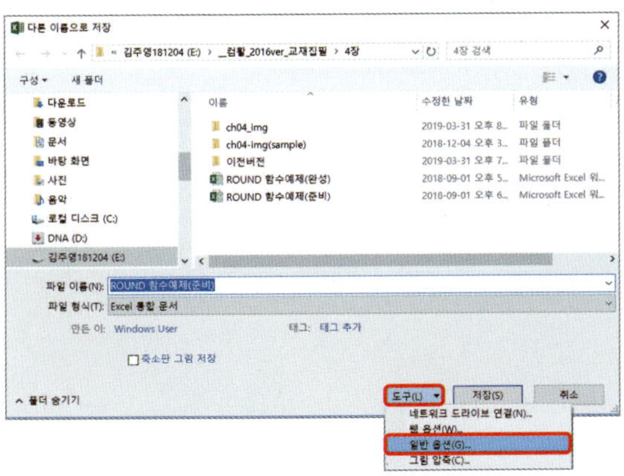

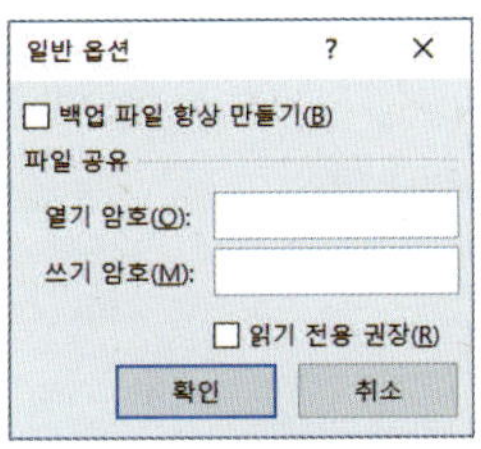

2.3 통합 문서 열기

작업한 문서는 내 컴퓨터나 OneDrive에 저장해 두었다가 필요할 때 찾아 열 수 있다. 최근에 사용한 통합 문서를 열려면 [파일] 탭–[열기]를 선택하고 [최근에 사용한 항목]을 클릭한 후 필요한 파일을 선택한다. 찾는 파일이 목록에 없으면 [이 PC] 또는 [찾아보기]를 클릭해 필요한 파일을 찾는다.

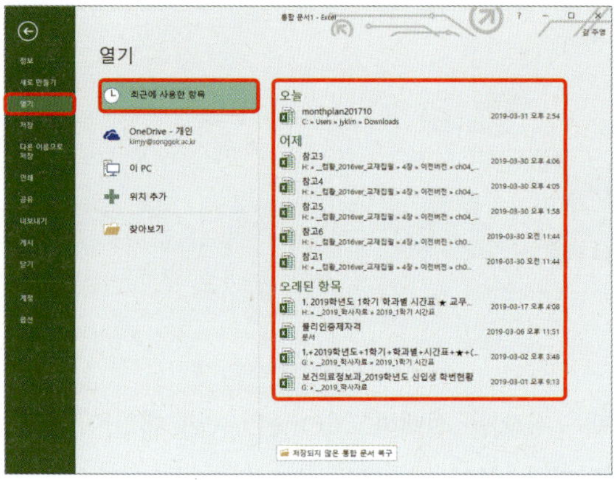

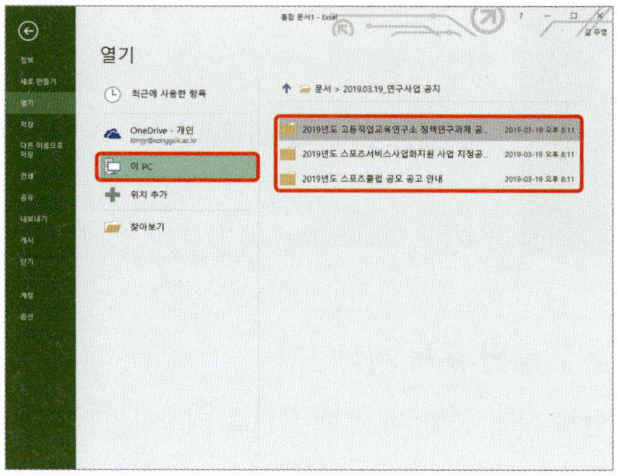

여기서 잠깐 엑셀 통합 문서에 포함된 매크로 사용하기

매크로가 포함된 엑셀 통합 문서를 열면 다음과 같은 보안 경고 메시지와 [콘텐츠 사용] 단추가 표시된다. 신뢰할 수 있는 문서라면 [콘텐츠 사용]을 클릭한다.

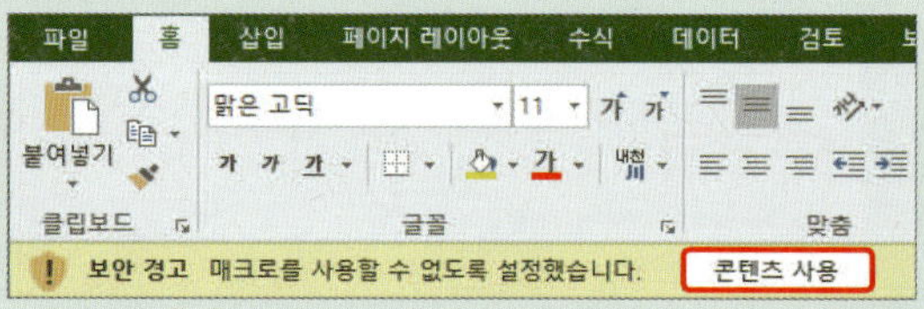

매크로 포함 통합 문서가 열려 있는 동안 매크로를 사용하려면 해당 옵션을 수정해야 한다. [파일] 탭–[정보]를 선택해 [정보] 백스테이지를 열고 [보안 경고] 항목의 [콘텐츠 사용]–[고급 옵션]을 선택한다. [Microsoft Office 보안 옵션] 대화상자가 열리면 [이 세션에서 콘텐츠 사용]을 선택하고 [확인]을 클릭한다.

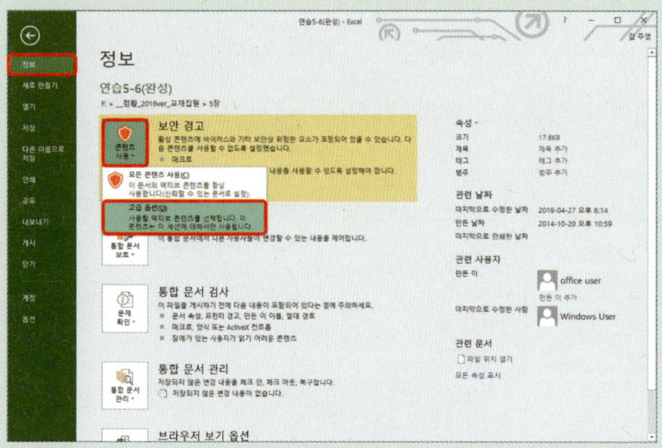

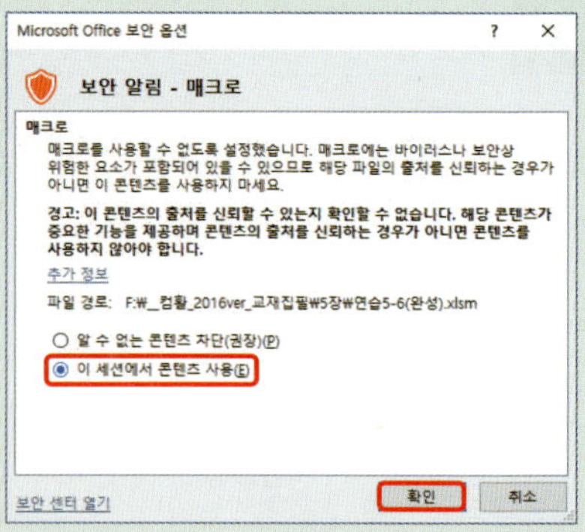

OneDrive에 저장한 통합 문서를 열려면 [파일] 탭-[열기]를 선택하고 [OneDrive]를 클릭한 후 [로그인]을 클릭해 로그인 과정을 진행한다.

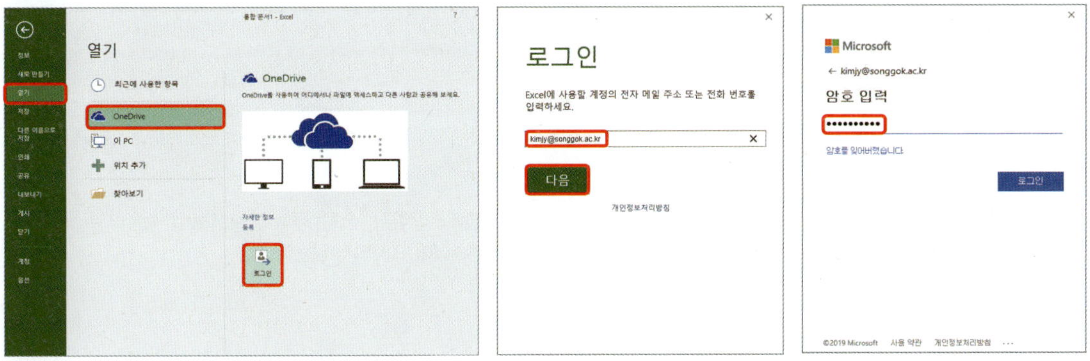

OneDrive에 접속되면 [OneDrive]를 클릭해 필요한 파일을 선택한다.

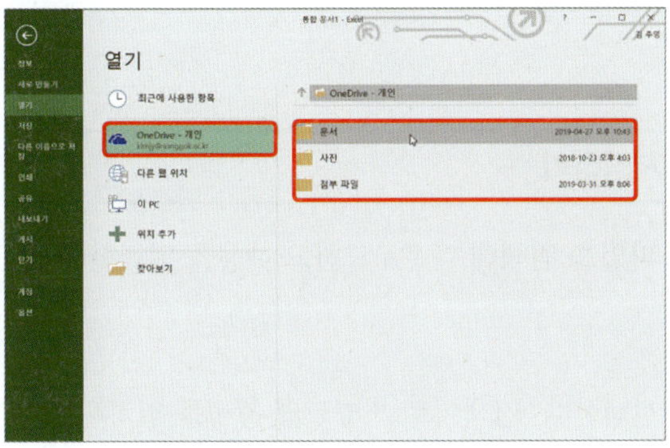

2.4 워크시트 관리하기

엑셀 통합 문서는 개별 문서인 워크시트(Worksheet)로 구성되어 있고 워크시트는 데이터를 입력할 수 있는 직사각형 모양의 셀(Cell)로 구성되어 있다. 워크시트 이름은 시트 탭에 표시되며, 시트 탭을 클릭하면 개별 워크시트를 볼 수 있다.

시트 탭을 마우스 오른쪽 단추로 클릭하면 열리는 바로가기 메뉴에서 [삽입], [삭제], [이름 바꾸기], [이동/복사], [시트 보호], [탭 색] 등을 선택해 워크시트를 관리할 수 있다.

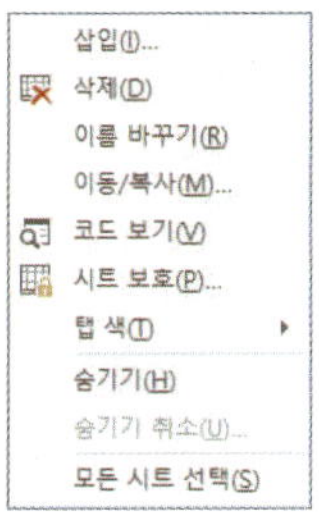

TIP 워크시트를 그룹으로 관리하면 여러 워크시트에 동일한 데이터를 입력하거나 같은 서식을 적용할 수 있다.

여기서 잠깐 **워크시트 보호하기**

워크시트의 데이터를 보호하려면 먼저 [검토] 탭–[변경 내용] 그룹–[범위 편집 허용]을 클릭해 데이터 수정 범위를 지정하고 [검토] 탭–[변경 내용] 그룹–[시트 보호]를 클릭한다. 이처럼 설정하면 허용된 범위 이외에는 수정을 할 수 없으므로 폼이 정해진 문서가 변형되는 것을 막을 수 있다.

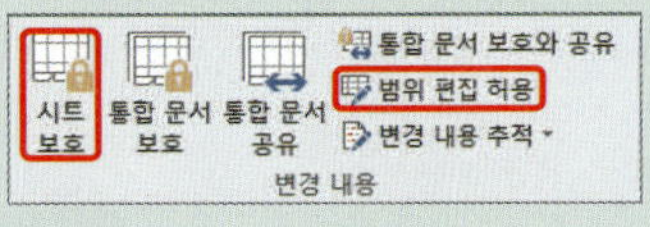

연관된 기능으로 시트 보호를 설정한 후에 [셀 서식] 대화상자의 [보호] 탭에서 [잠금], [숨김] 등의 보호 기능을 적용할 수 있다. [잠금]을 설정하면 셀을 편집할 수 없고, [숨김]을 설정하면 수식 입력줄에 수식이 표시되지 않는다.

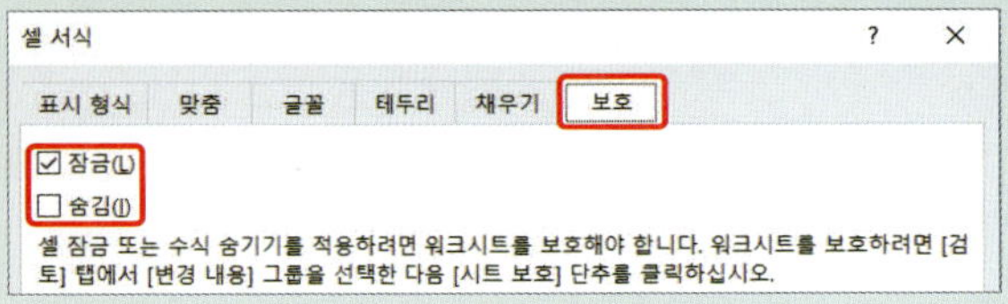

기본예제 4-1 서식 파일로 통합 문서 만들고 저장하기

창업을 준비하는 경우에 필요한 '스타트업 경비' 서식 파일을 검색해 다운로드하고 내용을 입력한 후 저장해 보자.

01 서식 파일 검색하기 [파일] 탭–[새로 만들기]를 선택한다. 검색어로 *스타트업 경비*를 입력해 검색하고, '스타트업 경비' 서식 파일을 선택한 후 [만들기]를 클릭한다.

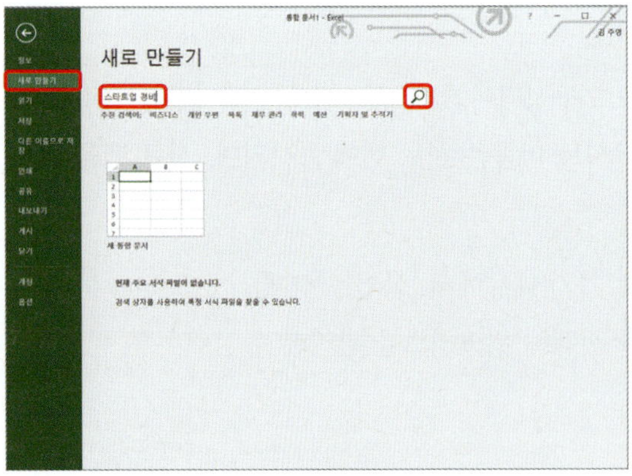

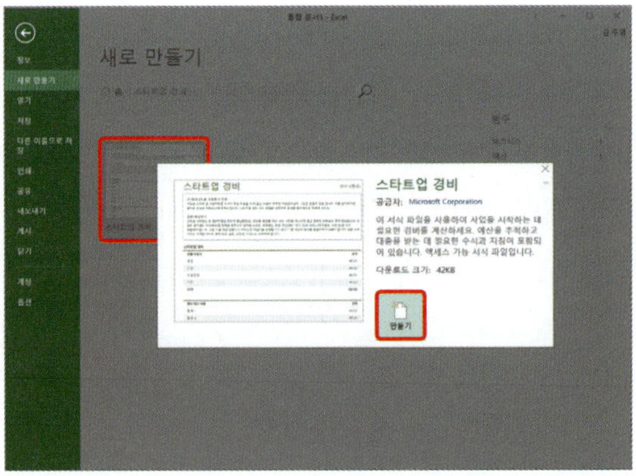

02 서식 파일 확인하기 다음과 같은 서식 파일이 열린다. 스타트업을 준비하는 상황에 맞게 내용을 입력한다.

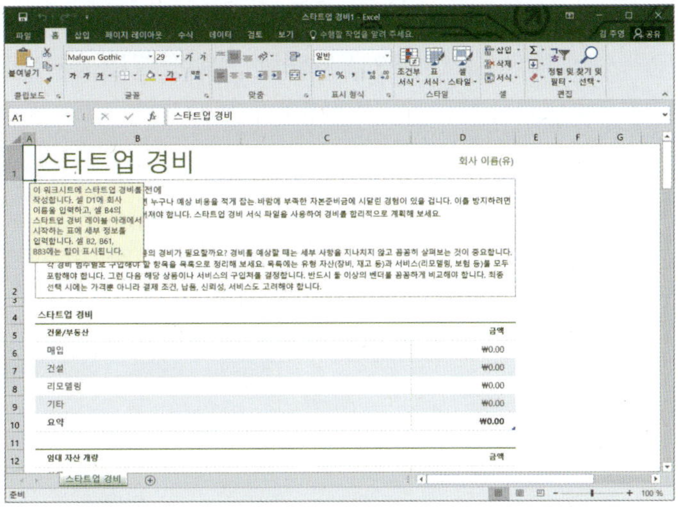

03 저장하기 [파일] 탭–[저장]을 선택하고 '실습4–1(완성).xlsx'로 저장한다.

기본예제 4-2 워크시트 관리하기

새 통합 문서에서 워크시트를 삽입하고, 시트 탭에 [이름 바꾸기], [탭 색] 바꾸기, [이동/복사] 등을 적용해 워크시트를 관리해 보자.

01 워크시트 삽입하기 새 통합 문서에서 [워크시트 삽입] 단추를 두 번 클릭해 워크시트를 세 개로 만든다.

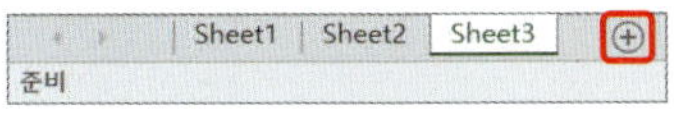

02 워크시트 이름 바꾸기 'Sheet1' 시트 탭을 마우스 오른쪽 단추로 클릭해 [이름 바꾸기]를 선택한 후 시트 이름을 *1분기*로 변경한다. 'Sheet2' 시트 탭은 *2분기*, 'Sheet3' 시트 탭은 *3분기*로 각각 변경한다.

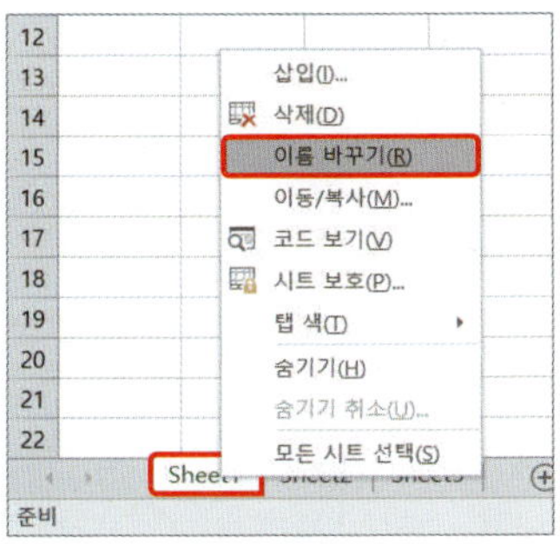

TIP 시트 탭을 더블클릭해 이름을 바꿀 수도 있다.

03 워크시트 복사하기 '3분기' 시트 탭을 마우스 오른쪽 단추로 클릭해 [이동/복사]를 선택한다. [이동/복사] 대화상자에서 [(끝으로 이동)]을 선택한 후 [복사본 만들기]를 선택하고 [확인]을 클릭한다. 복사된 시트 탭의 이름을 *4분기*로 변경한다.

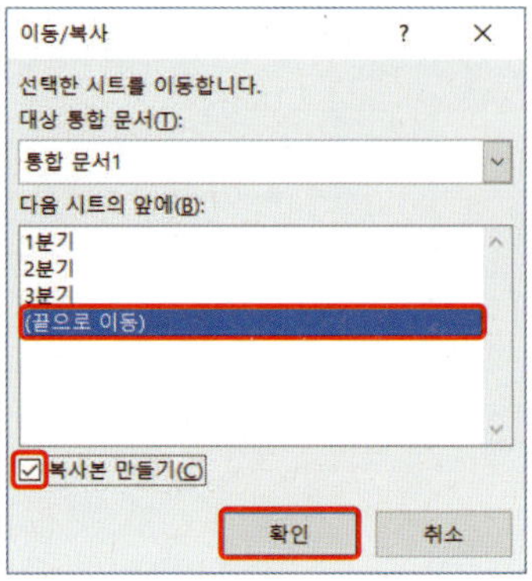

TIP 간편하게 워크시트 복사를 하려면 해당 시트 탭을 클릭하고 Ctrl을 누른 채 드래그한다.

04 워크시트 탭 색 변경하기 '1분기' 시트 탭을 마우스 오른쪽 단추로 클릭해 [탭 색]을 선택하고 원하는 색을 선택한다. '2분기', '3분기', '4분기' 시트 탭의 색도 각각 변경한다.

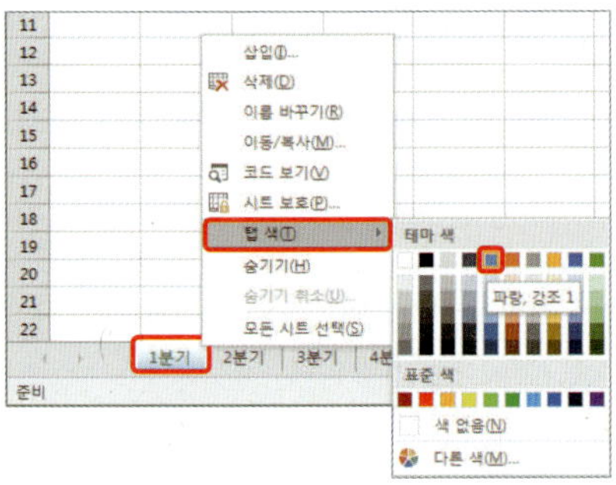

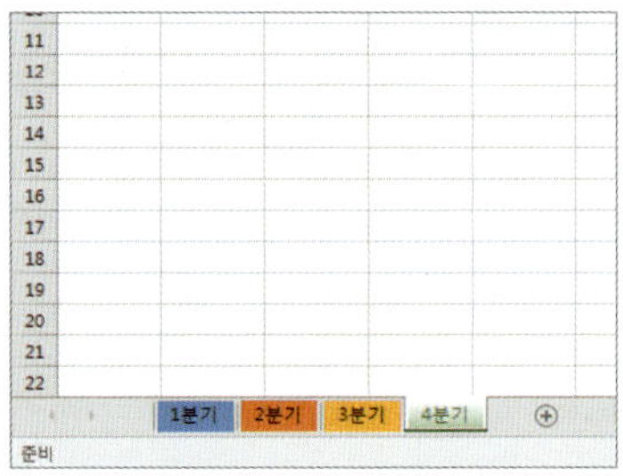

05 워크시트 이동하기 새 통합 문서로 워크시트를 이동하기 위해 '4분기' 시트 탭을 마우스 오른쪽 단추로 클릭해 [이동/복사]를 선택한다. [이동/복사] 대화상자에서 [대상 통합 문서] 항목을 [(새 통합 문서)]로 선택하고 [확인]을 클릭한다. 새 통합 문서가 열리면서 '4분기' 시트 탭이 이동한다.

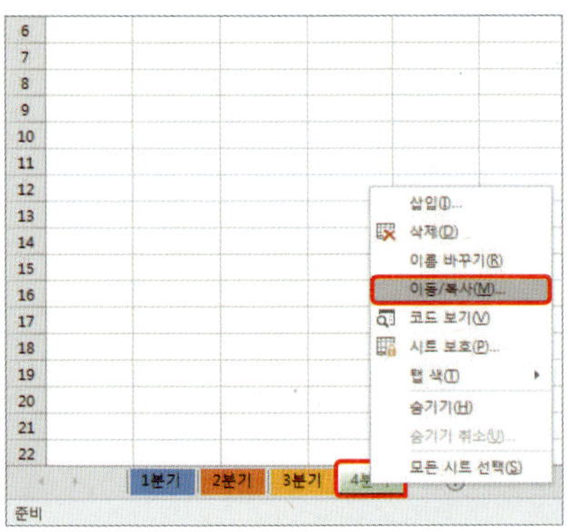

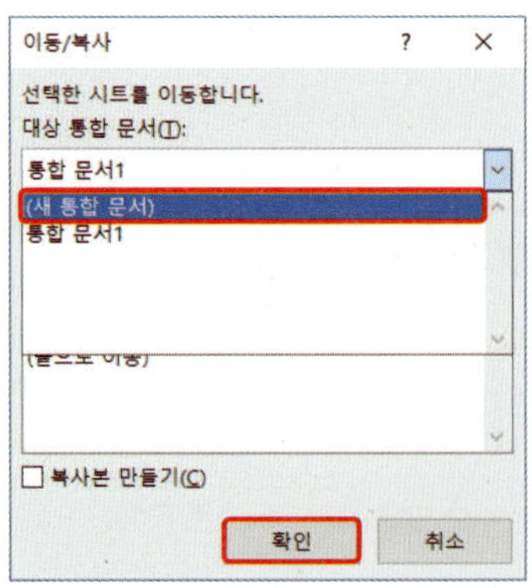

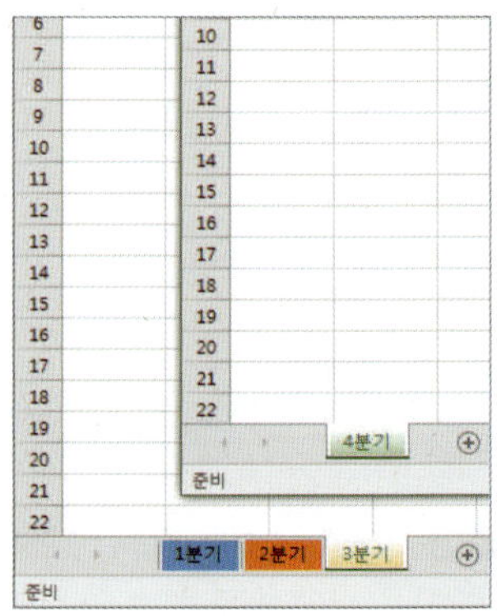

06 저장하기 [파일] 탭–[저장]을 선택해 실습한 통합 문서 두 개를 각각 '실습4–2–1(완성).xlsx', '실습4–2–2(완성).xlsx'로 저장한다.

기본예제 4-3 통합 문서에 암호 설정하고 PDF 파일로 저장하기

준비된 통합 문서에 암호를 설정하고, PDF 파일로 저장해 보자.

01 통합 문서 열기 [파일] 탭–[열기]를 선택해 '실습4–1(완성).xlsx' 파일을 연다.

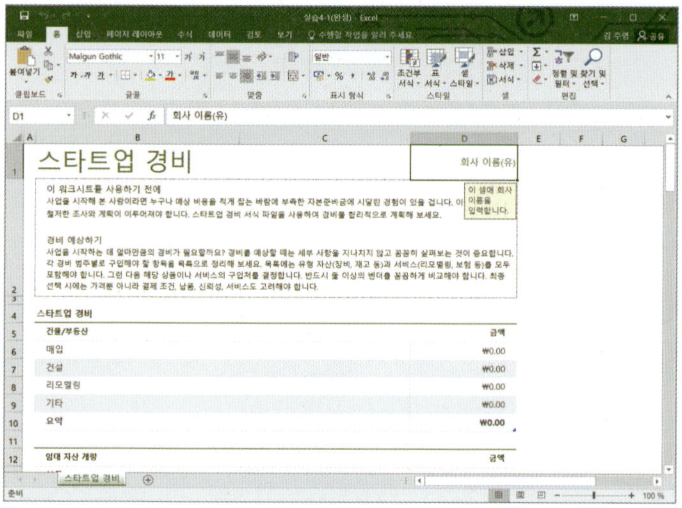

02 문서 암호 설정하기 [파일] 탭–[정보]를 선택해 [정보] 백스테이지를 열고 [통합 문서 보호]–[암호 설정]을 선택한 후 암호를 설정한다.

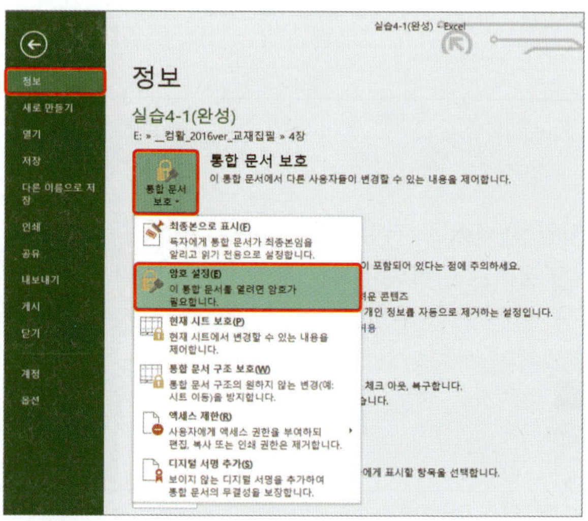

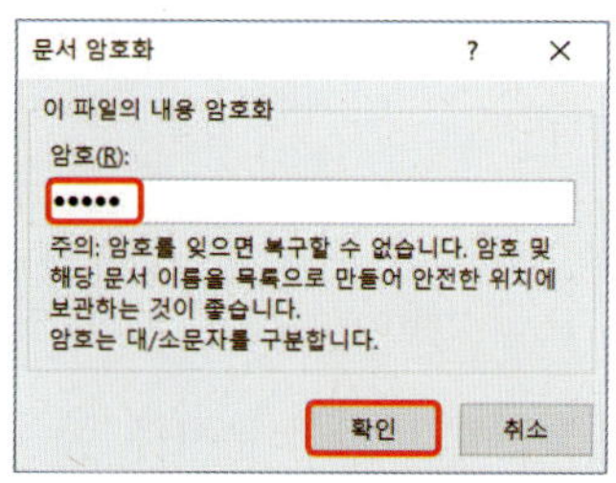

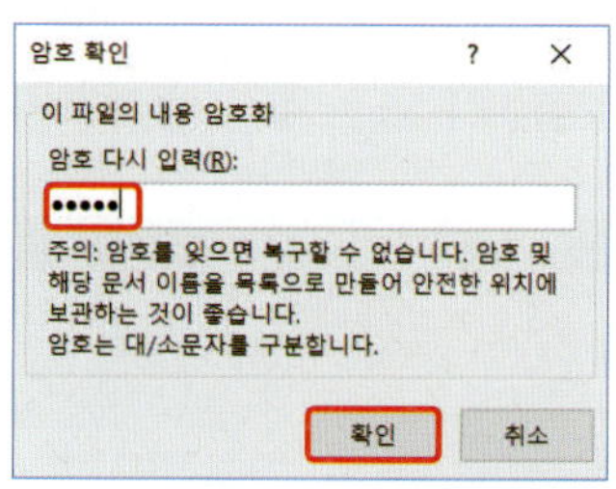

TIP 예제 파일에 입력한 암호는 *dkagh*이다.

03 PDF 파일로 저장하기 백스테이지 메뉴에서 [내보내기]를 선택하고 [PDF/XPS 문서 만들기]의 [PDF/XPS 만들기]를 클릭한다. [PDF 또는 XPS로 게시] 대화상자에서 PDF 파일을 저장할 경로를 선택하고 [파일 이름]을 *실습4-3(완성)*으로 입력한 후 [게시]를 클릭한다.

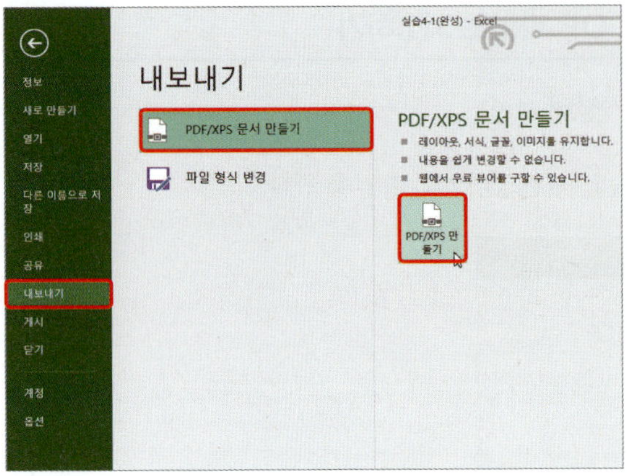

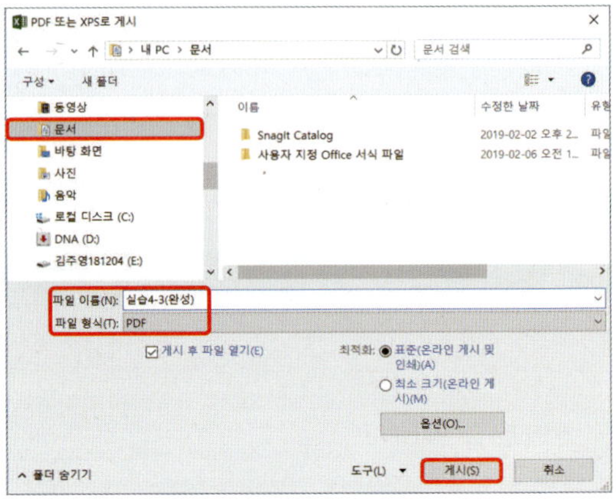

TIP 인쇄 품질을 높이려면 [최적화] 옵션의 [표준(온라인 게시 및 인쇄)]를, 파일 크기를 줄이려면 [최소 크기(온라인 게시)]를 선택한다.

04 PDF 파일 확인하기 컴퓨터에 설치된 PDF Reader를 통해 변환된 문서를 확인한다.

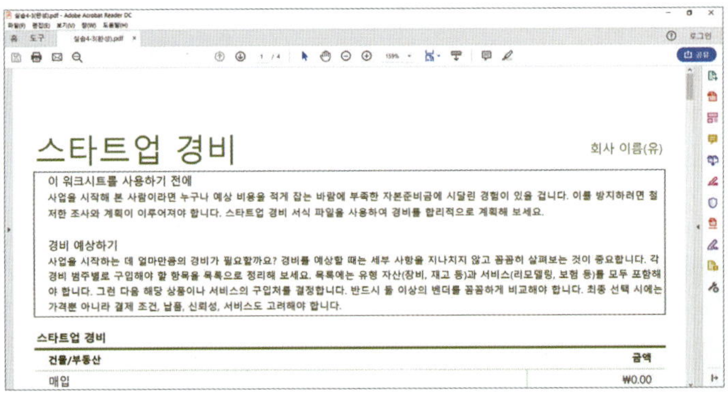

05 문서 암호화 확인하기 통합 문서를 '실습4-3(완성).xlsx'로 저장하고 닫은 후 [파일]-[열기]를 선택해 '실습4-3(완성).xlsx' 파일을 연다. 이때 암호를 올바로 입력해야 하는데 만약 잘못 입력하면 다음과 같은 경고 창이 열린다.

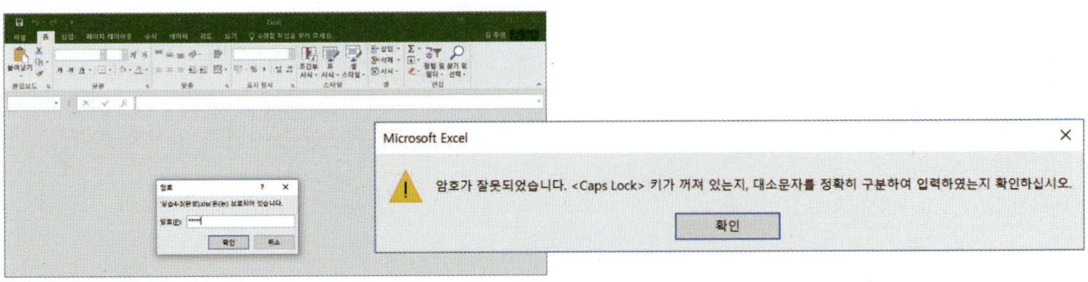

SECTION 03

셀 다루기

워크시트에 내용을 입력하고 서식을 설정하는 작업은 셀 단위로 이루어진다. SECTION 03에서는 셀을 다루는 기본 기능인 셀 선택과 범위 지정 등을 알아보고, 셀 또는 셀 범위의 별칭이라고 할 수 있는 이름 정의에 대해서도 알아본다.

3.1 셀 선택하기

셀을 클릭하면 이름 상자에 해당 셀의 주소가 표시되면서 셀이 선택된 상태가 된다. 셀이 선택되면 셀 주위에 굵은 녹색 테두리가 생기는데, 이를 셀 포인터라 한다.

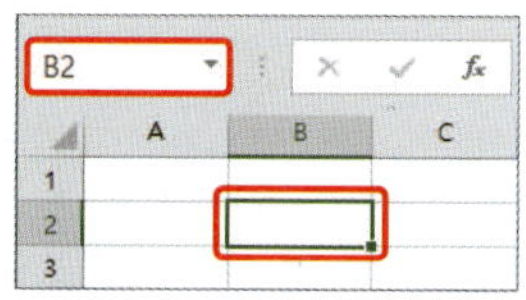

다른 셀을 선택하려면 해당 셀을 클릭하거나 키보드의 방향키 ←, →, ↑, ↓로 이동한다. 방향키를 한 번 누를 때마다 셀 포인터가 한 셀씩 이동한다.

> **TIP** 열 또는 행 방향으로 연속된 마지막 데이터 셀을 선택하려면 Ctrl+방향키 ←, →, ↑, ↓를 누른다.

3.2 셀 범위 지정하기

여러 셀을 동시에 선택해 셀 범위로 지정하려면 해당 범위를 드래그한다. 이 외에 연속적인 범위, 비연속적인 범위, 행/열 단위의 셀 범위를 지정하는 방법을 알아본다.

3.2.1 연속 셀 범위 지정하기

연속적인 셀 범위를 지정하는 가장 기본적인 방법은 셀 범위의 첫 번째 셀부터 마지막 셀까지 드래그하는 것이다. 또는 셀 범위의 첫 번째 셀을 선택한 후 Shift를 누른 채로 마지막 셀을 클릭하거나 마지막 셀까지 방향키로 이동한다.

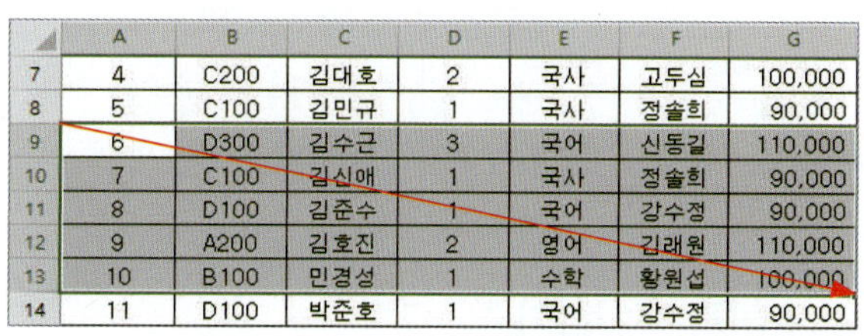

	A	B	C	D	E	F	G
7	4	C200	김대호	2	국사	고두심	100,000
8	5	C100	김민규	1	국사	정솔희	90,000
9	6	D300	김수근	3	국어	신동길	110,000
10	7	C100	김신애	1	국사	정솔희	90,000
11	8	D100	김준수	1	국어	강수정	90,000
12	9	A200	김호진	2	영어	김래원	110,000
13	10	B100	민경성	1	수학	황원섭	100,000
14	11	D100	박준호	1	국어	강수정	90,000

> **TIP** 셀 범위를 해제하려면 다른 셀을 선택한다.

3.2.2 비연속 셀 범위 지정하기

비연속적인 셀 범위를 지정하려면 첫 번째 셀 범위를 선택하고 Ctrl을 누른 채로 나머지 셀 범위를 선택한다. 선택할 셀이 낱개의 셀이라면 클릭하고, 범위라면 드래그한다.

3.2.3 행/열 단위로 셀 범위 지정하기

행/열 단위로 셀 범위를 지정하려면 해당 행/열 머리글을 클릭한다.

연속적인 행/열 단위로 셀 범위를 지정하려면 셀 범위의 첫 번째 행/열 머리글을 클릭한 후 Shift를 누른 상태에서 마지막 행/열 머리글을 클릭한다.

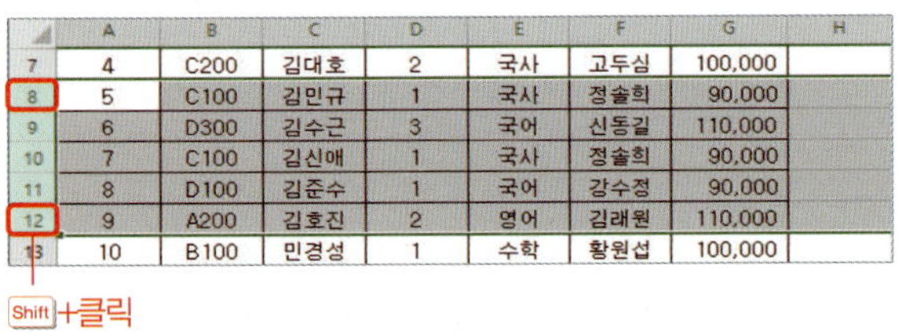

TIP 첫 번째 행/열 머리글부터 마지막 행/열 머리글까지 드래그해도 된다.

비연속적인 행/열 단위로 셀 범위를 지정하려면 셀 범위에 포함할 행/열 머리글을 클릭한 후 Ctrl을 누른 채로 범위에 추가할 행/열 머리글을 클릭한다.

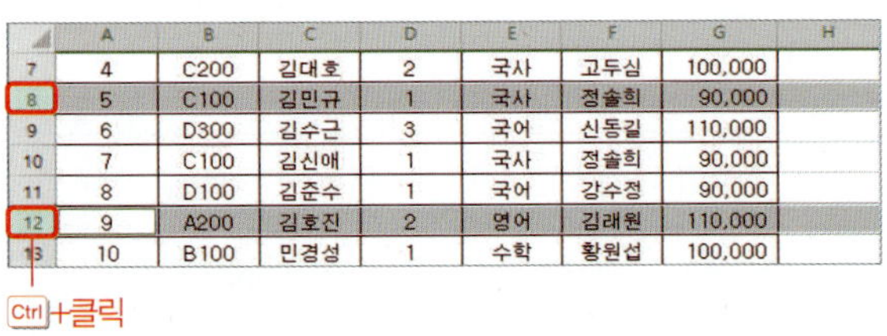

3.3 이름 정의하기

셀 또는 셀 범위에 이름을 정의하면 수식의 인수로 사용할 때 수식의 의미를 명확히 하고, 참조 영역을 잘못 지정해서 생기는 오류를 줄일 수 있다.

이름을 정의하려면 셀 또는 셀 범위를 선택하고 [수식] 탭-[정의된 이름] 그룹-[이름 정의]를 클릭한 후 [새 이름] 대화상자에서 이름을 입력한다.

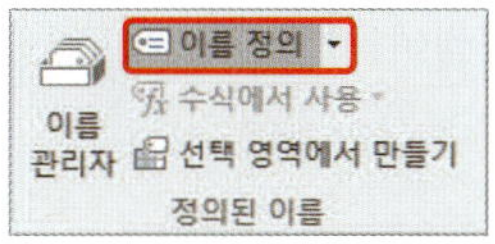

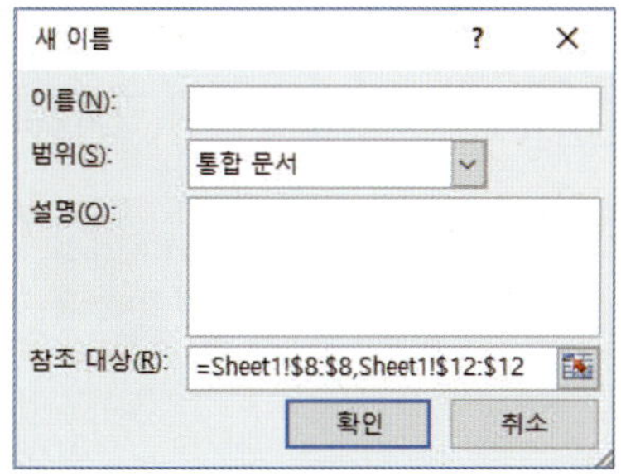

TIP 셀 범위를 설정하고 수식 입력줄 왼쪽에 있는 이름 상자에 셀 이름을 입력한 후 Enter를 눌러도 된다.

기본예제 4-4 비연속적인 셀 범위에 데이터 채우기

비연속적인 셀 범위를 선택해 데이터를 한 번에 입력하고 정렬해 보자.

01 비연속 셀 선택하기 [파일] 탭-[열기]를 선택해 '실습4-4(준비).xlsx' 파일을 연다. '보도시점'를 한 번에 표시하기 위해 연도별 1분기 셀인 [G4], [G8], [G12] 셀을 Ctrl을 누른 채 클릭해 선택한다.

	A	B	C	D	E	F	G
1	2019년 주요 gTLD통계						
2							(단위: 개)
3		com	net	org	info	biz	보도시점
4	2019년 1분기	133,920,299	14,306,494	10,408,877	6,492,157	2,019,665	
5	2018년 4분기	131,895,128	14,846,792	10,403,660	6,533,848	2,024,864	
6	2018년 3분기	131,653,223	14,868,143	10,434,357	6,392,991	2,128,403	
7	2018년 2분기	129,261,945	15,066,052	10,453,473	6,043,271	2,132,403	
8	2018년 1분기	126,883,906	15,218,562	10,515,981	5,439,361	2,207,735	
9	2017년 4분기	126,972,507	15,327,593	10,577,724	5,449,417	2,332,198	
10	2017년 3분기	128,108,631	15,753,776	10,841,241	5,523,516	2,289,984	
11	2017년 2분기	127,294,523	15,754,115	10,915,242	5,545,803	2,280,273	
12	2017년 1분기	126,088,590	15,808,850	10,987,643	5,545,911	2,377,010	

Ctrl+클릭

02 기호 삽입하기 [삽입] 탭-[기호] 그룹-[기호]를 클릭한다. [기호] 대화상자의 [글꼴] 목록에서 [wingdings]를 선택하고 ✓ 문자를 찾아 선택한 후 [삽입], [닫기]를 차례로 클릭한다. 셀에 기호가 삽입되고 커서가 깜박일 때 Ctrl+Enter를 누르면 선택된 셀에 기호가 한꺼번에 삽입된다.

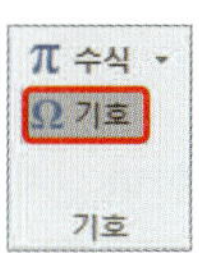

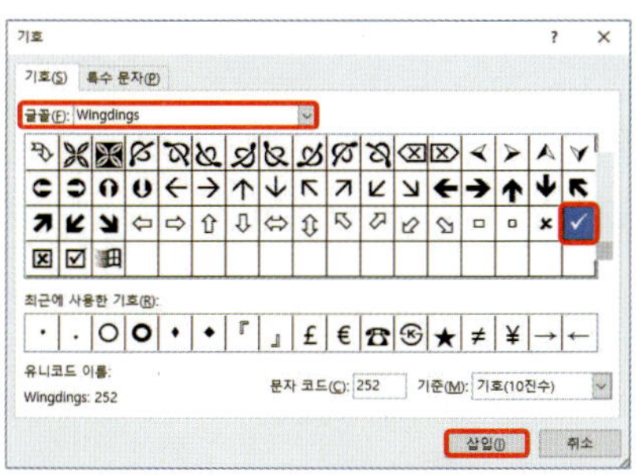

	A	B	C	D	E	F	G
1	2019년 주요 gTLD통계						
2							(단위: 개)
3		com	net	org	info	biz	보도시점
4	2019년 1분기	133,920,299	14,306,494	10,408,877	6,492,157	2,019,665	
5	2018년 4분기	131,895,128	14,846,792	10,403,660	6,533,848	2,024,864	
6	2018년 3분기	131,653,223	14,868,143	10,434,357	6,392,991	2,128,403	
7	2018년 2분기	129,261,945	15,066,052	10,453,473	6,043,271	2,132,403	
8	2018년 1분기	126,883,906	15,218,562	10,515,981	5,439,361	2,207,735	
9	2017년 4분기	126,972,507	15,327,593	10,577,724	5,449,417	2,332,198	
10	2017년 3분기	128,108,631	15,753,776	10,841,241	5,523,516	2,289,984	
11	2017년 2분기	127,294,523	15,754,115	10,915,242	5,545,803	2,280,273	
12	2017년 1분기	126,088,590	15,808,850	10,987,643	5,545,911	2,377,010	✓

Ctrl+Enter

TIP [기호] 대화상자의 [글꼴] 목록에서 [wingdings]를 선택하고 [문자코드]에 *252*를 입력해도 ✓ 문자가 선택된다.

03 가운데 정렬하기 기호를 삽입한 셀이 선택된 상태로 [홈] 탭–[맞춤] 그룹에서 가로 방향과 세로 방향의 [가운데 맞춤]을 각각 클릭한다.

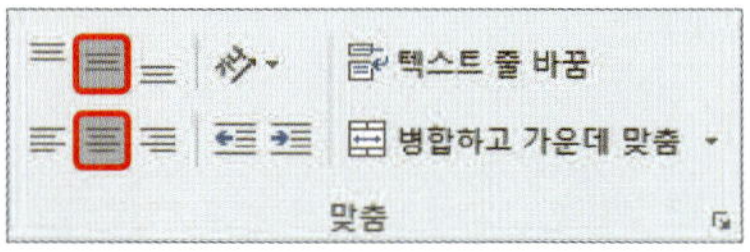

	A	B	C	D	E	F	G
1	2019년 주요 gTLD통계						
2							(단위: 개)
3		com	net	org	info	biz	보도시점
4	2019년 1분기	133,920,299	14,306,494	10,408,877	6,492,157	2,019,665	✓
5	2018년 4분기	131,895,128	14,846,792	10,403,660	6,533,848	2,024,864	
6	2018년 3분기	131,653,223	14,868,143	10,434,357	6,392,991	2,128,403	
7	2018년 2분기	129,261,945	15,066,052	10,453,473	6,043,271	2,132,403	
8	2018년 1분기	126,883,906	15,218,562	10,515,981	5,439,361	2,207,735	✓
9	2017년 4분기	126,972,507	15,327,593	10,577,724	5,449,417	2,332,198	
10	2017년 3분기	128,108,631	15,753,776	10,841,241	5,523,516	2,289,984	
11	2017년 2분기	127,294,523	15,754,115	10,915,242	5,545,803	2,280,273	
12	2017년 1분기	126,088,590	15,808,850	10,987,643	5,545,911	2,377,010	✓

04 저장하기 [파일] 탭–[다른 이름으로 저장]을 선택하고 '실습4–4(완성).xlsx'로 저장한다.

기본예제 4-5 이름 정의하기

셀 범위와 선택 영역의 첫 행에 이름을 정의해 보자.

01 셀 범위 지정하기 '실습4–5(준비).xlsx'을 열고 [B8:E8] 영역을 선택한다.

	A	B	C	D	E	F
1	국가별 100명당 유선 초고속 인터넷 가입자수(OECD)					
2						(단위: 명)
3	국가명	Dsl	Cable	Fibre/Lan	Other	Total
4	스위스	26	14.8	10.3	0.7	51.9
5	덴마크	19.8	12.3	10	0	42.4
6	네덜란드	16.6	19.1	5.6	0	41.3
7	프랑스	33.3	4.5	2.1	0	40.4
8	대한민국	2.8	8.5	28.2	0	39.6
9	노르웨이	13.2	12.2	13.1	0	39.4

TIP 연속된 셀 범위를 표시할 때는 콜론(:)을 사용한다. 예시와 같이 [B8] 셀에서 [E8] 셀까지의 범위는 [B8:E8]라고 표시한다.

02 이름 정의하기 선택된 셀 범위에서 마우스 오른쪽 단추를 클릭하고 [이름 정의]를 선택한다. [새 이름] 대화상자가 열리면 [이름] 항목에 *대한민국*을 입력하고 [확인]을 클릭한다.

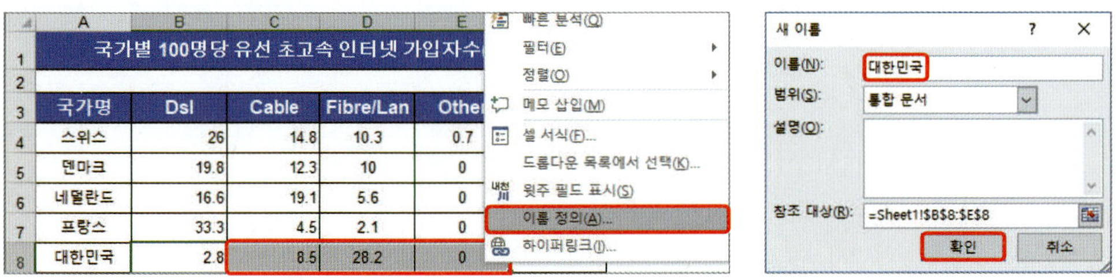

03 데이터 전체 선택하기 선택 영역의 첫 행을 이름으로 정의하려면 먼저 데이터 영역을 선택해야 한다. [B3:E3] 범위를 선택한 후 Ctrl+Shift+↓를 눌러 데이터 전체를 선택한다.

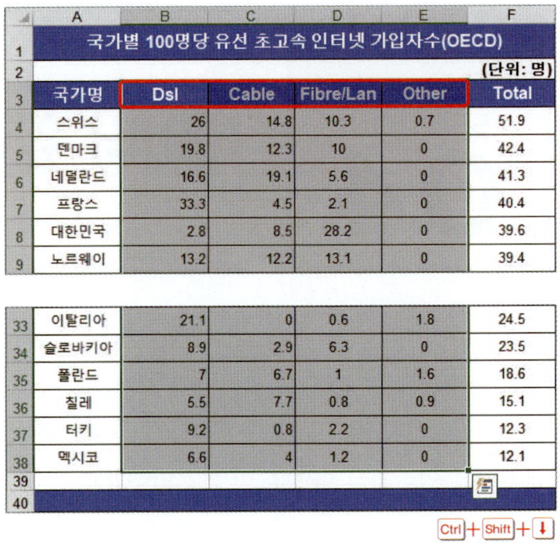

	A	B	C	D	E	F
1	국가별 100명당 유선 초고속 인터넷 가입자수(OECD)					
2						(단위: 명)
3	국가명	Dsl	Cable	Fibre/Lan	Other	Total
4	스위스	26	14.8	10.3	0.7	51.9
5	덴마크	19.8	12.3	10	0	42.4
6	네덜란드	16.6	19.1	5.6	0	41.3
7	프랑스	33.3	4.5	2.1	0	40.4
8	대한민국	2.8	8.5	28.2	0	39.6
9	노르웨이	13.2	12.2	13.1	0	39.4
33	이탈리아	21.1	0	0.6	1.8	24.5
34	슬로바키아	8.9	2.9	6.3	0	23.5
35	폴란드	7	6.7	1	1.6	18.6
36	칠레	5.5	7.7	0.8	0.9	15.1
37	터키	9.2	0.8	2.2	0	12.3
38	멕시코	6.6	4	1.2	0	12.1
39						
40						

TIP Ctrl+Shift+↓는 데이터가 입력되어 있는 영역의 제일 아래 행까지 한 번에 범위로 지정하는 단축키이다. 제일 위 행, 오른쪽 끝 열, 왼쪽 끝 열까지 범위로 지정하는 단축키는 각각 Ctrl+Shift+↑, Ctrl+Shift+→, Ctrl+Shift+←이다.

04 선택 영역에서 이름 정의하기 [수식] 탭–[정의된 이름] 그룹–[선택 영역에서 만들기]를 클릭해 [선택 영역에서 이름 만들기] 대화상자가 열리면 [첫 행]만 선택하고 [확인]을 클릭한다.

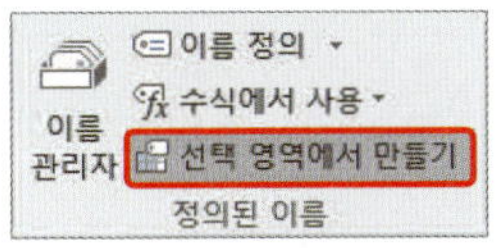

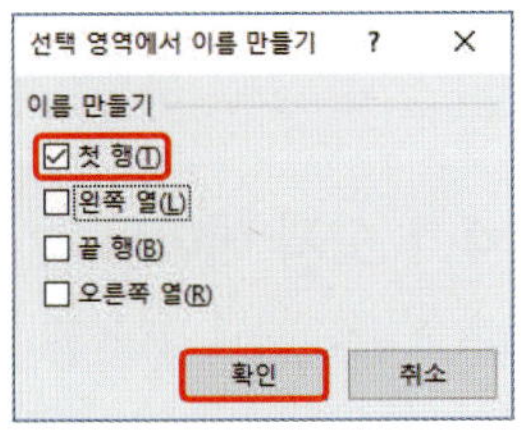

05 이름 관리자로 이름 정의 확인하기 [수식] 탭–[정의된 이름] 그룹–[이름 관리자]를 클릭하면 현재 문서에 정의된 이름 목록을 확인할 수 있다.

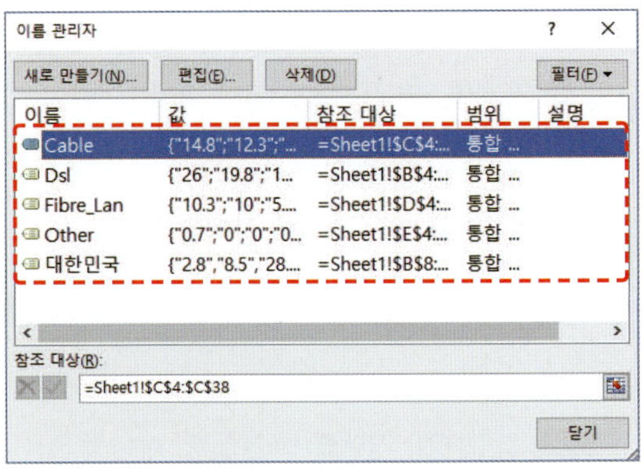

06 저장하기 [파일] 탭–[다른 이름으로 저장]을 선택하고 '실습4–5(완성).xlsx'로 저장한다.

SECTION 04

데이터 입력하기

엑셀에서 입력할 수 있는 데이터는 숫자, 날짜/시간, 수식 등의 수치 데이터와 영문, 한문, 특수 문자 등의 문자 데이터로 구분할 수 있다. 수치 데이터는 계산이 가능하고, 문자 데이터는 계산을 할 수 없다. 데이터를 입력하는 다양한 방법을 알아본다.

데이터는 셀을 선택하고 입력하거나 수식 입력줄에 입력한다. 입력이 끝나면 Enter를 누르거나 다른 셀을 선택하고, 입력을 취소하려면 Esc를 누른다.

TIP 엑셀 데이터는 입력 데이터의 특성에 따라 자동으로 셀 표시 형식이 결정되지만 원하는 형식으로 변경하려면 [셀 서식] 대화상자에서 표시 형식을 지정한다.

4.1 숫자 데이터

숫자 데이터는 숫자 0~9와 기호 +, −, 마침표(.), 쉼표(,), %, $, ₩ 등을 함께 입력할 수 있으며, 셀 오른쪽으로 정렬된다. 숫자 데이터를 입력하는 방법은 다음과 같다.

- 숫자가 음수일 경우에 음수 기호(−)를 숫자 앞에 입력하고, 천 단위 구분 기호로 쉼표(,), 소수점으로 마침표(.)를 쓴다.
- 통화 기호($, ₩)는 숫자 앞에 쓰며, 백분율 기호(%)는 숫자 뒤에 쓴다.
- 분수를 입력할 때는 중간에 공백을 둔다.
- 숫자를 12자리 이상 입력하면 지수 형태(E)로 표시된다.

	A	B
1	일 반	12345
2	천 단 위	12,345
3	소 수 점	1.2345
4	음 수	-12345
5	통 화	₩12,345
6	백 분 율	123%
7	분 수	1 2/3
8	지 수	1.23457E+11

TIP 입력한 데이터보다 셀 너비가 좁으면 '#####'로 표시되는데, 이 경우 셀 너비를 넓히면 제대로 표시된다.

4.2 날짜/시간 데이터

날짜와 시간 데이터는 수치 데이터로 오른쪽으로 정렬되며, 수식 계산에 이용할 수 있다. 날짜와 시간 데이터를 입력하는 방법은 다음과 같다.

- 연, 월, 일을 슬래시(/)나 하이픈(–)으로 구분해 *2019/12/31*, *2019–12–31*과 같이 입력한다.
- 시간 데이터는 24시간제로 시, 분, 초를 콜론(:)으로 구분해 입력한다.
- 12시간제로 입력하려면 *11:59 pm*과 같이 시간 뒤에 공백을 입력한 후 *a*(오전) 또는 *p*(오후)를 입력한다.

	A	B	C
1	구분	입력	셀 표시
2	날짜1	2019/12/31	2019-12-31
3	날짜2	2019-12-31	2019-12-31
4	날짜3	12/31	12월 31일
5	시간1	18:00	18:00
6	시간2	7:00 a	7:00 AM
7	시간3	7:00 p	7:00 PM

TIP 날짜와 시간을 함께 표시하려면 날짜와 시간 사이에 공백을 두고, 오늘 날짜를 입력하려면 Ctrl+;을, 현재 시각을 입력하려면 Ctrl+Shift+;을 누른다.

4.3 수식 데이터

수식은 등호(=)로 시작하며 셀 주소나 셀 값을 이용한 연산식이나 함수식으로 표현한다. 수식이 입력된 셀은 결괏값만을 보여주고, 실제 수식은 수식 입력줄에서 확인할 수 있다.

C549 =AVERAGE(C2:C548)

	A	B	C	D	E	F
544	C1500	65	27.08338	145	145	
545	C1504	74	28.41933	148	146	
546	C1507	54	27.01569	120	144	
547	C1513	67	25.10077	185	175	
548	C1520	58	26.25976	999	128	
549	BMI평균		29.84375			

4.4 문자 데이터

한글, 영문, 한자, 특수 문자 등 텍스트 형식의 데이터뿐 아니라 숫자와 문자가 혼합된 데이터도 문자 데이터에 포함된다. 문자 데이터는 기본적으로 왼쪽으로 정렬되며, 수치 계산에 이용할 수 없다. 문자 데이터를 입력하는 방법은 다음과 같다.

- 한자는 한자음을 한글로 입력한 후 한자를 누르고 목록에서 선택해 입력한다. 한자 단어를 한 번에 입력하려면 한글로 단어를 입력한 후 Space Bar로 한 칸 띄고 한자를 누른다.
- 특수 문자는 [삽입] 탭–[기호] 그룹–[기호]를 클릭하고 [기호] 대화상자에서 선택한다.
- 수치 데이터를 문자 데이터 형식으로 입력하려면 앞에 작은따옴표(')를 붙인다.
- 인접한 데이터가 없는 경우 입력한 문자열보다 셀 너비가 좁으면 오른쪽 셀에 이어서 표시된다. 인접한 데이터가 있다면 문자열이 셀 경계에서 잘려 표시된다.

• 셀 안의 문자열을 두 줄로 표시하려면 문자열 끝에서 Alt+Enter를 눌러 줄 바꿈을 하고 두 번째 줄의 내용을 입력한다.

• 셀 안의 문자열을 셀 크기에 맞추려면 [셀 서식] 대화상자의 [맞춤] 탭에서 [셀에 맞춤]을 선택한다.

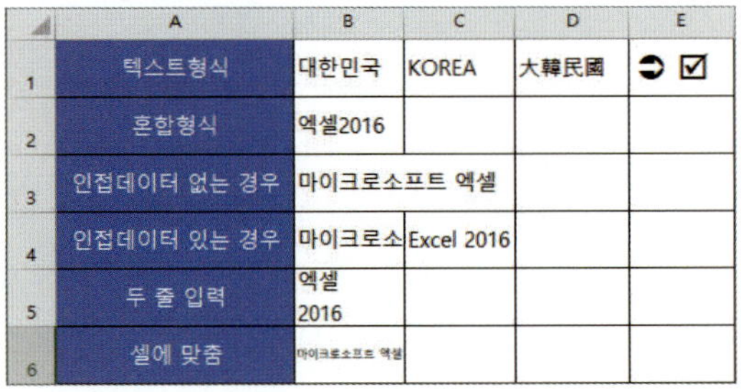

여기서 잠깐 **한글 자음을 이용해 특수 문자 입력하기**

[기호] 대화상자를 열지 않고 한글 자음을 이용해 특수 문자를 입력할 수도 있다. 한글 자음(ㄱ, ㄴ, ㄷ …) 중 하나를 입력하고 한자를 누른 후 원하는 특수 문자를 선택하면 된다. 한글 자음마다 특수 문자가 배당되어 있으므로 자주 사용하는 특수 문자가 있을 경우 해당 자음을 기억해 두면 간편하게 입력할 수 있다.

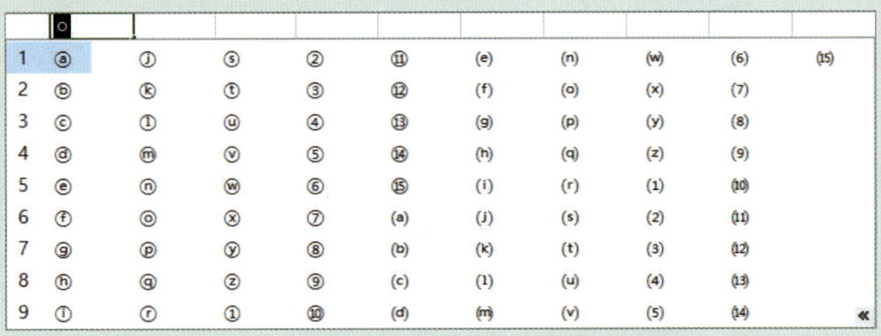

▲ 자음 ㅇ를 입력하고 한자를 누른 후 [» 보기 변경] 단추를 클릭해 확장한 화면

4.5 자동 완성 기능

동일한 데이터를 반복해서 입력하는 경우 자동 완성 기능이 동작하므로 좀 더 효율적인 입력이 가능하다. 자동 완성이란 셀에 글자 일부를 입력하면 이전에 입력했던 내용과 일치하는 내용이 자동으로 채워지는 기능으로, 자동으로 입력된 내용을 사용하려면 Enter를 누르고 그렇지 않으면 나머지 내용을 계속해서 입력한다.

TIP 자동 완성 기능이 동작하는 대상 목록은 현재 셀이 포함된 열을 기반으로 한다.

4.6 자동 채우기 기능

자동 채우기란 셀에 입력된 내용을 셀 포인터의 채우기 핸들을 이용해 인접한 셀에 복사하는 기능이다.

4.6.1 단순 데이터 복사하기

셀에 문자 또는 숫자 데이터만 입력한 경우 채우기 핸들을 드래그하면 연속된 셀에 데이터가 복사된다.

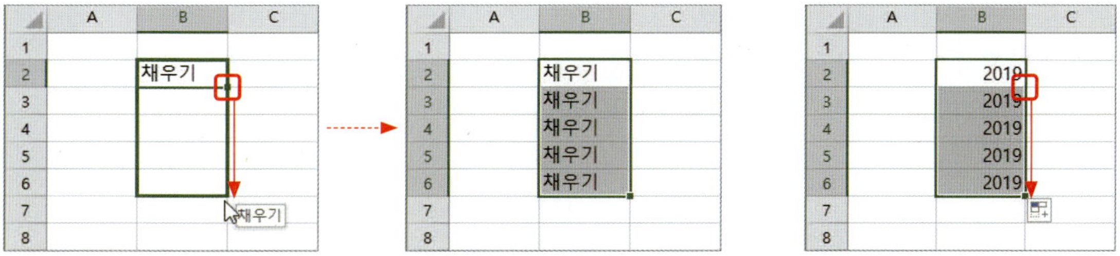

TIP 숫자 데이터를 차례로 증가시키면서 채우려면 Ctrl을 누른 채로 채우기 핸들을 드래그한다.

4.6.2 연속 데이터 복사하기

문자와 숫자로 구성된 혼합 데이터의 경우 채우기 핸들을 드래그하면 숫자만 연속적으로 증가하면서 채워진다.

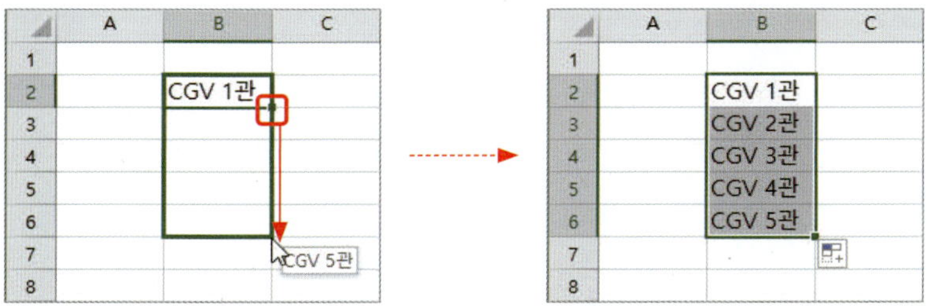

TIP 혼합 데이터를 연속적 증가 없이 복사하려면 채우기 핸들을 드래그한 후 오른쪽 아래에 나타나는 [자동 채우기 옵션] 단추를 클릭하고 [셀 복사]를 선택한다.

숫자 데이터 또는 혼합 데이터의 경우 두 셀을 범위로 지정하고 채우기 핸들을 드래그하면 두 셀의 차이만큼 증가하거나 감소하면서 채워진다.

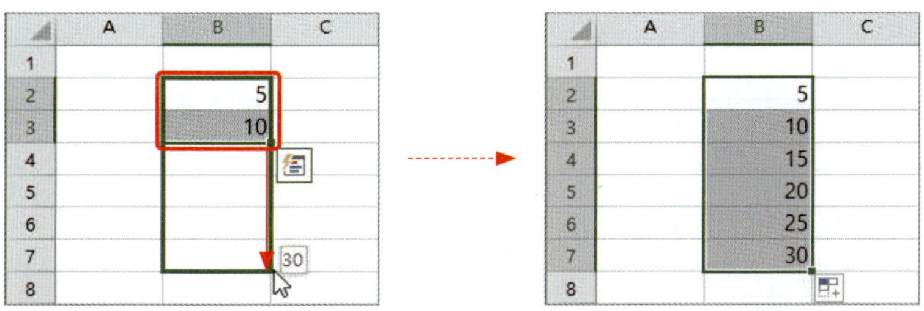

TIP 셀 범위에 숫자 데이터를 선형적으로 증가하도록 채우려면 데이터가 입력된 셀을 포함해 데이터를 채울 범위를 선택한 후 [홈] 탭–[편집] 그룹–[채우기]–[계열]을 선택해 [연속 데이터] 대화상자를 열고 [방향]은 [행] 또는 [열], [유형]은 [선형]을 선택하고 [단계 값]에 증가시킬 값을 입력한다.

4.6.3 사용자가 직접 목록으로 채우기

사용자 지정 목록은 시작과 끝 값이 정해진 상태에서 반복되는 값을 입력할 때 편리하게 사용할 수 있는 기능이다. 예를 들어 '월, 화, 수, 목, 금, 토, 일'의 경우 '월'이나 '목' 등의 값이 입력된 셀에서 채우기 핸들을 드래그하면 나머지 값이 순서대로 입력된다.

자주 사용하는 데이터가 있을 경우 사용자 지정 목록에 등록해 두면 편리하다. 사용자 지정 목록을 추가로 만들려면 [파일] 탭-[옵션]을 선택해 [Excel 옵션] 대화상자를 열고 [고급] 탭의 [일반] 항목에서 [사용자 지정 목록 편집]을 클릭한다. [사용자 지정 목록] 대화상자의 [목록 항목]에 직접 입력해도 되고 [목록 가져올 범위]에서 셀 범위를 설정해 목록을 가져올 수도 있다.

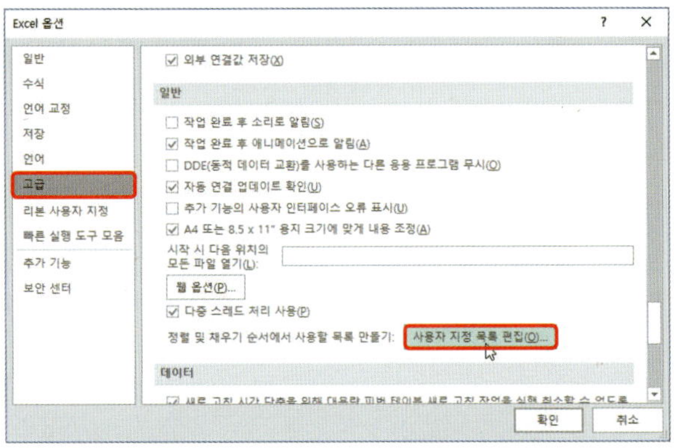

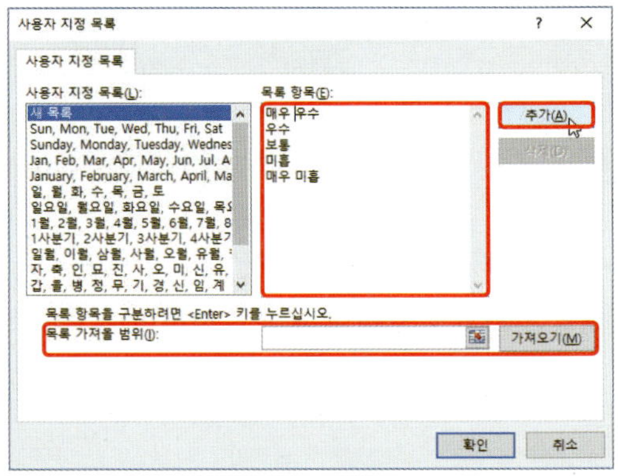

> **여기서 잠깐 ▶ 자동 채우기 옵션**
>
> 채우기 핸들을 드래그해서 값을 채우면 셀 범위 아래쪽 모서리에 [자동 채우기 옵션] 단추가 표시되는데, 이를 클릭해 다음 중 하나를 선택하여 채울 수 있다.
>
> 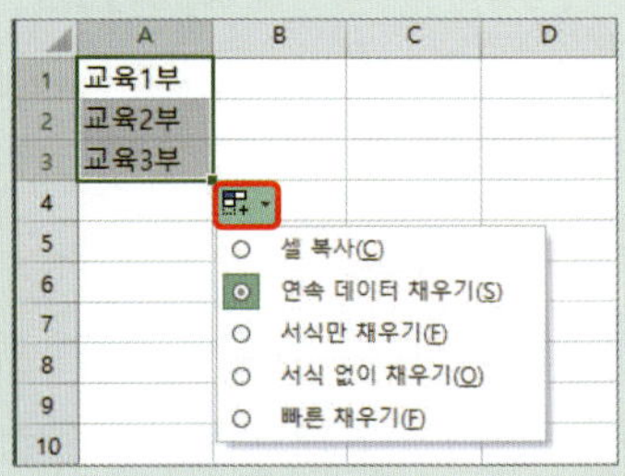
>
>
> ❶ **셀 복사** 값과 서식을 그대로 채우기
>
> ❷ **연속 데이터 채우기** 숫자 값은 1씩 증가, 서식은 그대로 채우기
>
> ❸ **서식만 채우기** 값은 무시하고 서식만 그대로 채우기
>
> ❹ **서식 없이 채우기** 서식은 무시하고 숫자 값을 1씩 증가해 채우기
>
> ❺ **빠른 채우기** 서식은 무시하고 옆 셀의 데이터 패턴을 참조해서 데이터 채우기

기본예제 4-6 자동 채우기 및 데이터 입력하기

날짜 데이터를 자동 채우기로 입력하고, 특수 문자와 한자도 입력해 보자.

01 자동 채우기 '실습4-6(준비).xlsx' 파일을 연 후 [A3] 셀을 선택하고 채우기 핸들을 더블클릭하면 날짜 데이터가 차례로 증가하면서 채워진다.

	A	B	C	D	E
1	일일 판매 현황				
2	날짜	판매수량	매출액	수익금	수익금누계
3	07월 22일	55	478,500	143,550	143,550
4		120	1,044,000	313,200	456,750
5		45	391,500	117,450	574,200
6		67	582,900	174,870	749,070
7		155	1,348,500	404,550	1,153,620
8		87	756,900	227,070	1,380,690
9		66	574,200	172,260	1,552,950
10		110	957,000	287,100	1,840,050

	A	B	C	D	E
1	일일 판매 현황				
2	날짜	판매수량	매출액	수익금	수익금누계
3	07월 22일	55	478,500	143,550	143,550
4	07월 23일	120	1,044,000	313,200	456,750
5	07월 24일	45	391,500	117,450	574,200
6	07월 25일	67	582,900	174,870	749,070
7	07월 26일	155	1,348,500	404,550	1,153,620
8	07월 27일	87	756,900	227,070	1,380,690
9	07월 28일	66	574,200	172,260	1,552,950
10	07월 29일	110	957,000	287,100	1,840,050

TIP 인접한 셀에 데이터가 입력되어 있는 범위까지 데이터가 채워진다.

02 데이터 입력하기 [D12] 셀에 *작성일*이라고 입력하고 [E12] 셀에서는 Ctrl+;을 눌러 오늘 날짜를 입력한다. [D13] 셀에 *販賣*(판매)라고 입력하고 Alt+Enter를 누른 후 다음 줄에 *작성자*를 입력한다. [E13] 셀에는 *나부자*라고 입력한다.

	A	B	C	D	E
1	일일 판매 현황				
2	날짜	판매수량	매출액	수익금	수익금누계
3	07월 22일	55	478,500	143,550	143,550
4	07월 23일	120	1,044,000	313,200	456,750
5	07월 24일	45	391,500	117,450	574,200
6	07월 25일	67	582,900	174,870	749,070
7	07월 26일	155	1,348,500	404,550	1,153,620
8	07월 27일	87	756,900	227,070	1,380,690
9	07월 28일	66	574,200	172,260	1,552,950
10	07월 29일	110	957,000	287,100	1,840,050
11					
12				작성일	2019-04-05
13				販賣 작성자	나부자

03 가운데 맞춤 설정하기 [D12:E13] 영역을 범위로 지정하고 [홈] 탭–[맞춤] 그룹에서 가로와 세로의 [가운데 맞춤]을 각각 클릭한다.

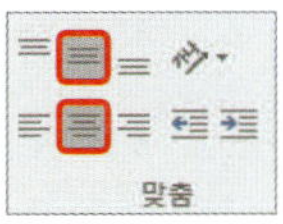

D12 | 작성일

	A	B	C	D	E
1	일일 판매 현황				
2	날짜	판매수량	매출액	수익금	수익금누계
3	07월 22일	55	478,500	143,550	143,550
4	07월 23일	120	1,044,000	313,200	456,750
5	07월 24일	45	391,500	117,450	574,200
6	07월 25일	67	582,900	174,870	749,070
7	07월 26일	155	1,348,500	404,550	1,153,620
8	07월 27일	87	756,900	227,070	1,380,690
9	07월 28일	66	574,200	172,260	1,552,950
10	07월 29일	110	957,000	287,100	1,840,050
11					
12				작성일	2019-04-05
13				販賣 작성자	나부자

04 표 제목 앞뒤에 특수 문자(■) 입력하기 [A1] 셀을 선택하고 F2를 눌러 셀 편집 상태로 만든다. 제목 앞에 커서를 두고 한글 자음 ㅁ을 입력한 후 한자를 눌러 특수문자 목록을 열고 ■을 선택해 입력한다.

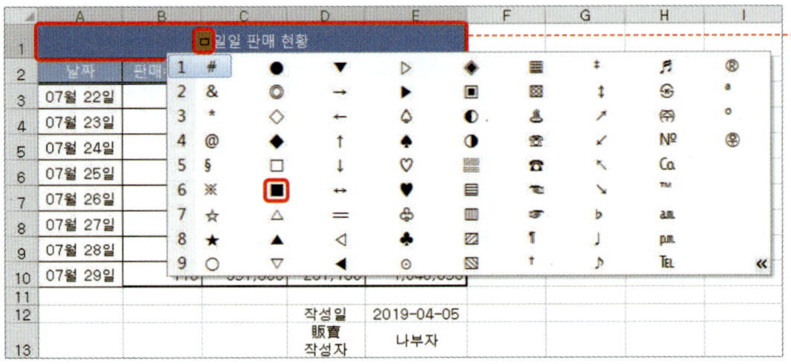

TIP 특수 문자 목록 창 오른쪽 아래에 있는 [» 보기 변경] 단추를 클릭하면 특수 문자 목록이 확대된다.

05 저장하기 [파일] 탭–[다른 이름으로 저장]을 선택하고 '실습4–6(완성).xlsx'로 저장한다.

기본예제 4-7 사용자 지정 목록으로 자동 채우기

사용자 지정 목록을 추가하고 자동 채우기와 숫자 데이터 감소시켜 채우기 실습을 해 보자.

01 [사용자 지정 목록 편집] 선택하기 '실습4–7(준비).xlsx' 파일을 열고 [파일] 탭–[옵션]을 선택해 [Excel 옵션] 대화상자가 열리면 [고급] 탭에서 [일반] 항목의 [사용자 지정 목록 편집]을 클릭한다.

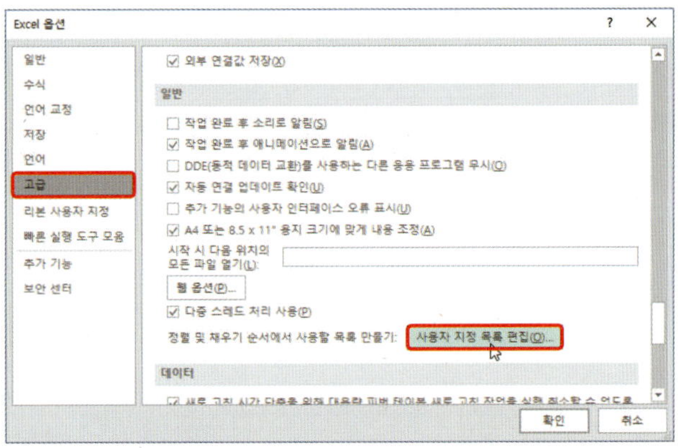

02 사용자 지정 목록 추가하기 [사용자 지정 목록] 대화상자의 [사용자 지정 목록] 항목에서 [새 목록]을 선택하고 [목록 항목] 상자에 *매우만족* Enter *만족* Enter *보통* Enter *불만* Enter *매우불만*을 입력한 후 [추가], [확인]을 차례로 클릭한다.

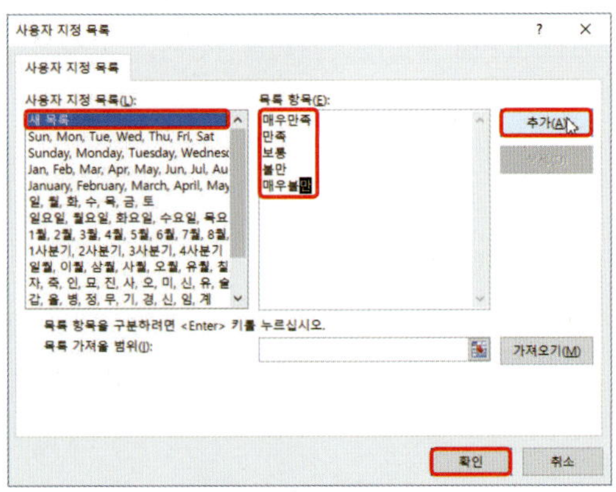

03 사용자 지정 목록 채우기 [G7] 셀에 *매우만족*을 입력한 후 채우기 핸들을 [K7] 셀까지 드래그한다. [자동 채우기 옵션] 단추를 클릭하고 [서식 없이 채우기]를 선택해 굵은 테두리 서식이 유지되도록 하고, 마우스 오른쪽 단추를 클릭해 미니 도구 모음에서 [글꼴 크기]는 [9], [맞춤]은 [가운데]로 설정한다.

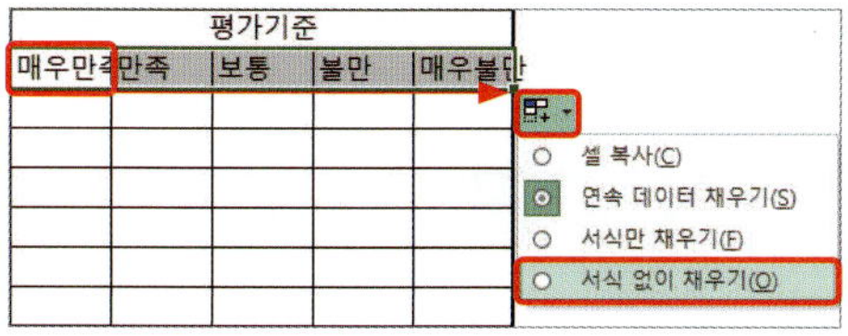

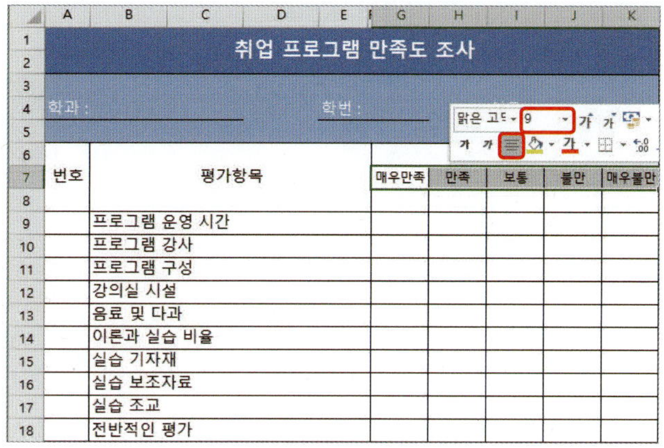

04 숫자 데이터 감소시켜 채우기 [G8] 셀에 5를, [H8] 셀에 4를 입력한 후 두 셀을 범위로 지정한다. 채우기 핸들을 [K8] 셀까지 드래그해 연속적으로 감소하는 값을 채우고 [자동 채우기 옵션] 단추를 클릭한 후 [서식 없이 채우기]를 선택해 굵은 테두리 서식이 유지되도록 한다.

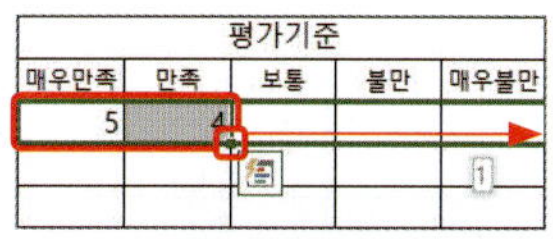

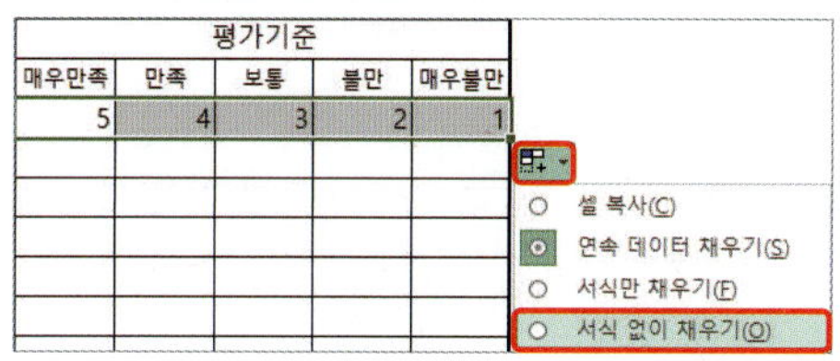

05 숫자 데이터 증가시켜 채우기 [A9] 셀에 *1*을 입력하고 Ctrl을 누른 채 채우기 핸들을 드래그해 [A18] 셀까지 연속적으로 증가하는 값을 채운다.

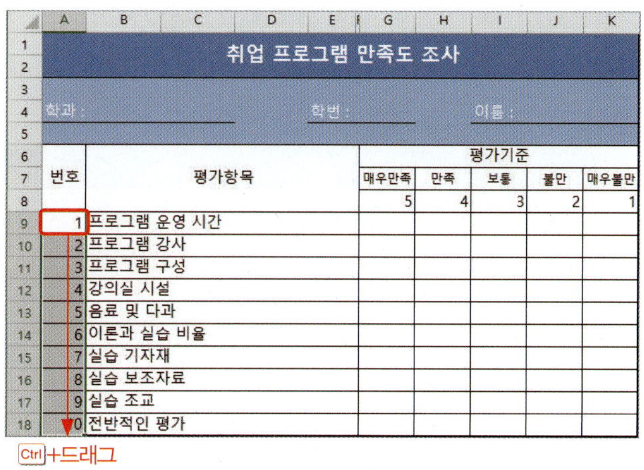

06 저장하기 [파일] 탭–[다른 이름으로 저장]을 선택하고 '실습4–7(완성).xlsx'로 저장한다.

기본예제 4-8 빠른 채우기

셀 데이터로부터 패턴을 찾아 데이터를 채우는 [빠른 채우기] 기능을 실습해 보자.

01 패턴 입력하기 '실습4-8(준비).xlsx' 파일을 열고 [B2] 셀에 *서울*을 입력한다.

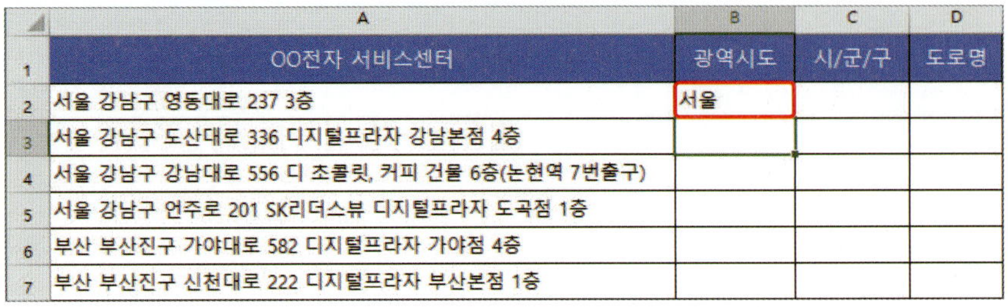

	A	B	C	D
1	OO전자 서비스센터	광역시도	시/군/구	도로명
2	서울 강남구 영동대로 237 3층	서울		
3	서울 강남구 도산대로 336 디지털프라자 강남본점 4층			
4	서울 강남구 강남대로 556 디 초콜릿, 커피 건물 6층(논현역 7번출구)			
5	서울 강남구 언주로 201 SK리더스뷰 디지털프라자 도곡점 1층			
6	부산 부산진구 가야대로 582 디지털프라자 가야점 4층			
7	부산 부산진구 신천대로 222 디지털프라자 부산본점 1층			

02 '광역시도' 열의 빠른 채우기 실행하기 [B3] 셀을 선택하고 [홈] 탭–[편집] 그룹–[채우기] 목록의 [빠른 채우기]를 선택한다. [B2] 셀의 패턴을 이용해 [B3:B7] 셀에 빠른 채우기로 데이터가 채워진다.

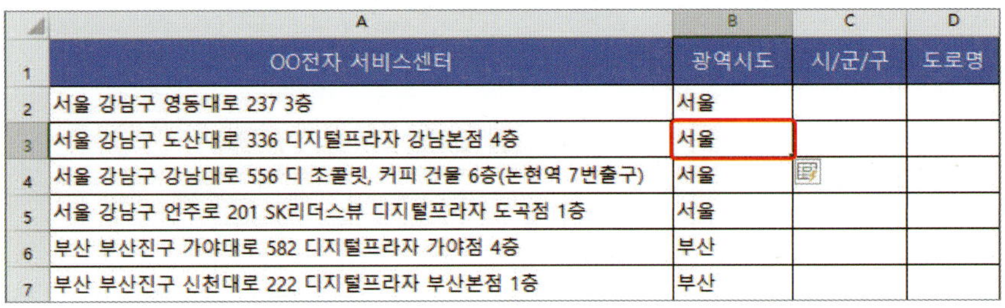

	A	B	C	D
1	OO전자 서비스센터	광역시도	시/군/구	도로명
2	서울 강남구 영동대로 237 3층	서울		
3	서울 강남구 도산대로 336 디지털프라자 강남본점 4층	서울		
4	서울 강남구 강남대로 556 디 초콜릿, 커피 건물 6층(논현역 7번출구)	서울		
5	서울 강남구 언주로 201 SK리더스뷰 디지털프라자 도곡점 1층	서울		
6	부산 부산진구 가야대로 582 디지털프라자 가야점 4층	부산		
7	부산 부산진구 신천대로 222 디지털프라자 부산본점 1층	부산		

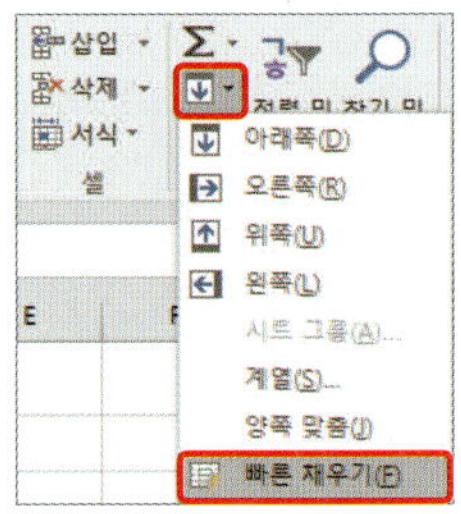

03 '시/군/구', '도로명' 열의 빠른 채우기 실행하기 같은 방법으로 [C2] 셀에 *강남구*를 입력하고 [빠른 채우기]를, [D2] 셀에 *영동대로*를 입력하고 [빠른 채우기]를 실행한다.

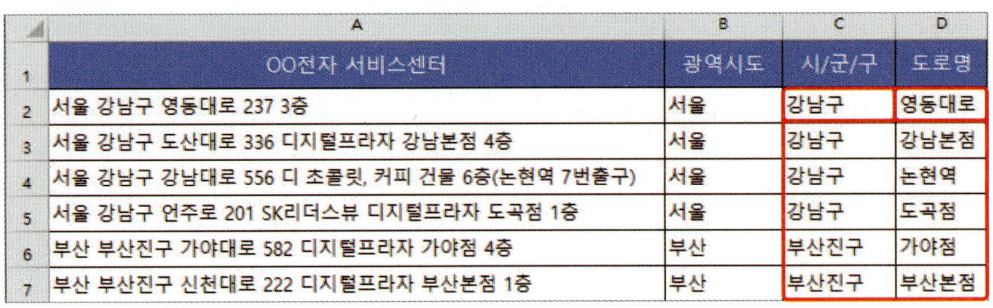

	A	B	C	D
1	OO전자 서비스센터	광역시도	시/군/구	도로명
2	서울 강남구 영동대로 237 3층	서울	강남구	영동대로
3	서울 강남구 도산대로 336 디지털프라자 강남본점 4층	서울	강남구	강남본점
4	서울 강남구 강남대로 556 디 초콜릿, 커피 건물 6층(논현역 7번출구)	서울	강남구	논현역
5	서울 강남구 언주로 201 SK리더스뷰 디지털프라자 도곡점 1층	서울	강남구	도곡점
6	부산 부산진구 가야대로 582 디지털프라자 가야점 4층	부산	부산진구	가야점
7	부산 부산진구 신천대로 222 디지털프라자 부산본점 1층	부산	부산진구	부산본점

04 저장하기 [파일] 탭–[다른 이름으로 저장]을 선택하고 '실습4-8(완성).xlsx'로 저장한다.

SECTION 05 셀 서식 설정하기

SECTION 05에서는 데이터 수정, 삭제, 복사, 이동 등의 편집 기능과 행/열 크기 변경, 숨기기 등의 행/열 서식 설정 기능에 대해 알아본다. 그리고 통합 문서 작성의 가장 기본이 되는 셀 서식 설정 방법에는 어떤 것들이 있는지 알아본다.

5.1 데이터 편집하기

데이터를 편집하려면 기본적으로 셀 데이터를 수정할 수 있어야 하고, 셀 또는 셀 범위를 삭제, 이동, 복사하는 방법을 알아야 한다. 가장 기본적인 데이터 편집 방법을 알아본다.

5.1.1 데이터 수정

입력되어 있는 데이터를 편집하려면 셀을 더블클릭하거나 셀 선택 후 F2를 눌러 셀 편집 상태로 만들어야 한다. 또는 셀을 선택한 후 수식 입력줄을 클릭해 데이터를 수정할 수도 있다.

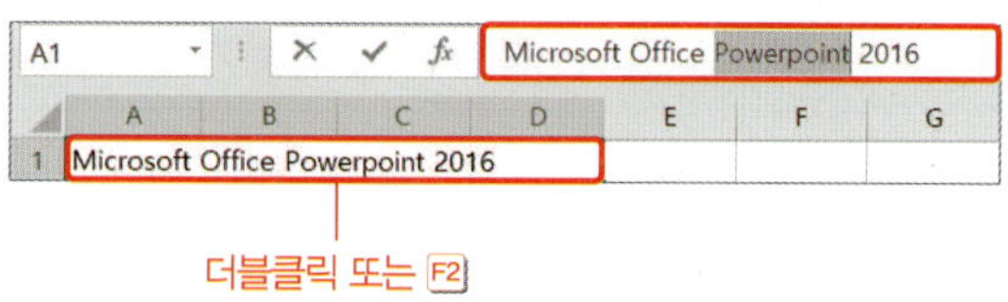

5.1.2 데이터 삭제

데이터를 삭제하려면 해당 셀 또는 셀 범위를 선택하고 Delete를 누른다. 데이터뿐만 아니라 서식, 메모 등도 모두 지우려면 [홈] 탭–[편집] 그룹–[지우기]–[모두 지우기]를 선택한다.

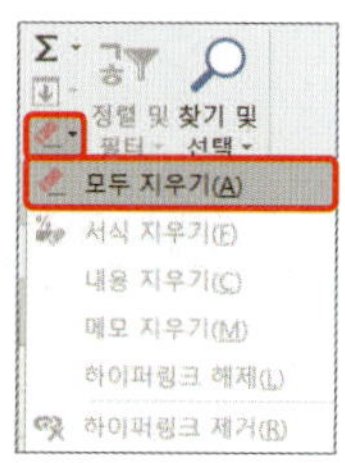

5.1.3 데이터 이동

데이터를 이동하려면 해당 셀 또는 셀 범위를 선택한 후 셀 테두리를 클릭해 원하는 위치로 드래그한다. 또는 이동하려는 셀 또는 셀 범위를 선택한 상태에서 Ctrl+X를 누르고 원하는 위치를 선택한 후 Ctrl+V를 누른다.

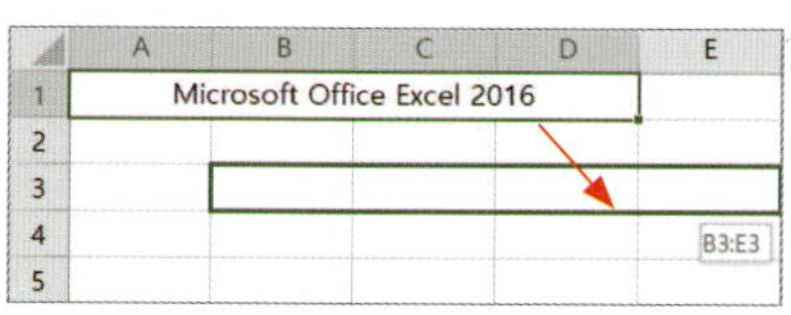

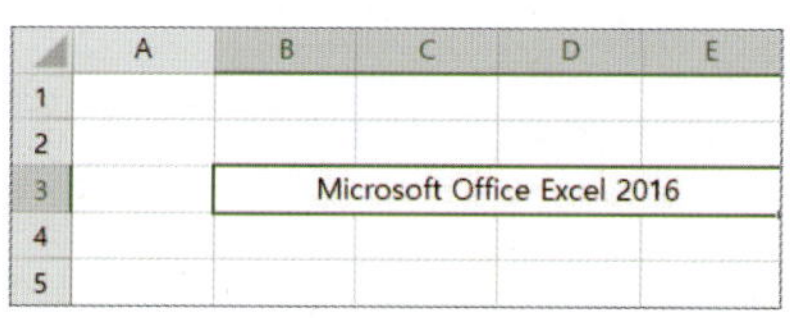

5.1.4 데이터 복사

데이터를 복사하려면 해당 셀 또는 셀 범위를 선택한 후 셀 테두리를 클릭하고 Ctrl을 누른 채로 원하는 위치로 드래그한다.

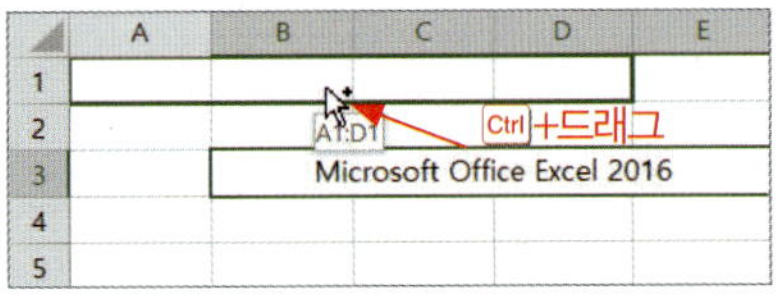

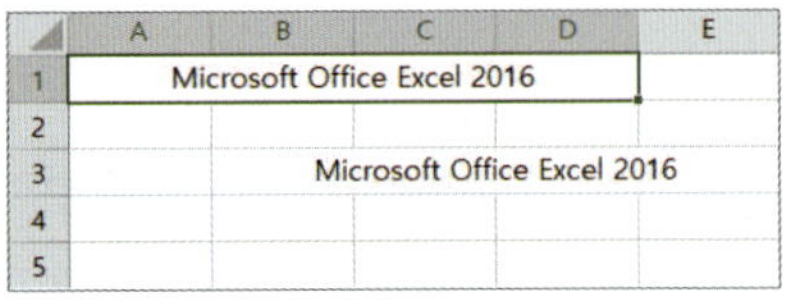

데이터를 여러 곳에 복사하려면 단축키를 이용해 복사하는 것이 더 효과적이다. 복사하려는 셀 또는 셀 범위를 선택하고 Ctrl+C를 누른 후 원하는 위치마다 Ctrl+V를 누른다.

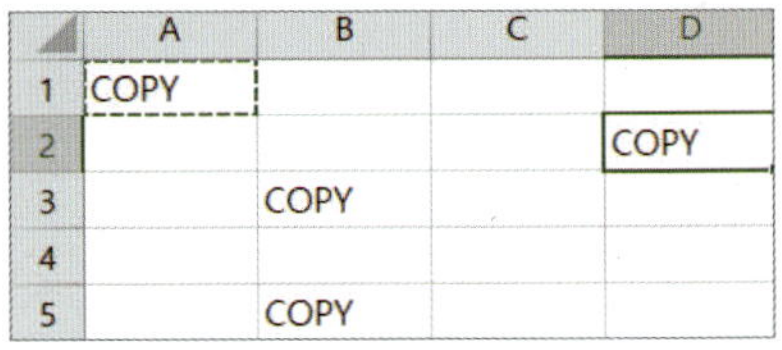

> **TIP** 복사한 셀 테두리가 점선이면 계속 복사할 수 있다. 더 이상 복사를 하지 않으려면 Esc를 누른다.

기본예제 4-9 선택하여 붙여넣기

셀 데이터를 복사한 후 선택하여 붙여넣기를 실습해 보자.

01 셀 범위 지정하고 복사하기 '실습4-9(준비).xlsx' 파일을 연 후 [A1] 셀을 선택하고 Ctrl+C를 눌러 복사한다.

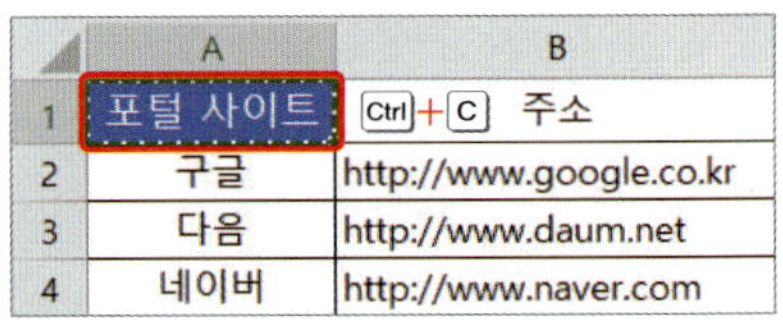

02 서식 복사하여 붙여넣기 [B1] 셀을 마우스 오른쪽 단추로 클릭하고 바로가기 메뉴의 [붙여넣기 옵션]에서 [서식]을 선택해 [A1] 셀의 값이 아닌 서식을 붙여넣는다.

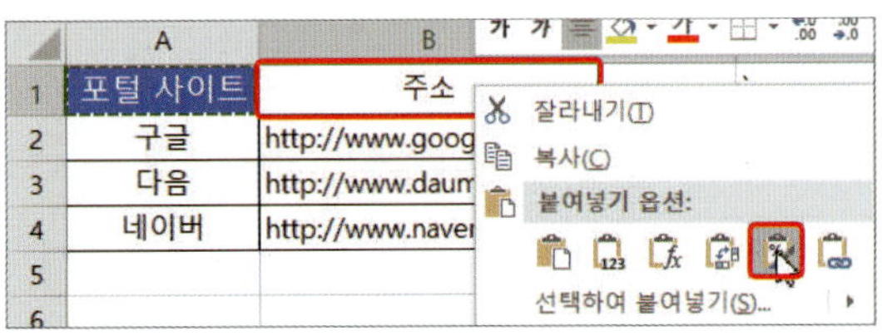

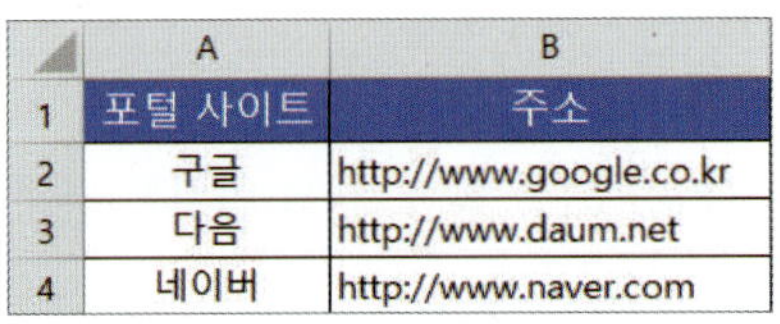

> **TIP** 서식만 복사하려면 [홈] 탭–[클립보드] 그룹의 [서식 복사]를 이용해도 된다.

03 원본 열 너비 유지하여 붙여넣기 [B1:B4] 범위를 선택하고 Ctrl+C를 누른 후 [D1] 셀을 마우스 오른쪽 단추로 클릭해 바로가기 메뉴의 [선택하여 붙여넣기] 옵션에서 [붙여넣기]의 [원본 열 너비 유지]를 선택한다.

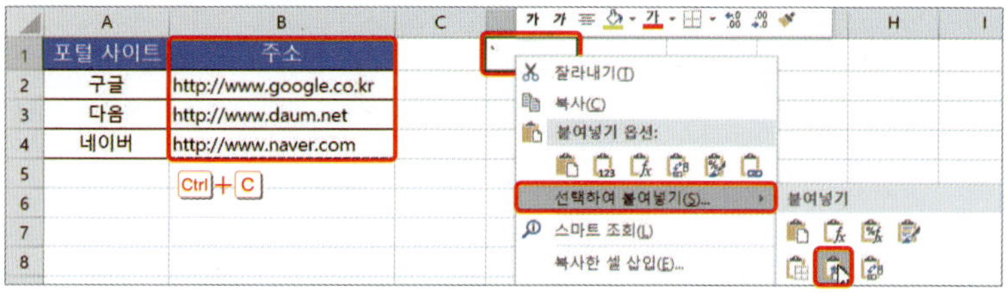

04 저장하기 [파일] 탭–[다른 이름으로 저장]을 선택하고 '실습4–9(완성).xlsx'로 저장한다.

5.2 행/열 삽입과 삭제, 너비와 높이, 숨기기 설정하기

워크시트에 행이나 열을 삽입하고 삭제하는 방법, 열 너비와 행 높이를 조절하는 방법, 그리고 보이지 않아도 되는 행이나 열을 숨기는 방법에 대해 알아본다.

5.2.1 행/열의 삽입/삭제

행/열을 삽입하려면 추가하려는 위치의 행/열 머리글을 마우스 오른쪽 단추로 클릭하고 [삽입]을 선택한다.

행/열을 삭제하려면 해당 행/열 머리글을 마우스 오른쪽 단추로 클릭하고 [삭제]를 선택한다.

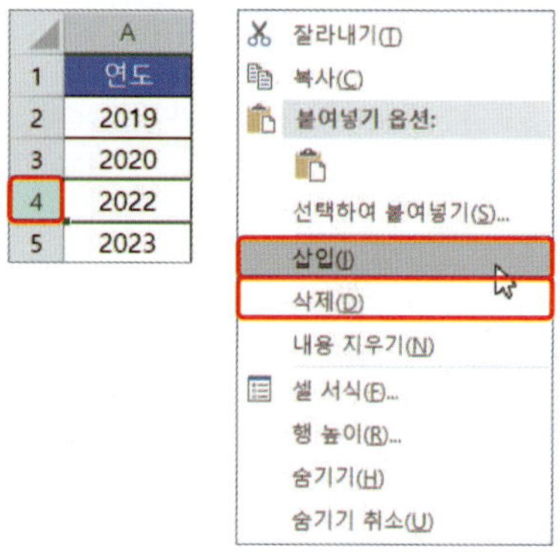

5.2.2 열 너비와 행 높이 변경하기

열 너비를 변경하려면 열 머리글의 오른쪽 경계선을 원하는 만큼 드래그한다. 또는 열 머리글을 마우스 오른쪽 단추로 클릭하고 [열 너비]를 선택한 후 [열 너비] 대화상자에 열 너비 값을 직접 입력한다.

TIP 여러 열의 너비를 한꺼번에 변경하려면 열 머리글을 드래그해 범위를 지정하고 열 머리글의 오른쪽 경계선을 드래그한다.

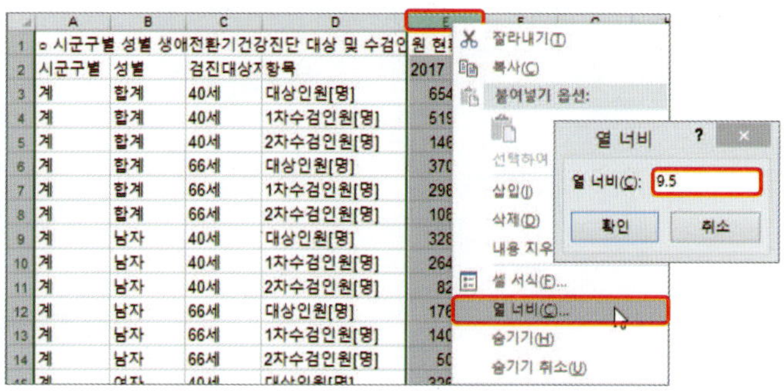

행 높이를 변경하려면 행 머리글의 아래쪽 경계선을 원하는 만큼 드래그한다. 또는 행 머리글을 마우스 오른쪽 단추로 클릭하고 [행 높이]를 선택한 후 행 높이 값을 직접 입력한다.

TIP 여러 행의 높이를 한꺼번에 변경하려면 행 머리글을 드래그해 범위를 지정하고 행 머리글의 아래쪽 경계선을 드래그한다.

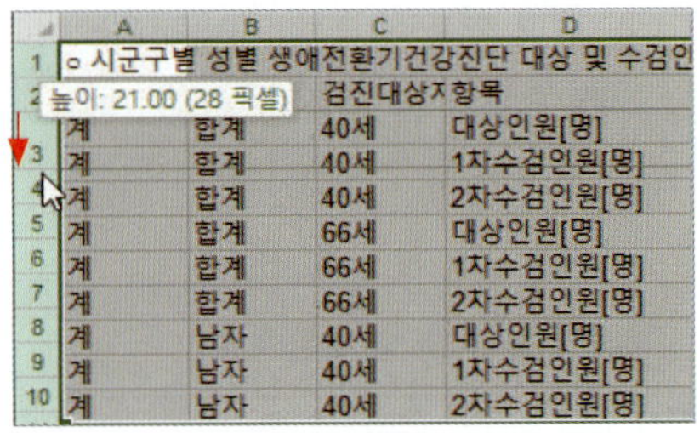

여기서 잠깐 **데이터 크기에 맞추어 셀 크기 조절하기**

셀에 입력된 데이터 크기에 열 너비 또는 행 높이를 맞추려면 열 머리글의 오른쪽 경계선 또는 행 머리글의 아래쪽 경계선을 더블클릭한다. 일괄적으로 여러 행 또는 열을 데이터 크기에 맞추려면 머리글을 범위 지정하고 경계선을 더블클릭한다.

5.2.3 행/열 숨기기

행/열을 숨기려면 해당 행/열 머리글을 마우스 오른쪽 단추로 클릭하고 [숨기기]를 선택한다.

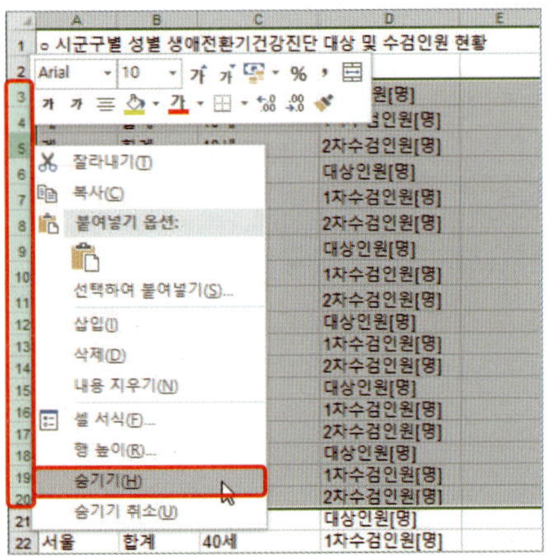

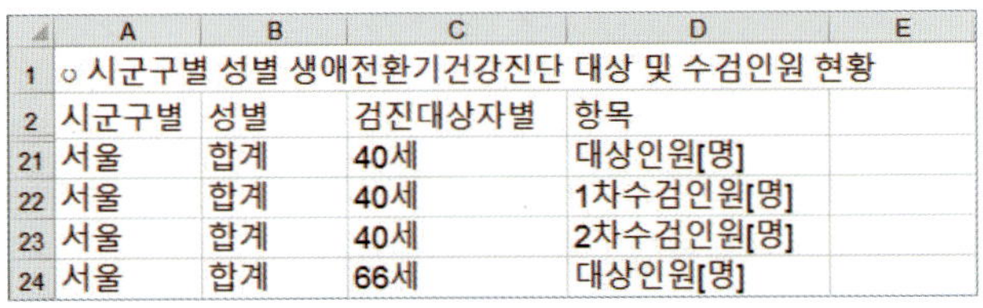

숨겨진 행/열을 표시하려면 해당 행/열을 포함하도록 주위 머리글을 드래그해 범위로 지정한 후 마우스 오른쪽 단추를 클릭하고 [숨기기 취소]를 선택한다.

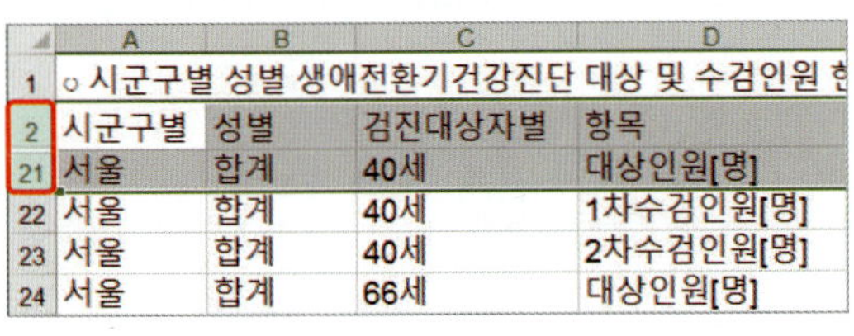

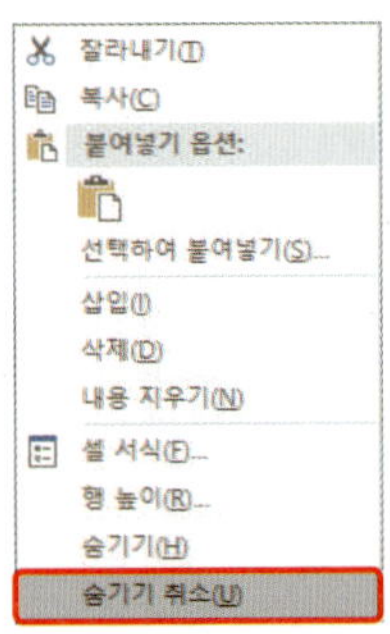

여기서 잠깐 ▶ 화면에 보이는 셀만 복사하기

행/열을 숨긴 상태에서 복사하여 붙여넣으면 숨겨진 행/열도 같이 복사된다. 화면에 보이는 셀만 복사하려면 먼저 해당 범위를 선택하고 [홈] 탭–[편집] 그룹–[찾기 및 선택]–[이동 옵션]을 선택한다. [이동 옵션] 대화상자에서 [화면에 보이는 셀만]을 선택하고 [확인]을 클릭한 후 Ctrl+C를 눌러 복사하고 복사할 위치에서 Ctrl+V를 누른다.

기본예제 4-10 열 숨기기 및 틀 고정하기

화면에서 감추고 싶은 열을 숨기고 화면에 보이는 셀만 복사해 보자. 또 화면을 아래로 스크롤하면 보이지 않게 되는 제목 행을 고정해 보자.

01 열 숨기기 '실습4-10(준비).xlsx' 파일을 연다. [D:E] 열 머리글을 선택하고 마우스 오른쪽 단추를 클릭해 [숨기기]를 선택한다.

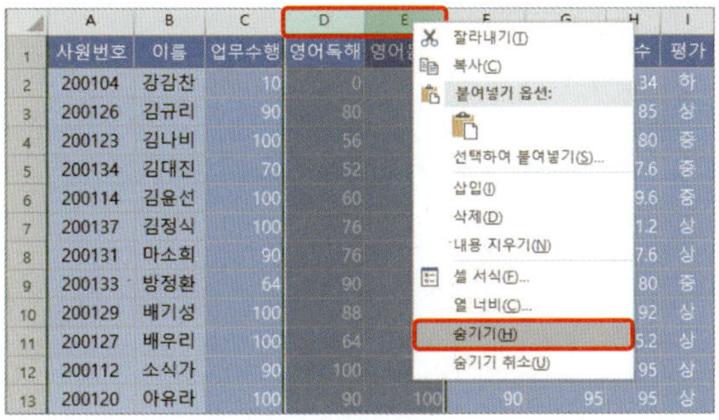

02 화면에 보이는 셀만 선택하기 [A1] 셀을 선택하고 Ctrl+Shift+→, Ctrl+Shift+↓을 차례로 눌러 데이터 전체를 선택한다. [홈] 탭–[편집] 그룹–[찾기 및 선택]–[이동 옵션]을 선택해 [이동 옵션] 대화상자를 열고 [화면에 보이는 셀만]을 선택한 후 [확인]을 클릭한다. Ctrl+C를 눌러 복사하고 [K1] 셀에서 Ctrl+V를 누른 후 [붙여넣기 옵션] 단추를 클릭하고 [원본 열 너비 유지]를 선택한다.

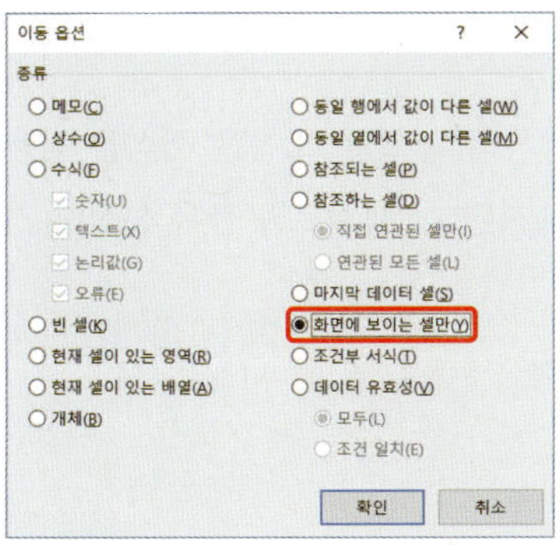

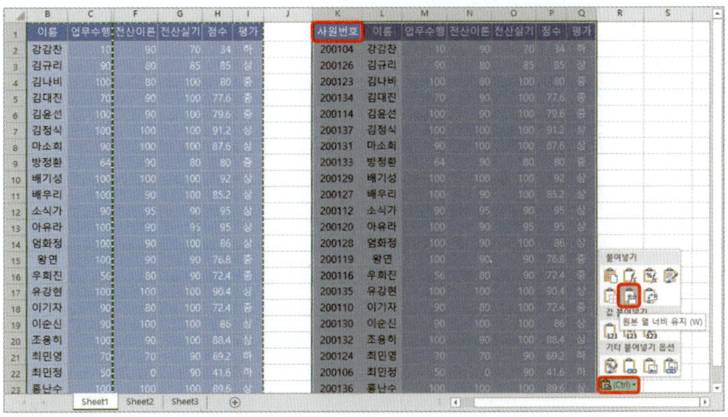

03 첫 행 고정하기 많은 데이터를 스크롤할 때 특정 행 또는 열을 고정해 레이블 등이 표시된 상태로 유지하기 위해 [보기] 탭–[창] 그룹–[틀 고정]–[첫 행 고정]을 선택한다. 워크시트를 아래로 스크롤하면서 첫 행 레이블이 계속 표시되는 것을 확인한다.

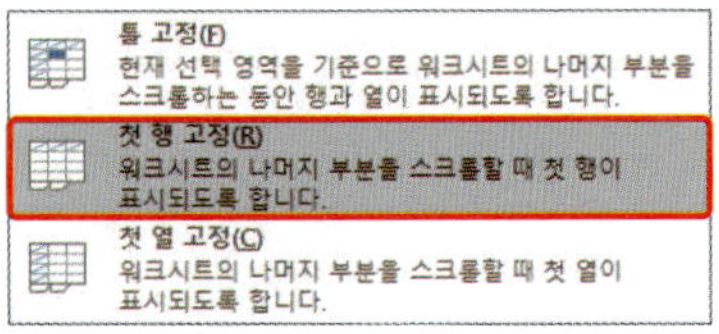

	A	B	C	F	G	H	I
1	사원번호	이름	업무수행	전산이론	전산실기	점수	평가
14	200128	엄화정	100	90	100	86	상
15	200119	왕연	100	90	90	76.8	중
16	200116	우희진	56	80	90	72.4	중
17	200135	유강현	100	100	100	90.4	상
18	200110	이기자	90	80	100	72.4	중
19	200130	이순신	90	100	100	86	상
20	200132	조용히	100	90	100	88.4	상
21	200124	최민영	70	70	90	69.2	하
22	200106	최민정	50	0	90	41.6	하
23	200136	홍난수	100	100	100	89.6	상

TIP 틀 고정을 취소하려면 [보기] 탭–[창] 그룹–[틀 고정]–[틀 고정 취소]를 선택한다.

04 저장하기 [파일] 탭–[다른 이름으로 저장]을 선택하고 '실습4-10(완성).xlsx'로 저장한다.

5.3 셀 서식 설정하기

[홈] 탭에 있는 다양한 도구를 이용해 셀에 서식을 설정하는 방법을 알아본다.

5.3.1 셀 서식

셀 서식은 [홈] 탭의 [글꼴], [맞춤], [표시 형식], [스타일] 그룹에 있는 도구를 이용해 설정할 수 있다.

간단한 셀 서식 설정은 서식 미니 도구 모음을 이용하면 편리하다. 서식 미니 도구 모음은 서식을 적용할 셀을 마우스 오른쪽 단추로 클릭하면 열리는 바로가기 메뉴 위에 표시된다. 텍스트를 블록 설정한 경우는 글꼴 서식 미니 도구 모음이 나타난다.

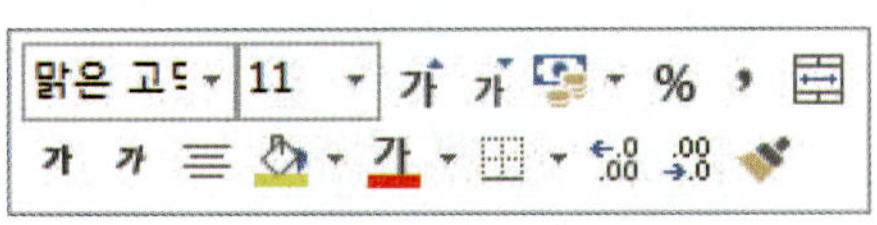

▲ 서식 미니 도구 모음

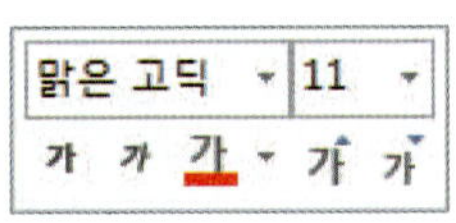

▲ 글꼴 서식 미니 도구 모음

셀 서식을 설정하는 또 다른 방법은 [셀 서식] 대화상자를 이용하는 것이다. [셀 서식] 대화상자는 [홈] 탭의 [글꼴], [맞춤], [표시형식] 그룹 오른쪽 아래에 있는 단추를 클릭하면 열린다.

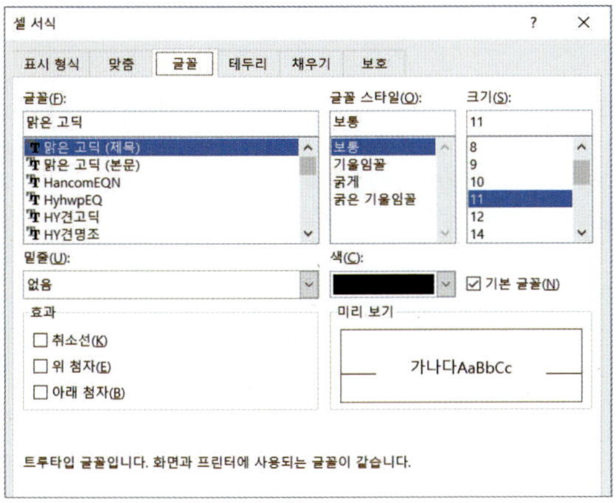

▲ [글꼴] 그룹에서 단추를 클릭한 경우

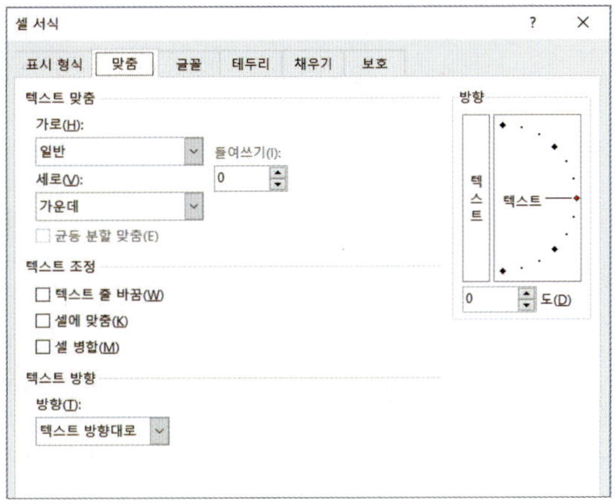

▲ [맞춤] 그룹에서 단추를 클릭한 경우

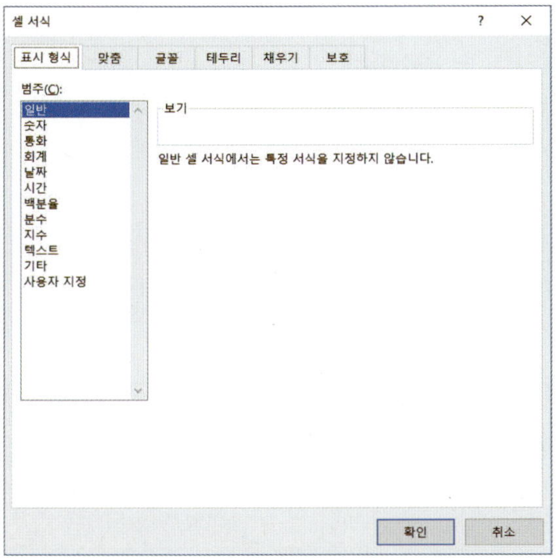

▲ [표시 형식] 그룹에서 단추를 클릭한 경우

TIP 셀을 마우스 오른쪽 단추로 클릭해 바로가기 메뉴에서 [셀 서식]을 선택해도 된다. 단축키는 Ctrl+1이다.

5.3.2 글꼴 서식

글꼴, 글꼴 크기, 글꼴 스타일, 글꼴 색 등의 글꼴 서식은 [홈] 탭–[글꼴] 그룹에서 지정할 수 있다.

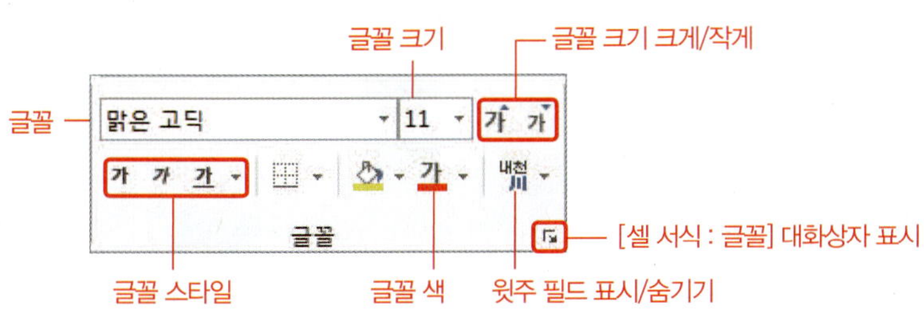

5.3.3 테두리와 채우기

셀의 테두리와 셀 배경색은 [홈] 탭-[글꼴] 그룹에 있는 [테두리], [채우기 색] 도구를 이용해 지정할 수 있다.

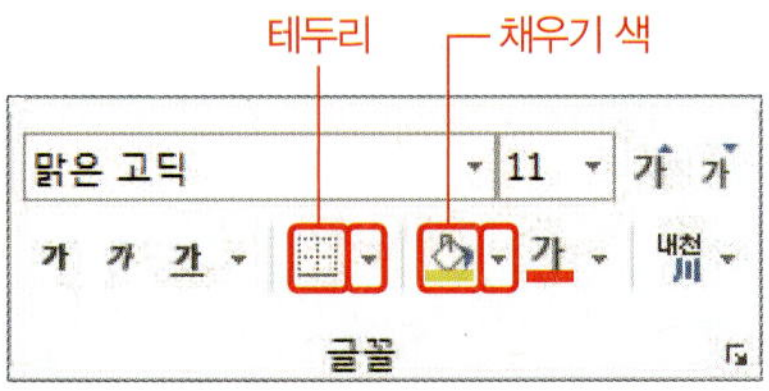

TIP [테두리], [채우기 색]을 클릭하면 현재 단추 모양에 설정되어 있는 서식이 적용된다. 그 외의 서식을 설정하려면 [▾ 목록] 단추를 클릭하면 열리는 목록에서 선택한다.

목록에 없는 테두리 스타일이나 대각선을 적용하려면 [홈] 탭-[글꼴] 그룹-[테두리] 목록에서 [다른 테두리]를 선택해 [셀 서식] 대화상자의 [테두리] 탭을 열고 [선] 항목에서 [스타일]과 [색]을, [미리 설정], [테두리] 항목에서 테두리 위치를 선택한다.

TIP 대각선을 적용하려면 [테두리] 항목에서 대각선 테두리 단추를 클릭한다.

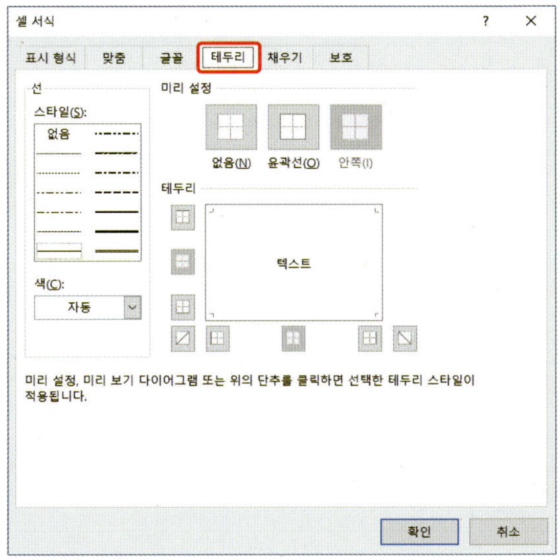

무늬로 채우기를 하려면 [셀 서식] 대화상자의 [채우기] 탭에서 [배경색], [무늬 색], [무늬 스타일]을 각각 선택한다. 그라데이션을 적용하려면 [채우기 효과]를 클릭해 [채우기 효과] 대화상자를 열어 설정한다.

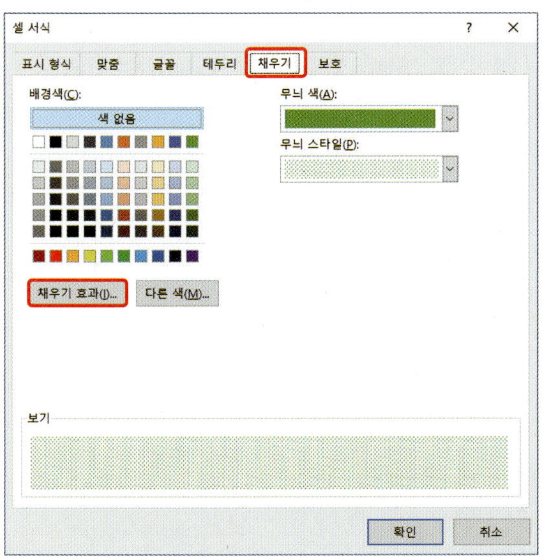

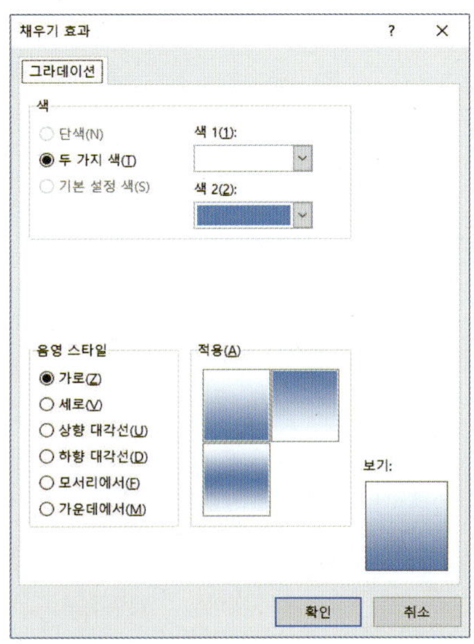

5.3.4 맞춤 서식

텍스트 맞춤, 방향, 내어쓰기/들여쓰기, 텍스트 줄 바꿈, 병합 등의 맞춤 서식은 [홈] 탭–[맞춤] 그룹에서 설정한다.

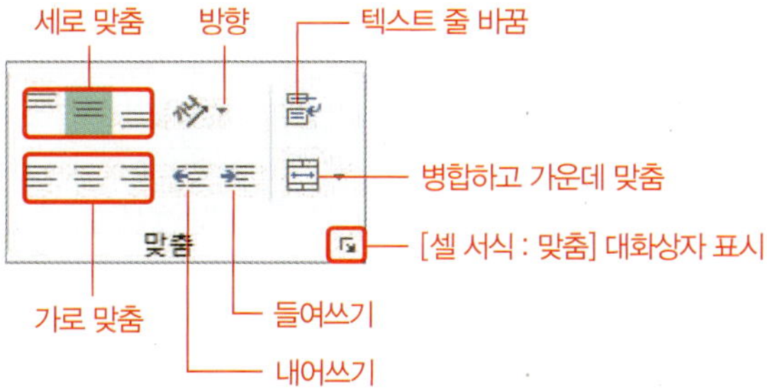

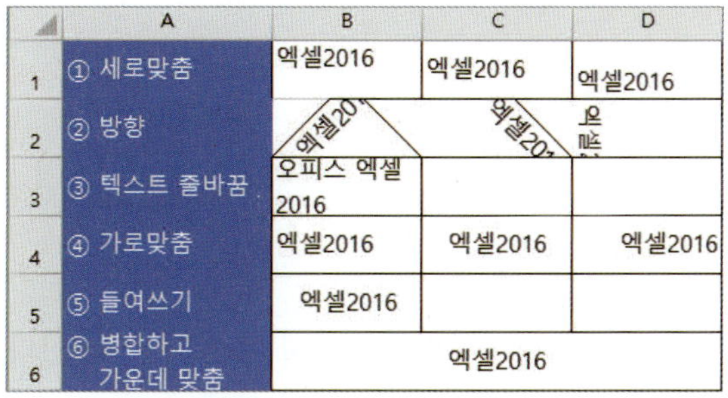

	A	B	C	D
1	① 세로맞춤	엑셀2016	엑셀2016	엑셀2016
2	② 방향	엑셀2016	엑셀2016	엑셀2016
3	③ 텍스트 줄바꿈	오피스 엑셀 2016		
4	④ 가로맞춤	엑셀2016	엑셀2016	엑셀2016
5	⑤ 들여쓰기	엑셀2016		
6	⑥ 병합하고 가운데 맞춤	엑셀2016		

5.3.5 표시 형식 지정하기

[홈] 탭–[표시 형식] 그룹에서 셀에 입력된 수치 데이터를 다양한 형태의 표시 형식으로 설정할 수 있다. 표시 형식은 셀 또는 셀 범위를 선택하고 [표시 형식] 그룹에서 설정한다.

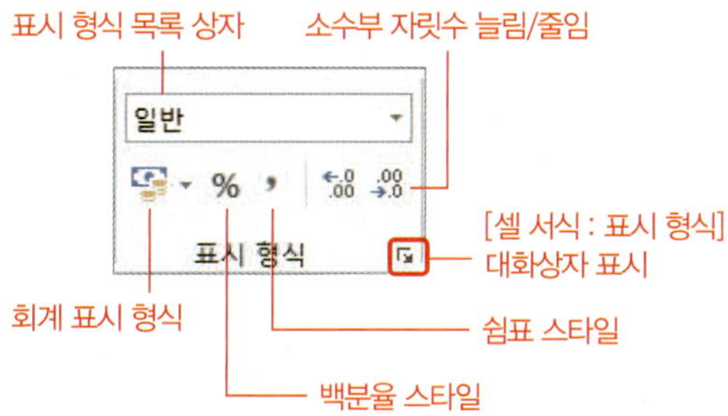

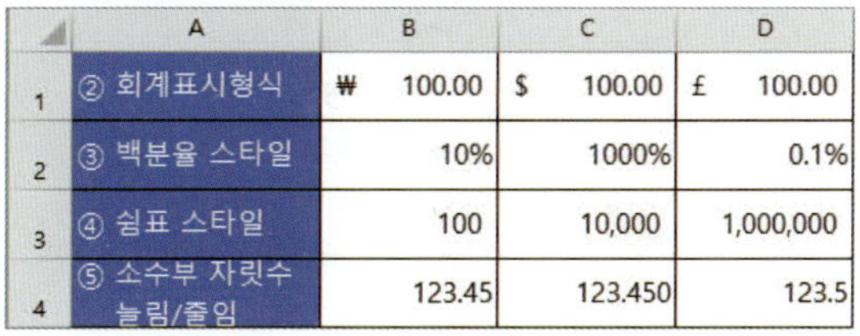

	A	B	C	D
1	② 회계표시형식	₩ 100.00	$ 100.00	£ 100.00
2	③ 백분율 스타일	10%	1000%	0.1%
3	④ 쉼표 스타일	100	10,000	1,000,000
4	⑤ 소수부 자릿수 늘림/줄임	123.45	123.450	123.5

표시 형식 및 사용자 지정 표시 형식 등을 상세히 지정하려면 [셀 서식] 대화상자의 [표시 형식] 탭을 이용한다.

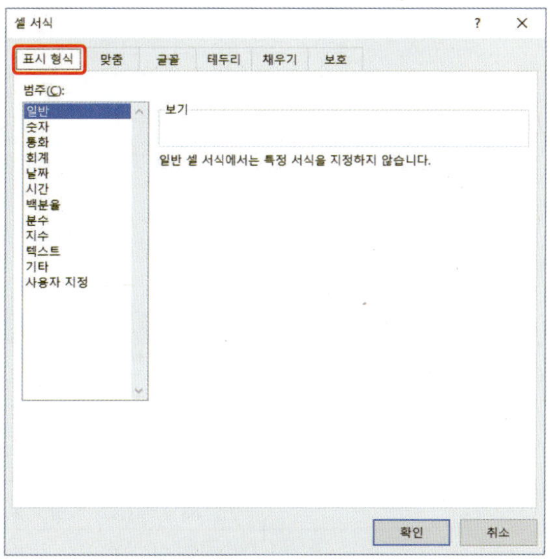

- **일반** 입력된 데이터 형태를 그대로 표시한다.
- **숫자** 소수 자릿수, 천 단위 구분 기호, 음수 등을 지정한다.
- **통화** 소수 자릿수, 통화 기호, 음수 등을 지정한다.
- **회계** 소수 자릿수, 통화 기호 등을 지정한다.
- **날짜** 엑셀에서 제공하는 날짜 표현 형식을 선택한다.

	A	B	C
1	표시형식	적용 예	선택사항
2	일반	100000	
3	숫자	(100,000)	천단위, 음수
4	통화	₩100,000.0	소수자릿수, 통화
5	회계	₩ 100,000.0	소수자릿수, 통화
6	날짜	2019-10-31	
7	시간	11:59 PM	
8	백분율	99.0%	소수자릿수
9	분수	1/8	한 자릿수 분모
10	지수	1.23E+11	소수자릿수
11	텍스트	100000	
12	기타	(02) 000-0000	전화번호(국번3자리)

▲ 표시 형식을 적용한 예

- **시간** 엑셀에서 제공하는 시간 표현 형식을 선택한다.
- **백분율** 소수 자릿수를 지정하고 수치 데이터 뒤에 백분율(%) 기호를 삽입한다.
- **분수** 소수를 분수 형식으로 나타낸다. 다양한 형태의 분모 자릿수를 선택한다.
- **지수** 수치 데이터를 지수 형식으로 표현하며, 소수 자릿수를 지정한다.
- **텍스트** 수치 데이터를 문자열 형식으로 지정한다.
- **기타** 우편번호, 전화번호, 주민등록번호 등 특수한 서식을 지정한다.
- **사용자 서식** 원하는 표시 형식이 없을 경우 사용자가 임의로 지정한다.

여기서 잠깐 **사용자 지정 형식 사용하기**

[셀 서식] 대화상자의 [표시 형식] 탭에서는 데이터에 다양한 표시 형식을 지정할 수 있다. 원하는 서식이 없으면 [범주] 항목의 [사용자 지정]을 선택해 직접 지정할 수 있다. 사용자 지정 목록에 원하는 형식이 없으면 유사한 형식을 선택하고 [형식] 입력 상자에서 수정하면 된다.

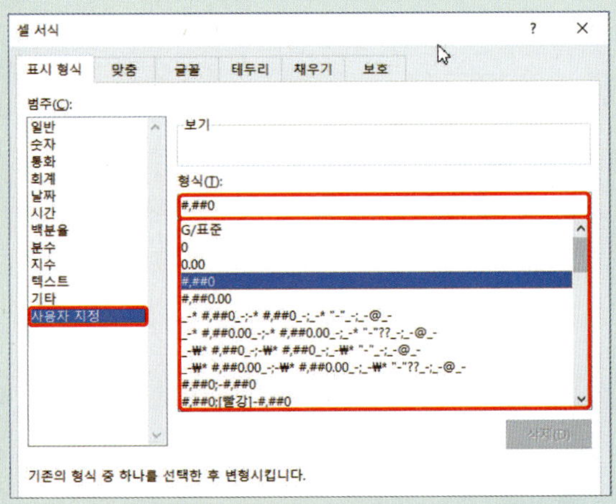

사용자 지정에 사용되는 서식 코드는 '#', '0', ','(1000 단위 구분), '.'(소수점 구분), '[ ]'(색상이나 조건 지정), '@'(특정한 문자를 붙여서 표시)' 등이 있다.

① '0'은 자릿수 표시자로, 숫자의 자릿수가 서식에 지정된 자릿수보다 적으면 유효하지 않은 0을 표시하고, '#'은 '0'과 같은 규칙을 따르지만 입력한 숫자의 자릿수가 소수점 위쪽 또는 아래쪽에서 서식에 지정된 # 기호보다 적으면 추가로 0을 표시하지 않는다.

② 숫자 뒤에 문자열을 추가하고 싶으면 큰따옴표("") 안에 입력하고, 문자열 뒤에 문자열을 추가하려면 서식 코드를 문자 사용자 코드 '@'와 같이 사용한다.

③ 날짜 서식에 요일을 표시하는 방법으로 'aaaa'를 사용하면 '목요일'과 같이 표시되고, 'aaa'를 사용하면 '목'과 같이 표시된다.

	A	B	C
1	입력 값	사용자 지정 서식코드	표시
2	1234.56	#,##0.0	1,234.6
3	9.9	0.00	9.90
4	9.9	0.##	9.9
5	1000000	#,##0"원"	1,000,000원
6	김주영	@ "귀하"	김주영 귀하
7	12/25	mm"월" dd"일"(aaaa)	12월 25일(수요일)
8	99	[빨강][<100]#;[파랑][>=100]#	99

5.3.6 셀 스타일

셀 스타일은 미리 정의된 글꼴, 글꼴 크기, 표시 형식, 셀 테두리 및 셀 음영 등의 스타일을 선택해 셀 서식을 빠르게 지정할 수 있는 기능이다. 셀 스타일을 적용하려면 셀 범위를 선택하고 [홈] 탭–[스타일] 그룹–[셀 스타일]에서 원하는 서식을 선택한다.

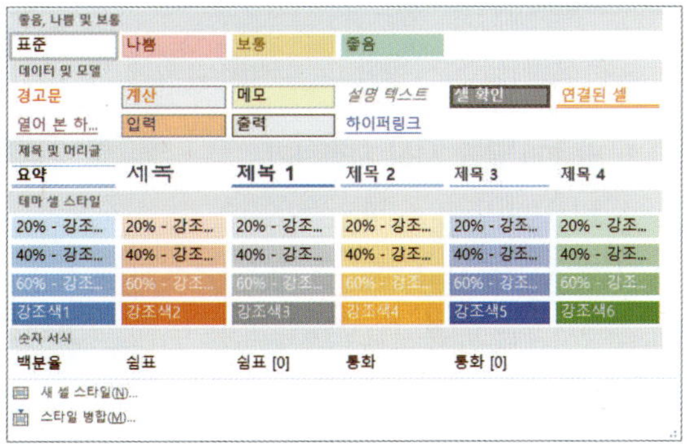

TIP 셀 스타일 적용을 취소하려면 [셀 스타일]에서 [표준]을 선택한다.

5.3.7 메모

메모는 셀 데이터에 대한 보충 설명이나 참고할 내용 등을 입력해 두는 기능이다. 메모를 삽입하려면 해당 셀을 선택하고 [검토] 탭–[메모] 그룹–[새 메모]를 클릭하거나, 마우스 오른쪽 단추를 클릭하고 [메모 삽입]을 선택한다. 셀의 모서리에 빨간색 메모 표식이 나타나고 메모 상자가 연결되면 상자에 내용을 입력한다. 입력을 마치고 메모 상자의 바깥쪽을 클릭하면 메모 상자가 사라지며, 입력한 메모를 확인하려면 마우스 포인터를 해당 셀에 위치시킨다.

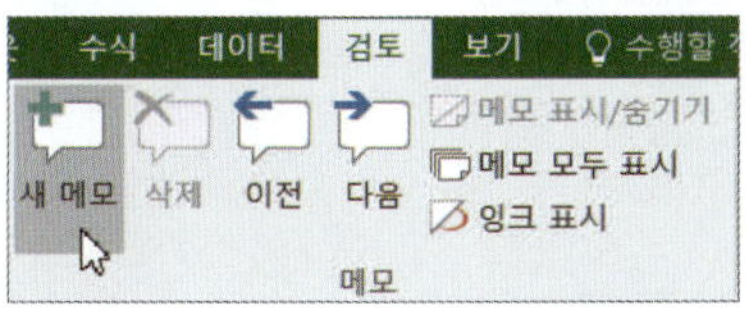

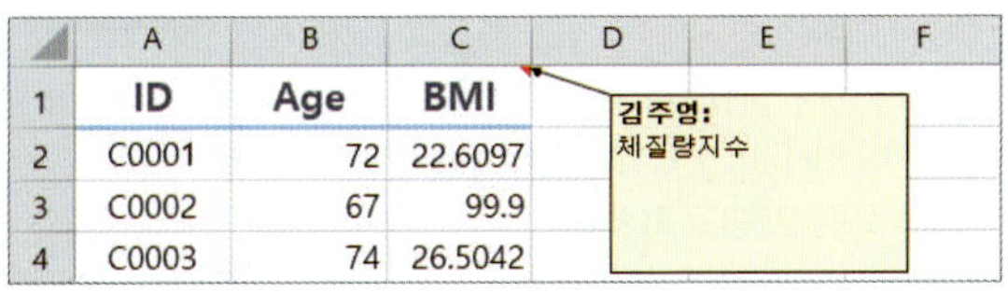

메모가 항상 표시되도록 하려면 메모가 입력된 셀을 선택하고 [검토] 탭–[메모] 그룹–[메모 표시/숨기기]를 클릭하거나, 마우스 오른쪽 단추를 클릭하고 [메모 표시/숨기기]를 선택한다. 다시 숨기려면 [메모 표시/숨기기]를 한 번 더 클릭한다.

메모를 편집하려면 해당 셀을 선택하고 [검토] 탭–[메모] 그룹–[메모 편집]을 클릭하거나, 마우스 오른쪽 단추를 클릭하고 [메모 편집]을 선택한다. 편집을 마치고 메모 상자의 바깥쪽을 클릭하면 메모 편집이 완료된다.

메모를 삭제하려면 해당 셀을 선택하고 [검토] 탭–[메모] 그룹–[삭제]를 클릭하거나, 마우스 오른쪽 단추를 클릭하고 [메모 삭제]를 선택한다.

기본예제 4-11 셀 서식 지정하기

다양한 셀 서식을 지정하고 메모를 입력해 보자.

01 맞춤과 글꼴 서식 지정하기 '실습4-11(준비).xlsx' 파일을 연다. [A1] 셀을 선택하고 [홈] 탭-[글꼴] 그룹에서 [글꼴]은 [HY헤드라인M], [글꼴 크기]는 [20], [글꼴 색]은 [파랑, 강조1]로 지정한다. 그리고 [A1:G1] 영역을 선택하고 [홈] 탭-[맞춤] 그룹-[병합하고 가운데 맞춤]을 클릭한다.

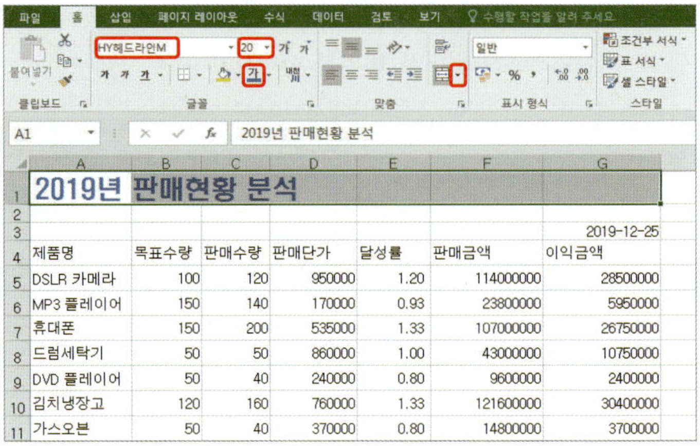

02 날짜 형태의 표시 형식 지정하기 [G3] 셀에서 마우스 오른쪽 단추를 클릭해 [셀 서식]을 선택한다. [표시 형식] 탭의 [범주] 항목에서 [사용자 지정]을 선택하고 [yyyy"年" mm"月" dd"日"] 형식을 선택한 후 *yy"年" mm"月" "현재"*로 수정하고 [확인]을 클릭한다.

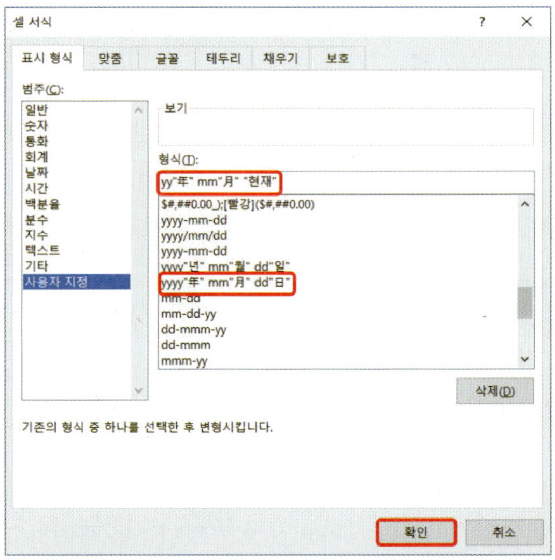

TIP [G3] 셀에 표시되어 있던 '2019-12-25'가 '19年 12月 현재'로 변경된다. 수정하기 전의 [yyyy"年" mm"月" dd"日"] 형식으로 지정하면 '2019年 12月 25日'로 표시된다.

03 셀 선택 후 맞춤 서식 지정하기 [A4:G4] 영역을 선택하고 Ctrl을 누른 채로 [A5:A11] 영역을 추가로 선택한다. [홈] 탭-[맞춤] 그룹-[가운데 맞춤]을 클릭한다.

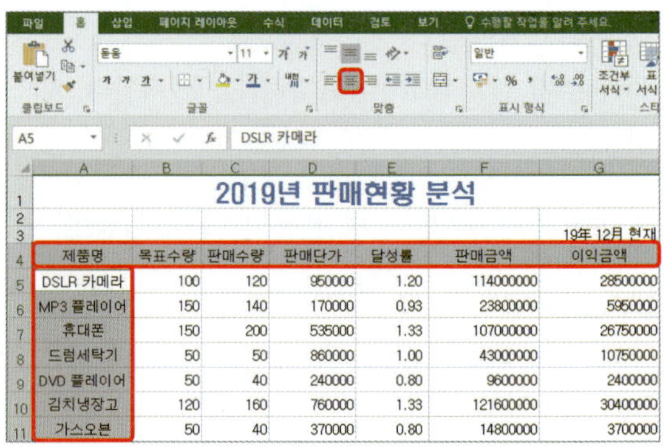

04 백분율, 회계 형태의 표시 형식 지정하기 [E5:E11] 영역을 선택하고 [홈] 탭–[표시 형식] 그룹–[백분율 스타일]을 클릭한다. 그리고 [D5:D11] 영역을 선택하고 Ctrl을 누른 채 [F5:G11] 영역을 추가로 선택한 후, [홈] 탭–[표시 형식] 그룹–[회계 표시 형식]을 클릭한다.

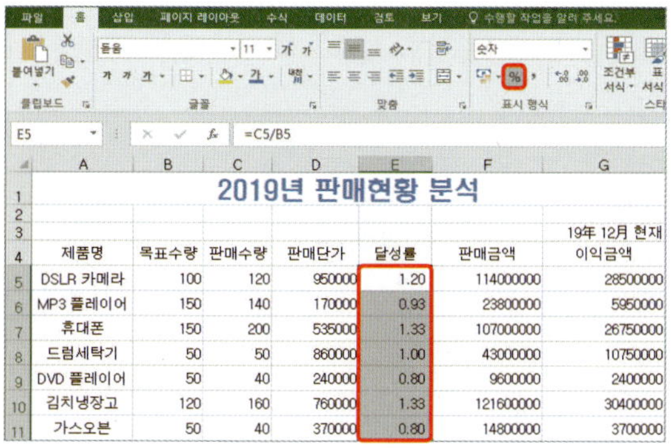

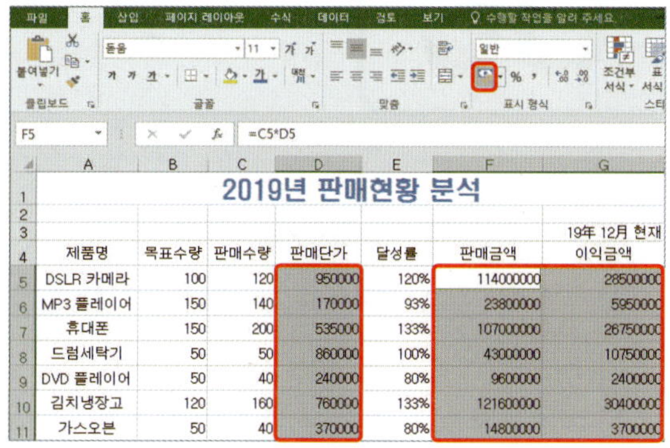

05 테두리, 무늬 지정하기 [A4:G11] 영역을 선택하고 [홈] 탭–[글꼴] 그룹–[테두리] 목록–[굵은 바깥쪽 테두리]를 선택한다. 그리고 [A4:G4] 영역을 선택하고 [홈] 탭–[스타일] 그룹–[셀 스타일]–[강조색1]을 선택한다.

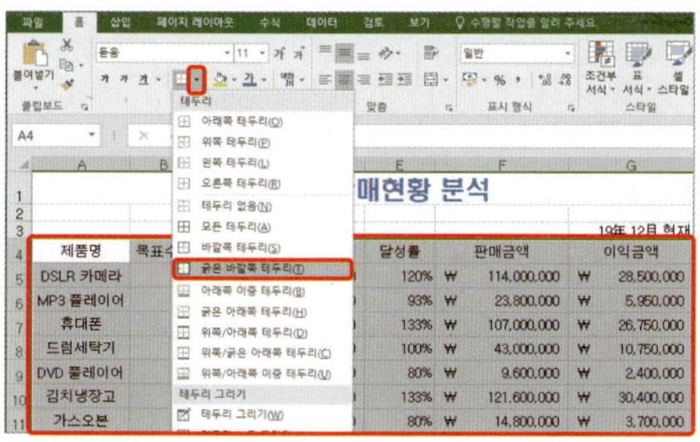

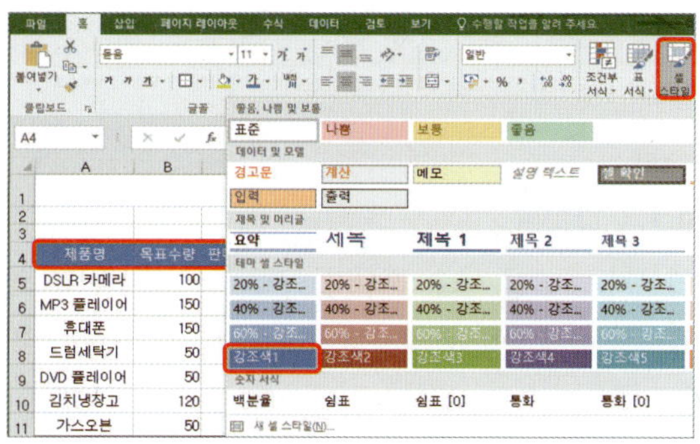

06 메모 삽입하기 [G4] 셀을 마우스 오른쪽 단추로 클릭하고 [메모 삽입]을 선택한다. 메모 상자에 *판매 금액 × 0.25*를 입력하고 메모 상자 바깥쪽을 클릭해 입력을 완료한다.

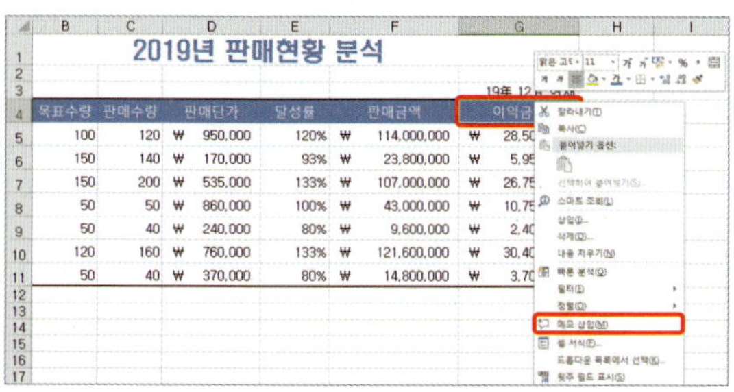

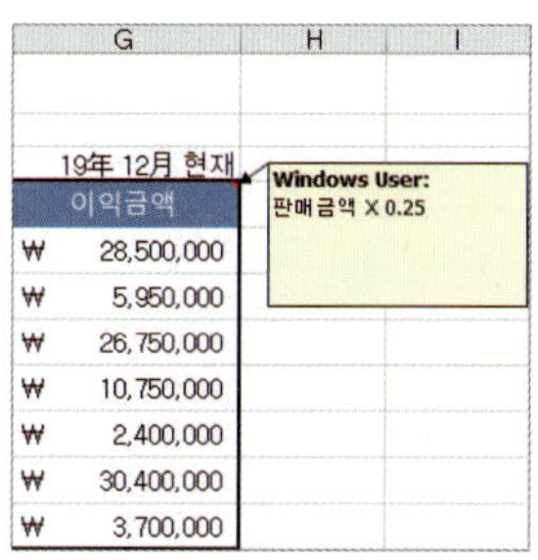

07 저장하기 [파일] 탭–[다른 이름으로 저장]을 선택하고 '실습4–11(완성).xlsx'로 저장한다.

SECTION 06

수식과 기본 함수 사용하기

엑셀의 가장 유용한 기능은 수식과 함수를 이용해 수치 데이터를 다루는 것이다. 수식을 사용하면 계산을 쉽게 할 수 있을 뿐 아니라 데이터를 수정할 경우 계산을 다시 하지 않고도 새로운 결과가 구해지도록 셀을 참조할 수 있다. 수식을 효과적으로 사용하려면 셀 참조 방식을 확실하게 알고 있어야 한다. 엑셀 함수는 특정 계산을 위한 수식을 미리 만들어둔 것으로, 올바로 사용하려면 그 기능과 인수에 대해 이해하고 있어야 한다. 수식과 함수를 사용하는 방법을 알아본다.

6.1 수식 개요

엑셀에서 수식은 셀에 입력된 수치 데이터를 이용해 함수와 연산자를 처리하기 위한 식을 의미한다. 수식은 반드시 등호(=)나 부호(+, –)로 시작하며, 셀에는 수식의 결괏값이, 수식 입력줄에는 실제 수식이 표시된다.

6.1.1 연산자

연산자는 크게 산술 연산자, 연결 연산자, 비교 연산자로 구분되며, 수식에서 함께 사용되는 경우에는 산술 〉 연결 〉 비교 연산자 순으로 우선순위가 결정된다.

종류	연산자	의미	사용 예	우선순위
산술 연산자	%	백분율	99%	1
	^	지수	25=5^2	2
	*	곱셈	81=9*9	3
	/	나눗셈	5=10/2	
	+	덧셈	300=100+200	4
	–	뺄셈	50=100–50	
연결 연산자	&	문자열 연결	컴퓨터실습="컴퓨터" & "실습"	5
비교 연산자	=	같다	FALSE=(10=100)	6
	>	크다	TRUE=10>5	
	<	작다	FALSE=5<1	
	>=	크거나 같다	TRUE=20>=20	
	<=	작거나 같다	TRUE=20<=20	
	<>	같지 않다	FALSE=20<>20	

6.1.2 셀 참조

셀 참조는 수식에서 계산할 데이터 또는 값의 위치를 알리는 것이다. 셀 참조 유형에는 상대 참조, 절대 참조, 혼합 참조가 있다.

참조 유형	의미
상대 참조	일반적인 주소 형태로, 수식을 복사하면 셀 주소의 행과 열이 모두 상대적으로 변경된다. 'A1'과 같은 형태로 사용한다.
절대 참조	셀 주소의 행과 열에 모두 $ 기호가 붙는 주소로, 수식을 복사해도 주소가 변경되지 않는다. '$A$1'과 같은 형태로 사용한다.
혼합 참조	상대 참조와 절대 참조를 혼합한 주소로, 수식을 복사하면 셀 주소 중 $ 기호가 붙은 행이나 열은 변하지 않고 나머지는 변경된다. 'A$1', '$A1'과 같은 형태로 사용한다.

TIP 셀 참조는 F4를 누를 때마다 상대 참조 → 절대 참조 → 혼합 참조의 순으로 전환되면서 적용된다.

상대 참조를 사용한 수식은 다른 셀로 복사하면 참조 위치가 변경되므로 원래 참조한 셀을 유지하면서 복사하려면 절대 참조 또는 혼합 참조를 사용해야 한다.

TIP 셀 수식을 복사할 때는 Ctrl+C와 Ctrl+V를 이용하거나 채우기 핸들을 드래그한다.

상대 참조로 수식을 작성한 경우 다른 셀로 복사하면 왼쪽 그림과 같이 참조 셀이 바뀌어 올바르게 계산된다. 그런데 오른쪽 그림과 같이 분모의 셀 주소가 고정되어야 하는 경우 상대 참조를 사용하면 계산 오류가 발생한다. 이 경우 올바른 결과가 나오도록 하려면 [E2] 셀의 상대 참조 수식(=D2/D6)을 절대 참조 수식(=D2/$D$6)으로 변경한 후 수식을 복사해야 한다.

	A	B	C	D	
1	제품번호	제품단가	수량	판매금액	수식
2	A001	12,000	10	120,000	=B2*C2
3	C101	8,000	20	160,000	=B3*C3
4	C102	8,200	20	164,000	=B4*C4
5	F001	3,500	100	350,000	=B5*C5
6	합계	31,700	150	794,000	=B6*C6

▲ 수식이 올바로 복사된 경우

	A	B	C	D	E	
1	제품번호	제품단가	수량	판매금액	비율	수식
2	A001	12,000	10	120,000	15%	=D2/D6
3	C101	8,000	20	160,000	#DIV/0!	=D3/D7
4	C102	8,200	20	164,000	#DIV/0!	=D4/D8
5	F001	3,500	100	350,000	#DIV/0!	=D5/D9
6	합계	31,700	150	794,000	#DIV/0!	=D6/D10

▲ 계산 오류가 발생한 경우

TIP '#DIV/0!'은 숫자를 0으로 나누면 발생하는 오류로서, 빈 셀로 나눌 때 발생한다.

6.2 함수 개요

엑셀의 함수는 특정 결괏값을 구하기 위한 수식을 미리 정의해둔 것이다. 계산을 위해 모든 수식을 직접 만들어도 되지만 엑셀의 함수를 사용하면 여러 가지 계산을 훨씬 쉽고 빠르게 할 수 있다. 함수의 형식을 이해하고 함수 마법사를 사용해 수식을 계산하는 방법에 대해 알아본다. 그리고 함수의 범주별 종류와 자동 합계 기능에 대해서도 알아본다.

6.2.1 함수 형식

함수는 인수를 사용해 작업을 수행하고 결괏값을 반환한다. 함수의 형식은 다음과 같다.

= 함수 이름(인수1, 인수2, 인수3, …, 인수n)
• 함수는 일종의 수식이므로 반드시 등호(=)로 시작한다. • 함수 이름: 엑셀에서 제공하는 함수 이름이다. • 인수: 함수를 실행하는 데 필요한 셀 범위, 배열, 수식, 함수, 문자열, 논릿값 등의 여러 형태가 올 수 있다. 하나의 함수에 여러 인수가 필요한 경우에는 콤마(,)로 구분하고 연속된 인수 범위를 지정할 때는 콜론(:)을 사용한다.

함수는 함수식을 직접 입력하거나 함수 마법사를 이용해 작성한다. 간단한 함수나 익숙한 함수는 직접 입력하는 것이 편하지만, 복잡하고 익숙하지 않은 함수는 함수 마법사를 이용하는 것이 더 쉽다.

6.2.2 함수 마법사

함수 마법사는 함수 범주와 목록을 제공하기 때문에 사용할 함수를 선택하기 쉽고 필요한 인수를 쉽게 입력할 수 있다. 함수 마법사를 실행하려면 [수식] 탭-[함수 라이브러리] 그룹-[함수 삽입]을 클릭하거나 수식 입력줄의 [fx 함수 삽입] 단추를 클릭한다.

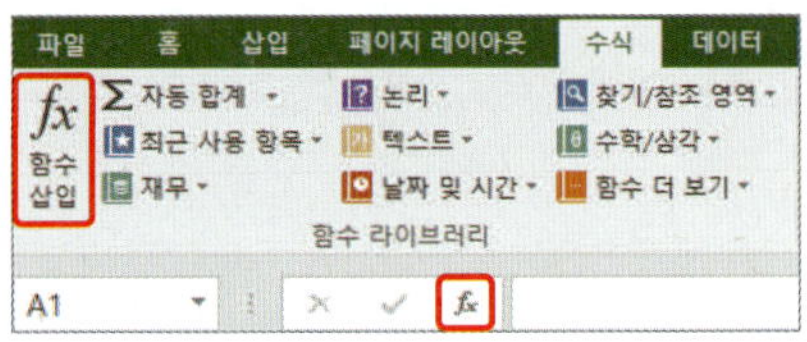

함수 마법사를 사용하는 방법은 다음과 같다.

- **1단계** [함수 마법사] 대화상자에서 범주와 함수를 차례로 선택한다.

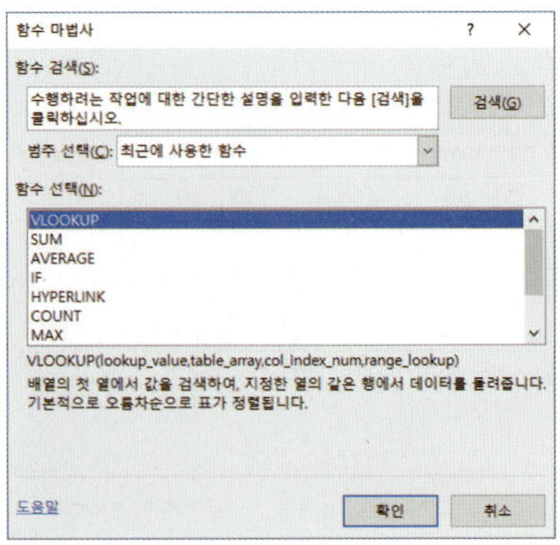

• **2단계** [함수 인수] 대화상자에서 필요한 인수를 입력한다. 함수식은 1,024자를 넘지 않아야 하며, 인수는 함수에 따라 차이가 있지만 최대 255개까지 사용할 수 있다.

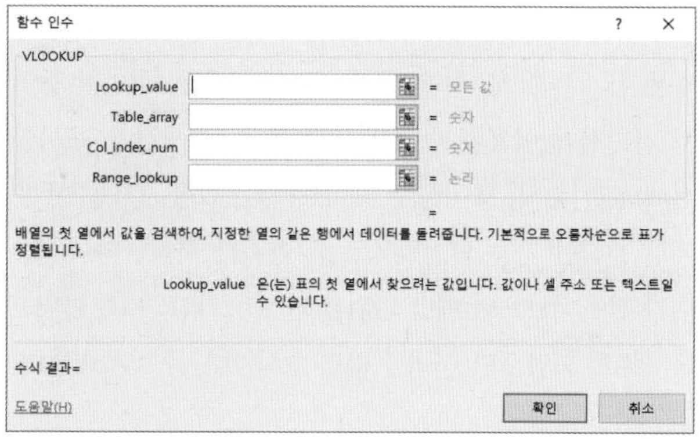

6.2.3 함수 종류

엑셀에서 제공하는 함수는 용도에 따라 다음 범주로 분류한다. 이 중에서 자주 사용하는 함수의 사용법을 알아본다.

함수 범주	용도	함수 종류
재무	재무 관련 계산에 이용	FV, NPER, PMT, IPMT, DB, PPMT, RATE
날짜/시간	수식의 날짜와 시간 처리	YEAR, MONTH, DAY, DATE, NOW, TIME, TODAY, WEEKDAY
수학/삼각	범위의 합계, 나머지, 반올림 등의 수학적인 계산에 사용	INT, ROUND, SUM, SUMIF, ABS, MODE, TRUNC, ROUNDUP
통계	선택 범위에 대한 통계 분석	AVERAGE, COUNT, COUNTA, COUNTIF, MAX, MIN, RANK.EQ
찾기/참조 영역	목록에 있는 특정 값이나 셀 참조 영역 등을 찾을 때 사용	CHOOSE, INDEX, VLOOKUP, HLOOKUP
데이터베이스	목록 값이 특정 조건이나 찾을 조건을 만족하는지 분석할 때 사용	DAVERAGE, DCOUNT, DSUM, DMAX, DCOUNTA
텍스트	수식에서 문자열을 조작할 때 사용	LEFT, LEN, MID, RIGHT, PROPER, TRIM, UPPER, SEARCH
논리	조건이 참인지 거짓인지 알아보거나 여러 조건을 검색할 때 사용	AND, IF, NOT, OR, IFERROR, FALSE
정보	셀에 저장될 데이터 종류를 결정할 때 사용	ISBLANK, ISERROR, ISNUMBER
공학	2진수, 8진수, 16진수, 제곱근 등을 계산할 때 사용	BIN2DEC, BIN2HEX, COMPLEX
큐브	관계형 데이터베이스 SQL Server Analysis Services와 연동해서 사용	CUBEMEMBER, CUBESET, CUBEVALUE
호환성	이전 버전과의 호환성을 유지하기 위해 사용	NORMDIST, POISSON, RANK
웹	웹에서 데이터를 가져오기 위해 사용	ENCODEURL, FILTERXML, WEBSERVICE

6.2.4 자동 합계 기능

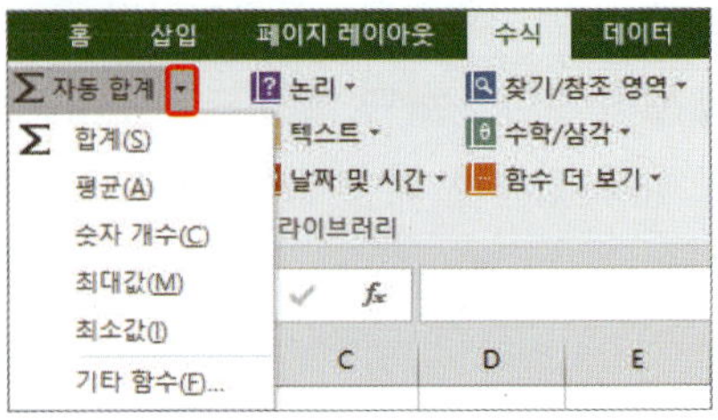

자동 합계는 합계, 평균, 숫자 개수, 최대값, 최소값 등의 함수를 간편하게 이용할 수 있는 기능으로, 결괏값을 표시할 셀을 선택하고 [수식] 탭–[함수 라이브러리] 그룹–[자동 합계] 목록에서 원하는 기능을 선택하고 셀 범위를 지정한다. 만약 셀 범위가 잘못되었으면 해당 범위를 다시 드래그하고, 범위 지정이 올바르게 되었으면 Enter를 눌러 수식 계산을 마무리한다.

> **TIP** [목록] 단추를 클릭하지 않고 [자동 합계]를 클릭하면 합계 함수가 적용되며, [홈] 탭–[편집] 그룹에서도 [자동 합계]를 이용할 수 있다.

기본예제 4-12 자동 합계 활용하기

자동 합계의 다양한 함수를 활용해 계산 작업을 해 보자.

01 합계 구하고 수식 복사하기 '실습4-12(준비).xlsx' 파일을 연다. [B6] 셀을 선택하고 [수식] 탭–[함수 라이브러리] 그룹–[자동 합계]를 클릭한 후 [B2:B5] 범위를 지정하고 Enter를 누른다. [B6] 셀의 채우기 핸들을 [D6] 셀까지 드래그해 수식을 복사한다.

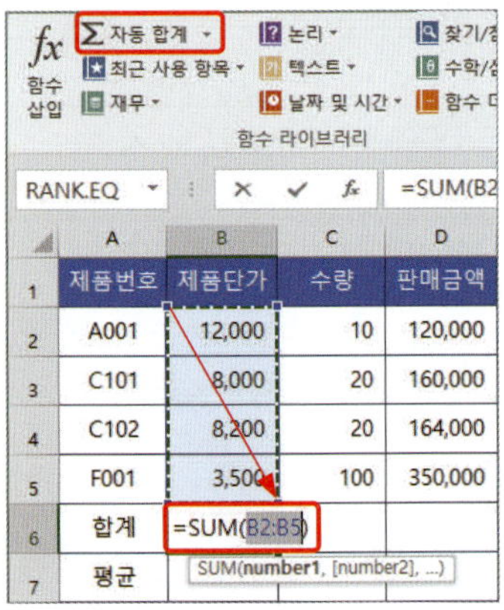

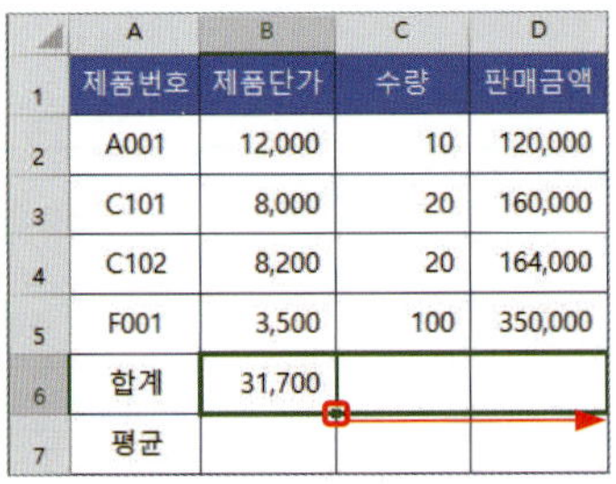

> **TIP** [자동 합계]를 클릭하면 인접한 영역이 합계를 구할 범위로 자동 지정된다. 올바르게 지정되었으면 그대로 Enter를 누르고, 아니라면 드래그해 범위를 선택하고 Enter를 누른다.

02 평균 구하고 수식 복사하기 [B7] 셀을 선택하고 [수식] 탭–[함수 라이브러리] 그룹–[자동 합계] 목록–[평균]을 선택한 후 [B2:B5] 범위를 지정하고 Enter를 누른다. [B7] 셀의 채우기 핸들을 [D7] 셀까지 드래그해 수식을 복사한다.

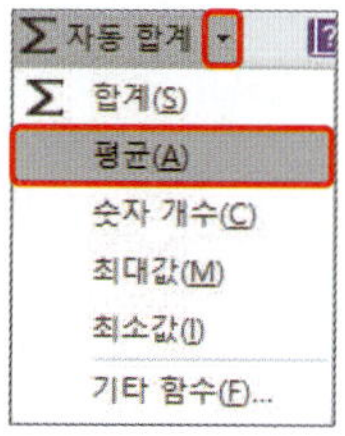

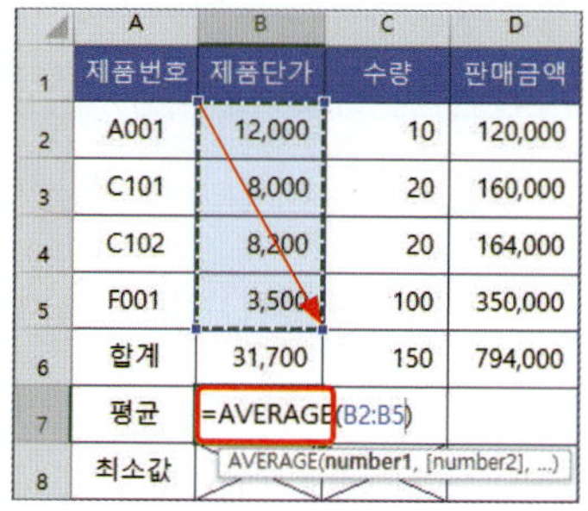

	A	B	C	D
1	제품번호	제품단가	수량	판매금액
2	A001	12,000	10	120,000
3	C101	8,000	20	160,000
4	C102	8,200	20	164,000
5	F001	3,500	100	350,000
6	합계	31,700	150	794,000
7	평균	=AVERAGE(B2:B5)		
8	최소값	AVERAGE(number1, [number2], ...)		

03 최소 판매금액 구하기 [D8] 셀을 선택하고 [수식] 탭–[함수 라이브러리] 그룹–[자동 합계] 목록–[최소값]을 선택한 후 [D2:D5] 범위를 지정하고 Enter를 누른다.

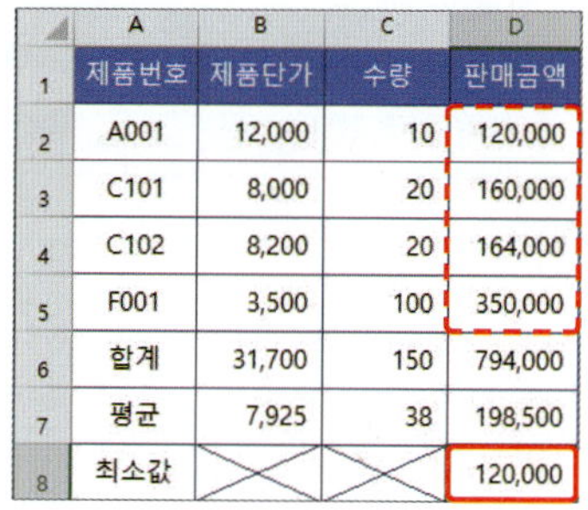

	A	B	C	D
1	제품번호	제품단가	수량	판매금액
2	A001	12,000	10	120,000
3	C101	8,000	20	160,000
4	C102	8,200	20	164,000
5	F001	3,500	100	350,000
6	합계	31,700	150	794,000
7	평균	7,925	38	198,500
8	최소값			120,000

04 최대 판매금액 구하기 [D9] 셀을 선택하고 [수식] 탭–[함수 라이브러리] 그룹–[자동 합계] 목록–[최대값]을 선택한 후 [D2:D5] 범위를 지정하고 Enter를 누른다.

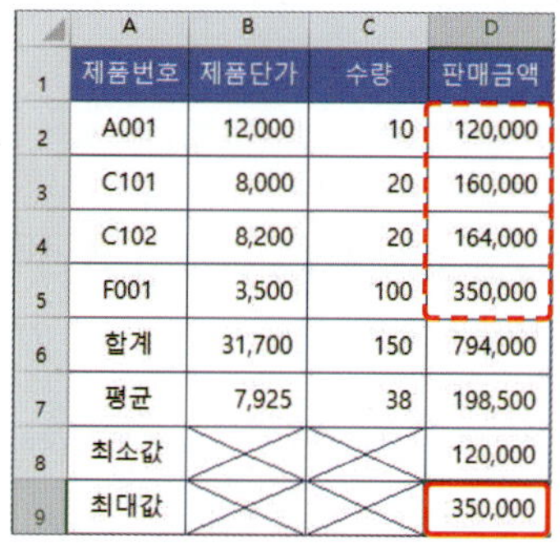

	A	B	C	D
1	제품번호	제품단가	수량	판매금액
2	A001	12,000	10	120,000
3	C101	8,000	20	160,000
4	C102	8,200	20	164,000
5	F001	3,500	100	350,000
6	합계	31,700	150	794,000
7	평균	7,925	38	198,500
8	최소값			120,000
9	최대값			350,000

05 제품 개수 구하기 [D10] 셀을 선택하고 [수식] 탭–[함수 라이브러리] 그룹–[자동 합계] 목록–[숫자 개수]를 선택한 후 [D2:D5] 범위를 지정하고 Enter를 누른다.

	A	B	C	D
1	제품번호	제품단가	수량	판매금액
2	A001	12,000	10	120,000
3	C101	8,000	20	160,000
4	C102	8,200	20	164,000
5	F001	3,500	100	350,000
6	합계	31,700	150	794,000
7	평균	7,925	38	198,500
8	최소값			120,000
9	최대값			350,000
10	제품수			4

06 저장하기 [파일] 탭–[다른 이름으로 저장]을 선택하고 '실습4–12(완성).xlsx'로 저장한다.

기본예제 4-13 절대 참조와 상대 참조 사용하여 수식 복사하기

절대 참조와 상대 참조를 사용해 수식을 만들고 복사해 보자.

01 부가세 구하기 '실습4-13(준비).xlsx' 파일을 연다. [E4] 셀에 *=D4*$F$2*를 입력해 부가세를 계산한 후 [E4] 셀의 채우기 핸들을 [E8] 셀까지 드래그해 수식을 복사한다.

▶ 부가세=판매금액×부가세율(10%)

	A	B	C	D	E	F
1	판매제품별 부가세					
2					세율	10%
3	제품번호	제품단가	수량	판매금액	부가세	이익금액
4	A001	12,000	10	120,000	=D4*$F$2	
5	C101	8,000	20	160,000		
6	C102	8,200	20	164,000		
7	F001	3,500	100	350,000		
8	합계			794,000		

	A	B	C	D	E	F
1	판매제품별 부가세					
2					세율	10%
3	제품번호	제품단가	수량	판매금액	부가세	이익금액
4	A001	12,000	10	120,000	12,000	
5	C101	8,000	20	160,000	16,000	
6	C102	8,200	20	164,000	16,400	
7	F001	3,500	100	350,000	35,000	
8	합계			794,000	79,400	

TIP 수식을 입력하는 가장 쉬운 방법은 =을 입력한 후 해당 셀을 클릭하는 것이다. 예제처럼 절대 참조를 입력할 때는 해당 셀을 클릭하고 F4를 누른다.

02 이익금액 구하기 [F4] 셀에 *=D4−E4*를 입력한 후 [F4] 셀의 채우기 핸들을 [F8] 셀까지 드래그해 수식을 복사한다.

▶ 이익금액=판매금액 – 부가세

	A	B	C	D	E	F
1	판매제품별 부가세					
2					세율	10%
3	제품번호	제품단가	수량	판매금액	부가세	이익금액
4	A001	12,000	10	120,000	12,000	=D4-E4
5	C101	8,000	20	160,000	16,000	
6	C102	8,200	20	164,000	16,400	
7	F001	3,500	100	350,000	35,000	
8	합계			794,000	79,400	

	A	B	C	D	E	F
1	판매제품별 부가세					
2					세율	10%
3	제품번호	제품단가	수량	판매금액	부가세	이익금액
4	A001	12,000	10	120,000	12,000	108,000
5	C101	8,000	20	160,000	16,000	144,000
6	C102	8,200	20	164,000	16,400	147,600
7	F001	3,500	100	350,000	35,000	315,000
8	합계			794,000	79,400	714,600

03 저장하기 [파일] 탭–[다른 이름으로 저장]을 선택하고 '실습4-13(완성).xlsx'로 저장한다.

6.3 기본 함수의 사용법

엑셀에서 제공하는 다양한 범주별 함수의 형식과 기능을 알아보자.

6.3.1 수학/삼각 함수

합계, 반올림, 올림/내림 등은 엑셀에서 가장 많이 계산하는 값들일 것이다. 함수를 사용해 이 값들을 구하는 방법을 알아본다.

- **SUM 함수**

범주	수학/삼각 함수
형식	SUM(number1, number2, …)
기능	인수들의 합을 구한다. 인수로 오는 숫자는 합계를 구하려는 값으로 30개까지 지정할 수 있다. 숫자에 셀 범위를 지정할 수도 있다.

문제 '기본함수예제.xlsx' 파일의 'SUM' 시트를 열고 강원 전자대리점의 판매액 합계를 구하시오.

함수식 =SUM(D4:D7)

	A	B	C	D
1				
2	강원 전자대리점 판매현황			
3	품목	목표량	판매량	판매액
4	카메라폰	57	51	17,850,000
5	노트북	71	27	40,500,000
6	캠코더	114	42	33,600,000
7	MP3	90	78	9,600,000
8	합계			101,550,000

- **SUMIF 함수**

범주	수학/삼각 함수
형식	SUMIF(range, criteria, [sum_range])
기능	주어진 조건에 의해 지정된 셀들의 합을 구한다. range는 조건을 적용할 셀 범위이고, criteria는 조건이다. sum_range는 선택 요소로 range에서 지정된 것과 다른 셀을 더하려는 경우 실제로 더할 셀이다.

문제 '기본함수예제.xlsx' 파일의 'SUMIF' 시트를 열고 판매금액이 2천만 원 이상인 제품의 수수료 총액을 구하시오.

함수식 =SUMIF(B3:B6, ">=20000000", C3:C6)

	A	B	C
1			
2	모델명	판매금액	수수료
3	A-100	₩15,000,000	₩150,000
4	B-150	₩22,000,000	₩220,000
5	B-200	₩25,000,000	₩250,000
6	C-100	₩30,000,000	₩300,000
7	판매금액이 2천만원 이상 제품의 수수료 총액		770000

- **ROUND 함수**

범주	수학/삼각 영역
형식	ROUND(number, num_digits)
기능	수를 지정한 자릿수로 반올림한다. number는 반올림할 숫자이고, num_digits는 반올림할 자릿수(소수 둘째 자리는 1, 소수 첫째 자리는 0, 일의 자리는 −1, 십의 자리는 −2)이다.

문제 '기본함수예제.xlsx' 파일의 'ROUND' 시트를 열고 제품별 단가의 십 원 단위 단가(일 원 단위에서 반올림)를 구하시오.

함수식 =ROUND(C3, −1)

	A	B	C	D
1				
2	No	제품번호	단가	십원단위단가
3	1	AK101	100,237	100,240
4	2	AK102	88,534	88,530
5	3	CF100	120,255	120,260
6	4	CF200	130,789	130,790
7	5	MD40S	140,232	140,230
8	6	MD50S	150,621	150,620

- **ROUNDUP 함수**

범주	수학/삼각 영역
형식	ROUNDUP(number, num_digits)
기능	수를 지정한 자릿수로 올림한다. number는 올림하려는 수이고, num_digits는 올림할 자릿수이다.

문제 '기본함수예제.xlsx' 파일의 'ROUNDUP' 시트를 열고 제품별 단가의 백 원 단위 단가(십 원 단위에서 올림)를 구하시오.

함수식 =ROUNDUP(C3, −2)

	A	B	C	D
1				
2	No	제품번호	단가	백원단위단가
3	1	AK101	100,237	100,300
4	2	AK102	88,534	88,600
5	3	CF100	120,255	120,300
6	4	CF200	130,789	130,800
7	5	MD40S	140,232	140,300
8	6	MD50S	150,621	150,700

- **ROUNDDOWN 함수**

범주	수학/삼각 영역
형식	ROUNDDOWN(number, num_digits)
기능	수를 지정한 자릿수로 내림한다. number는 내림하려는 수이고, num_digits는 내림할 자릿수이다.

문제 '기본함수예제.xlsx' 파일의 'ROUNDDOWN' 시트를 열고 제품별 단가의 백 원 단위 단가(십 원 단위에서 내림)을 구하시오.

함수식 =ROUNDDOWN(C3, −2)

	A	B	C	D
1				
2	No	제품번호	단가	백원단위단가
3	1	AK101	100,237	100,200
4	2	AK102	88,534	88,500
5	3	CF100	120,255	120,200
6	4	CF200	130,789	130,700
7	5	MD40S	140,232	140,200
8	6	MD50S	150,621	150,600

여기서 잠깐 ▶ 함수명 자동 완성

함수식을 입력할 때 함수명의 일부를 입력하면 연관된 함수명이 표시되는데, 이때 원하는 함수명을 방향키를 이용해 선택하고 Tab을 누르면 함수명이 자동으로 완성된다.

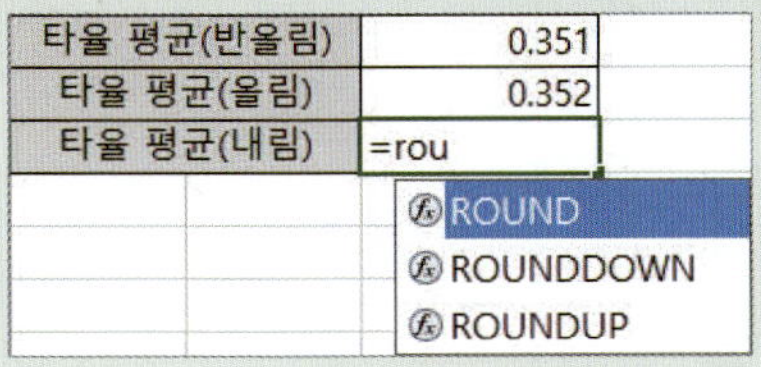

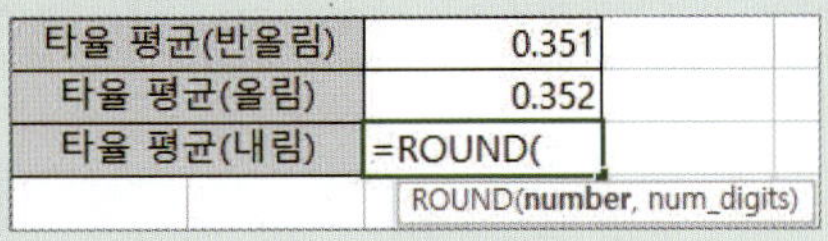

기본예제 4-14 ROUND, ROUNDUP, ROUNDDOWN 함수 사용하기

ROUND, ROUNDUP, ROUNDDOWN 함수를 이용해 야구 국가대표팀 선수의 타율 평균을 소수 넷째짜리에서 각각 반올림, 올림, 내림해 보자.

여기서 잠깐 ▶ 자릿수 표시 인수

ROUND(Number, Num_digits)
ROUNDUP(Number, Num_digits)
ROUNDDOWN(Number, Num_digits)

각 함수의 두 번째 인수(Num_digits)는 지정된 자릿수를 표시하는 값이다.

Number	1	2	3	4	.	3	4	5	6
Num_digits	−3	−2	−1	0		1	2	3	4

01 ROUND 함수 사용하기 '실습4-14(준비).xlsx' 파일을 열고 [C11] 셀에 다음 수식을 입력한다. 소수 넷째 자리에서 반올림해 소수 셋째 자리까지 표시하므로 두 번째 인수는 '3'이 된다.

▶ =ROUND(AVERAGE(C3:C9), 3)

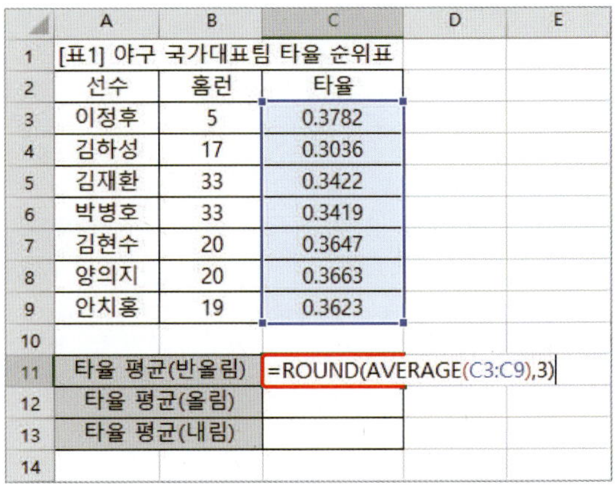

02 ROUNDUP 함수 사용하기 타율의 평균값을 소수 넷째 자리에서 올림하여 소수 셋째 자리까지 표시하기 위해 [C12] 셀에 다음과 같이 입력한다.

▶ =ROUNDUP(AVERAGE(C3:C9), 3)

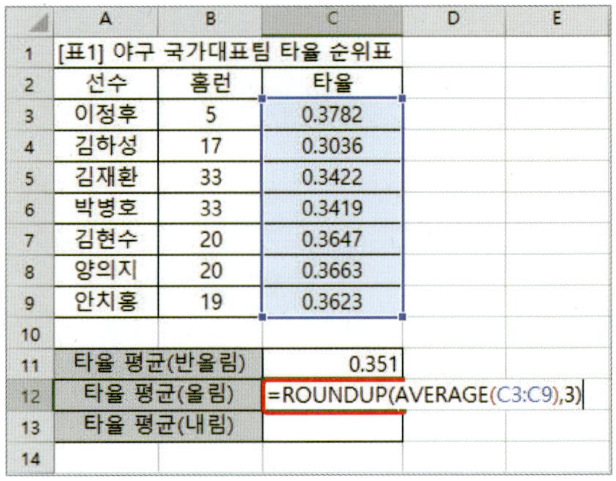

	A	B	C	D	E
1	[표1] 야구 국가대표팀 타율 순위표				
2	선수	홈런	타율		
3	이정후	5	0.3782		
4	김하성	17	0.3036		
5	김재환	33	0.3422		
6	박병호	33	0.3419		
7	김현수	20	0.3647		
8	양의지	20	0.3663		
9	안치홍	19	0.3623		
10					
11	타율 평균(반올림)		0.351		
12	타율 평균(올림)		=ROUNDUP(AVERAGE(C3:C9),3)		
13	타율 평균(내림)				
14					

03 ROUNDDOWN 함수 사용하기 타율의 평균값을 소수 넷째 자리에서 내림하여 소수 셋째 자리까지 표시하기 위해 [C13] 셀에 다음과 같이 입력한다.

▶ =ROUNDDOWN(AVERAGE(C3:C9), 3)

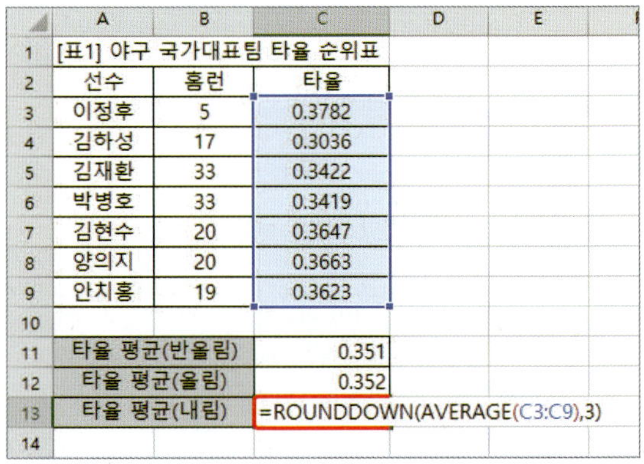

	A	B	C	D	E
1	[표1] 야구 국가대표팀 타율 순위표				
2	선수	홈런	타율		
3	이정후	5	0.3782		
4	김하성	17	0.3036		
5	김재환	33	0.3422		
6	박병호	33	0.3419		
7	김현수	20	0.3647		
8	양의지	20	0.3663		
9	안치홍	19	0.3623		
10					
11	타율 평균(반올림)		0.351		
12	타율 평균(올림)		0.352		
13	타율 평균(내림)		=ROUNDDOWN(AVERAGE(C3:C9),3)		
14					

04 저장하기 [파일] 탭-[다른 이름으로 저장]을 선택하고 '실습4-14(완성).xlsx'로 저장한다.

	A	B	C
1	[표1] 야구 국가대표팀 타율 순위표		
2	선수	홈런	타율
3	이정후	5	0.3782
4	김하성	17	0.3036
5	김재환	33	0.3422
6	박병호	33	0.3419
7	김현수	20	0.3647
8	양의지	20	0.3663
9	안치홍	19	0.3623
10			
11	타율 평균(반올림)		0.351
12	타율 평균(올림)		0.352
13	타율 평균(내림)		0.351
14			

6.3.2 논리 함수

논리 함수는 주어진 조건에 따라 데이터를 판단하는 함수이다. 참/거짓으로 판단하고 그 결과에 따라 다른 값을 표시하는 IF 함수, 조건을 두 가지 이상 결합하는 AND, OR 함수 등이 대표적이다.

• IF 함수

범주	논리 함수
형식	IF(logical_test, value_if_true, value_if_false)
기능	지정된 조건이 참인지 거짓인지 확인해 각 경우에 TRUE나 FALSE에 해당하는 값을 표시한다. logical_test는 결과가 참이나 거짓이 될 수 있는 조건식을, value_if_true는 조건식이 참일 경우 반환하는 값을, value_if_false는 조건식이 거짓이면 반환하는 값을 각각 입력한다.

문제 '기본함수예제.xlsx' 파일의 'IF' 시트를 열고 평가점수가 90 이상이면 '상', 90 미만이면 '하'를 표시하시오.

함수식 =IF(C3>=90, "상", "하")

	A	B	C	D
1				
2	이름	부서명	점수	평가
3	박찬호	총무부	95	상
4	김현수	총무부	88	하
5	류현진	기획실	80	하
6	김태균	기획실	100	상
7	이승엽	영업1팀	86	하
8	강민호	영업2팀	95	상

• IFERROR 함수

범주	논리 함수
형식	IFERROR(value, value_if_error)
기능	수식이 오류이면 사용자가 지정한 값을 반환하고, 그렇지 않으면 수식 결과를 반환한다. value는 오류를 검사할 인수이고, value_if_error는 수식에서 오류가 발생하면 반환할 값이다.

문제 '기본함수예제.xlsx' 파일의 'IFERROR' 시트를 열고 평가1에 비해 평가2가 얼마나 향상되었는지 구한 후 백분율 스타일을 적용하시오. 오류가 발생하는 경우 IFERROR 함수를 사용해 공백으로 표시하시오.

함수식 =IFERROR(D3/C3, "")

	A	B	C	D	E
1					
2	이름	부서명	평가1	평가2	향상도
3	박찬호	총무부	95	98	103%
4	김현수	총무부		80	
5	류현진	기획실	80		0%
6	김태균	기획실	100	90	90%
7	이승엽	영업1팀			
8	강민호	영업2팀	95	97	102%

• AND 함수

범주	논리 함수
형식	AND(logocal1, logical2, …)
기능	인수가 모두 true면 true를 반환하고, 인수 중 하나라도 false면 false를 반환한다. logical1, logical2는 true 또는 false 값을 가지는 조건으로, 255개까지 지정할 수 있다.

문제 '기본함수예제.xlsx' 파일의 'AND' 시트를 열고 평가1과 평가2가 모두 90 이상이면 'TRUE', 그렇지 않으면 'FALSE'를 표시하시오.

함수식 =AND(C3>=90, D3>=90)

	A	B	C	D	E
1					
2	이름	부서명	평가1	평가2	통과
3	박찬호	총무부	95	98	TRUE
4	김현수	총무부	90	80	FALSE
5	류현진	기획실	80	90	FALSE
6	김태균	기획실	100	90	TRUE
7	이승엽	영업1팀	89	90	FALSE
8	강민호	영업2팀	95	97	TRUE

• OR 함수

범주	논리 함수
형식	OR(value, value_if_error)
기능	인수 중 하나라도 true면 true를 반환하고, 모든 인수가 false면 false를 반환한다. logical1, logical2는 true 또는 false 값을 가지는 조건으로, 255개까지 지정할 수 있다.

문제 '기본함수예제.xlsx' 파일의 'OR' 시트를 열고 평가1 또는 평가2가 95 이상이면 'TRUE', 그렇지 않으면 'FALSE'를 표시하시오.

함수식 =OR(C3>=95, D3>=95)

	A	B	C	D	E
1					
2	이름	부서명	평가1	평가2	통과
3	박찬호	총무부	95	98	TRUE
4	김현수	총무부	90	80	FALSE
5	류현진	기획실	80	90	FALSE
6	김태균	기획실	100	90	TRUE
7	이승엽	영업1팀	89	90	FALSE
8	강민호	영업2팀	95	97	TRUE

기본예제 4-15 논리 함수 사용하기

IF 함수와 OR 함수를 이용해 승진심사표에서 한 과목이라도 80점 미만이면 '탈락', 그 외에는 '통과'로 표시해 보자.

01 수식 작성하기 '실습4-15(준비).xlsx' 파일을 열고 [F3] 셀에 다음 수식을 입력한다.

▶ =IF(OR(C3<80, D3<80, E3<80), "탈락", "통과")

F3 =IF(OR(C3<80,D3<80, E3<80),"탈락","통과")

	A	B	C	D	E	F	G
1	[표] 승진심사표						
2	성명	성별	근무태도	동료평가	어학	평가	
3	박지훈	남	75	85	90	탈락	
4	이대성	남	80	85	85		
5	이관희	남	85	85	80		
6	이정현	여	90	90	75		
7	문태영	여	85	90	80		
8	김선형	남	90	90	70		
9	양희종	남	85	85	70		

02 수식 복사하기 [F3] 셀의 채우기 핸들을 더블클릭해 수식을 [F9] 셀까지 복사한다.

	A	B	C	D	E	F
1	[표] 승진심사표					
2	성명	성별	근무태도	동료평가	어학	평가
3	박지훈	남	75	85	90	탈락
4	이대성	남	80	85	85	통과
5	이관희	남	85	85	80	통과
6	이정현	여	90	90	75	탈락
7	문태영	여	85	90	80	통과
8	김선형	남	90	90	70	탈락
9	양희종	남	85	85	70	탈락

03 저장하기 [파일] 탭–[다른 이름으로 저장]을 선택하고 '실습4–15(완성).xlsx'로 저장한다.

6.3.3 날짜/시간 함수

엑셀의 날짜 데이터는 일정한 기준에 따라 숫자 값으로 저장되므로 계산에 사용할 수 있다. 실제로는 숫자이지만 표시 형식이 '연–월–일' 등의 날짜 표시 형식으로 설정되어 있기 때문에 날짜나 시간으로 보이는 것이다. 날짜와 시간 함수를 사용하는 방법을 알아본다.

• TODAY 함수

범주	날짜 및 시간 함수
형식	TODAY()
기능	현재 컴퓨터에 설정된 날짜를 날짜 서식으로 표시한다. 인수가 필요 없다.

문제 '기본함수예제.xlsx' 파일의 'TODAY' 시트를 열고 현재 날짜를 구하시오.

함수식 =TODAY()

	A	B
1		
2	현재날짜	2019-04-07

• YEAR 함수

범주	날짜 및 시간 함수
형식	YEAR(serial_number)
기능	1900~9999 범위의 정수로 일정 날짜의 연도를 구한다. serial_number는 날짜 데이터를 직접 입력하거나 날짜가 입력된 셀 주소를 입력한다.

문제 '기본함수예제.xlsx' 파일의 'YEAR' 시트를 열고 입사일에서 입사연도를 추출하시오.

함수식 =YEAR(A3)

	A	B
1		
2	입사일	입사연도
3	2010-03-01	2010

• MONTH 함수

범주	날짜 및 시간 함수
형식	MONTH(serial_number)
기능	인수가 나타내는 날짜의 월을 반환한다. serial_number는 월을 구할 날짜이고, 날짜는 DATE 함수를 사용하거나 다른 수식 또는 함수의 결과로 입력한다.

문제 '기본함수예제.xlsx' 파일의 'MONTH' 시트를 열고 입사일에서 입사월을 추출하시오.

함수식 =MONTH(A3)

	A	B
1		
2	입사일	입사월
3	2019-03-01	3

• DAY 함수

범주	날짜 및 시간 함수
형식	DAY(serial_number)
기능	인수가 나타내는 날짜의 일을 반환한다. serial_number는 일을 구할 날짜이고, 1~31 범위의 정수로 표시된다.

문제 '기본함수예제.xlsx' 파일의 'DAY' 시트를 열고 입사일에서 입사일을 추출하시오.

함수식 =DAY(A3)

	A	B
1		
2	입사일	입사일
3	2018-12-25	25

• DATE 함수

범주	날짜 및 시간 함수
형식	DATE(year, month, day)
기능	특정 날짜를 반환한다. year는 1900~9999 범위, month는 1~12 범위, day는 1~31 범위이다.

문제 '기본함수예제.xlsx' 파일의 'DATE' 시트를 열고 연도, 월, 일 데이터를 이용해 입사일을 표시하시오.

함수식 =DATE(A3, B3, C3)

	A	B	C	D
1				
2	연도	월	일	입사일
3	2019	5	1	2019-05-01

기본예제 4-16 날짜/시간 함수 사용하기

오늘 날짜에서 연, 월, 일 데이터를 추출하고, 다시 날짜 데이터로 만들어 보자.

01 오늘 날짜 입력하기 새 통합 문서의 [A2] 셀에 다음 수식을 입력한다.

▶ =TODAY()

	A	B
1		
2	2019-04-08	
3		

02 연도, 월, 일 추출하기 오늘 날짜에서 연도, 월, 일을 추출하기 위해 [A3], [B3], [C3] 셀에 다음 수식을 각각 입력한다.

▶ [A3] 셀: =YEAR(A2)

▶ [B3] 셀: =MONTH(A2)

▶ [C3] 셀: =DAY(A2)

	A	B	C
1			
2	2019-04-08		
3	2019	4	8
4			

03 연, 월, 일 데이터로 날짜 데이터 만들기 날짜 데이터를 만들기 위해 [A4] 셀에 다음 수식을 입력하고 '실습4-16(완성).xlsx'로 저장한다.

▶ =DATE(A3, B3, C3)

	A	B	C
1			
2	2019-04-08		
3	2019	4	8
4	2019-04-08		

6.3.4 텍스트 함수

텍스트 함수는 문자열을 다른 문자열과 연결하거나 문자를 추출하거나 특정 문자를 다른 문자로 바꾸는 등의 기능을 하는 함수이다.

- **LEFT 함수**

범주	텍스트 함수
형식	LEFT(text, num_chars)
기능	텍스트 문자열의 시작 지점부터 지정한 수만큼의 문자를 반환한다. text에는 문자열 또는 문자열이 포함된 셀 주소를, num_chars에는 문자열의 왼쪽부터 반환할 문자 수를 입력한다.

문제 '기본함수예제.xlsx' 파일의 'LEFT' 시트를 열고 학번에서 입학연도를 추출하시오.

함수식 =LEFT(B3, 4)

	A	B	C
1			
2	이름	학번	입학연도
3	김그림	2019001	2019
4	김가을	2018020	2018
5	김사랑	2017007	2017

- **RIGHT 함수**

범주	텍스트 함수
형식	RIGHT(text, num_chars)
기능	텍스트 문자열의 끝 지점부터 지정한 수만큼의 문자를 반환한다. RIGHT 함수의 인수 작성법은 LEFT 함수와 같다. 단, num_chars에는 문자열의 오른쪽부터 반환할 문자 수를 입력한다.

문제 '기본함수예제.xlsx' 파일의 'RIGHT' 시트를 열고 사원번호에서 직위를 추출하시오.

함수식 =RIGHT(A3, 1)

	A	B	C	D
1				
2	사원번호	이름	소속	직위
3	200102K	방귀남	총무과	K
4	200502M	방일숙	총무과	M
5	201003M	방이숙	영업1팀	M
6	201302L	방말숙	총무과	L
7				
8	K: 과장, M: 대리, L : 사원			

• MID 함수

범주	텍스트 함수
형식	MID(text, start_num, num_chars)
기능	문자열의 지정 위치에서 문자를 지정한 개수만큼 반환한다. text에는 문자열 또는 문자열이 포함된 셀 주소를, start_num에는 문자열로부터 반환할 시작 위치를, num_chars에는 문자열의 시작 위치부터 반환할 문자 수를 입력한다.

문제 '기본함수예제.xlsx' 파일의 'MID' 시트를 열고 주민번호를 이용해 성별을 구별하시오.

함수식 =MID(B3, 8, 1)

	A	B	C
1			
2	이름	주민번호	성별
3	장동건	710301-1234562	1
4	김하늘	810501-2462583	2
5	김민종	710302-1482311	1
6	김수로	710303-1945218	1
7	이종혁	710305-1324615	1

• PROPER 함수

범주	텍스트 함수
형식	PROPER(text)
기능	각 단어의 첫째 문자를 대문자로 변환하고 나머지 문자는 소문자로 변환한다. text는 인용부호로 둘러싸인 텍스트, 텍스트를 출력하는 수식 또는 텍스트가 있는 셀의 주소이다.

문제 '기본함수예제.xlsx' 파일의 'PROPER' 시트를 열고 PROPER 함수를 적용해 첫 글자를 대문자로 변환하시오.

함수식 =PROPER(A3)

	A	B
1		
2	텍스트	변환
3	hi, ms. JANE	Hi, Ms. Jane
4	SATURDAY	Saturday
5	thank you	Thank You

• SEARCH 함수

범주	텍스트 함수
형식	SEARCH(find_text, within_text, [start_num])
기능	왼쪽에서 오른쪽으로 검색하여 지정한 문자 또는 텍스트 스트링이 처음 발견되는 곳에서의 문자 개수를 구한다. find_text는 찾으려는 텍스트이고, within_text는 find_text를 찾고자 하는 곳의 텍스트이며, start_num은 within_text에서 왼쪽에서부터 검색을 시작하고자 하는 곳의 문자 개수이다. 생략하면 1이 사용된다.

문제 '기본함수예제.xlsx' 파일의 'SEARCH' 시트를 열고 찾을 문자가 처음 나오는 위치를 구하시오.

함수식 =SEARCH(B3, A3)

	A	B	C
1			
2	텍스트	찾을 문자열	검색 결과
3	서울 강남구	강	4
4	강원 춘천시	천	5
5	대전 유성구	대	1

기본예제 4-17 텍스트 내에서 문자열 위치 찾아 추출하기

SEARCH 함수를 이용해 텍스트 내에서 원하는 문자열의 시작 위치를 찾고, 이를 MID 함수의 인수로 이용해 원하는 문자열을 추출해 보자.

01 문자열의 시작 위치 찾기 새 통합 문서의 [A2] 셀에 텍스트를 입력하고 SEARCH 함수를 이용해 원하는 문자열의 시작 위치를 찾기 위해 [A3] 셀에 다음 수식을 입력한다.

	A	B	C	D
1				
2	동해물과 백두산이 마르고 닳도록			
3	6			

▶ [A2] 셀: 동해물과 백두산이 마르고 닳도록

▶ [A3] 셀: =SEARCH("백두산", A2)

02 문자열 추출하기 [A3] 셀에서 F2를 누른 후 문자열을 추출하기 위해 SEARCH 함수의 반환 값을 MID 함수의 두 번째 인수로 지정하도록 수식을 다음과 같이 수정한다.

	A	B	C	D
1				
2	동해물과 백두산이 마르고 닳도록			
3	백두산			

▶ =MID(A2, SEARCH("백두산", A2), 3)

03 저장하기 [파일] 탭-[다른 이름으로 저장]을 선택하고 '실습4-17(완성).xlsx'로 저장한다.

6.3.5 함수의 중첩

함수 중첩은 함수의 인수로 다른 함수를 사용하는 것이다. 한 가지 주의할 점은 인수가 함수면 인수의 데이터 유형과 같은 유형의 값을 반환해야 한다는 것이다. 유효하지 않은 값을 반환하면 '#VALUE!' 오류 값이 표시된다.

문제 '기본함수예제.xlsx' 파일의 '함수중첩' 시트를 열고 총점이 80점 이상이면 '합격', 70점 이상이면 '예비', 70점 미만이면 '불합격'을 기재하시오.

함수식 =IF(C4>=80, "합격", IF(C4>=70, "예비", "불합격"))

	A	B	C	D	E
1	㈜ABC 신입사원 면접 채점표				
2					
3	성명	성별	총점	순위	합격여부
4	강주은	여	75	4	예비
5	고현우	남	75	4	예비
6	김도연	남	60	12	불합격
7	김민경	여	70	8	예비
8	김태형	남	55	14	불합격
9	김한결	남	75	4	예비
10	노지환	남	80	3	합격
11	박도영	남	50	15	불합격
12	박서희	여	60	12	불합격
13	신지민	여	65	9	불합격
14	신진아	여	65	9	불합격
15	이정연	남	65	9	불합격
16	이지은	여	75	4	예비
17	조원희	남	85	1	합격
18	지창민	남	85	1	합격

기본예제 4-18 IF/YEAR 함수 이용하여 결과 표시하기

생년월일에서 연도를 추출한 후 연도에 맞게 반 배정을 해 보자.

01 IF, YEAR 함수 이용하기 '실습4-18(준비).xlsx' 파일을 연다. 출생연도가 2014년이면 '별하반', 2015년이면 '다솜반', 그 외에는 빈칸을 표시하기 위해 먼저 [D3] 셀에 다음 수식을 입력한다.

▶ =IF(YEAR(C3)=2014, "별하반", IF(YEAR(C3)=2015, "다솜반", ""))

	A	B	C	D	E	F
1	[표] 은아유치원 원아현황					
2	성명	성별	생년월일	반배정		
3	=IF(YEAR(C3)=2014, "별하반", IF(YEAR(C3)=2015, "다솜반", ""))					
4	김아연	여	2014-11-21			
5	정다혜	여	2014-02-17			
6	김달님	여	2016-01-11			
7	박소망	남	2015-04-09			
8	이기쁨	남	2015-05-22			
9	도건남	남	2014-02-22			
10	김래원	남	2015-11-02			
11	김민주	여	2013-03-29			
12	참사랑	남	2015-01-02			
13	박믿음	여	2014-06-12			
14	심지우	여	2013-07-03			

02 수식 복사하기 [D3] 셀의 채우기 핸들을 더블클릭해 수식을 [D14] 셀까지 복사한다.

	A	B	C	D
1	[표] 은아유치원 원아현황			
2	성명	성별	생년월일	반배정
3	김샛별	여	2015-03-11	다솜반
4	김아연	여	2014-11-21	별하반
5	정다혜	여	2014-02-17	별하반
6	김달님	여	2016-01-11	
7	박소망	남	2015-04-09	다솜반
8	이기쁨	남	2015-05-22	다솜반
9	도건남	남	2014-02-22	별하반
10	김래원	남	2015-11-02	다솜반
11	김민주	여	2013-03-29	
12	참사랑	남	2015-01-02	다솜반
13	박믿음	여	2014-06-12	별하반
14	심지우	여	2013-07-03	

03 저장하기 [파일] 탭-[다른 이름으로 저장]을 선택하고 '실습4-18(완성).xlsx'로 저장한다.

기본예제 4-19 TODAY/YEAR/LEFT 함수 이용하여 문자열 처리하기

주민등록번호에서 나이와 성별을 추출해 보자.

01 TODAY, YEAR, LEFT 함수 이용하기 '실습4-19(준비).xlsx' 파일을 연다. 주민등록번호를 이용해 나이를 계산하기 위해 [E3] 셀에 다음 수식을 입력하고 [E3] 셀의 채우기 핸들을 [E18] 셀까지 드래그해 수식을 복사한다.

▶ =YEAR(TODAY())–LEFT(D3, 2)–1900

	A	B	C	D	E	F
1	[표] 교원 인사기록카드					
2	학과	직급	성명	주민등록번호	나이	성별
3	컴퓨터과학과	부교수	안철수	65021 =YEAR(TODAY()-LEFT(D3, 2)-1900		
4	전기공학과	부교수	조갑제	601204-1864523		

	A	B	C	D	E
1	[표] 교원 인사기록카드				
2	학과	직급	성명	주민등록번호	나이
3	컴퓨터과학과	부교수	안철수	650218-1584623	54
4	전기공학과	부교수	조갑제	601204-1864523	59
5	전기공학과	부교수	이원섭	620718-1485325	57
6	전자공학과	부교수	한성현	630510-1342678	56
7	컴퓨터과학과	부교수	Steve	660213-1472583	53
8	통계학과	부교수	방극준	620821-1597328	57
9	통계학과	조교수	이상봉	631212-1324654	56
10	수학과	조교수	정은미	660105-2486135	53
11	수학과	조교수	정태은	681024-2245988	51
12	경영학과	조교수	신경국	690619-1793258	50
13	경영학과	조교수	유봉선	680222-2132486	51
14	경영학과	조교수	노창용	690721-1486279	50
15	제어계측과	조교수	박태호	701230-1678426	49
16	제어계측과	조교수	이기상	670830-1212863	52
17	법학과	조교수	조상진	701118-1659827	49
18	법학과	조교수	이나영	710722-2289147	48

TIP 나이는 '현재 연도–주민등록번호의 왼쪽 두 자리 숫자–1900'으로 구한다.

02 IF, MID 함수 이용하기 주민등록번호를 이용해 성별을 계산하기 위해 [F3] 셀에 다음 수식을 입력하고 [F3] 셀의 채우기 핸들을 [F18] 셀까지 드래그해 수식을 복사한다.

▶ =IF(MID(D3, 8, 1)="1", "남자", "여자")

	A	B	C	D	E	F	G
1	[표] 교원 인사기록카드						
2	학과	직급	성명	주민등록번호	나이	성별	
3	컴퓨터과학과	부교수	안철수	65021	=IF(MID(D3, 8, 1)="1", "남자", "여자")		
4	전기공학과	부교수	조갑제	601204-1864523	59		

	A	B	C	D	E	F
1	[표] 교원 인사기록카드					
2	학과	직급	성명	주민등록번호	나이	성별
3	컴퓨터과학과	부교수	안철수	650218-1584623	54	남자
4	전기공학과	부교수	조갑제	601204-1864523	59	남자
5	전기공학과	부교수	이원섭	620718-1485325	57	남자
6	전자공학과	부교수	한성현	630510-1342678	56	남자
7	컴퓨터과학과	부교수	Steve	660213-1472583	53	남자
8	통계학과	부교수	방극준	620821-1597328	57	남자
9	통계학과	조교수	이상봉	631212-1324654	56	남자
10	수학과	조교수	정은미	660105-2486135	53	여자
11	수학과	조교수	정태은	681024-2245988	51	여자
12	경영학과	조교수	신경국	690619-1793258	50	남자
13	경영학과	조교수	유봉선	680222-2132488	51	여자
14	경영학과	조교수	노창용	690721-1486279	50	남자
15	제어계측과	조교수	박태호	701230-1678426	49	남자
16	제어계측과	조교수	이기상	670830-1212863	52	남자
17	법학과	조교수	조상진	701118-1659827	49	남자
18	법학과	조교수	이나영	710722-2289147	48	여자

TIP 성별은 주민등록번호의 8번째 숫자를 이용해 구한다.

03 저장하기 [파일] 탭–[다른 이름으로 저장]을 선택하고 '실습4-19(완성).xlsx'로 저장한다.

SECTION 07

인쇄하기

엑셀 통합 문서는 페이지 단위의 작업이 아니어서 인쇄하는 방법이 간단하지 않다. SECTION 07에서는 페이지 레이아웃 설정과 인쇄 미리보기 기능 등을 적절히 이용해 원하는 형태로 인쇄하는 방법에 대해 알아본다.

7.1 페이지 레이아웃 설정하기

페이지 레이아웃 보기 상태로 변경하고, 여백, 용지 방향, 크기, 인쇄 영역, 인쇄 제목, 머리글/바닥글 등을 설정하는 방법을 알아본다.

7.1.1 페이지 레이아웃 보기

페이지 레이아웃은 [보기] 탭–[통합 문서 보기] 그룹–[페이지 레이아웃]을 클릭해 [페이지 레이아웃] 보기 상태로 바꾼 후 [페이지 레이아웃] 탭에 있는 도구를 이용해 설정한다. 인쇄하기 전에 [여백], [용지 방향], [크기], [인쇄 영역], [인쇄 제목]을 설정할 수 있고 머리글/바닥글을 추가하거나 변경할 수 있다. 작업을 마치면 [보기] 탭–[통합 문서 보기] 그룹–[기본]을 클릭해 [기본] 보기 상태로 돌아간다.

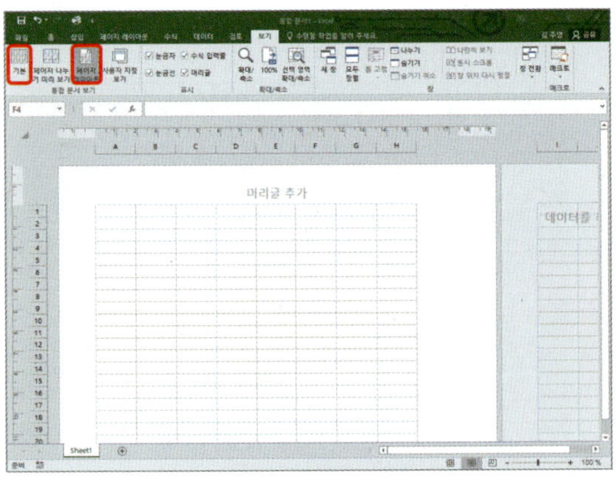

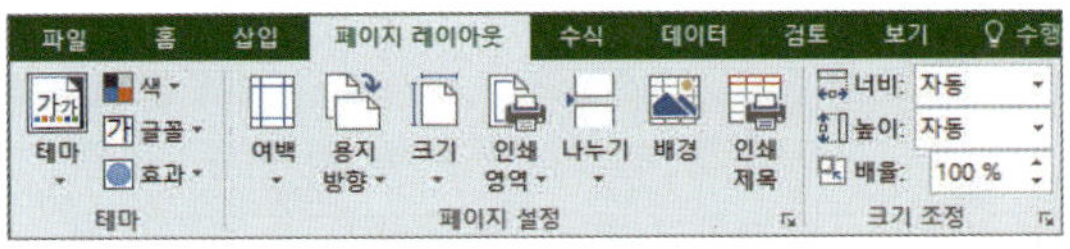

TIP [기본] 보기 상태는 제목 표시줄, 리본 탭, 워크시트, 상태 표시줄 등이 나타나는 초기 화면을 말한다.

7.1.2 여백 설정하기

페이지 여백은 워크시트 데이터와 인쇄될 페이지 가장자리 사이의 빈 곳으로, 페이지에 인쇄될 내용을 기준으로 상하좌우 여백과 머리글/바닥글 영역의 크기를 설정한다. [페이지 레이아웃] 탭–[페이지 설정] 그룹–[여백]에서 설정할 수 있다.

임의의 여백 값을 지정하려면 [여백]에서 [사용자 지정 여백]을 선택해 [페이지 설정] 대화상자의 [여백] 탭을 열고 직접 입력한다.

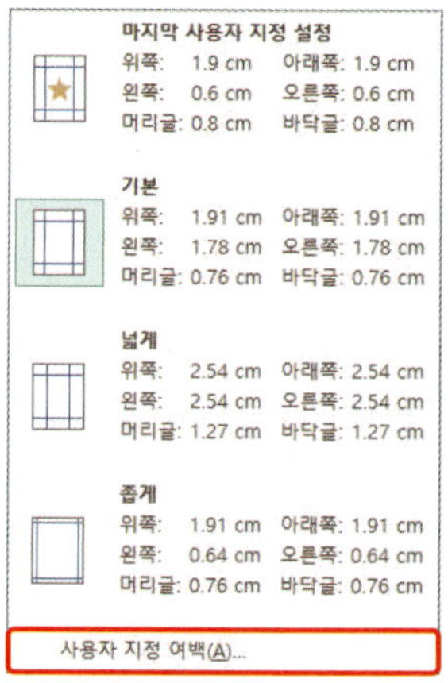

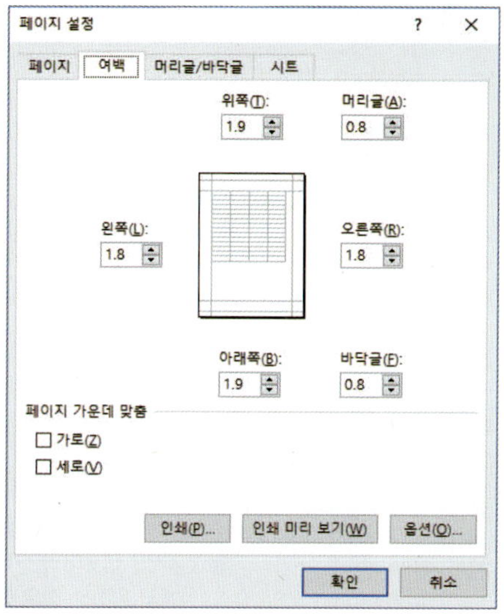

7.1.3 용지 방향 및 크기 설정하기

엑셀에서 인쇄 용지는 기본적으로 세로 방향의 A4 용지로 설정되어 있다. 인쇄하려는 문서 형태가 가로 방향이 더 길다면 [페이지 레이아웃] 탭–[페이지 설정] 그룹–[용지 방향]–[가로]를 선택해 인쇄 방향을 변경한다. 또한, 인쇄하려는 용지가 A4가 아니라면 [페이지 설정] 그룹–[크기]에서 원하는 용지 크기를 선택한다.

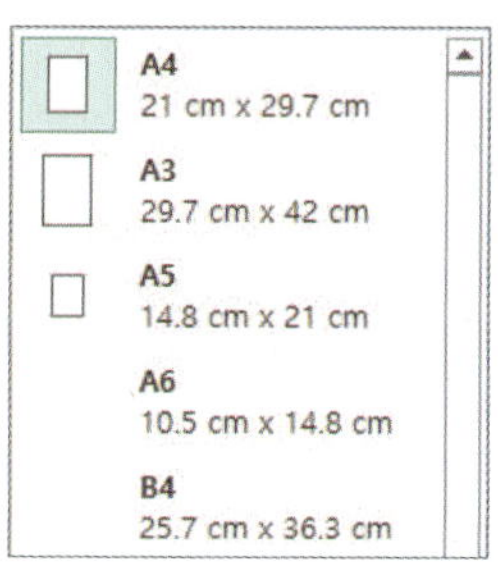

7.1.4 머리글/바닥글 설정하기

머리글/바닥글을 설정하면 페이지 상단이나 하단에 페이지 번호, 페이지 수, 현재 날짜, 시트 이름, 파일 이름 등을 표시할 수 있다. 머리글이나 바닥글을 추가하려면 [보기] 탭–[통합 문서 보기] 그룹–[페이지 레이아웃]을 클릭해 [페이지 레이아웃] 보기 상태로 전환하고 워크시트의 머리글 또는 바닥글 텍스트 상자를 클릭한 후 직접 내용을 입력하거나 [머리글/바닥글 도구]–[디자인] 탭–[머리글/바닥글 요소] 그룹에서 원하는 도구를 선택해 입력한다.

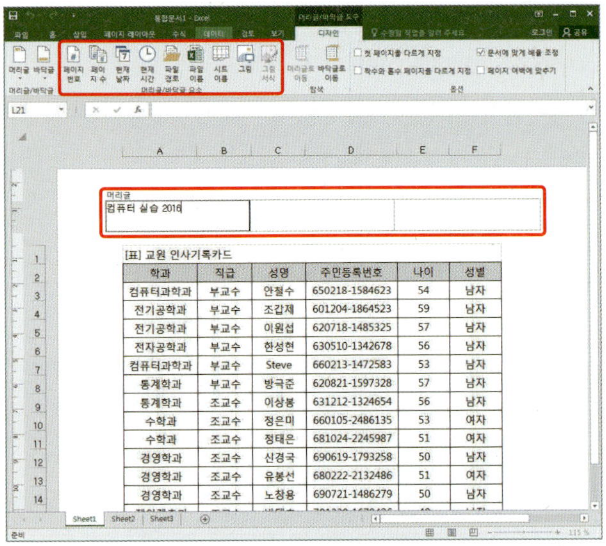

TIP 미리 정의된 머리글 또는 바닥글을 이용하려면 해당 텍스트 상자를 클릭하고 [머리글/바닥글 도구]–[디자인] 탭–[머리글/바닥글] 그룹의 [머리글] 또는 [바닥글]에서 원하는 항목을 선택한다.

7.2 인쇄 미리 보기 및 옵션 설정하기

결과물을 인쇄하기 전에 미리 보기를 통해 실제 인쇄 모양을 확인하는 것이 좋다. 엑셀에서 제공되는 다양한 도구를 이용해 원하는 모양으로 인쇄하는 방법을 알아본다.

7.2.1 인쇄 미리 보기

문서에 설정한 여백, 머리글, 바닥글 등이 바르게 인쇄되는지 [인쇄 미리 보기]를 통해 미리 확인하려면 [파일] 탭–[인쇄]를 선택한다. [인쇄] 백스테이지에서 인쇄 속성과 인쇄 미리 보기를 확인할 수 있다.

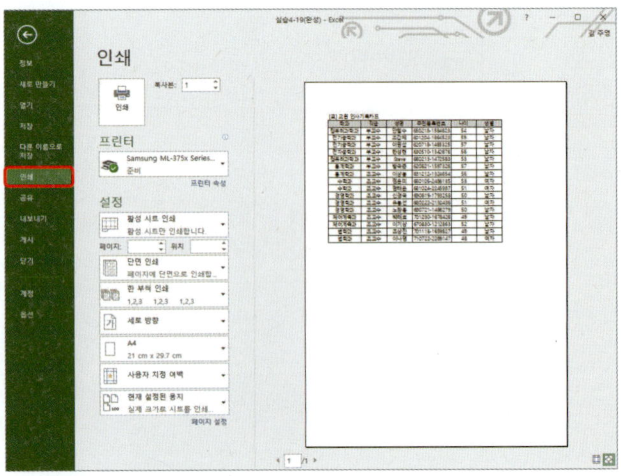

7.2.2 인쇄 옵션 설정하기

인쇄할 내용이 용지 크기와 다르다면 확대/축소 배율을 조절한다. [인쇄] 백스테이지의 [설정] 항목에서 [현재 설정된 용지]를 클릭하고 상황에 맞는 항목을 선택한다. 예를 들어 워크시트의 모든 데이터를 용지 한 장에 축소해 인쇄하려면 [한 페이지에 시트 맞추기]를 선택한다.

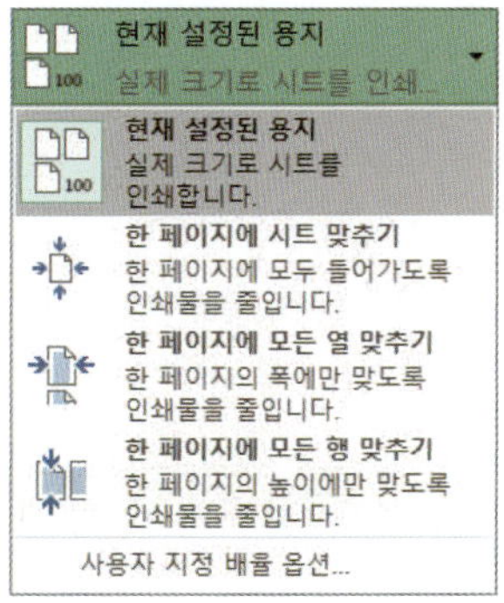

워크시트의 눈금선과 행, 열 머리글을 인쇄하려면 [페이지 레이아웃] 탭–[시트 옵션] 그룹에서 [눈금선] 항목과 [제목] 항목의 [인쇄]를 선택한다.

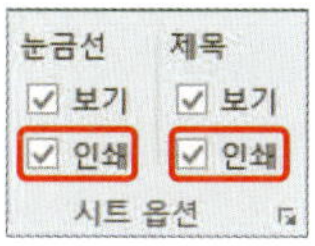

	A	B	C	D	E	F
1	[표] 교원 인사기록카드					
2	학과	직급	성명	주민등록번호	나이	성별
3	컴퓨터과학과	부교수	안철수	650218-1584623	54	남자
4	전기공학과	부교수	조갑제	601204-1864523	59	남자
5	전기공학과	부교수	이원섭	620718-1485325	57	남자
6	전자공학과	부교수	한성현	630510-1342678	56	남자
7	컴퓨터과학과	부교수	Steve	660213-1472583	53	남자
8	통계학과	부교수	방극준	620821-1597328	57	남자
9	통계학과	조교수	이상봉	631212-1324654	56	남자
10	수학과	조교수	정은미	660105-2486135	53	여자
11	수학과	조교수	정태은	681024-2245988	51	여자
12	경영학과	조교수	신경국	690619-1793258	50	남자
13	경영학과	조교수	유봉선	680222-2132486	51	여자
14	경영학과	조교수	노창용	690721-1486279	50	남자
15	제어계측과	조교수	박태호	701230-1678426	49	남자
16	제어계측과	조교수	이기상	670830-1212863	52	남자
17	법학과	조교수	조상진	701118-1659827	49	남자
18	법학과	조교수	이나영	710722-2289147	48	여자

워크시트가 여러 페이지로 이루어져 있을 경우 페이지마다 동일한 인쇄 제목을 인쇄할 수 있다. [페이지 레이아웃] 탭–[페이지 설정] 그룹–[인쇄 제목]을 클릭해 [페이지 설정] 대화상자의 [시트] 탭이 열리면 [인쇄 제목] 항목의 [반복할 행] 또는 [반복할 열]을 설정한다.

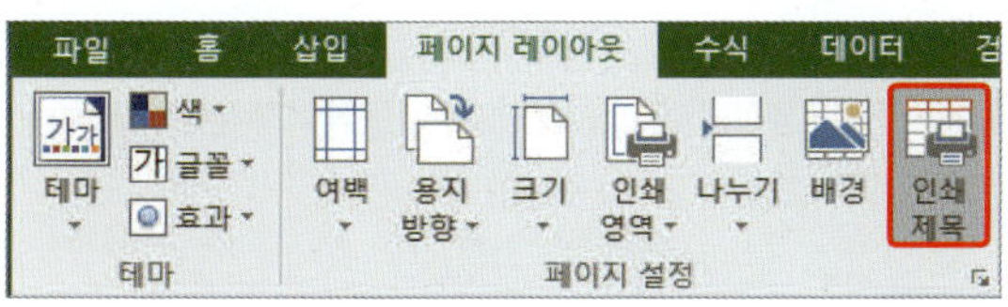

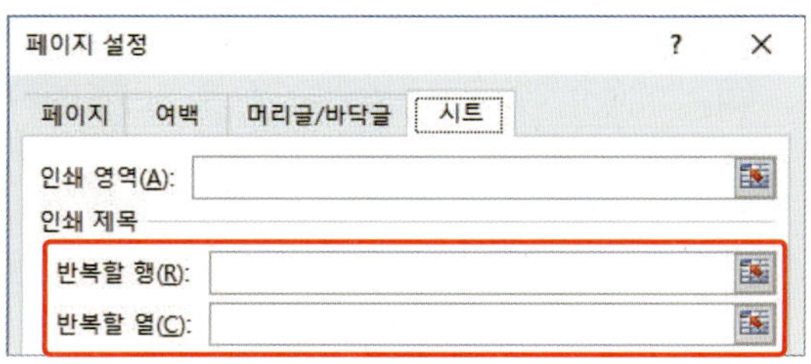

페이지 나누기는 인쇄할 페이지 단위로 워크시트를 나누는 구분선이다. 페이지 나누기는 용지 크기, 여백 설정, 배율 옵션 등에 따라 자동으로 삽입되지만, 사용자가 원하는 페이지 수로 워크시트를 인쇄하려는 경우에는 워크시트에서 페이지 나누기 위치를 조정할 수 있다.

페이지 나누기를 삽입하려면 [보기] 탭–[통합 문서 보기] 그룹–[페이지 나누기 미리 보기]를 클릭해 보기 상태를 바꾸고 페이지 나누기를 삽입할 위치의 행 또는 열을 선택한 후 [페이지 레이아웃] 탭–[페이지 설정] 그룹–[나누기]–[페이지 나누기 삽입]을 선택한다.

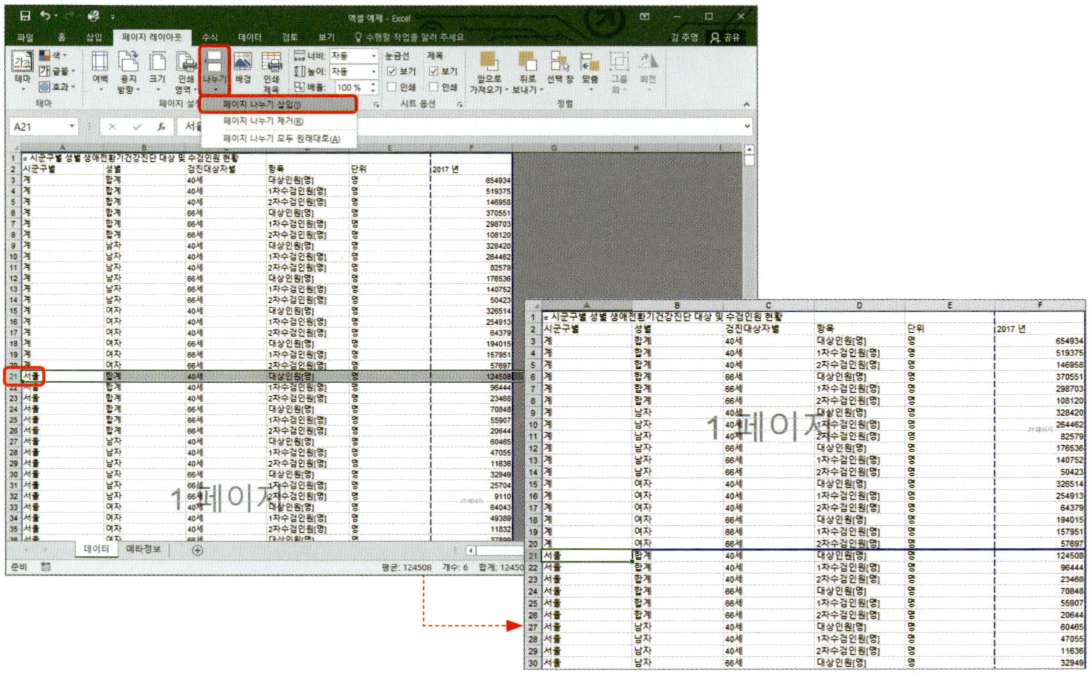

> **TIP** 행을 선택하고 [페이지 나누기 삽입]을 실행하면 가로로 페이지가 나누어지며 열을 선택하고 실행하면 세로로 나누어진다. 셀을 선택하고 실행하면 가로와 세로 모두 나누어진다.

페이지 나누기를 삭제하려면 삭제할 페이지 나누기 위치로 이동한 후 [페이지 레이아웃] 탭–[페이지 설정] 그룹–[나누기]–[페이지 나누기 삭제]를 선택한다.

> **TIP** 사용자 지정 페이지 나누기를 모두 제거하려면 [페이지 레이아웃] 탭–[페이지 설정] 그룹–[나누기]–[페이지 나누기 모두 원래대로]를 선택한다.

7.3 인쇄하기

엑셀에서 작업한 문서를 인쇄하려면 [파일] 탭–[인쇄]를 선택한 후 [설정] 항목에서 인쇄 매수, 프린터, 인쇄 범위, 인쇄 대상 등을 설정하고 [인쇄]를 클릭한다.

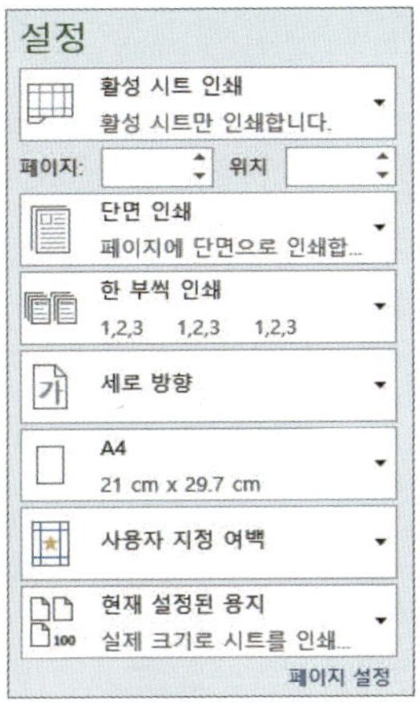

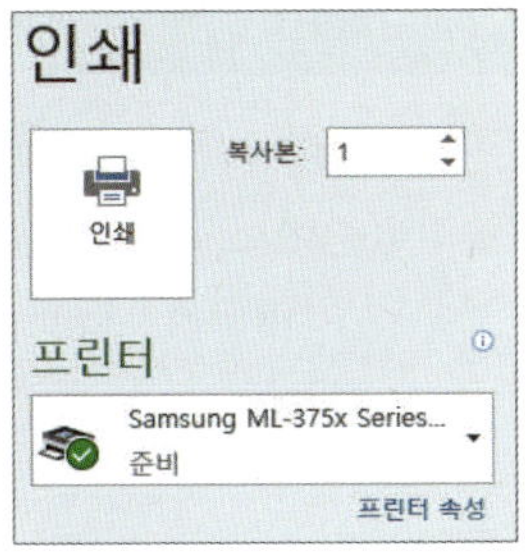

기본예제 4-20 엑셀 통합 문서를 한 페이지에 인쇄하기

바닥글과 인쇄 옵션을 설정해 문서를 한 페이지에 인쇄해 보자.

01 [페이지 레이아웃] 보기에서 바닥글 편집하기 '실습4-20(준비).xlsx' 파일을 열고 [보기] 탭–[통합 문서 보기] 그룹–[페이지 레이아웃]을 클릭한다. 페이지 아래쪽에 있는 바닥글 텍스트 상자를 클릭하고 [머리말/바닥글 도구]–[디자인] 탭–[머리글/바닥글] 그룹–[바닥글]–[?페이지 중 1페이지]를 선택한다.

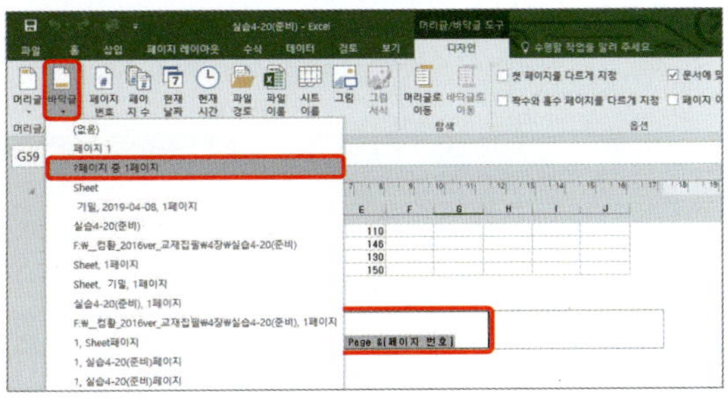

02 인쇄 옵션 조절하기 [파일] 탭–[인쇄]를 선택해 인쇄 미리 보기를 보면 두 페이지에 출력되는 것을 알 수 있다. [설정] 항목의 [현재 설정된 용지]를 클릭하고 [한 페이지에 시트 맞추기]를 선택해 한 페이지에 출력되도록 설정한 후 [인쇄]를 클릭한다.

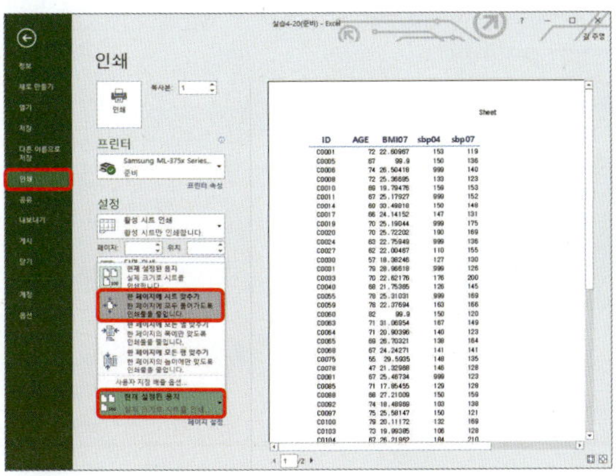

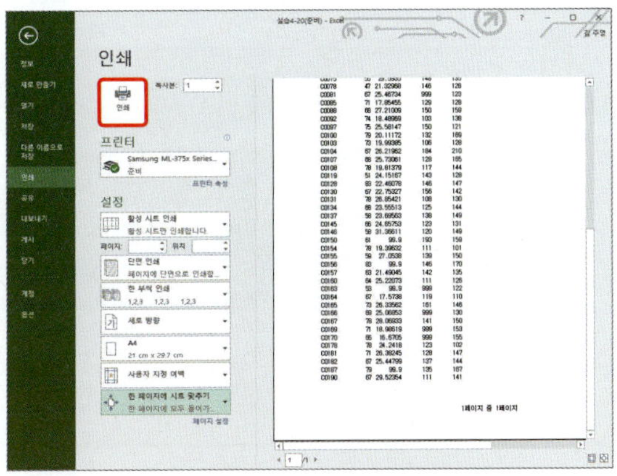

종합예제

'종합4(준비).xlsx' 파일을 열어 서식과 표시 형식 등을 설정하고, 비어 있는 '지역' 열은 함수를 이용해 채워 다음과 같은 문서를 만들어 보자.

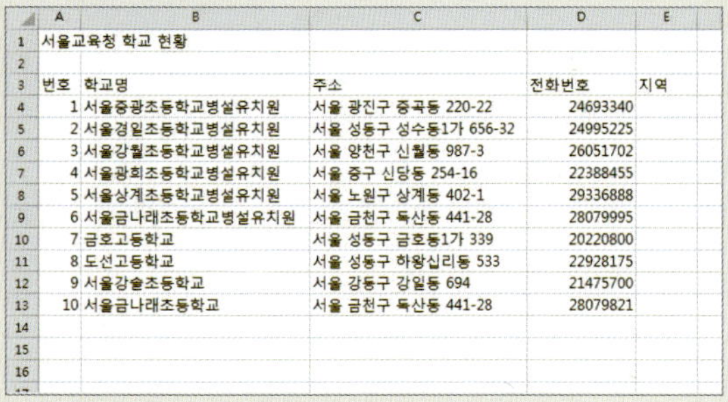

▲ 준비

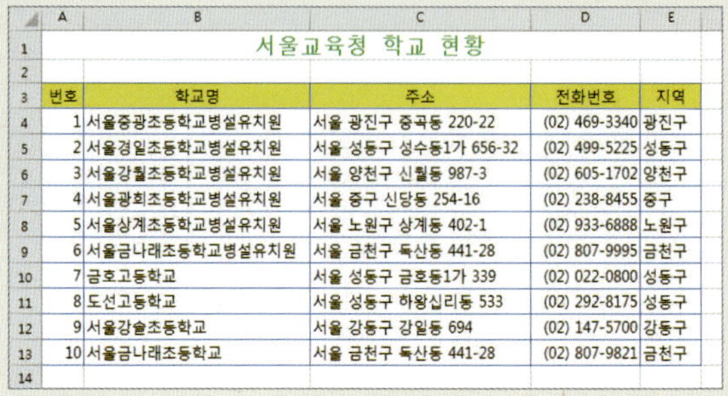

▲ 완성

1 제목에 서식 설정하기 [A1:E1] 영역을 범위로 지정한 후 [홈] 탭–[맞춤] 그룹–[병합하고 가운데 맞춤]을 클릭하고, [홈] 탭–[글꼴] 그룹에서 [글꼴]은 [돋움체], [글꼴 크기]는 [16], 글꼴 스타일은 [굵게], [글자 색]은 [녹색]으로 지정하시오.

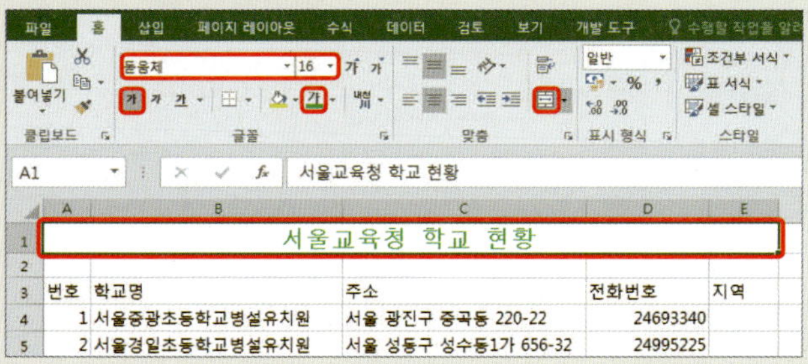

2 행 높이 조절하기 [3:13] 행의 행 머리글을 드래그해 선택하고 마우스 오른쪽 단추를 클릭해 [행 높이]를 선택한 후 [행 높이] 대화상자에 *18*을 입력한다.

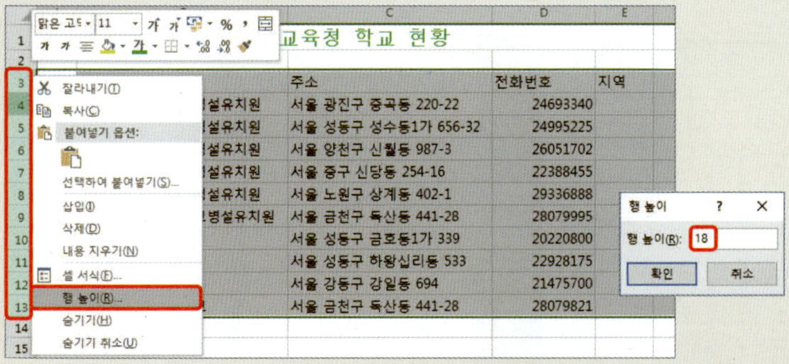

3 표 제목 행에 가운데 맞춤 설정하기 [A3:E3] 영역을 범위로 지정하고 [홈] 탭–[맞춤] 그룹에서 가로 방향의 [가운데 맞춤]을 클릭한다.

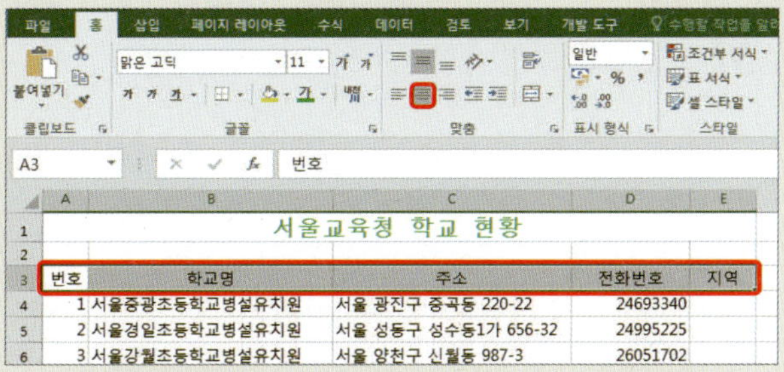

4 전화번호 표시 형식 변경하기 [D4:D13] 영역을 범위로 지정하고 마우스 오른쪽 단추를 클릭해 [셀 서식]을 선택한다. [표시형식] 탭의 [범주] 항목에서 [기타]를 선택하고 [형식]에서 [전화번호 (국번 3자리)]를 선택한다.

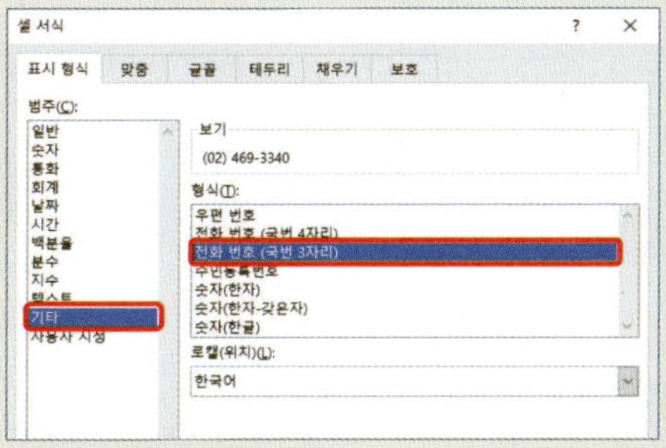

5 지역명 추출하기 MID( ) 함수와 SEARCH( ) 함수를 이용해 '주소'에서 '지역'을 추출하기 위해 [E4] 셀에 다음 수식을 입력한 후 [E4] 셀의 채우기 핸들을 더블클릭해 수식을 복사한다.

▶ =MID(C4, 4, SEARCH("구 ", C4)–2)

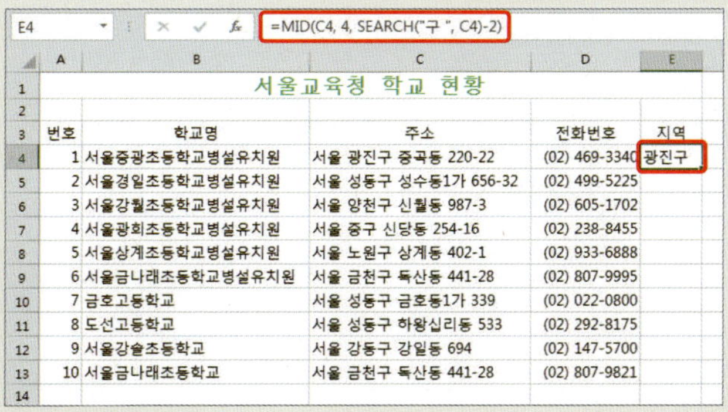
E4 =MID(C4, 4, SEARCH("구 ", C4)-2)

서울교육청 학교 현황

번호	학교명	주소	전화번호	지역
1	서울중광초등학교병설유치원	서울 광진구 중곡동 220-22	(02) 469-3340	광진구
2	서울경일초등학교병설유치원	서울 성동구 성수동1가 656-32	(02) 499-5225	
3	서울강월초등학교병설유치원	서울 양천구 신월동 987-3	(02) 605-1702	
4	서울광희초등학교병설유치원	서울 중구 신당동 254-16	(02) 238-8455	
5	서울상계초등학교병설유치원	서울 노원구 상계동 402-1	(02) 933-6888	
6	서울금나래초등학교병설유치원	서울 금천구 독산동 441-28	(02) 807-9995	
7	금호고등학교	서울 성동구 금호동1가 339	(02) 022-0800	
8	도선고등학교	서울 성동구 하왕십리동 533	(02) 292-8175	
9	서울강솔초등학교	서울 강동구 강일동 694	(02) 147-5700	
10	서울금나래초등학교	서울 금천구 독산동 441-28	(02) 807-9821	

TIP [C4] 셀에서 '서울'과 빈 칸 다음의 네 번째 글자부터 다음 빈 칸 앞의 '구'가 나오는 위치까지의 글자를 추출하는 함수이다.

6 테두리 설정하기 [A3:E13] 영역을 범위로 지정하고 마우스 오른쪽 단추를 클릭해 [셀 서식]을 선택한다. [테두리] 탭의 [선] 항목에서 [스타일]은 [실선], [색]은 [파랑]으로 설정하고, [미리 설정] 항목에서 [윤곽선]과 [안쪽]을 클릭해 테두리를 적용한다.

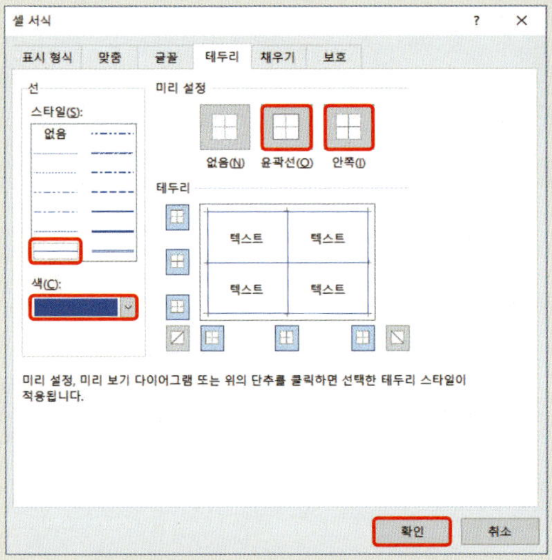

7 채우기 색 설정하기 [A3:E3] 영역을 범위로 지정하고 [홈] 탭–[글꼴] 그룹–[채우기 색] 목록에서 [노랑]을 선택한다.

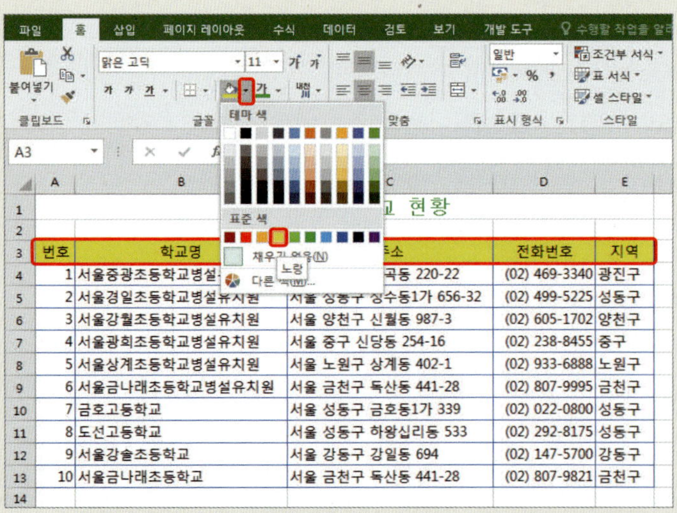

연습문제

1 다음 자료를 입력하고 조건에 따라 처리해 보자.

	A	B	C	D	E	F	G
1	약품매입대장						
2							
3	약품명	약품계열	약품코드	제약회사명	수량(box)	매입단가	매입일자
4	헥시피트	항히스타민제	HS-111	상공제약	50	5000	2019-11-30
5	액스레놀	해열진통제	AS-200	덕수제약	25	2000	2019-08-09
6	베라마이신	피부연고제	SK-300	선린약품	30	3000	2019-10-23
7	압티클린	안질환제	ES-600	선동제약	75	2500	2019-12-09
8	젤포스정	위염위궤양	GT-400	도봉약품	100	1000	2019-12-13
9	프라스트	소염진통제	KS-511	경기제약	150	4000	2019-09-04

조건

❶ 워크시트 이름: 약품매입

❷ [A1:G1] 영역: 글꼴 – 돋움체, 글자 크기 – 20pt, 글자색 – 파랑, 진하게, 병합하고 가운데 맞춤, 행 높이 – 20

❸ [A3:G3] 영역: 가로 가운데 정렬, 채우기 색 – 노랑

❹ [A3:G9] 영역: 모든 테두리, 선 스타일 – 실선, 선 색 – 녹색

❺ [3:9] 행: 행 높이 – 18

❻ [F4:F9] 영역: 쉼표 스타일 – 천 단위 구분 기호

	A	B	C	D	E	F	G
1	약품매입대장						
2							
3	약품명	약품계열	약품코드	제약회사명	수량(box)	매입단가	매입일자
4	헥시피트	항히스타민제	HS-111	상공제약	50	5,000	2019-11-30
5	액스레놀	해열진통제	AS-200	덕수제약	25	2,000	2019-08-09
6	베라마이신	피부연고제	SK-300	선린약품	30	3,000	2019-10-23
7	압티클린	안질환제	ES-600	선동제약	75	2,500	2019-12-09
8	젤포스정	위염위궤양	GT-400	도봉약품	100	1,000	2019-12-13
9	프라스트	소염진통제	KS-511	경기제약	150	4,000	2019-09-04

▲ 완성

2 다음 자료를 입력하고 조건에 따라 처리해 보자.

	A	B	C	D	E	F	G	H
1	실습실별 소모품 사용현황							
2								
3	소모품명	품목코드	단가	CAD실	시각디자인실	프로그램실	멀티미디어실	총사용금액
4	디스켓	HD325	500	250	150	380	230	
5	공CD	CD800	1200	100	120	60	180	
6	A4용지	SA004	12000	10	12	20	5	
7	B4용지	SB004	15000	5	23	6	2	
8	마커펜(검정)	MB001	300	120	200	150	230	
9	마커펜(빨강)	MR002	300	50	150	130	180	
10	마커펜(파랑)	MB003	300	30	140	50	150	
11	지우개	BE123	400	40	80	60	100	

조건

❶ [A1:H1] 영역: 글꼴 – 맑은 고딕, 글자 크기 – 16pt, 굵게, 글꼴 색 – 주황, 병합하고 가운데 맞춤

❷ [A3:H3] 영역: 글꼴 – 맑은 고딕, 글자 크기 – 12pt, 굵게, 글꼴 색 – 바다색, 강조5, 가운데 맞춤(가로, 세로)

❸ [A3:H11] 영역: 모든 테두리, 굵은 바깥쪽 테두리, 행 높이 – 25, 가운데 맞춤(세로)

❹ [B4:B11] 영역: 이름 정의 – 품목코드

❺ [H4:H11] 영역: 수식 입력 – 단가×(CAD실+시각디자인실+프로그램실+멀티미디어실), 자동 채우기 옵션 – 서식없이 채우기

❻ [C4:C11], [H4:H11] 영역: 천 단위 구분 기호, 값 뒤에 '원' 표시

	A	B	C	D	E	F	G	H
1	실습실별 소모품 사용현황							
2								
3	소모품명	품목코드	단가	CAD실	시각디자인실	프로그램실	멀티미디어실	총사용금액
4	디스켓	HD325	500원	250	150	380	230	505,000원
5	공CD	CD800	1,200원	100	120	60	180	552,000원
6	A4용지	SA004	12,000원	10	12	20	5	564,000원
7	B4용지	SB004	15,000원	5	23	6	2	540,000원
8	마커펜(검정)	MB001	300원	120	200	150	230	210,000원
9	마커펜(빨강)	MR002	300원	50	150	130	180	153,000원
10	마커펜(파랑)	MB003	300원	30	140	50	150	111,000원
11	지우개	BE123	400원	40	80	60	100	112,000원

▲ 완성

3 '연습4-3(준비).xlsx' 파일을 열고 다음 지시사항에 따라 셀 서식을 적용해 보자. 단, 지시사항에 명시되지 않은 부분은 완성 화면과 유사하게 처리한다.

▲ 준비

▲ 완성

조건

❶ 셀 병합, 텍스트 줄 바꿈, 글꼴 서식, 테두리, 행 높이, 셀 배경색 적용

❷ 글자 크기는 제목 13pt, 나머지는 10pt

❸ [F10], [G10], [H10], [I10], [J10] 셀의 수식은 각각 11행부터 21행까지의 합계임

❹ [H11] 셀의 수식은 [I11] 셀과 [J11] 셀의 합이며, [H21] 셀까지 자동 채우기 적용

❺ [J11] 셀의 수식은 [F11]과 [G11]의 합이며, [J21] 셀까지 자동 채우기 적용

4 '연습4-4(준비).xlsx' 파일을 열고 지점코드 첫 자리가 'C' 또는 'W'이면 '영서', 'K' 또는 'S'이면 '영동', 나머지는 '기타'로 [B3:B12] 영역에 표시해 보자.

	A	B	C	D	E	F
1	지역별 OO제품 판매이익					
2	지점코드	지역	모델	판매량	판매단가	판매이익
3	C200		S100	250	700	175,000
4	W100		S200	400	850	340,000
5	K100		S100	150	700	105,000
6	S200		S200	100	850	85,000
7	C300		S300	300	900	270,000
8	W200		S200	450	850	382,500
9	D100		S100	500	700	350,000
10	A100		S300	100	900	90,000
11	W300		S100	520	700	364,000
12	K200		S200	350	850	297,500

▲ 준비

	A	B	C	D	E	F
1	지역별 OO제품 판매이익					
2	지점코드	지역	모델	판매량	판매단가	판매이익
3	C200	영서	S100	250	700	175,000
4	W100	영서	S200	400	850	340,000
5	K100	영동	S100	150	700	105,000
6	S200	영동	S200	100	850	85,000
7	C300	영서	S300	300	900	270,000
8	W200	영서	S200	450	850	382,500
9	D100	기타	S100	500	700	350,000
10	A100	기타	S300	100	900	90,000
11	W300	영서	S100	520	700	364,000
12	K200	영동	S200	350	850	297,500

▲ 완성

5 '연습4-5(준비).xlsx' 파일을 열고 [D3:D9] 영역에 출생연도를 표시해 보자. 단, 직원은 모두 1900년대 출생자들이다.

	A	B	C	D
1	부서별 직원 현황			
2	부서	성명	주민등록번호	출생연도
3	기획실	강동연	950218-1584623	
4	총무부	김호준	901204-1864523	
5	영업부	김민규	920718-1485325	
6	생산1부	윤수호	930510-1342678	
7	생산2부	이동원	960213-1472583	
8	영업부	유재유	920821-1597328	
9	총무부	이재민	931212-1324655	

▲ 준비

	A	B	C	D
1	부서별 직원 현황			
2	부서	성명	주민등록번호	출생연도
3	기획실	강동연	950218-1584623	1995
4	총무부	김호준	901204-1864523	1990
5	영업부	김민규	920718-1485325	1992
6	생산1부	윤수호	930510-1342678	1993
7	생산2부	이동원	960213-1472583	1996
8	영업부	유재유	920821-1597328	1992
9	총무부	이재민	931212-1324655	1993

▲ 완성

6 수식을 입력했을 때 발생할 수 있는 다음 오류의 의미를 알아보자.

####	#NULL!
#DIV/0!	#NUM!
#N/A	#REF!
#NAME?	#VALUE!

CHAPTER

05

엑셀 2016 활용

학습목표

- 통계 함수, 찾기/참조 함수, 데이터베이스 함수를 활용할 수 있다.
- 차트 요소를 이해하고 차트를 편집할 수 있다.
- 조건부 서식을 지정할 수 있다.
- 데이터를 정렬하고 필터를 적용할 수 있다.
- 부분합을 이용해 데이터 분석을 할 수 있다.
- 피벗 테이블과 슬라이서 및 시간 표시 막대 필터링을 할 수 있다.
- 피벗 차트를 작성하고 필터링할 수 있다.
- 매크로를 작성할 수 있다.

SECTION 01

고급 함수 사용하기

앞 SECTION에서는 수학/삼각 함수, 논리 함수, 날짜/시간 함수, 텍스트 함수의 사용법을 알아보았다. 이번 SECTION에서는 통계 함수, 찾기/참조 함수, 데이터베이스 함수의 사용법을 알아본다.

1.1 통계 함수

통계 함수는 평균, 최대, 최소, 횟수, 순위 등을 구하는 함수로 활용 빈도가 높다.

• AVERAGE 함수

범주	통계 함수
형식	AVERAGE(number1, number2, …)
기능	인수들의 평균을 구한다. 인수는 숫자나 이름, 배열, 셀 범위 등을 지정할 수 있다.

문제 '고급함수예제.xlsx' 파일의 'AVERAGE' 시트를 열고 사원 평가점수의 평균을 구하시오.

함수식 =AVERAGE(C4:C9)

	A	B	C
1			
2	강원 전자 상반기 사원 평가		
3	이름	부서명	평가점수
4	박찬호	총무부	95
5	김현수	총무부	88
6	류현진	기획실	99
7	이승엽	영업1팀	98
8	강민호	영업2팀	75
9	김태균	기획실	90
10	평균		91

• AVERAGEIF 함수

범주	통계 함수
형식	AVERAGEIF(range, criteria, [average_range])
기능	주어진 조건에 따라 지정되는 셀의 평균을 구한다. range는 계산할 셀의 범위이고, criteria는 숫자, 식 또는 텍스트 형식의 조건이며, average_range는 평균을 구하는 데 사용할 실제 셀이다.

문제 '고급함수예제.xlsx' 파일의 'AVERAGEIF' 시트를 열고 총무부 평가점수의 평균을 구하시오.

함수식 =AVERAGEIF(B4:B9, "총무부", C4:C9)

	A	B	C
1			
2	강원 전자 상반기 사원 평가		
3	이름	부서명	평가점수
4	박찬호	총무부	95
5	김현수	총무부	88
6	류현진	기획실	99
7	이승엽	영업1팀	98
8	강민호	영업2팀	75
9	김태균	기획실	90
10	총무부 평균		91.5

• **MAX 함수**

범주	통계 함수
형식	MAX(number1, number2, …)
기능	인수들의 최대값을 구한다. 논리값과 텍스트는 인수에서 제외한다.

문제 '고급함수예제.xlsx' 파일의 'MAX' 시트를 열고 가장 비싼 수강료는 얼마인지 구하시오.

함수식 =MAX(D3:D8)

	A	B	C	D
1				
2	No	과목	담당강사	수강료
3	1	국어	노량진	140000
4	2	국사	설민석	80000
5	3	영어	원어민	120000
6	4	영어	타일러	130000
7	5	국어	대치동	140000
8	6	영어	김태희	150000
9	최고수강료			150000

• **MIN 함수**

범주	통계 함수
형식	MIN(number1, number2, …)
기능	인수들의 최소값을 구한다. 논리값과 텍스트는 인수에서 제외한다.

문제 '고급함수예제.xlsx' 파일의 'MIN' 시트를 열고 가장 싼 수강료는 얼마인지 구하시오.

함수식 =MIN(D3:D8)

	A	B	C	D
1				
2	No	과목	담당강사	수강료
3	1	국어	노량진	140000
4	2	국사	설민석	80000
5	3	영어	원어민	120000
6	4	영어	타일러	130000
7	5	국어	대치동	140000
8	6	영어	김태희	150000
9	최저수강료			80000

• LARGE 함수

범주	통계 함수
형식	LARGE(array, k)
기능	데이터 집합에서 k번째로 큰 값을 구한다. array는 k번째로 큰 값을 확인할 데이터 배열 또는 범위이고, k는 데이터의 배열이나 셀 범위에서 가장 큰 값을 기준으로 한 상대 순위이다.

문제 '고급함수예제.xlsx' 파일의 'LARGE' 시트를 열고 두 번째로 비싼 수강료는 얼마인지 구하시오.

함수식 =LARGE(D3:D8, 2)

	A	B	C	D
1				
2	No	과목	담당강사	수강료
3	1	국어	노량진	140000
4	2	국사	설민석	80000
5	3	영어	원어민	120000
6	4	영어	타일러	130000
7	5	국어	대치동	140000
8	6	영어	김태희	150000
9	2번째로 비싼 수강료			140000

• SMALL 함수

범주	통계 함수
형식	SMALL(array, k)
기능	데이터 집합에서 k번째로 작은 값을 구한다. array는 k번째로 작은 값을 확인할 데이터 배열 또는 범위이고, k는 데이터의 배열이나 셀 범위에서 가장 작은 값을 기준으로 한 상대 순위이다.

문제 '고급함수예제.xlsx' 파일의 'SMALL' 시트를 열고 두 번째로 싼 수강료는 얼마인지 구하시오.

함수식 =SMALL(D3:D8, 2)

	A	B	C	D
1				
2	No	과목	담당강사	수강료
3	1	국어	노량진	140000
4	2	국사	설민석	80000
5	3	영어	원어민	120000
6	4	영어	타일러	130000
7	5	국어	대치동	140000
8	6	영어	김태희	150000
9	2번째로 싼 수강료			120000

• COUNT 함수

범주	통계 함수
형식	COUNT(value1, value2, …)
기능	범위에서 숫자가 포함된 셀의 개수를 구한다.

문제 '고급함수예제.xlsx' 파일의 'COUNT' 시트를 열고 올스타 경기에 참가할 구단 수를 구하시오.

함수식 =COUNT(B3:B10)

	A	B
1		
2	구단명	올스타 참가
3	한화	불참
4	두산	1
5	롯데	불참
6	삼성	1
7	SK	1
8	넥센	1
9	LG	불참
10	기아	1
11	참가구단수	5

• COUNTA 함수

범주	통계 함수
형식	COUNTA(value1, value2, ···)
기능	범위에서 비어 있지 않은 셀의 개수를 구한다.

문제 '고급함수예제.xlsx' 파일의 'COUNTA' 시트를 열고, 참가 여부와 상관없이 올스타 경기 참가 대상인 전체 구단 수를 구하시오.

함수식 =COUNTA(B3:B10)

	A	B
1		
2	구단명	올스타 참가
3	한화	FALSE
4	두산	1
5	롯데	불참
6	삼성	#VALUE!
7	SK	1
8	넥센	1
9	LG	불참
10	기아	TRUE
11	전체구단수	8

• COUNTBLANK 함수

범주	통계 함수
형식	COUNTBLANK(range)
기능	범위에서 비어 있는 셀의 개수를 구한다. range는 빈 셀의 개수를 구하려는 셀 범위이다.

문제 '고급함수예제.xlsx' 파일의 'COUNTBLANK' 시트를 열고 올스타 경기에 불참하는 구단 수를 구하시오.

함수식 =COUNTBLANK(B3:B10)

	A	B
1		
2	구단명	올스타 참가
3	한화	
4	두산	참가
5	롯데	
6	삼성	
7	SK	참가
8	넥센	참가
9	LG	
10	기아	참가
11	불참구단수	4

- **COUNTIF 함수**

범주	통계 함수
형식	COUNTIF(range, criteria)
기능	지정한 범위 내에서 조건에 맞는 셀의 개수를 구한다. range는 셀 범위이고, criteria는 숫자, 식, 텍스트 형태의 조건이다.

문제 '고급함수예제.xlsx' 파일의 'COUNTIF' 시트를 열고 판매량이 50 이상인 과일의 수를 구하시오.

함수식 =COUNTIF(B3:B10, ">50")

	A	B
1		
2	과일	판매량
3	사과	55
4	배	40
5	귤	90
6	감	30
7	수박	115
8	포도	49
9	오렌지	55
10	복숭아	40
11	과일 수	4

- **RANK.EQ 함수**

범주	통계 함수
형식	RANK.EQ(number, ref, order)
기능	주어진 범위(ref) 내에서 지정한 수(number)의 순위를 구한다. 내림차순으로 구하려면 order 인수에 0을 입력하거나 생략하고, 오름차순으로 구하려면 0이 아닌 수를 입력한다.

문제 '고급함수예제.xlsx' 파일의 'RANK.EQ' 시트를 열고 성적이 높은 순으로 순위를 매기시오.

함수식 =RANK.EQ(B3, $B$3:$B$9)

	A	B	C
1			
2	학번	성적	순위
3	201901	85	6
4	201902	99	1
5	201903	96	2
6	201904	80	7
7	201905	90	4
8	201906	92	3
9	201907	89	5

TIP RANK.EQ 함수의 두 번째 인수인 ref는 수식 복사의 오류를 방지하기 위해 절대 참조 형식으로 설정하는 경우가 일반적이다.

기본예제 5-1 MAX, MIN 함수 사용하기

절대 참조를 이용해 수식을 작성하고 SUM, MAX, MIN 함수를 사용해 보자.

01 셀 참조를 이용해 수식 입력하기 '실습5-1(준비).xlsx' 파일을 연다. [표1]의 [D3] 셀을 선택하고 수식 *=C3*$C$9*를 입력해 이익 금액을 계산한 후 [D3] 셀의 채우기 핸들을 [D8] 셀까지 드래그해 복사한다.

▶ 이익 금액=판매금액×마진율

	A	B	C	D
1	[표1] 품목별 판매 현황			
2	품목명	판매수량	판매금액	이익금액
3	A4 용지	327	981,000	=C3*$C$9
4	USB	370	129,500	
5	만년필	450	2,925,000	
6	색연필	900	306,000	
7	볼펜	789	173,580	
8	외장하드	670	368,500	
9		마진율	27%	

	A	B	C	D
1	[표1] 품목별 판매 현황			
2	품목명	판매수량	판매금액	이익금액
3	A4 용지	327	981,000	264,870
4	USB	370	129,500	34,965
5	만년필	450	2,925,000	789,750
6	색연필	900	306,000	82,620
7	볼펜	789	173,580	46,867
8	외장하드	670	368,500	99,495
9		마진율	27%	

TIP 이익금액을 구할 때 마진율이 입력되어 있는 [C9] 셀은 반드시 절대 참조를 해야 채우기 핸들을 이용한 수식 복사의 결괏값이 올바르게 나온다.

02 SUM 함수 이용하기 [표2]에서 기본급, 수당, 급여액의 합계를 [G9:I9] 셀에 구하기로 한다. 먼저 [G9] 셀을 선택하고 [수식] 탭-[함수 라이브러리] 그룹-[수학/삼각]-[SUM]을 선택해 [함수 인수] 대화상자가 열리면 [Number1] 인수에 [G3:G8] 범위가 입력된 것을 확인하고 [확인]을 클릭해 합계를 구한다. [G9] 셀의 채우기 핸들을 [I9] 셀까지 드래그해 복사한다.

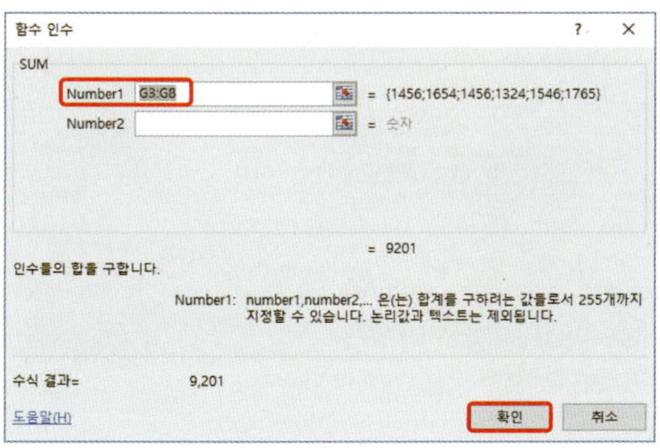

F	G	H	I
[표2] 급여현황			
사원명	기본급	수당	급여액
이동국	1,456	132	192,192
안정환	1,654	143	236,522
이영표	1,456	132	192,192
박지성	1,324	123	162,852
유상철	1,546	137	211,802
박주영	1,765	136	240,040
합계	9,201	803	1,235,600

TIP [Number2] 인수는 합계를 구할 영역을 추가할 때 사용한다. 이 경우는 비워두면 된다.

03 MAX, MIN 함수 이용하기 [표3]에서 [B13:C22] 영역의 자료 중 최대값과 최소값의 차를 구하기 위해 [D13] 셀에 다음 수식을 입력한다.

▶ =MAX(B13:C22)–MIN(B13:C22)

11	[표3] 상반기 영업실적 현황			
12	사원명	1분기	2분기	최대최소차
13	선동열	255	344	474
14	최동원	148	324	
15	이만수	210	564	
16	김봉연	170	176	
17	류현진	190	123	
18	이대호	162	155	
19	김태균	90	101	
20	박찬호	176	234	
21	이승엽	220	145	
22	김병현	275	123	

04 저장하기 [파일] 탭–[다른 이름으로 저장]을 선택하고 '실습5–1(완성).xlsx'로 저장한다.

기본예제 5-2 COUNTIF 함수 사용하기

함수 마법사를 이용해 COUNTIF 함수를 찾아 승진평가 총점이 80점대인 직원 수를 구해 보자.

01 COUNTIF 함수 선택하기 '실습5–2(준비).xlsx' 파일을 연다. [B12] 셀을 선택하고 [수식] 탭–[함수 라이브러리] 그룹–[함수 삽입]을 클릭한 후 [함수 마법사] 대화상자의 [함수 검색] 항목에 *countif*를 입력하고 [검색]을 클릭해 연관 함수 목록이 나타나면 COUNTIF 함수를 선택하고 [확인]을 클릭한다.

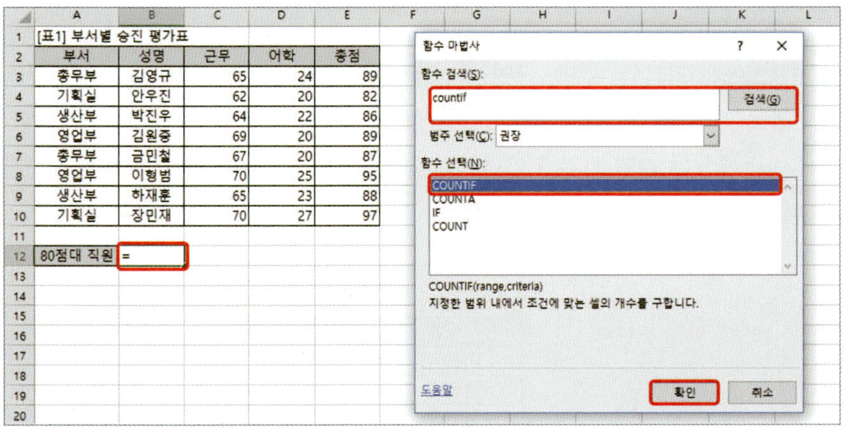

TIP 수식 입력줄 왼쪽에 있는 [fx 함수 삽입] 단추를 클릭해도 [함수 마법사] 대화상자가 열린다.

02 80점 이상 직원 수 구하기 [함수 인수] 대화상자에서 [Range] 인수로 총점의 범위인 *E3:E10*을 설정하고 [Criteria] 인수로 80점 이상에 해당하는 조건인 *>=80*을 입력한 후 [확인]을 클릭한다.

TIP [Range] 인수에 범위를 설정할 때는 입력란에 직접 입력해도 되고 워크시트의 해당 영역을 드래그해도 된다.

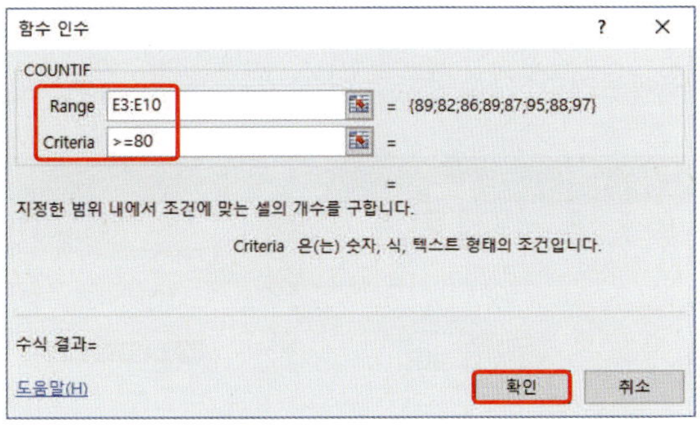

03 90점 이상 직원 수 빼기 수식 입력줄에서 수식의 맨 뒤를 클릭하고 '–' 부호를 입력한 후, 수식 입력줄 왼쪽의 [함수] 목록 단추를 클릭하고 [COUNTIF]를 선택한다. [함수 인수] 대화상자에서 [Range] 인수로 총점의 범위인 *E3:E10*을 설정하고, [Criteria] 인수로 90점 이상에 해당하는 조건인 *>=90*을 입력한 후 [확인]을 클릭한다.

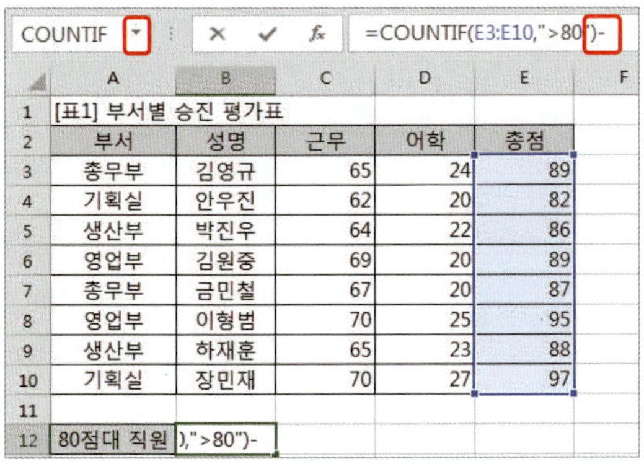

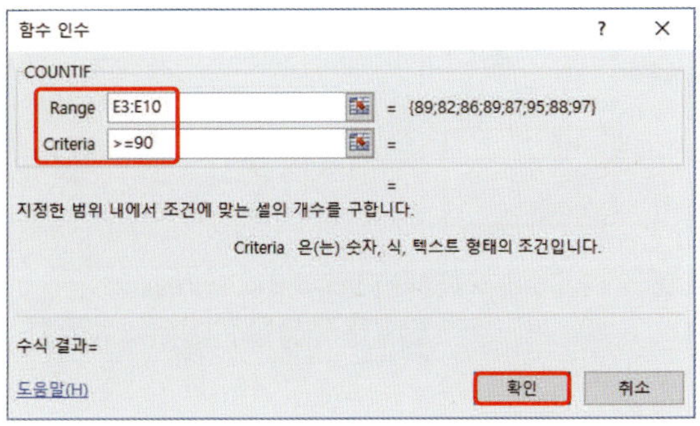

04 저장하기 [파일] 탭–[다른 이름으로 저장]을 선택하고 '실습5–2(완성).xlsx'로 저장한다.

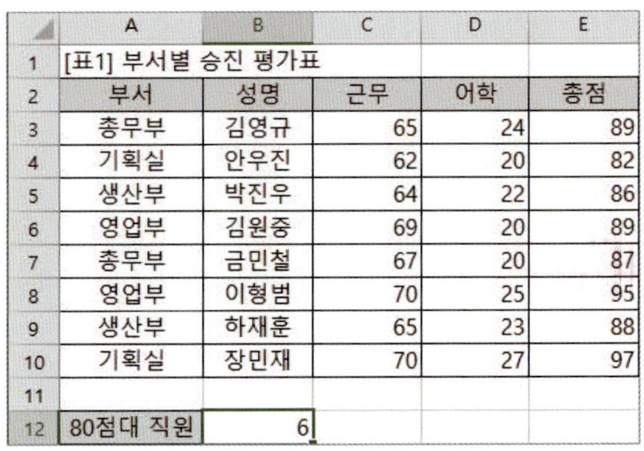

기본예제 5-3 RANK.EQ 함수 사용하기

RANK.EQ 함수를 사용해 전산학개론 강의 시간에 수업태도 감점이 가장 작은 사람이 1등이 되도록 순위를 구해 보자.

01 RANK.EQ 함수 선택하기 '실습5-3(준비).xlsx' 파일을 연다. [D3] 셀을 선택하고 [수식] 탭–[함수 라이브러리] 그룹–[함수 더 보기]–[통계]–[RANK.EQ]를 선택한다.

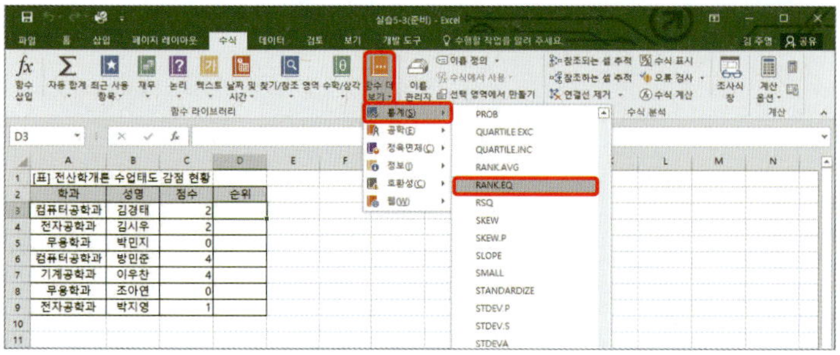

02 RANK.EQ 함수의 인수 입력하기 [Number] 인수는 순위를 표시할 셀인 *C3*, [Ref] 인수는 순위를 구할 범위를 절대 참조한 *$C$3:CC9*, [Order] 인수는 가장 적은 점수가 1등이 되도록 오름차순인 *1*로 설정한다. [D3] 셀의 채우기 핸들을 더블클릭해 수식을 복사한다.

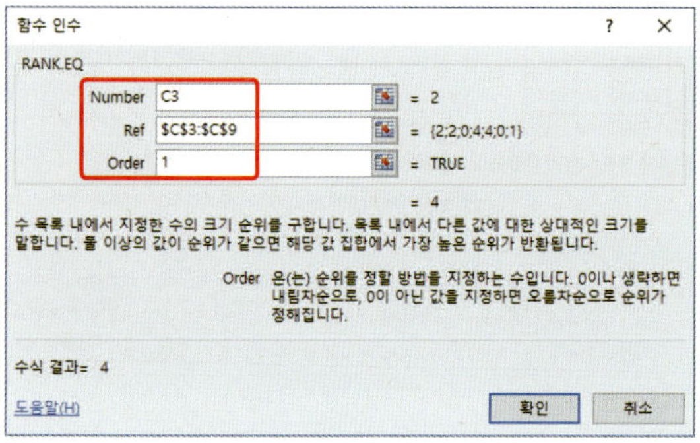

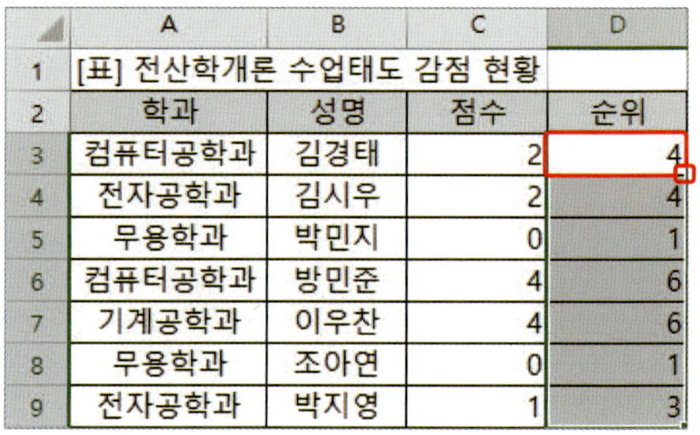

	A	B	C	D
1	[표] 전산학개론 수업태도 감점 현황			
2	학과	성명	점수	순위
3	컴퓨터공학과	김경태	2	4
4	전자공학과	김시우	2	4
5	무용학과	박민지	0	1
6	컴퓨터공학과	방민준	4	6
7	기계공학과	이우찬	4	6
8	무용학과	조아연	0	1
9	전자공학과	박지영	1	3

03 저장하기 [파일] 탭–[다른 이름으로 저장]을 선택하고 '실습5-3(완성).xlsx'로 저장한다.

1.2 찾기/참조 함수

찾기/참조 함수는 참조 테이블에서 특정 위치나 값을 찾는 함수이다. 원하는 행/열 번호를 가져오거나, 특정 위치를 검색해 해당 행/열의 데이터를 자동으로 채워 넣을 때 주로 사용한다.

• VLOOKUP 함수

범주	찾기/참조 영역
형식	VLOOKUP(Lookup_value, table_array, col_index_num, range_lookup)
기능	배열의 첫 열에서 값을 검색하여, 지정한 열의 같은 행에서 데이터를 추출한다. Lookup_value는 표의 첫 열에서 찾으려는 값이고, table_array는 데이터를 검색하고 추출하려는 표이며, col_index_num은 table_array 내의 열 번호로서 값을 추출할 열을 지정한다. range_lookup은 정확하게 일치하는 값을 찾으려면 FALSE나 0을 입력하고, 유사한 값을 찾으려면 TRUE를 입력하거나 생략한다.

문제 '고급함수예제.xlsx' 파일의 'VLOOKUP' 시트를 열고 등급에 따른 평가를 기재하시오.

함수식 =VLOOKUP(B3, $A$8:$B$10, 2, FALSE)

	A	B	C
1			
2	학번	등급	평가
3	2019001	B	우수
4	2019002	A	매우 우수
5	2019003	C	보통
6			
7	등급	평가	
8	A	매우 우수	
9	B	우수	
10	C	보통	

TIP VLOOKUP 함수의 두 번째 인수인 table_array는 수식 복사의 오류를 방지하기 위해 일반적으로 절대 참조 형식으로 설정한다.

여기서 잠깐 VLOOKUP **함수의 범위와 옵션 지정하기**

VLOOKUP 함수는 범위(table_array)의 가장 왼쪽 열인 첫 번째 열에서 찾을 값(lookup_value)을 찾기 때문에 첫 번째 열부터 범위를 지정하지 않도록 유의해야 한다.

오른쪽 예제에서 [B8] 셀의 올바른 수식은 *=VLOOKUP(A8, B3:C6, 2, FALSE)*이다. 만약 첫 번째 열부터 범위를 지정해 *=VLOOKUP(A8, A3:C6, 3, FALSE)*로 입력하면 항목을 찾을 수 없는 상황임을 알리는 #N/A 오류가 발생한다.

옵션(range_lookup)을 지정할 때 유사하게 일치하는 값을 찾으려면 TRUE를 입력하거나 생략하는데 이 경우 첫 번째 열은 반드시 정렬되어 있어야 한다. 일반적으로 찾을 값이 숫자이면 TRUE, 문자이면 FALSE를 입력한다.

	A	B	C
1			
2	부서	이름	점수
3	총무부	김부장	92
4	영업부	이부장	98
5	생산부	최부장	94
6	기획실	박실장	99
7			
8	박실장	99	

- **HLOOKUP 함수**

범주	찾기/참조 영역
형식	HLOOKUP(Lookup_value, table_array, col_index_num, range_lookup)
기능	배열의 첫 행에서 값을 검색하여, 지정한 행의 같은 열에서 데이터를 추출한다. Lookup_value는 표의 첫 행에서 찾으려는 값이고, table_array는 데이터를 검색하고 추출하려는 표이며, col_index_num은 table_array 내의 행 번호로서 값을 추출할 행을 지정한다. range_lookup은 정확하게 일치하는 값을 찾으려면 FALSE나 0을 입력하고, 유사한 값을 찾으려면 TRUE를 입력하거나 생략한다.

문제 '고급함수예제.xlsx' 파일의 'HLOOKUP' 시트를 열고 등급에 따른 평가를 기재하시오.

함수식 =HLOOKUP(B3, $B$7:$D$8, 2, FALSE)

	A	B	C	D
1				
2	학번	등급	평가	
3	2019001	B	우수	
4	2019002	A	매우 우수	
5	2019003	C	보통	
6				
7	등급	A	B	C
8	평가	매우 우수	우수	보통

• CHOOSE 함수

범주	찾기/참조 영역
형식	CHOOSE(index_num, value1, value2, …)
기능	인수 목록 중에서 하나를 선택한다. index_num은 선택할 인수의 위치를 지정하며 1~254 범위의 수이다. value1, value2는 1~254 범위의 수이다.

문제 '고급함수예제.xlsx' 파일의 'CHOOSE' 시트를 열고 순위에 따라 1위는 '상', 2위는 '중', 3위는 '하'를 적용하시오.

함수식 =CHOOSE(C3, "상", "중", "하")

	A	B	C	D
1				
2	품목	판매량	순위	판정
3	사과	55	3	하
4	배	90	1	상
5	포도	67	2	중

• INDEX 함수

범주	찾기/참조 영역
형식	INDEX(array, row_num, column_num)
기능	행과 열 번호 인덱스로 선택한 배열이나 표 요소의 값을 반환한다. array는 배열로 입력된 셀의 범위이고, row_num은 반환할 배열이나 참조의 행 번호이며, column_num은 반환할 배열이나 참조의 열 번호이다.

문제 '고급함수예제.xlsx' 파일의 'INDEX' 시트를 열고 과일 품목 중 두 번째 종류를 표시하시오.

함수식 =INDEX(A3:B8, 2, 2)

	A	B	C	D
1				
2	품목	종류		
3	과일	사과		
4	과일	배		
5	과일	귤		
6	가전	TV		
7	가전	세탁기		
8	가전	냉장고		
9				
10	과일 품목 중 두번째 종류			배

기본예제 5-4 HLOOKUP 함수 사용하기

HLOOKUP 함수를 이용해 매출일에 해당하는 분기를 찾아 표시해 보자. 단, 3월 말까지는 '1분기', 6월 말까지는 '2분기', 9월 말까지는 '3분기', 12월 말까지는 '4분기'로 표시되도록 옵션을 작성한다.

01 HLOOKUP 함수 선택하기 '실습5-4(준비).xlsx' 파일을 연다. [C3] 셀을 선택하고 [수식] 탭-[함수 라이브러리] 그룹-[찾기/참조 영역]-[HLOOKUP]을 선택한다.

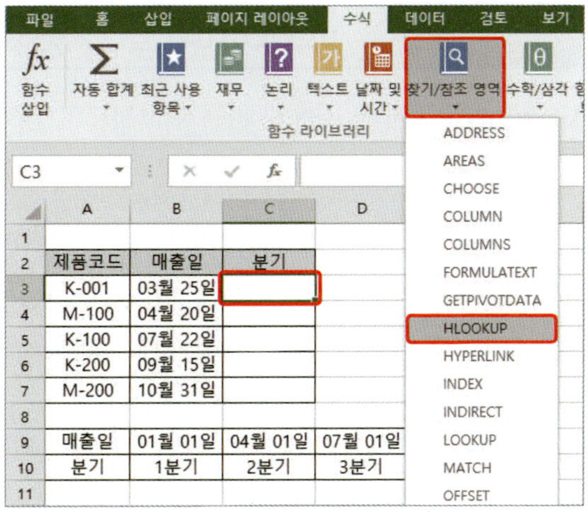

02 HLOOKUP 함수의 인수 입력하기 [lookup_value] 인수는 찾을 값인 '매출일'이 표시된 셀인 *B3*로, [table_array] 인수는 참조할 범위인 *$B$9:$E$10*으로 설정한다. [row_index_num]에는 참조할 범위에서 분기가 표시된 행 번호인 *2*를, [range_lookup]에는 유사한 값을 찾기 위해 *TRUE*를 입력하고 [확인]을 클릭한다.

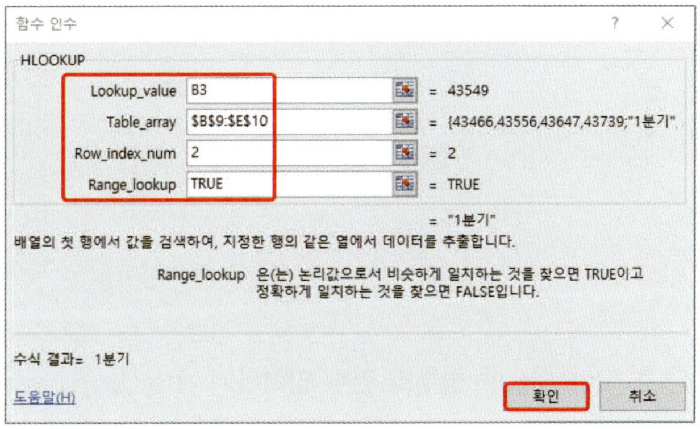

03 수식 복사하기 [C3] 셀의 채우기 핸들을 [C7] 셀까지 드래그한다.

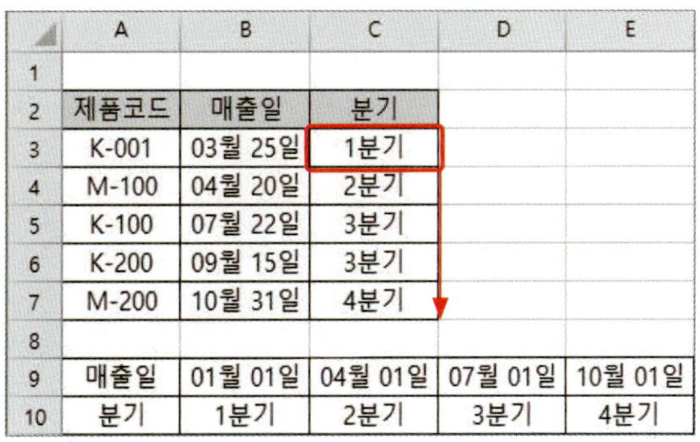

04 저장하기 [파일] 탭-[다른 이름으로 저장]을 선택하고 '실습5-4(완성).xlsx'로 저장한다.

기본예제 5-5 VLOOKUP 함수 사용하기

VLOOKUP 함수를 사용해 다른 워크시트의 참조표에서 모델명의 첫 번째 영문자에 해당하는 상품명을 찾아보자.

01 VLOOKUP 함수 선택하기 '실습5-5(준비).xlsx' 파일의 '상품관리' 시트를 연다. [B3] 셀을 선택하고 [수식] 탭-[함수 라이브러리] 그룹-[찾기/참조 영역]-[VLOOKUP]을 선택한다.

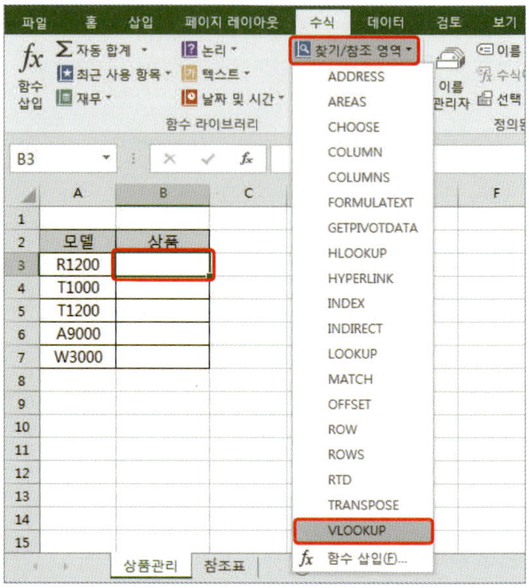

02 VLOOKUP 함수의 인수 입력하기 [lookup_value]에는 모델명에서 첫 번째 영문자만 선택하기 위해 *LEFT(A3, 1)*을 입력하고, [table_array]에는 '참조표' 시트의 범위를 지정하기 위해 *참조표!$A$2:$B$5*로 입력하고, [col_index_num]에는 상품이 표시된 행인 *2*를 입력한다. [range_lookup]에는 정확하게 일치하는 상품을 찾기 위해 *FALSE*를 입력한다.

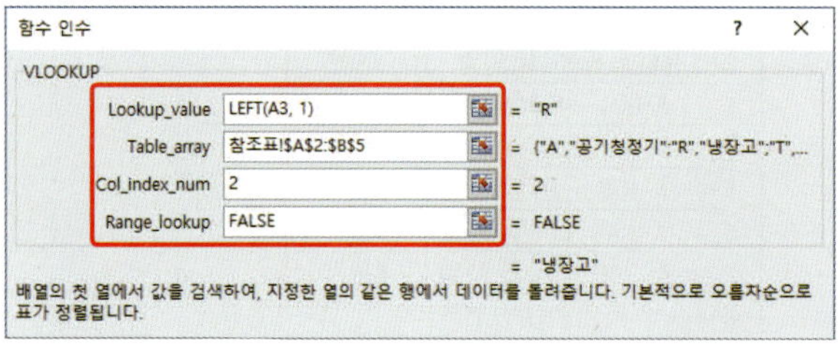

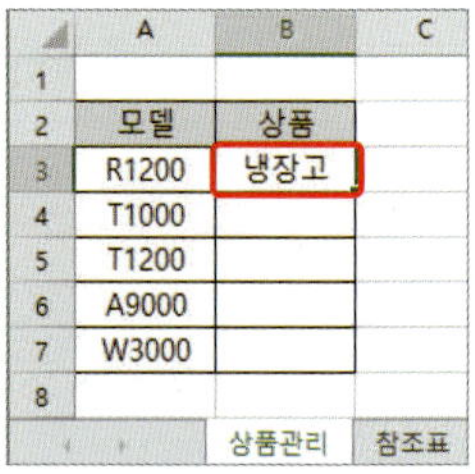

03 수식 복사하기 [B3] 셀의 채우기 핸들을 [B7] 셀까지 드래그해 모든 상품을 구하고 '실습5-5(완성).xlsx'로 저장한다.

1.3 데이터베이스 함수

데이터베이스 함수는 지정한 조건에 맞는 합계, 평균, 최대, 최소, 횟수 등을 구하는 함수로, 함수 형식은 서로 유사하다.

• DSUM 함수

범주	데이터베이스
형식	DSUM(database, field, criteria)
기능	목록이나 데이터베이스의 레코드 필드에서 지정한 조건에 맞는 숫자의 합계를 계산한다. database는 데이터베이스나 목록으로 지정할 셀 범위이고, field는 목록에서 합계를 계산할 열 위치를 나타내는 숫자나 열 레이블이며, criteria는 찾을 조건이 있는 셀 범위이다.

문제 '고급함수예제.xlsx' 파일의 'DSUM' 시트를 열고 TV 판매량의 합계를 계산하시오.

조건 [D2] 셀에 '상품', [D3] 셀에 'TV'를 입력한다.

함수식 =DSUM(A2:B8, 2, D2:D3)

	A	B	C	D
1				
2	상품	판매량		상품
3	세탁기	100,237		TV
4	TV	88,534		
5	냉장고	120,255		
6	전기밥솥	130,789		
7	전자레인지	140,232		
8	TV	150,621		
9				
10	TV 판매량 합계	239,155		

• DAVERAGE 함수

범주	데이터베이스
형식	DAVERAGE(database, field, criteria)
기능	목록이나 데이터베이스의 레코드 필드에서 지정한 조건에 맞는 숫자의 평균을 계산한다. database는 데이터베이스나 목록으로 지정할 셀 범위이고, field는 목록에서 평균을 계산할 열 위치를 나타내는 숫자나 열 레이블이며, criteria는 찾을 조건이 있는 셀 범위이다.

문제 '고급함수예제.xlsx' 파일의 'DAVERAGE' 시트를 열고 총무부 직원의 승진평가 평균을 계산하시오.

함수식 =DAVERAGE(A2:C8, 3, A2:A3)

	A	B	C
1			
2	부서	성명	승진평가
3	총무부	김연경	95
4	총무부	김우재	90
5	기획실	배유나	80
6	기획실	이강주	100
7	영업1팀	김요한	89
8	영업2팀	임성진	95
9			
10	총무부 승진평가 평균		92.5

• DMAX 함수

범주	데이터베이스
형식	DMAX(database, field, criteria)
기능	목록이나 데이터베이스의 레코드 필드에서 지정한 조건에 맞는 가장 큰 수를 구한다. database는 데이터베이스나 목록으로 지정할 셀 범위이고, field는 목록에서 최대값을 구할 열 위치를 나타내는 숫자나 열 레이블이며, criteria는 찾을 조건이 있는 셀 범위이다.

문제 '고급함수예제.xlsx' 파일의 'DMAX' 시트를 열고 총무부 직원과 기획실 직원의 승진평가 최대값을 계산하시오.

조건 [E2] 셀에 '부서', [E3] 셀에 '총무부', [E5] 셀에 '부서', [E6] 셀에 '기획실'을 입력한다.

함수식 [C10] 셀: =DMAX(A2:C8, 3, E2:E3)

[C11] 셀: =DMAX(A2:C8, 3, E5:E6)

	A	B	C	D	E
1					
2	부서	성명	승진평가		부서
3	총무부	김연경	95		총무부
4	총무부	김우재	90		
5	기획실	배유나	80		부서
6	기획실	이강주	100		기획실
7	영업1팀	김요한	89		
8	영업2팀	임성진	95		
9					
10	총무부 승진평가 최대값		95		
11	기획실 승진평가 최대값		100		

• DMIN 함수

범주	데이터베이스
형식	DMIN(database, field, criteria)
기능	목록이나 데이터베이스의 레코드 필드에서 지정한 조건에 맞는 가장 작은 수를 구한다. database는 데이터베이스나 목록으로 지정할 셀 범위이고, field는 목록에서 최소값을 구할 열 위치를 나타내는 숫자나 열 레이블이며, criteria는 찾을 조건이 있는 셀 범위이다.

문제 '고급함수예제.xlsx' 파일의 'DMIN' 시트를 열고 총무부 직원과 기획실 직원의 승진평가 최소값을 계산하시오.

조건 [E2] 셀에 '부서', [E3] 셀에 '총무부', [E5] 셀에 '부서', [E6] 셀에 '기획실'을 입력한다.

함수식 [C10] 셀: =DMIN(A2:C8, 3, E2:E3)

[C11] 셀: =DMIN(A2:C8, 3, E5:E6)

	A	B	C	D	E
1					
2	부서	성명	승진평가		부서
3	총무부	김연경	95		총무부
4	총무부	김우재	90		
5	기획실	배유나	80		부서
6	기획실	이강주	100		기획실
7	영업1팀	김요한	89		
8	영업2팀	임성진	95		
9					
10	총무부 승진평가 최소값		90		
11	기획실 승진평가 최소값		80		

- **DCOUNT 함수**

범주	데이터베이스
형식	DCOUNT(database, field, criteria)
기능	목록이나 데이터베이스의 레코드 필드에서 지정한 조건에 맞는 숫자를 포함한 셀의 수를 구한다. database는 데이터베이스나 목록으로 지정할 셀 범위이고, field는 목록에서 숫자를 포함한 셀의 수를 구할 열 위치를 나타내는 숫자나 열 레이블이며, criteria는 찾을 조건이 있는 셀 범위이다.

문제 '고급함수예제.xlsx' 파일의 'DCOUNT' 시트를 열고 직무1 점수가 85점을 초과하는 심화교육대상 수를 계산하시오.

조건 [D5] 셀에 '직무1', [D6] 셀에 '>85'를 입력한다.

함수식 =DCOUNT(A2:B10, 2, D5:D6)

	A	B	C	D
1				
2	학번	직무1		심화교육대상
3	2019001	92		4
4	2019002	88		
5	2019003	95		직무1
6	2019004	97		>85
7	2019005	80		
8	2019006	78		
9	2019007	85		
10	2019008	82		

- **DCOUNTA 함수**

범주	데이터베이스
형식	DCOUNTA(database, field, criteria)
기능	목록이나 데이터베이스의 레코드 필드에서 지정한 조건에 맞는 비어 있지 않은 셀의 수를 구한다. database는 데이터베이스나 목록으로 지정할 셀 범위이고, field는 목록에서 비어 있지 않은 셀의 수를 구할 열 위치를 나타내는 숫자나 열 레이블이며, criteria는 찾을 조건이 있는 셀 범위이다.

문제 '고급함수예제.xlsx' 파일의 'DCOUNTA' 시트를 열고 컴퓨터공학과 회원 중 동아리회비 납부자 수를 구하시오.

조건 [D5] 셀에 '학과', [D6] 셀에 '컴퓨터공학과'를 입력한다.

함수식 =DCOUNTA(A2:B10, 2, D5:D6)

	A	B	C	D
1				
2	학과	동아리회비		컴퓨터공학과 동아리회비납부
3	전산학과	납부		2
4	컴퓨터공학과			
5	무용학과	납부		학과
6	컴퓨터공학과	납부		컴퓨터공학과
7	기계공학과			
8	체육학과	납부		
9	컴퓨터공학과	납부		
10	무용학과	납부		

기본예제 5-6 DSUM 함수를 사용하여 조건에 맞는 합계 구하기

DSUM 함수를 사용하여 판매 중인 서적 중에서 '한빛미디어'에서 출간한 도서의 판매지수 합계를 구해 보자. 조건은 [A13:A14] 범위에 입력한다.

01 조건 입력하기 '실습5-6(준비).xlsx' 파일을 연다. 조건을 입력하기 위해 [A13] 셀에 *출판사*, [A14] 셀에 *한빛미디어*를 입력한다.

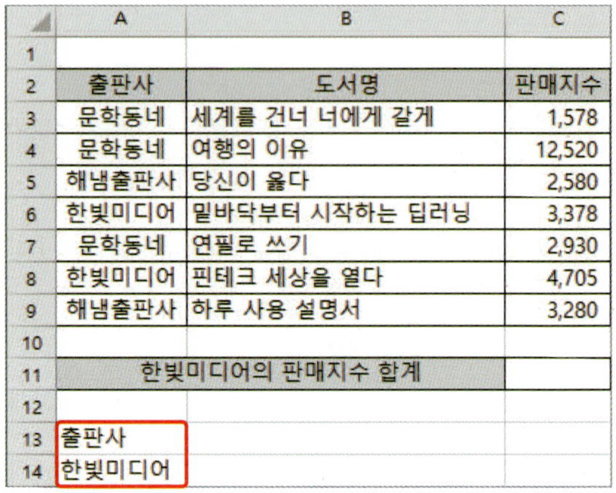

	A	B	C
1			
2	출판사	도서명	판매지수
3	문학동네	세계를 건너 너에게 갈게	1,578
4	문학동네	여행의 이유	12,520
5	해냄출판사	당신이 옳다	2,580
6	한빛미디어	밑바닥부터 시작하는 딥러닝	3,378
7	문학동네	연필로 쓰기	2,930
8	한빛미디어	핀테크 세상을 열다	4,705
9	해냄출판사	하루 사용 설명서	3,280
10			
11	한빛미디어의 판매지수 합계		
12			
13	출판사		
14	한빛미디어		

02 DSUM 함수 선택하기 [C11] 셀을 선택하고 [수식] 탭–[함수 라이브러리] 그룹–[함수 삽입]를 클릭해 [함수 마법사] 대화상자가 열리면 [데이터베이스] 범주를 선택하고 [DSUM] 함수를 선택한다.

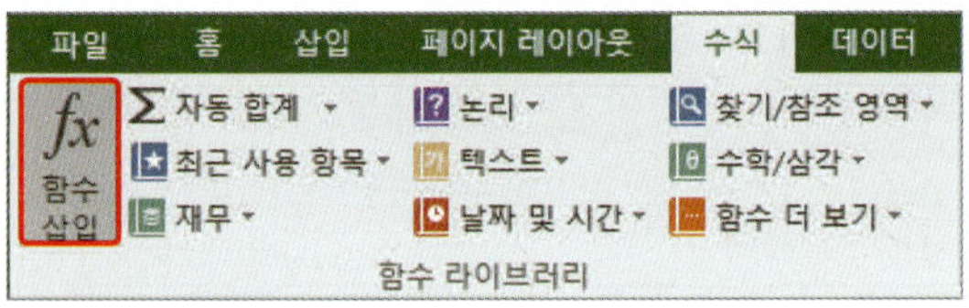

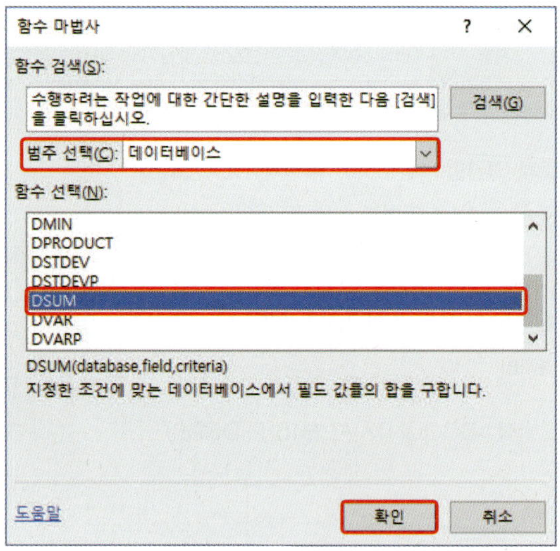

03 DSUM 함수의 인수 입력하기 [Database]에는 참조할 범위로 *A2:C9*를, [field]에는 합계를 계산할 판매지수가 표시된 행인 *3*을, [Criteria]에는 1단계에서 입력한 조건이 표시된 영역인 *A13:A14*를 입력한다.

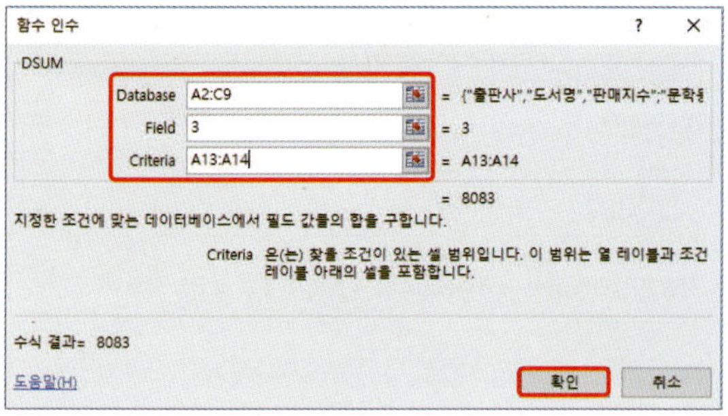

	A	B	C
1			
2	출판사	도서명	판매지수
3	문학동네	세계를 건너 너에게 갈게	1,578
4	문학동네	여행의 이유	12,520
5	해냄출판사	당신이 옳다	2,580
6	한빛미디어	밑바닥부터 시작하는 딥러닝	3,378
7	문학동네	연필로 쓰기	2,930
8	한빛미디어	핀테크 세상을 열다	4,705
9	해냄출판사	하루 사용 설명서	3,280
10			
11	한빛미디어의 판매지수 합계		8083

04 저장하기 [파일] 탭-[다른 이름으로 저장]을 선택하고 '실습5-6(완성).xlsx'로 저장한다.

기본예제 5-7 DAVERAGE 함수를 사용해 조건에 맞는 평균 구하기

판매 중인 서적 중에서 '문학동네'에서 출간한 도서의 판매지수 평균을 DAVERAGE 함수를 사용해 구해 보자. 이때 조건은 [A13:A14] 범위에 입력한다.

01 조건 입력하기 '실습5-7(준비).xlsx' 파일을 연다. 조건을 설정하기 위해 [A13] 셀에 *출판사*, [A14] 셀에 *문학동네*를 입력한다.

	A	B	C
1			
2	출판사	도서명	판매지수
3	문학동네	세계를 건너 너에게 갈게	1,578
4	문학동네	여행의 이유	12,520
5	해냄출판사	당신이 옳다	2,580
6	한빛미디어	밑바닥부터 시작하는 딥러닝	3,378
7	문학동네	연필로 쓰기	2,930
8	한빛미디어	핀테크 세상을 열다	4,705
9	해냄출판사	하루 사용 설명서	3,280
10			
11	문학동네의 판매지수 평균		
12			
13	출판사		
14	문학동네		

02 DAVERAGE 함수 선택하기 [C11] 셀에서 [수식] 탭–[함수 라이브러리] 그룹–[함수 삽입]를 클릭해 [함수 마법사] 대화상자를 열고 [데이터베이스] 범주에서 [DAVERAGE] 함수를 선택한다.

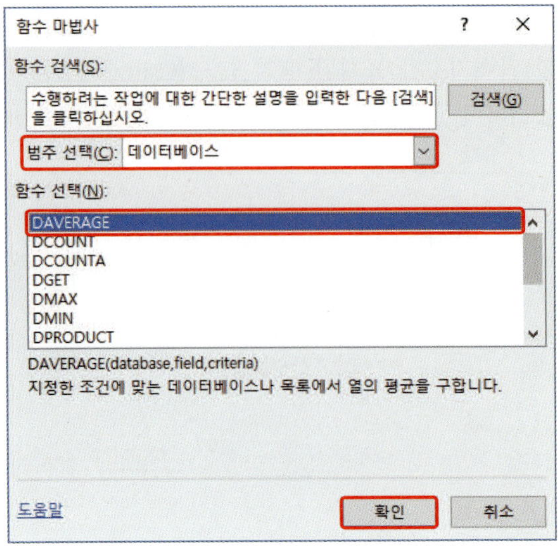

03 DAVERAGE 함수의 인수 입력하기 [Database]에는 참조할 범위인 *A2:C9*를, [field]에는 평균을 계산할 판매지수가 표시된 행인 *3*을, [Criteria]에는 1단계에서 입력한 조건이 표시된 영역인 *A13:A14*를 입력한다.

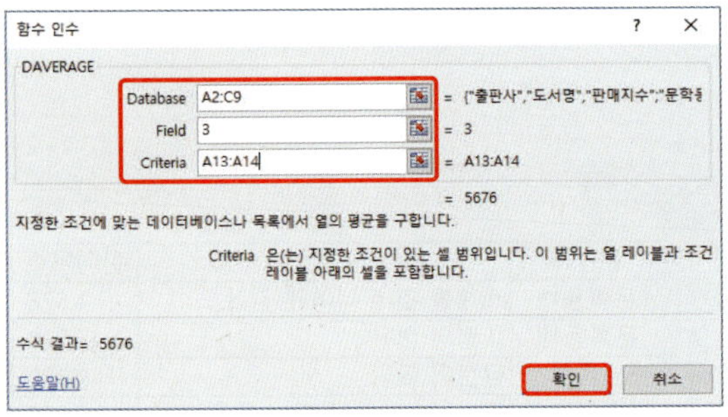

	A	B	C
1			
2	출판사	도서명	판매지수
3	문학동네	세계를 건너 너에게 갈게	1,578
4	문학동네	여행의 이유	12,520
5	해냄출판사	당신이 옳다	2,580
6	한빛미디어	밑바닥부터 시작하는 딥러닝	3,378
7	문학동네	연필로 쓰기	2,930
8	한빛미디어	핀테크 세상을 열다	4,705
9	해냄출판사	하루 사용 설명서	3,280
10			
11	문학동네의 판매지수 평균		5676

04 저장하기 [파일] 탭–[다른 이름으로 저장]을 선택하고 '실습5–7(완성).xlsx'로 저장한다.

SECTION 02

차트 만들기

차트는 많은 양의 데이터 또는 여러 데이터 계열 간의 관계를 쉽게 이해할 수 있도록 숫자 데이터를 그래프 형식으로 표시한 것이다. SECTION 02에서는 엑셀에서 제공하는 다양한 종류의 차트에 대해 알아본다.

2.1 차트 만들기

엑셀 2016은 세로 막대형, 꺾은선형, 원형, 가로 막대형, 영역형, 분산형, 주식형, 표면형, 방사형, 트리맵, 선버스트, 히스토그램, 상자 수염 그림, 폭포, 콤보 등 다양한 용도의 차트를 제공하며, 추천 차트 기능을 통해 선택한 데이터에 가장 적합한 차트를 추천한다.

2.1.1 추천 차트에서 선택하기

차트를 만들려면 차트에 사용할 데이터를 선택하고 [삽입] 탭–[차트] 그룹–[추천 차트]를 클릭한 후 [차트 삽입] 대화상자의 [추천 차트] 탭에서 차트 모양을 선택한다.

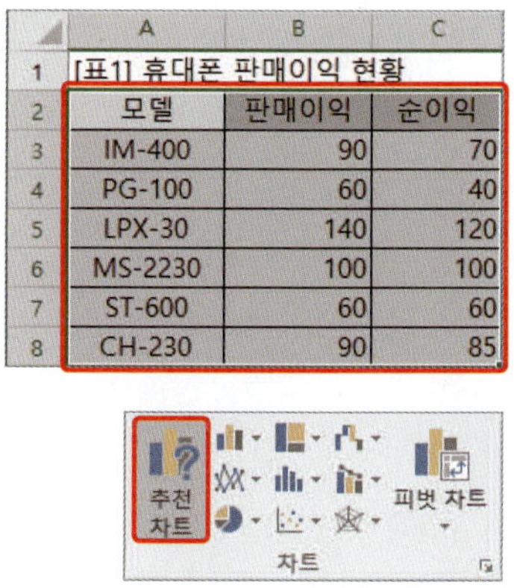

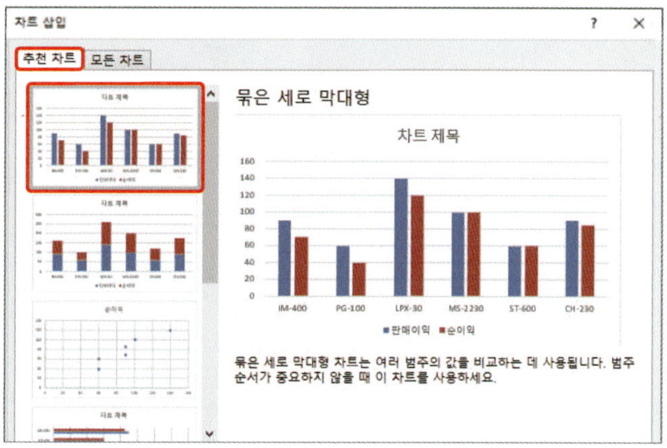

TIP 차트에 사용할 데이터는 연속적인 범위 또는 비연속적인 범위 모두 선택할 수 있으며, 연속 데이터인 경우에는 [빠른 분석] 도구를 이용해 추천 차트를 선택할 수 있다.

2.1.2 모든 차트에서 선택하기

추천 차트 이외의 차트를 선택하려면 차트 데이터를 선택하고 [삽입] 탭-[차트] 그룹에서 차트를 선택하거나, [모든 차트 보기] 단추를 클릭해 [차트 삽입] 대화상자를 열고 [모든 차트] 탭에 있는 차트 중에서 선택한다.

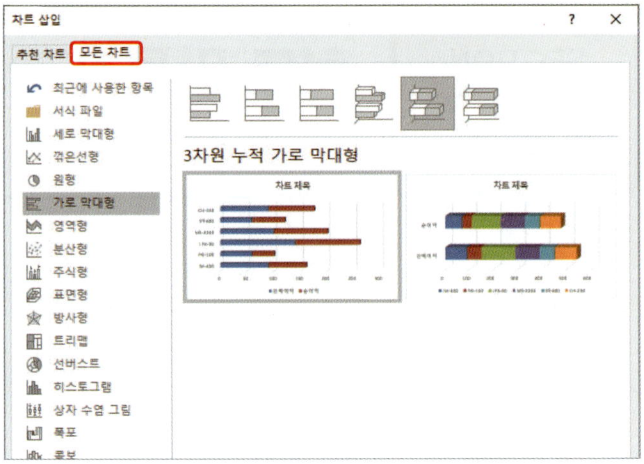

2.1.3 차트 요소

차트 요소는 기본적으로 표시되는 것도 있고 필요에 따라 추가할 수도 있으며, 위치 이동, 크기 조정, 서식 변경, 삭제 등이 가능하다.

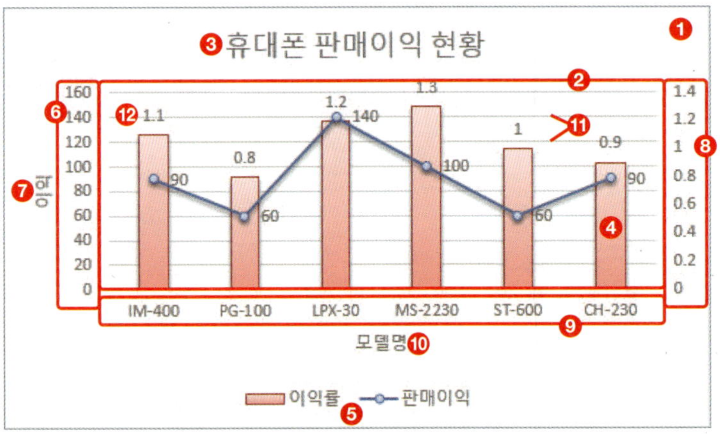

❶ 차트 영역
❷ 그림 영역
❸ 차트 제목
❹ 데이터 계열
❺ 범례
❻ 세로(값) 축
❼ 세로(값) 축 제목
❽ 보조 세로(값) 축
❾ 가로(항목) 축
❿ 가로(항목) 축 제목
⓫ 세로(값) 축 주 눈금선
⓬ 데이터 레이블

TIP 차트 위에 마우스 포인터를 위치시키면 차트 요소를 확인할 수 있다.

❶ **차트 영역** 차트의 전체 영역으로, 선택하면 차트의 위치를 이동하거나 크기를 조절할 수 있다.

❷ **그림 영역** 데이터 계열이 표시되는 사각형 영역이다.

❸ **차트 제목** 차트 제목을 표시한다.

❹ 데이터 계열 차트에 그려지는 관련 데이터 요소의 집합으로, 각 데이터 계열은 고유의 색이나 무늬를 지니며 차트 범례 안에 표시된다. 한 차트에 데이터 계열을 한 개 이상 그릴 수 있으며 원형 차트에는 데이터 계열이 한 개만 있다.

❺ 범례 각 데이터 계열의 이름과 데이터 표식을 나타내는 상자로, 데이터 계열을 구분한다.

❻ 세로(값) 축 값을 표시한다.

❼ 세로(값) 축 제목 세로 축 제목을 표시한다.

❽ 보조 세로(값) 축 데이터 계열의 값 차이가 큰 경우에 보조 축에 하나 이상의 데이터 계열의 값을 표시한다.

❾ 가로(항목) 축 항목을 포함한다.

❿ 가로(항목) 축 제목 가로 축 제목을 표시한다.

⓫ 세로(값) 축 주 눈금선 데이터 값을 쉽게 알 수 있도록 세로(값) 축의 눈금을 그림 영역 안에 선으로 그어 표시한다.

⓬ 데이터 레이블 워크시트 셀에서 만들어진 한 개의 데이터 요소 또는 값을 나타내며, 데이터 표식에 대한 추가 정보를 제공한다.

2.1.4 차트 편집 도구

차트를 선택하면 리본 메뉴에 다음과 같은 차트 도구가 추가되는데, 이 도구를 이용해 차트를 편집할 수 있다.

- **[디자인] 탭** 차트 요소 추가, 빠른 레이아웃, 차트 스타일, 데이터 및 차트 종류 변경, 위치 이동 등을 설정한다.

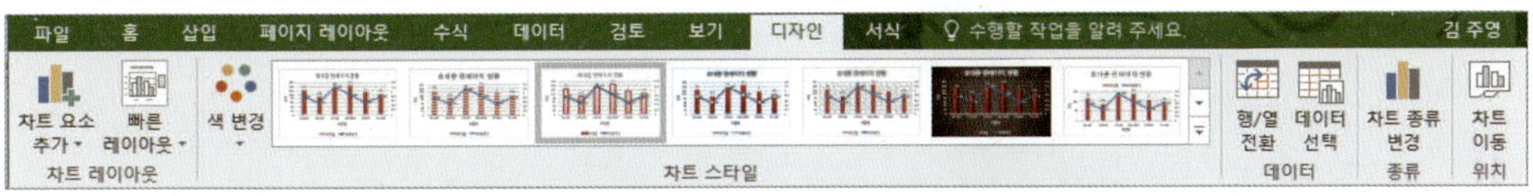

- **[서식] 탭** 선택 영역 서식, 도형 삽입, 도형 스타일, WordArt 스타일, 정렬, 크기 등을 지정한다.

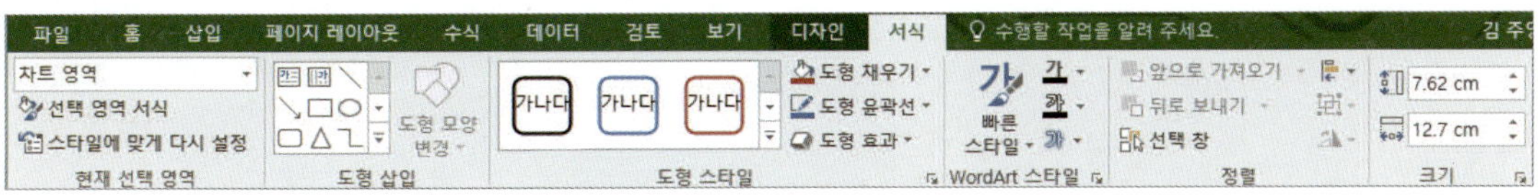

> **TIP** 차트 수정을 끝내려면 워크시트에서 차트 바깥쪽을 클릭한다.

2.2 차트 레이아웃 변경하기

차트 요소를 추가하려면 [차트 도구]–[디자인] 탭–[차트 레이아웃] 그룹–[차트 요소 추가]에서 선택하거나, 차트 오른쪽에 생성된 [차트 요소] 단추를 클릭한 후 필요한 요소를 추가한다.

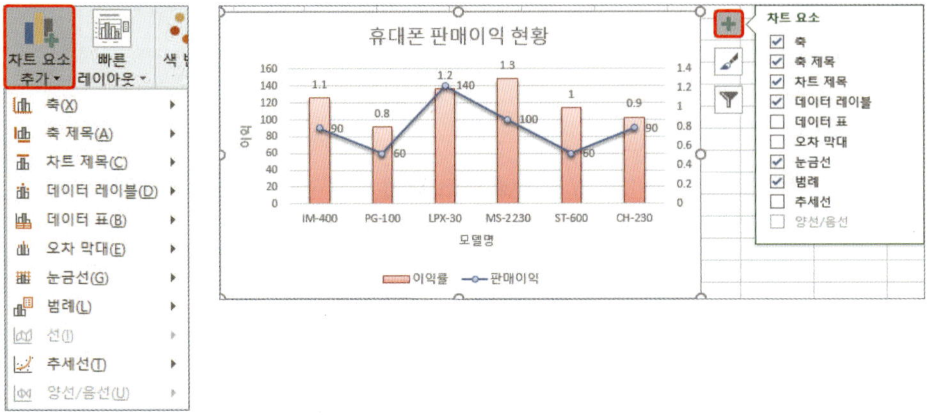

2.2.1 축 제목 추가하기

축 제목을 추가하려면 차트를 선택하고 [차트 도구]–[디자인] 탭–[차트 레이아웃] 그룹–[차트 요소 추가]–[축 제목]을 클릭한 후 [기본 가로] 또는 [기본 세로]를 선택한다. 축 제목 텍스트 상자가 삽입되면 축 제목을 입력한다.

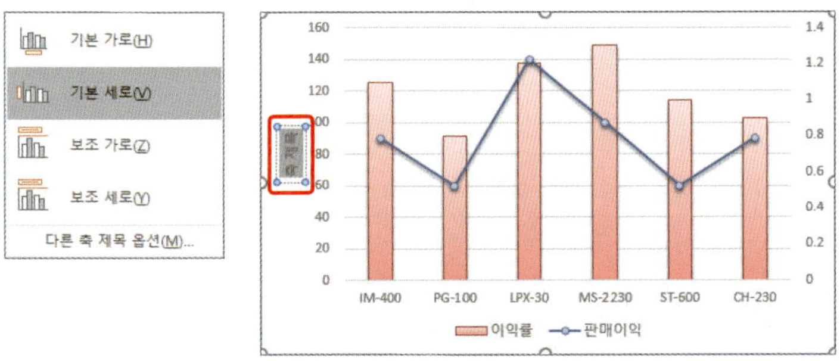

> **TIP** 3차원 차트의 깊이(계열) 축에 제목을 추가하려면 [축 제목]–[깊이]를 클릭한 다음 텍스트를 입력한다.

2.2.2 차트 제목 추가하기

차트 제목을 추가하려면 차트를 선택하고 [차트 도구]–[디자인] 탭–[차트 레이아웃] 그룹–[차트 요소 추가]–[차트 제목]을 클릭한 후 [가운데에 맞춰 표시] 또는 [차트 위]를 선택한다. 차트 제목 텍스트 상자가 삽입되면 차트 제목을 입력한다.

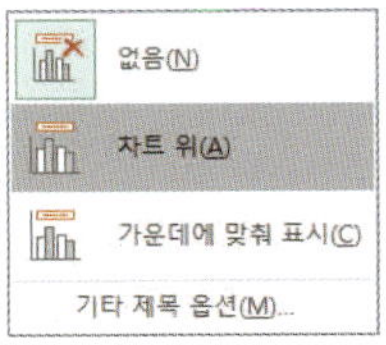

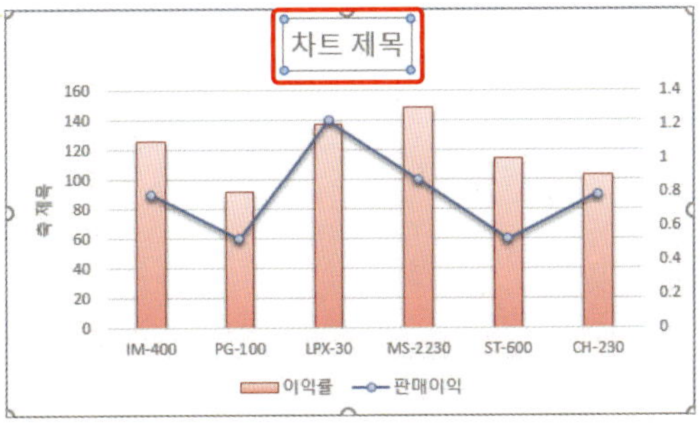

2.2.3 데이터 레이블 추가하기

데이터 레이블의 종류에는 계열 이름, 항목 이름, 값, 백분율 등이 있으며, 둘 이상의 데이터 레이블 항목을 표시하기 위해 쉼표나 사용자 지정의 다른 구분 기호를 사용할 수 있다. 데이터 레이블이 읽기 쉽고 겹치지 않도록 차트에서 해당 위치를 조정할 수 있다.

데이터 레이블을 추가하려면 레이블을 지정하려는 대상에 따라 모든 계열, 단일 데이터 계열, 단일 데이터 요소 중 하나를 선택한다. 그리고 [차트 도구]–[디자인] 탭–[차트 레이아웃] 그룹–[차트 요소 추가]–[데이터 레이블]을 클릭한 후 표시 옵션을 선택한다. 표시 옵션 중에서 [데이터 설명선]은 데이터 레이블을 텍스트 풍선 도형 안에 표시한다.

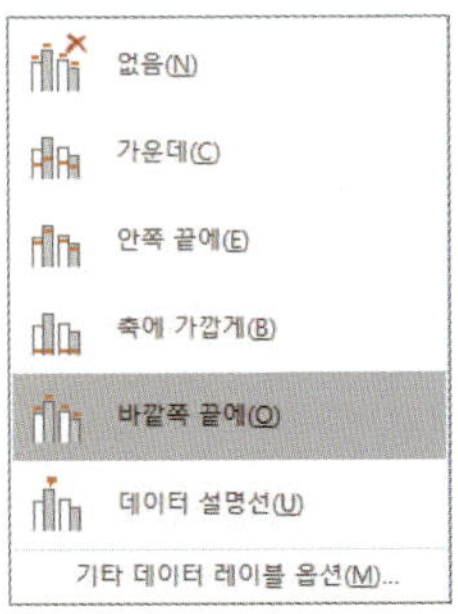

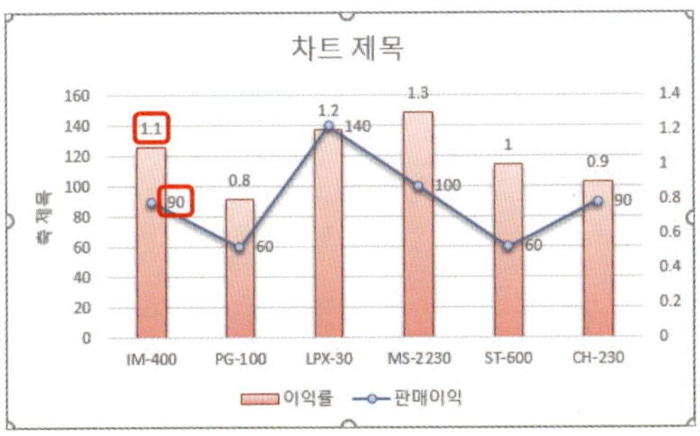

TIP 모든 계열에 적용하려면 차트 영역을 클릭하고, 데이터 요소에 적용하려면 데이터 계열을 클릭한 후 해당 데이터 요소를 다시 클릭한다.

2.2.4 범례 추가하기

범례를 표시하려면 차트를 클릭하고 [차트 도구]–[디자인] 탭–[차트 레이아웃] 그룹–[차트 요소 추가]–[범례]를 클릭한 후 원하는 표시 옵션을 선택한다.

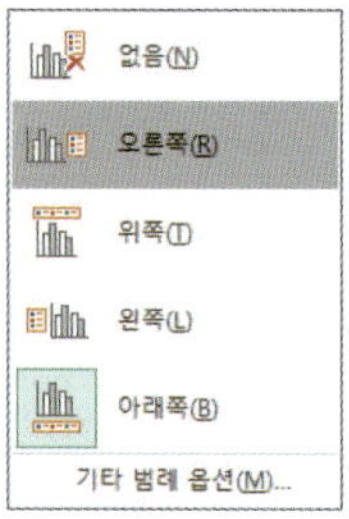

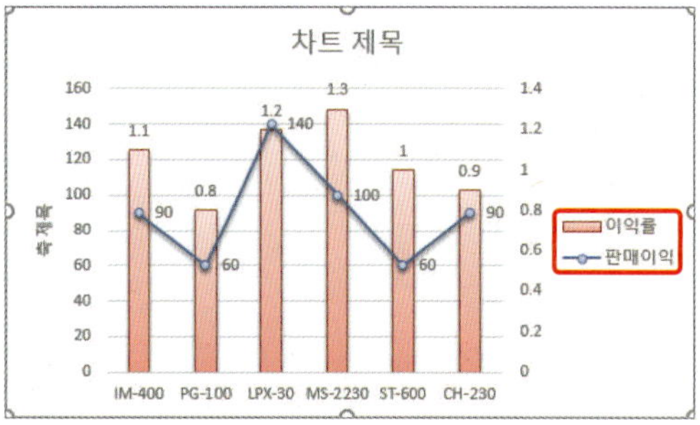

> **TIP** 표시 옵션 중 하나를 클릭하면 그림 영역은 범례가 표시될 수 있도록 자동으로 조정된다. 마우스로 범례를 이동하거나 크기를 변경할 때는 그림 영역이 자동으로 조정되지 않는다.

2.2.5 데이터 표 추가하기

데이터 표는 세로 막대형, 가로 막대형, 꺾은선형, 영역형 등의 차트에 원본 데이터를 표로 표시한 것이다. 데이터 표를 표시하려면 차트를 클릭하고 [차트 도구]–[디자인] 탭–[차트 레이아웃] 그룹–[차트 요소 추가]–[데이터 표]를 클릭한 후 [범례 표지 포함] 또는 [범례 표지 없음]을 클릭한다.

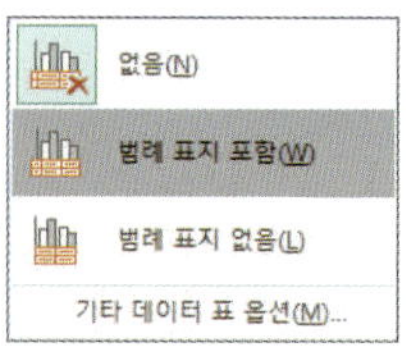

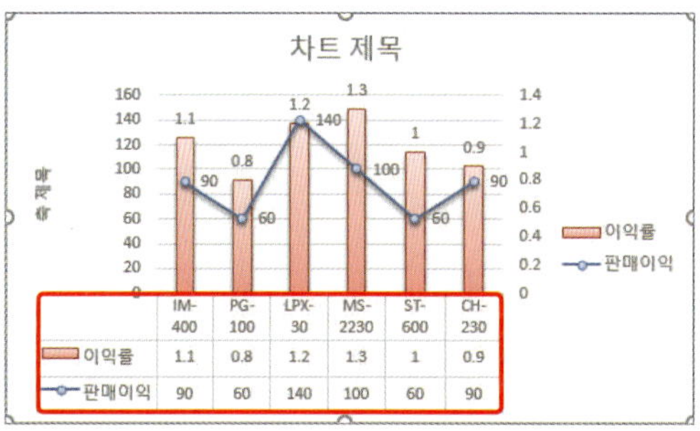

2.2.6 빠른 레이아웃 적용하기

차트 요소를 사용자가 직접 설정하지 않고 엑셀에서 제공하는 차트 레이아웃을 적용하려면 [차트 도구]–[디자인] 탭–[차트 레이아웃] 그룹–[빠른 레이아웃]에서 레이아웃 유형을 선택한다.

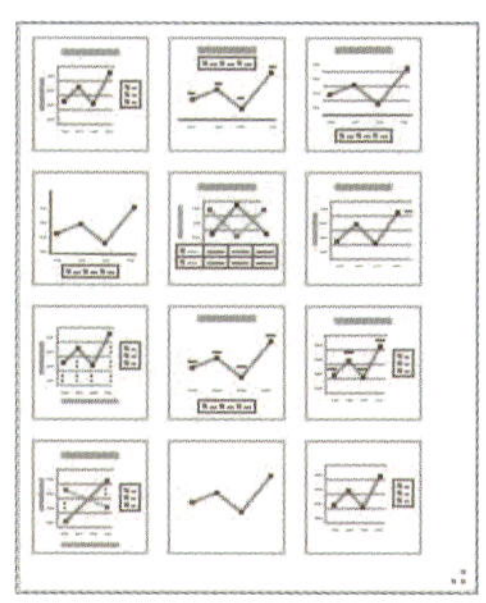

2.3 차트 디자인 변경하기

차트 디자인의 변경은 차트 스타일, 데이터, 차트 종류 변경, 차트 이동 등의 변경을 의미한다. [차트 도구]–[디자인] 탭에서 실행 가능한 다양한 명령을 이용해 차트 디자인을 변경하는 방법을 알아보자.

2.3.1 차트 스타일

차트 스타일을 적용하려면 [차트 도구]–[디자인] 탭–[차트 스타일] 그룹에서 원하는 스타일을 선택하거나, 차트 오른쪽에 생성된 [차트 스타일] 단추를 클릭하고 스타일을 선택한다.

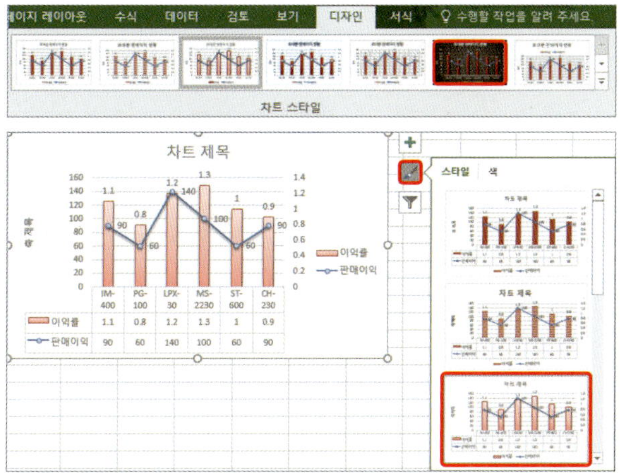

2.3.2 행/열 전환 및 데이터 선택

차트의 범례 항목(계열)과 가로(항목) 축 레이블을 바꾸려면 [차트 도구]–[디자인] 탭–[데이터] 그룹–[행/열 전환]을 클릭한다.

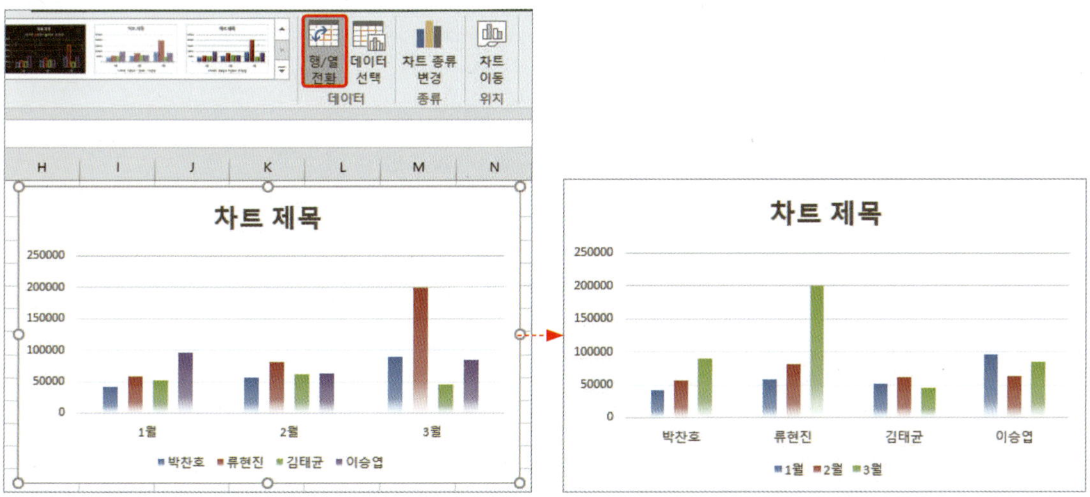

차트 데이터 범위 변경, 계열의 추가와 제거 등은 [차트 도구]–[디자인] 탭–[데이터] 그룹–[데이터 선택]을 클릭해 [데이터 원본 선택] 대화상자를 열고 설정한다.

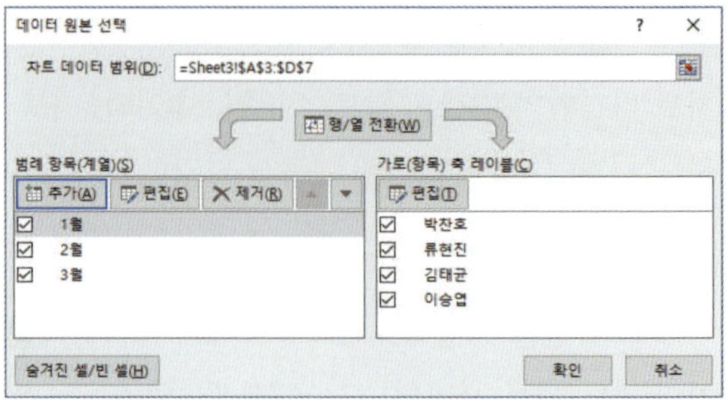

차트 계열을 변경하는 다른 방법은 차트 오른쪽에 생성된 [차트 필터] 단추를 클릭한 후 [값] 탭에서 변경할 계열 또는 범주를 선택하는 것이다.

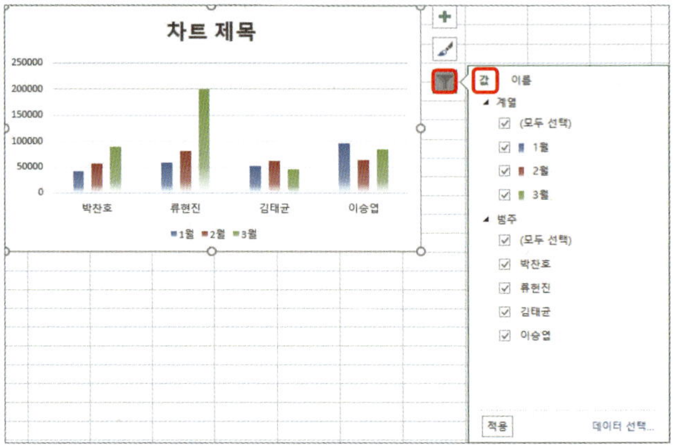

2.3.3 차트 종류 변경하기

차트 종류를 변경하려면 차트를 선택하고 [차트 도구]–[디자인] 탭–[종류] 그룹–[차트 종류 변경]을 클릭한 후 [차트 종류 변경] 대화상자의 [모든 차트] 탭에서 차트를 선택한다.

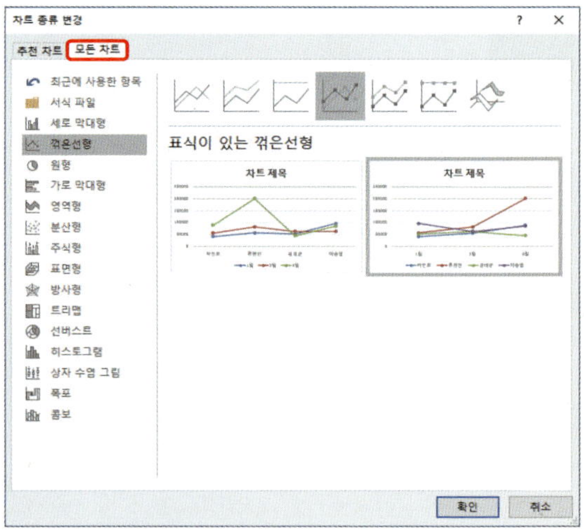

단일 데이터 계열의 차트 종류를 변경하여 두 종류 이상의 차트를 혼합한 콤보 차트를 만들 수 있다. 차트를 선택하고 [차트 도구]–[디자인] 탭–[종류] 그룹–[차트 종류 변경]을 클릭해 [차트 종류 변경] 대화상자를 열고 [모든 차트] 탭의 [콤보] 계열에서 콤보 차트 유형을 선택한다.

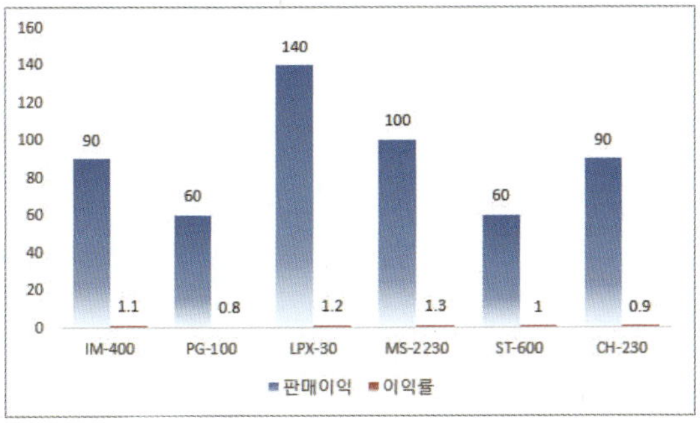

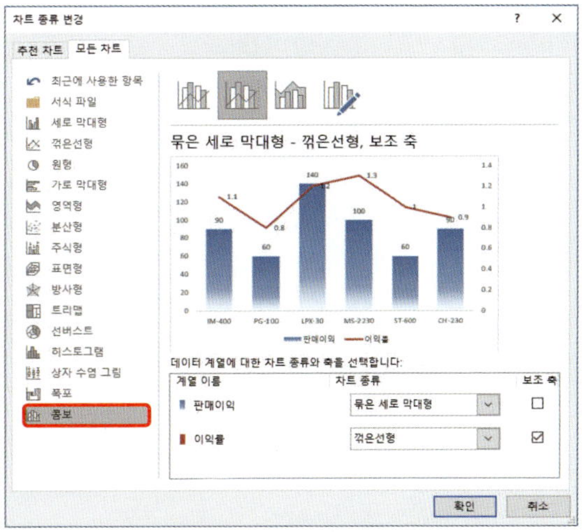

> **TIP** 콤보 차트는 데이터 형식이 혼합되어 있거나 데이터 계열의 값 차이가 큰 경우에 사용하며, 보조 축을 사용할 수 있다.

2.3.4 차트 이동하기

차트 위치를 이동하려면 차트를 클릭하고 [차트 도구]–[디자인] 탭–[위치] 그룹–[차트 이동]을 클릭한다. [차트 이동] 대화상자에서 [새 시트]를 선택해 새로운 워크시트로 차트를 이동하거나, [워크시트에 삽입]을 클릭해 다른 워크시트로 이동할 수도 있다.

워크시트 내에서 차트를 이동하려면 차트 영역을 선택하고 원하는 위치로 드래그하면 된다.

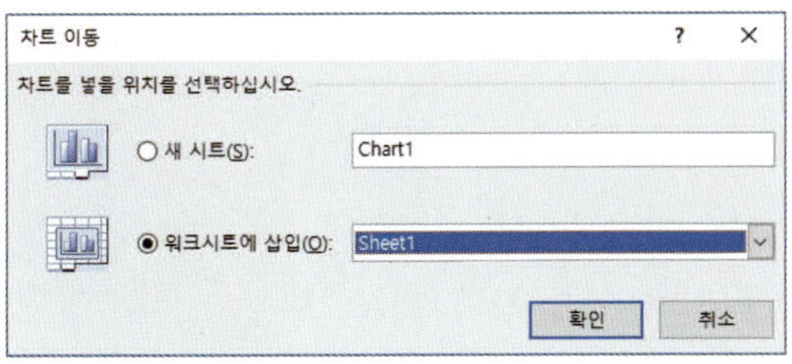

2.4 차트 요소의 서식 변경하기

차트 전체를 한꺼번에 수정할 수도 있지만 차트를 구성하고 있는 요소 각각의 스타일이나 크기 등을 조절하고 서식을 적용할 수도 있다. 강조하고 싶은 요소에는 효과를 적용하고 필요하지 않은 요소는 삭제해 정돈하면 차트의 전달력을 높일 수 있다.

2.4.1 도형 스타일

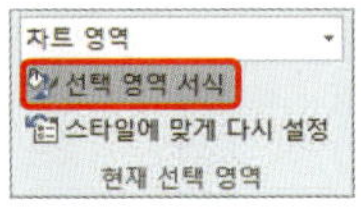

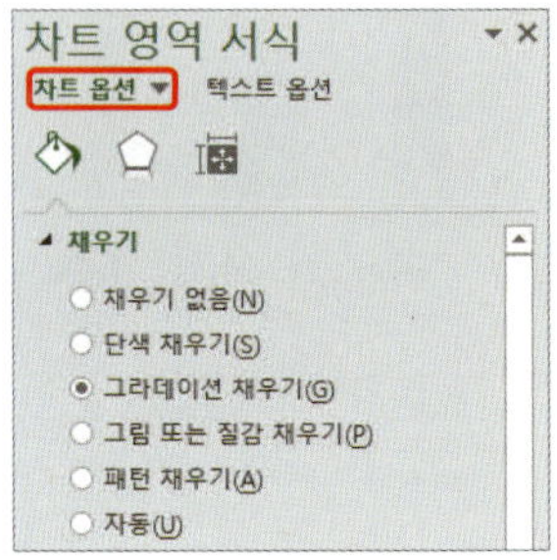

차트 영역, 그림 영역, 데이터 계열, 데이터 요소 등의 차트 요소에 대한 채우기, 테두리 관련 서식을 변경하려면 해당 요소를 선택하고 [차트 도구]–[서식] 탭–[현재 선택 영역] 그룹–[선택 영역 서식]을 선택해 화면 오른쪽에 열리는 작업 창의 [차트 옵션] 탭에서 설정한다.

도형 스타일을 간편하게 적용하려면 [차트 도구]–[서식] 탭–[도형 스타일] 그룹에서 [도형 스타일], [도형 채우기], [도형 윤곽선], [도형 효과] 등의 도구를 이용한다.

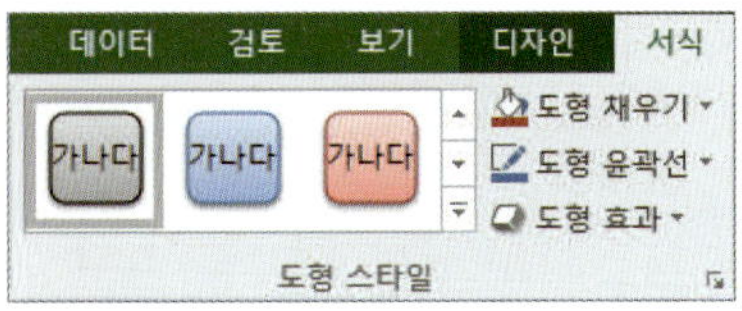

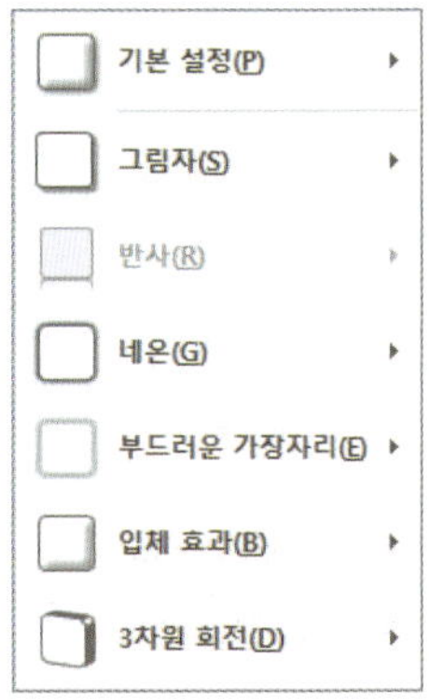

2.4.2 텍스트 서식, WordArt 스타일

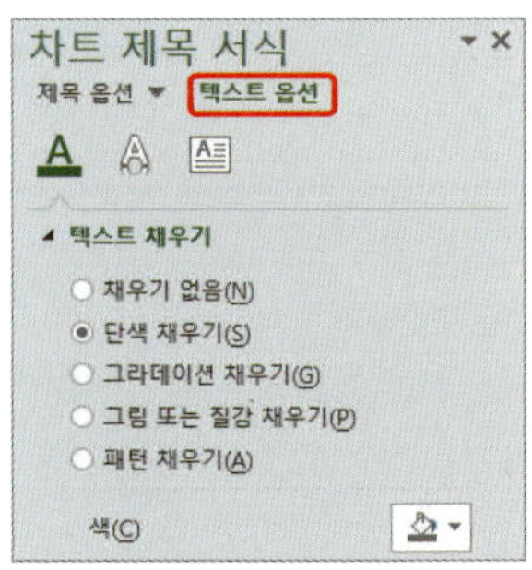

텍스트 서식을 변경할 차트 요소를 선택하고 [차트 도구]–[서식] 탭–[현재 선택 영역] 그룹–[선택 영역 서식]을 선택하면 열리는 작업 창의 [텍스트 옵션] 탭에서 설정한다.

텍스트 서식을 간편하게 적용하려면 텍스트 범위를 지정하고 마우스 오른쪽 단추를 클릭해 미니 도구 모음을 이용하거나, [차트 도구]–[서식] 탭–[WordArt] 그룹에서 [WordArt 빠른 스타일], [텍스트 채우기], [텍스트 윤곽선], [텍스트 효과] 등을 이용한다.

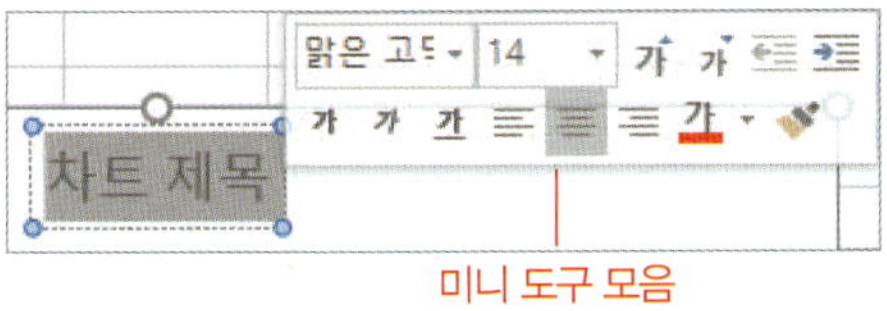

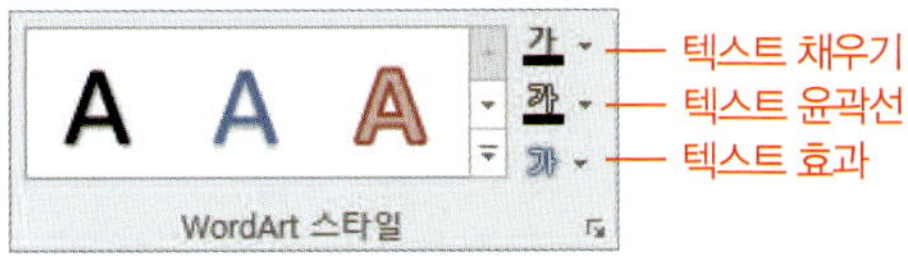

2.4.3 차트 크기 조절하기

차트 크기를 조절하려면 차트를 선택하고 [차트 도구]–[서식] 탭–[크기] 그룹에서 [도형 높이]와 [도형 너비] 값을 수정한다.

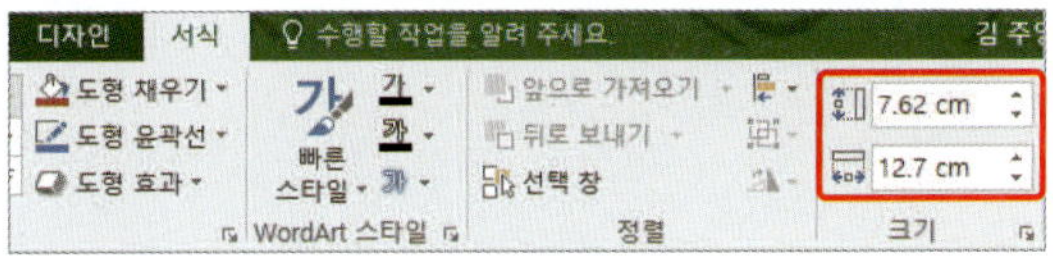

차트 요소의 크기를 조절하려면 해당 요소를 선택하고 조절점을 드래그한다. 이때 가로와 세로 비율을 일정하게 유지하려면 Shift를 누른 상태에서 드래그한다.

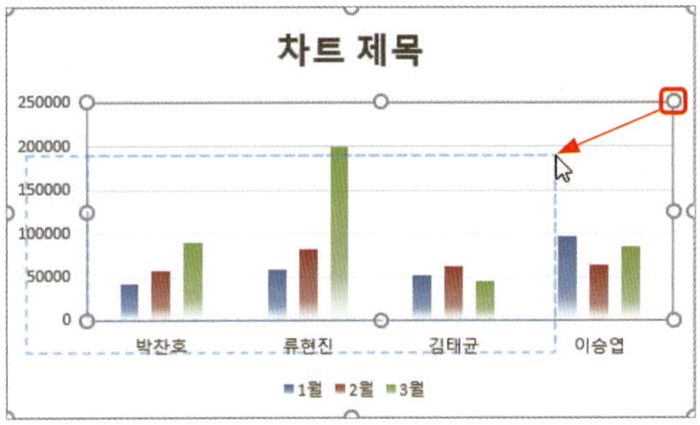

2.4.4 세로(값) 축 서식

세로(값) 축 서식을 변경하려면 차트에서 세로(값) 축을 선택한 후 [차트 도구]–[서식] 탭–[현재 선택 영역] 그룹–[선택 영역 서식]을 클릭해 [축 서식] 작업 창을 열고 세부 옵션을 설정한다.

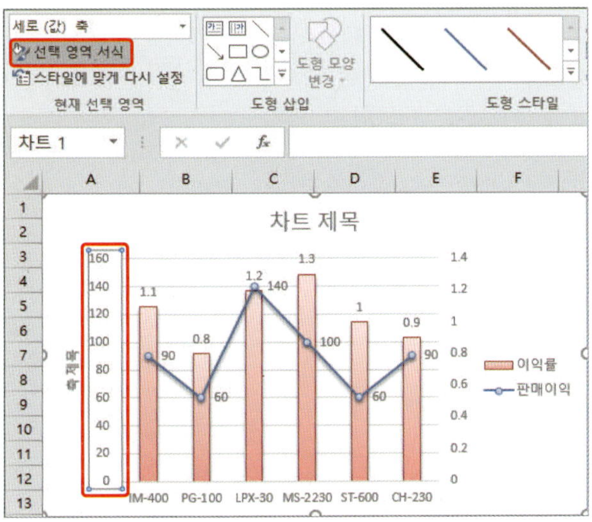

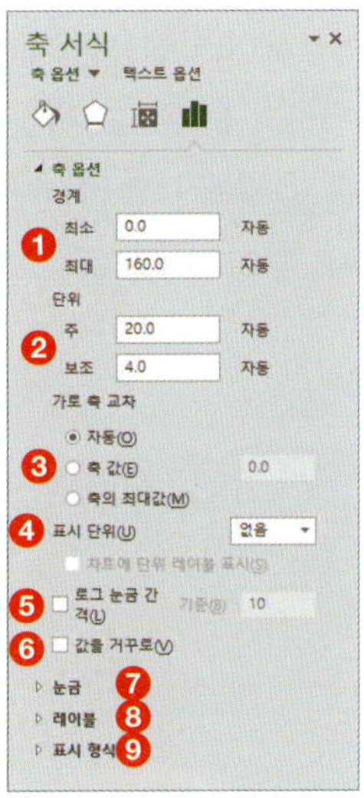

TIP 차트 요소의 작업 창을 간편하게 열려면 해당 요소를 더블클릭한다.

❶ **최소, 최대** 세로(값) 축이 시작하거나 끝나는 숫자를 변경한다. 최소 또는 최대 입력 상자에 원하는 숫자를 입력하면 된다.

❷ **주 단위, 보조 단위** 눈금과 눈금 레이블 및 차트의 눈금선 간격을 변경한다. 주 단위 또는 보조 단위의 입력 상자에 원하는 숫자를 입력하면 된다.

❸ **가로 축 교차** 가로(항목) 축이 세로(값) 축과 교차하는 위치를 변경한다. 기본값인 [자동]을 선택하거나, [축 값]을 선택하고 원하는 숫자를 입력한다. [축의 최대값]을 선택하면 축의 최대값에서 가로(항목) 축과 세로(값) 축이 교차한다.

❹ **표시 단위** 값 축의 표시 단위를 변경한다. 단위를 설명하는 레이블을 표시하려면 [차트에 단위 레이블 표시]에 체크한다.

TIP 차트 데이터 값이 너무 커서 자리를 많이 차지하는 경우에는 표시 단위를 변경하는 것이 좋다. 예를 들어 차트 데이터 값이 1,000,000~50,000,000인 경우, 축에서는 1~50으로 표시하고, 단위가 백만임을 나타내는 레이블을 추가한다.

❺ **로그 눈금 간격** 값 축을 로그로 변경한다. 참고로 로그 눈금 간격에는 음의 값이나 0을 사용할 수 없다.

❻ **값을 거꾸로** 항목 축을 그림 영역의 위쪽으로 향하도록 변경한다.

❼ **주 눈금, 보조 눈금** 축 눈금의 배치(안쪽, 바깥쪽, 교차)를 변경한다.

❽ **축 레이블** 레이블의 배치(축의 옆, 높은 쪽, 낮은 쪽)를 변경한다.

❾ **표시 형식** 레이블의 표시 형식을 변경한다.

2.4.5 데이터 레이블 서식

데이터 레이블 서식을 변경하려면 적용할 대상인 데이터 계열 또는 데이터 요소의 레이블을 선택하고 [차트 도구]-[서식] 탭-[현재 선택 영역] 그룹-[선택 영역 서식]을 클릭해 [데이터 레이블 서식] 작업 창을 열고 [레이블 옵션], [표시 형식] 등을 설정한다.

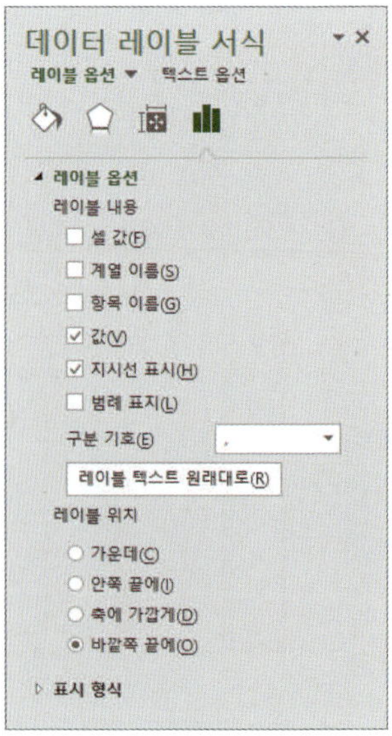

기본예제 5-8 세로 막대형 차트 작성하기

표 데이터의 일부분을 범위로 지정해 차트를 작성하고 차트 제목, 축 제목, 데이터 레이블을 설정해 보자.

01 데이터 범위 지정 및 차트 삽입하기 '실습5-8(준비).xlsx' 파일을 연다. [B2:B10] 영역을 드래그하고 Ctrl을 누른 채로 [G2:G10] 영역을 드래그해 선택한다. [삽입] 탭-[차트] 그룹-[추천 차트]를 클릭하고 [차트 삽입] 대화상자의 [추천 차트] 탭에서 [묶은 세로 막대형]을 선택한다.

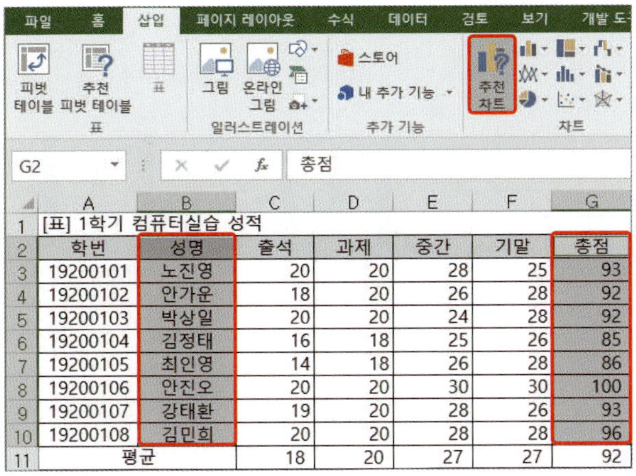

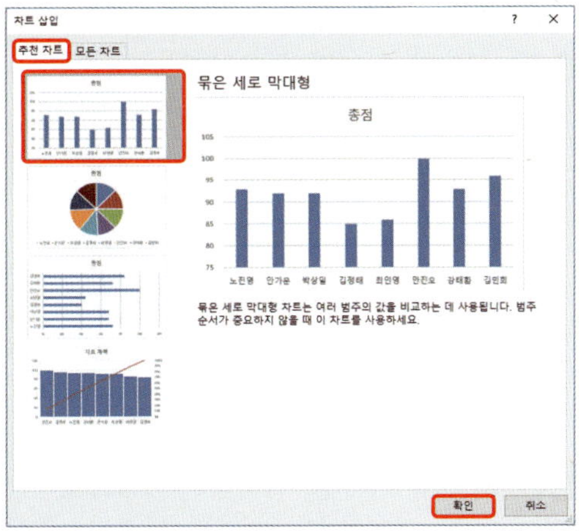

02 차트 위치 이동과 크기 조절하기 차트가 삽입되면 [A13] 셀 위치로 드래그해 옮기고, Shift를 누른 채 조절점을 드래그해 [A13:F26] 영역에 배치한다.

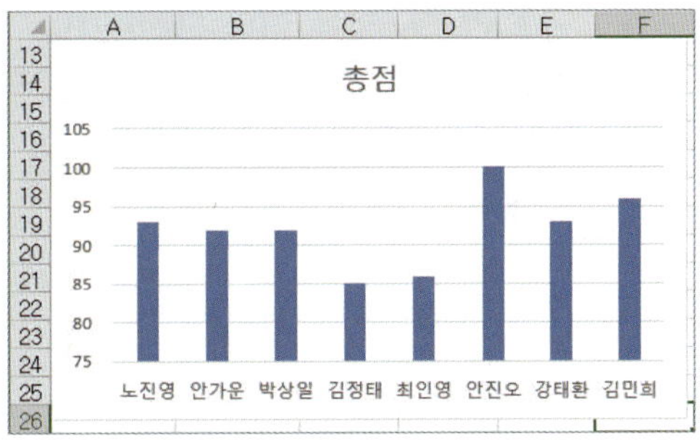

03 차트 제목 데이터와 연동하기 차트 제목은 [A1] 셀과 연동되도록 한다. 차트 제목을 선택하고 수식 입력줄에 =을 입력한 후 [A1] 셀을 클릭하고 Enter를 누른다.

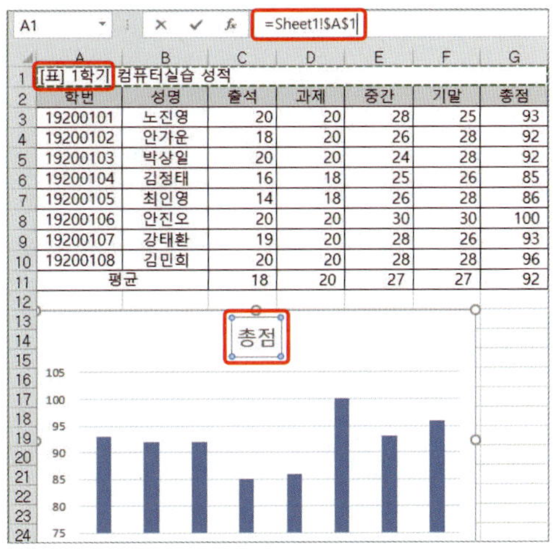

04 축 제목 추가하기 차트를 선택하고 [차트 도구]–[디자인] 탭–[차트 레이아웃] 그룹–[차트요소 추가]–[축 제목]–[기본 가로]를 선택한 후, 가로 축 제목에 *수강생*을 입력한다. 세로 축 제목도 같은 방법으로 *점수*라고 입력한다.

05 데이터 레이블 추가하기 차트 영역을 선택하고 [차트 도구]–[디자인] 탭–[차트 레이아웃] 그룹–[차트요소 추가]–[데이터 레이블]–[바깥쪽 끝에]를 선택한다.

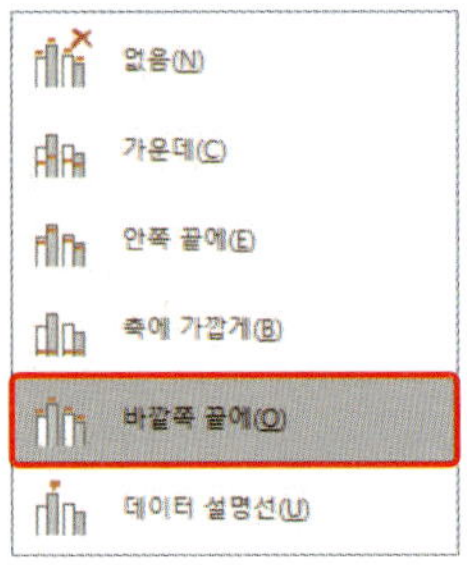

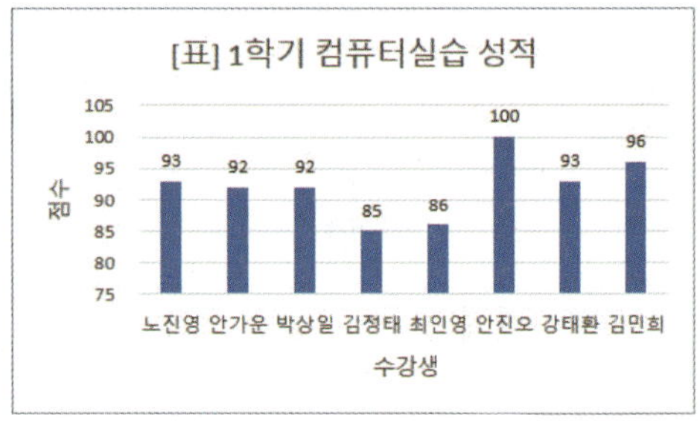

06 저장하기 [파일] 탭–[다른 이름으로 저장]을 선택하고 '실습5–8(완성).xlsx'으로 저장한다.

기본예제 5-9 콤보 차트 작성하기

데이터 범위를 지정해 차트를 작성하고, 데이터 계열의 값 차이가 커서 분석하기 어려운 경우 콤보 차트로 변경해 보자.

01 데이터 범위 지정 및 차트 삽입하기 '실습5–9(준비).xlsx' 파일을 열고 Ctrl을 누른 채로 [A2:A8], [D2:D8], [F2:F8] 영역을 드래그해 선택한다. [삽입] 탭–[차트] 그룹–[세로 또는 가로 막대형 차트 삽입]–[묶은 세로 막대형]을 선택한다.

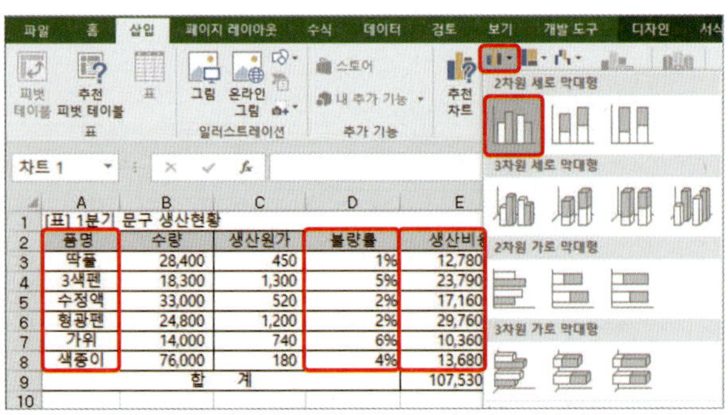

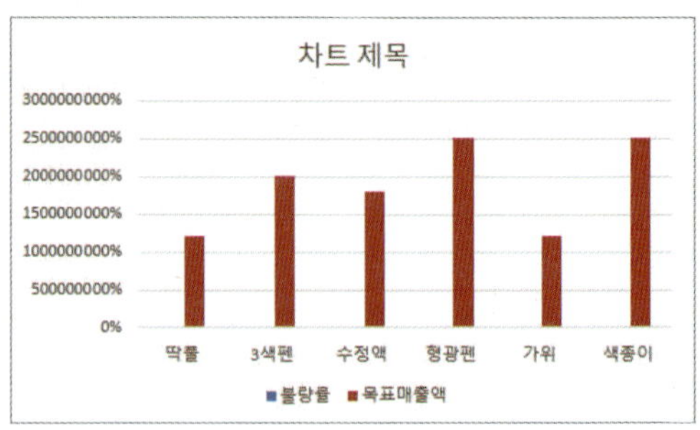

TIP 만들어진 차트에서 '불량률' 데이터 계열이 보이지 않는 이유는 '목표매출액' 계열에 비해 값이 현저히 낮아 0에 근접하기 때문이다.

02 데이터 계열을 보조 축으로 지정하기 차트의 '목표매출액' 데이터 계열 막대 중 하나를 클릭해 선택하고 [차트 도구]–[서식] 탭–[현재 선택 영역] 그룹–[선택 영역 서식]을 클릭한다. [데이터 계열 서식] 작업 창의 [계열 옵션]–[계열 옵션] 탭–[계열 옵션] 항목에서 [데이터 계열 지정]을 [보조 축]으로 선택한다.

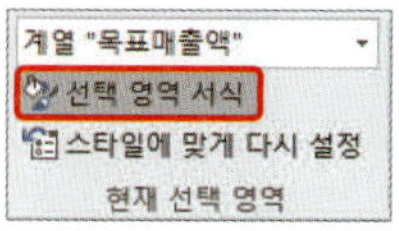

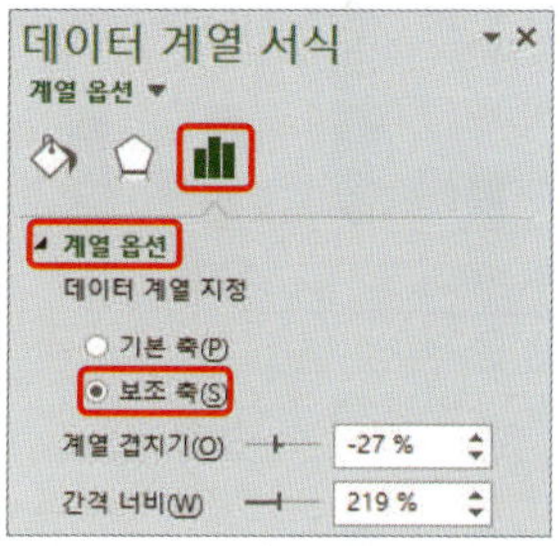

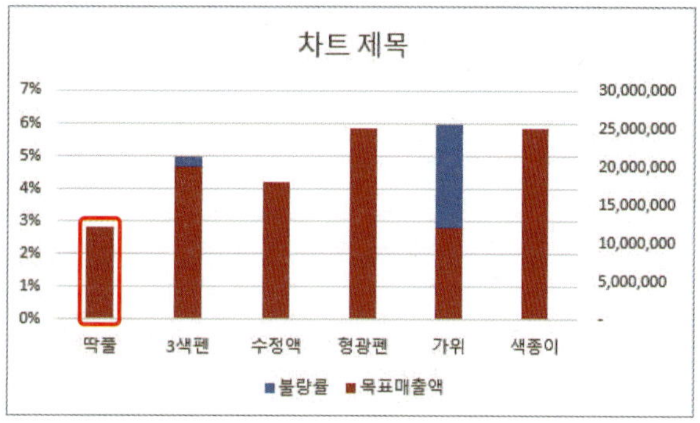

03 데이터 계열의 차트 종류 바꾸기 '목표매출액' 데이터 계열 막대 중 하나를 마우스 오른쪽 단추로 클릭해 [계열 차트 종류 변경]을 선택한다. [차트 종류 변경] 대화상자의 [모든 차트] 탭–[콤보] 범주에서 '목표매출액' 계열의 차트 종류를 [표식이 있는 꺾은선형]으로 선택한다.

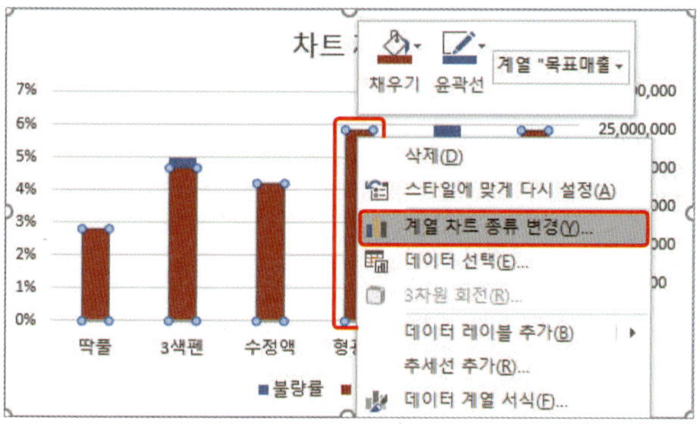

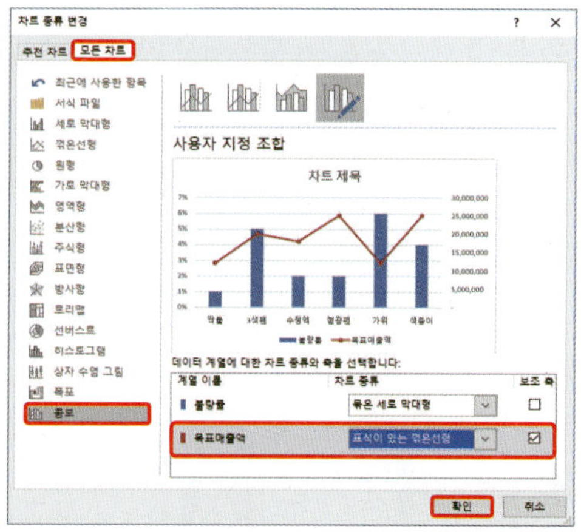

04 차트 제목 삭제 및 범례 위치 바꾸기 차트를 선택하고 [차트 요소] 단추를 클릭한 후 [차트 제목]의 선택을 해제한다. [범례] 옆의 삼각형을 클릭해 목록을 열고 [위쪽]을 선택한다.

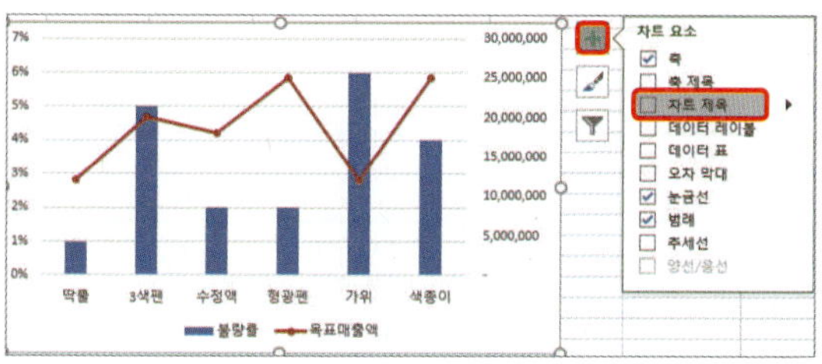

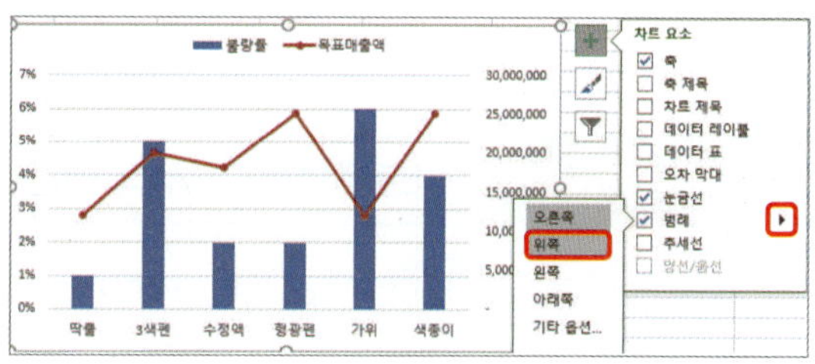

05 주 눈금선 삭제 및 데이터 레이블 추가하기 세로(값) 축 주 눈금선 중 하나를 클릭해 선택하고 Delete를 눌러 삭제한다. '목표매출액' 데이터 계열을 선택하고 [차트 요소] 단추를 클릭한 후 [데이터 레이블] 목록에서 [위쪽]을 선택한다.

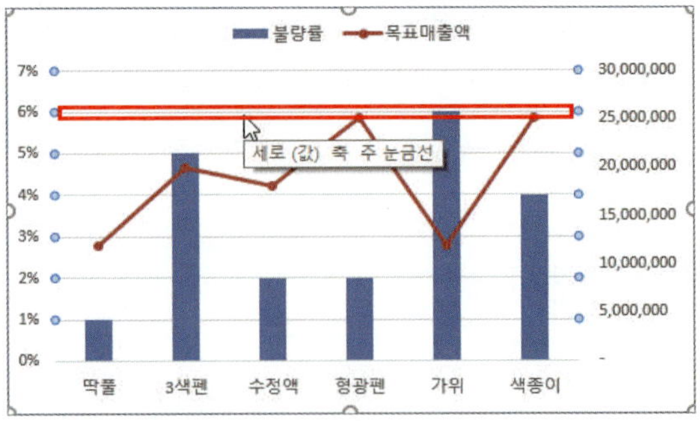

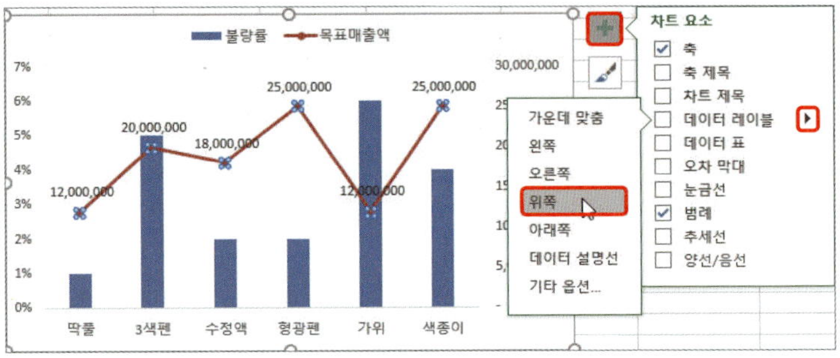

06 보조 축 눈금 간격 바꾸기 차트의 보조 세로 축을 더블클릭해 [축 서식] 작업 창을 열고 [축 옵션]–[축 옵션] 탭–[축 옵션] 항목에서 [경계]의 [최소]를 *2,000,000*으로, [단위]의 [주]를 *4,000,000*으로, [표시 단위]를 [백만]으로 설정한다.

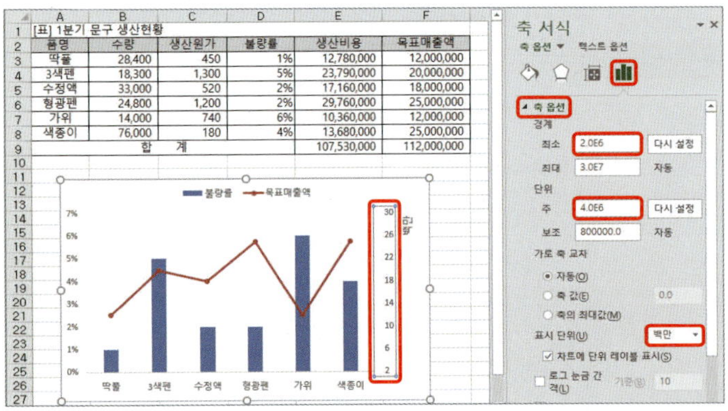

07 저장하기 [파일]–[다른 이름으로 저장]을 선택하고 '실습5-9(완성).xlsx'로 저장한다.

기본예제 5-10 차트 작성하고 서식 변경하기

차트를 작성하고 차트 영역, 그림 영역, 데이터 계열, 축 등의 차트 요소 서식을 변경해 보자.

01 데이터 범위 지정 및 차트 삽입하기 '실습5-10(준비).xlsx' 파일을 열고 [A2:E9] 영역을 범위로 지정한다. [삽입] 탭-[차트] 그룹-[세로 또는 가로 막대형 차트 삽입]-[3차원 누적 가로 막대형]을 선택한다.

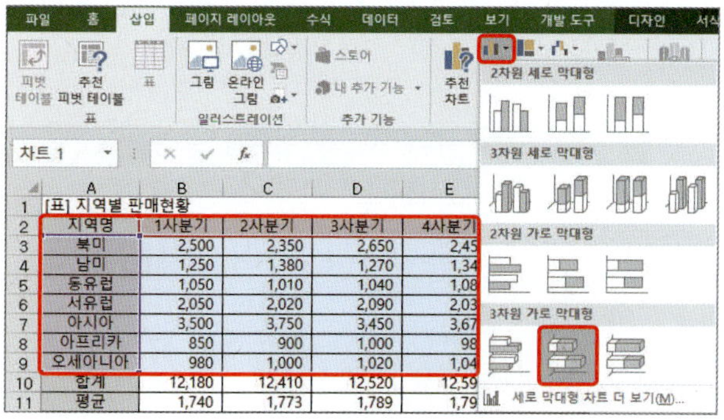

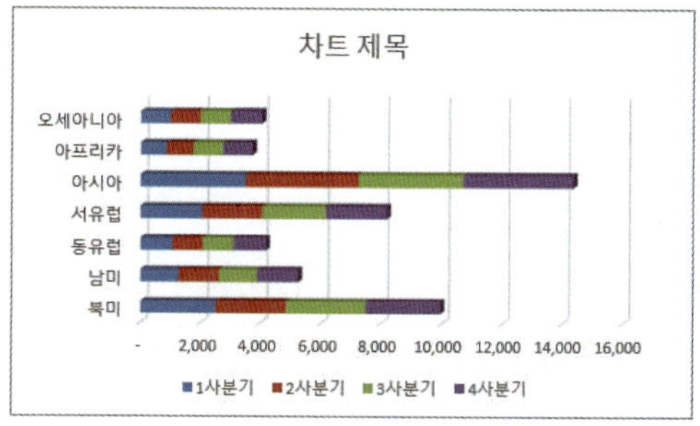

02 차트 제목 입력 및 서식 변경하기 차트 제목을 클릭하고 *지역별 누적 판매 현황*을 입력한다. 이어서 차트 제목을 범위 지정하고 마우스 오른쪽 단추를 클릭해 미니 도구 모음에서 [글꼴 크기]를 [16]으로 변경한다.

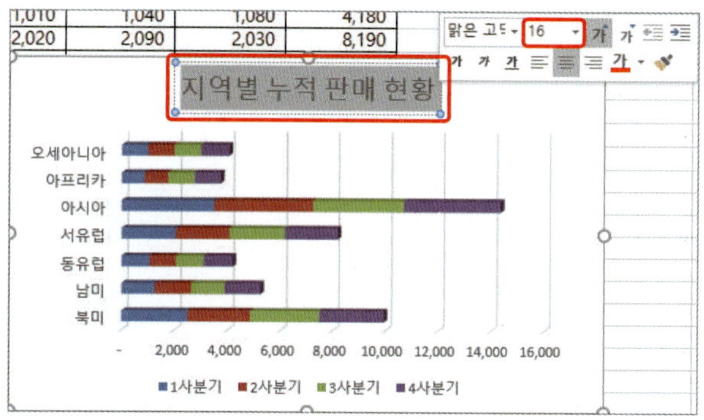

03 데이터 계열 서식 변경하기 '4사분기' 데이터 계열 중 하나를 더블클릭해 [데이터 계열 서식] 작업 창을 열고 [계열 옵션]-[계열 옵션] 탭-[계열 옵션] 항목에서 [세로 막대 모양]을 [원통형]으로 변경한다. 그리고 [계열 옵션]-[채우기 및 선] 탭-[채우기] 항목에서 [단색 채우기]를 선택한 후 [색]을 [주황, 강조 6]으로 지정한다.

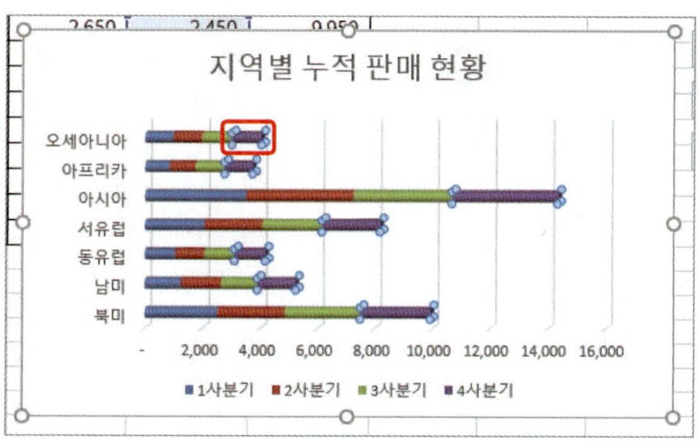

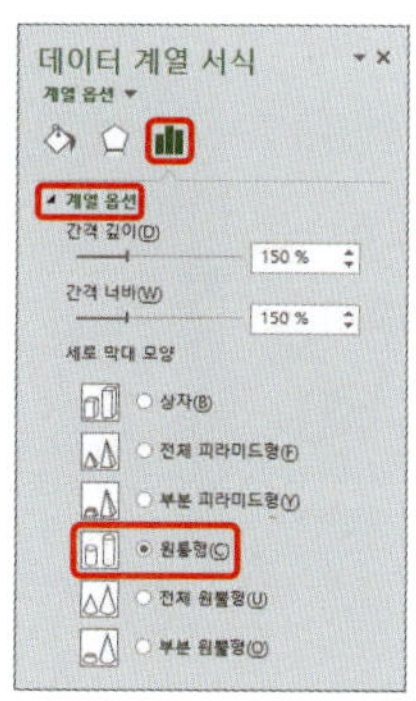

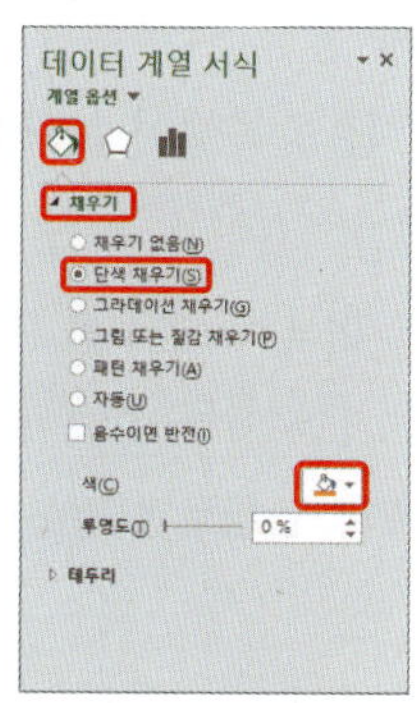

TIP 예제처럼 데이터 계열 전체를 수정해야 할 때는 계열 요소 중 하나를 바로 더블클릭한다. 먼저 선택한 후에 더블클릭하면 선택한 요소 하나의 서식만 변경하는 작업 창이 열리므로 주의한다.

04 차트 영역 서식 변경하기 차트 영역에 그라데이션을 적용하기 위해 차트 영역을 선택하고 마우스 오른쪽 단추를 클릭한 후 [채우기]–[그라데이션]–[선형 오른쪽]을 선택한다. 텍스트 채우기 색을 변경하기 위해 [차트 도구]–[서식] 탭–[WordArt 스타일] 그룹–[텍스트 채우기] 목록에서 [진한 파랑, 텍스트 2]를 선택한다.

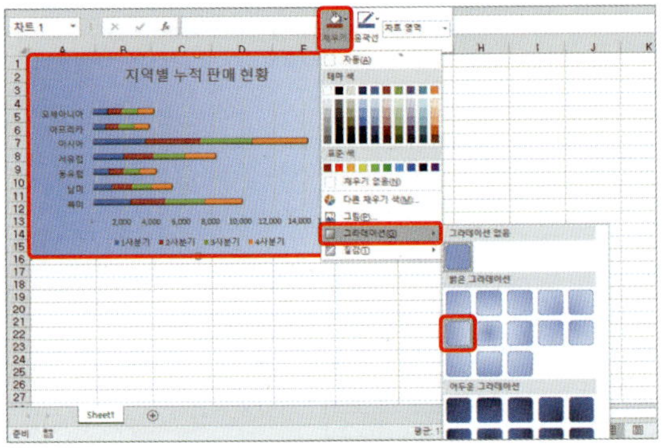

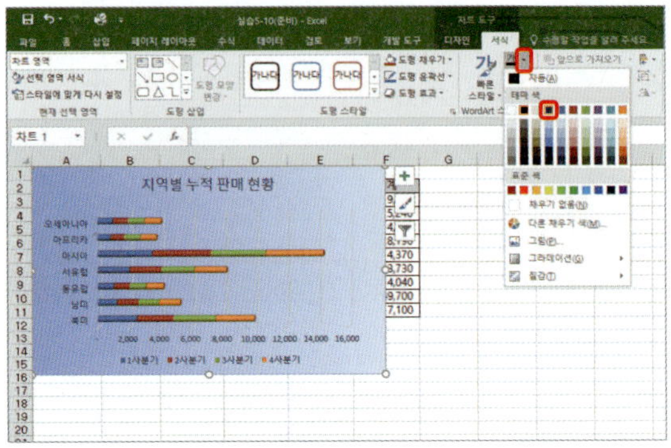

05 그림 영역 서식 변경하기 3차원 차트의 뒷면을 선택하고 마우스 오른쪽 단추를 클릭한 후 [채우기]–[파랑, 강조 1, 25% 더 어둡게]를 선택한다.

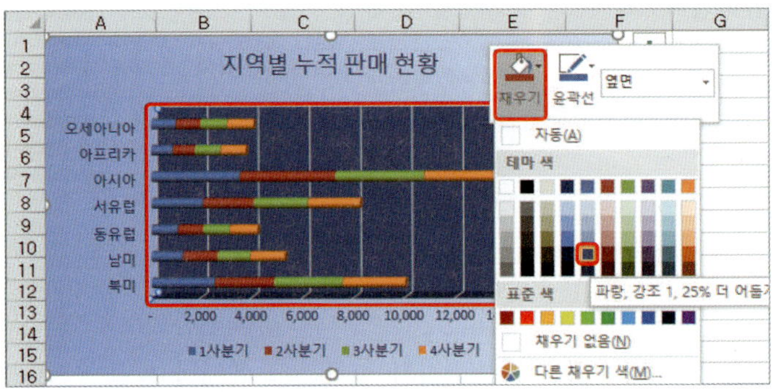

06 범례 서식 변경하기 범례를 더블클릭해 [범례 서식] 작업 창을 열고 [범례 옵션]–[채우기 및 선] 탭–[채우기] 항목에서 [단색 채우기]를 선택하고 [색]을 [파랑, 강조1, 80% 더 밝게]로 설정한다. [테두리] 항목에서는 [실선]을 선택하고 [색]을 [검정, 텍스트1]로 설정한다.

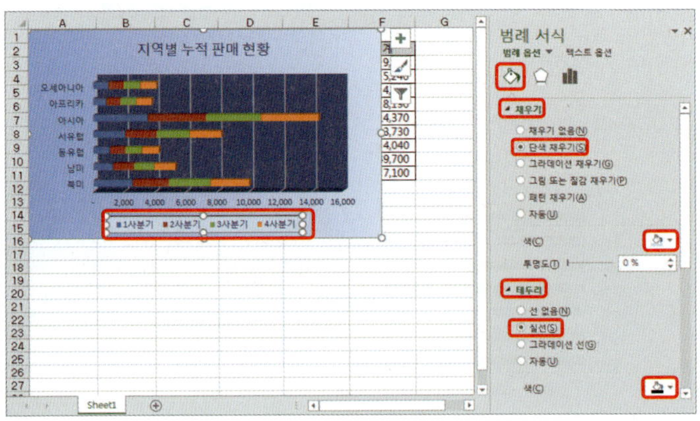

07 저장하기 [파일]–[다른 이름으로 저장]을 선택하고 '실습5-10(완성).xlsx'로 저장한다.

기본예제 5-11 도넛형 차트 작성하기

데이터 범위를 지정해 도넛형 차트를 작성하고 차트 레이아웃 및 서식을 변경해 보자.

01 데이터 범위 지정 및 차트 삽입하기 '실습5-11(준비).xlsx' 파일을 열고 [A2:B9] 영역을 선택한다. [삽입] 탭-[차트] 그룹-[원형 또는 도넛형 차트 삽입]-[도넛형]을 선택한다.

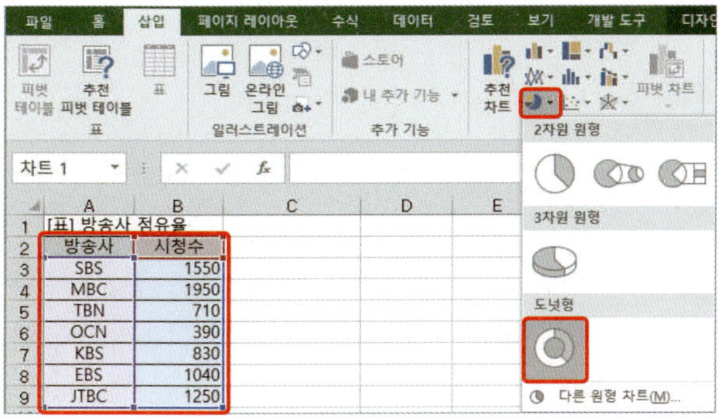

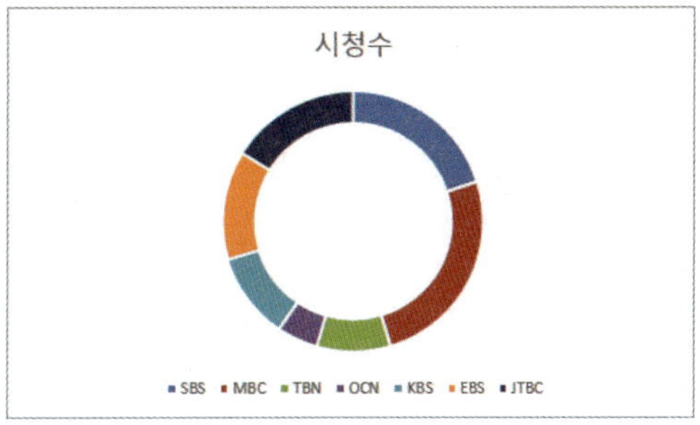

02 차트 제목 바꾸고 레이아웃 변경하기 차트 제목을 클릭하고 *방송사 점유율*로 수정한다. 차트 레이아웃을 변경하기 위해 차트 영역을 선택하고 [차트 도구]-[디자인] 탭-[차트 레이아웃] 그룹-[빠른 레이아웃]-[레이아웃 1]을 선택한다.

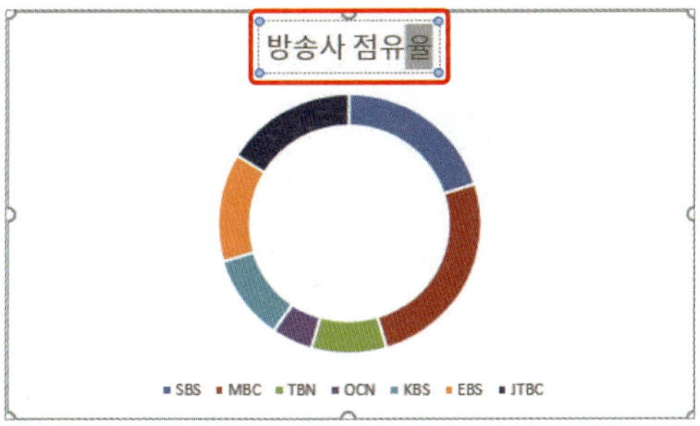

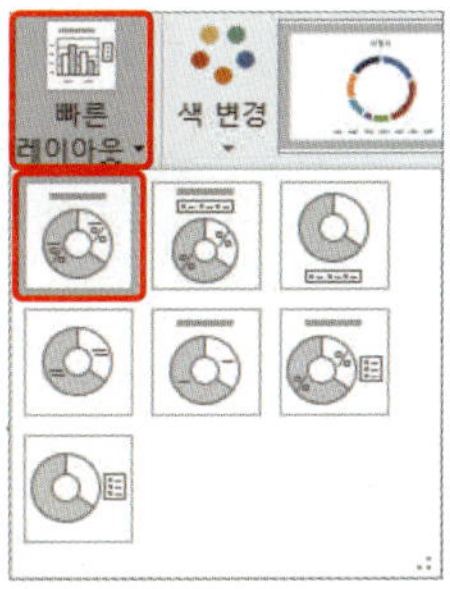

03 3차원 서식과 도넛 구멍 조절하기 데이터 계열을 더블클릭해 [데이터 계열 서식] 작업 창을 열고 [계열 옵션]-[효과] 탭-[3차원 서식] 항목에서 [위쪽 입체]의 [너비]를 [7pt]로, [높이]를 [3pt]로 설정한다. 그리고 [계열 옵션]-[계열 옵션] 탭-[계열 옵션] 항목에서 [도넛 구멍 크기]를 [40%]로 조절한다.

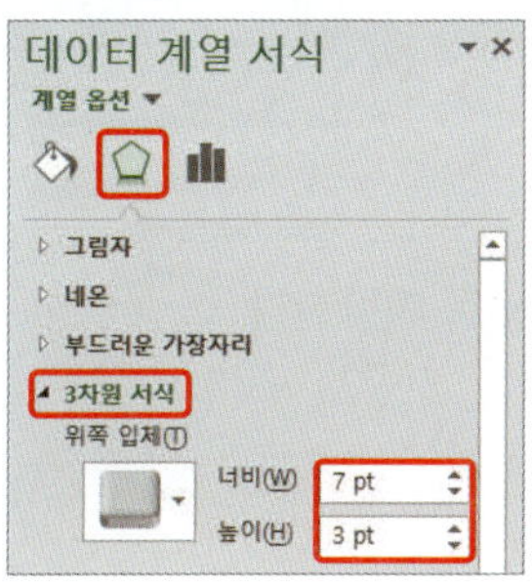

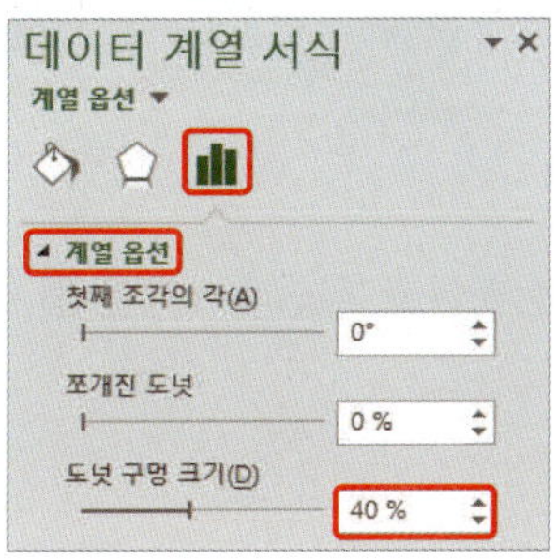

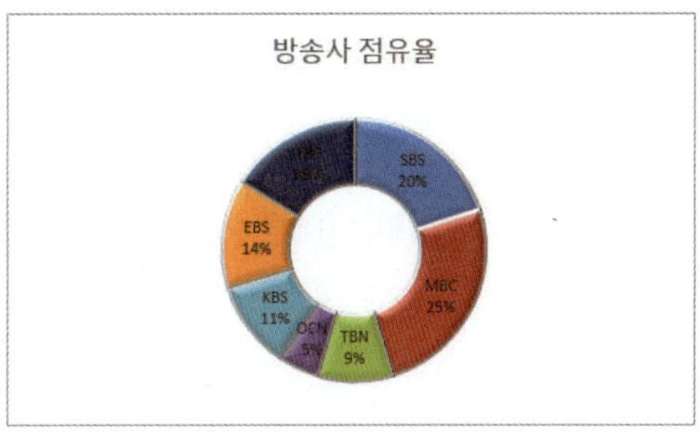

04 데이터 레이블 서식 변경하기 데이터 레이블을 선택하고 [홈] 탭–[글꼴] 그룹에서 [글꼴 색]을 [흰색, 배경 1]로 설정한다.

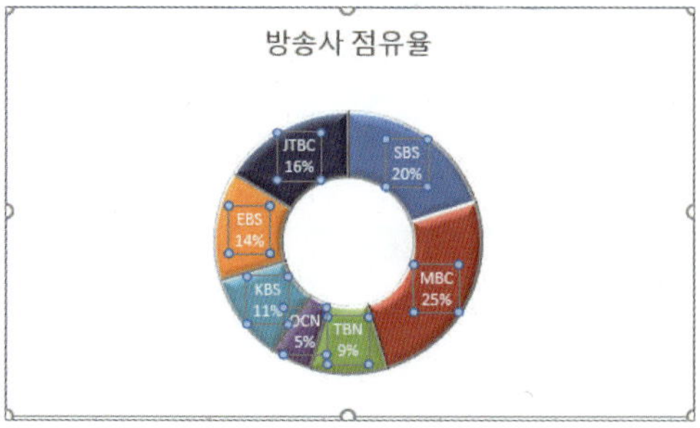

05 차트 배경 지정하기 차트 영역을 더블클릭해 [차트 영역 서식] 작업 창을 열고 [차트 옵션]–[채우기 및 선] 탭–[채우기] 항목에서 [그림 또는 질감 채우기]를 선택한다. [온라인]을 클릭해 [온라인 그림] 창이 열리면 [Bing 검색]에 *방송국*을 입력해 검색한 후 목록에서 적절한 이미지를 선택하고 [삽입]을 클릭한다.

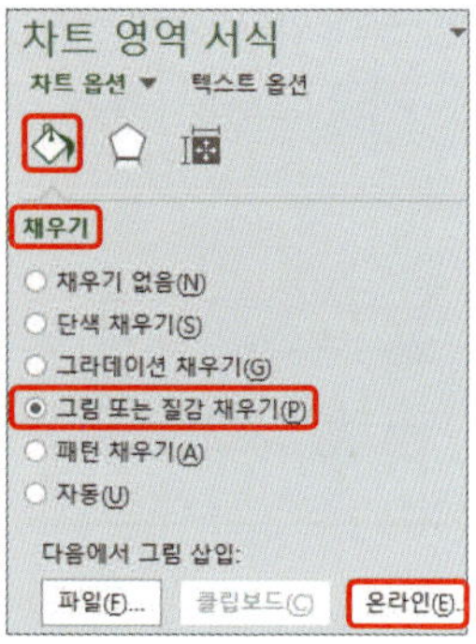

06 데이터 계열 조각내기 데이터 계열을 클릭하고 'MBC' 요소를 한 번 더 클릭해 하나만 선택되게 한 후 오른쪽으로 드래그해 조각을 분리한다.

TIP 특정 데이터 계열을 강조하고자 할 때 유용한 방법이다.

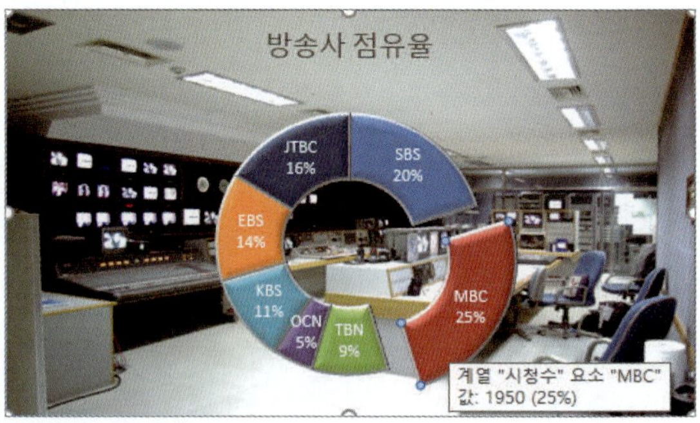

07 저장하기 [파일]–[다른 이름으로 저장]을 선택하고 '실습5–11(완성).xlsx'로 저장한다.

기본예제 5-12 그림 차트 작성하기

차트를 작성한 후 데이터 계열 서식 변경을 통해 그림 차트를 작성해 보자.

01 데이터 범위 지정 및 차트 삽입하기 '실습 5-12(준비).xlsx' 파일을 열고 [A2:B7] 영역을 선택한다. 선택한 범위 오른쪽 아래에 생긴 [빠른 분석] 단추를 클릭하고 [차트] 탭-[묶은 세로 막대형]을 클릭한다.

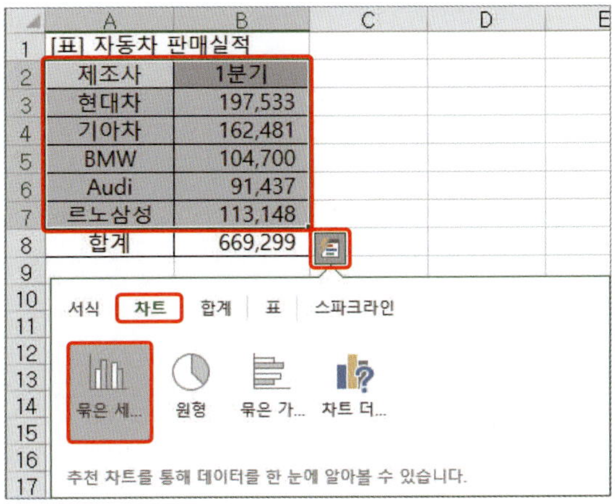

02 차트 제목 바꾸기 차트 제목을 클릭하고 *자동차 판매 실적*으로 수정한다.

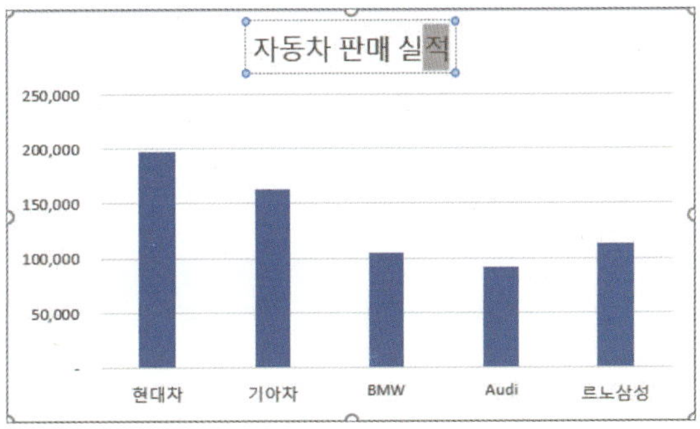

03 데이터 계열 서식 변경하기 데이터 계열을 더블클릭해 [데이터 계열 서식] 작업 창을 열고 [계열 옵션]-[채우기 및 선] 탭-[채우기] 항목에서 [그림 또는 질감 채우기]를 선택한다. [온라인]을 클릭해 [온라인 그림] 대화상자가 열리면 [Bing 검색]에 *자동차*를 입력해 검색하고 적절한 그림을 삽입한 후 [데이터 계열 서식] 작업 창에서 [쌓기] 옵션을 선택해 마무리한다.

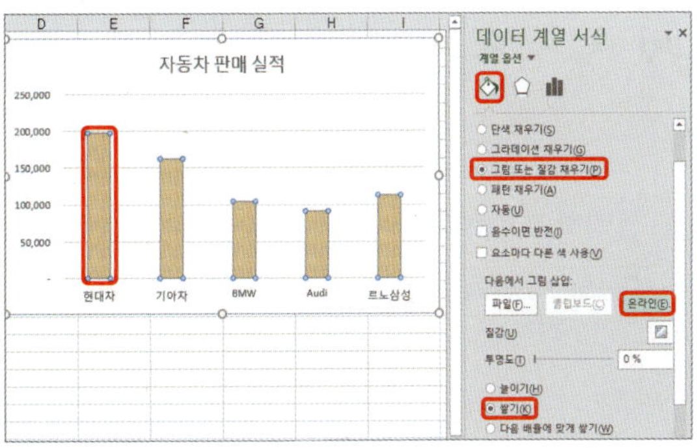

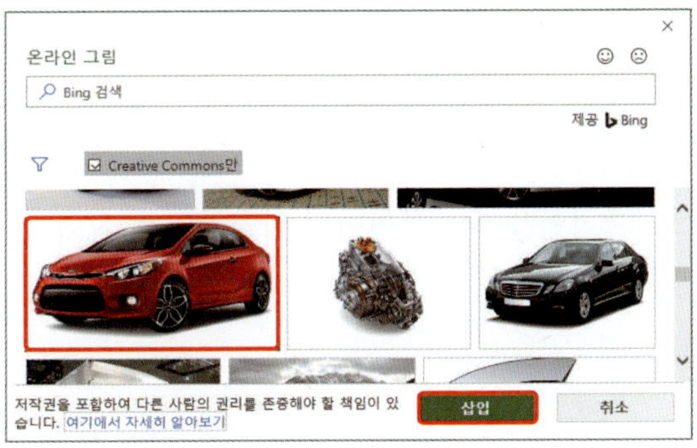

04 저장하기 [파일]-[다른 이름으로 저장]을 선택하고 '실습5-12(완성).xlsx'로 저장한다.

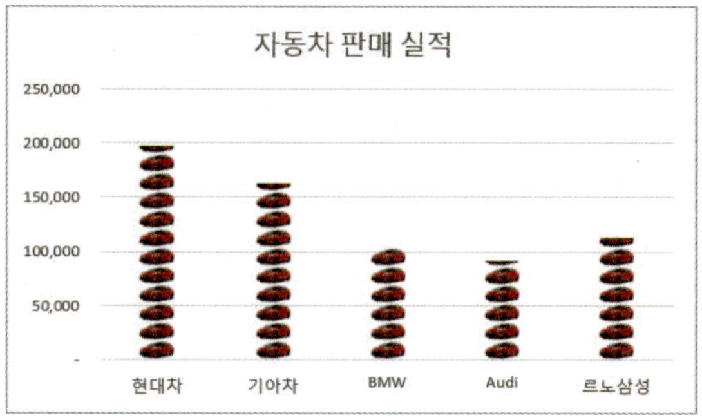

2.5 스파크라인

스파크라인은 셀에 표시되는 작은 차트로, 데이터 추세를 쉽게 비교할 수 있게 하기 위해 사용하는 기능이다. 스파크라인을 표시하려면 데이터 범위를 지정하고 [삽입] 탭-[스파크라인] 그룹에서 스파크라인 유형을 골라 클릭한 후 [스파크라인 만들기] 대화상자에서 스파크라인을 배치할 [위치 범위]를 지정한다.

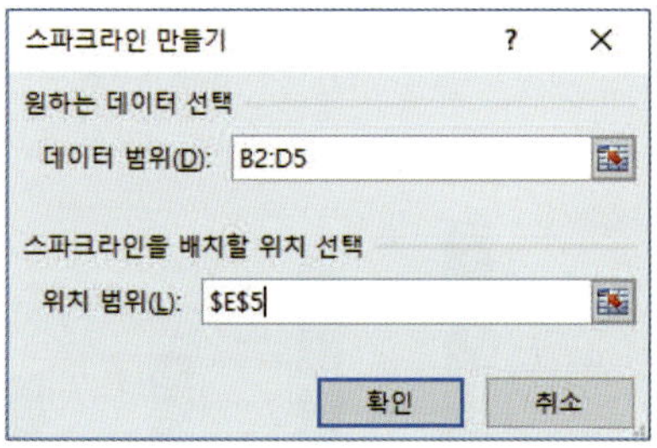

TIP 여러 행에 걸쳐 스파크라인의 데이터 범위를 지정하면 스파크라인이 그룹으로 관리되므로 스파크라인 유형 변경, 스타일 적용, 삭제 등을 간편하게 할 수 있다.

스파크라인을 선택하면 다양한 편집 도구가 있는 [스파크라인 도구]-[디자인] 탭이 활성화된다.

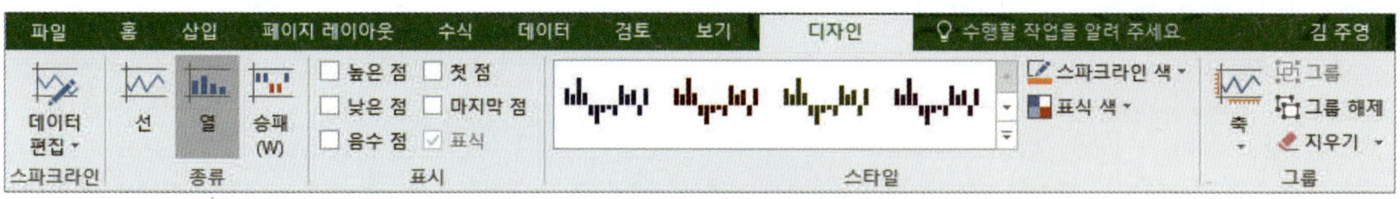

스파크라인을 삭제하려면 스파크라인이 삽입된 셀을 선택하고 [스파크라인 도구]-[디자인] 탭-[그룹] 그룹-[지우기] 목록에서 [선택한 스파크라인 지우기] 또는 [선택한 스파크라인 그룹 지우기]를 선택한다.

기본예제 5-13 스파크라인 삽입하기

데이터의 추세를 분석하기 위해 데이터 범위를 지정하고 스파크라인을 삽입한 후 편집해 보자.

01 꺾은선형 스파크라인 삽입하기 '실습5-13(준비).xlsx' 파일을 연다. [B3:F6] 범위를 선택하고 [삽입] 탭-[스파크라인] 그룹-[꺾은선형]을 클릭한다. [스파크라인 만들기] 대화상자에서 [데이터 범위]는 [B3:F6], [위치 범위]는 [$G$3:$G$6]으로 지정하고 [확인]을 클릭한다.

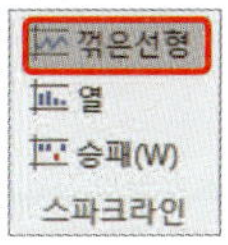

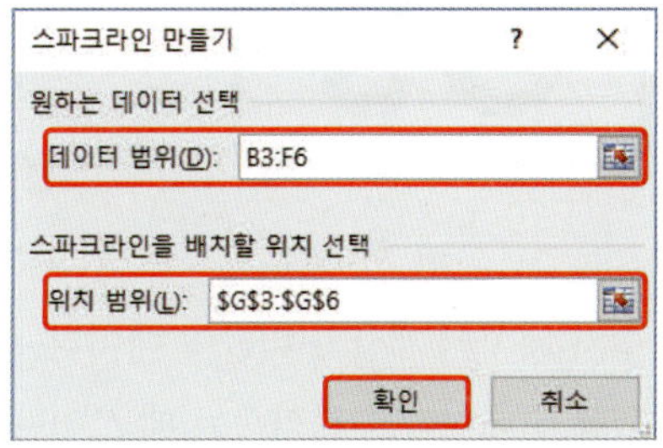

02 스파크라인 표식 표시하기 [G3:G6] 영역을 선택하고 [스파크라인 도구]-[디자인] 탭-[표시] 그룹에서 [표식]을 선택한다.

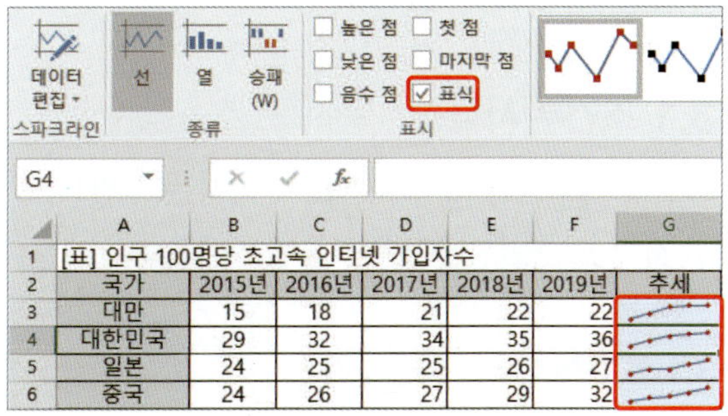

03 스파크라인 스타일 변경하기 [G3:G6] 영역이 선택된 채로 [스파크라인 도구]-[디자인] 탭-[스타일] 그룹에서 [스파크라인 스타일 색상형 #3]을 선택한다.

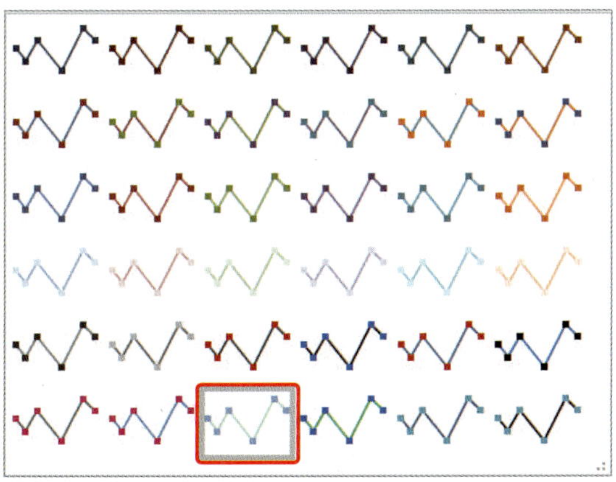

04 저장하기 [파일] 탭-[다른 이름으로 저장]을 선택하고 '실습5-13(완성).xlsx'로 저장한다.

SECTION 03

데이터 관리하기

수치 데이터 계산과 더불어 데이터 관리는 엑셀의 핵심 기능이라고 할 수 있다. SECTION 03에서는 엑셀에서 데이터를 관리하는 데 쓰이는 조건부 서식, 데이터 도구, 데이터 정렬, 필터, 부분합 등의 기능에 대해 알아본다.

3.1 조건부 서식

조건부 서식이란 특정 조건을 만족하는 셀만 강조하거나 다른 서식을 적용하는 기능이다. 다양한 조건부 서식을 지정하는 방법에 대해 알아본다.

3.1.1 조건부 서식 지정하기

조건부 서식을 사용하면 특정 조건을 만족하는 셀이나 셀 범위 그리고 특수한 값 등을 강조할 수 있으며, 데이터를 데이터 막대, 색조, 아이콘 집합 등으로 시각화해 원하는 사항을 쉽게 확인할 수 있다. 조건부 서식은 먼저 조건을 적용할 셀 범위를 선택한 후 [홈] 탭–[스타일] 그룹–[조건부 서식] 목록의 [셀 강조 규칙], [상위/하위 규칙], [데이터 막대], [색조], [아이콘 집합] 등을 선택해 설정한다.

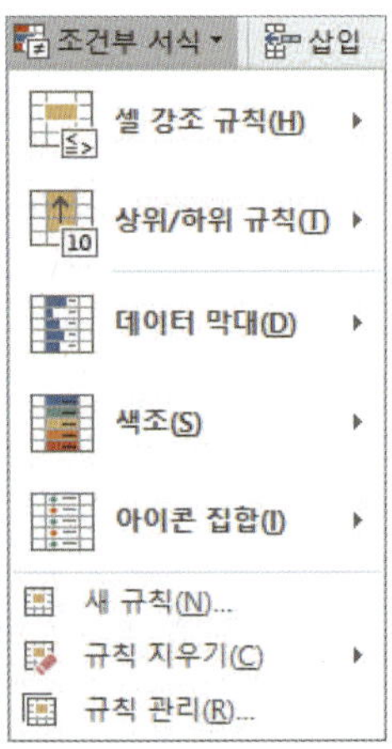

• **셀 강조 규칙 적용하기**

셀 강조 규칙은 숫자 범위, 텍스트 포함, 발생 날짜, 중복 값 등의 조건에 맞는 셀을 강조하기 위해 특정 규칙을 만족하는 셀에 서식을 적용한다.

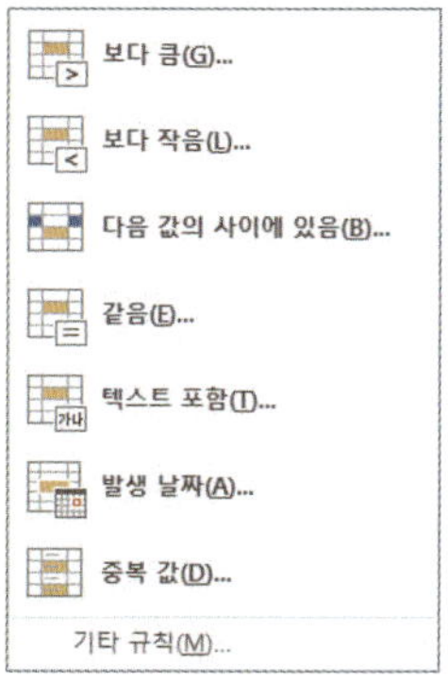

• **상위/하위 규칙**

상위/하위 규칙은 지정한 데이터 범위의 셀 값을 기준으로 상위, 하위, 평균값을 찾아 셀 서식을 적용한다.

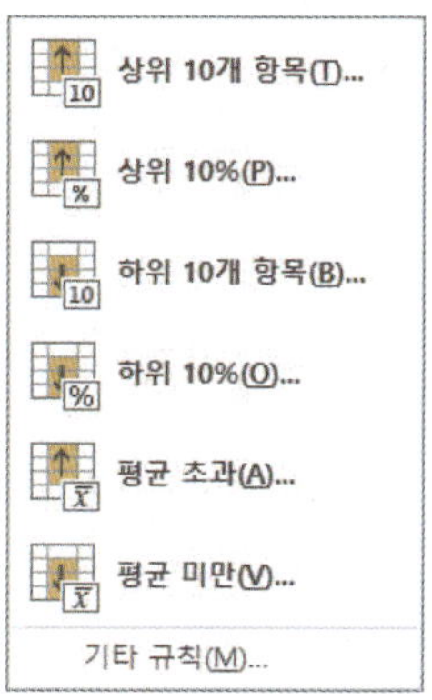

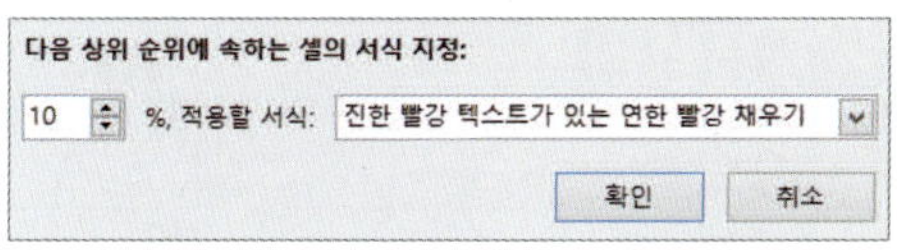

• **데이터 막대**

데이터 막대는 특정 셀 값을 다른 셀과 비교하여 그라데이션 또는 단색을 적용한 데이터 막대 길이로 표시한다.

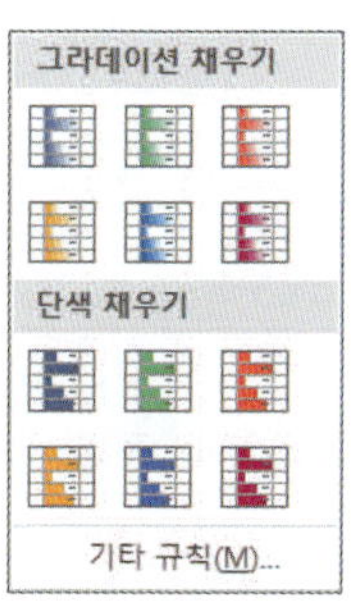

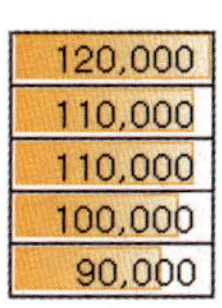

• **색조**

색조는 데이터 분포와 변화를 비교할 수 있도록 두세 가지의 색조를 적용한다.

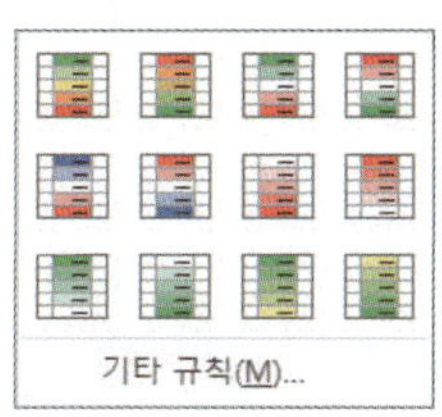

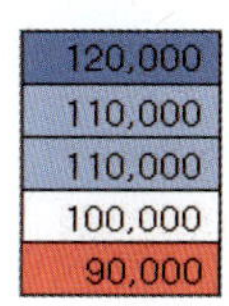

- **아이콘 집합**

아이콘 집합은 3~5개의 임곗값을 정해서 값의 범위에 따라 3~5개 범주의 아이콘을 셀에 표시한다.

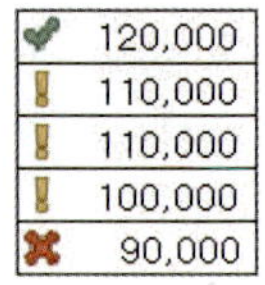

- **수식을 사용하여 서식 적용하기**

수식을 사용해 서식을 지정할 셀을 선택하려면 셀 범위를 지정한 후 [홈] 탭–[스타일] 그룹–[조건부 서식]–[새 규칙]을 선택한다. [새 서식 규칙] 대화상자가 열리면 [수식을 사용하여 서식을 지정할 셀 결정]을 선택하고 [서식]을 클릭해 [셀 서식] 대화상자에서 서식을 설정한다.

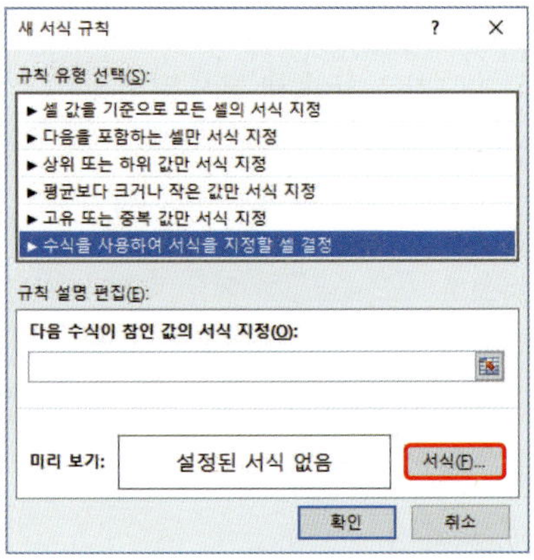

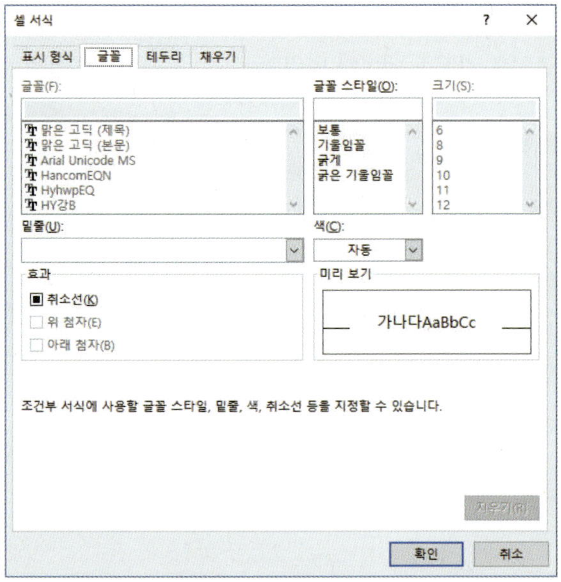

TIP 조건부 서식에서 셀 범위를 지정하는 경우 필드명(제목행)을 제외하고 범위를 지정한다.

- **조건부 서식 삭제하기**

조건부 서식을 삭제하려면 조건부 서식이 적용된 셀을 범위로 지정하고 [홈] 탭–[스타일] 그룹–[조건부 서식]–[규칙 지우기]–[선택한 셀의 규칙 지우기] 또는 [시트 전체에서 규칙 지우기]를 선택한다.

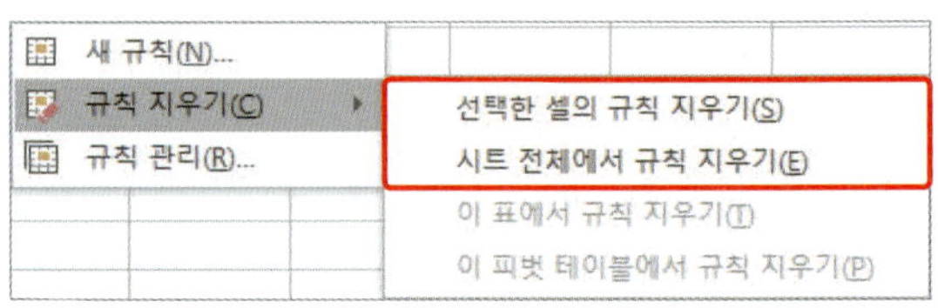

기본예제 5-14 조건부 서식 설정하기

준비 파일을 열고 셀 범위를 지정한 후 [수식을 사용하여 서식을 지정할 셀 결정] 유형으로 행 전체에 서식을 적용해 보자.

01 범위 지정 후 조건부 서식 실행하기 '실습5-14(준비).xlsx' 파일을 연다. 조건부 서식을 적용할 [A3:G11] 영역을 선택하고 [홈] 탭-[스타일] 그룹-[조건부 서식]-[새 규칙]을 선택한다.

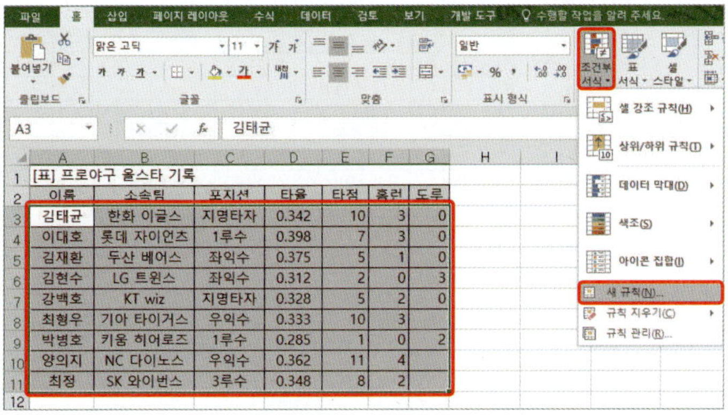

02 첫 번째 조건부 서식 설정하기 [새 서식 규칙] 대화상자의 [규칙 유형 선택] 목록에서 [수식을 사용하여 서식을 지정할 셀 결정]을 선택한 후 [다음 수식이 참인 값을 서식 지정]에 *=$D3 >= 0.333*을 입력하고 [서식]을 클릭한다. [셀 서식] 대화상자의 [글꼴] 탭에서 [글꼴 스타일]은 [굵게], [색]은 [빨강]으로 설정한다.

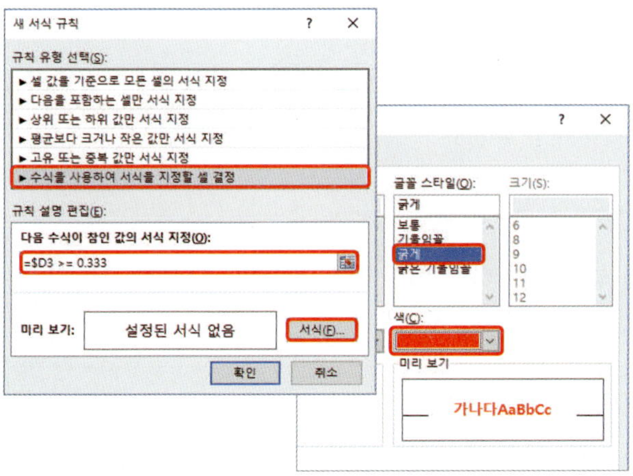

TIP [D3:D11] 영역에 입력된 타율이 0.333 이상이면 해당 행 전체에 글꼴 색 '빨강', 글꼴 스타일 '굵게'를 적용하는 조건부 서식이다.

03 두 번째 조건부 서식 설정하기 셀 범위가 지정된 상태에서 [홈] 탭–[스타일] 그룹–[조건부 서식]–[새 규칙]을 선택한다. [새 서식 규칙] 대화상자의 [규칙 유형 선택] 목록에서 [수식을 사용하여 서식을 지정할 셀 결정]을 선택한 후 [다음 수식이 참인 값을 서식 지정]에 *=$D3 < 0.3*을 입력하고 [서식]을 클릭하여 글꼴 색을 [바다색, 강조 5]로 설정한다.

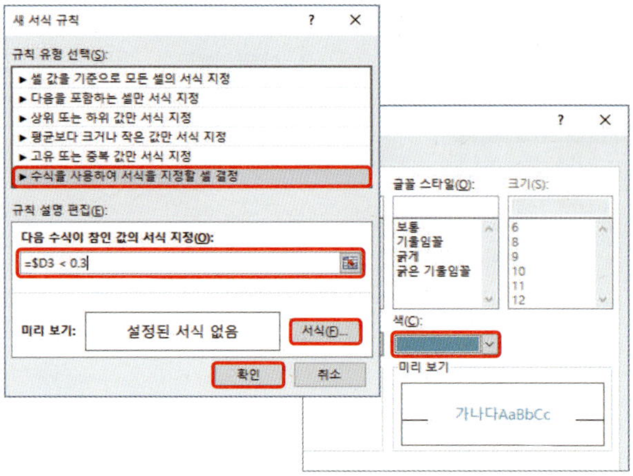

	A	B	C	D	E	F	G
1	[표] 프로야구 올스타 기록						
2	이름	소속팀	포지션	타율	타점	홈런	도루
3	김태균	한화 이글스	지명타자	0.342	10	3	0
4	이대호	롯데 자이언츠	1루수	0.398	7	3	0
5	김재환	두산 베어스	좌익수	0.375	5	1	0
6	김현수	LG 트윈스	좌익수	0.312	2	0	3
7	강백호	KT wiz	지명타자	0.328	5	2	0
8	최형우	기아 타이거스	우익수	0.333	10	3	1
9	박병호	키움 히어로즈	1루수	0.285	1	0	2
10	양의지	NC 다이노스	우익수	0.362	11	4	1
11	최정	SK 와이번스	3루수	0.348	8	2	1

TIP 타율이 0.3 미만이면 행 전체에 글꼴 색 '바다색, 강조5'를 적용하는 조건부 서식이다.

04 저장하기 [파일] 탭–[다른 이름으로 저장]을 선택하고 '실습5-14(완성).xlsx'로 저장한다.

3.2 데이터 도구

데이터 관리의 기본 개념인 데이터베이스에 대해 알아보고, 데이터 관리를 위한 도구인 텍스트 나누기, 중복 항목 제거, 유효성 검사, 데이터 통합 등을 사용해 본다.

3.2.1 데이터베이스의 개요 및 작성 규칙

데이터베이스는 관심 있는 사실에 대해 수집해 놓은 데이터를 의미하며, 필드와 레코드로 구성되어 있다.

- **필드(Field)**: 종류가 같은 데이터의 모임으로, 데이터베이스의 '열'을 의미한다.
- **필드명(Field Name)**: 각 필드를 구분할 수 있는 필드의 이름을 의미한다.
- **레코드(Record)**: 하나 이상의 필드로 구성되며, 데이터베이스의 '행'을 의미한다.

	A	B	C	D	E
1	ID	AGE	BMI07	sbp04	sbp07
2	C0001	72	22.60967	153	119
3	C0005	67	99.9	150	136
4	C0006	74	26.50418	999	140
5	C0008	72	25.36685	133	123
6	C0010	69	19.79476	159	153
7	C0011	67	25.17927	999	152
8	C0014	69	33.49818	150	148
9	C0017	66	24.14152	147	131
10	C0019	70	25.19044	999	175
11	C0020	70	25.72202	190	169
12	C0024	63	22.75949	999	136
13	C0027	62	22.00467	110	155
14	C0030	57	18.38246	127	130
15	C0031	79	28.96618	999	126

필드명

필드

레코드

엑셀에서 데이터베이스는 워크시트 내의 데이터 목록을 일정한 형식에 맞춰 분류하고 구분해 놓은 것을 의미하며, 다음 규칙을 지켜 작성해야 한다.

- 필드명은 병합하지 않는다.
- 데이터 목록 중간에 빈 행 또는 빈 열을 두지 않는다.
- 한 필드에 한 가지 정보만 입력한다.

3.2.2 텍스트 나누기

텍스트 나누기는 하나의 필드에 두 가지 이상의 의미를 포함하는 경우에 텍스트 나누기 마법사를 이용해 여러 필드로 나누는 기능이다. 텍스트 나누기를 하려면 셀 범위를 선택하고, [데이터] 탭–[데이터 도구] 그룹–[텍스트 나누기]를 클릭한다. 텍스트 마법사 1단계에서는 [구분 기호로 분리됨], [너비가 일정함] 중 한 가지 옵션을 선택한다.

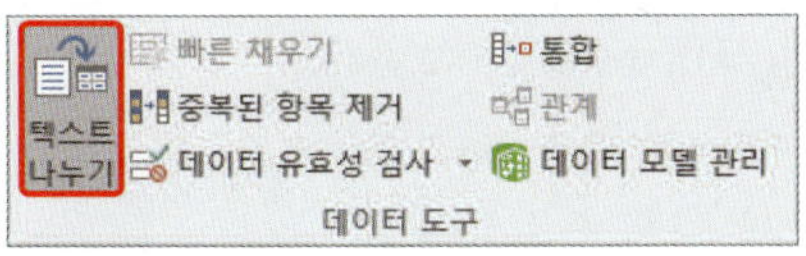

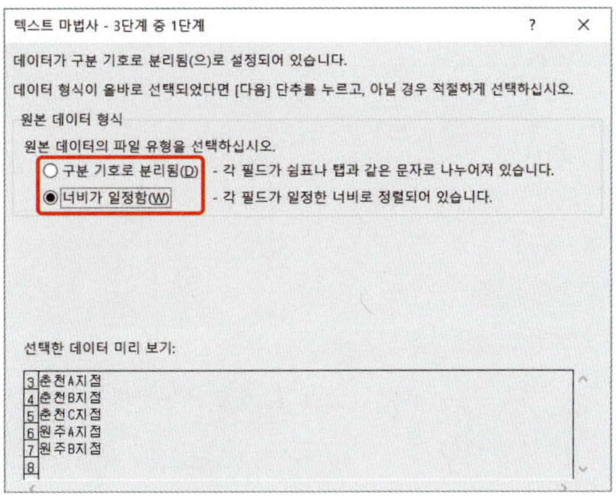

텍스트 마법사 2단계에서는 구분선 위치를 설정하며, 3단계에서는 열 데이터 서식을 결정한다.

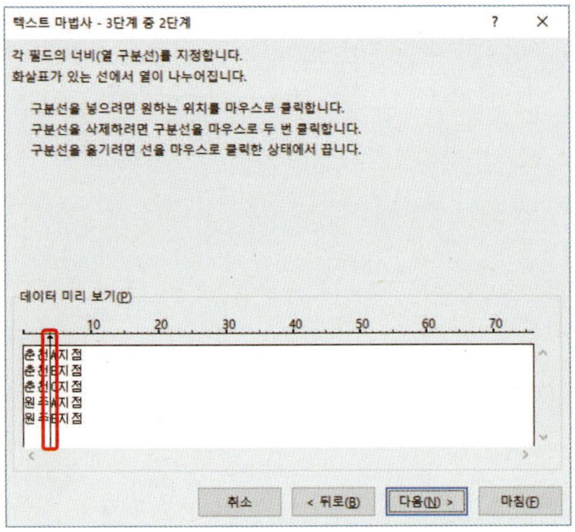

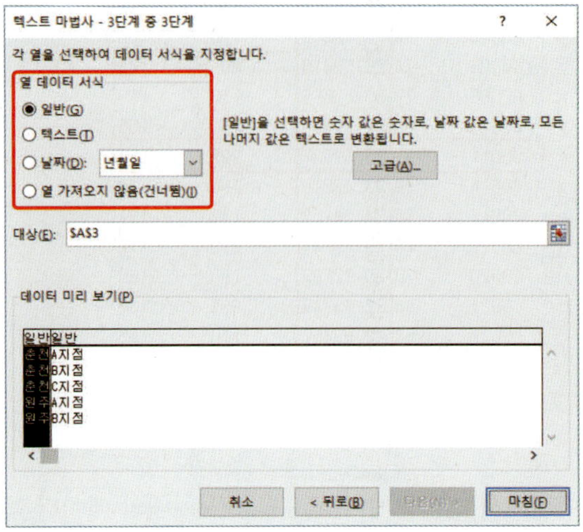

> **TIP** 텍스트 나누기를 할 필드 위치가 중간이라면 추가될 필드를 사전에 삽입하고 텍스트 마법사를 실행해야 한다.

3.2.3 중복 데이터 삭제하기

대량의 데이터를 관리하는 경우 또는 외부 데이터를 불러온 경우에 중복 데이터가 있는지 확인하고 제거하는 작업을 해야 한다. 셀 범위를 선택하고 [데이터] 탭–[데이터 도구] 그룹–[중복된 항목 제거]를 클릭한다. [중복된 항목 제거] 대화상자에서 중복 값이 들어 있는 열을 선택하고 [확인]을 클릭하면 중복된 항목 제거 결과를 확인할 수 있다.

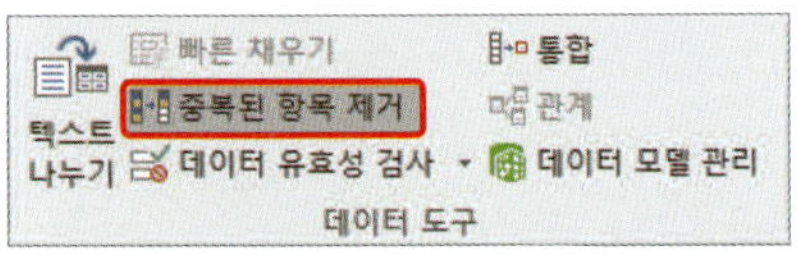

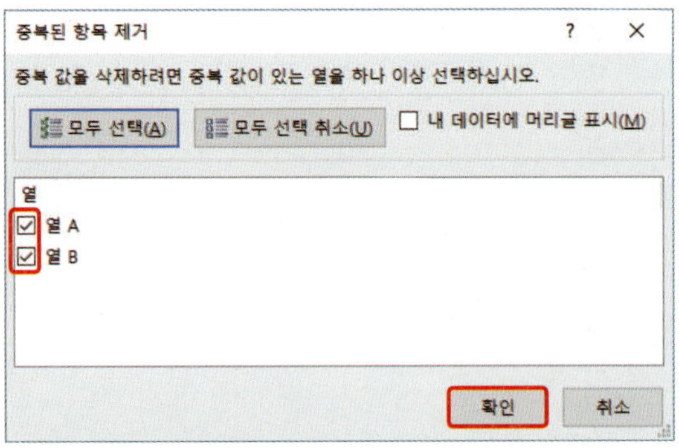

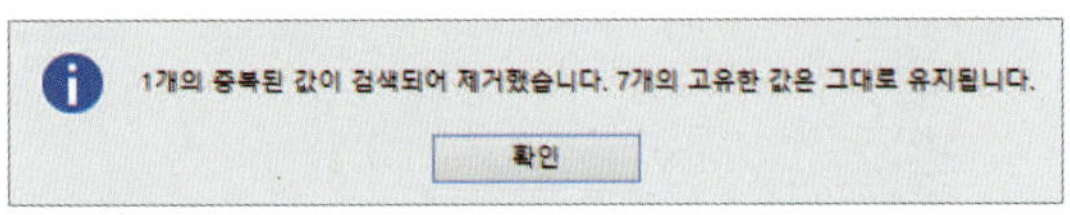

3.2.4 데이터 유효성 검사

데이터 유효성 검사는 데이터를 입력할 때 정해진 범위에 값을 입력하거나 목록에서 선택하도록 해주는 기능이다. 셀 범위를 선택하고 [데이터] 탭–[데이터 도구] 그룹–[데이터 유효성 검사]를 클릭한 후 [데이터 유효성] 대화상자의 [설정] 탭에서 조건을 설정하면 된다. [설명 메시지] 탭에서는 데이터 유효성 검사가 적용된 셀에 대한 설명 메시지를, [오류 메시지] 탭에서는 잘못된 값을 입력할 경우의 오류 메시지를 설정할 수 있다.

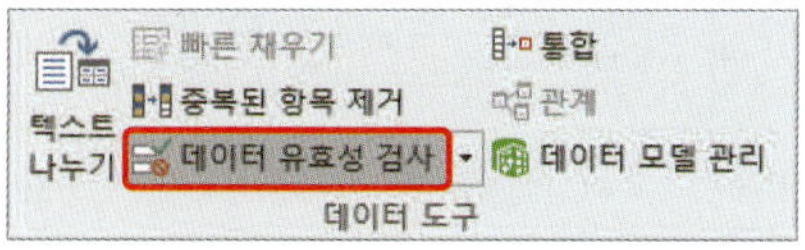

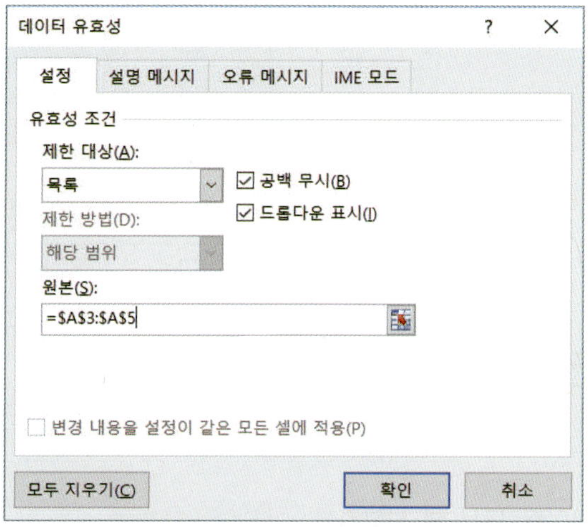

TIP [제한 대상]을 [목록]으로 선택하고 목록에 표시할 데이터를 [원본]에 지정하면 데이터를 입력할 때 발생할 수 있는 오류를 방지할 수 있다.

3.2.5 데이터 통합

데이터 통합은 여러 워크시트에 담긴 결과를 함수를 이용해 요약하고 집계하는 기능으로, 각 워크시트의 데이터를 마스터 워크시트로 통합한다. 마스터 워크시트와 동일한 통합 문서에 있는 워크시트뿐 아니라 다른 통합 문서에 있는 워크시트도 통합할 수 있다. 데이터를 통합하면 데이터가 필요할 때 또는 원본이 바뀐 경우에 쉽게 업데이트할 수 있다.

여러 워크시트의 데이터를 통합하려면 마스터 워크시트에 통합된 데이터를 표시할 영역의 왼쪽 위 셀을 선택하고 [데이터] 탭–[데이터 도구] 그룹–[통합]을 클릭한다. [통합] 대화상자에서 함수를 선택하고 [참조]에서 워크시트의 데이터를 선택하고 [추가]를 클릭하는 작업을 반복해 모든 범위를 추가한다.

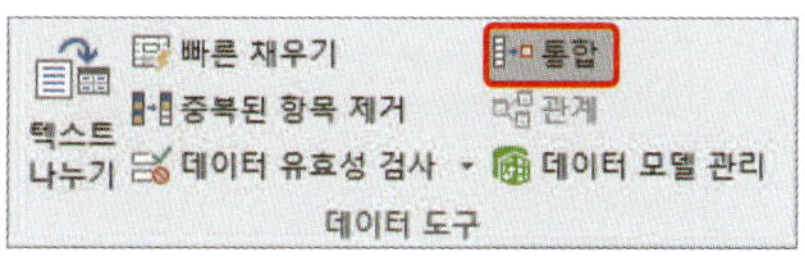

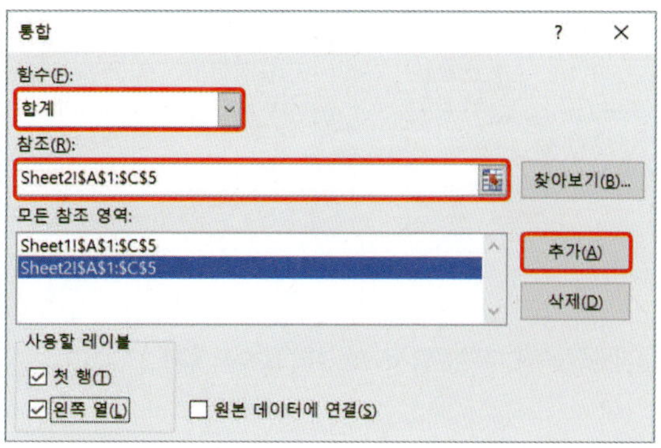

기본예제 5-15 데이터 통합하기

월별로 워크시트를 구분해 관리하는 경우 합계 함수를 이용해 하나의 워크시트에 통합해 보자.

01 준비 파일 열기 '실습5-15(준비).xlsx' 파일을 열고, '10월', '11월', '12월', '데이터통합' 시트가 있는 것을 확인한다.

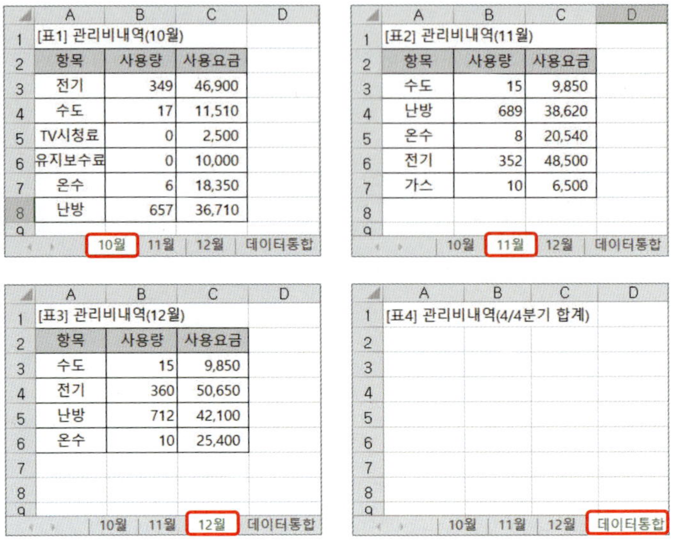

02 통합 데이터 표시 셀 선택하기 '데이터통합' 시트에서 [A2] 셀을 선택하고 [데이터] 탭-[데이터 도구] 그룹-[통합]을 클릭한다.

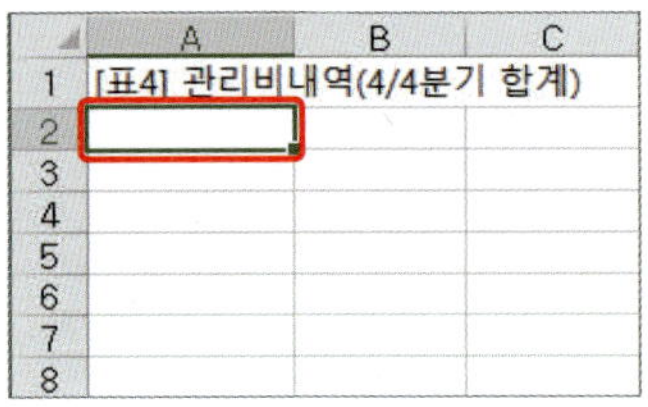

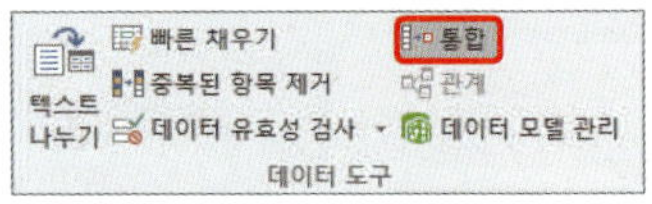

03 '10월' 시트의 참조 영역 지정하기 [통합] 대화상자에서 [함수]를 [합계]로 선택한다. [참조]에 커서가 있는 것을 확인하고 '10월' 시트 탭을 클릭해 '10월' 시트로 이동한 후 [A2:C8] 영역을 드래그해 범위로 지정하고 [추가]를 클릭한다.

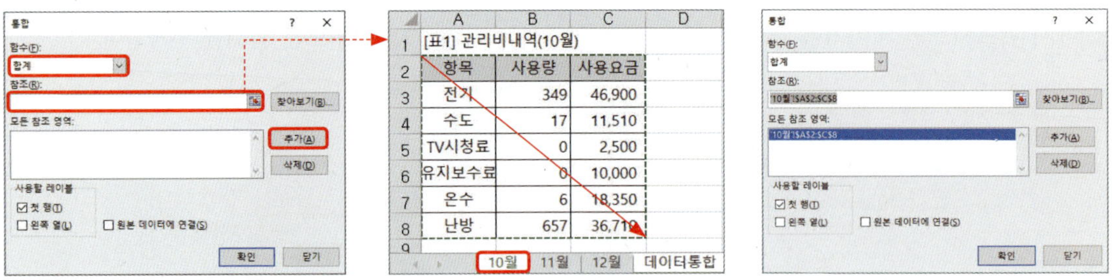

TIP [찾아보기]를 클릭해 다른 통합 문서를 참조할 수도 있다.

04 [11월] 워크시트 참조 영역 지정하기 같은 방법으로 '11월' 시트의 [A2:C7] 영역을 범위로 지정하고 [추가]를 클릭해 [모든 참조 영역]에 추가한다.

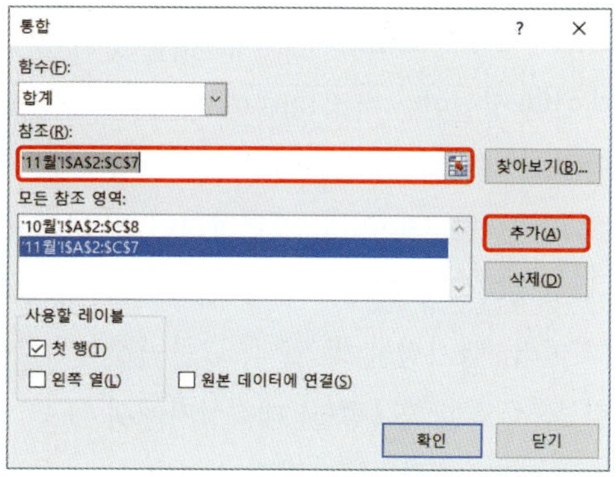

> **TIP** 대화상자가 데이터를 가려서 영역을 선택하기 불편하다면 참조 영역 입력란 오른쪽에 있는 단추를 클릭해 대화상자를 축소하고 선택하면 편리하다. 선택을 완료했으면 단추를 다시 클릭해 대화상자를 복원한다.

05 '12월' 시트의 참조 영역 지정하기 '12월' 시트의 [A2:C6] 영역도 추가한 후 [사용할 레이블]에서 [첫 행]과 [왼쪽 열]을 선택하고 [확인]을 클릭한다. '데이터통합' 시트에 10월부터 12월까지의 데이터가 통합되어 나타난다. [A2] 셀에 *항목*이라고 입력해 작업을 완료한다.

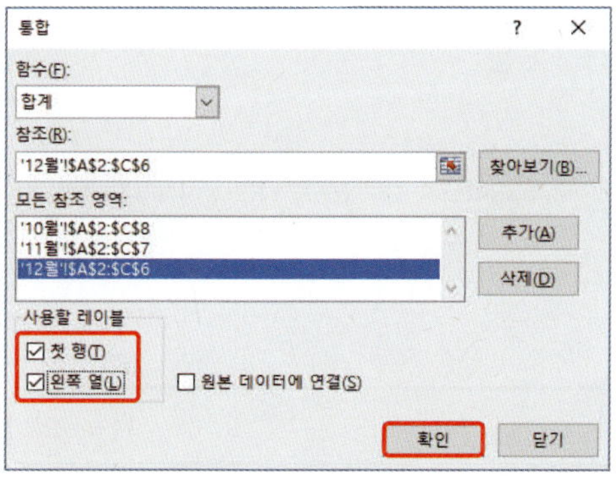

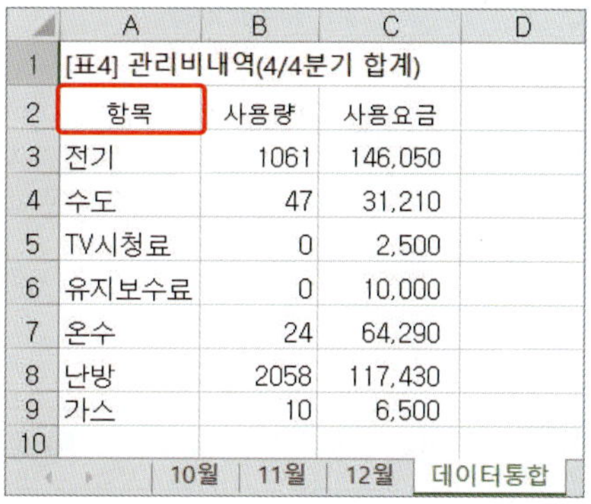

> **TIP** [원본 데이터에 연결] 옵션은 원본 데이터가 변경될 때 통합 시트가 자동으로 업데이트되도록 설정하는 경우에 사용하는데, 워크시트가 다른 통합 문서에 있는 경우에만 선택할 수 있다. 이 옵션을 선택하면 통합에 포함될 셀이나 범위를 변경할 수 없다.

06 저장하기 [파일] 탭-[다른 이름으로 저장]을 선택하고 '실습5-15(완성).xlsx'로 저장한다.

3.3 데이터 정렬

데이터 정렬이란 특정 기준에 따라 행 단위로 데이터 순서를 변경하는 작업을 의미한다. 데이터를 정렬하려면 데이터 목록에서 임의의 셀을 선택하고 [데이터] 탭–[정렬 및 필터] 그룹–[정렬]을 클릭한 후 [정렬] 대화상자에서 정렬 필드, 정렬 기준, 정렬 순서를 설정한다. 데이터 정렬 기준이 더 필요하면 [기준 추가]를 클릭한다.

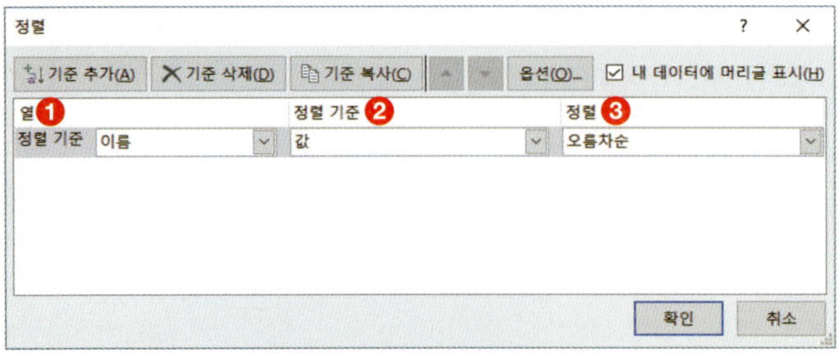

1 정렬 필드 데이터 목록에서 정렬하고자 하는 필드를 의미한다.

2 정렬 기준 [값], [셀 색], [글꼴 색], [셀 아이콘] 중에서 선택할 수 있다.

3 정렬 순서 [오름차순], [내림차순], [사용자 지정 목록] 중에서 선택할 수 있다. [오름차순]은 '숫자 〉 문자 〉 논리 값 〉 오류 값 〉 빈 셀'의 순으로 정렬되고, [내림차순]은 오름차순의 역순으로 정렬되며 '빈 셀'은 마지막으로 정렬된다. [사용자 지정 목록]은 [사용자 지정 목록] 대화상자에서 정한 순서를 기준으로 한다.

> **TIP** 오름차순은 0 → 9, A → Z의 순서로 정렬되고, 내림차순은 그 반대이다. 오름차순의 경우 문자보다는 숫자가, 대문자보다는 소문자가 우선순위로 정렬된다.

기본예제 5-16 두 개의 기준으로 데이터 정렬하기

정렬 기준을 설정해 데이터 목록을 정렬해 보자.

01 정렬 기준 설정하기 '실습5-16(준비).xlsx' 파일을 열고 데이터 목록의 임의의 셀을 선택한 후 [데이터] 탭–[정렬 및 필터] 그룹–[정렬]을 클릭한다. [정렬] 대화상자에서 [정렬 기준]을 '분류', '값', '오름차순'으로 설정한다.

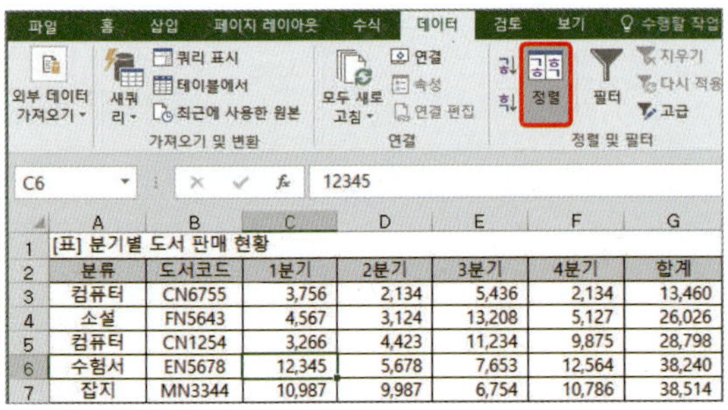

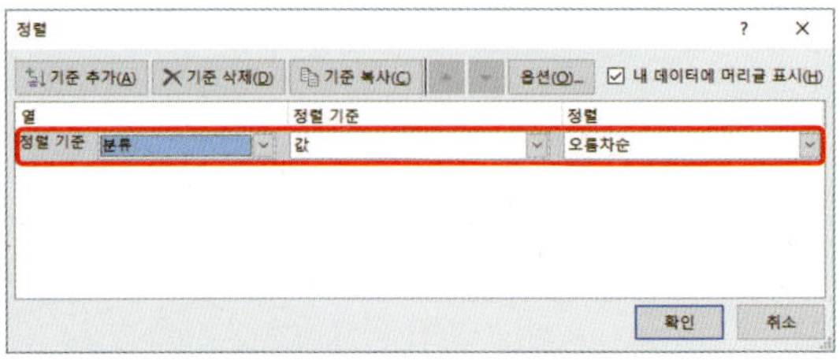

02 다음 기준 설정하기 [정렬] 대화상자에서 [기준 추가]를 클릭하고 [다음 기준]을 '합계', '값', '오름차순'으로 설정한 후 [확인]을 클릭한다.

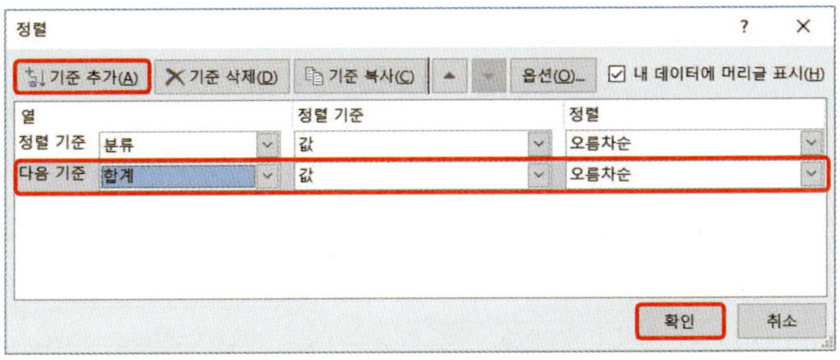

> **TIP** [다음 기준]은 먼저 설정한 기준으로 정렬한 결과에 같은 값이 있을 경우에 적용한다.

03 저장하기 정렬 결과를 확인하고 [파일] 탭-[다른 이름으로 저장]을 선택해 '실습5-16(완성).xlsx'로 저장한다.

	A	B	C	D	E	F	G
1	[표] 분기별 도서 판매 현황						
2	분류	도서코드	1분기	2분기	3분기	4분기	합계
3	소설	FN5643	4,567	3,124	13,208	5,127	26,026
4	소설	FN7633	7,765	12,564	2,563	7,890	30,782
5	소설	FN3344	8,876	6,754	9,067	10,234	34,931
6	수험서	EN7788	10,678	8,875	2,351	14,320	36,224
7	수험서	EN7689	9,877	9,906	9,987	6,543	36,313
8	수험서	EN5678	12,345	5,678	7,653	12,564	38,240
9	잡지	MN3344	10,987	9,987	6,754	10,786	38,514
10	잡지	MN1754	10,256	16,578	8,907	7,890	43,631
11	컴퓨터	CN6755	3,756	2,134	5,436	2,134	13,460
12	컴퓨터	CN1254	3,266	4,423	11,234	9,875	28,798
13	컴퓨터	CN9087	8,933	10,325	4,765	6,789	30,812
14	컴퓨터	CN9788	2,367	7,786	10,345	15,432	35,930
15	컴퓨터	CN4536	1,234	10,345	16,457	9,875	37,911

3.4 필터

필터는 데이터 목록 중에서 사용자가 설정한 조건에 맞는 데이터만 화면에 표시하는 기능이다. 필터 기능을 이용하면 데이터 순서를 변경하지 않고도 조건에 맞는 데이터만 찾아서 워크시트에 표시할 수 있다. 자동 필터와 고급 필터의 사용 방법에 대해서 알아보자.

3.4.1 자동 필터

자동 필터는 비교적 조건이 단순하거나 간단한 데이터를 추출할 때 사용한다. 자동 필터를 적용하려면 필터를 적용할 데이터 목록에 있는 임의의 셀을 선택하고 [데이터] 탭-[정렬 및 필터] 그룹-[필터]를 클릭한다.

• **텍스트 필터**

검색하려는 필드 열의 데이터가 문자 형식일 경우 필드명의 확장 단추를 클릭하고, 텍스트 값 목록에서 필터 기준으로 사용할 텍스트 값을 선택한다.

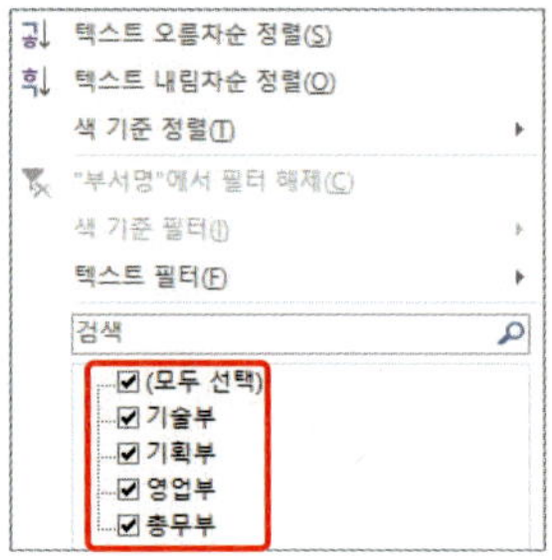

또는 [텍스트 필터]에서 같은 문자, 시작 문자, 끝 문자, 포함 문자 등을 지정해 검색할 수 있고, [사용자 지정 필터]를 선택해 찾을 조건을 직접 입력할 수도 있다.

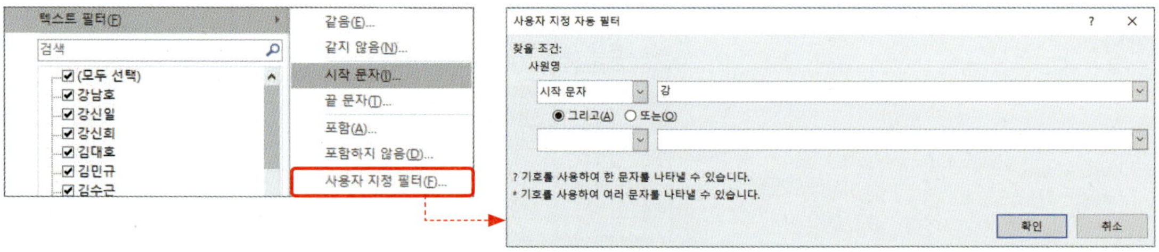

TIP 특정 문자로 시작하는 텍스트를 추출하려면 [시작 문자]를 선택하고, 위치와 관계없이 특정 문자를 포함하는 텍스트를 추출하려면 [포함]을 선택한다.

• **숫자 필터**

검색하려는 필드 열의 데이터가 숫자 형식일 경우 숫자 목록에서 필터 기준으로 사용할 숫자를 선택하거나, 숫자 필터의 조건으로 같은 값, 이상, 이하, 미만, 초과, 상위 10, 평균 등의 값을 검색할 수 있고, [사용자 지정 필터]를 선택해 찾을 조건을 직접 입력할 수도 있다.

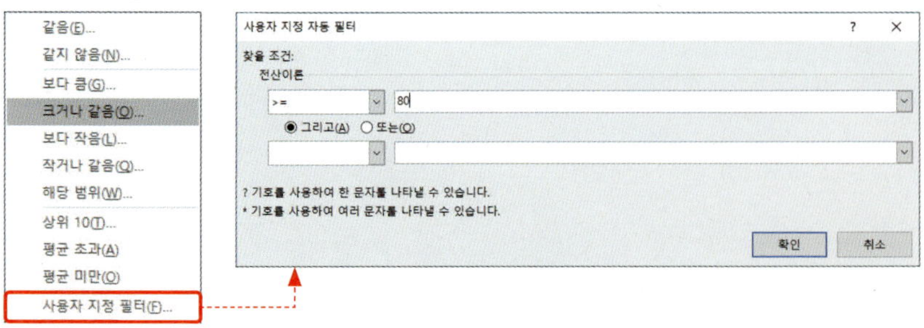

• **날짜 및 시간 필터**

검색하려는 필드 열의 데이터가 날짜나 시간 형식일 경우 날짜 또는 시간 목록에서 필터 기준으로 사용할 날짜나 시간을 선택한다. 또는 날짜 필터의 조건으로 일, 주, 월, 분기, 연도 등의 값을 검색할 수 있고, [사용자 지정 필터]를 선택해 찾을 조건을 직접 입력할 수도 있다.

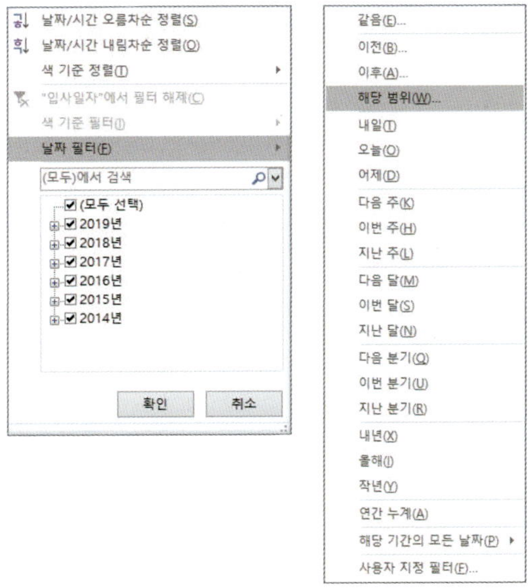

• **자동 필터 해제**

자동 필터를 해제하려면 [데이터] 탭–[정렬 및 필터] 그룹–[지우기]를 클릭하거나 자동 필터가 적용된 해당 필드의 목록 단추를 클릭하고 ['필드'에서 필터 해제]를 선택한다.

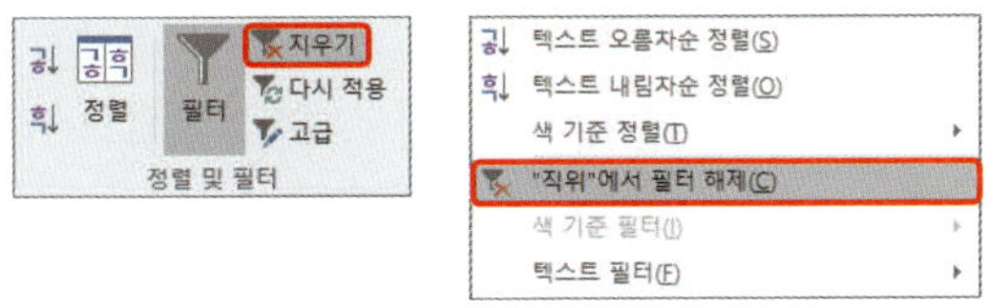

TIP 데이터 목록의 필드에 추가된 자동 필터 단추를 제거하려면 [데이터] 탭–[정렬 및 필터] 그룹–[필터]를 다시 클릭한다.

3.4.2 고급 필터

고급 필터는 조건이 복잡할 때나 여러 필드를 결합해 조건을 지정할 때 사용한다. 사용법은 자동 필터보다 조금 까다롭지만, 자동 필터로 해결하지 못하는 데이터 추출을 할 수 있어 유용하다.

• **고급 필터 적용**

먼저 워크시트에 검색 조건을 입력한 후 데이터 목록 범위에서 임의의 셀을 선택하고 [데이터] 탭–[정렬 및 필터] 그룹–[고급]을 클릭한다. [고급 필터] 대화상자가 열리고 [목록 범위]에 원본 표의 범위가 자동으로 참조된다. [조건 범위]를 설정하고 고급 필터를 실행한다.

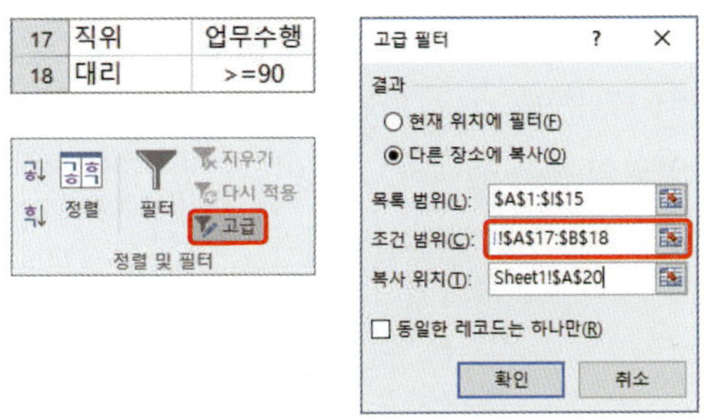

TIP [결과] 항목에서 [다른 장소에 복사]를 선택하면 원본 데이터는 유지되고 [복사 위치]에 설정한 곳에 필터링 결과가 표시된다.

- **고급 필터의 조건 규칙**

조건을 입력할 때는 반드시 데이터 목록의 필드명과 같게 하고 그 아래에 조건을 입력한다.

> **TIP** 조건에 수식이나 함수를 이용할 때는 데이터 목록의 필드명과 다르게 입력해야 한다.

- AND 조건: 같은 행에 조건을 입력한다.

부서	직위
총무부	대리

→ '부서'가 '총무부'이고 '직위'가 '대리'인 레코드를 추출한다.
(총무부에 근무하고 직위가 대리인 직원을 추출한다.)

- OR 조건: 다른 행에 조건을 입력한다.

부서	직위
총무부	
	대리

→ '부서'가 '총무부'이거나 '직위'가 '대리'인 레코드를 추출한다.
(총무부 직원 모두와 전체 부서 중 직위가 대리인 직원을 추출한다.)

- **고급 필터 해제**

고급 필터 기능을 이용해 특정 조건을 만족하는 데이터를 현재 위치에 필터링한 후, 다시 모든 데이터를 표시하려면 [데이터] 탭–[정렬 및 필터] 그룹–[지우기]를 클릭한다.

기본예제 5-17 자동 필터 적용하기

자동 필터 중 [해당 범위] 필터를 이용해 '이익 금액'이 80,000원 이상 300,000원 이하인 조건을 입력해 보자.

01 범위 지정 후 자동 필터 실행하기 '실습 5–17(준비).xlsx' 파일을 연다. 데이터 목록의 임의의 셀을 선택하고 [데이터] 탭–[정렬 및 필터] 그룹–[필터]를 클릭한다.

	A	B	C	D	E	F	G
1	[표] 양문형 냉장고 판매 현황						
2	제품명	지점	매입수	매입금	판매수	판매금액	이익금
3	170리터	강동	230	690,000	218	981,000	291,000
4	180리터	강서	126	504,000	115	575,000	71,000
5	180리터	강북	145	725,000	136	816,000	91,000
6	220리터	강남	158	474,000	178	801,000	327,000
7	200리터	충청	234	936,000	200	1,000,000	64,000
8	220리터	부산	123	615,000	120	720,000	105,000
9	170리터	전라	167	501,000	115	517,500	16,500
10	180리터	경상	234	936,000	205	1,025,000	89,000
11	200리터	강원	102	510,000	99	594,000	84,000

02 사용자 지정 자동 필터 설정하기 이익 금액이 80,000원 이상 300,000원 이하인 레코드만 검색하기로 한다. '이익 금액' 필드 단추를 클릭해 [숫자 필터]–[해당 범위]를 선택하고 [사용자 지정 자동 필터] 대화상자에서 [찾을 조건]을 [>=], [80000], [그리고], [<=], [300000]으로 설정한 후 [확인]을 클릭한다.

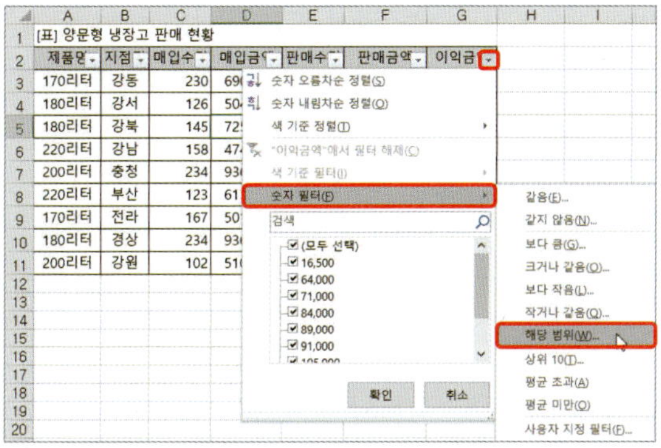

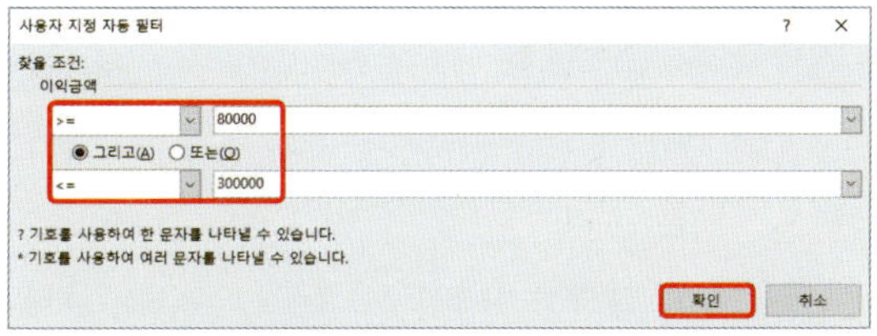

03 저장하기 필터링된 결과를 확인하고 [파일] 탭–[다른 이름으로 저장]을 선택해 '실습5-17(완성).xlsx'로 저장한다.

	A	B	C	D	E	F	G
1	[표] 양문형 냉장고 판매 현황						
2	제품명	지점	매입수량	매입금액	판매수량	판매금액	이익금액
3	170리터	강동	230	690,000	218	981,000	291,000
5	180리터	강북	145	725,000	136	816,000	91,000
8	220리터	부산	123	615,000	120	720,000	105,000
10	180리터	경상	234	936,000	205	1,025,000	89,000
11	200리터	강원	102	510,000	99	594,000	84,000

기본예제 5-18 고급 필터 적용하기

시스템 관련 업종에 종사하거나 업종별 평균경력이 8년 이상인 자료를 고급 필터 기능을 이용해 필터링해 보자.

01 고급 필터 조건 입력하기 '실습5-18(준비).xlsx' 파일을 열고 고급 필터를 적용할 조건을 먼저 입력한다. '분류'가 '시스템'으로 시작하거나, '평균경력'이 '8년 이상'인 자료를 모두 표시하기 위해 [A22] 셀에 *분류*, [B22] 셀에 *평균경력*, [A23] 셀에 *시스템**, [B24] 셀에 *>=8*을 입력한다.

	A	B	C	D	E	F
1	[표]업종별 평균 근속년수					
2	분류	업무	평균학력	평균근속년수	평균경력	임금근로자수
3	IT컨설턴트	관리	16.6	6.8	8	100
4	시스템 분석/설계	관리	16.2	3.7	5.9	93
5	소프트웨어개발	개발	15.4	4.4	6.5	95
6	네트워크 분석가	관리	16.2	2.4	6	89
7	보안전문가	관리	16.4	4.6	4.9	100
8	웹 개발자	개발	15.4	3.8	5.4	86
9	프로젝트 매니저	관리	14.8	5.6	6.7	94
10	응용S/W개발자	개발	15.1	2	4.1	72
11	웹디자이너	관리	14.3	2.5	3.1	84
12	통신공학기술자	개발	16.1	6.5	8.4	95
13	통신케이블설치	개발	12.7	7.9	10.6	88
14	멀티미디어기획	개발	15.2	3.9	3.4	100
15	애니메이터	관리	13.3	8.3	9.7	89
16	PC A/S	관리	13.7	4	4.9	59
17	PC강사	개발	14.7	2.4	2.8	83
18	정보통신관리자	관리	14.9	7.2	12.9	68
19	시스템S/W개발자	개발	12.4	5.2	5.5	33
20						
21						
22	분류	평균경력				
23	시스템*					
24		>=8				

02 고급 필터 실행하기 데이터 목록에서 임의의 셀을 선택하고 [데이터] 탭–[정렬 및 필터] 그룹–[고급]을 클릭한다. [고급 필터] 대화상자의 [결과] 항목에서 [다른 장소에 복사]를 선택하고 [조건 범위]는 [A22:B24] 영역, [복사 위치]는 [A26] 셀로 설정한 후 [확인]을 클릭한다.

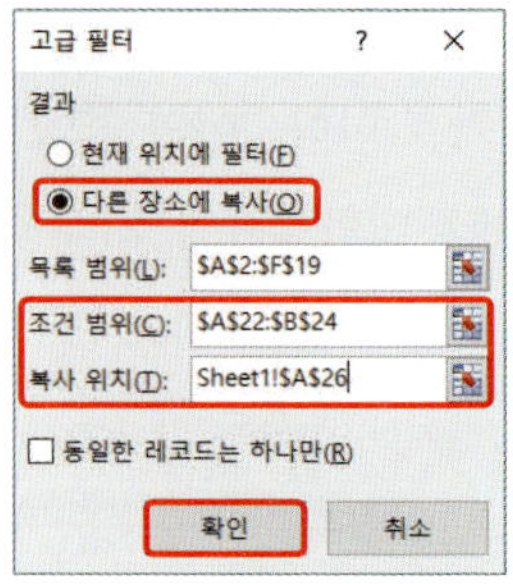

TIP [조건 범위]에는 [A22:B24] 영역을 드래그해 입력하고, [복사 위치]에는 [A26] 셀을 클릭해 입력한다. 절대 참조는 자동 설정된다.

03 저장하기 필터링된 결과를 확인하고 '실습5–18(완성).xlsx'로 저장한다.

26	분류	업무	평균학력	평균근속년수	평균경력	임금근로자수
27	IT컨설턴트	관리	16.6	6.8	8	100
28	시스템 분석/설계	관리	16.2	3.7	5.9	93
29	통신공학기술자	개발	16.1	6.5	8.4	95
30	통신케이블설치	개발	12.7	7.9	10.6	88
31	애니메이터	관리	13.3	8.3	9.7	89
32	정보통신관리자	관리	14.9	7.2	12.9	68
33	시스템S/W개발자	개발	12.4	5.2	5.5	33

3.5 부분합

부분합이란 특정 필드를 그룹화하여 분류하고, 그룹별로 합계, 평균, 개수 등을 자동으로 계산하는 기능이다. 부분합을 작성하고 윤곽 기호를 사용하는 방법과 부분합을 제거하는 방법에 대해 알아본다.

3.5.1 부분합 작성하기

부분합을 작성하려면 먼저 부분합의 기준이 되는 필드를 정렬한 후 [데이터] 탭–[윤곽선] 그룹–[부분합]을 클릭한다. [부분합] 대화상자에서 [그룹화할 항목], [사용할 함수], [부분합 계산 항목] 등을 설정한다.

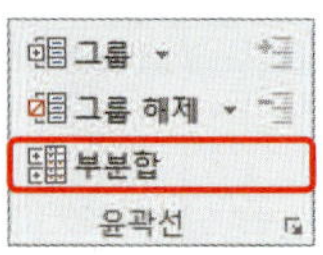

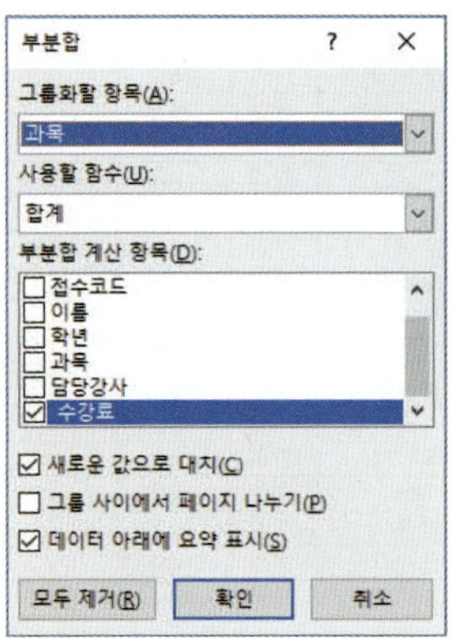

부분합을 작성한 상태에서 추가로 부분합을 작성하려면 [부분합] 대화상자에서 [그룹화할 항목], [사용할 함수], [부분합 계산 항목] 등을 선택하고 [새로운 값으로 대치]의 선택을 해제한다. 만약 해제하지 않으면 기존 부분합이 지워지고 새로운 부분합이 표시된다.

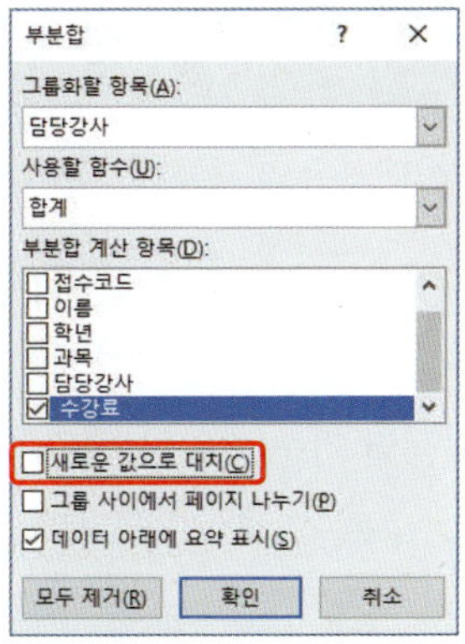

TIP 여러 그룹으로 부분합을 구하려면 해당 기준 필드가 모두 정렬되어야 한다.

3.5.2 윤곽 기호 사용

부분합을 작성한 후 워크시트의 왼쪽에 있는 부분합 데이터 목록을 보면 자동으로 윤곽 기호가 표시된다. 이 윤곽 기호를 이용해 부분합 데이터 목록의 하위 수준을 숨기거나 표시할 수 있다.

- [1]: 전체 결과(총계)만 표시
- [2]: 그룹화한 부문별 소계만 표시
- [3]: 전체 데이터 표시

다음은 윤곽 기호를 사용해 부분합의 전체 결과와 소계만 표시한 것이다.

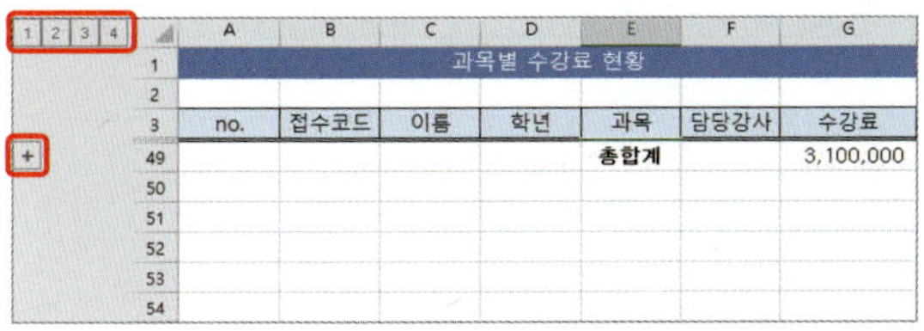

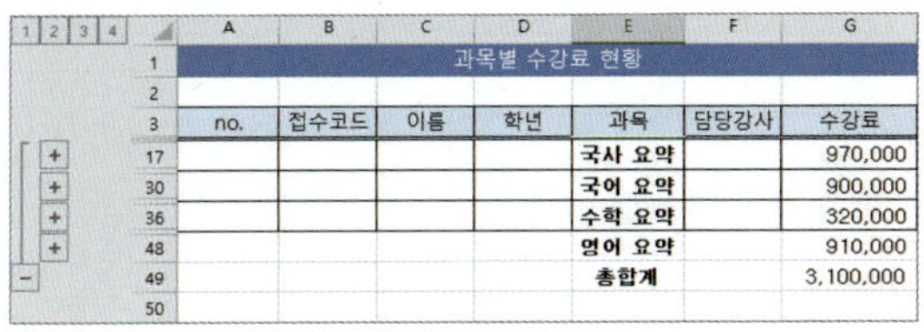

3.5.3 부분합 제거하기

부분합을 제거하려면 부분합이 표시된 데이터 목록의 셀을 선택하고 [데이터] 탭-[윤곽선] 그룹-[부분합]을 클릭한 후 [부분합] 대화상자에서 [모두 제거]를 클릭한다.

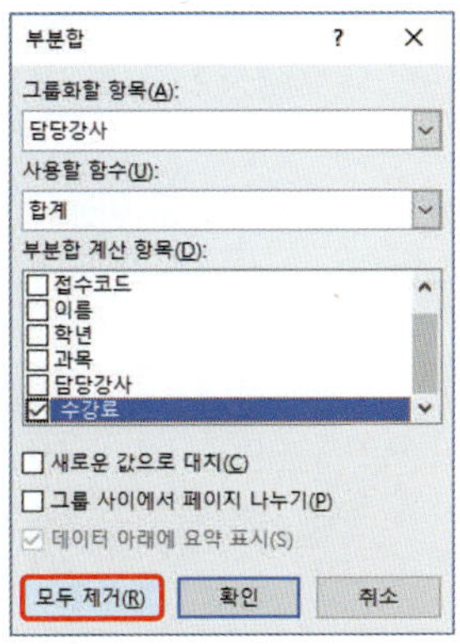

기본예제 5-19 부분합 작성하기

선택과목별 부분합(최소값)을 구하고 윤곽 기호를 이용하여 요약해 보자.

01 기준 필드 정렬하기 '실습5-19(준비).xlsx' 파일을 연다. 부분합을 적용하기 전에 먼저 데이터 목록의 셀을 하나 선택하고, [데이터] 탭-[정렬 및 필터] 그룹-[정렬]을 클릭한다. [정렬] 대화상자에서 [정렬 기준]으로 '선택과목', '값', '오름차순'을 설정한다.

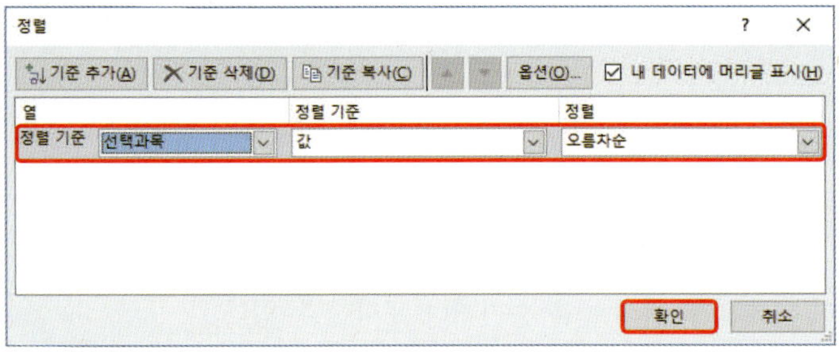

02 부분합 설정하기 [데이터] 탭-[윤곽선] 그룹-[부분합]을 클릭하고 [부분합] 대화상자에서 [그룹화할 항목]은 '선택과목'으로, [사용할 함수]는 [최소값]으로 설정한다. [부분합 계산 항목]에서 항목들을 선택하고 [확인]을 클릭한다.

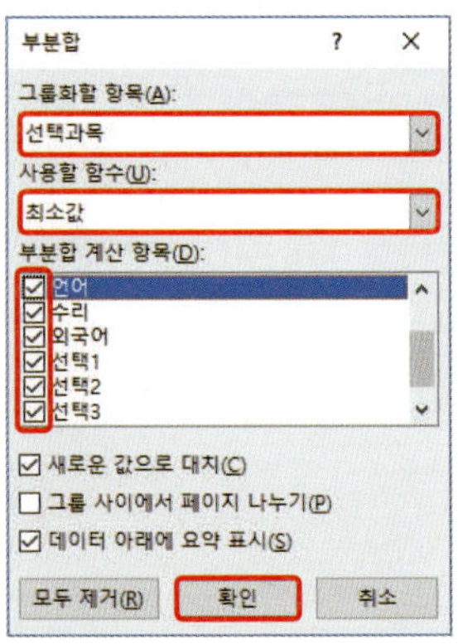

	A	B	C	D	E	F	G	H	I	J
1	수험번호	성명	선택과목	언어	수리	외국어	선택1	선택2	선택3	총점
2	200201	이대호	과탐	68	57	40	15	14	16	210
3	200202	윤석민	과탐	84	74	88	19	18	17	300
4	200203	김선우	과탐	69	70	69	12	14	13	247
5	200204	이종범	과탐	74	69	62	16	14	15	250
6			**과탐 최소값**	68	57	40	12	14	13	210
7	100101	박찬호	사탐	55	45	62	19	18	17	216
8	100102	김태균	사탐	42	32	39	16	13	14	156
9	100103	김병현	사탐	46	54	45	14	16	15	190
10	100104	양준혁	사탐	98	88	92	20	19	17	334
11			**사탐 최소값**	42	32	39	14	13	14	156
12	300301	김현수	직탐	77	78	78	17	15	16	281
13	300302	류현진	직탐	65	67	68	17	12	15	244
14	300303	이승엽	직탐	57	62	58	15	17	16	225
15	300304	홍성흔	직탐	67	55	54	12	11	12	211
16			**직탐 최소값**	57	55	54	12	11	12	211
17			**전체 최소값**	42	32	39	12	11	12	156

03 윤곽 기호를 이용해 데이터 요약하기 부분합이 계산되면 윤곽 기호 [2]를 클릭해 부분합 결과만 표시한다.

	A	B	C	D	E	F	G	H	I	J
1	수험번호	성명	선택과목	언어	수리	외국어	선택1	선택2	선택3	총점
6			**과탐 최소값**	68	57	40	12	14	13	210
11			**사탐 최소값**	42	32	39	14	13	14	156
16			**직탐 최소값**	57	55	54	12	11	12	211
17			**전체 최소값**	42	32	39	12	11	12	156

04 저장하기 [파일] 탭-[다른 이름으로 저장]을 선택하고 '실습5-19(완성).xlsx'로 저장한다.

기본예제 5-20 여러 그룹으로 부분합 작성하기

여러 그룹으로 부분합을 작성하기 위해 해당 필드를 모두 정렬하고 부분합을 중복 적용해 보자.

01 기준 필드 정렬하기 '실습5-20(준비).xlsx' 파일을 연다. 데이터 목록의 셀을 하나 선택하고 [데이터] 탭–[정렬 및 필터] 그룹–[정렬]을 클릭한다. [정렬] 대화상자에서 [정렬 기준]을 '과목', '값,' '오름차순'으로 설정하고 [기준 추가]를 클릭한 후 [다음 기준]을 '담당강사', '값,' '오름차순'으로 설정하고 [확인]을 클릭한다.

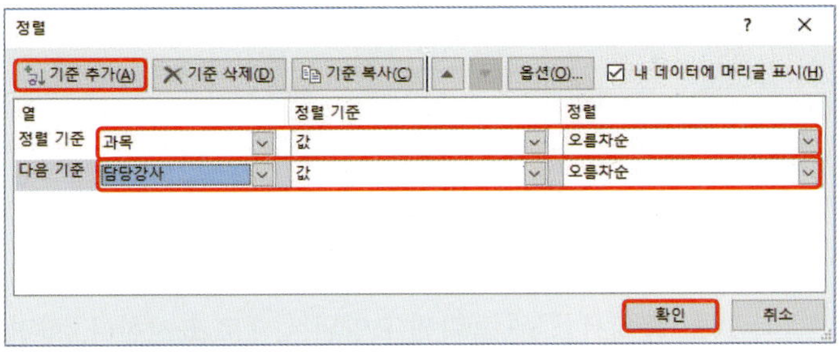

02 부분합 설정하기 [데이터] 탭–[윤곽선] 그룹–[부분합]을 클릭하고 [부분합] 대화상자에서 [그룹화할 항목]은 '과목', [사용할 함수]는 [합계], [부분합 계산 항목]은 '수강료'로 설정한다.

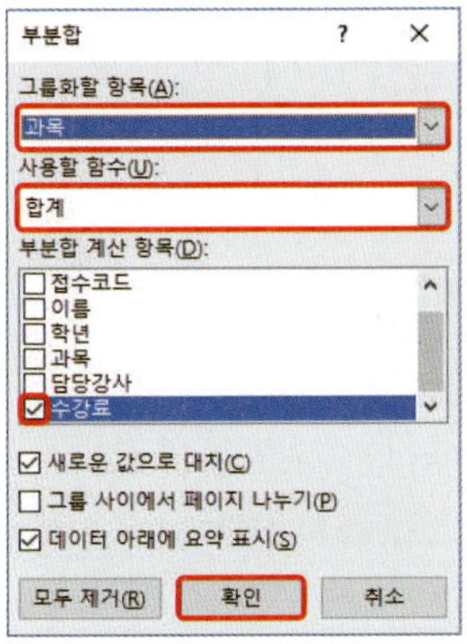

	A	B	C	D	E	F	G
1	no.	접수코드	이름	학년	과목	담당강사	수강료
2	4	C200	김대호	2	국사	고두심	100,000
3	22	C200	이창현	2	국사	고두심	100,000
4	24	C200	정발산	2	국사	고두심	100,000
5	3	C300	강신희	3	국사	유인촌	110,000
6	25	C300	정수민	3	국사	유인촌	110,000
7	5	C100	김민규	1	국사	정솔희	90,000
8	7	C100	김신애	1	국사	정솔희	90,000
9	13	C100	박인호	1	국사	정솔희	90,000
10	15	C100	송지유	1	국사	정솔희	90,000
11	23	C100	장원길	1	국사	정솔희	90,000
12					국사 요약		970,000
13	8	D100	김준수	1	국어	강수정	90,000
14	11	D100	박준호	1	국어	강수정	90,000
15	16	D100	여수현	1	국어	강수정	90,000
16	29	D100	진소연	1	국어	강수정	90,000
17	14	D200	송윤진	2	국어	노현정	100,000
18	2	D300	강신일	3	국어	신동길	110,000
19	6	D300	김성민	3	국어	신동길	110,000
20	18	D300	우지연	3	국어	신동길	110,000
21	26	D300	정윤호	3	국어	신동길	110,000
22					국어 요약		900,000

03 부분합 추가하기 다시 [데이터] 탭–[윤곽선] 그룹–[부분합]을 클릭하고 [부분합] 대화상자에서 [그룹화할 항목]은 '담당강사', [사용할 함수]는 [개수], [부분합 계산 항목]은 '담당강사'로 설정하고, [새로운 값으로 대치]의 선택을 해제한다.

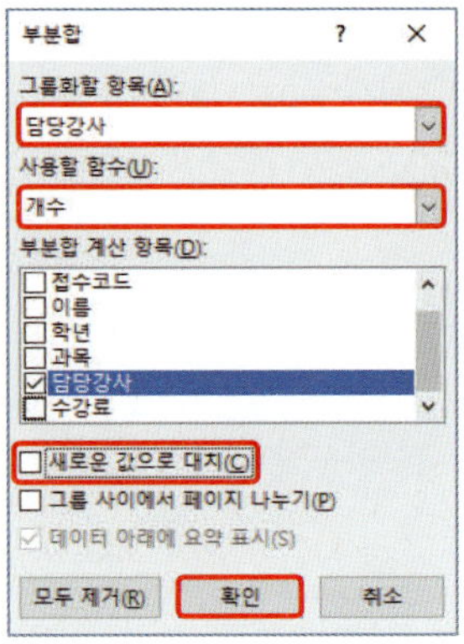

04 데이터 요약하기 시트 왼쪽에 있는 윤곽 기호 중에서 [3]을 클릭해 요약된 상태로 표시한다. 화면에 보이는 셀만 선택해 복사하기 위해 요약된 셀 범위를 드래그하고 [홈] 탭–[편집] 그룹–[찾기 및 선택]–[이동 옵션]을 선택한 후 [이동 옵션] 대화상자에서 [화면에 보이는 셀만]을 선택하고 복사한다.

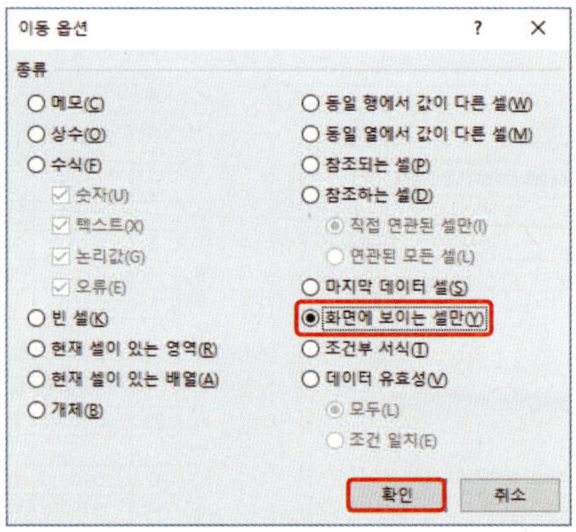

05 저장하기 'Sheet2' 시트를 열고 복사한 내용을 붙여넣는다. 행 너비와 셀 테두리 등을 정리한 후 '실습5–20(완성).xlsx'로 저장한다.

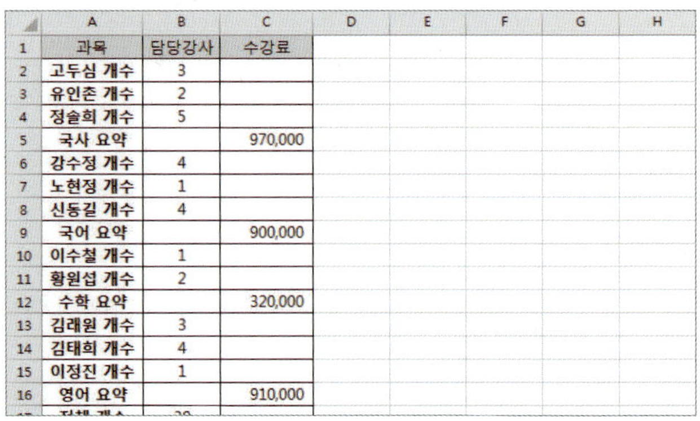

SECTION 04

데이터 분석하기

SECTION 04에서는 엑셀 파일로 작성된 데이터를 분석하기 위한 도구인 피벗 테이블, 슬라이서, 피벗 차트, 가상 분석 도구의 사용법을 알아본다.

4.1 피벗 테이블

피벗 테이블은 데이터를 계산, 요약 및 분석하는 도구로서, 데이터를 비교하고 패턴 및 추세를 보는 데 사용한다. 피벗 테이블을 작성하고 변경하는 방법에 대해 알아보자.

4.1.1 피벗 테이블의 개요

피벗 테이블이란 데이터 목록의 여러 필드에 대한 그룹별 소계를 구하고, 많은 양의 데이터를 한눈에 파악할 수 있도록 요약 분석한 것이다. 피벗 테이블은 원본 데이터 목록의 행이나 열의 위치를 변경해 다양한 형태로 표시할 수 있고, 필드 구성을 변경하거나 특정 필드를 그룹화해 데이터를 집계할 수도 있다.

피벗 테이블을 작성하기 전 원본 데이터에 대해 다음 사항을 확인해야 한다.

- 첫 행에는 각 열의 머리글이 있어야 한다. 피벗 테이블 보고서는 열 머리글을 필드의 이름으로 사용하며, 이 이름을 피벗 테이블 레이아웃 영역에 끌어 놓을 수 있다.
- 보고서에 사용할 데이터 범위에 빈 행이나 열이 있으면 안 된다.
- 각 열은 한 종류의 데이터만 포함한다. 예를 들어 텍스트와 숫자 값은 각각 다른 열에 있어야 한다.
- 피벗 테이블 보고서에서 부분합과 총합계는 자동으로 만들어지기 때문에 원본 데이터에 부분합이 적용되어 있다면 제거해야 한다.

4.1.2 피벗 테이블 만들기

피벗 테이블을 만들려면 [삽입] 탭–[표] 그룹–[피벗 테이블]을 클릭하고 [피벗 테이블 만들기] 대화상자에서 데이터 범위와 피벗 테이블 보고서를 넣을 위치를 지정한다.

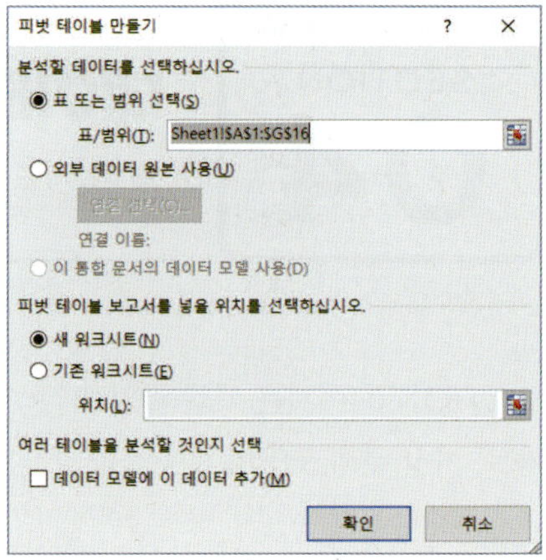

새로운 시트가 삽입되면서 왼쪽에는 피벗 테이블의 레이아웃을 설계할 영역이, 오른쪽에는 [피벗 테이블 필드] 작업 창이 나타난다. 여기에서 피벗 테이블 보고서에 추가할 필드를 [필터], [열], [행], [값] 목록 상자로 드래그하여 피벗 테이블 레이아웃을 설계할 수 있다.

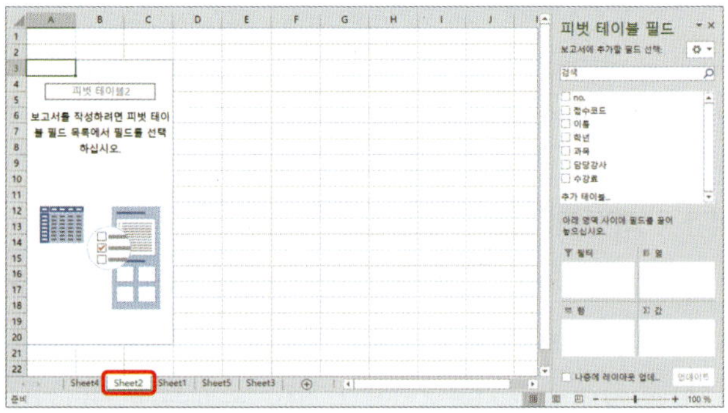

피벗 테이블 보고서 및 [피벗 테이블 필드] 작업 창의 구성요소는 다음과 같다.

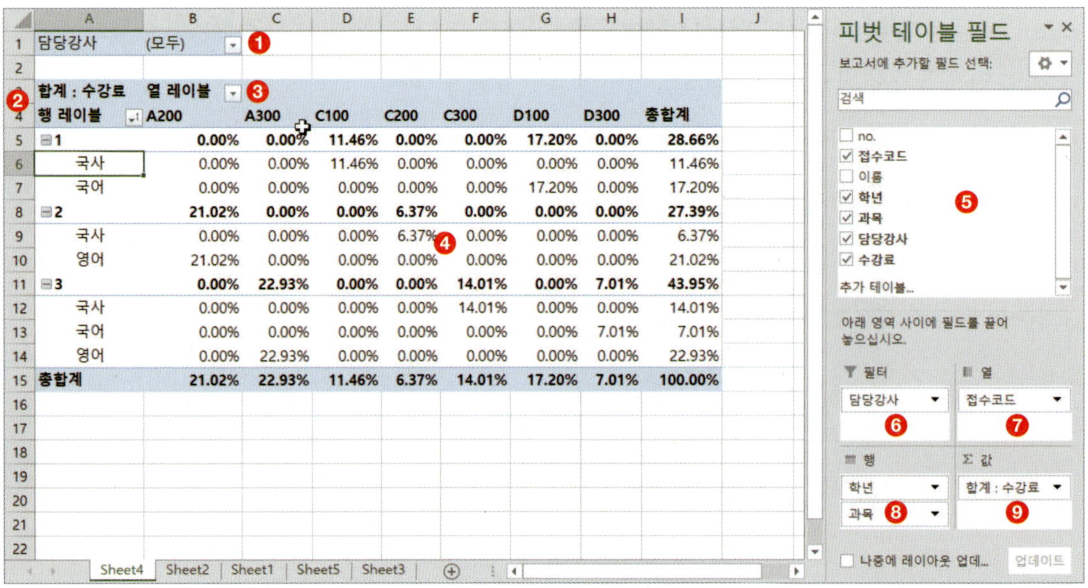

❶ **보고서 필터** 보고서 필터에 지정한 필드 데이터로, 필터 단추를 클릭해서 선택한 항목에 따라 전체 보고서를 필터링한다. 보고서 필터를 사용하면 데이터가 그룹화되어 별도의 페이지에 있는 것처럼 표시되기 때문에 한 번에 보려는 데이터 부분만 표시할 수 있다.

❷ **행 레이블** 행 레이블에서 지정한 필드 데이터로, 레이블 단추를 클릭해서 필요한 데이터 항목만 필터링한다.

❸ **열 레이블** 열 레이블에서 지정한 필드 데이터이다.

❹ **데이터 값** 행 레이블과 열 레이블을 분석하여 계산한 데이터 값이 표시된다.

❺ **보고서에 추가할 필드 선택** 데이터 범위의 필드 목록이 표시된다. 각 필드를 보고서 필터, 행/열 레이블, 값 목록 상자로 드래그해 피벗 테이블 레이아웃을 설계할 수 있다.

❻ **보고서 필드** 전체 데이터 영역을 요약할 보고서 필드이다.

❼ **열 레이블 목록 상자** 선택한 필드를 열 방향으로 표시한다.

❽ **행 레이블 목록 상자** 선택한 필드를 행 방향으로 표시한다.

❾ **값 목록 상자** 일반적으로 숫자 값이 들어 있는 필드가 위치하며 열과 행 레이블에서 지정할 필드를 분석하여 소계, 총계, 평균, 최대값, 최소값, 개수 등을 계산한다.

여기서 잠깐 ▶ 추천 피벗 테이블 만들기

엑셀 2013 버전부터 피벗 테이블 레이아웃 설계에 편리한 추천 피벗 테이블 기능을 제공한다. [삽입] 탭–[표] 그룹–[추천 피벗 테이블]을 클릭해 만들 수 있다.

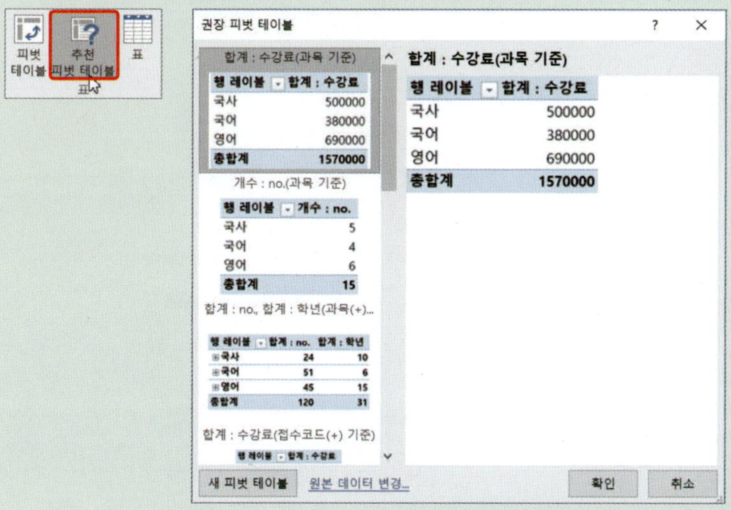

4.1.3 피벗 테이블 변경하기

이름이나 디자인 등을 수정할 뿐 아니라 구조나 표시 형식을 변경하고 필드 항목을 그룹화하는 등 다양한 방법으로 피벗 테이블을 변경해 활용도를 높일 수 있다.

- **[피벗 테이블 도구]-[분석] 탭**

피벗 테이블이 만들어지면 [피벗 테이블 도구]-[분석] 탭이 활성화되는데, 여기서는 피벗 테이블의 옵션, 필드 설정, 그룹, 정렬 등을 설정하고 피벗 차트를 삽입할 수 있다.

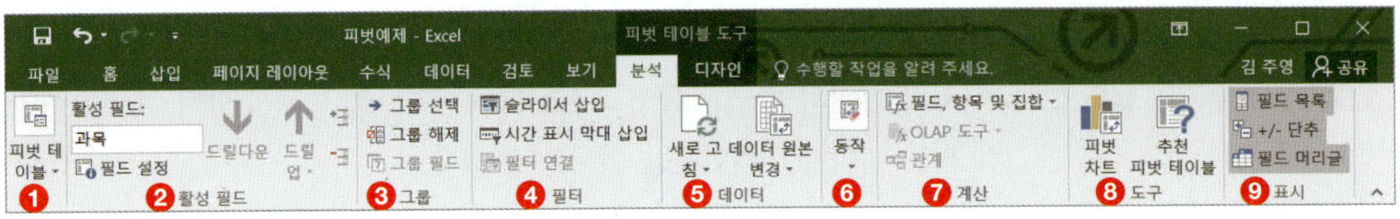

❶ 피벗 테이블 피벗 테이블 이름을 표시하거나 수정하고, [피벗 테이블 옵션] 대화상자를 열어 옵션을 설정한다.

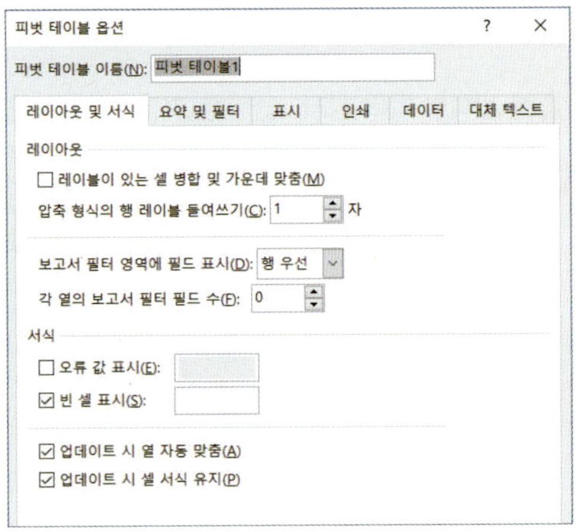

❷ 활성 필드 피벗 테이블에서 선택한 필드가 표시되며, [필드 설정]을 클릭해 각 필드의 계산 유형 및 표시 형식을 설정할 수 있다.

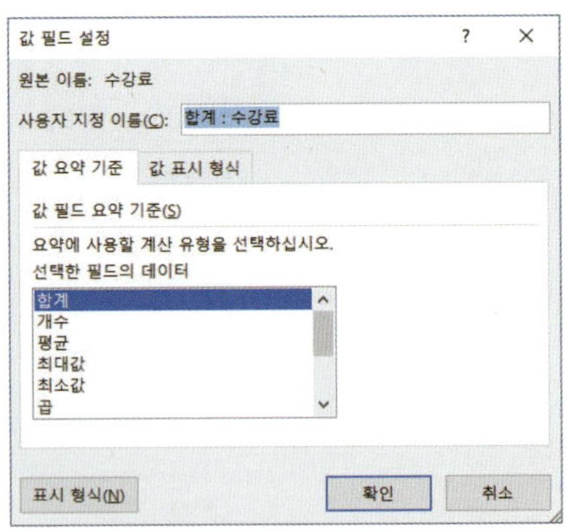

❸ 그룹 피벗 테이블의 범위를 지정해서 직접 그룹을 선택하거나 숫자나 날짜 필드를 그룹 지정 단위별로 그룹화하거나 해제할 수 있다.

❹ 필터 피벗 테이블 보고서의 데이터를 빠르게 필터링하기 위해 슬라이서, 시간 표시 막대 등을 삽입한다.

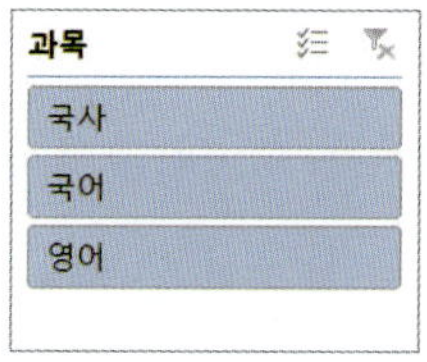

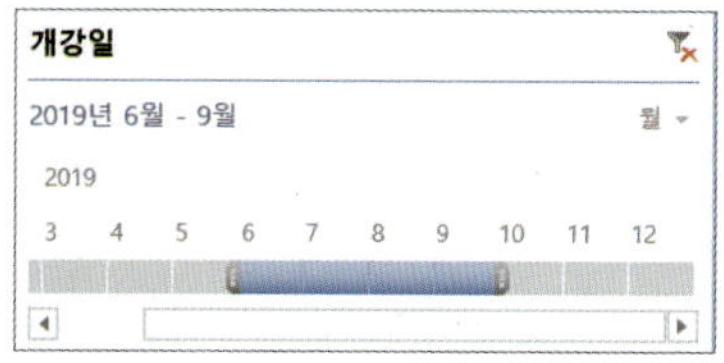

❺ 데이터 [데이터 원본 변경]을 클릭하면 원본 데이터의 범위를 변경할 수 있다. 피벗 테이블의 레이아웃을 수정했을 경우 [새로 고침]을 클릭하면 피벗 테이블 보고서에 적용할 수 있다.

❻ 동작 피벗 테이블을 지우거나 선택할 수 있으며, 피벗 테이블 전체를 통합 문서의 다른 위치로 옮길 수 있다.

❼ 계산 계산될 필드와 항목을 만들고 수정하며, OLAP 데이터 원본과 연결된 피벗 테이블을 만든다.

❽ 도구 피벗 테이블을 원본으로 차트를 만들고 사용자의 데이터에 가장 적합한 사용자 지정 피벗 테이블 집합을 제공한다.

❾ 표시/숨기기 필드 목록 창이나 필드가 그룹화되어 있을 때 표시되는 +/– 단추, 필드 머리글을 표시하거나 숨긴다.

• [피벗 테이블 도구]–[디자인] 탭

피벗 테이블이 만들어지면 활성화되는 [피벗 테이블 도구]–[디자인] 탭에서 피벗 테이블의 레이아웃이나 스타일을 빠르게 지정할 수 있다.

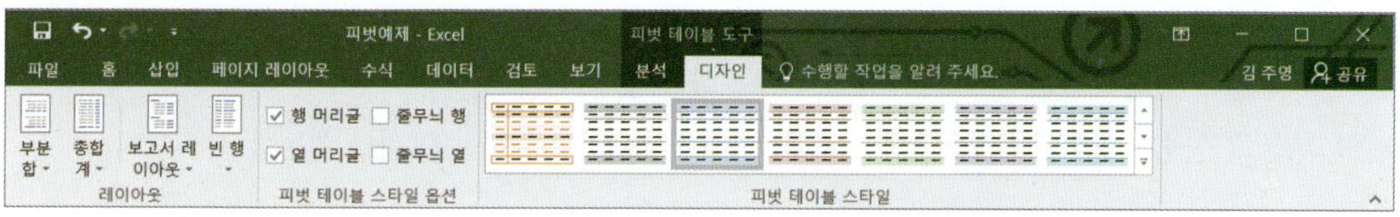

• 피벗 테이블의 구조 변경하기

피벗 테이블을 완성한 후 필드를 이동, 추가, 삭제하여 피벗 테이블의 구조를 변경할 수 있다.

- 필드 이동: [피벗 테이블 필드] 작업 창에서 해당 필드를 선택하고 원하는 위치로 드래그한다. 또는 각 영역 목록 상자에 있는 필드를 클릭해 다른 레이블로 이동할 수 있는 메뉴를 선택한다. 이처럼 필드를 이동하면 피벗 테이블의 결과가 달라진다.
- 필드 삭제: [피벗 테이블 필드] 작업 창의 각 영역 목록 상자에서 삭제하려는 필드를 클릭해 [필드 제거]를 선택하거나 [보고서에 추가할 필드 선택] 영역에서 필드 선택을 취소한다.
- 필드 추가: [보고서에 추가할 필드 선택] 영역에서 해당 필드를 원하는 위치로 드래그하거나 마우스 오른쪽 단추를 클릭하고 추가하려는 영역을 선택한다.

• 값 요약 기준과 값 표시 형식 변경하기

피벗 테이블 보고서에서 값 요약 기준을 변경하려면 임의의 데이터 값을 선택하고 [피벗 테이블 도구]–[분석] 탭–[활성 필드] 그룹–[필드 설정]을 클릭하고 [값 필드 설정] 대화상자의 [값 요약 기준] 탭에서 원하는 계산 유형을 선택한다. [값 표시 형식] 탭에서는 값 표시 형식을 변경할 수 있다.

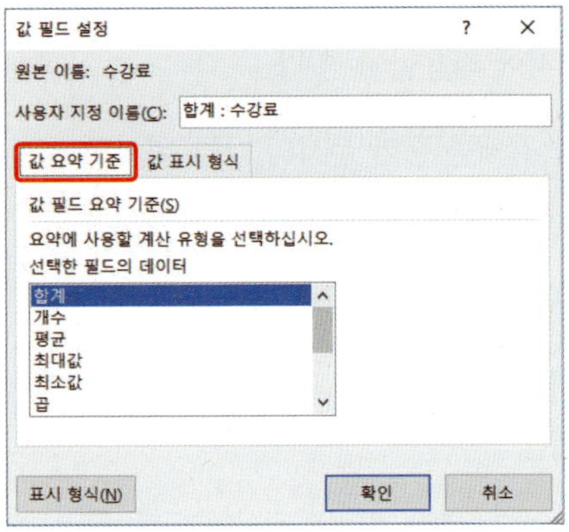

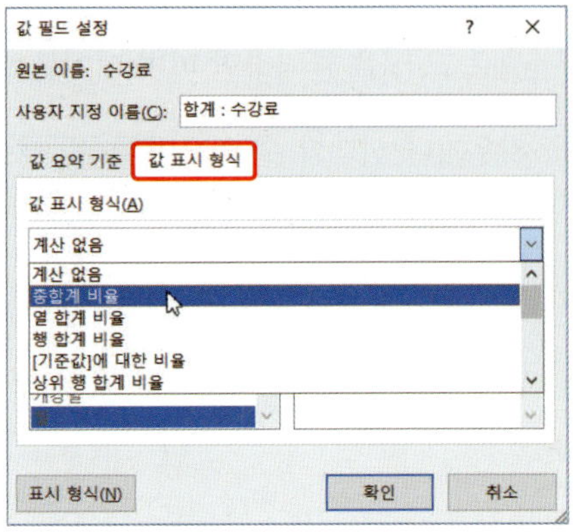

> **TIP** 데이터 값을 하나 선택하고 마우스 오른쪽 단추를 클릭해 [값 필드 설정]을 선택해도 [값 필드 설정] 대화상자가 열린다.

• 필드 항목 그룹화 및 필터링하기

피벗 테이블 보고서에서 데이터를 구체적으로 분석하기 위해 항목을 날짜, 시간 등으로 그룹화할 수 있다. 항목을 그룹화하려면 피벗 테이블에서 그룹화할 값 하나를 선택하고 [피벗 테이블 도구]–[분석] 탭–[그룹] 그룹–[그룹 선택]을 클릭하여 [그룹화] 대화상자에서 원하는 단위를 설정한다.

항목 필터링을 하려면 행 레이블 또는 열 레이블의 필터 단추를 클릭해 보여줄 항목을 선택한다.

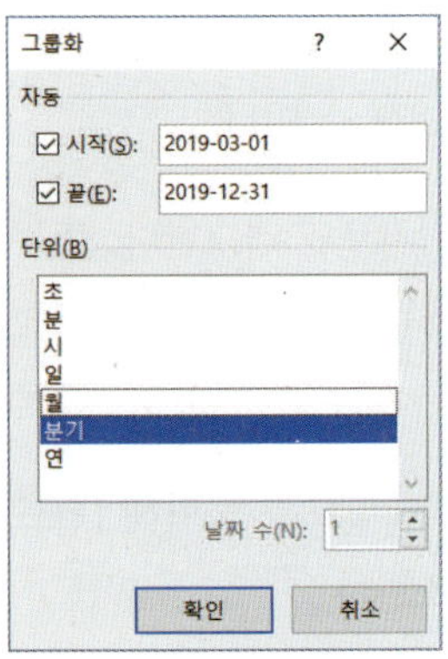

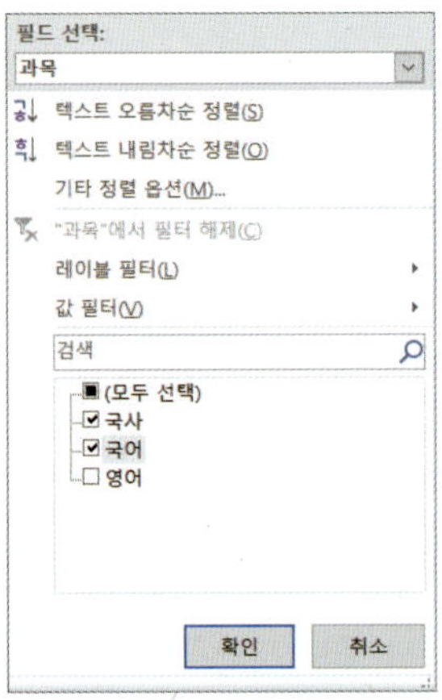

기본예제 5-21 피벗 테이블 보고서 작성하기

피벗 테이블 레이아웃을 설정하고, 데이터 값의 요약 기준 변경 및 서식 설정 등을 통해 피벗 테이블 보고서를 작성해 보자.

01 피벗 테이블 만들기 부서별 기본급 평균과 실수령액 합계를 피벗 테이블 보고서로 작성하기로 한다. '실습5-21(준비).xlsx' 파일을 열고 데이터 목록에서 임의의 셀을 선택한 후 [삽입] 탭–[표] 그룹–[피벗 테이블]을 클릭한다. [피벗 테이블 만들기] 대화상자가 열리면 [표 또는 범위 선택]에 설정된 범위와 피벗 테이블 보고서를 넣을 위치로 선택된 [새 워크시트]를 그대로 두고 [확인]을 클릭한다.

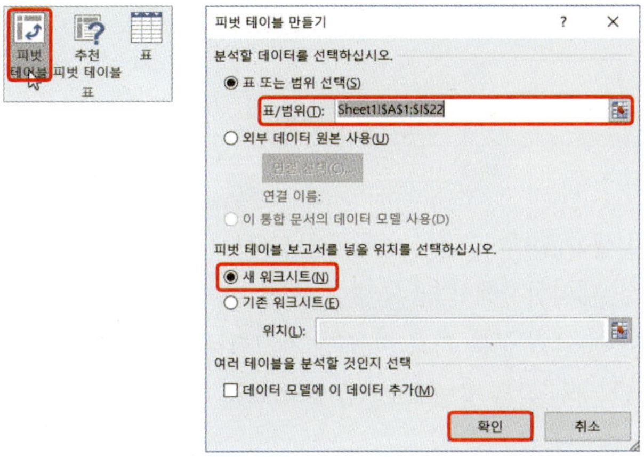

02 피벗 테이블 레이아웃 설계하기 새로운 시트 탭이 삽입되고 [피벗 테이블 필드] 작업 창과 피벗 테이블의 레이아웃을 설계할 영역이 표시된다. 여기에서 '성별'은 [필터]로, '부서명'은 [행]으로, '기본급'과 '실수령액'은 [값] 목록 상자로 드래그한다.

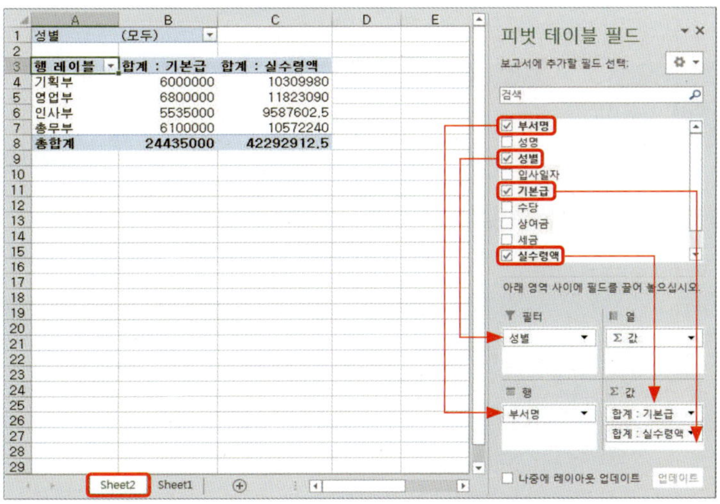

03 값 요약 기준 변경하기 피벗 테이블의 데이터 값 중 [B] 열의 임의의 셀을 선택하고 [피벗 테이블 도구]–[분석] 탭–[활성 필드] 그룹–[필드 설정]을 클릭한다. [값 필드 설정] 대화상자의 [값 요약 기준] 탭에서 계산 유형으로 [평균]을 선택하고 [확인]을 클릭한다.

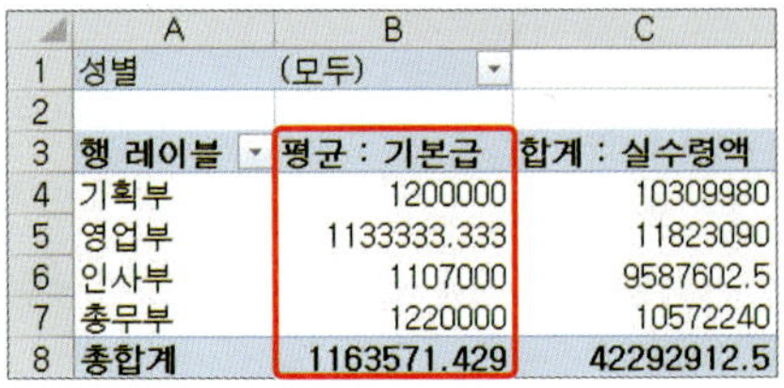

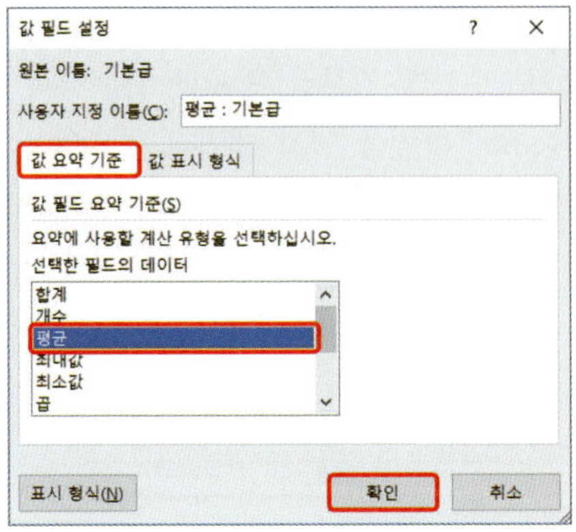

04 데이터 값 서식 설정하기 [B] 열의 임의의 셀을 선택하고 [피벗 테이블 도구]–[분석] 탭–[활성 필드] 그룹–[필드 설정]을 클릭한 후 [값 필드 설정] 대화상자에서 [표시 형식]을 클릭한다. [셀 서식] 대화상자가 열리면 [범주]에서 [숫자]를 선택하고 [1000단위 구분 기호 사용]에 체크한 후 [확인]을 클릭한다. [값 필드 설정] 대화상자도 [확인]을 클릭해 닫는다. 같은 방법으로 [C] 열의 표시 형식도 설정한다.

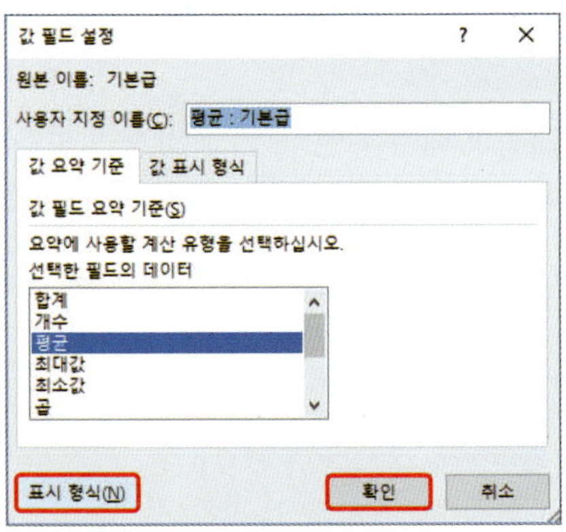

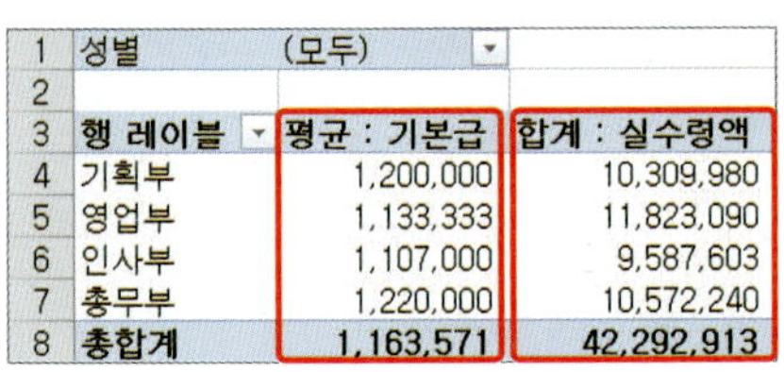

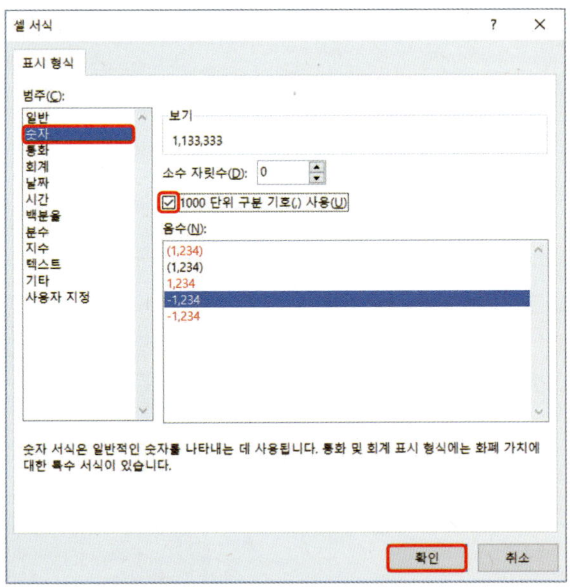

05 저장하기 [파일] 탭–[다른 이름으로 저장]을 선택하고 '실습5–21(완성).xlsx'로 저장한다.

4.2 슬라이서 및 시간 표시 막대

슬라이서는 피벗 테이블 보고서에서 많은 양의 데이터를 필터링하는 데 유용한 기능이고, 시간 표시 막대는 날짜나 시간의 간격을 막대로 표시하여 사용자가 특정 기간의 데이터를 필터링할 수 있게 하는 기능이다.

4.2.1 슬라이서 필터링

슬라이서를 삽입하려면 피벗 테이블 목록에 있는 임의의 셀을 선택하고 [피벗 테이블 도구]–[분석] 탭–[필터] 그룹–[슬라이서 삽입]을 클릭한 후 [슬라이서 삽입] 대화상자에서 필터링할 항목을 선택한다.

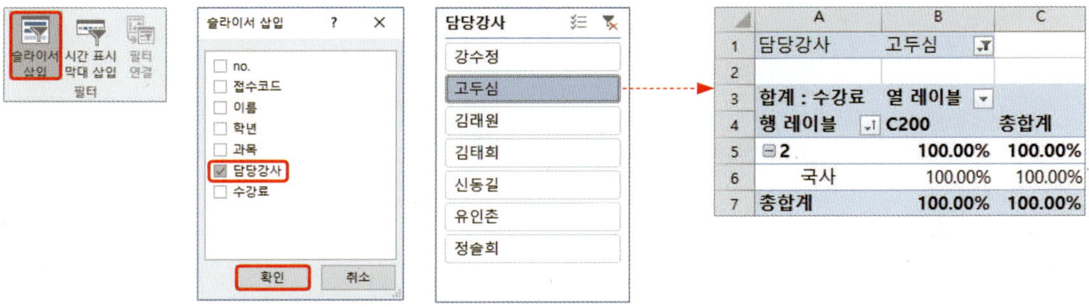

슬라이서를 삭제하려면 해당 슬라이서를 선택하고 Delete를 누르거나, 마우스 오른쪽 단추를 클릭하고 ['항목' 제거]를 선택한다.

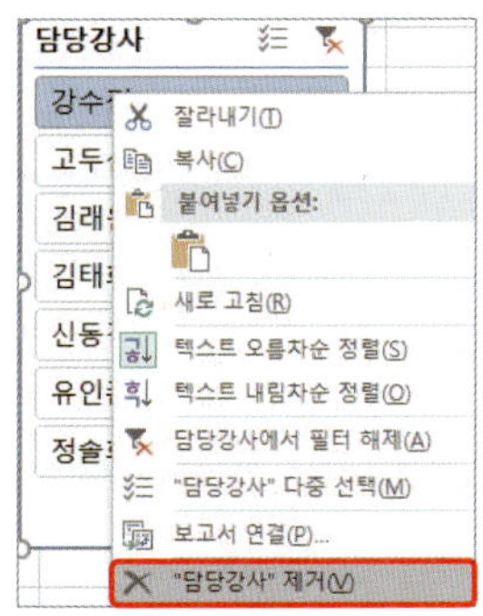

4.2.2 시간 표시 막대 필터링

시간 표시 막대를 삽입하려면 피벗 테이블 목록에서 임의의 셀을 선택하고 [피벗 테이블 도구]–[분석] 탭–[필터] 그룹–[시간 표시 막대 삽입]을 클릭한 후 [시간 표시 막대 삽입] 대화상자에서 원하는 날짜 필드를 선택한다.

TIP 시간 표시 막대를 사용하면 네 개의 시간 수준(연, 분기, 월, 일) 중 하나를 기준으로 필터링할 수 있다.

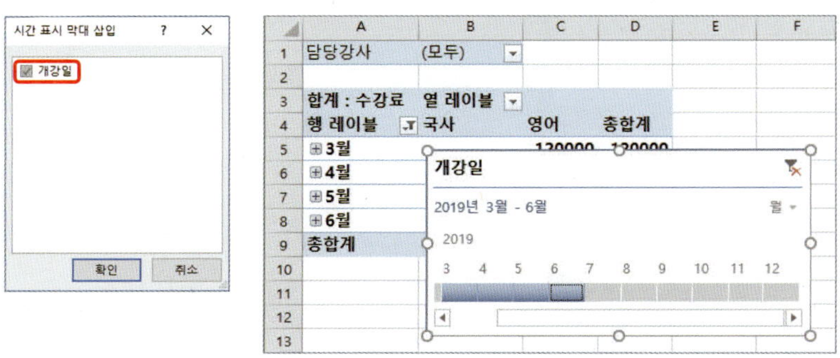

기본예제 5-22 슬라이서 및 시간 표시 막대를 이용하여 필터링하기

피벗 테이블에 슬라이서를 삽입해 필터링하고, 시간 표시 막대를 이용해 원하는 기간을 필터링해 보자.

01 슬라이서 삽입하기 '실습5-22(준비).xlsx' 파일을 열고 [피벗 테이블 보고서] 시트 탭의 피벗 테이블 보고서 내부를 클릭한다. 그리고 [피벗 테이블 도구]-[분석] 탭-[필터] 그룹-[슬라이서 삽입]을 클릭한다.

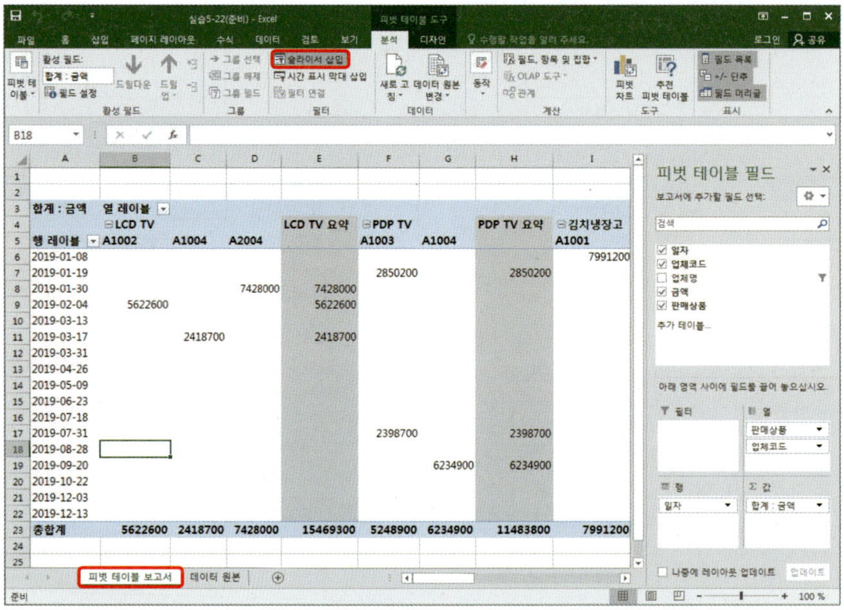

02 필터링 항목 선택하기 [슬라이서 삽입] 대화상자에서 슬라이서를 만들 피벗 테이블 필드로 '업체명', '판매상품'을 선택하고 [확인]을 클릭한다. 그리고 다음과 같이 '업체명' 슬라이서의 '동양전자', '엘쥐전자', '판매상품' 슬라이서의 '김치냉장고' 항목을 선택한다.

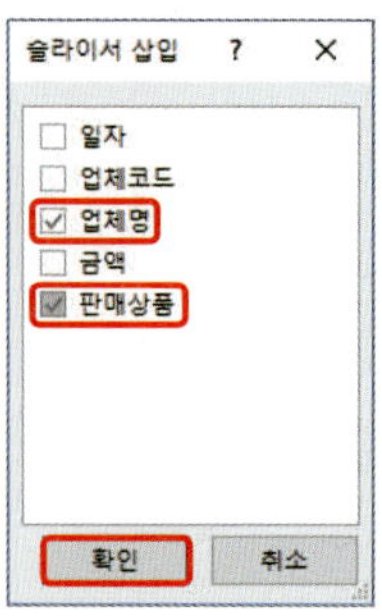

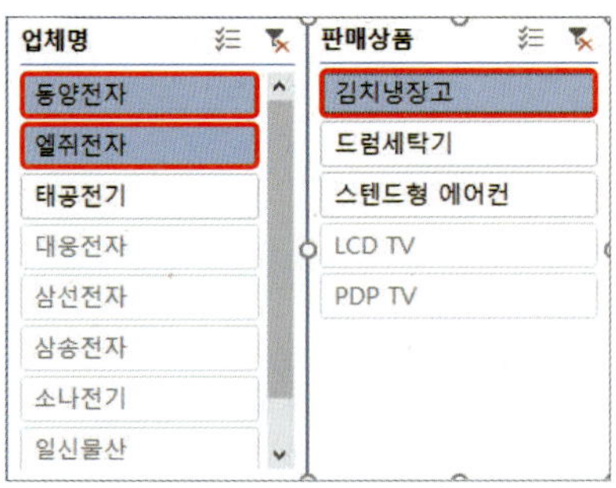

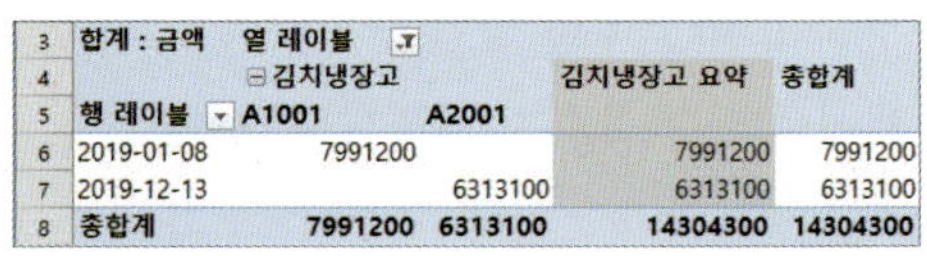

TIP 슬라이서에서 항목을 두 개 이상 선택하려면 Ctrl을 누른 채로 선택한다.

03 슬라이서 스타일 및 열 개수 변경하기 슬라이서의 스타일을 변경하려면 슬라이서를 선택하고 [슬라이서 도구]-[옵션] 탭-[슬라이서 스타일] 그룹에서 원하는 스타일을 선택한다. 그리고 슬라이서의 열 개수를 변경하려면 [슬라이서 도구]-[옵션] 탭-[단추] 그룹에서 [열] 항목의 수를 조정한다.

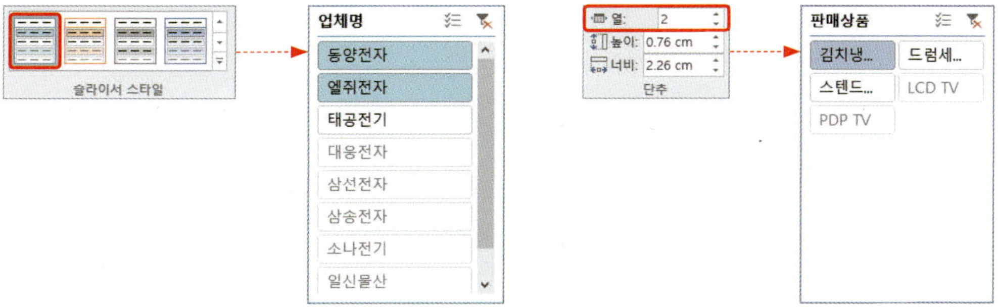

04 시간 표시 막대 삽입하기 데이터를 원래대로 표시하기 위해 우선 슬라이서를 모두 삭제한다. 열 레이블의 확장 단추를 클릭하고 [모두 선택]에 체크한 후 [확인]을 클릭한다. 시간 표시 막대를 삽입하기 위해 데이터 목록에서 [A] 열의 임의의 셀을 선택하고 [피벗 테이블 도구]-[분석] 탭-[필터] 그룹-[시간 표시 막대 삽입]을 클릭한다. [시간 표시 막대 삽입] 대화상자에서 '일자' 필드를 선택하고 [확인]을 클릭한다.

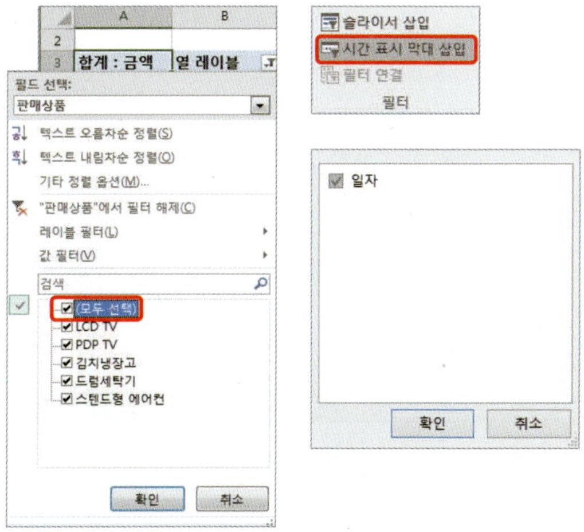

05 시간 표시 막대 이용하여 필터링하기 분기별 판매현황을 확인하기 위해 [일자] 창 옆에 표시된 시간 수준을 [분기]로 설정한다. [일자] 창에서 분기의 범위를 다르게 하면서 필터링을 해 본다.

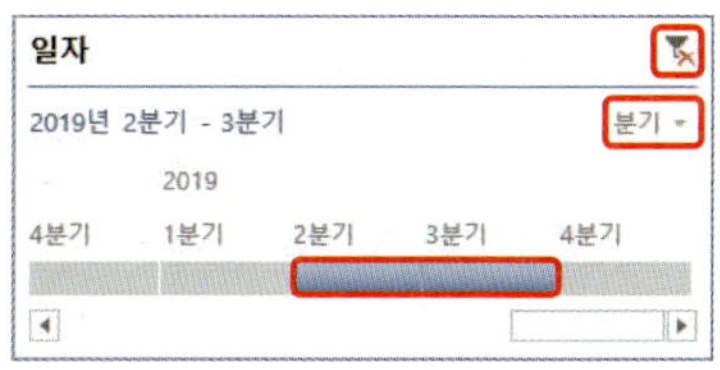

06 저장하기 [파일] 탭-[다른 이름으로 저장]을 선택하고 '실습5-22(완성).xlsx'로 저장한다.

4.3 피벗 차트

피벗 차트는 피벗 테이블을 요약하고 분석한 데이터를 시각화하여 그래픽으로 표시한 것이다. 피벗 차트를 작성하고 서식을 변경하는 방법에 대해 알아본다.

4.3.1 피벗 차트 만들기

피벗 차트를 만들려면 피벗 테이블 내부를 선택하고 [피벗 테이블 도구]-[분석] 탭-[도구] 그룹-[피벗 차트]를 클릭한다. [차트 삽입] 대화상자에서 차트 종류를 선택하면 피벗 차트가 만들어지고, 필드 단추를 이용해 데이터를 필터링할 수 있다.

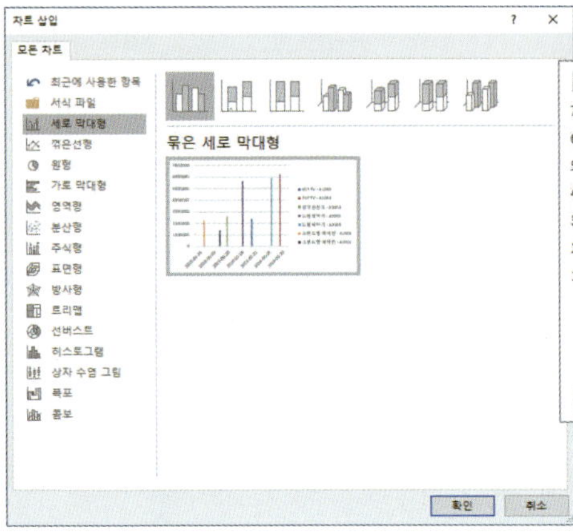

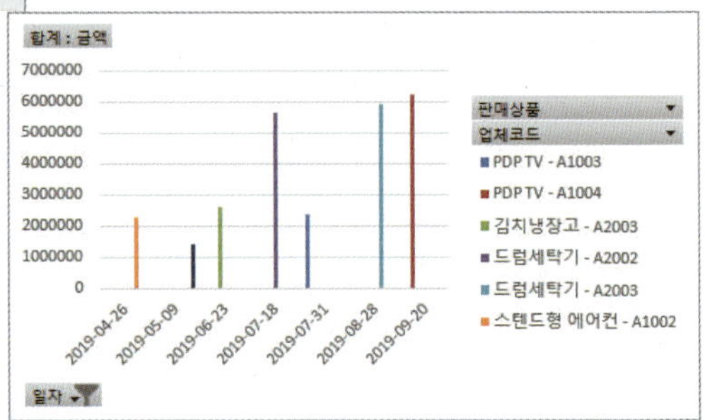

TIP 피벗 테이블의 레이아웃이나 표시되는 세부 항목 등이 바뀌면 차트 모양도 자동으로 갱신된다.

4.3.2 피벗 차트 서식 변경하기

피벗 차트의 서식을 변경하려면 [피벗 차트 도구]의 [분석], [디자인], [서식] 탭에 있는 다양한 명령을 이용한다.

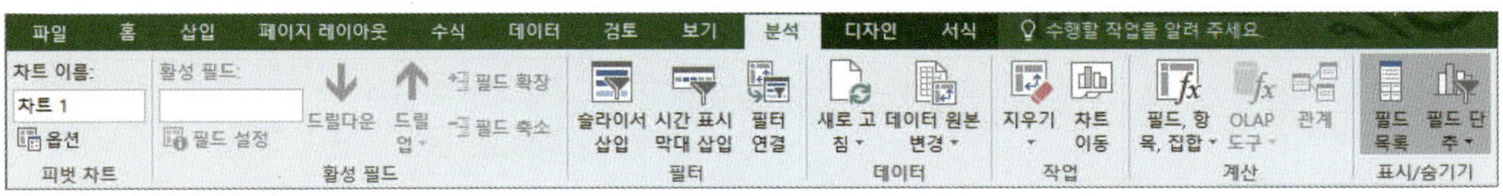

▲ [피벗 차트 도구]-[분석] 탭

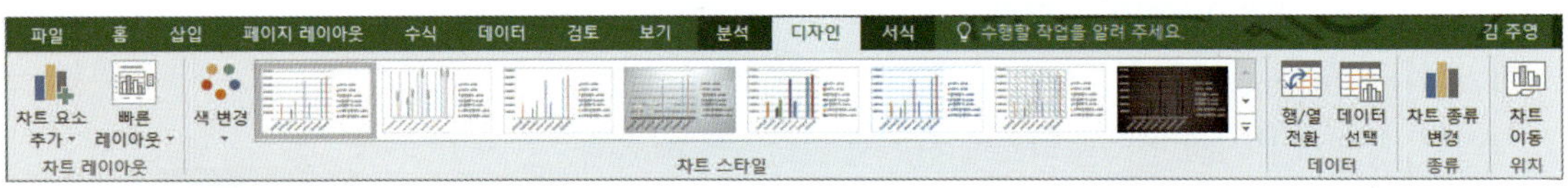

▲ [피벗 차트 도구]-[디자인] 탭

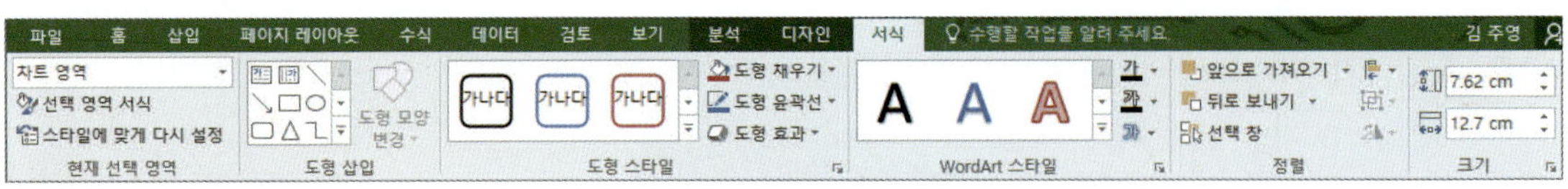

▲ [피벗 차트 도구]-[서식] 탭

TIP 피벗 차트의 필드 단추를 숨기려면 [피벗 차트 도구]-[분석] 탭-[표시/숨기기] 그룹-[필드 단추]-[모두 숨기기]를 선택한다.

기본예제 5-23 피벗 테이블의 항목 그룹화와 피벗 차트 만들기

피벗 테이블에서 날짜 데이터의 항목을 그룹화하고 값 표시 형식을 변경하고 피벗 차트를 작성해 보자.

01 피벗 테이블 만들기 '실습5-23(준비).xlsx' 파일을 열고 데이터 목록에서 임의의 셀을 선택한 후 [삽입] 탭–[표] 그룹–[피벗 테이블]을 클릭한다. [피벗 테이블 만들기] 대화상자에서 [표 또는 범위 선택]에 설정된 범위와 피벗 테이블 보고서를 넣을 위치로 [새 워크시트]가 선택된 것을 그대로 두고 [확인]을 클릭한다.

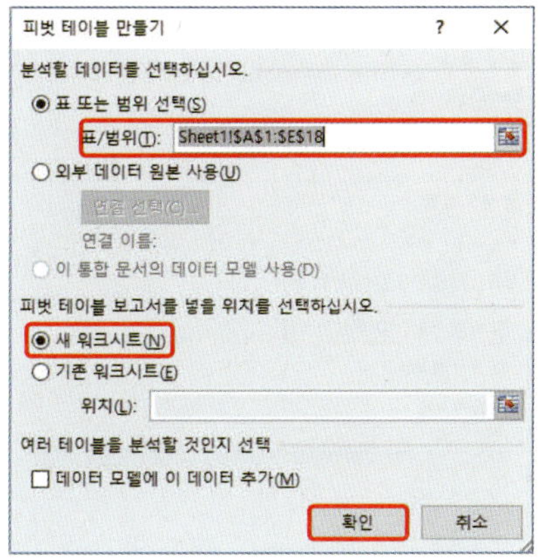

02 레이아웃 설정하기 새로운 워크시트가 삽입되면 [피벗 테이블 필드] 작업 창에서 '업체명'은 [필터]로, '일자'는 [행]으로, '판매상품'은 [열]로, '금액'은 [값] 목록 상자로 드래그해 피벗 테이블을 구성한다.

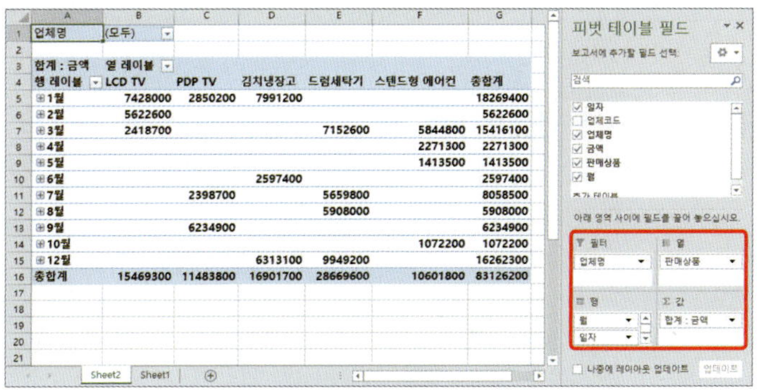

03 항목 그룹화하기 피벗 테이블에서 일자를 월 단위로 그룹화하기 위해 [A] 열의 임의의 셀을 클릭하고 [피벗 테이블 도구]–[분석] 탭–[그룹] 그룹–[그룹 선택]을 클릭한 후 [그룹화] 대화상자에서 '월' 단위로 설정한다.

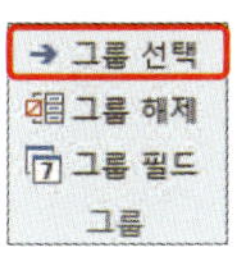

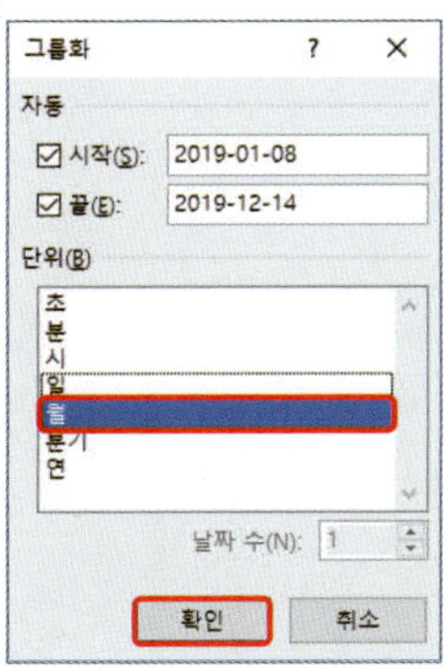

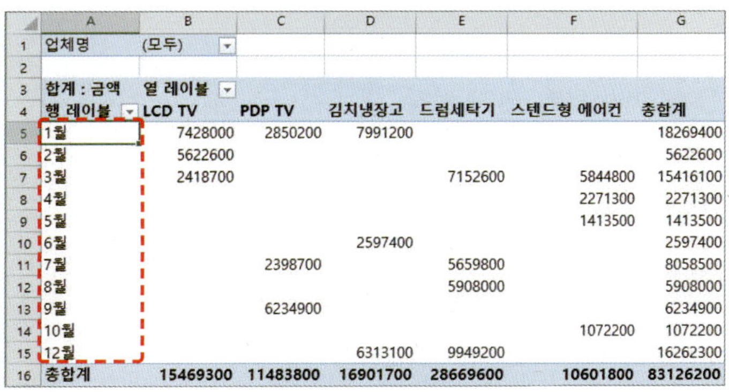

04 값 표시 형식 변경하기 피벗 테이블에서 임의의 데이터 셀을 선택하고 [피벗 테이블 도구]–[분석] 탭–[활성 필드] 그룹–[필드 설정]을 클릭한 후 [값 필드 설정] 대화상자의 [값 표시 형식] 탭의 목록에서 [총합계 비율]을 선택하고 [확인]을 클릭한다.

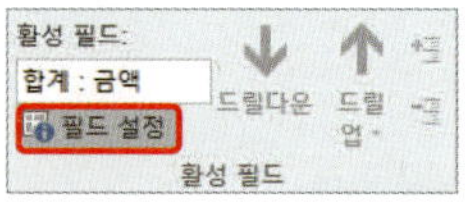

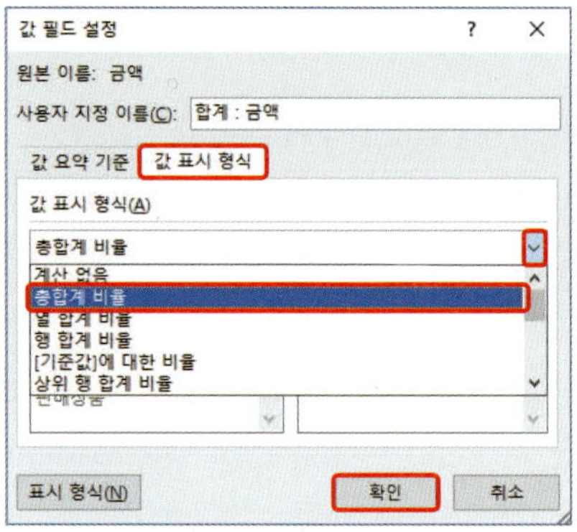

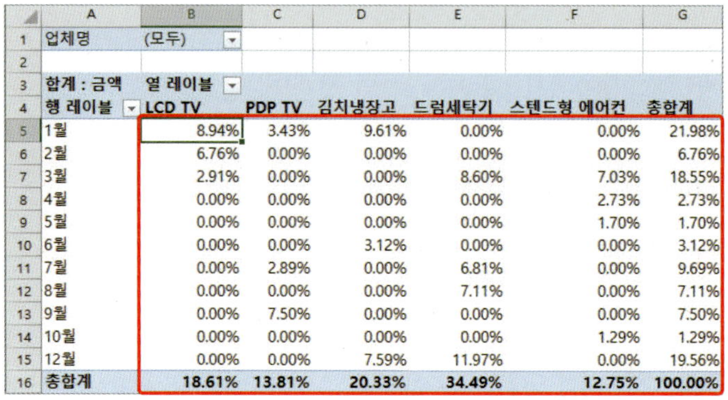

업체명	(모두)					
합계 : 금액	열 레이블					
행 레이블	LCD TV	PDP TV	김치냉장고	드럼세탁기	스텐드형 에어컨	총합계
1월	8.94%	3.43%	9.61%	0.00%	0.00%	21.98%
2월	6.76%	0.00%	0.00%	0.00%	0.00%	6.76%
3월	2.91%	0.00%	0.00%	8.60%	7.03%	18.55%
4월	0.00%	0.00%	0.00%	0.00%	2.73%	2.73%
5월	0.00%	0.00%	0.00%	0.00%	1.70%	1.70%
6월	0.00%	0.00%	3.12%	0.00%	0.00%	3.12%
7월	0.00%	2.89%	0.00%	6.81%	0.00%	9.69%
8월	0.00%	0.00%	0.00%	7.11%	0.00%	7.11%
9월	0.00%	7.50%	0.00%	0.00%	0.00%	7.50%
10월	0.00%	0.00%	0.00%	0.00%	1.29%	1.29%
12월	0.00%	0.00%	7.59%	11.97%	0.00%	19.56%
총합계	18.61%	13.81%	20.33%	34.49%	12.75%	100.00%

05 피벗 차트 만들기 피벗 차트를 만들기 위해 피벗 테이블에서 임의의 셀을 선택하고 [피벗 테이블 도구]–[분석] 탭–[도구] 그룹–[피벗 차트]를 클릭한다. [차트 삽입] 대화상자에서 [세로 막대형]의 [묶은 세로 막대형]을 선택하고 [확인]을 클릭한다.

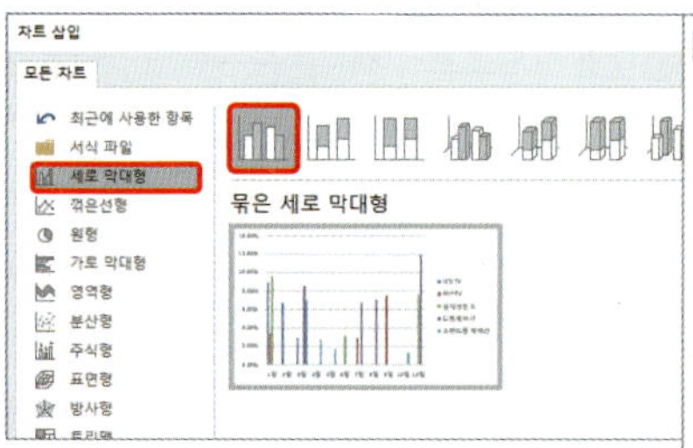

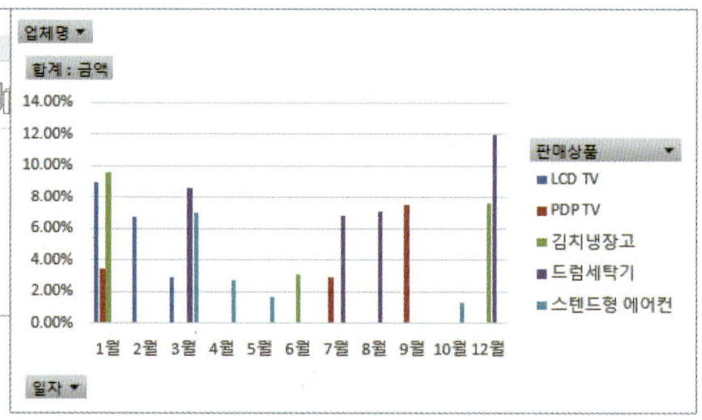

06 피벗 차트 필터링하기 피벗 차트에서 데이터를 필터링하기 위해 '업체명' 필드 단추를 클릭하고 [여러 항목 선택]에 체크한 후 '삼송전자', '소나전기', '엘쥐전자'를 선택한다. 필터링이 반영된 결과를 피벗 차트에서 확인할 수 있다.

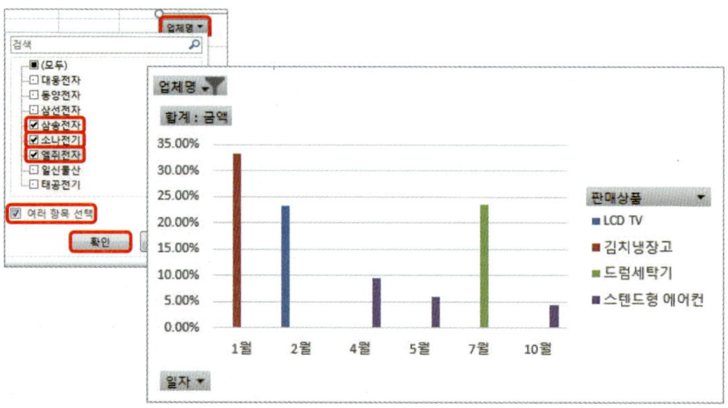

07 저장하기 [파일] 탭–[다른 이름으로 저장]을 선택하고 '실습5–23(완성).xlsx'로 저장한다.

4.4 가상 분석

엑셀에서 제공하는 가상 분석 도구는 셀 값을 변경해 워크시트의 수식 결과에 어떤 영향을 미치는지 확인하는 기능이다. 가상 분석 도구인 시나리오 관리자, 목표값 찾기, 데이터 표 기능에 대해 알아본다.

4.4.1 시나리오

시나리오는 수익률이나 주가 분석에 많이 사용되는 기능으로, 특정 데이터가 변경되었을 경우 결과에 어떤 영향을 미치는지 검토할 수 있다. 시나리오를 작성하려면 [데이터] 탭–[예측] 그룹–[가상 분석]–[시나리오 관리자]를 선택하고 [시나리오 관리자] 대화상자에서 [추가]를 클릭한다.

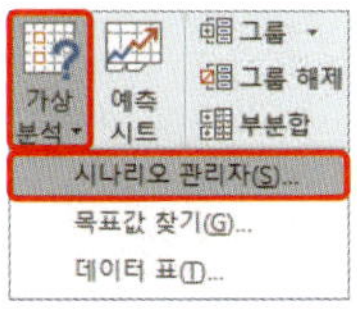

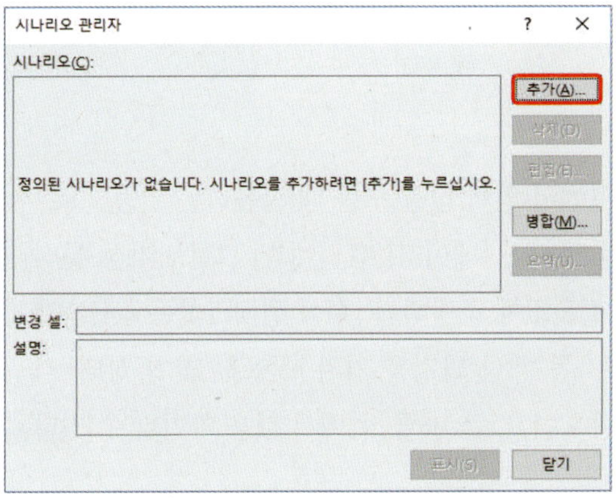

[시나리오 추가] 대화상자에서 [시나리오 이름]에는 이름을 입력하고 [변경 셀]에는 결괏값에 영향을 미칠 셀을 지정한 후 [확인]을 클릭한다. [시나리오 값] 대화상자가 열리면 현재 셀 값을 지운 후 변경할 값을 입력하고 [확인]을 클릭한다.

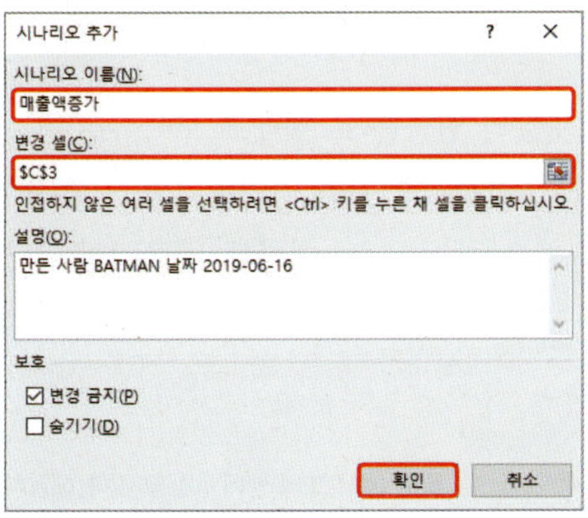

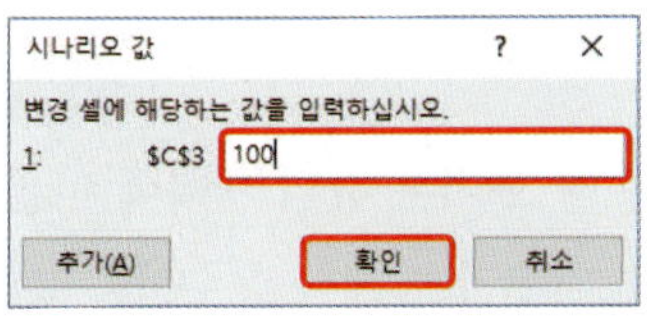

[시나리오 관리자] 대화상자에서 [요약]을 클릭하고 [시나리오 요약] 대화상자에서 [보고서 종류]와 [결과 셀]을 선택해 시나리오 요약 보고서를 작성한다. 현재 값이 유지되었을 때의 결과와 값이 변경되었을 경우의 결과를 비교해서 볼 수 있다.

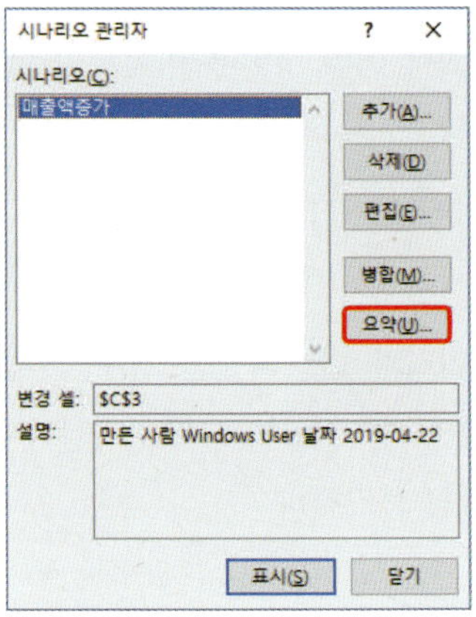

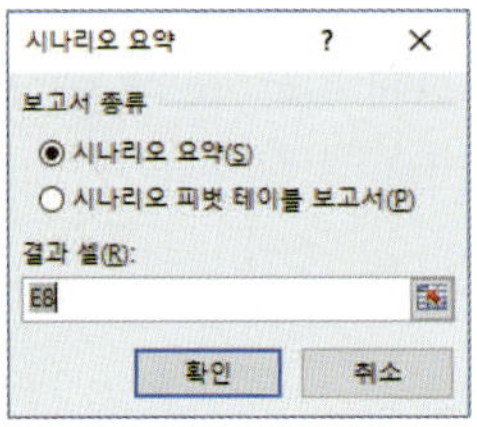

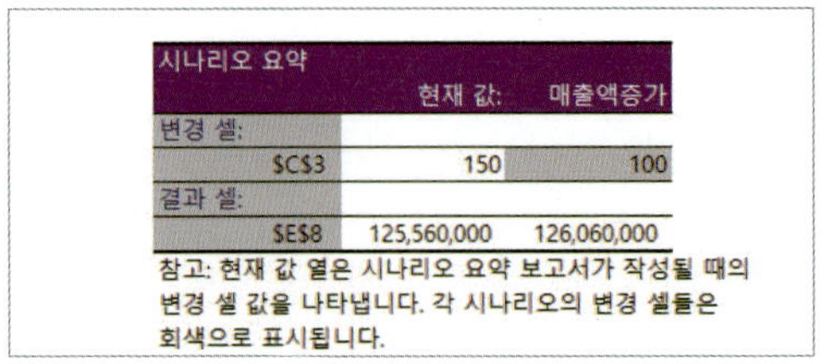

4.4.2 목표값 찾기

목표값 찾기는 결과를 알고 있는 상황에서 입력 값을 모를 때 사용하는 기능으로, 시나리오와는 반대 개념이라고 할 수 있다. 목표값 찾기를 하려면 [데이터] 탭–[예측] 그룹–[가상 분석]–[목표값 찾기]를 선택하고 [목표값 찾기] 대화상자에서 결괏값에 해당하는 [수식 셀]과 [찾는 값]을 입력한 후, 입력 값에 해당하는 [값을 바꿀 셀]을 선택한다. 자동 계산 과정을 거쳐 [목표값 찾기 상태] 대화상자에서 목표값에 대한 입력 값을 찾았다는 메시지가 나오면 [값을 바꿀 셀]에서 값을 확인할 수 있다.

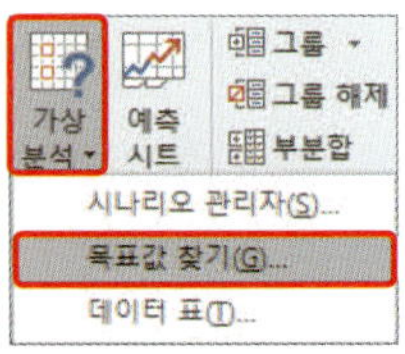

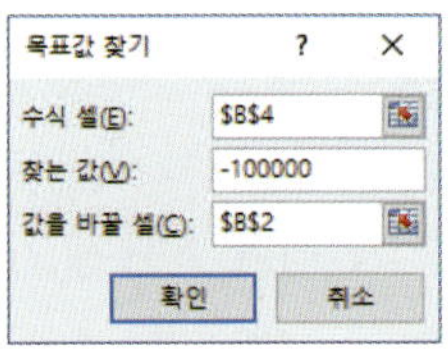

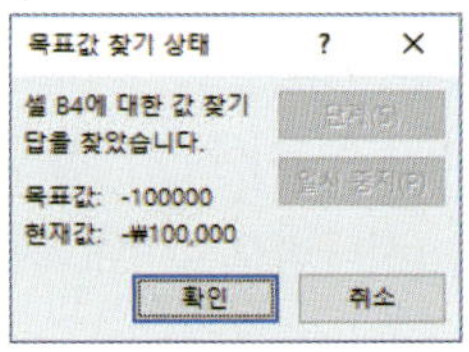

4.4.3 데이터 표

데이터 표는 수식을 계산하는 데 쓰이는 값의 변화에 따른 결괏값의 변화를 표 형태로 보여주는 기능이다. 데이터 표를 계산하려면 결괏값을 계산할 수식을 복사하고, 결괏값을 구할 영역을 지정한 후 [데이터] 탭–[예측] 그룹–[가상 분석]–[데이터 표]를 선택한다. 그리고 [데이터 표] 대화상자에서 [행 입력 셀]과 [열 입력 셀]을 지정한다.

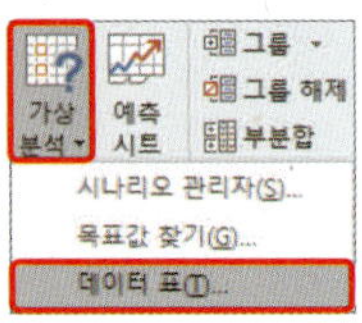

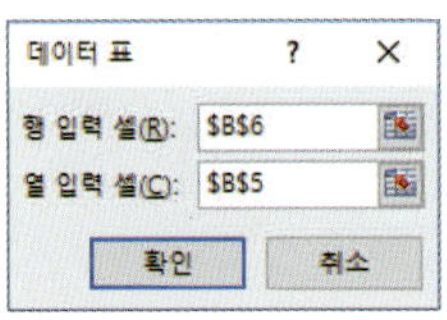

TIP [행 입력 셀]에는 수식에 쓰인 셀 중에서 표의 행에 적용할 값에 해당하는 셀을, [열 입력 셀]에는 수식에 쓰인 셀 중에서 표의 열에 적용할 값에 해당하는 셀을 입력한다.

기본예제 5-24 시나리오 작성하기

특정 도서의 반품 수량을 10개씩 줄였을 경우의 매출액 변화를 검토하는 '매출액 증가' 시나리오를 작성해 보자.

01 시나리오 추가하기 '실습5-24(준비).xlsx' 파일을 열고, [데이터] 탭-[예측] 그룹-[가상 분석]-[시나리오 관리자]를 선택하고 [시나리오 관리자] 대화상자에서 [추가]를 선택한다.

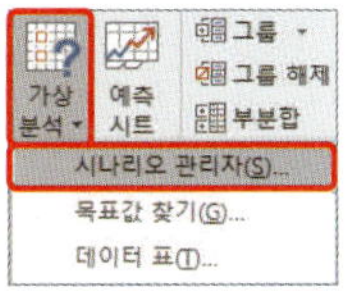

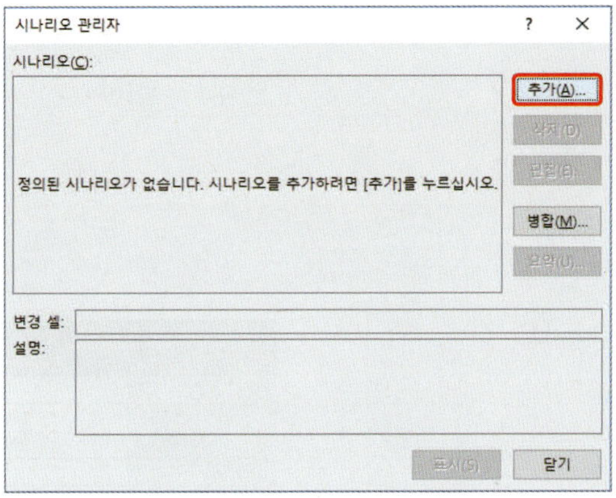

02 시나리오 작성하기 [시나리오 추가] 대화상자의 [시나리오 이름]에 *매출액증가*를 입력하고 [변경 셀]에 [C3:C4] 영역을 드래그해 입력한 후 [확인]을 선택한다.

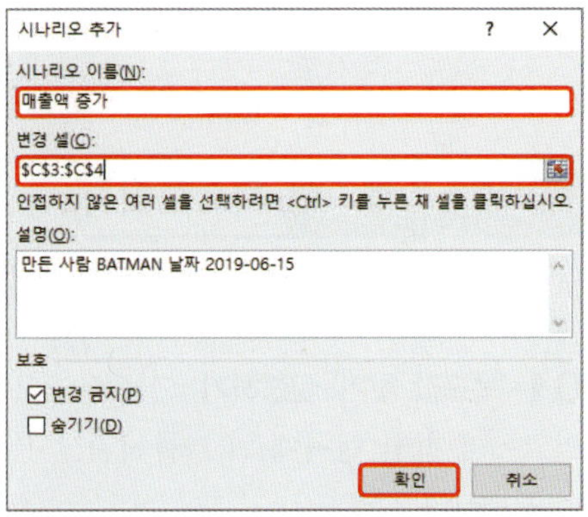

03 시나리오 값 입력하기 [시나리오 값] 대화상자가 열리면 [C3], [C4] 셀의 값에서 10씩 감소한 *140*, *90*을 각각 입력하고 [확인]을 클릭한다.

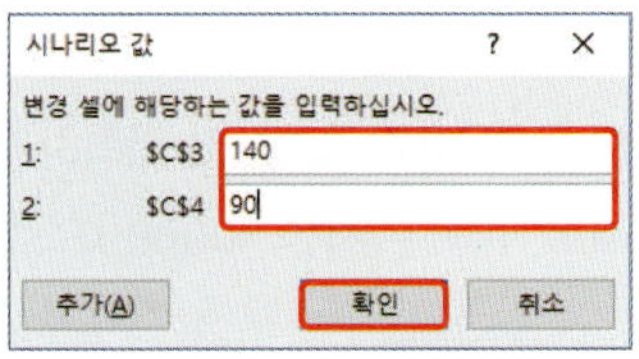

04 시나리오 요약 작성하기 [시나리오 관리자] 대화상자에서 [요약]을 클릭하고, [시나리오 요약] 대화상자에서 [시나리오 요약]을 선택한 후 [결과 셀]로 [E8] 셀을 설정하고 [확인]을 클릭한다.

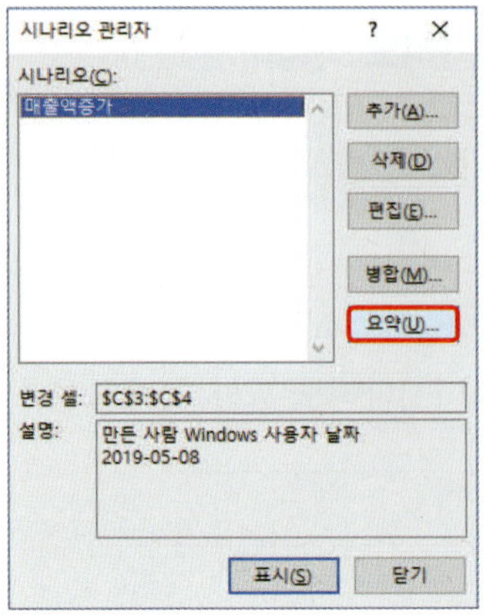

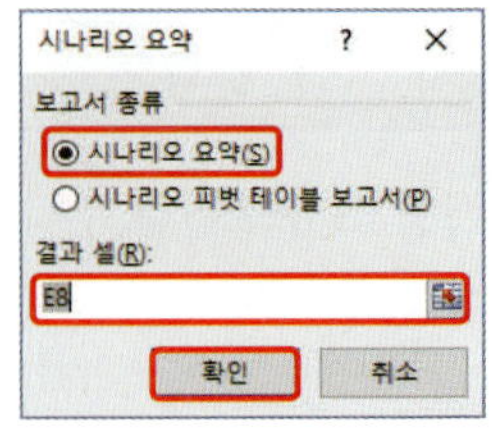

05 저장하기 현재의 값과 시나리오대로 반품이 줄었을 경우의 매출액을 비교할 수 있도록 시나리오 요약 보고서가 '시나리오 요약' 탭에 작성된다. 완성한 보고서를 '실습5-24(완성).xlsx'로 저장한다.

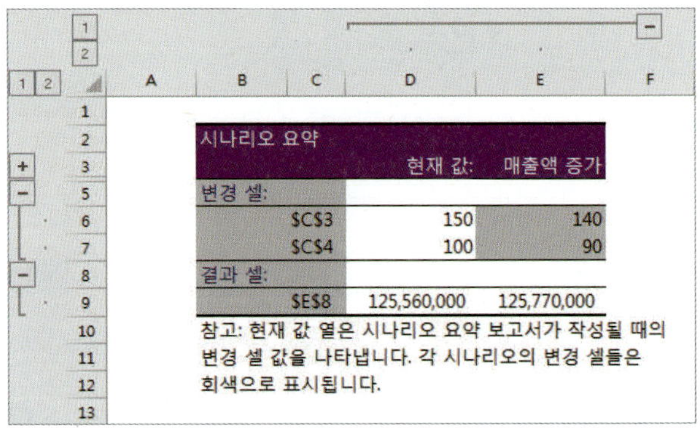

기본예제 5-25 목표값 찾기

목표값 찾기 기능을 이용해 월 상환액에 대한 상환 기간을 작성해 보자.

01 '목표값 찾기' 실행하기 '실습5-25(준비).xlsx' 파일을 열고, [데이터] 탭-[예측] 그룹-[가상 분석]-[목표값 찾기]를 선택한다.

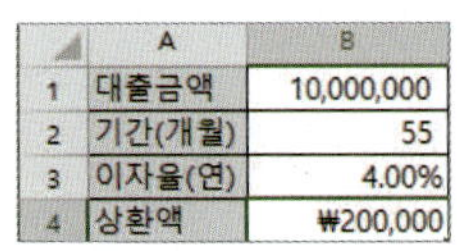

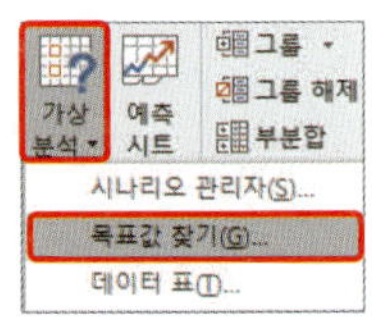

02 '목표값 찾기' 값 입력하기 [목표값 찾기] 대화상자에서 [수식 셀]을 [B4] 셀로, [찾는 값]을 300000으로, [값을 바꿀 셀]을 [B2] 셀로 설정한다.

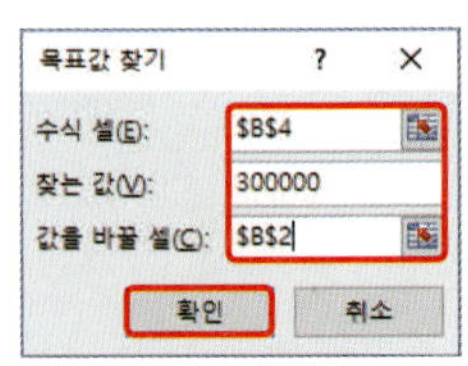

TIP 30만 원씩 상환하면 대출금 천만 원을 몇 개월 만에 갚을 수 있는지 찾는 조건이다.

03 목표값 확인하기 계산 과정을 거쳐 [목표값 찾기 상태] 대화상자가 열리고 목표값에 대한 입력 값을 찾았다는 메시지가 나온다. [확인]을 클릭하면 [B2] 셀의 상환 기간이 바뀐다.

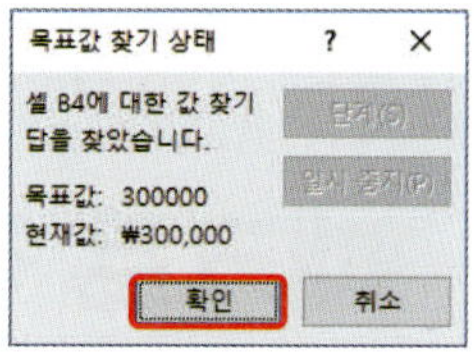

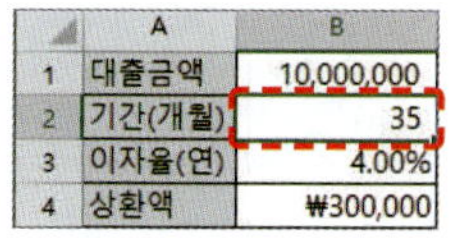

04 저장하기 [파일] 탭–[다른 이름으로 저장]을 선택하고 '실습5–25(완성).xlsx'로 저장한다.

기본예제 5-26 데이터 표 계산하기

데이터 표 기능을 이용해 이자율과 상환 기간에 따른 상환액을 계산해 보자.

01 수식 복사하기 '실습5–26(준비).xlsx' 파일을 열고 [B7] 셀의 수식을 수식 입력줄을 이용해 복사하고 Esc를 눌러 선택을 해제한다.

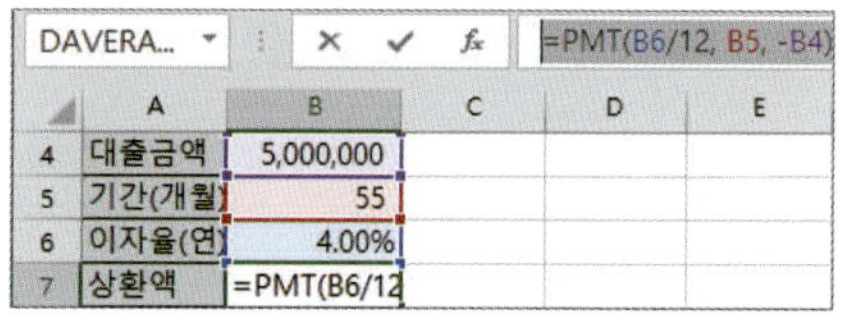

TIP 대출금액 500만 원을 55개월 동안 이자율 4%로 상환할 경우에 매달 상환할 값을 구하는 수식이다.

02 데이터 표 실행하기 [B10] 셀에서 Ctrl+V를 눌러 수식을 붙여넣은 후 [B10:G15] 영역을 드래그해 범위로 지정한다. [데이터] 탭–[예측] 그룹–[가상 분석]–[데이터 표]를 선택해 [데이터 표] 대화상자가 열리면 [행 입력 셀]을 [B6] 셀로, [열 입력 셀]을 [B5] 셀로 지정하고 [확인]을 클릭한다.

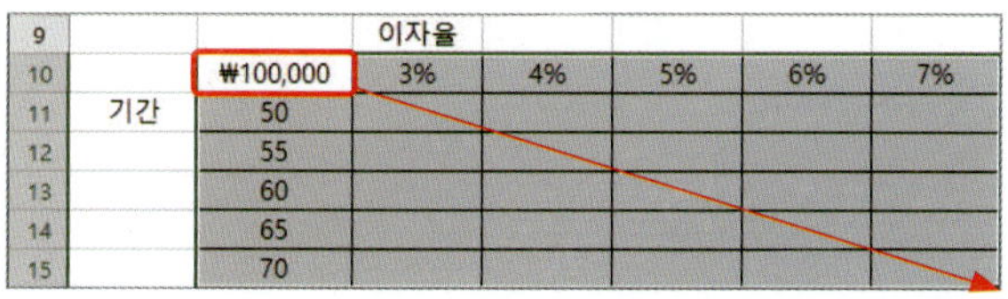

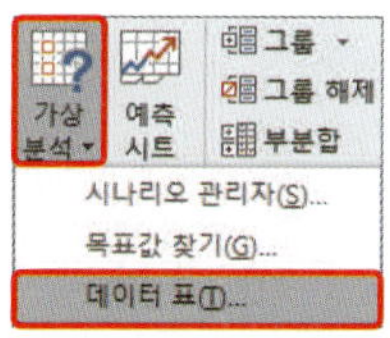

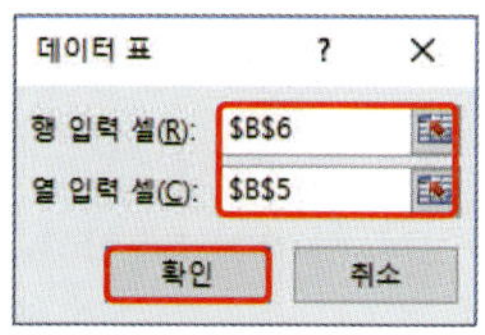

03 저장하기 각각의 이자율과 기간을 적용한 값이 계산된다. [파일] 탭–[다른 이름으로 저장]을 선택하고 '실습5–26(완성).xlsx'로 저장한다.

9			이자율				
10		₩100,000	3%	4%	5%	6%	7%
11	기간	50	106505	108730.9	110985.5	113268.8	115580.6
12		55	97415.69	99647.92	101911.7	104206.9	106533.5
13		60	89843.45	92082.61	94356.17	96664.01	99005.99
14		65	83438.18	85684.74	87968.54	90289.44	92647.28
15		70	77949.79	80204.13	82498.55	84832.87	87206.91

SECTION 05

매크로 작성하기

매크로는 자주 수행하는 작업을 자동화하기 위한 기능이다. SECTION 05에서는 매크로를 기록하고 실행하는 방법과 편집하고 삭제하는 방법에 대해서 알아본다.

5.1 매크로 기록과 실행

매크로를 기록하기 위해 메뉴에 매크로 기능을 추가한 후, 매크로 기록과 실행 방법을 알아본다.

5.1.1 매크로의 개요

매크로는 일련의 명령어를 자주 사용하는 경우 명령어를 일일이 실행하지 않아도 단축키로 원하는 명령어를 한 번에 실행할 수 있게 하는 기능이다. 엑셀의 매크로는 해당 작업이 필요할 때마다 실행할 수 있도록 일련의 명령어와 함수를 Microsoft Visual Basic 모듈로 저장한다.

TIP 엑셀 매크로는 바이러스에 감염되기 쉬우므로 외부 엑셀 문서의 매크로 기능을 실행할 때는 매우 신중해야 한다.

매크로 작성, 매크로 실행, ActiveX 컨트롤 사용, 양식 컨트롤 등의 기능을 사용하려면 [개발 도구] 탭을 리본 메뉴에 추가해야 한다. [파일] 탭–[옵션]을 선택하고 [Excel 옵션] 대화상자에서 [리본 사용자 지정] 범주를 선택한 후 [리본 메뉴 사용자 지정] 항목에서 [개발 도구]를 선택하고 [확인]을 클릭한다.

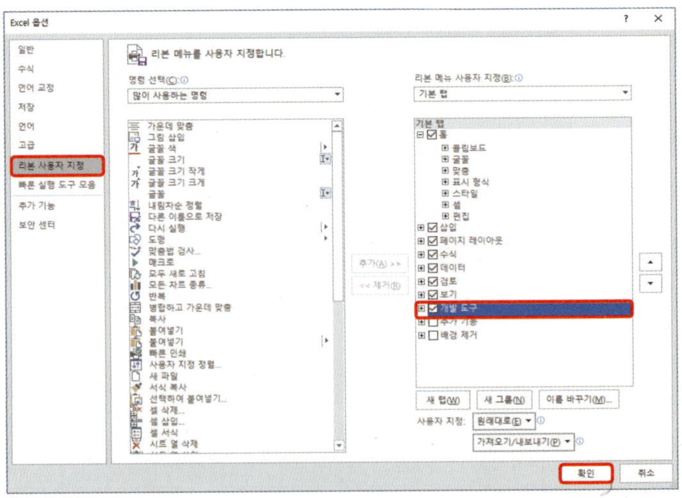

▲ 리본 메뉴에 추가된 [개발 도구] 탭

5.1.2 매크로 기록

매크로 기록을 시작하면 사용자가 일련의 명령을 수행함에 따라 각 단계에서 수행되는 모든 동작이 저장되고, 필요할 때마다 반복해서 실행할 수 있다. 매크로 기록은 사용자가 작업하는 순서와 흐름을 모두 저장하기 때문에 실수하고 정정하는 동작까지 기록된다는 것에 유의해야 한다.

매크로를 기록하려면 [개발 도구] 탭–[코드] 그룹–[매크로 기록]을 클릭해 [매크로 기록] 대화상자를 열고 [매크로 이름], [바로 가기 키], [매크로 저장 위치] 등을 설정한다. [확인]을 클릭하고 이어서 매크로로 저장하려는 작업을 워크시트에서 수행한 후 [개발 도구] 탭–[코드] 그룹–[기록 중지]를 클릭한다.

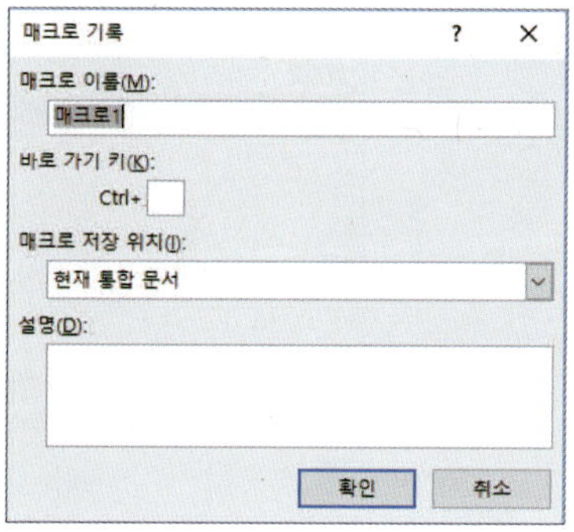

TIP 매크로를 현재 셀의 위치를 기준으로 상대적으로 실행하도록 하려면 [개발 도구] 탭–[코드] 그룹–[상대 참조로 기록]을 클릭해 매크로를 기록한다.

5.1.3 매크로 실행

매크로는 [개발 도구] 탭–[코드] 그룹–[매크로]를 클릭해 [매크로] 대화상자를 열고 목록에서 선택해 실행하거나 워크시트에 삽입한 양식 컨트롤(단추, 콤보 상자, 확인란 등)에 지정해 두고 실행한다.

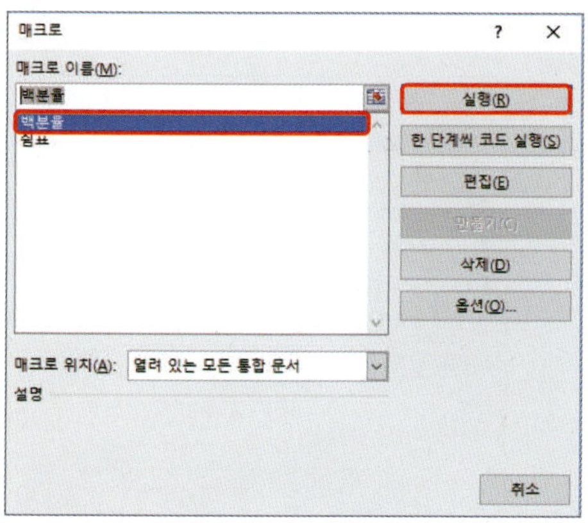

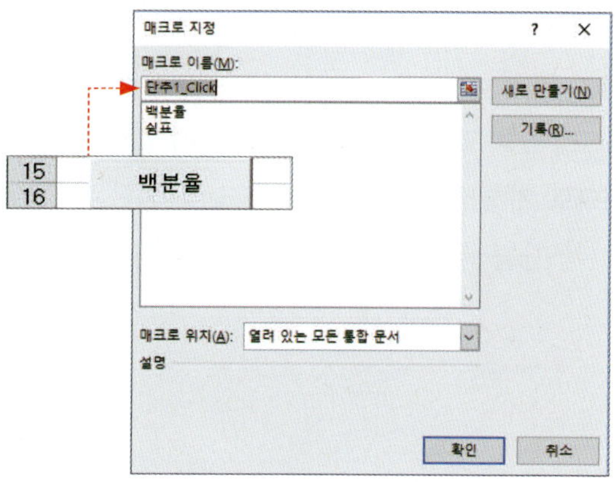

5.2 매크로 편집과 삭제

[개발 도구] 탭–[코드] 그룹–[매크로]를 클릭한 후 [매크로] 대화상자에서 [편집]을 클릭하면 다음과 같은 [Microsoft Visual Basic for Applications] 창이 열린다. 여기에서 코드를 수정해 매크로 내용을 변경할 수 있다.

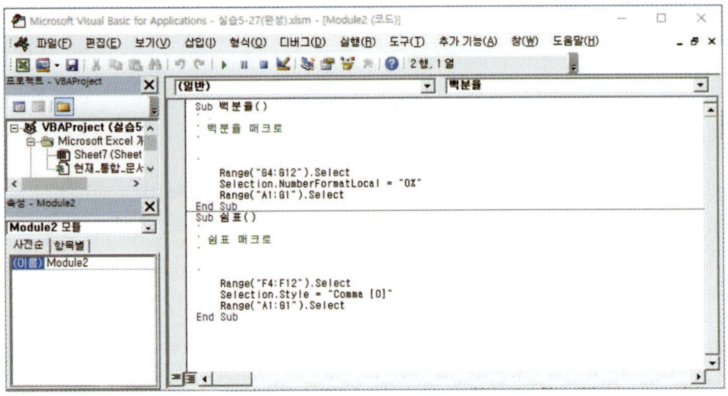

TIP 매크로 코드 수정을 올바로 하려면 VBA(Visual Basic for Applications)에 대한 지식이 있어야 한다.

매크로를 삭제하려면 [개발 도구] 탭–[코드] 그룹–[매크로]를 클릭한 후 [매크로] 대화상자에서 해당 매크로를 선택하고 [삭제]를 클릭한다.

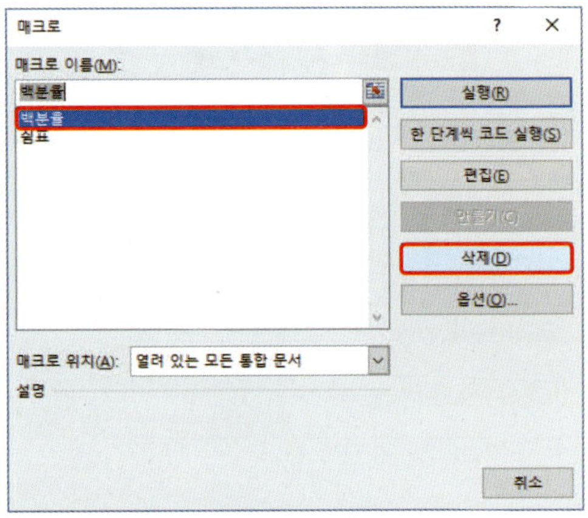

기본예제 5-27 매크로 작성하기

백분율 스타일과 쉼표 스타일 매크로를 기록한 후 실행해 보자.

01 '백분율' 매크로 기록 설정하기 '실습5-27(준비).xlsx' 파일을 열고 [개발 도구] 탭–[코드] 그룹–[매크로 기록]을 클릭한다. [매크로 기록] 대화상자에서 [매크로 이름]을 *백분율*로 입력하고 [확인]을 클릭하면 매크로 기록이 시작된다.

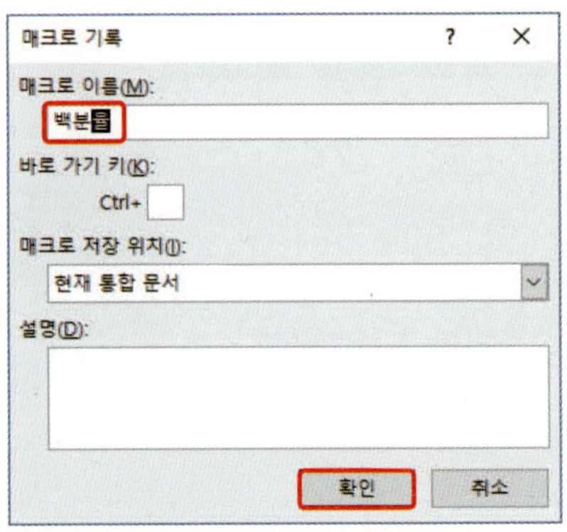

02 '백분율' 매크로 기록하기 [G4:G12] 영역에 백분율 스타일(%)을 표시하는 매크로를 작성하기로 한다. 먼저 [G4:G12] 영역을 범위로 지정하고 마우스 오른쪽 단추를 클릭해 [셀 서식]을 선택한다. [셀 서식] 대화상자의 [표시 형식] 탭에서 [백분율]을 선택하고 [확인]을 클릭한다.

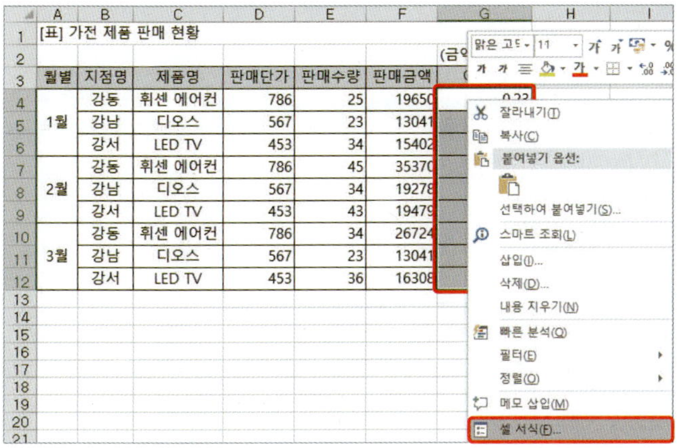

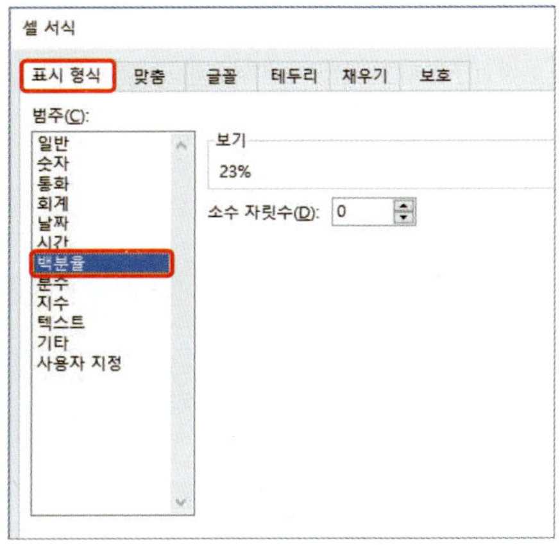

03 '백분율' 매크로 기록 중지하기 작업을 완료했으면 [개발 도구] 탭-[코드] 그룹-[기록 중지]를 클릭한다.

04 '쉼표' 매크로 기록하기 [개발 도구] 탭-[코드] 그룹-[매크로 기록]을 클릭하고 [매크로 기록] 대화상자에서 [매크로 이름]을 *쉼표*로 입력하고 [확인]을 클릭해 매크로 기록을 시작한다. [F4:F12] 영역을 범위로 지정하고 [홈] 탭-[표시 형식] 그룹-[쉼표 스타일]을 클릭한다.

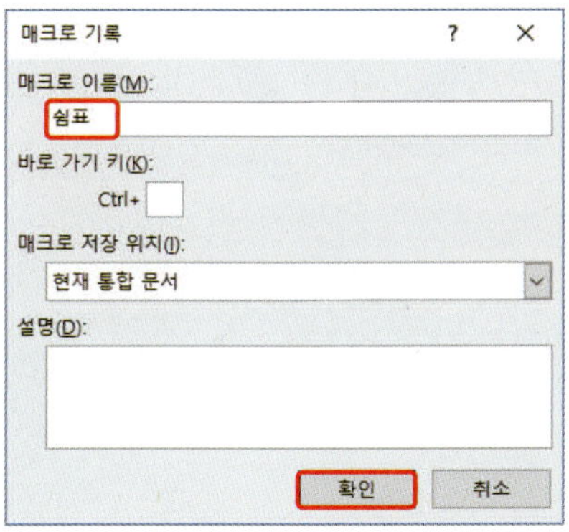

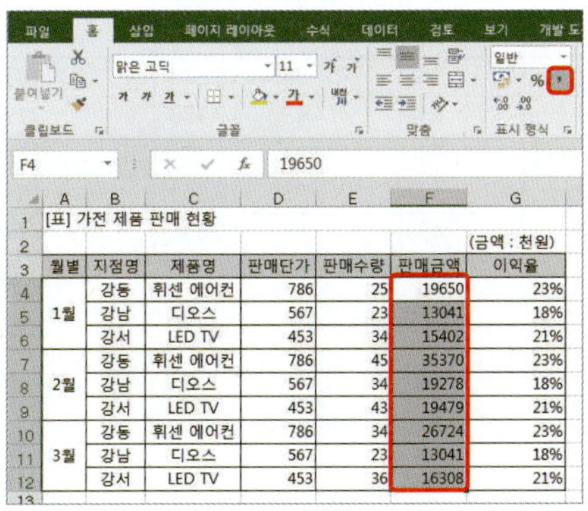

05 '쉼표' 매크로 기록 중지하기 작업을 완료했으면 [개발 도구] 탭-[코드] 그룹-[기록 중지]를 클릭한다.

06 매크로 실행하기 매크로를 적용해 보기 위해 [F4:G12] 영역을 선택하고 [홈] 탭–[표시 형식] 그룹에서 [표시 형식]을 [일반]으로 설정해 원래 형태로 되돌린다. [개발 도구] 탭–[코드] 그룹–[매크로]를 클릭한 후 [매크로] 대화상자의 목록에서 '백분율', '쉼표' 매크로를 각각 선택하고 [실행]을 클릭한다.

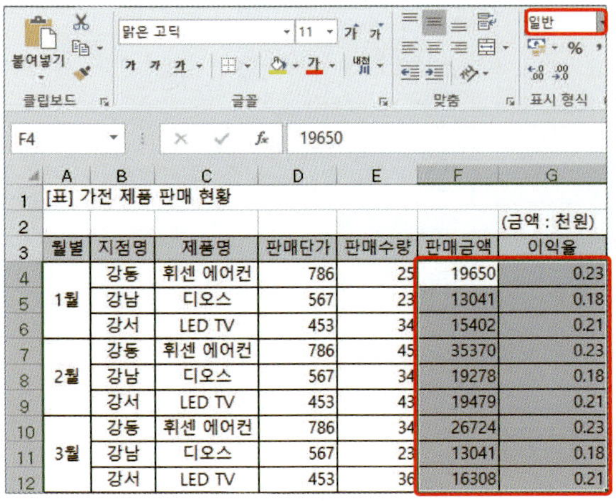

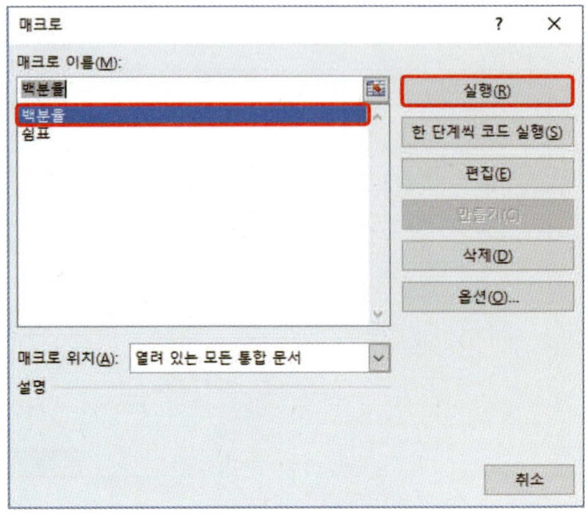

07 저장하기 [파일] 탭–[다른 이름으로 저장]을 선택한 후 [Excel 매크로 사용 통합 문서] 형식의 '실습5–27(완성).xlsm'으로 저장한다.

[표] 가전 제품 판매 현황

(금액 : 천원)

월별	지점명	제품명	판매단가	판매수량	판매금액	이익율
1월	강동	휘센 에어컨	786	25	19,650	23%
	강남	디오스	567	23	13,041	18%
	강서	LED TV	453	34	15,402	21%
2월	강동	휘센 에어컨	786	45	35,370	23%
	강남	디오스	567	34	19,278	18%
	강서	LED TV	453	43	19,479	21%
3월	강동	휘센 에어컨	786	34	26,724	23%
	강남	디오스	567	23	13,041	18%
	강서	LED TV	453	36	16,308	21%

SECTION 06

컴퓨터 활용 능력 자격시험 대비하기

대한상공회의소 검정사업단에서 시행하는 컴퓨터 활용 능력 자격시험(1급, 2급)은 사무 자동화의 필수 프로그램인 스프레드시트(1급, 2급)와 데이터베이스(1급) 활용 능력을 평가하는 국가기술 자격시험이다. 필기시험(평균 60점 이상 합격)과 실기시험(70점 이상 합격)에 모두 합격해야 취득할 수 있고, 실기 시험에 사용하는 프로그램은 MS Office 2010 버전이다.

6.1 컴퓨터 활용 능력 모의 문제 1

기본 작업, 계산 작업, 분석 작업, 기타 작업으로 구성된 모의 문제를 풀어 보자.

6.1.1 문제

'모의5-1(준비).xlsx' 파일을 열고 문제의 지시사항에 따라 처리하시오.

01 기본 작업

❶ '기본작업-1' 시트에 다음 내용을 입력하시오.

	A	B	C	D	E	F
1	그랜드마트 지점별 상반기 매출 현황					
2						
3	날짜	지점	입고	매출	재고	재고율
4	2019-01-11	강남	5468	2300	3168	58%
5	2019-01-22	강동	4850	4500	350	7%
6	2019-02-25	강북	3896	3300	596	15%
7	2019-03-28	강서	5600	4700	900	16%
8	2019-04-05	강서	4920	4200	720	15%
9	2019-04-16	강동	3980	3800	180	5%
10	2019-05-05	강북	4700	3550	1150	24%
11	2019-05-21	강남	4580	4100	480	10%
12	2019-06-09	강남	4500	3900	600	13%
13	2019-06-11	강동	3280	2780	500	15%

❷ '기본작업-2' 시트에서 다음 지시사항을 처리하시오.

① [A1:F1] 영역은 '병합하고 가운데 맞춤', 글꼴 'HY헤드라인M', 크기 '16pt'로 지정하시오.

② [A3:F3] 영역은 '가운데 맞춤', 글꼴 스타일 '굵게', 글꼴 색 '파랑', 채우기 '주황'으로 지정하시오.

③ [C4:E28] 영역은 '쉼표 스타일', [F4:F28] 영역은 '백분율 스타일'을 지정하시오.

④ [B4:B28] 영역을 '지점'으로 이름을 정의하시오.

⑤ [A3:F28] 영역에 '모든 테두리'를 지정하시오.

	A	B	C	D	E	F
1	그랜드마트 지점별 매출 현황					
2						
3	날짜	지점	입고	매출	재고	재고율
4	2019-01-01	강동	4990	2300	2690	0.539078
5	2019-01-12	강서	5000	4500	500	0.1
6	2019-01-15	강동	3800	3300	500	0.131579
7	2019-01-28	강남	5200	4700	500	0.096154
8	2019-02-05	강남	4700	4200	500	0.106383
9	2019-02-16	강북	4810	3800	1010	0.209979
10	2019-02-17	강남	4600	3550	1050	0.228261
11	2019-02-21	강북	4600	4100	500	0.108696
12	2019-03-09	강서	4400	3900	500	0.113636
13	2019-03-11	강동	3280	2780	500	0.152439
14	2019-03-19	강동	4310	2300	2010	0.466357
15	2019-04-12	강서	5000	4500	500	0.1
16	2019-04-23	강동	3800	3300	500	0.131579
17	2019-04-30	강남	5200	4700	500	0.096154
18	2019-05-15	강남	4700	4200	500	0.106383
19	2019-05-20	강북	3910	3800	110	0.028133
20	2019-05-23	강남	4050	3550	500	0.123457
21	2019-05-28	강북	4600	4100	500	0.108696
22	2019-06-04	강서	4400	3900	500	0.113636
23	2019-06-09	강동	3280	2780	500	0.152439
24	2019-06-11	강동	4060	2300	1760	0.433498
25	2019-06-15	강서	5000	4500	500	0.1
26	2019-06-20	강동	4080	3300	780	0.191176
27	2019-06-24	강남	5200	4700	500	0.096154
28	2019-06-30	강남	4700	4200	500	0.106383

❸ '기본작업-3' 시트에서 [A4:G18] 영역에 대해 총점이 95점 이상인 행 전체의 글꼴 색을 '빨강', 글꼴 스타일을 '기울임꼴'로 지정하는 조건부 서식을 작성하시오.

- 규칙 유형은 '수식을 사용하여 서식을 지정할 셀 결정' 선택

	A	B	C	D	E	F	G
1	2019년도 1학기 컴퓨터실습 성적						
2							
3	학번	이름	출석(20)	과제(20)	중간(30)	기말(30)	총점
4	1919001	박주영	20	20	25	24	89
5	1919002	김창수	20	20	28	26	94
6	1919003	기성용	20	20	21	24	85
7	1919004	정성용	20	20	29	29	98
8	1919005	남태희	20	20	26	27	93
9	1919006	김보경	20	20	25	28	93
10	1919007	지동원	20	20	25	28	93
11	1919008	박지성	20	20	30	29	99
12	1919009	이청용	20	20	28	26	94
13	1919010	최태욱	20	20	27	24	91
14	1919011	홍명보	20	20	30	29	99
15	1919012	김태형	20	20	29	28	97
16	1919013	이영표	20	20	29	28	97
17	1919014	허정무	20	20	30	29	99
18	1919015	차범근	20	20	30	29	99

02 계산 작업

❶ '계산작업' 시트의 [표1]에서 '부품코드(B3:B10)'와 '부품명 조견표(F3:G6)'를 이용해 '부품명(C3:C10)'을 구하시오.

- VLOOKUP 함수 사용

	A	B	C	D	E	F	G
1	[표1]	생산라인별 부품상태				부품명 조견표	
2	생산라인	부품코드	부품명	상태		부품코드	부품명
3	생산1팀	S10-MY2		불량		S10-MY2	소켓MY2
4	생산1팀	B20-14A		불량		R10-T90	릴레이T90
5	생산1팀	CNT-12		양호		B20-14A	버저14A
6	생산1팀	R10-T90		양호		CNT-12	커넥터12
7	생산2팀	S10-MY2		양호			
8	생산2팀	CNT-12		양호			
9	생산2팀	B20-14A		양호			
10	생산2팀	S10-MY2		불량			

❷ [표2]에서 교대조별 '불량평균(G14:G16)'을 구하시오.

- AVERAGEIF 함수 사용
- 결과에 숫자 서식을 적용하여 소수 두 번째 자리까지

12	[표2]	교대조별 불량품 개수						
13	교대조	이름	생산	불량		교대조	불량평균	불량순위
14	생산직1조	김병현	280	1		생산직1조		
15	생산직2조	임태훈	300	2		생산직2조		
16	생산직3조	임창용	270	4		생산직3조		
17	생산직3조	주키치	220	1				
18	생산직2조	리즈	200	0				
19	생산직1조	니퍼트	190	1				
20	생산직2조	이용훈	210	1				
21	생산직1조	이용찬	320	0				
22	생산직3조	김선우	189	1				

❸ [표2]에서 교대조별 불량평균에 대한 '불량순위(H14:H16)'를 구하시오.

- RANK.EQ 함수 사용
- 오름차순 정렬

❹ [표3]에서 승급 대상자의 어학점수 평균을 [A33] 셀에 구하시오.

- AVERAGE 함수 사용

❺ [표3]에서 승급 대상자의 '승급여부(E26:E30)'를 표시하시오.

- IF 함수 사용
- 합계 점수가 90 이상인 경우만 '승급' 표시

24	[표3]	승급 여부			
25	이름	자격점수	어학점수	합계	승급여부
26	유상철	58	35	93	
27	이영표	52	38	90	
28	이을용	49	37	86	
29	김병지	51	34	85	
30	황선홍	55	34	89	
31					
32	어학평균				
33					

03 분석 작업

❶ '분석작업-1' 시트에서 '납품일자'는 '행', '제품종류'는 '열'로 처리하고, '값'에 '금액'의 합계를 계산하는 피벗 테이블을 작성하시오.

- 피벗 테이블 보고서는 동일 시트의 [A17] 셀에서 시작
- 피벗 테이블 보고서의 행 레이블을 분기별로 그룹화

	A	B	C	D	E	F
1	납품일자	제조사	제품종류	수 량	단 가	금 액
2	2019-01-11	모빌1	오일	7	38000	266000
3	2019-01-25	아트라스	배터리	15	110000	1650000
4	2019-02-20	아트라스	배터리	9	110000	990000
5	2019-02-05	에스오일	오일	10	35000	350000
6	2019-02-21	모빌1	오일	17	38000	646000
7	2019-03-05	델코	배터리	13	105000	1365000
8	2019-03-25	델코	배터리	17	105000	1785000
9	2019-04-20	에스오일	오일	8	35000	280000
10	2019-04-21	모빌1	오일	16	38000	608000
11	2019-05-05	모빌1	오일	11	38000	418000
12	2019-05-25	아트라스	배터리	16	110000	1760000
13	2019-06-20	에스오일	오일	9	35000	315000
14	2019-06-29	아트라스	배터리	17	110000	1870000
15	2019-06-21	아트라스	배터리	13	110000	1430000

❷ '분석작업-2' 시트에서 데이터 통합 기능을 이용해 [표1], [표2]의 '품명', '재고', '입고', '출고', '잔고'의 합계를 계산하여 [표3]의 [G3:K9] 영역에 표시하시오.

	A	B	C	D	E	F	G	H	I	J	K
1	[표1] MART-A 물류 현황						[표3] MART 통합 물류 현황				
2	품명	재고	입고	출고	잔고		품명	재고	입고	출고	잔고
3	윈드브레이커	832	927	560	1199						
4	롤러브레이드	1003	400	169	1234						
5	헬스용품	567	947	943	571						
6	안전보호장구	103	135	85	153						
7	골프화	740	285	773	252						
8	윈드브레이커	260	760	730	290						
9	볼링공	905	439	491	853						
10											
11	[표2] MART-B 물류 현황										
12	품명	재고	입고	출고	잔고						
13	헬스용품	709	146	779	76						
14	롤러브레이드	459	266	720	5						
15	농구공	922	440	216	1146						
16	윈드브레이커	692	106	787	11						
17	골프화	858	671	613	916						
18	볼링공	452	721	571	602						
19	롤러브레이드	38	134	138	34						

04 기타 작업

❶ '매크로작업' 시트의 [표1]에서 다음과 같은 기능을 수행하는 매크로를 현재 준비 파일에 작성하고 실행하시오.

	A	B	C	D	E	F
1	[표1]	컴퓨터활용 성적				
2						
3	학과	학번	과제	중간고사	기말고사	총점
4	전자공학	SG191108	35	27	26	
5	전자계산	SG191201	39	28	25	
6	신문방송	SG191305	34	24	27	
7	기계공학	SG190408	32	24	22	
8	무용	SG190501	39	27	21	
9	미술	SG190601	32	23	26	
10	음악	SG190701	34	24	25	
11	무용	SG190502	39	23	23	

① [F4:F11] 영역에 총점을 구하는 매크로를 생성하고 도형에 연결하시오.

- 매크로 이름은 '총점'으로 정의
- 직사각형을 동일 시트 [H3:I4] 영역에 삽입하고 '총점' 매크로를 지정
- 도형에 '총점'을 입력하고 텍스트 맞춤은 가로/세로 가운데로 설정

② [F4:F11] 영역에 글꼴 스타일 '굵게', 채우기 색 '주황'으로 적용하는 매크로를 생성하고 도형에 연결하시오.

- 매크로 이름은 '서식'으로 정의
- 타원을 동일 시트의 [H6:I7] 영역에 삽입하고 '서식' 매크로를 지정
- 도형에 '서식'을 입력하고, 텍스트 맞춤은 가로/세로 가운데로 설정

❷ '차트작업' 시트의 차트를 지시사항에 따라 아래 그림과 같이 수정하시오.

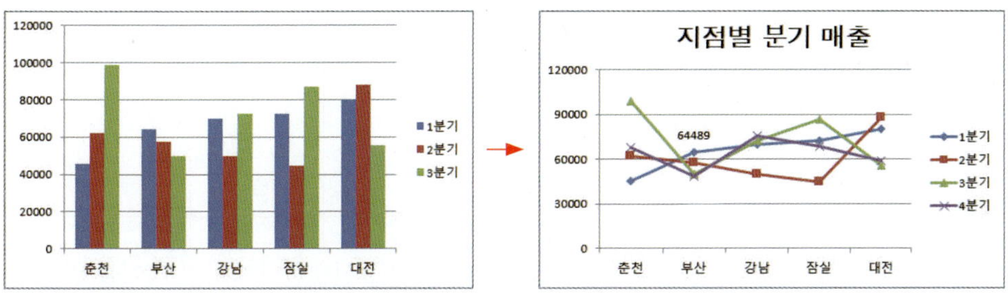

① 지점별 '4분기' 데이터가 차트에 표시되도록 데이터 범위를 지정하고, 차트 종류를 '표식이 있는 꺾은선형'으로 설정하시오.

② 차트 제목을 '지점별 분기 매출'이라고 입력하고, 글꼴 '돋움', 글꼴 스타일 '굵게', 글꼴 크기 '20'으로 설정하시오.

③ 세로(값) 축 눈금의 주 단위를 30,000으로 변경하시오.

④ '1분기' 계열의 '부산' 요소에 데이터 레이블을 표시하시오.

⑤ 차트 영역은 도형 효과 중에서 '오프셋 대각선 오른쪽 아래' 그림자를 설정하시오.

6.1.2 문제 풀이

01 기본 작업

❶ 문제에 주어진 대로 내용을 입력한다.

❷ [홈] 탭의 [글꼴], [맞춤], [표시 형식] 그룹을 이용해 문제를 해결한다. ④번 문제는 [B4:B28] 영역을 드래그하고 이름 상자에 *지점*이라고 입력한 후 Enter를 누른다.

❸ [A4:G18] 영역을 선택하고 [홈] 탭–[스타일] 그룹–[조건부 서식]–[셀 강조 규칙]–[기타 규칙]을 선택한다. [새 서식 규칙] 대화상자에서 [수식을 사용하여 서식을 지정할 셀 결정]을 선택한 후 수식 *=$G4>=95*을 입력하고 [서식]을 클릭하여 글꼴 색(빨강)과 글꼴 스타일(기울임꼴)을 설정한다.

02 계산 작업

❶ [C3] 셀에 수식 *=VLOOKUP(B3, $F$3:$G$6, 2, FALSE)*를 입력한 후 채우기 핸들을 [C10] 셀까지 드래그한다.

❷ [G14] 셀에 수식 *=AVERAGEIF($A$14:$A$22, F14, $D$14:$D$22)*를 입력한 후 채우기 핸들을 [G16] 셀까지 드래그한다. 그리고 [G14:G16] 셀을 드래그하여 범위를 지정하고 마우스 오른쪽 단추를 클릭해 [셀 서식]을 선택한 후 [숫자] 서식을 선택하고 소수 자릿수를 '2'로 설정한다.

❸ [H14] 셀에 수식 *=RANK.EQ(G14, $G$14:$G$16, 1)*을 입력한 후 채우기 핸들을 [H16] 셀까지 드래그한다.

❹ [E26] 셀에 수식 *=IF(D26>=90, "승급", "")*을 입력한 후 채우기 핸들을 [E30] 셀까지 드래그한다.

❺ [A33] 셀에 수식 *=AVERAGE(C26:C30)*을 입력한다.

03 분석 작업

❶ [A1:F15] 영역을 선택하고 [삽입] 탭–[표] 그룹–[피벗 테이블]을 선택한다. [피벗 테이블 만들기] 대화상자에서 피벗 테이블 보고서를 넣을 위치로 [기존 워크시트]를 선택하고 위치를 [A17] 셀로 지정한 후 [확인]을 클릭한다. [피벗 테이블 필드] 작업 창에서 '납품일자' 필드를 [행]으로, '제품 종류' 필드는 [열]로, '금액' 필드는 [값]으로 드래그한다. 피벗 테이블 보고서에서 임의의 날짜 셀을 선택하고 마우스 오른쪽 단추를 클릭해 [그룹]을 선택한 후 [그룹화] 대화상자에서 [단위]를 [분기]로 선택한다.

❷ [G2:K9] 셀 범위를 지정하고 [데이터] 탭–[데이터 도구] 그룹–[통합]을 클릭한다. [통합] 대화상자에서 참조 영역을 [A2:E9]로 지정한 후 [추가]를 클릭하고, 이어서 참조 영역을 [A12:E19]로 지정한 후 [추가]를 클릭한다. 사용할 레이블로 [첫 행], [왼쪽 열]을 선택하고 [확인]을 클릭한다.

04 기타 작업

❶ 매크로 기능을 사용하기 위해 리본 메뉴에 [개발 도구]를 추가한다. [파일] 탭-[옵션]을 선택하고 [리본 사용자 지정] 항목에서 [개발 도구] 탭을 선택하고 [확인]을 클릭한다.

① '총점' 매크로 생성하기

- [개발 도구] 탭-[코드] 그룹-[매크로 기록]을 클릭하고 [매크로 기록] 대화상자에서 [매크로 이름]에 *총점*을 입력하고 [확인]을 클릭한다.
- [F4] 셀을 선택하고 [홈] 탭-[편집] 그룹-[자동 합계]를 클릭한 후 Enter를 누르고 채우기 핸들을 [F11] 셀까지 드래그한다.
- [개발 도구] 탭-[코드] 그룹-[기록 중지]를 클릭해 매크로 기록을 중지한다.
- [삽입] 탭-[일러스트레이션] 그룹-[도형]-[직사각형]을 선택하고 [H3:I4] 위치에 드래그해 그린다.
- 도형을 마우스 오른쪽 단추로 클릭해 [텍스트 편집]을 선택하고 *총점*이라고 입력한 후 가로/세로 [가운데 맞춤]을 설정한다.
- 도형을 마우스 오른쪽 단추로 클릭해 [매크로 지정]을 선택하고 '총점' 매크로를 선택한다.

② '서식' 매크로 생성하기

- [개발 도구] 탭-[코드] 그룹-[매크로 기록]을 클릭하고 [매크로 기록] 대화상자에서 [매크로 이름]에 *서식*을 입력한 후 [확인]을 클릭한다.
- [F4:F11] 영역을 선택하고 [홈] 탭-[글꼴] 그룹에서 [굵게]를 클릭하고 [채우기 색]을 [주황]으로 설정한다.
- [개발 도구] 탭-[코드] 그룹-[기록 중지]를 클릭해 매크로 기록을 중지한다.
- [삽입] 탭-[일러스트레이션] 그룹-[도형]-[타원]을 선택하고 [H6:I7] 위치에 드래그해 그린다.
- 도형을 마우스 오른쪽 단추로 클릭해 [텍스트 편집]을 선택하고 *서식*이라고 입력한 후 가로/세로 [가운데 맞춤]을 설정한다.
- 도형을 마우스 오른쪽 단추로 클릭해 [매크로 지정]을 선택하고 '서식' 매크로를 선택한다.

❷ [차트 도구]의 [디자인], [서식] 탭을 이용하여 문제를 해결한다.

① 차트를 선택하고 [차트 도구]-[디자인] 탭-[데이터] 그룹-[데이터 선택]을 클릭한다. 데이터 범위를 [A3:E8]까지 다시 드래그하여 설정한다. 그리고 [디자인] 탭-[종류] 그룹-[차트 종류 변경]을 클릭하고 [표식이 있는 꺾은선형]을 선택한다.

② [차트 도구]-[디자인] 탭-[차트 레이아웃] 그룹-[차트 요소 추가]-[차트 제목]-[차트 위]를 선택하고 제목을 입력한 후 [홈] 탭-[글꼴] 그룹에서 글꼴 서식을 설정한다.

③ 차트에서 세로(값) 축을 선택하고 마우스 오른쪽 단추를 클릭하여 [축 서식]을 선택한다. [축 서식] 작업 창에서 축 옵션의 [주 단위]를 '30000'으로 수정한다.

④ 차트에서 '1분기' 계열을 선택하고 다시 '부산' 요소를 선택한다. 그리고 [차트 도구]-[디자인] 탭-[차트 레이아웃] 그룹-[차트 요소 추가]-[데이터 레이블]-[위쪽]을 선택한다.

⑤ 차트 영역을 선택하고 [차트 도구]-[서식] 탭-[도형 스타일] 그룹-[도형 효과]-[그림자]를 선택하고 [오프셋 대각선 오른쪽 아래]를 선택한다.

6.2 컴퓨터 활용 능력 모의 문제 2

기본 작업, 계산 작업, 분석 작업, 기타 작업으로 구성된 모의 문제를 풀어 보자.

6.2.1 문제

'모의5-2(준비).xlsx' 파일을 열고 문제의 지시사항에 따라 처리하시오.

01 기본 작업

❶ '기본작업-1' 시트에 다음 내용을 입력하시오.

	A	B	C	D	E	F
1	교육용 소프트웨어 목록					
2						
3	코드번호	S/W명	개발회사	사용환경	구입가격	구입처
4	S-JA-01	한국의 자연	아카데미	Windows XP이상	75000	대한소프트
5	S-SA-10	GAMMA 사진 화보집	오넥스시스템	Windows XP이상	86000	상공문고
6	S-MU-90	NEW 음악 이양기	상공미디어	Linux 9이상	39000	케이소프트
7	S-TR-84	시베리아 횡단열차	채널미디어	윈도우 XP이상	220000	한국상사
8	S-JA-32	오지의 세계	SoftLand	DVD롬, 플레이어	150000	한글자랑
9	S-SA-17	문화의 향기	SG문화재단	매킨토시 7.5이상	50000	상공문고
10	S-SE-39	한국의 바다	상공Pride&Soft	Windows XP 이상	66000	대한소프트

❷ '기본작업-2' 시트에서 다음 지시사항을 처리하시오.

	A	B	C	D	E	F
1	하반기 생활용품 판매 현황					
2						
3						2019-07-22
4	상품명	단가	목표수량	판매수량	할인율	실판매금액
5	뜸질기	40000	550	500	0.1	18000000
6	보풀제거기	5500	350	325	0.05	1698125
7	생옥 찜질팩	8000	300	350	0.15	2380000
8	황토팩	5000	660	590	0.1	2655000
9	싹쓸이 청소기	28000	540	515	0.15	12257000
10	전기장판	22000	500	360	0.1	7128000
11	범랑냄비	10000	700	723	0.07	6723900
12	슬로쿠커	28000	450	243	0.04	6531840
13	합계					57373865

① [A1:F1] 영역은 '셀 병합' 후 가로, 세로 '가운데 맞춤', 글꼴 '굴림', 글꼴 크기 '18pt', 글꼴 스타일 '굵게', 밑줄 '이중 밑줄'로 지정하시오.

② [F3] 셀은 사용자 지정 서식을 이용하여 'YYYY年 MM月 현재' 형식으로 지정하시오.

③ [F4] 셀에 '상품별 매출액 표시'라는 메모를 삽입하고, 항상 표시되도록 설정하시오.

④ [B5:B12], [F5:F13] 영역은 표시 형식을 '통화(₩)'로 지정하고, [E5:E12] 영역에는 '백분율 스타일(%)'을 지정하시오.

⑤ [A4:F13] 영역에 '모든 테두리'를 적용하여 표시하고, [B13:E13] 영역에는 '/' 모양의 대각선으로 채우시오.

❸ '기본작업-3' 시트의 '세공품 수출입 현황' 표에서 '입금금액'이 '550,000' 이상이고 '구분'이 '수출'인 데이터 값을 필터링하시오.

- 고급 필터 조건은 [A19:G21] 범위에 입력
- 고급 필터 결과는 동일 시트의 [A23] 셀에 복사

	A	B	C	D	E	F	G
1	세공품 수출입 현황						
2							
3	날짜	코드	제품명	구분	제품단가	수량	입금금액
4	2019-07-22	S200	온타일	수입	4,000	144	576,000
5	2019-07-23	S200	온타일	수출	4,000	135	540,000
6	2019-07-24	S200	온타일	수출	4,000	125	500,000
7	2019-08-09	C100	세공품	수출	4,500	117	526,500
8	2019-09-10	C100	세공품	수입	4,500	115	517,500
9	2019-08-06	G111	금도료	수출	5,500	124	682,000
10	2019-09-09	G111	금도료	수입	5,500	133	731,500
11	2019-10-09	S200	온타일	수출	4,000	145	580,000
12	2019-10-10	G111	금도료	수입	5,500	135	742,500
13	2019-10-11	S200	온타일	수출	4,000	166	664,000
14	2019-11-11	C100	세공품	수출	4,500	155	697,500
15	2019-10-29	G111	금도료	수입	5,500	67	368,500
16	2019-11-02	S200	온타일	수출	4,000	54	216,000

02 계산 작업

❶ '계산작업' 시트의 [표1]에서 '컴퓨터일반(B3:B8)'과 '워드(C3:C8)'를 이용해 '합격여부(D3:D8)'를 표시하시오.

- 평균점수 60점 이상, 한 과목이라도 40점 미만이 없어야 합격
- AND, AVERAGE, IF 함수 사용

	A	B	C	D
1	[표1]	사원현황		
2	사원명	컴퓨터일반	워드	합격여부
3	이지연	65	75	
4	한가람	77	25	
5	오두영	85	62	
6	안치연	90	88	
7	명기영	45	55	
8	나미인	50	78	

❷ '계산작업' 시트의 [표2]에서 '등록번호(H3:H8)'와 '학교코드표(K3:L8)'를 이용해 '출신학교(I3:I8)'를 표시하시오.

• '학교코드'는 '등록번호'의 두 번째 문자를 추출

• MID, VLOOKUP 함수 사용

F	G	H	I	J	K	L
[표2]	대한고 신입생 지원 현황				학교코드표	
접수번호	성명	등록번호	출신학교		학교코드	학교명
1	김민찬	113			1	상계중
2	홍길동	148			2	동호중
3	안국현	167			3	명성중
4	도지원	126			4	성동여중
5	박수영	139			5	상공중
6	이덕철	151			6	대한중

❸ '계산작업' 시트의 [표3]에서 '북부' 소속지점의 '판매금액' 평균을 구해 [B20] 셀에 표시하시오.

• '북부지점 평균'은 백 단위에서 반올림하여 천 단위까지 표시(예: 1,345,600 → 1,346,000)

• DAVERAGE, ROUND 함수 사용

10	[표3]	영업실적현황		
11	사원명	소속지점	판매량	판매금액
12	정기영	북부	45	2,592,000
13	장금이	남부	33	1,900,800
14	박태훈	북부	25	1,440,000
15	태구영	남부	36	2,073,600
16	우지원	북부	23	1,324,800
17	여혜경	남부	34	1,958,400
18	유미나	북부	15	864,000
19		북부지점 평균		
20				

❹ '계산작업' 시트의 [표4]에서 '서울' 지점에서 판매한 '리오'의 총 판매 대수를 [K15] 셀에 구하시오.

• 표기 예: 25대

• SUMIF 함수와 & 연산자 이용

[표4]	사원별 판매실적					
성명	지점	엑스트랙	리오			
임주영	대전	42	77			
김남주	서울	102	88			
박수홍	대구	122	109		리오 총 판매 대수	
피형인	서울	89	56			
우태형	부산	90	78			
송아리	대전	105	44			
장인영	서울	110	120			
류나연	광주	76	87			

❺ '계산작업' 시트의 [표5]에서 '총점(G24:G29)'에 대한 순위를 구해 1위는 '대상', 2위는 '금상', 3위는 '은상', 4위는 '동상', 그 외는 빈칸으로 [H24:H29] 영역에 표시하시오.

• 총점이 가장 큰 값이 1위

• CHOOSE, RANK 함수 이용

22	[표5]	정보올림피아드 대회 결과						
23	성명	1번	2번	3번	4번	5번	총점	등급
24	오지명	18	20	20	15	16	89	
25	박인영	18	18	20	0	18	74	
26	추정미	13	0	15	20	19	67	
27	최성오	20	18	15	20	20	93	
28	정오철	5	8	7	20	20	60	
29	김민태	8	10	20	16	19	73	

03 분석 작업

❶ '분석작업-1' 시트에서 다음 지시사항을 처리하시오.

- '상공문고 도서 대출 현황' 표에서 출판사별 '대여료'의 합계를 계산한 후 '나이'의 최소값을 계산하는 부분합을 작성하시오.
- '출판사'에 대한 정렬 기준은 오름차순으로 하시오.
- 부분합에 자동 서식의 '기본형 1'을 설정하시오.

	A	B	C	D	E	F	G	H	I
1	상공문고 도서 대출 현황								
2									
3	도서코드	도서명	출판사	대여료	성명	성별	나이	대출일	반납일
4	813-416	혼불	한길사	1,000	김미현	여	32	10-01	10-03
5	813-417	태백산맥	한길사	1,500	남은영	여	17	10-03	10-09
6	813-418	요재지이	대현출판사	1,500	안국현	남	23	10-23	10-29
7	813-419	육조괴담	대현출판사	400	이정철	남	45	10-11	10-28
8	813-420	봉신방	대현출판사	300	모한근	남	33	10-16	10-20
9	813-421	논어	대현출판사	700	임철훈	남	56	09-10	09-11
10	813-422	화학약품대사전	학원출판공사	2,500	김준형	남	26	09-12	09-12
11	813-423	대학	대현출판사	1,000	박준호	남	27	09-13	09-15
12	813-424	무녀도	민음사	450	도형국	남	19	09-15	09-20
13	813-425	역마	민음사	500	정철훈	남	25	10-14	10-20
14	813-426	등신불	민음사	300	구본영	남	15	10-15	10-21
15	813-427	사반의 십자가	민음사	250	한미리	여	14	10-16	10-22
16	813-428	대망	중앙출판사	350	정태호	남	34	10-17	10-23
17	813-429	조선왕조500년	금성출판사	2,500	이한길	남	42	10-18	10-24
18	813-430	한국단편문학32	금성출판사	450	소수연	여	30	11-21	11-30
19	813-431	화학의 정석	학원출판공사	1,500	지연희	여	23	11-22	11-22
20	813-432	일본문화	금성출판사	500	황수현	여	22	11-23	11-25
21	813-433	재미있는 화학	학원출판공사	1,000	박아영	남	27	11-24	11-26
22	813-434	교양한문	금성출판사	300	유미연	여	34	11-25	11-27

❷ '분석작업-2' 시트에서 다음 지시사항을 처리하시오.

'손익계산서' 표에서 순이익의 평균인 [I9] 셀의 값이 65,000이 되려면 '연평균 성장률'인 [C11] 셀의 값이 몇 %가 되어야 하는지 목표값 찾기 기능으로 계산하시오.

	A	B	C	D	E	F	G	H	I
1		손익계산서							
2								2019년 12월 29일	
3		년도	매출액	매출원가	매출총이익	관리비	영업이익	법인세	순이익
4		2015년	123,500	51,870	71,630	6,000	65,630	15,751	49,900
5		2016년	133,380	56,020	77,360	6,000	71,360	17,126	54,200
6		2017년	144,050	60,501	83,549	6,000	77,549	18,612	58,900
7		2018년	155,574	65,341	90,233	6,000	84,233	20,216	64,000
8		2019년	168,020	70,569	97,452	6,000	91,452	21,948	69,500
9		평균	144,905	60,860	84,045	6,000	78,045	18,731	59,300
10		세금 적용율	24%						
11		연평균 성장율	8%						
12		매출 원가율	42%						

04 기타 작업

① '매크로작업' 시트의 '12월 문구 생산 현황' 표에서 다음과 같은 기능을 수행하는 매크로를 현재 준비 파일에 작성하고 실행하시오.

※ 셀 포인터의 위치에 상관없이 현재 준비 파일에서 매크로가 실행되어야 정답으로 인정됨

	A	B	C	D	E	F
1	12월 문구 생산 현황					
2	품명	수량	원가	불량률	생산비용	목표매출액
3	사인펜	37000	100	0.03	3,700,000	4,440,000
4	연필깍기	4500	1200	0.02	5,400,000	6,480,000
5	만년필	6500	2200	0.05	14,300,000	17,160,000
6	자	32500	450	0.07	14,625,000	17,550,000
7	형광펜	6600	660	0.05	4,356,000	5,227,200
8	볼펜	78000	89	0.05	6,942,000	8,330,400
9	합 계					

① [E9:F9] 영역에 합계를 구하는 매크로를 생성하고 도형에 연결하시오.

- 매크로 이름은 '합계'로 정의
- 하트 도형을 동일 시트 [H4:I5] 영역에 삽입하고 '합계' 매크로를 지정
- 도형에 '합계'를 입력하고 텍스트 맞춤은 가로/세로 가운데로 설정

② [D3:D8] 영역에 백분율 스타일(%) 서식을 적용하는 매크로를 생성하고 도형에 연결하시오.

- 매크로 이름은 '백분율'로 정의
- 직사각형을 동일 시트 [H7:I8] 영역에 삽입하고 '백분율' 매크로를 지정
- 도형에 '백분율'을 입력하고 텍스트 맞춤은 가로/세로 가운데로 설정

② '차트작업' 시트의 차트를 지시사항에 따라 다음과 같이 수정하시오.

※ 반드시 문제에서 제공한 차트를 사용해야 하고 신규로 작성하면 안 됨

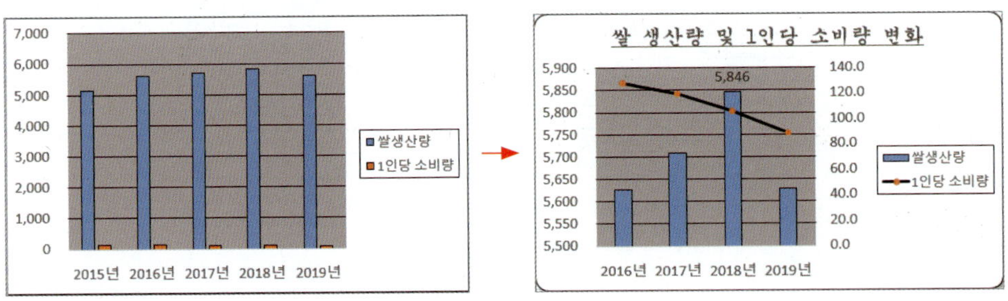

① 2015년 데이터가 차트에 표시되지 않도록 데이터 범위를 수정하시오.

② '1인당 소비량' 계열의 차트 종류를 '표식이 있는 꺾은선형'으로 변경하고, 보조 축으로 설정하시오.

③ 차트 제목은 그림과 같이 지정하고, 글꼴은 '궁서체', 속성은 '밑줄', 글꼴 크기는 '16'으로 설정하시오.

④ '쌀생산량' 계열의 최대값에 데이터 레이블 값을 지정하시오.

⑤ 차트 영역 서식으로 그림자 효과의 '오프셋 대각선 오른쪽 아래', 테두리 속성의 '둥근 모서리'를 지정하시오.

6.2.2 문제 풀이

01 기본 작업

❶ 문제에 주어진 대로 내용을 입력한다.

❷ [홈] 탭의 [글꼴], [맞춤], [표시 형식] 그룹을 이용하여 문제를 해결한다.

❸ 고급 필터 조건으로 [A19] 셀에 *입금금액*, [A20] 셀에 *>=550000*, [B19] 셀에 *구분*, [B20] 셀에 *수출*을 각각 입력하고, 데이터 목록의 임의의 셀을 선택한 후 [데이터] 탭–[정렬 및 필터] 그룹–[고급]을 클릭한다. [고급 필터] 대화상자에서 [다른 장소에 복사]를 선택하고 [목록 범위]를 *$A$3:$G$16*, [조건 범위]를 *$A$19:$B$20*, [복사 위치]를 *$A$23:$G$23*으로 지정한다.

02 계산 작업

❶ [D3] 셀에 수식 *=IF(AND(AVERAGE(B3:C3)>=60, B3>=40, C3>=40), "합격", "불합격")*을 입력한 후 채우기 핸들을 [D8] 셀까지 드래그해 복사한다.

❷ [I3] 셀에 수식 *=VLOOKUP(MID(H3, 2, 1), $K$3:$L$8, 2, FALSE)*를 입력한 후 채우기 핸들을 [I8] 셀까지 드래그해 복사한다.

❸ [B20] 셀에 수식 *=ROUND(DAVERAGE(A11:D18, 4, B11:B12), −3)*을 입력한다.

❹ [K15] 셀에 수식 *=SUMIF(G12:G19, "서울", I12:I19) & "대"*를 입력한다.

❺ [H24] 셀에 수식 *=CHOOSE(RANK.EQ(G24, $G$24:$G$29), "대상", "금상", "은상", "동상", "", "")*을 입력하고 채우기 핸들을 [H29] 셀까지 드래그해 복사한다.

03 분석 작업

❶ [C] 열 중에서 임의의 셀을 선택하고 [데이터] 탭–[정렬 및 필터] 그룹–[텍스트 오름차순 정렬]을 클릭해 출판사를 오름차순으로 정렬하고 [데이터] 탭–[윤곽선] 그룹–[부분합]을 선택한다. [부분합] 대화상자에서 [그룹화할 항목]으로 '출판사', [사용할 함수]로 [합계], [부분합 계산 항목]으로 '대여료'을 선택하고 [새로운 값으로 대치]를 선택한 후 [확인]을 클릭한다. 부분합을 추가하기 위하여 같은 방법으로 [부분합] 대화상자에서 사용할 함수로 [최소값], [부분합 계산 항목]로 '나이'를 선택하고 [새로운 값으로 대치]의 선택을 해제한다. [자동 서식]은 [빠른 실행 도구 모음 추가]의 [리본 메뉴에 없는 명령]에서 찾아 추가한다. 부분합 전체 범위인 [A3:I36] 영역을 선택하고 [자동 서식] 메뉴 중 [기본형 1]을 선택한다.

❷ 목표값을 찾기 위해 [I9] 셀에서 [데이터] 탭–[예측] 그룹–[가상 분석]–[목표값 찾기]를 선택한다.

[목표값 찾기] 대화상자에서 [수식 셀]에 *I9*, [찾는 값]에 *65000*, [값을 바꿀 셀]에 *C11*을 입력하고 [확인]을 클릭한다.

04 기타 작업

❶ 매크로 기능을 사용하기 위해 리본 메뉴에 [개발 도구]를 추가한다. [파일] 탭–[옵션]을 선택하고 [리본 사용자 지정] 항목에서 [개발 도구] 탭을 선택한 후 [확인]을 클릭한다.

① '합계' 매크로 생성하기

- [개발 도구] 탭–[코드] 그룹–[매크로 기록]을 클릭하고 [매크로 기록] 대화상자에서 [매크로 이름]에 *합계*를 입력하고 [확인]을 클릭한다.
- [E9] 셀을 선택하고 [홈] 탭–[편집] 그룹–[자동 합계]를 클릭한 후 Enter를 누르고 채우기 핸들을 [F9] 셀까지 드래그한다.
- [개발 도구] 탭–[코드] 그룹–[기록 중지]를 클릭해 매크로 기록을 중지한다.
- [삽입] 탭–[일러스트레이션] 그룹–[도형]–[하트]를 선택하고 [H4:I5] 위치에 드래그해 그린다.
- 도형을 마우스 오른쪽 단추로 클릭해 [텍스트 편집]을 선택하고 *합계*라고 입력한 후 가로/세로 방향 [가운데 맞춤]을 설정한다.
- 도형을 마우스 오른쪽 단추로 클릭해 [매크로 지정]을 선택하고 '합계' 매크로를 선택한다.

② '백분율' 매크로 생성하기

- [개발 도구] 탭–[코드] 그룹–[매크로 기록]을 클릭하고 [매크로 기록] 대화상자에서 [매크로 이름]에 *백분율*을 입력한 후 [확인]을 클릭한다.
- [D3:D8] 영역을 선택하고 [홈] 탭–[표시 형식] 그룹에서 [백분율 스타일]을 클릭한다.
- [개발 도구] 탭–[코드] 그룹–[기록 중지]를 클릭해 매크로 기록을 중지한다.
- [삽입] 탭–[일러스트레이션] 그룹–[도형]–[직사각형]을 선택하고 [H7:I8] 위치에 드래그해 그린다.
- 도형을 마우스 오른쪽 단추로 클릭해 [텍스트 편집]을 선택하고 *백분율*이라고 입력한 후 가로/세로 방향 [가운데 맞춤]을 선택한다.
- 도형을 마우스 오른쪽 단추로 클릭해 [매크로 지정]을 선택하고 '백분율' 매크로를 선택한다.

❷ [차트 도구]의 [디자인], [서식] 탭을 이용해 문제를 해결한다.

① 차트를 선택하고 [차트 도구]–[디자인] 탭–[데이터] 그룹–[데이터 선택]을 클릭한 후 Ctrl을 누른 채 [A3:A5] 영역, [C3:F5] 영역을 지정한다.

② [디자인] 탭–[종류] 그룹–[차트 종류 변경]을 선택하고 [차트 종류 변경] 대화상자에서 [모든 차트] 탭의 [콤보]를 선택한다. '1인당 소비량' 계열의 차트 종류를 [표식이 있는 꺾은선형]으로 선택하고, 보조 축을 선택한다.

③ [차트 도구]–[디자인] 탭–[차트 레이아웃] 그룹–[차트 요소 추가]–[차트 제목]–[차트 위]를 선택하고 제목을 입력한 후 [홈] 탭–[글꼴] 그룹에서 글꼴 서식을 설정한다.

④ 차트에서 '쌀생산량' 계열을 선택하고 다시 '2018년' 요소를 선택한다. 그리고 [차트 도구]–[디자인] 탭–[차트 레이아웃] 그룹–[차트 요소 추가]–[데이터 레이블]–[바깥쪽 끝에]를 선택한다.

⑤ 차트 영역을 더블클릭해 [차트 영역 서식] 작업 창을 열고 [차트 옵션]–[채우기 및 선] 탭의 [테두리] 항목에서 [둥근 모서리]를 선택한다. [효과] 탭의 [그림자] 항목에서 [미리 설정] 목록을 열고 [오프셋 대각선 오른쪽 아래]를 선택한다.

6.3 컴퓨터 활용 능력 모의 문제 3

기본 작업, 계산 작업, 분석 작업, 기타 작업으로 구성된 모의 문제를 풀어 보자.

6.3.1 문제

'모의5-3(준비).xlsx' 파일을 열고 문제의 지시사항에 따라 처리하시오.

01 기본 작업

❶ '기본작업-1' 시트에 다음 내용을 입력하시오.

	A	B	C	D	E	F
1	중소기업임금 현황					
2						
3						2019년 6월 현재
4	회사명	업종	창업연도	사원수	평균월급여	평균근무시간
5	㈜미림정밀	기계(MACHINE)	1985년	40명	1500000	12년
6	세화공업	금속(METAL)	1977년	35명	1650000	17년
7	보라매유통	유통(DISTRIBUTION)	1989년	50명	1000000	8년
8	일신상사	유통(DISTRIBUTION)	2000년	25명	800000	2년
9	나라금속	금속(METAL)	1990년	52명	950000	6년
10	영화섬유㈜	섬유(TEXTILE)	1983년	30명	1200000	11년
11	성일기계	기계(MACHINE)	2001년	45명	750000	1년

❷ '기본작업-2' 시트에서 다음 지시사항을 처리하시오.

	A	B	C	D	E	F	G	H	I	J
1		학생별 생활지도자료 현황표								
2										
3		일련번호	성명	출결사항						자격증 개수
4				1학년	2학년	결석	지각	조퇴	결과	
5		1	이정현	1	3	0	0	0	0	1
6		2	김시래	3	2	2	1	2	2	2
7		3	천기범	5	3	5	3	10	0	3
8		4	김선형	4	5	7	15	12	4	2
9		5	양동근	6	7	2	22	4	0	1
10		6	이대성	5	5	0	2	0	0	5
11		7	박지훈	3	2	0	1	1	1	3
12		8	함지훈	2	2	3	4	2	0	2
13		9	윤호영	7	1	4	2	3	0	1
14		10	이관희	1	2	0	0	1	0	0
15		11	양희종	3	6	4	3	2	1	1
16		12	최진수	4	2	자퇴				

① [B1:J1] 영역에 '셀 병합 후 가로, 세로 가운데 맞춤', 글꼴 '맑은 고딕', 글꼴 크기 '18', 글꼴 스타일 '굵게', '기울임꼴', '밑줄'을 지정하시오.

② [D5:I16] 영역은 셀 서식의 사용자 지정 서식을 이용하여, 2자리 수로 표시되도록 지정하시오(예: 5 → 05)

③ [C5:J16] 영역의 이름을 '학생이름'으로 정의하시오.

④ [B3:J4] 영역은 글꼴 스타일 '굵게', 글꼴 색 '파랑, 강조 5', 셀 음영 '황금색, 강조 4'로 지정하시오.

⑤ [B3:J16] 영역에 '모든 테두리'를 적용하여 표시하고, [G16:J16] 영역에는 '/' 모양의 대각선으로 채우시오.

❸ '기본작업-3' 시트에서 '대출상품(B4:B16)'이 '학자금'으로 시작하는 행 전체의 글꼴 색을 '녹색, 강조 6'으로, '대출'로 끝나는 행 전체의 글꼴 색을 '파랑, 강조 5'로 지정하는 조건부 서식을 작성하시오.

- 규칙 유형은 '수식을 사용하여 서식을 지정할 셀 결정' 선택

	A	B	C	D	E
1	고객별 대출현황				
2					
3	고객명	대출상품	대출금액	대출기간	대출일
4	차우찬	일반대출	₩ 15,000,000	36	2019-12-21
5	김원중	결혼자금	₩ 5,000,000	12	2019-05-06
6	박진우	자유대출	₩ 32,000,000	60	2019-05-09
7	금민철	출산	₩ 6,000,000	24	2019-05-19
8	박종훈	학자금A형	₩ 7,000,000	24	2019-12-30
9	최원태	일반대출	₩ 24,000,000	36	2019-07-28
10	이승호	자유대출	₩ 9,000,000	24	2019-02-23
11	김광현	출산	₩ 14,500,000	36	2019-04-20
12	이형범	학자금B형	₩ 5,500,000	24	2019-10-05
13	이영하	출산	₩ 7,800,000	12	2019-06-18
14	정우람	자유대출	₩ 12,500,000	36	2019-06-08
15	한현희	자유대출	₩ 25,000,000	60	2019-08-07
16	문승원	학자금A형	₩ 45,000,000	60	2019-07-09

02 계산 작업

❶ [표1]에서 '모델명(A3:A7)'의 뒤에서 세 자리와 '판매단가표(B10:D11)'를 이용해 판매단가를 추출한 후 '매출액(D3:D7)'을 구하시오.

- 매출액 = 판매단가 × 판매량
- 판매단가표의 의미: 모델명 뒤에서 세 자리가 'FHA'이면 판매단가가 350, 'FHB'이면 400, 'FHC'이면 450임
- HLOOKUP, RIGHT 함수 사용

	A	B	C	D
1	[표1] 디지털카메라 판매현황			(단위 : 천원)
2	모델명	분류	판매량	매출액
3	DC-01FHA	수출용	25,000	
4	MP-01FHA	내수용	14,500	
5	DC-01FHB	수출용	56,000	
6	DC-01FHC	수출용	43,000	
7	MP-01FHB	내수용	24,500	
8				
9		판매단가표 (단위 : 천원)		
10	모델명 3자리	FHA	FHB	FHC
11	판매단가	350	400	450

❷ [표2]에서 '출발일자(H3:H11)'를 이용해 '출발요일(I3:I11)'을 구하시오.

- WEEKDAY의 요일 계산방식은 일요일부터 시작하는 1번 방식으로 지정
- CHOOSE, WEEKDAY 함수 사용
- 표시 예: 일요일

F	G	H	I
[표2] 해외 테마 연수 여행자 명단			
성명	여행권역	출발일자	출발요일
김현숙	중부유럽	2019-07-11	
장현숙	남부유럽	2019-07-11	
오남섭	중부유럽	2019-07-11	
신영숙	남부유럽	2019-07-11	
조현재	미국, 캐나다	2019-07-14	
권근창	호주, 뉴질랜드	2019-07-19	
두여랑	중부유럽	2019-07-20	
문상화	북부유럽	2019-07-21	
고영수	북부유럽	2019-08-24	

❸ [표3]에서 '희망부서(B16:B27)'가 '기획부'인 '인원수(B30)'를 구하시오.

- 인원수 뒤에 '명'을 표시
- DSUM, DCOUNT, DMAX 중 알맞은 함수와 & 연산자 사용

14	[표3] 2019 신입 사원 현황		
15	사원번호	희망부서	입사시험 성적
16	A1204	영업부	98
17	A1205	총무부	76
18	A1206	기획부	86
19	A1207	총무부	80
20	A1208	총무부	65
21	A1209	기획부	100
22	A1210	기획부	98
23	A1211	영업부	85
24	A1212	기획부	100
25	A1213	총무부	90
26	A1214	기획부	85
27	A1215	영업부	75
28			
29	희망부서	인원수	
30	기획부		

❹ [표4]에서 '나라(F16:F23)'와 '수도(G16:G23)'를 합하여 '지역(I16:I23)'에 표시하시오.

- 모든 문자를 대문자로 표시하되, 수도명은 나라명 뒤에 ( ) 안에 넣어 표시

  [예: Portugal lisbon ⇒ PORTUGAL(LISBON)]
- UPPER 함수와 & 연산자 사용

[표4] 유럽 8개국 연평균 강수량			
나라	수도	강수량(mm)	지역
Portugal	lisbon	792	
Spain	madrid	438	
France	paris	614	
England	london	695	
Sweden	stockholm	500	
Germany	berlin	589	
Netherland	amsterdam	765	
Switzerland	bern	1000	

❺ [표5]에서 '기준일(B48)'과 '생년월일(C35:C46)'을 이용하여 '채용여부(D35:D46)'를 구하시오.

- 기준일의 연도에서 생년월일의 연도를 뺀 값이 26 이상이면 '채용', 그렇지 않으면 빈칸으로 표시
- IF, YEAR 함수 사용

33	[표5] 아르바이트 모집 채용 결정(미성년자 여부 확인)			
34	성명	채용지점	생년월일	채용여부
35	천연희	마포	1994-07-13	
36	방한성	동대문	1992-03-12	
37	류철희	상계	199-12-29	
38	최혜정	마포	1975-09-09	
39	김재하	마포	1994-10-04	
40	허마일	동대문	1984-12-09	
41	문이수	동대문	1994-03-05	
42	고정호	상계	1992-01-03	
43	마장도	상계	1998-03-07	
44	박상도	역삼	1994-05-08	
45	이문주	역삼	1993-06-25	
46	강희연	역삼	1993-06-29	
47				
48	기준일	2019-06-27		

03 분석 작업

❶ '분석작업-1' 시트에서 데이터 통합 기능을 이용해 [표1], [표2], [표3]에 대한 제품명별 '1월', '2월', '3월'의 평균을 [표4]의 [H19:J25] 영역에 계산하시오.

	A	B	C	D	E	F	G	H	I	J
1	지역별 1/4분기 제품별 판매현황									
2										
3	[표1] 서울지역 판매내역									
4	제품명	1월	2월	3월						
5	데스크탑	88	89	96						
6	DVD	95	94	90						
7	스캐너	90	98	87						
8	프린터	94	96	92						
9	노트북	92	93	91						
10										
11	[표2] 경기지역 판매내역									
12	제품명	1월	2월	3월						
13	넷북	100	95	99						
14	DVD	86	90	95						
15	외장하드	89	90	88						
16	노트북	79	88	90						
17	스캐너	85	94	91			[표4] 전국 판매내역			
18							제품명	1월	2월	3월
19	[표3] 부산지역 판매내역						데스크탑			
20	제품명	1월	2월	3월			DVD			
21	노트북	98	93	95			스캐너			
22	프린터	85	89	90			프린터			
23	외장하드	87	88	88			노트북			
24	넷북	92	91	94			넷북			
25	스캐너	91	93	98			외장하드			

❷ '분석작업-2' 시트의 '혼수품목 매출 현황' 표에서 '순이익률(H17)'이 다음과 같이 변동하는 경우 '순이익 합계(H15)'의 변동 시나리오를 작성하시오

- 셀 이름 정의: [H15] 셀은 '순이익합계', [H17] 셀은 '순이익률'로 정의하시오
- 시나리오 1: 시나리오 이름은 '순이익 인상', 순이익률 20%로 설정하시오
- 시나리오 2: 시나리오 이름은 '순이익 인하', 순이익률 10%로 설정하시오
- 시나리오 요약 시트는 '분석작업-2' 시트의 바로 앞에 위치시키시오

※ 시나리오 요약 보고서 작성 시 정답과 일치해야 하며, 오자로 인한 부분 점수는 인정하지 않음

	A	B	C	D	E	F	G	H
1		혼수품목 매출 현황						
2								(단위:만원)
3		상품명		판매액			목표액	순이익
4				전반기	후반기	합계		
5		가전류	TV	3,000	3,200	6,200	6,400	930
6			냉장고	2,000	3,400	5,400	5,500	810
7			세탁기	2,000	3,400	5,400	3,000	810
8			홈시어터	3,800	2,000	5,800	6,500	870
9			김치냉장고	1,200	3,800	5,000	4,500	750
10			식기세척기	900	1,500	2,400	3,500	360
11		가구류	장롱	3,200	3,000	6,200	5,800	930
12			소파	1,000	1,500	2,500	2,200	375
13			식탁	560	460	1,020	1,200	153
14			침대	1,200	2,400	3,600	3,500	540
15		합계		18,860	24,660	43,520	42,100	6,528
16								
17						순이익률		15%

04 기타 작업

❶ '매크로작업' 시트의 [표1]에서 다음과 같은 기능을 수행하는 매크로를 현재 준비 파일에 작성하고 실행하시오.

※ 셀 포인터의 위치에 상관없이 현재 준비 파일에서 매크로가 실행되어야 정답으로 인정됨

	A	B	C	D	E	F	G
1	[표1] 스포츠센타별 수입현황						
2							
3	스포츠센타	전화번호	수강인원	헬스	수영	에어로빅	총수입액
4	스포렉스	930-6624	129	₩ 2,400,000	₩ 2,800,000	₩ 1,500,000	
5	달려스포츠	778-0012	150	₩ 3,200,000	₩ 3,500,000	₩ 2,000,000	
6	최강체육관	962-0909	98	₩ 2,000,000	₩ 1,750,000	₩ 1,250,000	
7	청소년수련관	465-0987	132	₩ 2,480,000	₩ 2,870,000	₩ 1,550,000	
8	스포디움	367-1123	89	₩ 1,680,000	₩ 1,820,000	₩ 1,300,000	
9	문막체육관	456-0123	105	₩ 2,320,000	₩ 2,730,000	₩ 1,450,000	
10	상일체육관	2299-0972	78	₩ 1,600,000	₩ 1,470,000	₩ 1,000,000	
11	이동수스포츠	567-5890	136	₩ 3,120,000	₩ 3,430,000	₩ 1,950,000	
12	동강체육관	943-0705	82	₩ 1,600,000	₩ 1,750,000	₩ 1,250,000	

① [G4:G12] 영역에 '헬스', '수영', '에어로빅'의 합계를 계산하는 매크로를 생성하고 도형에 연결하시오.

- 매크로 이름은 '합계'로 정의
- 육각형 도형을 동일 시트 [I3:J5] 영역에 삽입하고 '합계' 매크로를 지정
- 도형에 '합계'를 입력하고 텍스트 맞춤은 가로/세로 가운데로 설정

② [A3:G3] 영역에 글꼴 스타일 '굵게', 셀 음영색 '황금색, 강조4'를 적용하는 매크로를 생성하고 도형에 연결하시오.

- 매크로 이름은 '서식'으로 정의
- 다이아몬드 도형을 동일 시트 [I7:J9] 영역에 삽입하고 '서식' 매크로를 지정
- 도형에 '서식'을 입력하고 텍스트 맞춤은 가로/세로 가운데로 설정

❷ '차트작업' 시트의 차트를 지시사항에 따라 다음과 같이 수정하시오.

※ 차트는 반드시 문제에서 제공한 차트를 사용하여야 하고 신규로 작성하면 안 됨

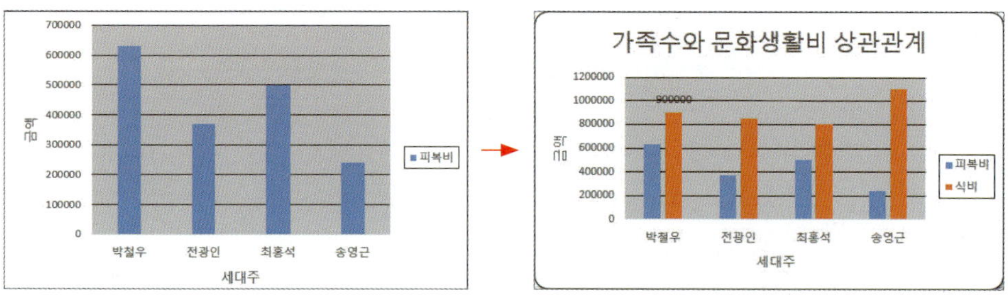

① '주거형태'가 '단독주택'인 세대주의 '식비'가 차트에 표시되도록 데이터 범위를 수정하시오.

② 차트 제목은 그림과 같이 지정하고, 글꼴 '맑은 고딕', 글꼴 크기 '18'로 지정하시오.

③ X(항목) 축 제목의 글꼴을 '굴림', 글꼴 크기를 '11'로 지정하시오.

④ '식비' 계열의 '박철우' 요소에 데이터 레이블 '값'을 지정하시오.

⑤ 차트 영역 서식은 그림자 효과 중에서 '오프셋 대각선 오른쪽 아래', 테두리 속성 중에서 '둥근 모서리'를 지정하시오.

6.3.2 문제 풀이

01 기본 작업

❶ 문제에 주어진 대로 내용을 입력한다.

❷ [홈] 탭의 [글꼴], [맞춤], [표시 형식] 그룹을 이용하여 문제를 해결한다.

❸ [A4:E16] 셀 범위를 지정하고 [홈] 탭–[스타일] 그룹–[조건부 서식]–[셀 강조 규칙]–[기타 규칙]을 선택한다. [새 서식 규칙] 대화상자에서 [수식을 사용하여 서식을 지정할 셀 결정]을 선택한 후 수식 *=LEFT($B4,3)="학자금"*을 입력하고 [서식]을 클릭해 [글꼴 색]을 [녹색, 강조 6]으로 설정한다. 같은 방법으로 수식 *=RIGHT($B4,2)="대출"*을 입력하고 [서식]을 클릭해 [글꼴 색]을 [파랑, 강조 5]로 설정한다.

02 계산 작업

❶ [D3] 셀에 수식 *=HLOOKUP(RIGHT(A3, 3), $B$10:$D$11, 2, FALSE)*C3*을 입력하고 채우기 핸들을 [D7] 셀까지 드래그해 복사한다.

❷ [I3] 셀에 수식 *=CHOOSE(WEEKDAY(H3, 1), "일요일", "월요일", "화요일", "수요일", "목요일", "금요일", "토요일")*을 입력하고 채우기 핸들을 [I11] 셀까지 드래그해 복사한다.

❸ [B30] 셀에 수식 *=DCOUNT(A15:C27, 3, A29:A30)&"명"*을 입력한다.

❹ [I16] 셀에 수식 *=UPPER(F16&"("&G16&")")*을 입력하고 채우기 핸들을 [I23] 셀까지 드래그해 복사한다.

❺ [D35] 셀에 수식 *=IF(YEAR($B$48)−YEAR(C35) >=26, "채용", "")*을 입력하고 채우기 핸들을 [D46] 셀까지 드래그해 복사한다.

03 분석 작업

❶ [G18] 셀을 선택하고 [데이터] 탭–[데이터 도구] 그룹–[통합]을 클릭한다. [통합] 대화상자에서 [함수]를 [평균]으로 선택하고 [참조]에서 [A4:D9], [A12:D17], [A20:D25] 범위를 각각 추가한 후 [사용할 레이블]을 [첫 행], [왼쪽 열]로 설정하고 [확인]을 클릭한다.

❷ [H17] 셀을 선택하고 [데이터] 탭–[예측] 그룹–[가상 분석]–[시나리오 관리자]를 클릭한다. [시나리오 관리자] 대화상자에서 [추가]를 클릭하고 [시나리오 이름]을 *순이익 인상*으로, [변경 셀]을 *H17*로 설정하고 [확인]을 클릭한 후 [시나리오 값]으로 *0.2*를 입력한다. 같은 방법으로 [시나리오 이름]을 *순이익 인하*, [변경 셀]을 *H17*, [시나리오 값]을 *0.1*로 각각 설정한다. 시나리오 요약 시트를 생성하기 위해 [요약]을 클릭한다.

04 기타 작업

❶ 매크로 기능을 사용하기 위해 리본 메뉴에 [개발 도구]를 추가한다. [파일] 탭–[옵션]을 선택하고 [리본 사용자 지정] 항목에서 [개발 도구] 탭을 선택하고 [확인]을 클릭한다.

① '합계' 매크로 생성하기

- [개발 도구] 탭–[코드] 그룹–[매크로 기록]을 클릭하고 [매크로 기록] 대화상자에서 [매크로 이름]에 *합계*를 입력하고 [확인]을 클릭한다.
- [G4] 셀을 선택하고 [홈] 탭–[편집] 그룹–[자동 합계]를 클릭한 후 Enter를 누르고 채우기 핸들을 [G12] 셀까지 드래그해 복사한다.
- [개발 도구] 탭–[코드] 그룹–[기록 중지]를 클릭해 매크로 기록을 중지한다.
- [삽입] 탭–[일러스트레이션] 그룹–[도형]–[육각형]을 선택하고 [I3:J5] 위치에 드래그해 그린다.
- 도형을 마우스 오른쪽 단추로 클릭해 [텍스트 편집]을 선택하고 *합계*라고 입력한 후 가로/세로 방향 [가운데 맞춤]을 선택한다.
- 도형을 마우스 오른쪽 단추로 클릭해 [매크로 지정]을 선택하고 '합계' 매크로를 선택한다.

② '서식' 매크로 생성하기

- [개발 도구] 탭–[코드] 그룹–[매크로 기록]을 클릭하고 [매크로 기록] 대화상자에서 [매크로 이름]에 *서식*을 입력한 후 [확인]을 클릭한다.
- [A3:G3] 영역을 선택하고 [홈] 탭–[글꼴] 그룹에서 글꼴 스타일을 [굵게]로 설정하고 [채우기 색]을 [황금색, 강조 4]로 지정한다.
- [개발 도구] 탭–[코드] 그룹–[기록 중지]를 클릭해 매크로 기록을 중지한다.
- [삽입] 탭–[일러스트레이션] 그룹–[도형]–[다이아몬드]를 선택하고 [I7:J9] 위치에 드래그해 그린다.
- 도형을 마우스 오른쪽 단추로 클릭해 [텍스트 편집]을 선택하고 *서식*이라고 입력한 후 가로/세로 [가운데 맞춤]을 선택한다.
- 도형을 마우스 오른쪽 단추로 클릭해 [매크로 지정]을 선택하고 '서식' 매크로를 선택한다.

❷ [차트 도구]의 [디자인], [서식] 탭을 이용해 문제를 해결한다.

① 차트를 선택하고 [차트 도구]–[디자인] 탭–[데이터] 그룹–[데이터 선택]을 클릭한다. '범례 항목(계열)'의 [추가]를 클릭하고 '계열 이름'은 [F3], '계열 값'은 [F5], [F7], [F9], [F10]을 선택한다. '가로(항목) 축 레이블'의 [편집]을 클릭하고 [A5], [A7], [A9], [A10]을 선택한다.

② [차트 도구]-[디자인] 탭-[차트 레이아웃] 그룹-[차트 요소 추가]-[차트 제목]-[차트 위]를 선택하고 제목을 입력한 후 [홈] 탭-[글꼴] 그룹에서 글꼴 서식을 설정한다.

③ 차트에서 '세로(값) 축 제목'을 선택하고 [홈] 탭-[글꼴] 그룹에서 글꼴 서식을 설정한다.

④ 차트에서 추가한 '식비' 계열을 선택하고 다시 '박철우' 요소를 클릭한다. 그리고 [차트 도구]-[디자인] 탭-[차트 레이아웃] 그룹-[차트 요소 추가]-[데이터 레이블]-[바깥쪽 끝에]를 선택한다.

⑤ 차트 영역을 더블클릭해 [차트 영역 서식] 작업 창을 열고 [차트 옵션]-[채우기 및 선] 탭의 [테두리] 항목에서 [둥근 모서리]를 선택한다. [효과] 탭의 [그림자] 항목에서 [미리 설정] 목록을 열고 [오프셋 대각선 오른쪽 아래]를 선택한다.

종합예제

'종합5(준비).xlsx' 파일을 열고 다음 과정에 따라 함수, 부분합, 차트, 고급 필터 기능을 이용해 판매지수를 분석해 보자.

1 판매지수가 가장 높은 도서명과 평균 판매지수 구하기 [D11], [D12] 셀에 각각 다음 수식을 입력해 '문학동네' 출판사의 판매지수가 가장 높은 도서명과 평균 판매지수를 구한다.

▶ [D11] 셀: =VLOOKUP(DMAX(A2:C9, 2, A2:A3), B2:C9, 2, FALSE)

▶ [D12] 셀: =DAVERAGE(A2:C9, 2, A2:A3)

	A	B	C
1	출판사별 도서 판매지수		
2	출판사	판매지수	도서명
3	문학동네	1,578	세계를 건너 너에게 갈게
4	문학동네	12,520	여행의 이유
5	문학동네	2,930	연필로 쓰기
6	한빛미디어	3,378	밑바닥부터 시작하는 딥러닝
7	한빛미디어	4,705	핀테크 세상을 열다
8	해냄출판사	2,580	당신이 옳다
9	해냄출판사	3,280	하루 사용 설명서
10			

2 고급 필터 조건 입력하기 판매지수가 상위 3등인 도서명을 추출하기 위해 [A14] 셀에 *합계*를, [A15] 셀에는 다음 조건을 입력한다.

▶ =RANK.EQ(B3, $B$3:$B$9, 0)=3

TIP '판매지수가 세 번째'라는 조건으로서, 값을 구하는 수식이 아니므로 셀 값은 'FALSE'로 표시된다.

3 고급 필터 실행하기 데이터 영역 내 임의의 셀을 선택하고 [데이터] 탭–[정렬 및 필터] 그룹–[고급]을 클릭한다. [고급 필터] 대화상자에서 [다른 장소에 복사]를 선택한 후 [목록 범위]는 *$A$2:$C$9*로, [조건 범위]는 *$A$14:$A$15*로, [복사 위치]는 *Sheet1!$A$17*로 설정하고 [확인]을 클릭한다.

	A	B	C	D
6	한빛미디어	3,378	밑바닥부터 시작하는 딥러닝	
7	한빛미디어	4,705	핀테크 세상을 열다	
8	해냄출판사	2,580	당신이 옳다	
9	해냄출판사	3,280	하루 사용 설명서	
10				
11	문학동네 출판사의 판매지수가 가장 높은 도서명			여행의 이유
12	문학동네 출판사의 평균 판매지수			5676
13				
14	합계			
15	FALSE			
16				
17	출판사	판매지수	도서명	
18	한빛미디어	3,378	밑바닥부터 시작하는 딥러닝	

4 출판사 오름차순 정렬하기 새 시트를 추가하고 [A1:C9] 영역을 복사해 붙여넣는다. 복사한 데이터 영역 내 임의의 셀을 클릭한 후 [데이터] 탭–[정렬 및 필터] 그룹–[정렬]을 클릭하고 [정렬 기준]을 '출판사', '값', '오름차순'으로 설정한다.

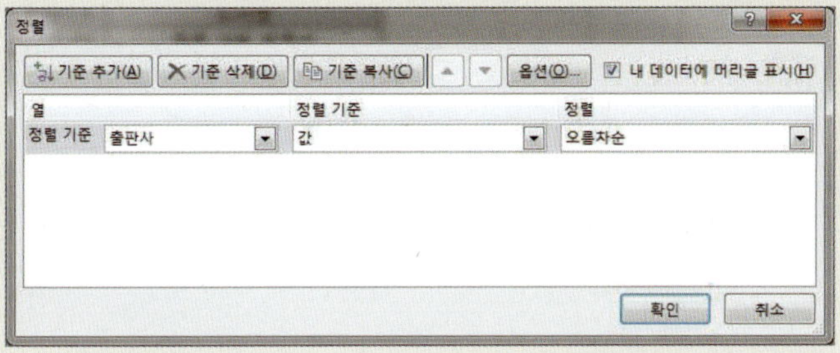

5 부분합으로 출판사별 판매지수 구하기 데이터 영역 내 임의의 셀을 클릭하고 [데이터] 탭–[윤곽선] 그룹–[부분합]을 클릭한다. [부분합] 대화상자에서 [그룹화할 항목]은 '출판사', [사용할 함수]는 [합계], [부분합 계산 항목]은 '판매지수'를 선택하고 [확인]을 클릭한다.

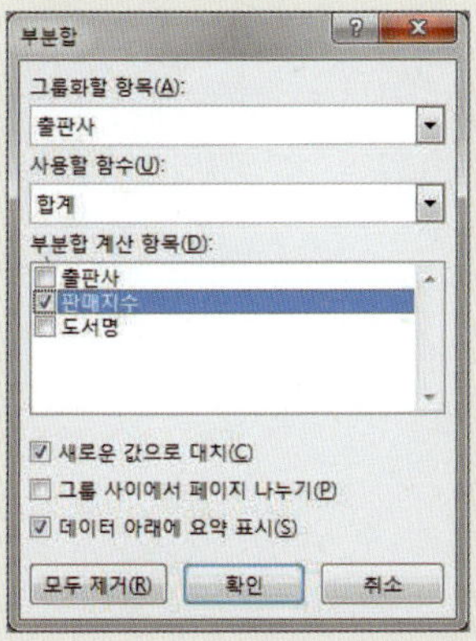

	A	B	C
1	출판사별 도서 판매지수		
2	출판사	판매지수	도서명
3	문학동네	1,578	세계를 건너 너에게 갈게
4	문학동네	12,520	여행의 이유
5	문학동네	2,930	연필로 쓰기
6	**문학동네 요약**	17,028	
7	한빛미디어	3,378	밑바닥부터 시작하는 딥러닝
8	한빛미디어	4,705	핀테크 세상을 열다
9	**한빛미디어 요약**	8,083	
10	해냄출판사	2,580	당신이 옳다
11	해냄출판사	3,280	하루 사용 설명서
12	**해냄출판사 요약**	5,860	
13	**총합계**	30,971	

6 차트 작성하기 윤곽 기호 2를 클릭해 출판사별 판매지수를 표시한 후 [A2:B12] 영역을 선택하고 [삽입] 탭–[차트] 그룹–[세로 또는 가로 막대형 차트 삽입]–[묶은 세로 막대형]을 선택한다.

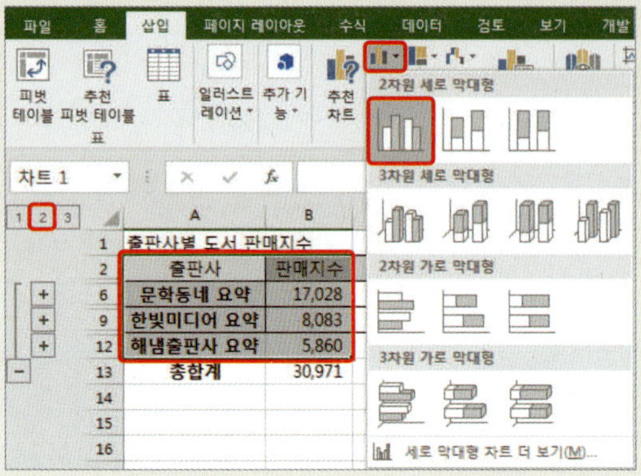

7 차트 요소 서식 변경하기 차트 제목을 '출판사별 도서 판매지수'로 하고, 세로 축 제목 '판매지수'를 추가한 후, '한빛미디어 요약' 데이터 요소를 더블클릭하고 [채우기]를 [주황]으로 설정한다. 차트 영역을 더블클릭해 [차트 영역 서식] 작업 창을 열고 [채우기]를 [회색–25%, 배경 2]로 설정한다. 그림 영역을 더블클릭해 [그림 영역 서식] 작업 창을 열어 [온라인 그림]을 검색어 '책'으로 찾아 채운다.

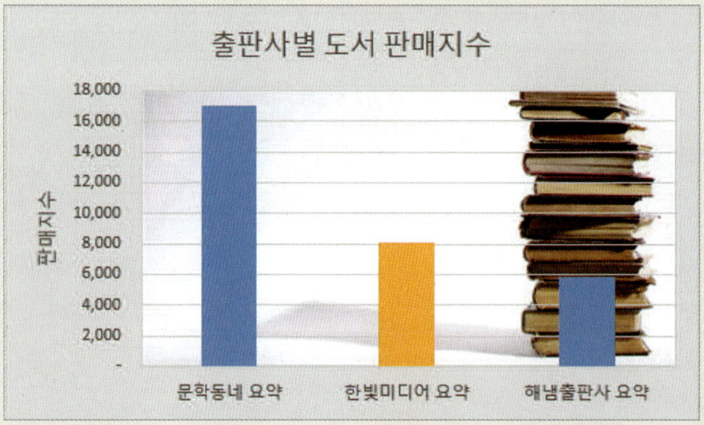

연습문제

1 '연습5-1(준비).xlsx' 파일에서 기록에 대한 순위를 구해 1위는 '1등', 2위는 '2등', 3위는 '3등', 그 외에는 빈칸으로 등수를 표시해 보자.

	A	B	C	D
1	[표] 도민일보 마라톤 경기 대회			
2	등번호	참가자	기록	등수
3	가-01	윌슨	2:00:14	
4	나-02	루친스키	1:58:14	2등
5	가-02	버틀러	2:03:37	
6	다-22	알칸타라	2:15:03	
7	가-28	산체스	1:59:08	3등
8	나-13	레일리	2:20:01	
9	가-25	다익손	2:00:19	
10	가-50	후랭크	1:58:10	1등

▲ 완성

조건

❶ IF 함수, RANK 함수, & 연산자 사용

❷ 기록이 가장 빠른 참가자가 1위

2 '연습5-2(준비).xlsx' 파일에서 다음과 같이 '1분기 스포츠용품 생산현황' 표를 이용해 아래 조건을 만족하는 차트를 작성해 보자.

	A	B	C	D	E	F
1	[표] 1분기 스포츠용품 생산현황					
2	품명	수량	원가	불량률	생산비용	목표매출액
3	배구공	2460	3500	0.02	8,610,000	10,000,000
4	축구공	3400	1130	0.01	3,842,000	5,000,000
5	당구공	3600	3400	0.04	12,240,000	23,000,000
6	농구공	5000	1560	0.02	7,800,000	6,000,000
7	볼링공	2300	5800	0.05	13,340,000	10,000,000
8	탁구공	1800	3400	0.02	6,120,000	6,000,000
9	합 계				51,952,000	60,000,000

▲ 준비

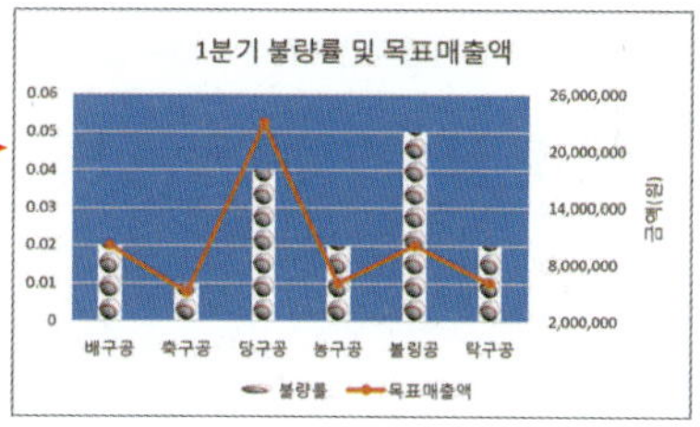

▲ 완성

조건

❶ '품명'별로 '불량률'과 '목표매출액'이 표시되도록 데이터 범위 지정

❷ 차트 종류는 [묶은 세로 막대형]과 [표식이 있는 꺾은선형]이 혼합된 [콤보형]으로 설정

❸ 차트 제목은 '1분기 불량률 및 목표매출액'으로 입력

❹ 보조 Y(값)축 제목은 '금액(원)'으로 입력, 보조 Y(값)축 서식은 눈금의 최소값을 '2,000,000', 주 단위는 '6,000,000'으로 지정

❺ '불량률' 계열에 [채우기] 효과 적용. 단, [온라인 그림]을 검색어 '공'으로 찾아 [쌓기] 방식으로 채움

❻ 그림 영역에는 [단색 채우기] 적용

3 '연습5-3(준비).xlsx' 파일을 열고 아래 조건에 따라 차트를 수정해 보자.

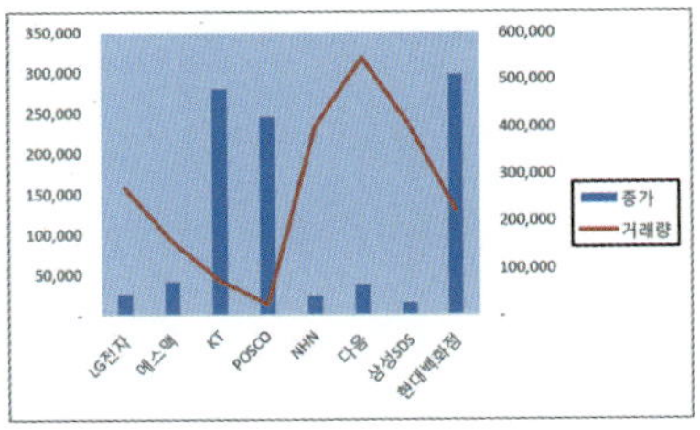

▲ 준비

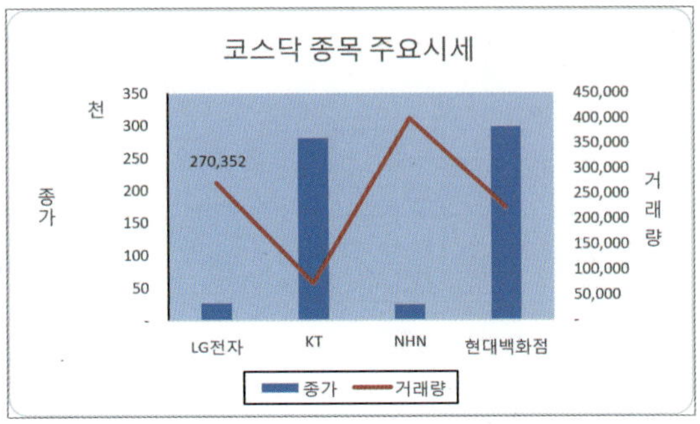

▲ 완성

조건

❶ 상장 구분이 '코스닥'인 정보만 종목명별 종가와 거래량이 차트에 표시되도록 데이터 범위 수정

❷ 차트 제목 및 축 제목을 위의 완성 화면과 같이 입력하고, Y(값) 축 제목, 보조 Y(값) 축 제목의 문자열에 대해 세로 방향을 [세로]로 지정

❸ Y(값) 축의 눈금 표시 단위를 [천]으로 설정하고 텍스트 방향을 [세로]로 지정

❹ 범례 위치는 [아래쪽]으로 지정

❺ 'LG전자'의 거래량 계열에만 데이터 레이블 값 표시

❻ 차트 영역의 테두리를 [둥근 모서리]로 지정

4 '연습5-4(준비).xlsx' 파일을 열고 다음 [고급 필터]와 [조건부 서식] 조건을 만족하도록 설정해 보자.

	A	B	C	D	E
25	직위	승진점수			
26	과장	>=80			
27	사원	>=80			
28					
29					
30					
31	이름	부서명	직위	승진점수	평
32	김현수	기획부	사원	91	상
33	김병현	기술부	사원	88	상
34	류현진	기획부	과장	80	중
35	윤성환	기획부	사원	92	상
36	정대현	영업부	사원	85	상
37	김선우	영업부	과장	95	상
38	이기자	영업부	사원	90	상

▲ 완성 1

	A	B	C	D	E	F	G	H	I	J	K
1	사원번호	이름	부서명	직위	업무수행	영어독해	영어듣기	전산이론	전산실기	승진점수	평가
2	*200104*	*김동주*	*기획부*	*대리*	*10*	*0*	*0*	*90*	*70*	*34*	*하*
3	200126	이승엽	영업부	부장	90	80	90	80	85	85	상
4	200123	이대호	총무부	대리	100	56	64	80	100	80	중
5	200134	박찬호	기획부	과장	70	52	76	90	100	78	중
6	200114	김태균	기획부	대리	100	60	48	90	100	80	중
7	200137	김현수	기획부	사원	100	76	80	100	100	91	상
8	200131	김병현	기술부	사원	90	76	72	100	100	88	상
9	200133	류현진	기획부	과장	64	90	76	90	80	80	중
10	200129	윤성환	기획부	사원	100	88	72	100	100	92	상
11	200127	정대현	영업부	사원	100	64	72	90	100	85	상
12	200112	오승환	영업부	대리	90	100	100	95	90	95	상
13	200120	김선우	영업부	과장	100	90	100	90	95	95	상
14	200128	박현준	총무부	부장	100	68	72	90	100	86	상
15	200119	김진우	총무부	대리	100	44	60	90	90	77	중
16	*200116*	*배영수*	*영업부*	*대리*	*56*	*80*	*56*	*80*	*90*	*72*	*중*
17	200135	이기자	영업부	사원	100	72	80	100	100	90	상
18	200110	김강타	기획부	대리	90	48	44	80	100	72	중
19	200130	한기주	기술부	사원	90	68	72	100	100	86	상
20	200132	홍성흔	영업부	사원	100	76	76	90	100	88	상
21	*200124*	*양준혁*	*영업부*	*사원*	*70*	*52*	*64*	*70*	*90*	*69*	*하*
22	*200106*	*이종범*	*기술부*	*과장*	*50*	*40*	*28*	*0*	*90*	*42*	*하*
23	200136	최동원	총무부	과장	100	68	80	100	100	90	상

▲ 완성 2

고급 필터

❶ '직위'가 '과장' 또는 '사원'이고 '승진점수'가 80 이상인 사원의 '이름', '부서명', '직위', '승진점수', '평가' 열만 순서대로 표시

❷ 조건은 [A25:K29] 영역 내에 알맞게 입력

❸ 결과는 [A31] 셀부터 5개의 필드를 먼저 복사한 후 이 영역으로 지정

조건부 서식

❶ [A2:K23] 영역에 대해서 '업무수행'이 80 미만이고, '영어듣기'가 70 미만인 행 전체에 [글꼴 스타일]은 [기울임꼴], [글꼴 색]은 [빨강]을 적용

❷ 조건은 AND 함수를 이용해 수식으로 작성

5 '연습5-5(준비).xlsx' 파일을 열고 '1사분기 판매현황' 표에 대해서 아래 조건을 만족하는 피벗 테이블을 작성해 보자.

	A	B	C	D	E
1	[표] 1사분기 판매현황				
2	판매월	지역	담당자	판매수량	판매금액
3	1월	서울	박찬호	140	938,000
4	1월	강릉	이승엽	380	1,406,000
5	1월	서울	이대호	240	1,729,000
6	1월	광주	김병현	391	3,362,600
7	1월	부산	김태균	139	1,070,300
8	1월	광주	김동주	120	852,000
9	1월	부산	김현수	170	2,534,000
10	2월	서울	홍성흔	378	2,457,000
11	2월	강릉	류현진	120	1,008,000
12	2월	서울	김광현	520	6,280,000
13	2월	광주	배영수	100	780,000
14	2월	부산	오승환	290	1,892,000
15	2월	광주	정대현	263	1,762,100
16	2월	부산	박현준	210	17,380,000
17	3월	서울	최형우	490	2,107,000
18	3월	서울	양준혁	382	2,215,600
19	3월	서울	최동원	390	4,056,000
20	3월	부산	이순철	170	1,000,200
21	3월	광주	김진욱	157	1,507,200

▲ 준비

	A	B	C	D
1	담당자	(모두)		
2				
3		열 레이블		
4	행 레이블	1월	2월	3월
5	강릉			
6	평균 : 판매수량	380	120	
7	평균 : 판매금액	1,406,000	1,008,000	
8	광주			
9	평균 : 판매수량	256	182	157
10	평균 : 판매금액	2,107,300	1,271,050	1,507,200
11	부산			
12	평균 : 판매수량	155	250	170
13	평균 : 판매금액	1,802,150	9,636,000	1,000,200
14	서울			
15	평균 : 판매수량	190	449	421
16	평균 : 판매금액	1,333,500	4,368,500	2,792,867
17	전체 평균 : 판매수량	226	269	318
18	전체 평균 : 판매금액	1,698,843	4,508,443	2,177,200

▲ 완성

조건

❶ 피벗 테이블의 위치는 [새 워크시트]로 설정

❷ '담당자'는 [필터]로, '지역'은 [행]으로, '판매월'은 [열]로, '판매수량', '판매금액'은 [값]으로 이동해 구성. 순서대로 실행한 뒤 Σ값은 [행]으로 이동

❸ '판매수량'과 '판매금액'은 평균 구하기

❹ 행의 총합계는 표시하지 않음

❺ '판매수량'은 소수점 이하를 표시하지 않고, '판매금액'은 천 단위 구분 기호 표시

6 '연습5-6(준비).xlsx' 파일을 열고 '한국-프랑스 간 교역동향' 표에 대해서 아래의 조건을 만족하는 매크로를 현재 통합 문서에 작성하고 실행해 보자.

	A	B	C	D	E	F
1	[표] 한국-프랑스 간 교역동향					
2						(단위 : 만달러)
3	품목	구분	2010년	2011년	2012년	총교역액
4	동괴	수입	61772	89200	78812	229784
5	동광	수입	32566	49742	63740	146048
6	자동차	수출	13515	21326	27295	62136
7	무선통신기기	수출	2354	8247	7751	18352
8	포도주	수입	377.7	840.9	1007.1	2225.7
9	경유	수출	5511	8227	23059	36797
10	합성수지	수출	5083	8715	12016	25814
11	포도	수입	1366.3	1524.3	1691.3	4581.9
12	합계					525738.6

▲ 준비

	A	B	C	D	E	F
1	[표] 한국-프랑스 간 교역동향					
2						(단위 : 만달러)
3	품목	구분	2017년	2018년	2019년	총교역액
4	동괴	수입	61,772	89,200	78,812	229,784
5	동광	수입	32,566	49,742	63,740	146,048
6	자동차	수출	13,515	21,326	27,295	62,136
7	무선통신기기	수출	2,354	8,247	7,751	18,352
8	포도주	수입	378	841	1,007	2,226
9	경유	수출	5,511	8,227	23,059	36,797
10	합성수지	수출	5,083	8,715	12,016	25,814
11	포도	수입	1,366	1,524	1,691	4,582
12	합계					525,739
13						
14	서식		합계			
15						

▲ 완성

'서식' 매크로

❶ [C4:F11] 영역에 쉼표 스타일(,)을 표시하는 매크로를 생성하고, 매크로 이름을 '서식'으로 정의

❷ [개발 도구] 탭-[컨트롤] 그룹-[삽입]을 클릭하고, 양식 컨트롤 단추를 동일 시트의 [A14:A15] 위치에 삽입한 후 텍스트를 '서식'으로 입력하고 [매크로 지정] 대화상자에서 '서식' 매크로를 선택

'합계' 매크로

❶ [F12] 셀에 [F4:F11] 영역의 합을 자동 합계 기능을 이용해 계산하는 매크로를 생성하고, 매크로 이름을 '합계'로 정의

❷ [개발 도구] 탭-[컨트롤] 그룹-[삽입]을 클릭하고 양식 컨트롤 단추를 동일 시트의 [C14:C15] 위치에 삽입한 후 텍스트를 '합계'로 입력하고 [매크로 지정] 대화상자에서 '합계' 매크로를 선택

PART

04

파워 포인트

POWERPOINT 2016

CHAPTER

06

파워포인트 2016 기본 기능

학습목표

- 프레젠테이션과 파워포인트에 대해 이해한다.
- 파워포인트의 화면 구성을 알고 화면 보기 방법을 변경할 수 있다.
- 슬라이드를 만들고 레이아웃을 바꿀 수 있다.
- 텍스트를 입력하고 서식을 변경할 수 있다.
- 표를 삽입하고 편집할 수 있다.
- 차트를 삽입하고 구성 요소를 편집할 수 있다.

SECTION 01

파워포인트 개요

SECTION 01에서는 프레젠테이션에 대한 소개와 효과적인 프레젠테이션 문서를 작성하는 방법에 대해 알아보고, 최적의 프레젠테이션을 위한 프로그램인 파워포인트에 대해 알아본다.

1.1 프레젠테이션이란?

프레젠테이션(Presentation)이란 소개, 발표, 표현, 제출을 뜻하는 용어로, '정해진 시간 안에 발표자가 자기 생각을 청중에게 정확히 전달해서 상대방이 의사를 결정할 수 있도록 설득하는 커뮤니케이션 방법'이다.

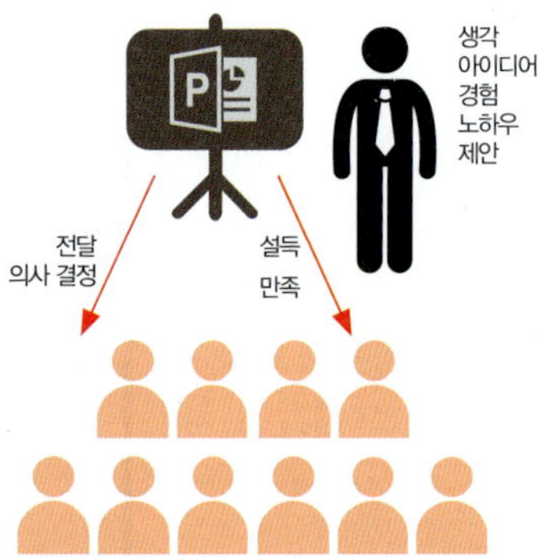

출처 en.wikipedia.org

프레젠테이션의 3단계는 목표를 설정하고 대상 청중을 결정하는 기획 및 설계 단계, 프레젠테이션 자료를 작성하는 준비 및 제작 단계, 마지막으로 청중에게 실제 프레젠테이션을 하는 실시 단계로 구분된다. 프레젠테이션 자료를 제작할 때는 청중의 관심을 유도할 수 있는 시각적인 자료, 인쇄물, 발표자용 노트 등을 함께 준비하는 것이 좋다. 이때 자료를 제작하고 프레젠테이션을 할 수 있도록 도와주는 대표적인 프로그램이 바로 파워포인트이다.

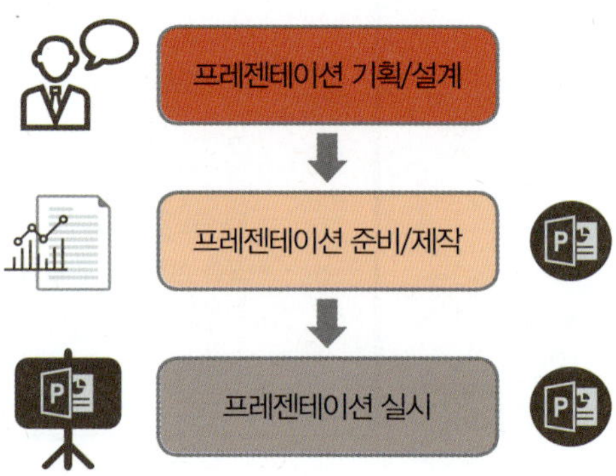

1.2 효과적인 프레젠테이션 문서 만들기

프레젠테이션 문서는 발표자가 청중에게 정확하고 효과적으로 메시지를 전달할 수 있도록 돕는 보조자료이므로 일반적인 워드프로세서 문서와는 구성과 형태가 다를 수밖에 없다. 프레젠테이션 문서를 만들 때 유의해야 할 사항은 다음과 같다.

- **슬라이드 수 최소화** 메시지를 분명하게 전달하고 청중이 흥미를 잃지 않고 집중할 수 있도록 꼭 필요한 적정 분량의 슬라이드만 사용한다.
- **가독성이 뛰어난 글꼴 선택** 맑은 고딕이나 굴림 등 멀리서도 분명하게 읽을 수 있는 글꼴을 선택한다.

> **TIP** 한 페이지 안에서 글꼴이나 글꼴 색 등을 다양하게 사용하면 산만해 보일 수 있으므로 가급적 세 종류를 넘지 않도록 한다. 또 글꼴을 꾸미는 기능은 제목이나 강조할 내용에만 사용하는 것이 좋고, 글꼴 크기가 25pt보다 작으면 청중이 읽기 어려울 수 있으니 적절한 크기를 유지한다.

- **텍스트를 간결하게 표시** 문장을 짧게 구성하고 글머리 기호 등을 사용해 각 문장이 한 줄을 넘지 않도록 한다.

> **TIP** 발표자가 내용을 설명할 것이므로 프레젠테이션 화면에는 핵심만 보여주면 충분하다. 청중이 화면 내용을 읽기보다 발표 내용에 집중할 수 있도록 유도한다.

- **시각적 요소를 사용해 메시지 표현** 그래픽 요소를 이용해 메시지를 구성하면 텍스트로만 표현했을 때보다 더 잘 기억할 수 있는 자료가 된다. 시각적 효과를 제공하는 요소에는 그림, 차트, 클립아트, 워드아트, 스마트아트 등이 있다.
- **세련되고 일관성 있는 슬라이드 배경 사용** 청중을 집중시킬 수 있도록 주목도가 높은 서식 파일이나 테마를 선택한다. 하지만 피로하지 않도록 일관성 있고 너무 자극적이지 않은 배경을 사용하는 것이 좋다.

> **TIP** 배경 색과 텍스트 색 사이에 고대비를 설정하면 내용을 강조하는 효과를 낼 수 있다.

- **맞춤법 및 문법 검사** 프레젠테이션의 신뢰도를 떨어뜨리지 않도록 맞춤법과 문법 검사를 한다.

1.3 파워포인트의 특징

파워포인트는 효과적인 프레젠테이션을 위해 다음과 같은 기능을 제공하기 때문에 업무 보고, 기획안, 사업계획서, 학술 문서 발표 등에 폭넓게 활용되고 있다.

- **다양한 서식 파일 제공** 전문 디자이너가 만든 각종 서식 파일이 제공되며, MS Office 사이트(https://templates.microsoft.com)에서 오피스 서식 파일과 테마를 다운로드할 수도 있다. 서식 파일을 적용하면 문서 디자인이 완성된 상태에서 내용만 입력하면 되기 때문에 초보자도 쉽게 프레젠테이션 문서를 만들 수 있다.

- **멀티미디어 개체 삽입** 그림, 비디오, 오디오 등 멀티미디어 정보를 슬라이드에 삽입하는 개체 삽입 기능이 있다. 온라인에서 검색한 그림과 비디오 파일이나 녹음한 오디오 파일을 삽입할 수 있다.

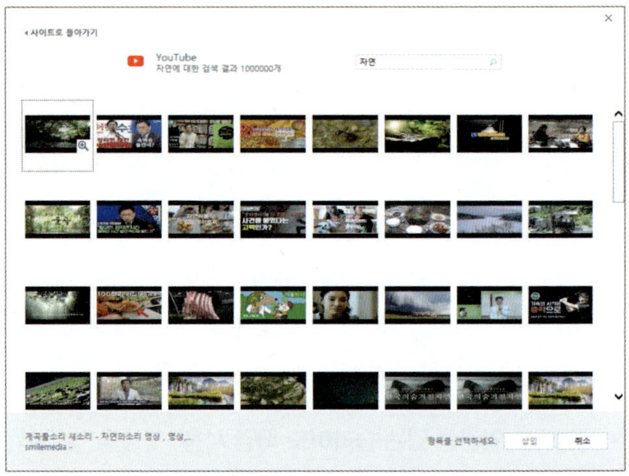

- **슬라이드 쇼 기능 제공** 프레젠테이션 문서를 쉽게 발표할 수 있도록 슬라이드 쇼 기능을 제공한다. 슬라이드 쇼에 화면 전환 효과, 애니메이션 등의 기능을 적용해 청중의 관심을 유도할 수 있다.

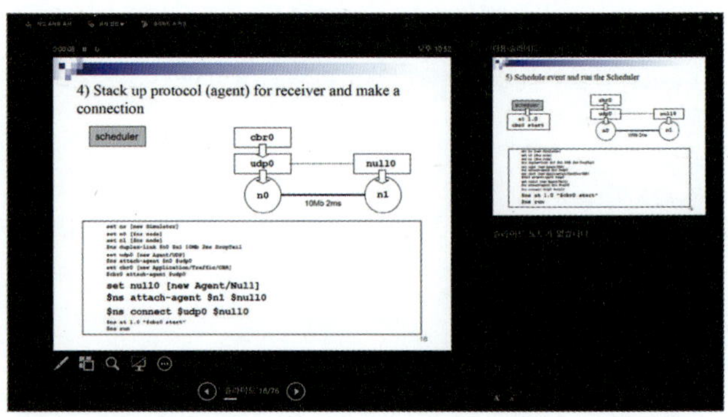

SECTION 02

기본 기능 익히기

SECTION 02에서는 파워포인트를 시작하고 닫는 방법과 화면 구성을 살펴보고, 새 프레젠테이션 만들기, 열기, 저장하기 등의 문서 관리 기능과 다양한 프레젠테이션 보기 기능에 대해 알아본다.

2.1 파워포인트 2016의 시작과 닫기

윈도우에서 [시작] 단추-[PowerPoint 2016]을 선택하면 파워포인트가 실행되고 [빠르게 시작하기] 화면이 열린다. 이곳에서 [최근 항목], [다른 프레젠테이션 열기], [새 프레젠테이션] 또는 제공되는 여러 가지 서식 파일 중 하나를 선택해 시작한다.

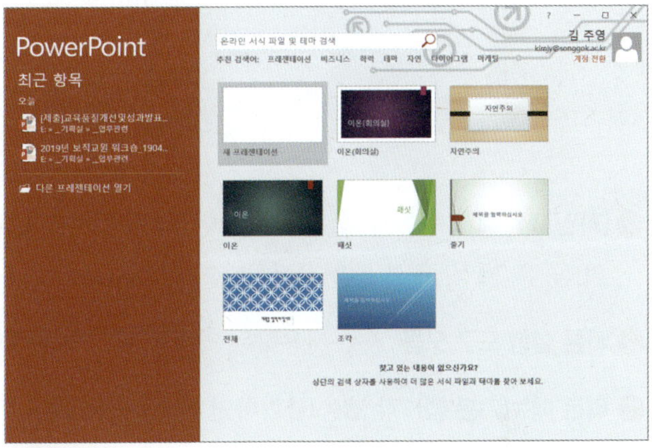

파워포인트는 프레젠테이션 문서마다 창이 열리기 때문에 현재 작업 중인 문서를 닫으려면 [파일] 탭-[닫기]를 선택한다.

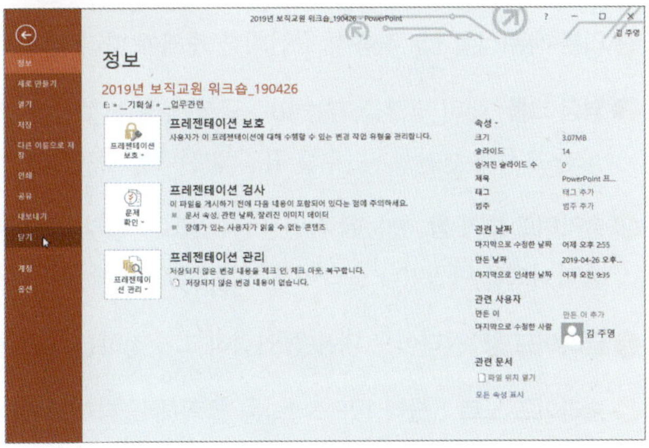

2.2 파워포인트 화면 구성

파워포인트 2016의 시작 화면은 다음과 같이 구성되어 있다.

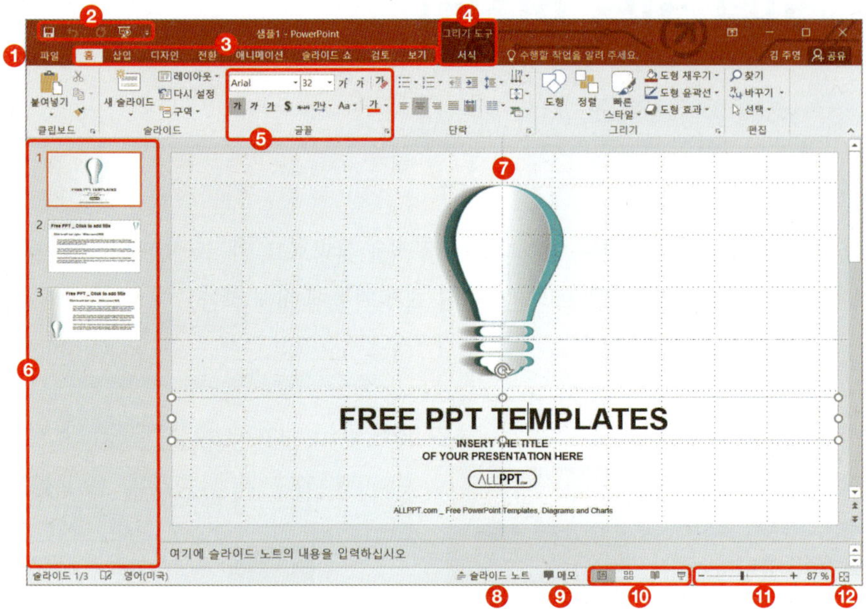

❶ **[파일] 탭** 새로 만들기, 열기, 저장, 인쇄, 내보내기, 닫기 등 파일 관련 기본 명령으로 구성되어 있으며, 공유, 계정, 옵션 등을 설정한다.

❷ **빠른 실행 도구 모음** 자주 사용하는 명령을 빠르게 실행할 수 있도록 모아 놓은 곳이다.

❸ **리본 메뉴(기본 탭)** 각 탭을 클릭하면 작업 내용에 따라 실행할 수 있는 명령 단추가 그룹으로 구분되어 열린다.

❹ **리본 메뉴(상황 탭)** 사용자가 선택한 개체에 따라 상황에 맞게 추가로 활성화되는 탭이다.

❺ **명령 그룹** 탭의 명령을 기능별로 구분해 놓은 것이다. 그룹 내 명령 외의 추가 명령은 각 그룹의 대화상자 표시 옵션인 ⧉ 단추를 클릭해 선택할 수 있다.

❻ **슬라이드 보기 창** 한눈에 확인할 수 있도록 슬라이드들이 작은 그림으로 나열된 창이다. 이곳에서 새 슬라이드를 만들거나 슬라이드 이동/복제/삭제 작업 등을 할 수 있다.

❼ **슬라이드 창** 슬라이드 내용을 입력하고 수정하는 작업 영역이다.

❽ **슬라이드 노트** [슬라이드 노트]를 클릭해 슬라이드 창 아래에 슬라이드 노트를 보이게 하거나 감출 수 있다. 참고로 슬라이드 노트는 슬라이드 내용에 대한 부연 설명을 입력하는 영역이다.

❾ **메모** 메모 작업 창을 불러오거나 닫는다.

⑩ 화면 보기 기본, 개요 보기, 여러 슬라이드, 슬라이드 노트, 읽기용 보기 등의 화면으로 간편하게 전환할 수 있다.

⑪ 슬라이드 확대/축소 도구 슬라이드 바를 드래그하거나 [+], [−]를 클릭해 슬라이드를 확대/축소한다. 비율을 직접 입력해도 된다.

⑫ 창 크기 맞춤 도구 현재 창 크기에 맞게 슬라이드 크기를 자동 조절한다.

2.3 프레젠테이션 문서 관리하기

새 프레젠테이션 문서를 만드는 방법에는 서식 파일이 적용되지 않은 채로 만드는 방법과 오피스에서 제공하는 서식 파일 또는 온라인으로 검색한 서식 파일을 적용해 만드는 방법이 있다. 새 프레젠테이션 문서를 만드는 방법을 알아보고, 작업한 프레젠테이션 문서를 저장하는 방법, 저장한 프레젠테이션을 여는 방법도 알아본다.

2.3.1 새 프레젠테이션 만들기

새 프레젠테이션을 만들려면 [파일] 탭–[새로 만들기]를 선택하고 [새 프레젠테이션]을 클릭한다. 이 경우 서식 파일이 적용되지 않고 흰 배경의 새 프레젠테이션이 만들어진다.

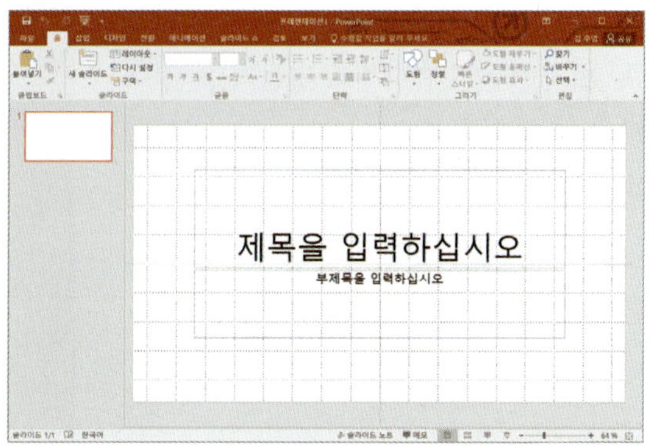

여기서 잠깐 **파워포인트 화면 비율 변경하기**

파워포인트 2016은 슬라이드 크기가 와이드 스크린(16:9) 비율로 설정되어 있는데, 기존 프로젝트 비율인 표준(4:3) 비율로 변경하려면 [디자인] 탭–[사용자 지정] 그룹–[슬라이드 크기]의 [표준(4:3)]을 선택한다.

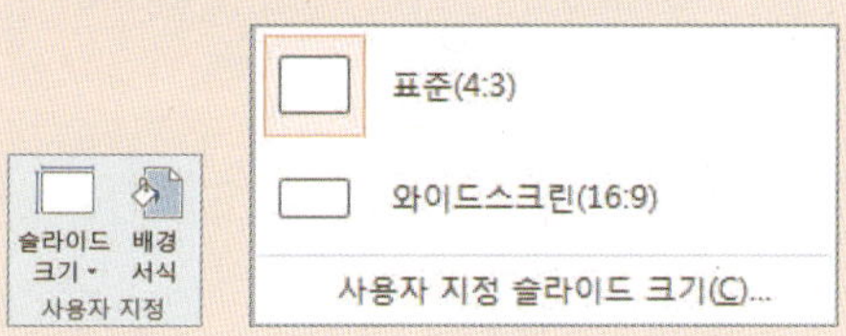

오피스에서 제공하는 기본 서식 파일을 적용한 새 프레젠테이션을 만들려면 [파일] 탭–[새로 만들기]를 선택하고 작성하려는 프레젠테이션에 적합한 서식 파일을 선택한 후 [만들기]를 클릭한다. 이때 오른쪽에 제시되는 색 구성 중 한 가지를 선택할 수 있다.

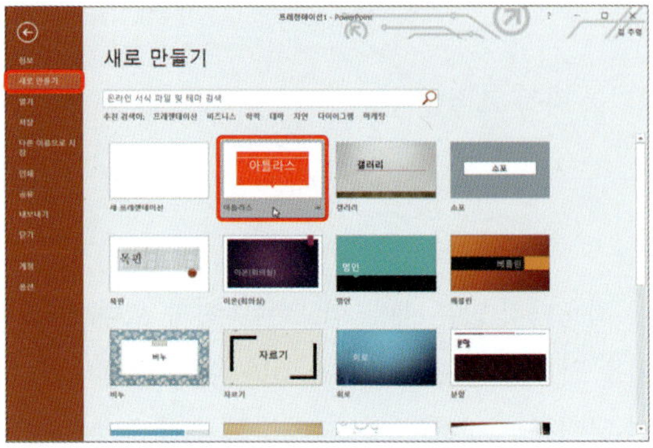

TIP 서식 파일에 따라 색 구성이 제시되기도 하고, 제시되지 않기도 한다.

원하는 서식 파일이 없다면 온라인 서식 파일을 검색해 프레젠테이션 문서를 만들 수 있다. [파일] 탭–[새로 만들기]를 선택하고 검색 상자에 찾으려는 서식 파일과 연관된 검색어를 입력한 후 Enter를 누른다. 원하는 검색 결과가 나오지 않으면 오른쪽 범주에서 선택할 수도 있다.

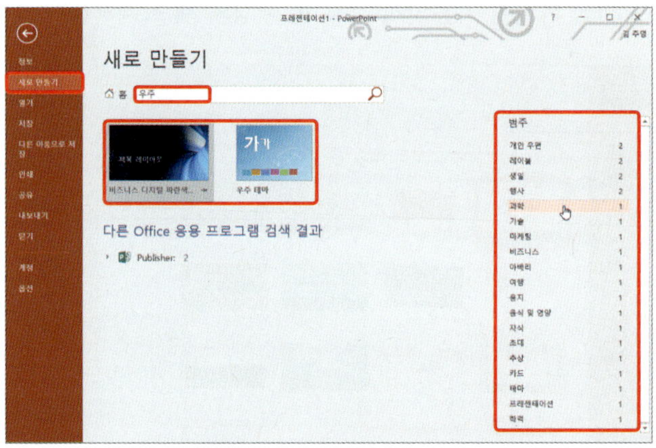

여기서 잠깐 ▶ 시작 화면 없이 파워포인트 시작하기

파워포인트를 시작했을 때 바로 슬라이드 편집 화면이 나타나게 할 수도 있다. [파일] 탭–[옵션]을 선택하고 [PowerPoint 옵션] 창의 [일반] 범주에서 [시작 옵션] 항목의 [이 응용 프로그램을 시작할 때 시작 화면 표시]의 선택을 해제한다.

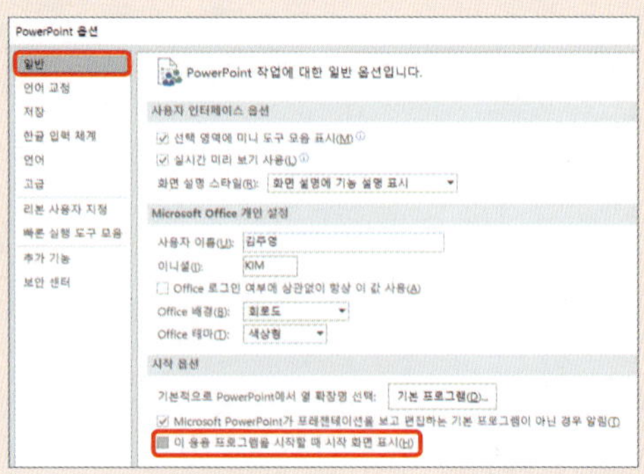

2.3.2 프레젠테이션 열기

최근에 사용한 프레젠테이션을 열려면 [파일] 탭-[열기]를 클릭하고 [최근에 사용한 항목] 목록에서 파일을 선택한다. 목록에 없으면 [찾아보기]를 클릭해 [열기] 대화상자를 열고 파일을 찾는다.

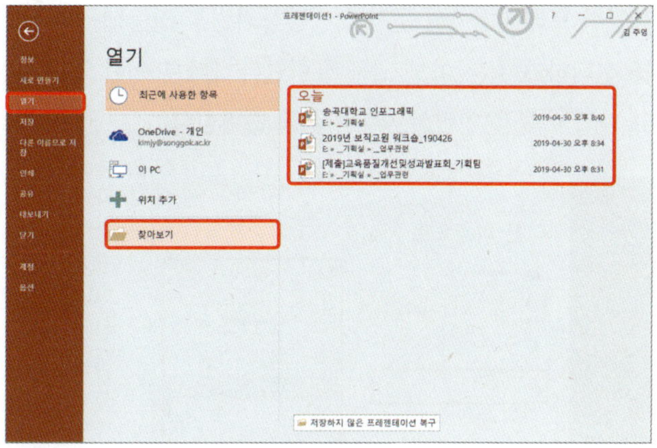

OneDrive 클라우드에 프레젠테이션 파일을 저장해 두었다가 찾아서 사용할 수도 있다. OneDrive를 이용하려면 [파일] 탭-[열기]를 클릭하고 [OneDrive]를 선택한 후 [로그인]을 클릭해 로그인 과정을 진행한다.

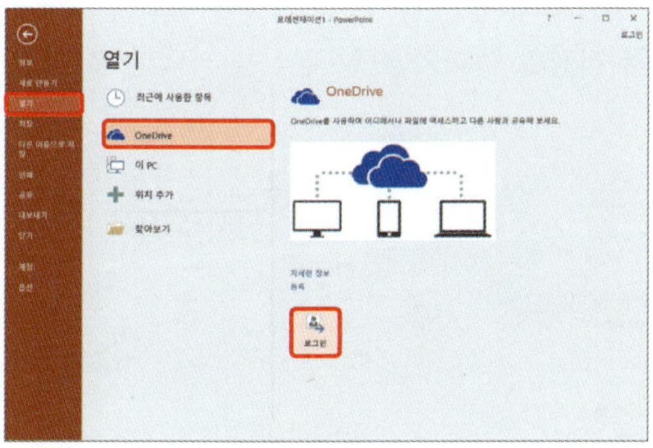

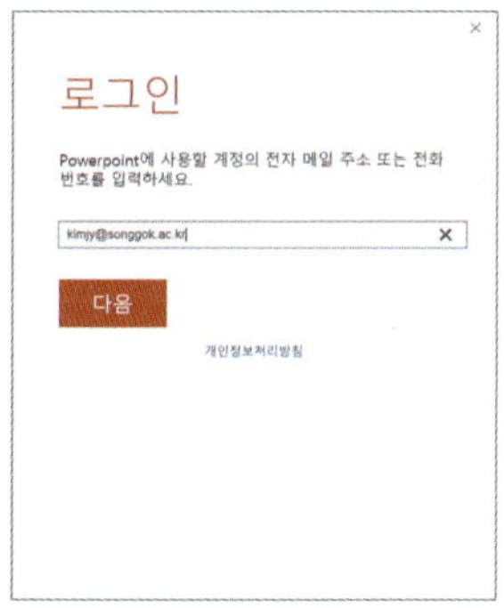

TIP 계정이 없다면 먼저 [로그인] 단추 위에 있는 [등록]을 클릭해 계정을 생성한다. OneDrive 클라우드를 이용하면 장소에 상관없이 여러 기기에서 같은 파일을 편집할 수 있다.

OneDrive에 접속되면 [OneDrive – 개인]을 클릭한 후 폴더를 열고 파일을 선택한다.

2.3.3 프레젠테이션 저장하기

작업한 프레젠테이션 문서를 저장하려면 [파일] 탭–[저장]을 선택한 후 최근 폴더 목록에서 저장할 폴더를 선택하거나 [찾아보기]를 클릭한다. [다른 이름으로 저장] 대화상자가 열리면 저장할 폴더를 선택하고 파일 이름을 입력한 후 [저장]을 클릭한다.

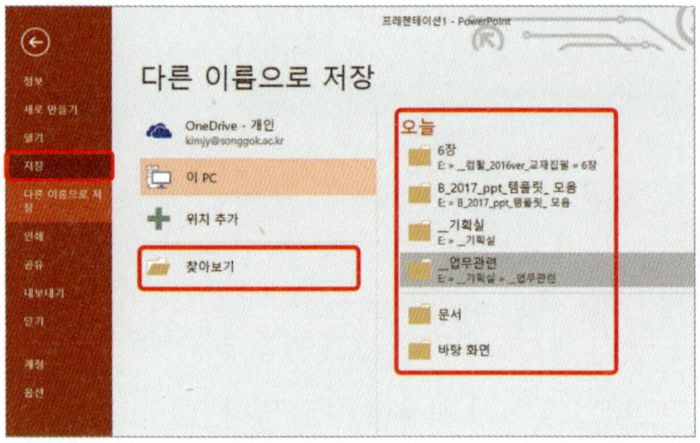

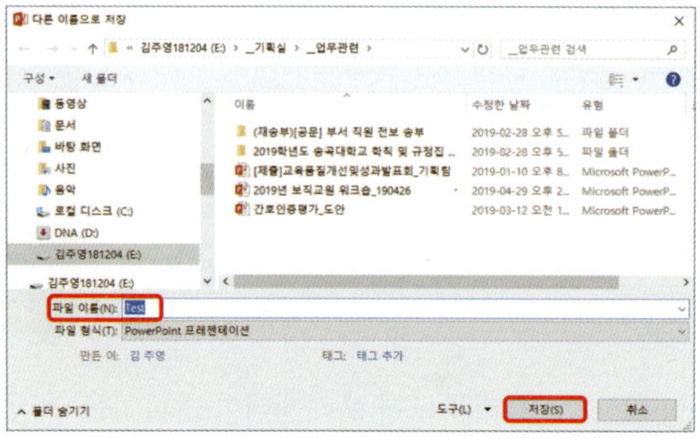

작업 중인 프레젠테이션을 그대로 저장하려면 [파일] 탭–[저장]을 선택하고 다른 파일로 저장하려면 [파일] 탭–[다른 이름으로 저장]을 선택한 후 [OneDrive – 개인] 또는 [이 PC]를 선택한다.

[OneDrive – 개인]을 선택한 경우 자격증명 과정을 거쳐 저장할 폴더와 파일 형식을 선택한 후 파일 이름을 입력하고 저장한다.

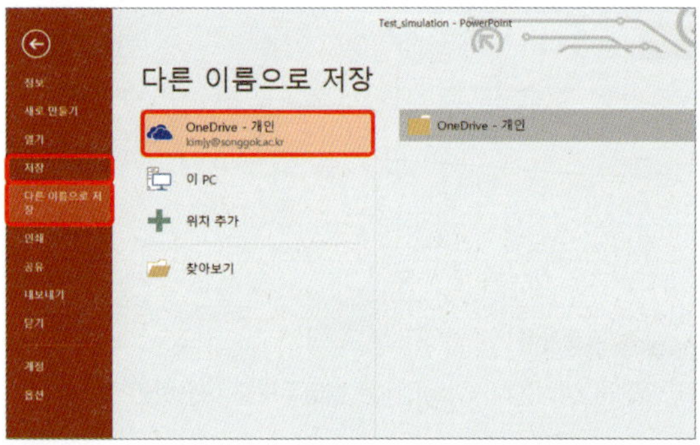

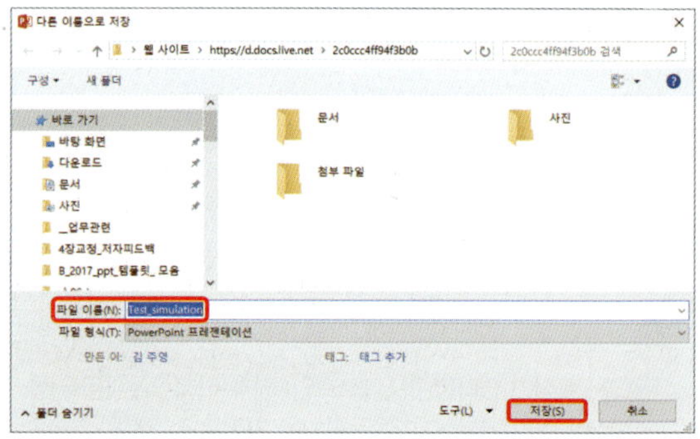

[이 PC]를 선택했다면 '현재 폴더' 또는 최근 폴더 중에서 원하는 폴더를 선택한 후 파일 이름을 입력하고 저장한다.

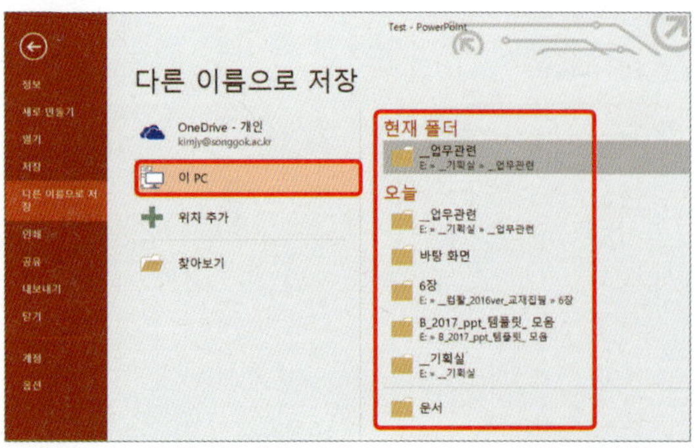

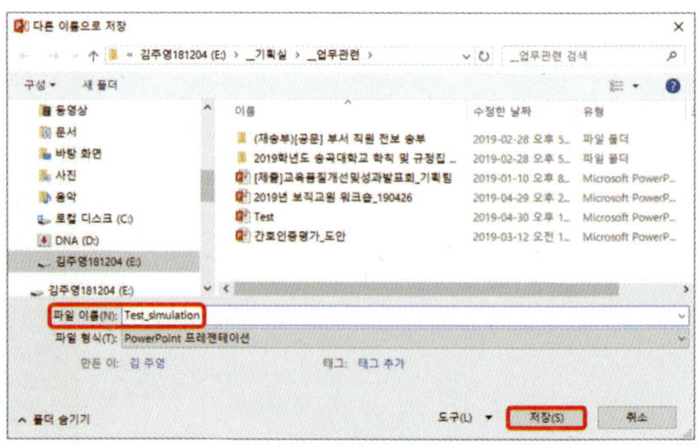

여기서 잠깐 파워포인트 저장 파일 형식

파워포인트 문서를 저장할 때 사용할 수 있는 파일 형식에는 여러 가지가 있다. 대표적인 몇 가지를 살펴보면 다음과 같다.

- **PDF(*.pdf)** PDF 문서로 저장한다. PDF 파일은 전용 프로그램이 있어야 수정할 수 있으므로 프레젠테이션 배포 또는 웹 게시에 많이 사용된다.
- **Windows Media 비디오(*.wmv)** 프레젠테이션을 동영상 파일로 저장한다. 프레젠테이션 문서에 삽입한 글꼴, 개체, 애니메이션, 화면 전환 효과 등을 동영상으로 저장할 수 있다.
- **PowerPoint 97-2003 프레젠테이션(*.ppt)** 파워포인트 97부터 2003 버전에서 호환되는 문서로 저장한다. 파워포인트 2010 이상에서 작업한 프레젠테이션을 이 형식으로 저장하면 손실될 수 있는 기능을 알리는 메시지가 나타난다.

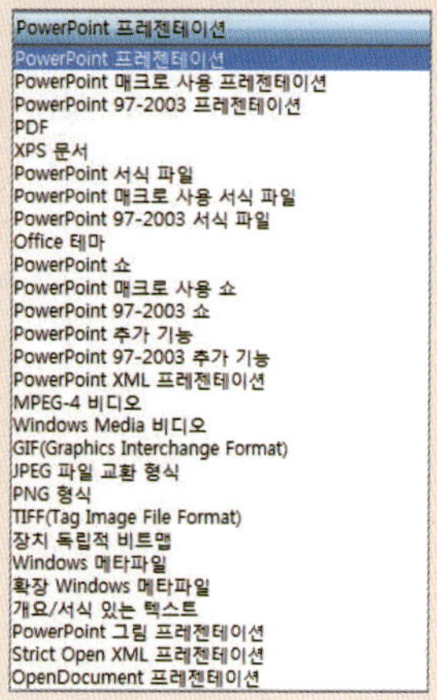

프레젠테이션에 암호를 지정하려면 [다른 이름으로 저장] 대화상자에서 [도구]-[일반 옵션]을 선택하고 [일반 옵션] 대화상자에서 [열기 암호]나 [쓰기 암호]를 설정한다. 지정된 암호를 제거하려면 [일반 옵션] 대화상자에서 암호를 모두 지우고 다시 저장한다.

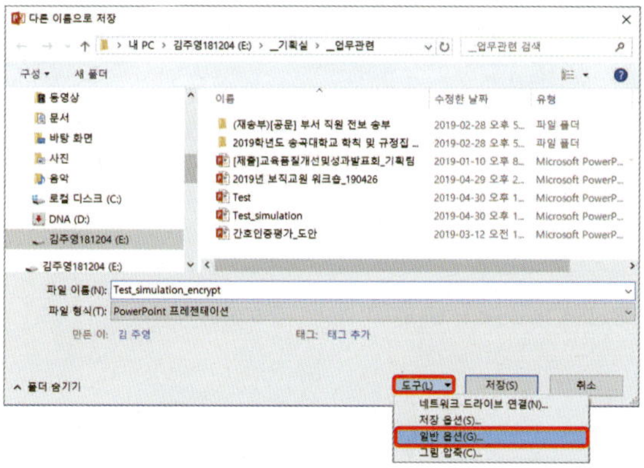

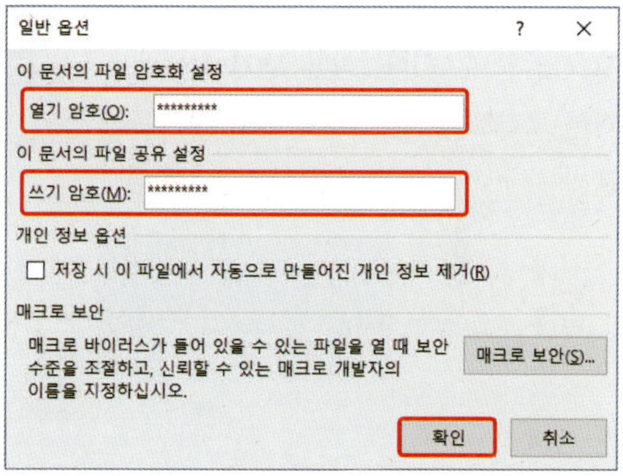

여기서 잠깐 프레젠테이션 자동 복구 및 자동 저장하기

파워포인트 2013은 프레젠테이션 작업 중 갑자기 정전되거나 파일을 저장하지 않고 닫았을 때 작업한 내용이 손실되는 상황을 방지하기 위해 자동 복구와 자동 저장 기능을 제공한다. 이 기능을 사용하려면 [파일] 탭-[옵션]을 선택하고 [PowerPoint 옵션] 창의 [저장] 범주에서 [프레젠테이션 저장] 항목의 [자동 복구 정보 저장 간격]과 [저장하지 않고 닫은 경우 마지막으로 자동 저장된 버전 유지]가 선택되어 있어야 한다.

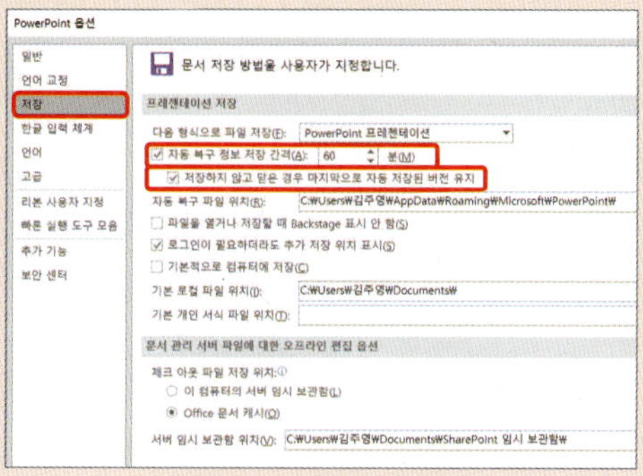

2.4 프레젠테이션 보기

파워포인트는 작업의 종류에 따라 기본, 개요 보기, 여러 슬라이드, 슬라이드 노트, 읽기용 보기 등의 다양한 화면 보기를 제공한다. 슬라이드 창 아래의 상태 표시줄에서도 자주 사용하는 보기인 기본, 여러 슬라이드, 읽기용 보기, 슬라이드 쇼를 이용할 수 있다.

2.4.1 기본 보기

기본 보기는 새 프레젠테이션을 열었을 때 기본적으로 열리는 화면으로, 슬라이드에 내용을 입력하고 수정할 때 사용한다. 왼쪽에는 슬라이드 보기 창, 오른쪽에는 슬라이드 창이 있으며, 아래에는 슬라이드 노트를 열 수 있다. 슬라이드 보기 창에서 선택한 슬라이드를 슬라이드 창에서 편집할 수 있다. 다른 보기 화면에서 기본 보기로 전환하려면 [보기] 탭–[프레젠테이션 보기] 그룹–[기본]을 클릭한다.

TIP 슬라이드는 프레젠테이션 문서를 구성하는 기본 단위로, 워드프로세서 프로그램의 '쪽' 개념으로 이해하면 된다.

2.4.2 개요 보기

개요 보기는 왼쪽의 슬라이드 창에 텍스트만 표시되어 전체 내용을 한눈에 파악할 수 있는 화면 보기이다. [보기] 탭–[프레젠테이션 보기] 그룹–[개요 보기]를 클릭한다.

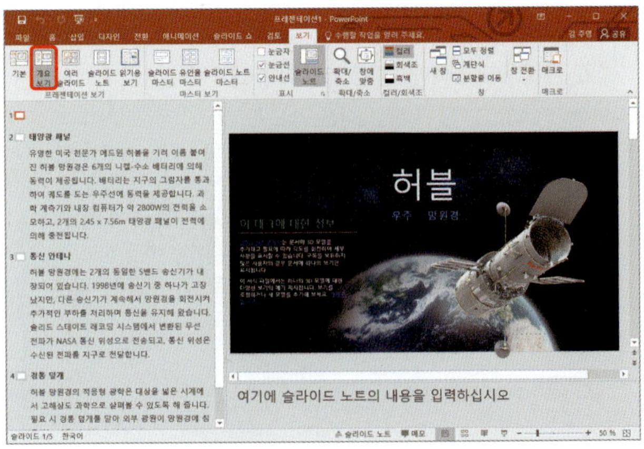

2.4.3 여러 슬라이드 보기

[보기] 탭-[프레젠테이션 보기] 그룹-[여러 슬라이드]를 클릭하면 전환되는 여러 슬라이드 보기는 슬라이드를 축소된 그림으로 한 화면에 펼쳐서 보여주기 때문에 전체 슬라이드를 한꺼번에 살펴보면서 슬라이드 이동, 복사, 삭제 등을 하기에 편리하다. 상태 표시줄에 있는 [확대/축소] 도구를 이용해 보기 배율을 조정하면 한 화면에 표시되는 슬라이드 개수를 조정할 수 있다.

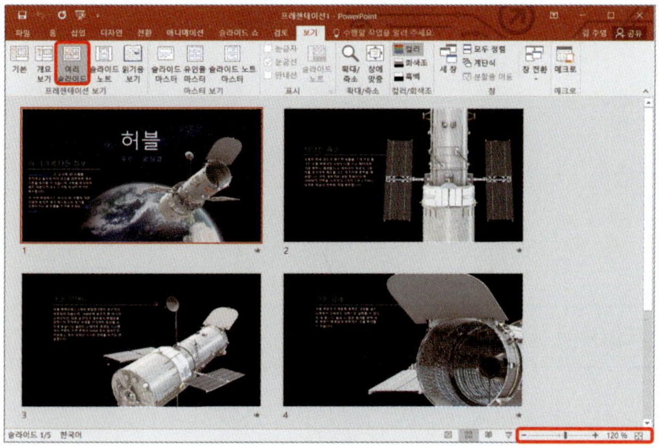

TIP 여러 슬라이드 보기에서 특정 슬라이드를 더블클릭하면 해당 슬라이드를 편집할 수 있는 기본 보기 상태로 바뀐다.

2.4.4 읽기용 보기

읽기용 보기는 슬라이드 쇼 보기와 유사한 기능으로, [보기] 탭-[프레젠테이션 보기] 그룹-[읽기용 보기]를 클릭해 실행한다. 현재 파워포인트 창 크기로 슬라이드 쇼를 보여주어 프레젠테이션을 검토하기에 적합하다. 읽기용 보기를 마치려면 Esc를 누르거나 상태 표시줄에서 [기본]을 클릭한다.

TIP 읽기용 보기 화면에서 슬라이드를 이동하려면 상태 표시줄에서 [이전], [다음] 단추를 클릭하거나 Page Up, Page Down, ←, →, ↑, ↓ 등을 누른다.

2.4.5 슬라이드 노트 보기

슬라이드 노트는 슬라이드에 대해 부연 설명을 입력하는 영역으로, [보기] 탭–[프레젠테이션 보기] 그룹–[슬라이드 노트]를 클릭하면 열린다.

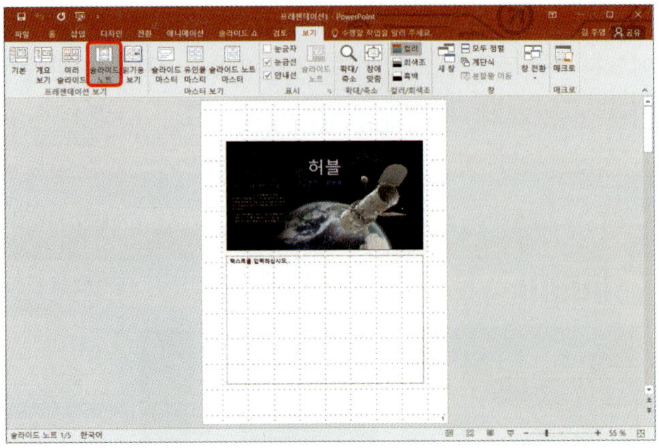

기본예제 6-1 온라인 서식으로 프레젠테이션 저장하기

온라인 서식 파일을 이용해 프레젠테이션을 만들고, 글꼴 저장 옵션을 설정하여 저장해 보자.

01 온라인 서식 파일 열기 [파일] 탭–[새로 만들기]를 선택하고 [추천 검색어] 중에서 [프레젠테이션]을 선택한다. 검색된 서식 파일 중에서 [기하학적 프레젠테이션]을 선택하고 [만들기]를 클릭하면 서식 파일이 다운로드된다.

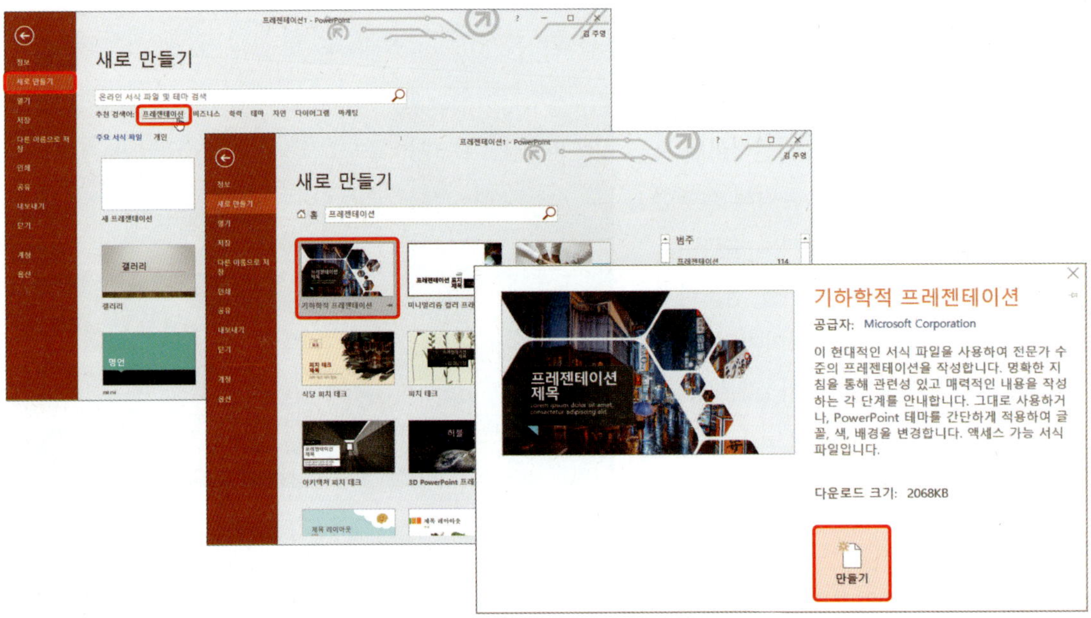

TIP [온라인 서식 파일 및 테마 검색]은 인터넷에 연결되어 있어야 나타난다.

02 저장 경로 및 파일 이름 입력하기 다운로드한 서식 파일을 [파일] 탭-[다른 이름으로 저장]을 선택해 저장한다. [다른 이름으로 저장] 대화상자에서 [파일 형식]은 [PowerPoint 프레젠테이션]으로 설정하고 [파일 이름]을 *실습6-1(완성)*으로 입력한다.

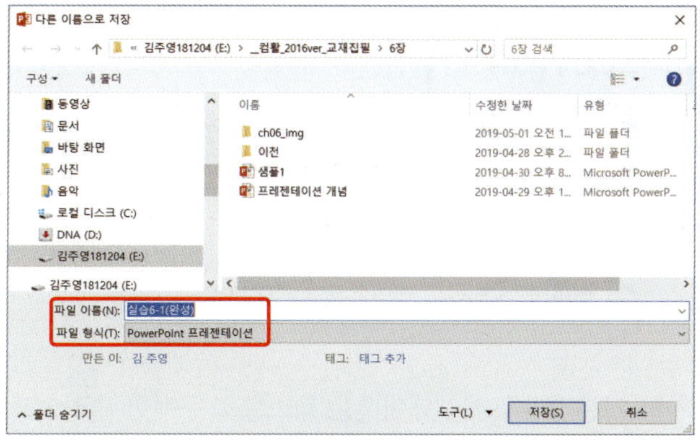

03 저장 옵션 선택하기 [다른 이름으로 저장] 대화상자의 아래쪽에 있는 [도구]-[저장 옵션]을 선택한다. [PowerPoint 옵션] 대화상자의 [저장] 범주에서 [이 프레젠테이션 공유 시 화질 보존] 항목의 [파일의 글꼴 포함]에 체크하고 [프레젠테이션에 사용되는 문자만 포함(파일 크기를 줄여줌)]을 선택한다. [PowerPoint 옵션] 대화상자에서 [확인]을, [다른 이름으로 저장] 대화상자에서 [저장]을 클릭해 저장을 완료한다.

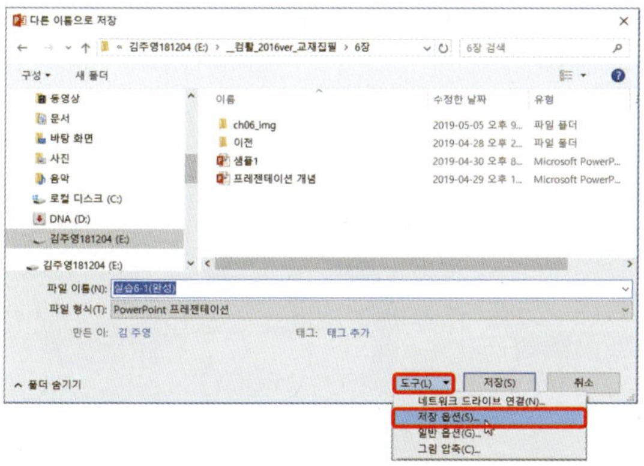

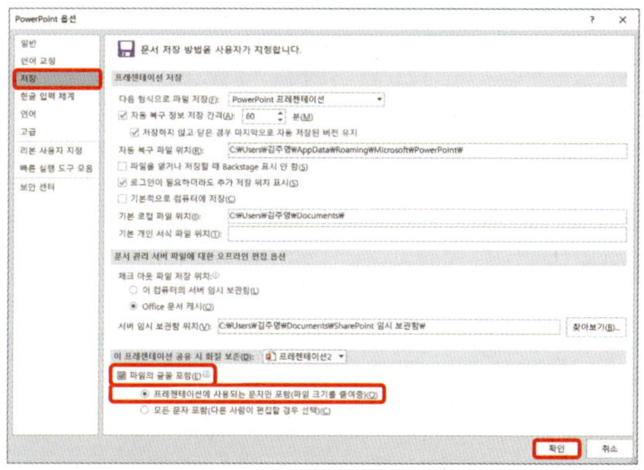

TIP 글꼴을 저장하면 다른 사용자의 컴퓨터에 해당 글꼴이 설치되어 있지 않더라도 문서를 깨짐 현상 없이 확인할 수 있다. 프레젠테이션을 진행할 컴퓨터에 글꼴이 없다면 현장에서 번거로운 상황을 겪을 수 있으므로 이 과정을 거쳐 대비하는 것이 바람직하다.

SECTION 03

텍스트 슬라이드 만들기

가장 기본적인 프레젠테이션은 텍스트로 구성한 슬라이드이다. 슬라이드를 다루는 방법과 텍스트를 개체 틀에 입력하고 꾸미는 방법에 대해 알아본다.

3.1 슬라이드 다루기

슬라이드 다루기에서는 슬라이드 추가, 복제, 이동, 삭제, 구역 추가 등에 대해서 알아본다.

3.1.1 슬라이드 추가

슬라이드를 추가하려면 슬라이드 보기 창에서 슬라이드를 추가할 위치에 있는 슬라이드 또는 슬라이드와 슬라이드 사이를 클릭하고 다음 중 한 가지 방법을 선택한다.

- **방법 1** [홈] 탭–[슬라이드] 그룹–[새 슬라이드] 클릭
- **방법 2** 마우스 오른쪽 단추를 클릭하고 [새 슬라이드] 선택
- **방법 3** Enter를 누름
- **방법 4** 단축키 Ctrl+M을 누름

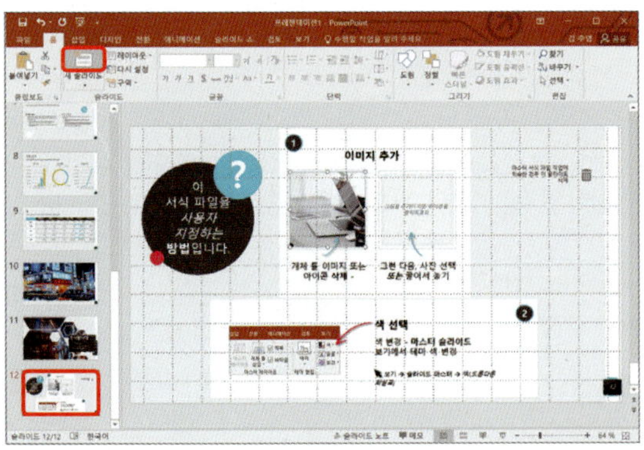

▲ 방법 1

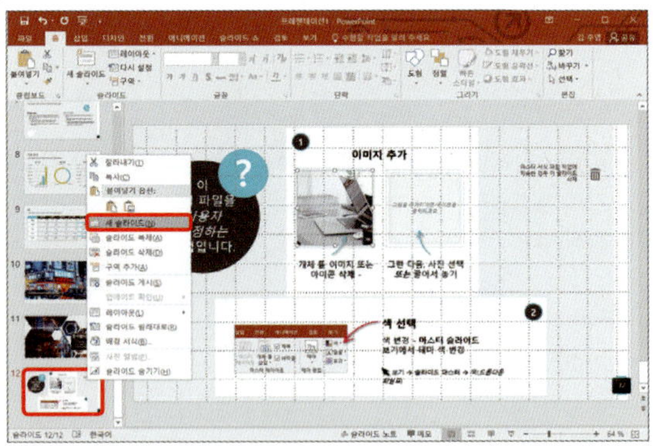

▲ 방법 2

새 슬라이드를 추가할 때 개체의 위치와 서식을 정의한 슬라이드 레이아웃을 적용할 수도 있다. [홈] 탭–[슬라이드] 그룹–[새 슬라이드] 단추의 아래쪽 부분인 새 슬라이드 ▾를 클릭하면 열리는 목록에서 선택한다.

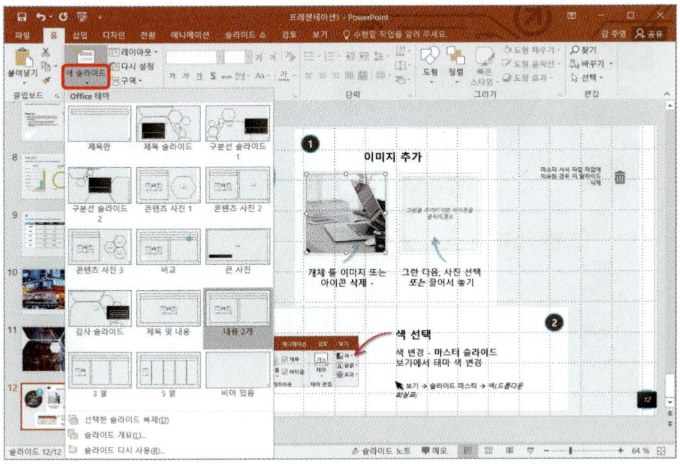

> **여기서 잠깐** **도구 단추의 목록 열기**
>
> 도구 단추 중에 아래쪽이나 오른쪽에 ▾ 모양이 있는 경우에는 클릭하면 메뉴 목록이 열린다. 또 그중 일부는 ▾ 모양 외의 부분을 클릭하면 기본 기능이 실행된다.
>
> 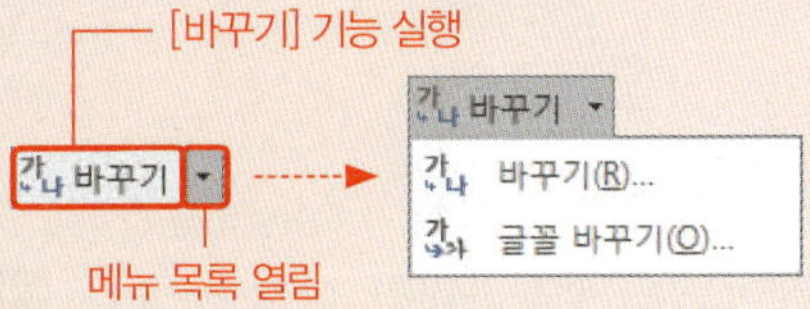
>

3.1.2 슬라이드 이동

슬라이드를 이동해 순서를 바꾸려면 슬라이드 보기 창에서 이동할 슬라이드를 클릭해 원하는 위치로 드래그한다.

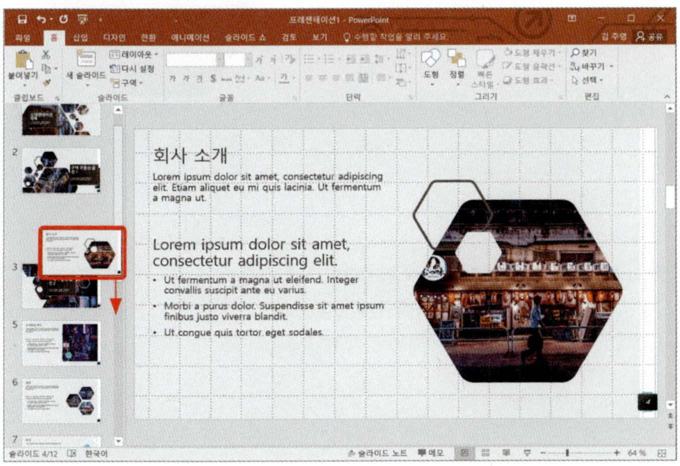

3.1.3 슬라이드 복제

슬라이드 복제는 선택한 슬라이드와 같은 슬라이드를 하나 더 만드는 기능이다. 슬라이드를 복제하려면 슬라이드 보기 창에서 복제할 슬라이드를 선택하고 마우스 오른쪽 단추를 클릭해 [슬라이드 복제]를 선택한다.

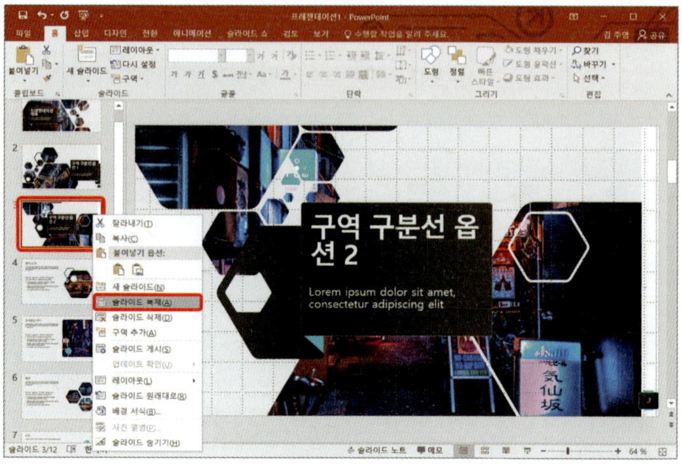

TIP 마우스를 이용해 슬라이드를 복제할 수도 있다. 슬라이드 보기 창에서 슬라이드를 선택하고 Ctrl을 누른 채로 드래그해 이동하면 해당 위치에 슬라이드가 복제된다.

3.1.4 슬라이드 삭제

슬라이드를 삭제하려면 삭제할 슬라이드를 선택하고 Delete를 누르거나 마우스 오른쪽 단추를 클릭해 [슬라이드 삭제]를 선택한다.

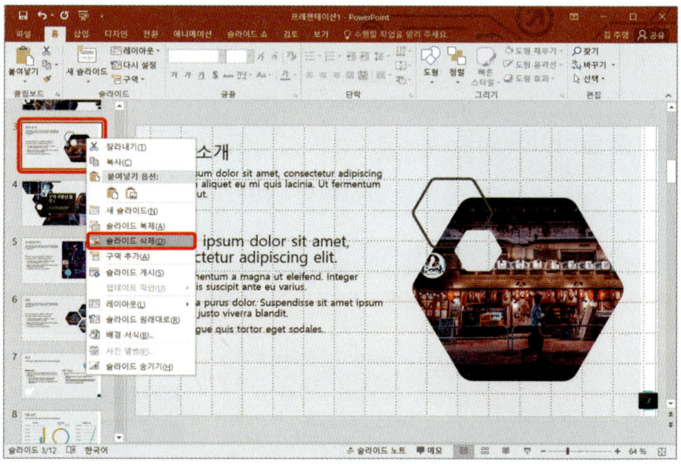

TIP 슬라이드 쇼에 불필요한 슬라이드를 삭제하지 않고 숨기기 기능을 이용해 슬라이드 쇼를 실행할 때 보이지 않도록 할 수 있다. 숨길 슬라이드를 선택하고 마우스 오른쪽 단추를 클릭해 [슬라이드 숨기기]를 선택한다.

3.1.5 구역 추가

구역은 여러 슬라이드를 그룹으로 나누어 관리하는 기능으로, 공동 작업을 하거나 탐색할 때 유용하게 쓰인다. 구역을 추가하려면 슬라이드와 슬라이드 사이를 마우스 오른쪽 단추로 클릭해 [구역 추가]를 선택하고 구역 이름을 입력한다.

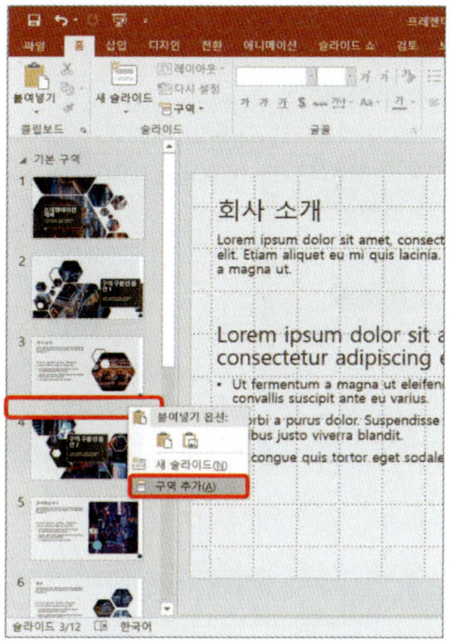

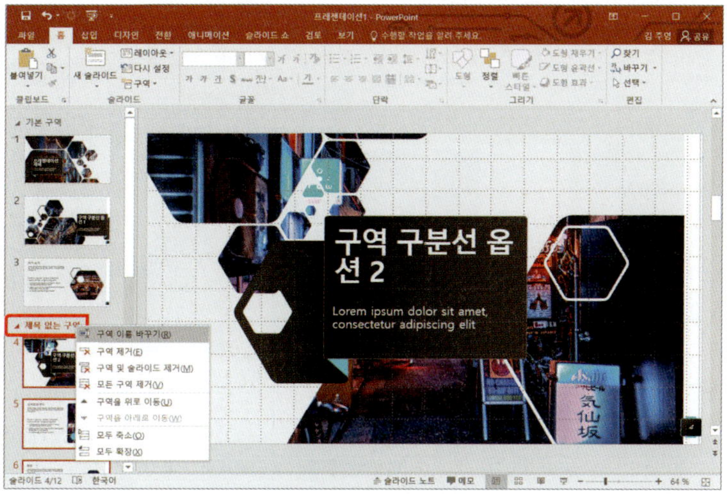

3.2 슬라이드에 텍스트 추가하기

슬라이드에 텍스트를 추가하기 위해 개체 틀, 텍스트 상자, 도형에 텍스트를 입력하는 방법에 대해서 알아보자.

3.2.1 텍스트 개체 틀에 텍스트 입력하기

텍스트 개체 틀에 텍스트를 입력하려면 틀 내부를 클릭하고 내용을 입력한다.

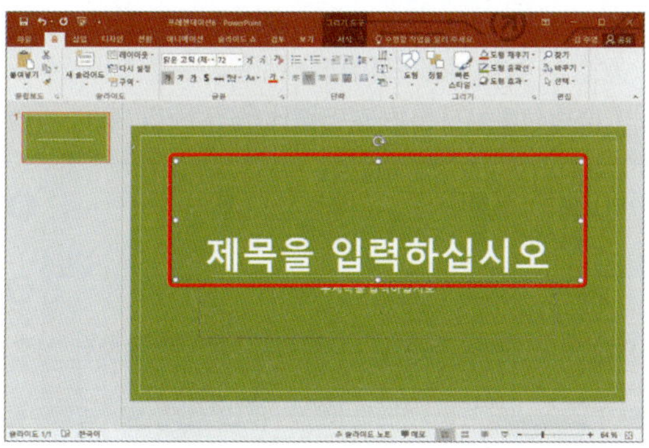

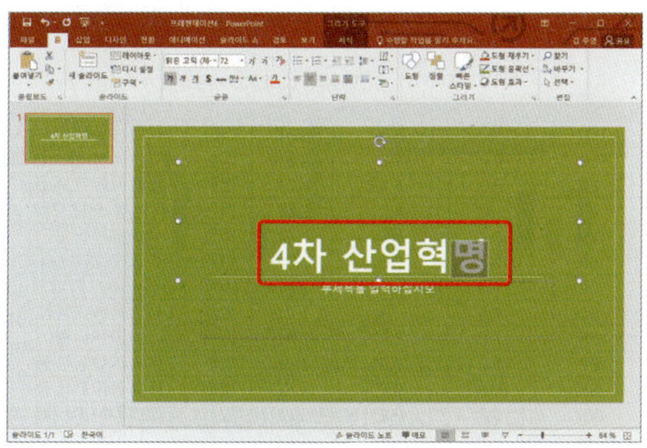

3.2.2 텍스트 상자에 텍스트 입력하기

텍스트 상자에 텍스트를 입력하려면 먼저 [삽입] 탭–[텍스트] 그룹–[텍스트 상자] 목록에서 [가로 텍스트 상자] 또는 [세로 텍스트 상자]를 선택하고 슬라이드의 적당한 위치에 드래그해 텍스트 상자를 삽입한다. 그리고 텍스트 상자 내부를 클릭하고 내용을 입력한다.

TIP 텍스트 상자의 크기는 조절점을 드래그해 변경하고, 위치는 테두리를 드래그해 이동한다.

3.2.3 도형에 텍스트 입력하기

도형에 텍스트를 입력하려면 먼저 [삽입] 탭–[일러스트레이션] 그룹–[도형] 목록에서 원하는 도형을 선택하고 슬라이드의 적당한 위치에 드래그해 삽입한다. 도형을 선택하고 텍스트를 입력하거나 마우스 오른쪽 단추를 클릭해 [텍스트 편집]을 선택한 후 입력한다.

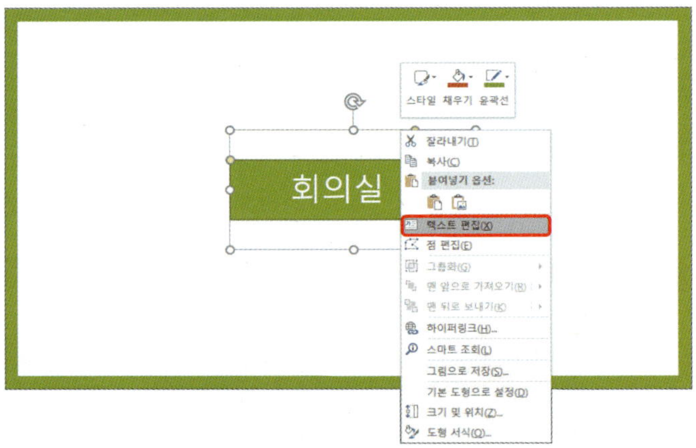

여기서 잠깐 **실행 취소와 다시 실행**

빠른 실행 도구 모음에는 작업 실행에 관련된 유용한 단추들이 있다.

- **실행 취소** 최근 실행한 작업을 취소한다. 여러 개의 작업을 취소하려면 오른쪽의 단추를 클릭하고 취소할 작업을 선택한다. 단축키는 Ctrl+Z이다.
- **다시 실행** 취소한 작업을 다시 실행한다. 단축키는 Ctrl+Y이다.

3.3 텍스트 꾸미기

텍스트 상자에 입력된 텍스트의 글꼴 설정과 목록 수준 늘림/줄임, 단락/줄 간격 변경 등의 단락 설정에 대해서 알아본다.

3.3.1 글꼴 서식 설정하기

텍스트 상자에 입력된 텍스트의 글꼴 서식은 한꺼번에 바꿀 수도 있고 일부만 선택해 바꿀 수도 있다. 텍스트 상자 안의 내용을 한꺼번에 바꿀 때는 텍스트 상자를 선택하고, 일부 텍스트만 바꿀 때는 해당 텍스트를 블록으로 설정하고 실행한다.

글꼴 서식은 [홈] 탭-[글꼴] 그룹에서 설정하거나, 일부 텍스트를 선택하면 나타나는 미니 도구 모음에서 설정할 수 있다.

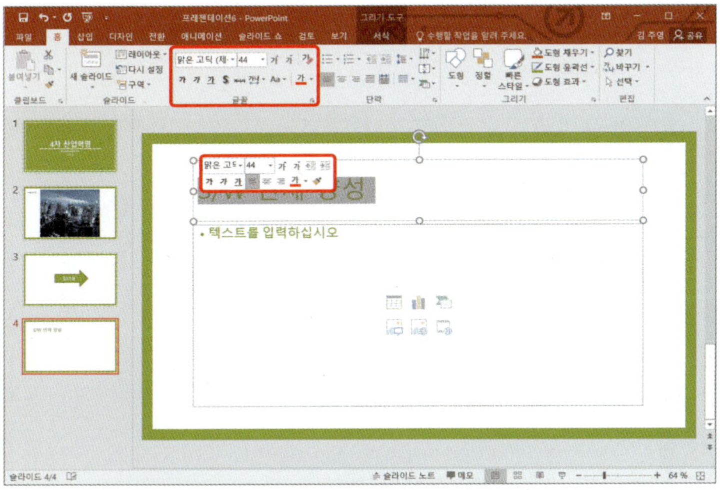

WordArt 스타일은 [그리기 도구]-[서식] 탭-[WordArt 스타일] 그룹에서 [빠른 스타일], [텍스트 채우기], [텍스트 윤곽선], [텍스트 효과] 등을 선택해 꾸민다.

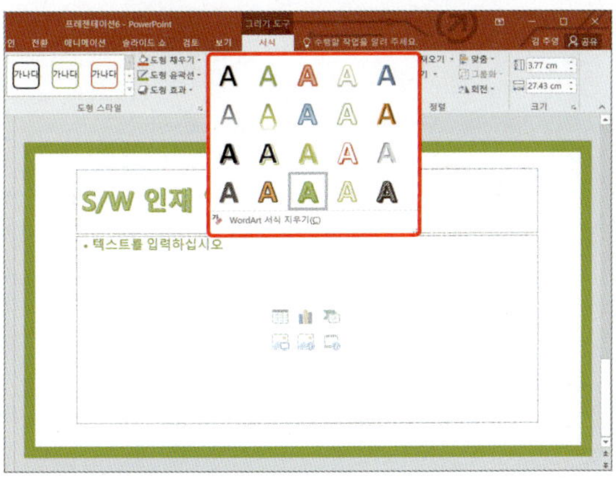

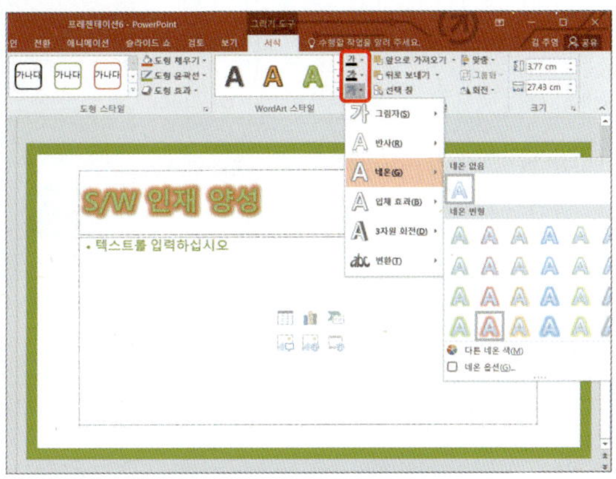

3.3.2 목록 수준 늘림과 줄임

텍스트의 들여쓰기 수준을 높일 때는 [홈] 탭–[단락] 그룹–[목록 수준 늘림]을 클릭하고, 들여쓰기 수준을 낮출 때는 [목록 수준 줄임]을 클릭한다. 해당 도구를 여러 번 클릭하면 그 횟수만큼 들여쓰기 수준이 결정된다.

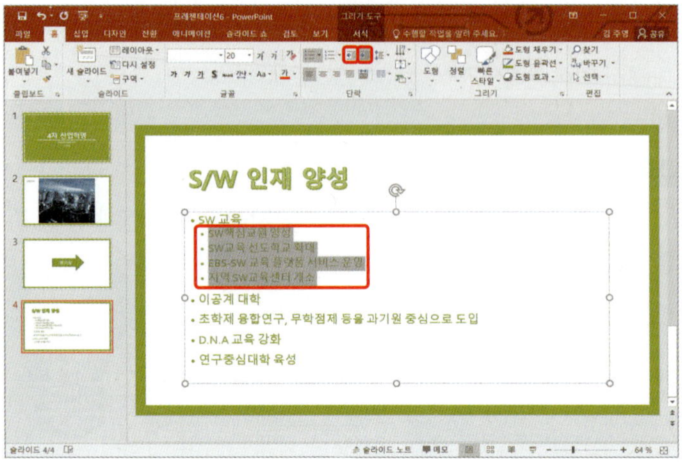

TIP [목록 수준 늘림] 단추 대신 Tab을, [목록 수준 줄임] 단추 대신 Shift+Tab을 눌러도 된다.

3.3.3 단락/줄 바꾸기

텍스트를 입력하다가 Enter를 누르면 단락 바꾸기가 되고 새 단락에 자동으로 글머리 기호가 붙는다. 단락을 유지하면서 줄 바꾸기를 하려면 Shift+Enter를 누르고, 이 경우에는 글머리 기호가 붙지 않는다.

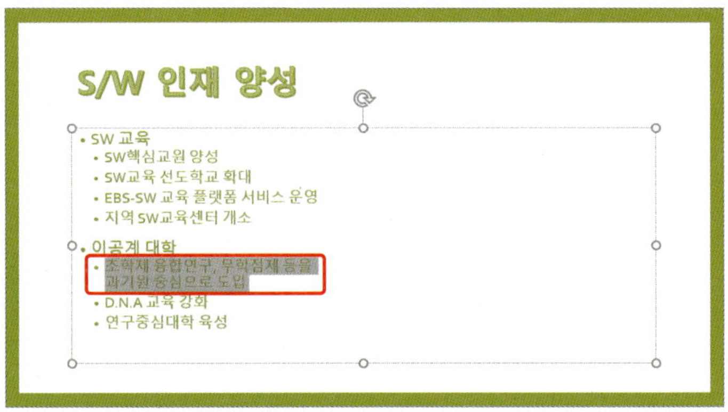

3.3.4 단락/줄 간격 변경하기

단락의 앞뒤 간격을 조절하려면 [홈] 탭–[단락] 그룹–[줄 간격] 목록에서 적당한 간격을 선택한다. 단락 내의 줄 간격이 너무 좁으면 답답해 보이고 너무 넓으면 산만해 보이므로 적절히 조절한다.

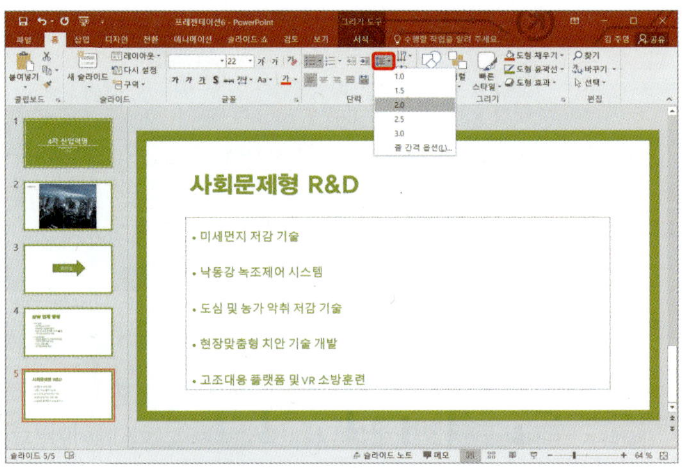

3.3.5 글머리 기호 및 번호 매기기

프레젠테이션에서는 단락 앞에 글머리 기호나 번호를 붙인다. 글머리 기호는 기본적으로 제공되는 기호 외에 사용자 지정 기호 및 그림 등을 이용할 수 있고, 번호는 숫자, 로마자, 영문 알파벳, 한자 등을 이용할 수 있다. 일반적으로 글머리 기호는 순서가 없는 항목을 작성할 때 사용하고, 번호는 순서대로 항목을 작성할 때 사용한다.

글머리 기호나 번호를 매기려면 단락 내에 커서를 두고 [홈] 탭–[단락] 그룹에서 [글머리 기호], [번호 매기기] 목록에서 각각 선택한다.

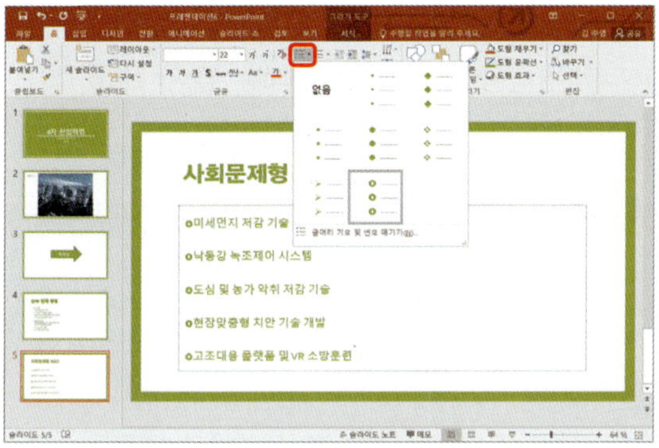

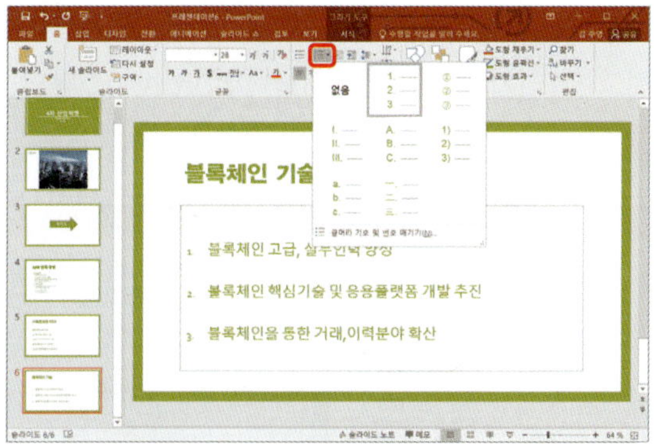

> **TIP** 여러 단락의 글머리 기호나 번호를 한꺼번에 변경하려면 블록 설정을 한 후에 선택한다. 또 텍스트 개체 틀을 선택하고 글머리 기호나 번호를 설정하면 개체 틀 안의 모든 단락에 적용된다.

기본예제 6-2 슬라이드 레이아웃 변경하고 텍스트 입력하기

슬라이드 레이아웃을 변경하고 텍스트를 입력한 후 글꼴 서식을 설정해 보자.

01 새 프레젠테이션을 열고 슬라이드 레이아웃 변경하기 [파일] 탭–[새로 만들기]를 선택하고 [새로 만들기] 화면에서 [새 프레젠테이션]을 클릭해 새 프레젠테이션을 만든다. [홈] 탭–[슬라이드] 그룹–[레이아웃] 목록에서 [제목 및 내용]을 선택해 슬라이드 레이아웃을 변경한다.

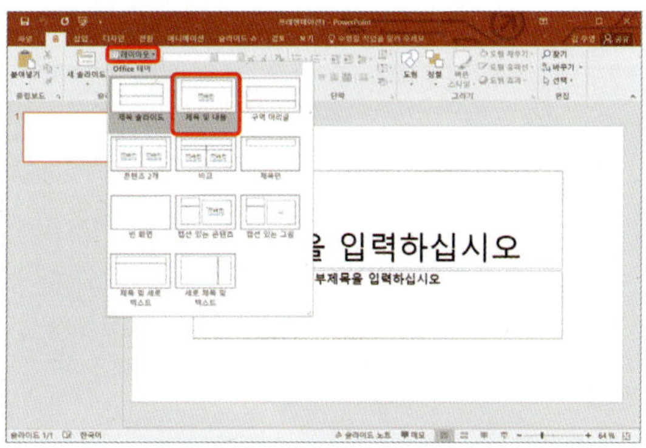

02 텍스트 삽입하기 슬라이드에 다음과 같이 텍스트를 입력한다.

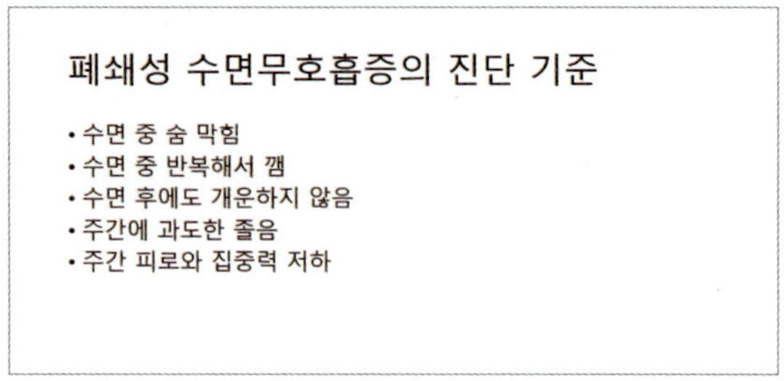

03 텍스트 서식 설정하기 제목 개체 틀을 선택하고 [그리기 도구]–[서식] 탭–[WordArt 스타일] 그룹의 빠른 스타일 목록에서 [그라데이션 채우기 - 파랑, 강조 1, 반사]를 선택한다. 내용 개체 틀을 선택하고 [그리기 도구]–[서식] 탭–[WordArt 스타일] 그룹–[텍스트 효과]–[네온]–[주황, 18pt 네온, 강조색 2]를 선택한다.

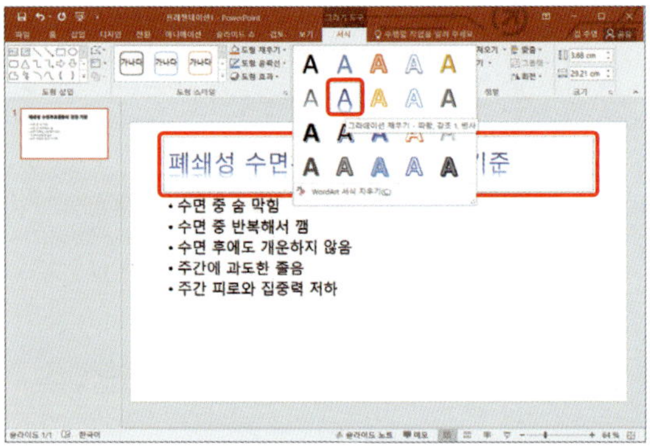

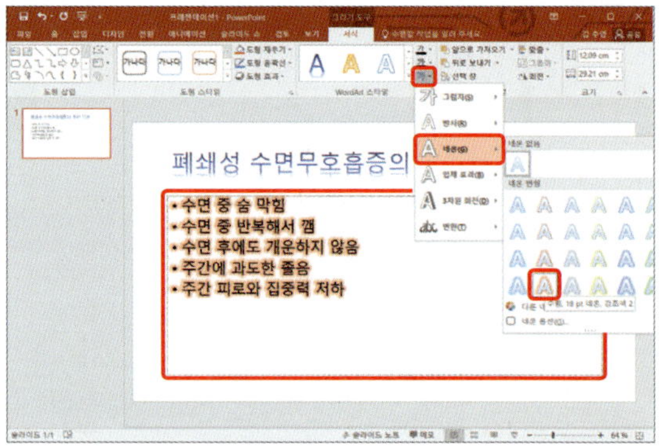

04 저장하기 [파일] 탭–[다른 이름으로 저장]을 선택하고 '실습6–2(완성).pptx'로 저장한다.

기본예제 6-3 글꼴 및 단락 서식 적용하기

글꼴 및 단락 서식을 적용해 문장이 잘 구분되도록 설정해 보자.

01 준비 파일 열기 [파일] 탭–[열기]를 선택하고 '실습6–3(준비).pptx' 파일을 연다. 두 장의 슬라이드로 구성된 파워포인트 문서가 나타난다.

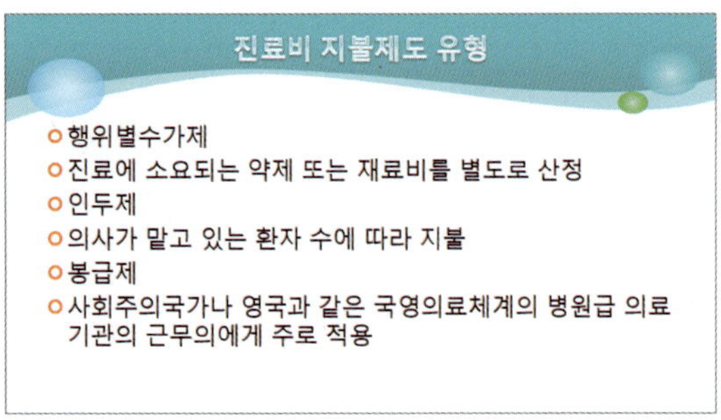

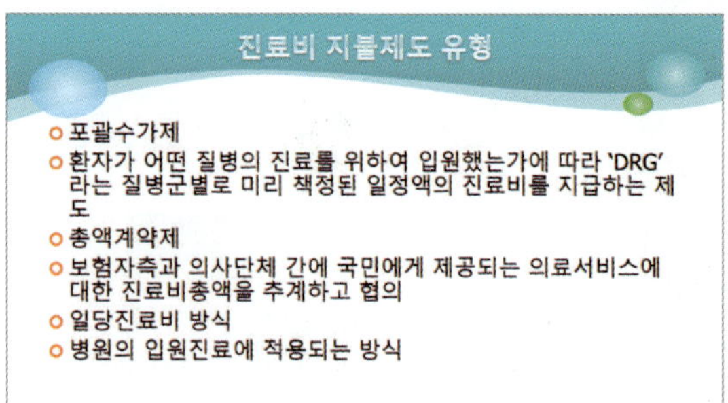

02 목록 수준 늘리기 들여쓰기를 적용할 단락에 커서를 두고 [홈] 탭-[단락] 그룹-[목록 수준 늘림]을 클릭한다.

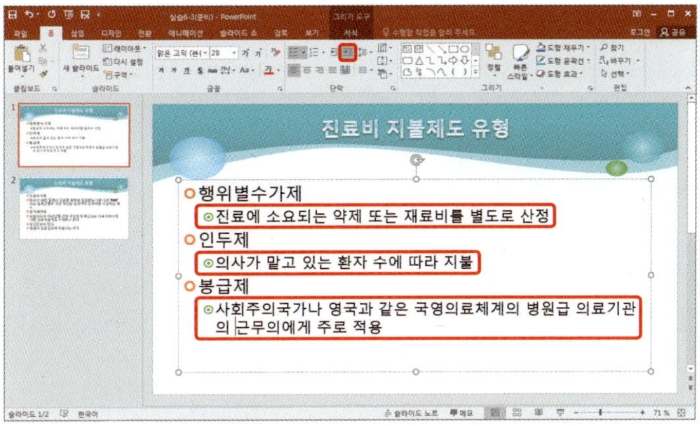

03 글머리 기호 변경하기 글머리 기호를 변경할 단락에 커서를 두고 [홈] 탭-[단락] 그룹-[글머리 기호] 목록에서 [글머리 기호 및 번호 매기기]를 선택한다. [글머리 기호 및 번호 매기기] 대화상자가 열리면 [사용자 지정]을 클릭하고 [기호] 대화상자에서 [글꼴]-[Wingdings]의 ✔ 기호(문자코드 252)를 선택한 후 [확인]을 클릭한다. 다른 단락의 글머리 기호도 같은 방법으로 변경한다.

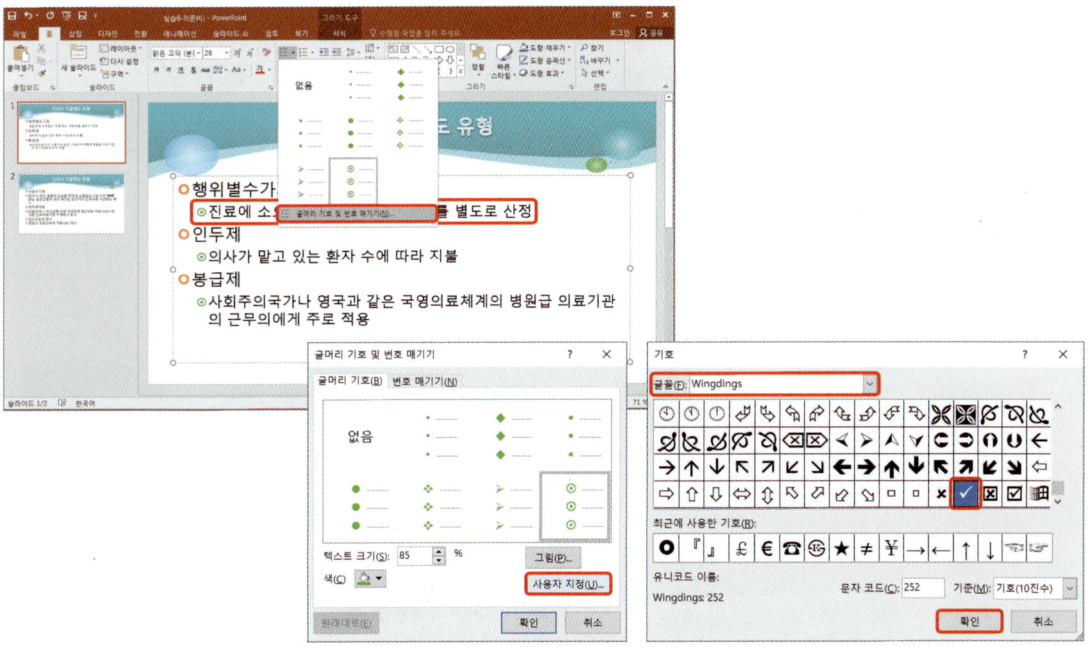

TIP [글머리 기호 및 번호 매기기] 대화상자에서 글머리 기호의 크기와 색도 변경할 수 있다.

04 글꼴 서식 변경하기 제목 개체 틀을 선택하고 [홈] 탭–[글꼴] 그룹에서 [글꼴]을 [HY헤드라인M]으로, [글꼴 색]은 [진한 파랑, 텍스트2, 25% 더 어둡게]로 변경한다.

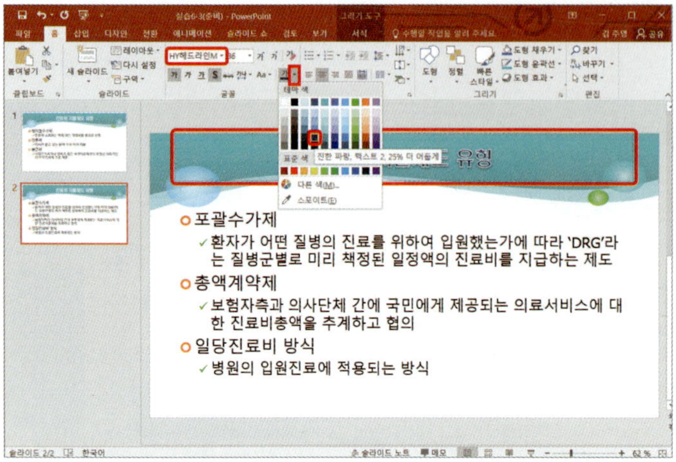

> **TIP** [HY헤드라인M] 글꼴이 없다면 다른 글꼴을 선택한다.

05 저장하기 [파일] 탭–[다른 이름으로 저장]을 선택한 후 '실습6–3(완성).pptx'로 저장한다.

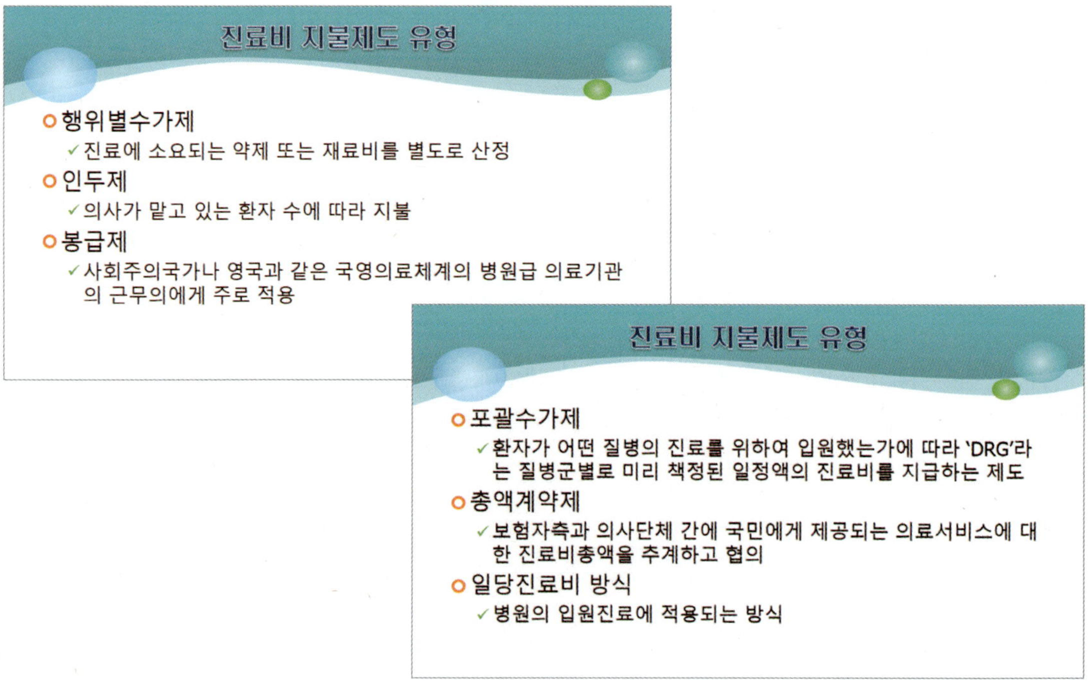

SECTION 04

표와 차트

표는 문서의 수치 정보를 효과적으로 정리하기 위한 기능이고, 차트는 표 데이터를 이용해 데이터 패턴과 추세를 표현하기 위한 기능이다. SECTION 04에서는 파워포인트에서 제공하는 표와 차트 기능에 대해 알아본다.

4.1 표 삽입하기

- **방법 1** [삽입] 탭–[표] 그룹–[표]를 클릭한 후 원하는 행 및 열 개수가 되는 지점을 클릭한다.

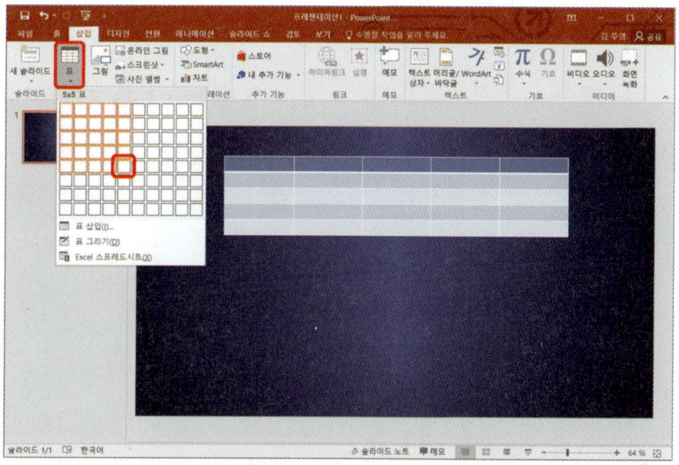

- **방법 2** [제목 및 내용] 레이아웃, [콘텐츠 2개] 레이아웃 등에 있는 콘텐츠 개체 틀 중앙의 [표 삽입] 단추를 클릭해 [표 삽입] 대화상자가 열리면 [열 개수]와 [행 개수]를 입력하고 [확인]을 클릭한다.

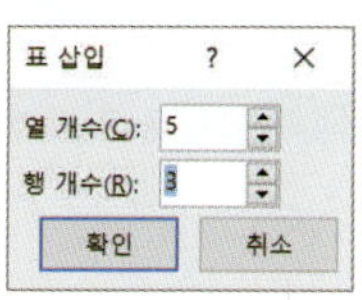

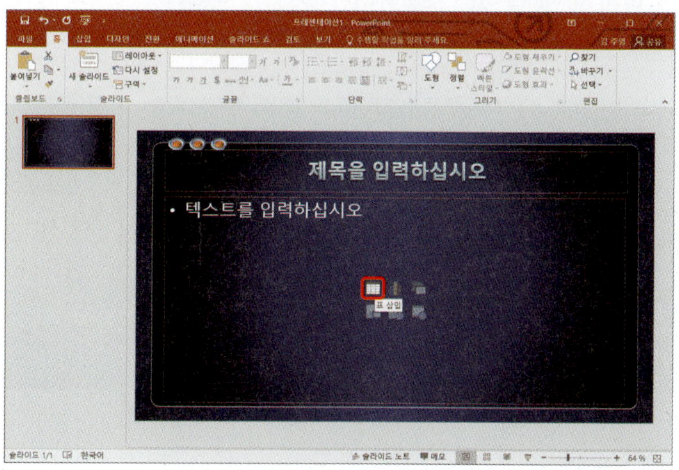

여기서 잠깐 **표 작성 시 주의사항**

- 표 안의 텍스트는 간략하게 구성한다.
- 행 및 열 제목을 표기해 행과 열이 무엇을 나타내는지 알 수 있도록 한다.
- 텍스트가 긴 경우에는 일반적으로 왼쪽 정렬을 하는 것이 좋다.
- 텍스트가 단어인 경우에는 가운데 정렬을 하는 것이 좋다.
- 텍스트가 숫자인 경우에는 오른쪽 정렬을 하는 것이 좋다.
- 단위나 기호는 표의 오른쪽 위에 반드시 표기한다.
- 자료의 출처는 표의 오른쪽 아래에 표기하는 것이 좋다.

4.2 표 편집하기

슬라이드에 삽입된 표에 크기 조정, 위치 이동, 행/열 추가와 삭제, 셀 병합과 분할, 셀 테두리와 채우기, 스타일 등을 적용하는 방법에 대해 알아본다.

4.2.1 표 크기 조절과 이동

표 크기를 조정하려면 표 테두리의 조절 핸들을 드래그한다. 모서리 조절 핸들을 드래그하면 표의 너비와 높이를 동시에 조절할 수 있고, 면 조절 핸들을 드래그하면 너비 또는 높이를 각각 조절할 수 있다.

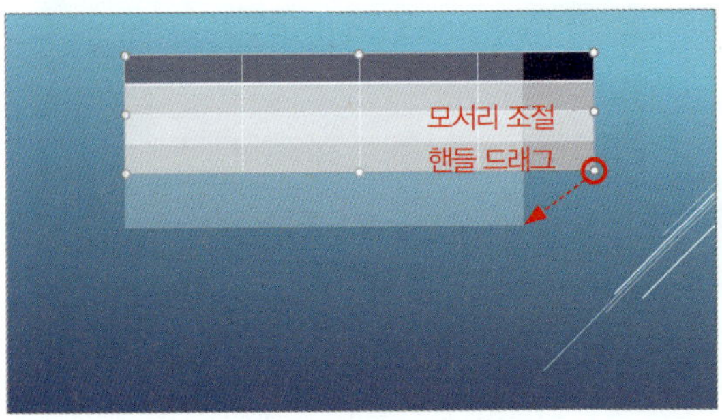

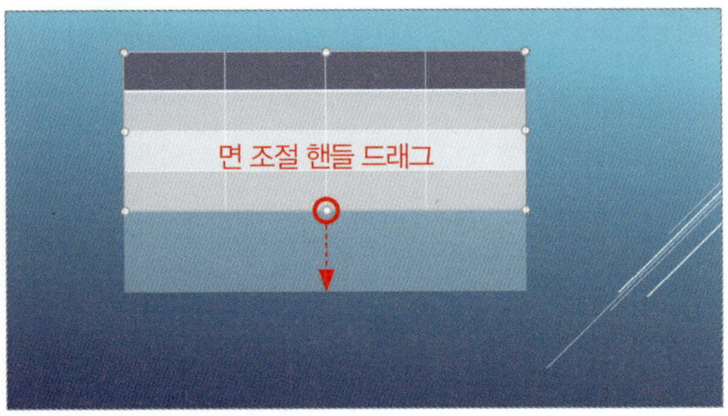

열 너비 및 행 높이를 조절하려면 열과 열, 행과 행 사이의 경계선에 포인터를 위치시키고 원하는 크기만큼 드래그한다.

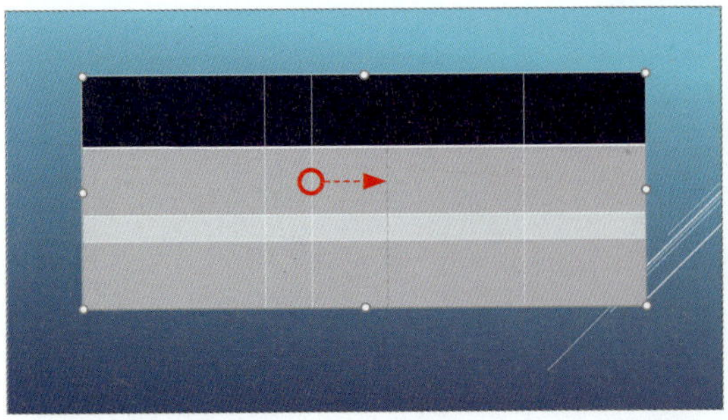

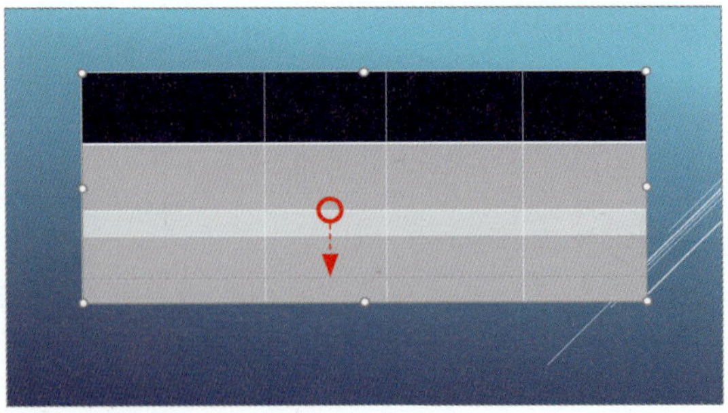

열 너비 또는 행 높이를 일정하게 맞추려면 [표 도구]-[레이아웃] 탭-[셀 크기] 그룹에서 [열 너비를 같게] 또는 [행 높이를 같게]를 클릭한다.

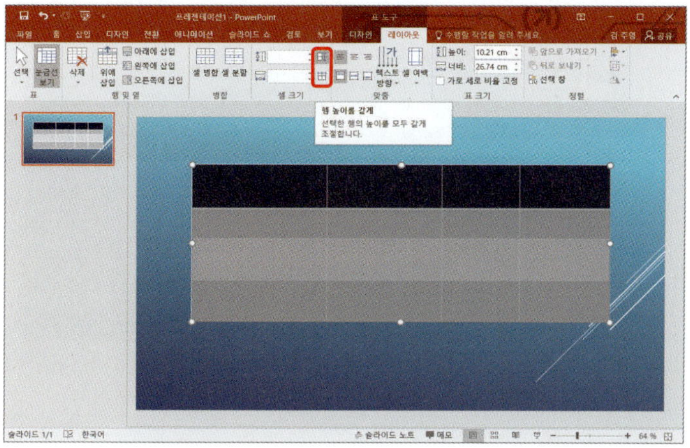

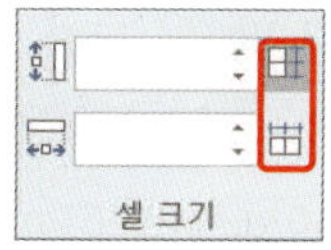

표 위치를 이동하려면 조절 핸들을 제외한 테두리를 선택하고 원하는 위치로 드래그한다.

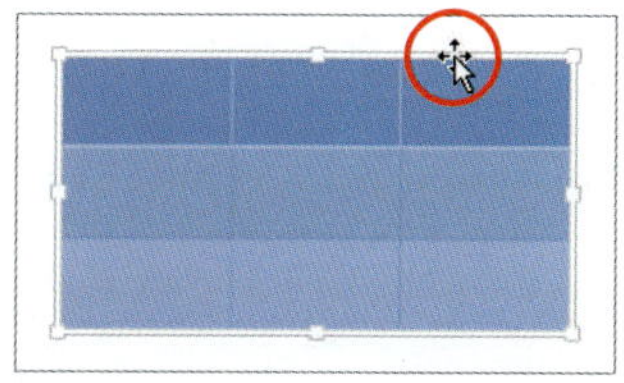

4.2.2 행/열 추가와 삭제

표에 행 또는 열을 추가하려면 [표 도구]-[레이아웃] 탭-[행 및 열] 그룹에서 해당 명령을 클릭한다. 포인터가 위치한 행의 위나 아래에 새로운 행을 추가하려면 [위에 삽입] 또는 [아래에 삽입]을, 포인터가 위치한 열의 왼쪽이나 오른쪽에 새로운 열을 추가하려면 [왼쪽에 삽입] 또는 [오른쪽에 삽입]을 클릭한다.

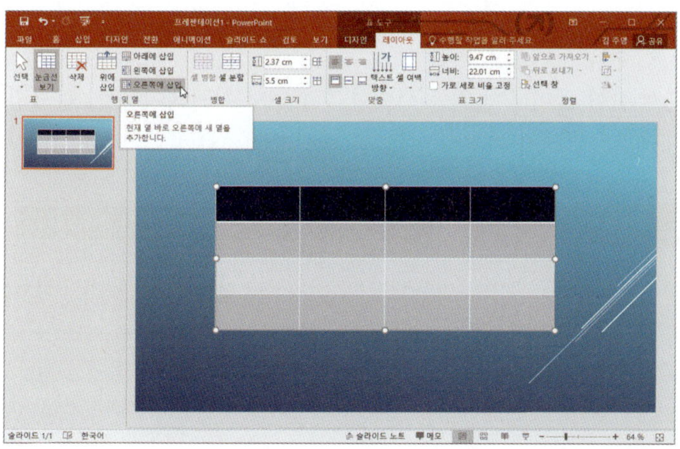

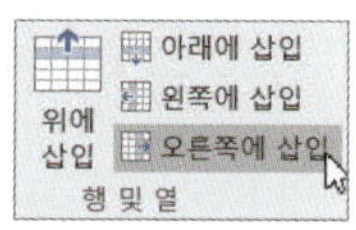

• **행/열 삭제하기**

표의 행 또는 열을 삭제하려면 [표 도구]–[레이아웃] 탭–[행 및 열] 그룹–[삭제] 목록에서 [열 삭제] 또는 [행 삭제]를 선택하고, 표 전체를 삭제하려면 [표 삭제]를 선택한다.

TIP 표를 선택하고 Delete를 눌러도 표가 삭제된다.

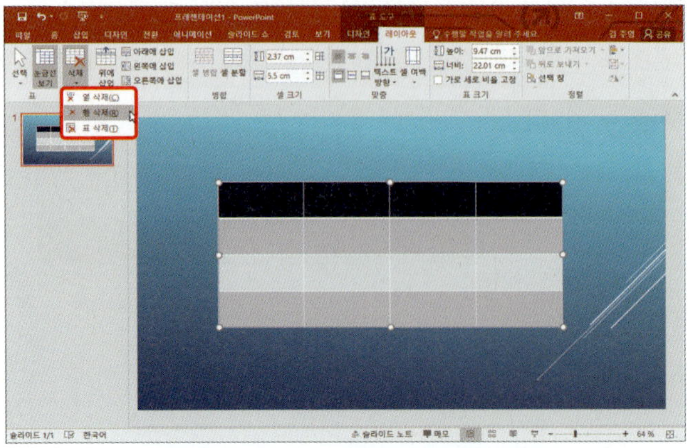

4.2.3 셀 병합과 분할

셀 병합은 둘 이상의 셀을 하나로 합치는 기능이다. 합칠 범위를 선택하고 [표 도구]–[레이아웃] 탭–[병합] 그룹–[셀 병합]을 클릭한다.

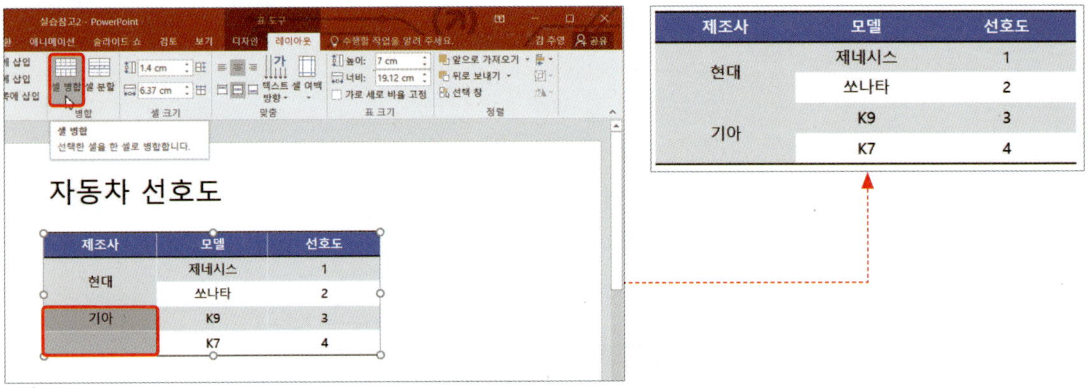

셀 분할은 선택한 셀을 나누는 기능이다. 분할할 셀이나 범위를 선택한 후 [표 도구]–[레이아웃] 탭–[병합] 그룹–[셀 분할]을 클릭하고 [셀 분할] 대화상자에서 원하는 열과 행 개수를 지정한다.

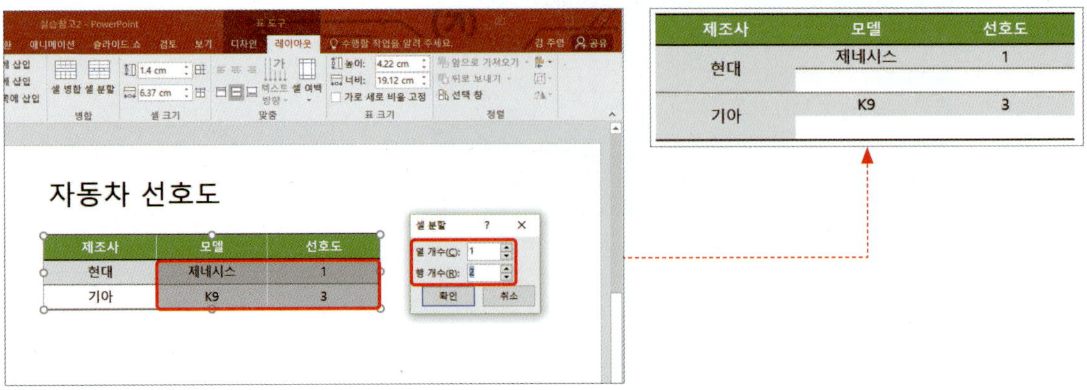

4.2.4 테두리와 채우기

표 또는 셀에 테두리를 적용하려면 해당 범위를 선택하고 [표 도구]–[디자인] 탭–[테두리 그리기] 그룹에서 [펜 스타일], [펜 두께], [펜 색] 등을 설정한 후 [표 그리기]를 선택해 원하는 부분의 테두리를 직접 그리거나 [표 스타일] 그룹–[테두리] 목록에서 테두리 위치를 선택한다.

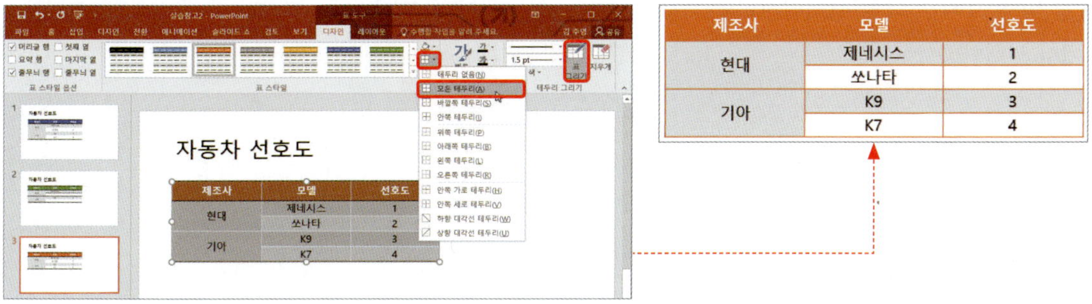

셀에 대각선을 그리려면 해당 셀을 선택하고 [표 도구]–[디자인] 탭–[표 스타일] 그룹–[테두리] 목록에서 [하향 대각선 테두리] 또는 [상향 대각선 테두리]를 선택한다.

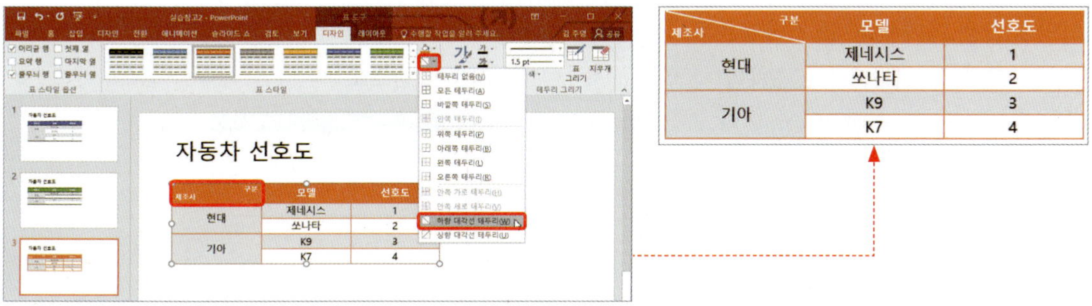

표 또는 셀 채우기를 설정하려면 표를 선택하거나 셀 범위를 선택하고 [표 도구]–[디자인] 탭–[표 스타일] 그룹–[음영] 목록에서 색상을 선택하거나 [그림], [그라데이션], [질감], [표 배경] 등을 선택해 적용한다.

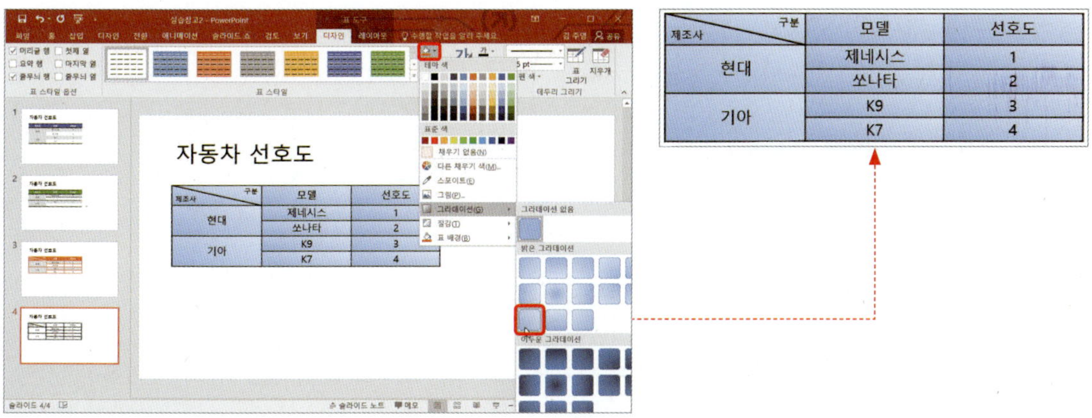

4.2.5 표 효과

표 또는 특정 셀에 입체 효과를 적용하려면 [표 도구]-[디자인] 탭-[표 스타일] 그룹-[효과]를 클릭하고 [셀 입체 효과], [그림자], [반사] 중에서 선택한다.

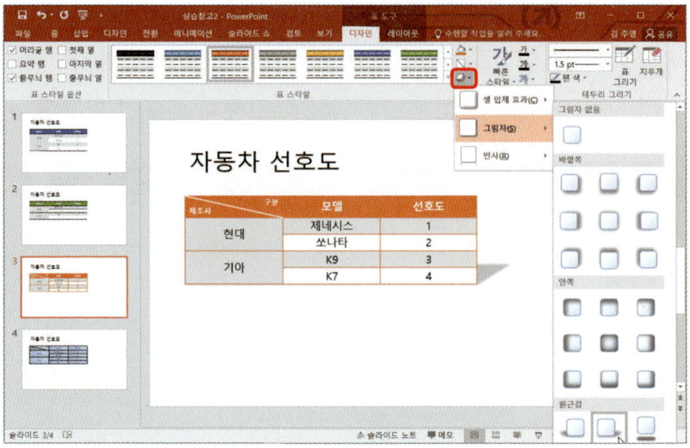

4.2.6 표 스타일

표 스타일은 프레젠테이션의 테마 색에서 파생된 색 조합과 다양한 서식의 조합을 의미한다. 표 스타일은 [표 도구]-[디자인] 탭-[표 스타일] 그룹에서 선택할 수 있다. [표 스타일] 목록에서 원하는 스타일 위에 마우스 포인터를 놓으면 표에 어떻게 적용되는지 확인할 수 있다. 그대로 적용하려면 해당 표 스타일을 클릭한다.

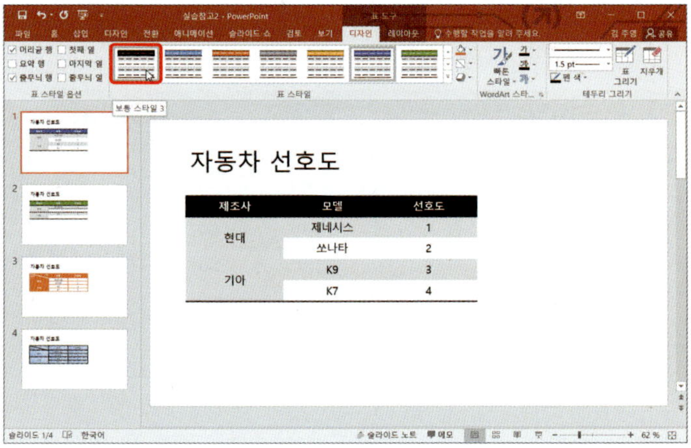

[표 도구]-[디자인] 탭-[표 스타일 옵션] 그룹에서 옵션을 선택하면 표의 특정 부분에 표 스타일을 적용할 수 있다. 여기서 선택한 옵션은 [표 스타일] 그룹의 목록들에도 반영된다. 표 스타일 옵션의 각 항목은 강조하려는 대상을 의미한다. 예를 들어 [머리글 행]을 선택하면 표의 첫 번째 행을 강조하는 것이고, [요약 행]을 선택하면 마지막 행을 강조하는 것이다.

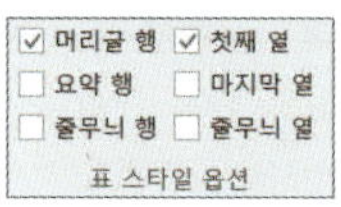

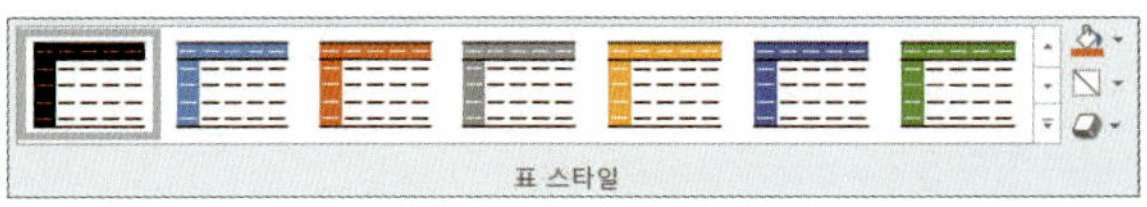

여기서 잠깐 ▶ 셀 맞춤 설정하기

셀 내의 텍스트 위치를 조정하려면 [표 도구]-[레이아웃] 탭-[맞춤] 그룹에서 가로, 세로 방향의 맞춤 위치를 선택한다.

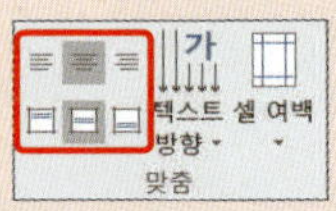

기본예제 6-4 표 작성하기

새 프레젠테이션의 레이아웃을 변경하고 표를 삽입해 데이터를 입력해 보자. 그리고 셀 병합 및 정렬을 실행하고, 스타일과 테두리도 설정해 보자.

01 새 프레젠테이션 만들고 레이아웃 변경하기 새 프레젠테이션을 만들고 [홈] 탭–[슬라이드] 그룹–[레이아웃] 목록에서 [제목 및 내용]을 선택해 레이아웃을 변경한다.

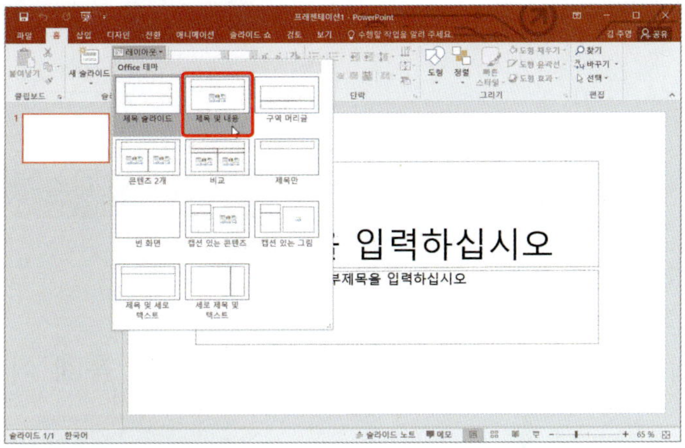

02 표 삽입하기 콘텐츠 개체 틀에 있는 [표 삽입] 단추를 클릭해 [표 삽입] 대화상자가 열리면 [열 개수]에 *8*을, [행 개수]에 *9*를 입력하고 [확인]을 클릭해 표를 삽입한다.

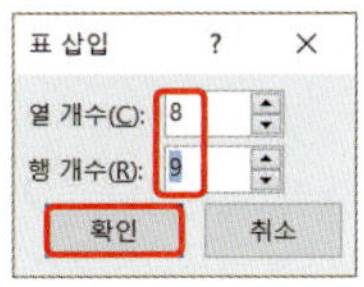

03 셀 병합하기 셀 블록을 각각 다음과 같이 설정하고 [표 도구]–[레이아웃] 탭–[병합] 그룹–[셀 병합]을 클릭한다.

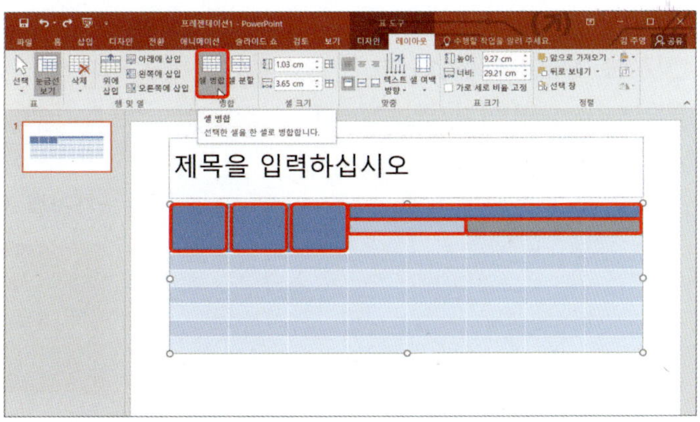

04 내용 입력하기 표에 다음과 같이 제목과 내용을 입력한다.

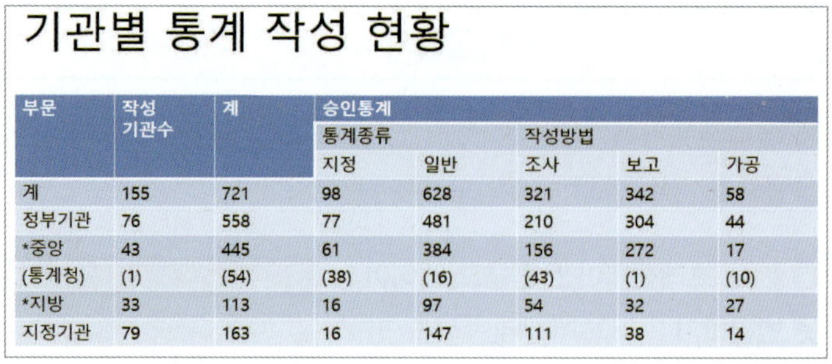

05 세로 가운데 맞춤 정렬하기 문자를 셀의 세로 가운데에 맞춰야 하는 셀들을 블록 설정한 후 [표 도구]–[레이아웃] 탭–[맞춤] 그룹에서 [세로 가운데 맞춤]을 클릭한다.

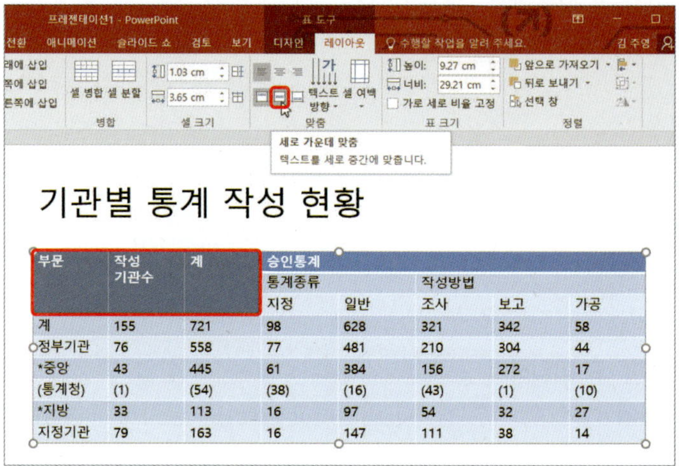

06 맞춤 정렬하기 문자가 입력된 셀을 블록 설정한 후 마우스 오른쪽 단추를 클릭해 미니 도구 모음에서 [가운데 맞춤]을 클릭한다. 같은 방법으로 숫자가 입력된 셀에는 [오른쪽 맞춤]을 적용한다.

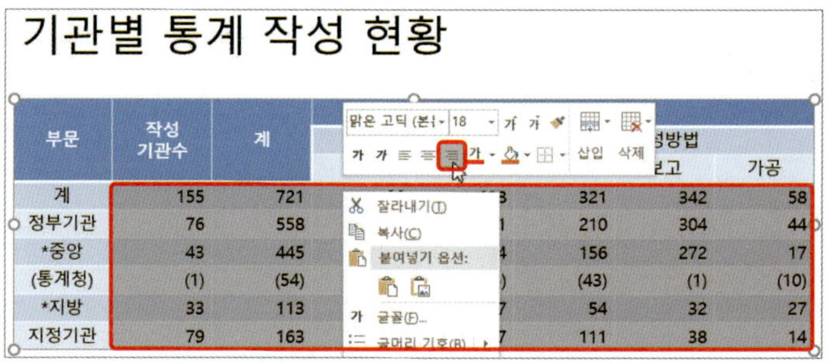

07 표 스타일 적용하기 표를 선택하고 [표 도구]–[디자인] 탭–[표 스타일] 그룹의 표 스타일 목록에서 [테마스타일 2–강조 2]를 선택한다.

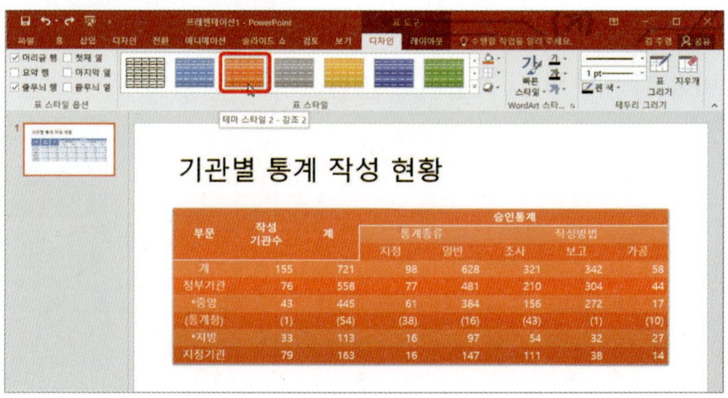

08 실선 테두리 설정하기 제목 행을 블록 설정하고 [표 도구]–[디자인] 탭–[테두리 그리기] 그룹에서 [펜 스타일]은 [실선], [펜 두께]는 [3pt], [펜 색]은 [주황, 강조2, 25% 더 어둡게]를 선택한 후 [표 스타일] 그룹에서 테두리 종류로 [위쪽 테두리], [아래쪽 테두리]를 각각 선택한다. 표의 나머지 부분을 블록 설정하고 [아래쪽 테두리]에 적용한다.

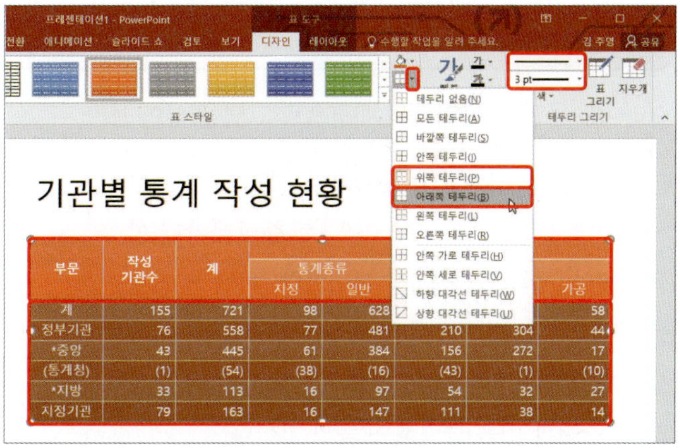

09 점선 테두리 설정하기 제목 행을 제외한 부분을 블록 설정하고 [표 도구]–[디자인] 탭–[테두리 그리기] 그룹에서 [펜 스타일]은 [점선], [펜 두께]는 [1.5pt], [펜 색]은 [흰색]을 선택한 후 [표 스타일] 그룹에서 테두리 종류로 [안쪽 가로 테두리]를 선택한다.

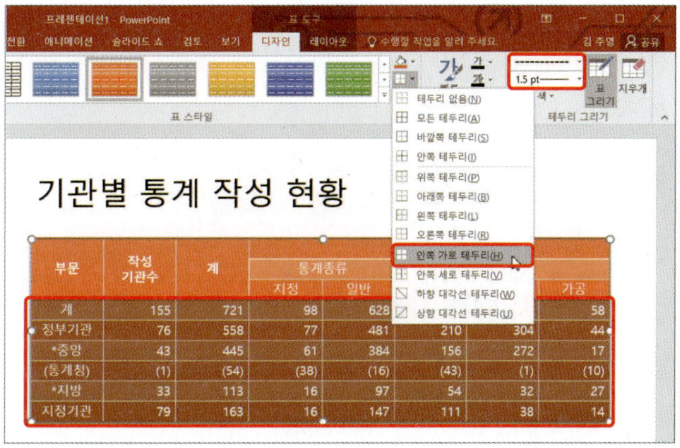

10 텍스트 상자 삽입하기 표의 바깥 영역을 클릭해 선택을 해제한 후 [삽입] 탭–[텍스트] 그룹–[텍스트 상자] 목록에서 [가로 텍스트 상자]를 선택한다. 표의 오른쪽 위에서 드래그해 텍스트 상자를 삽입하고 *(단위 : 기관, 종)*을 입력한 후 오른쪽으로 정렬한다.

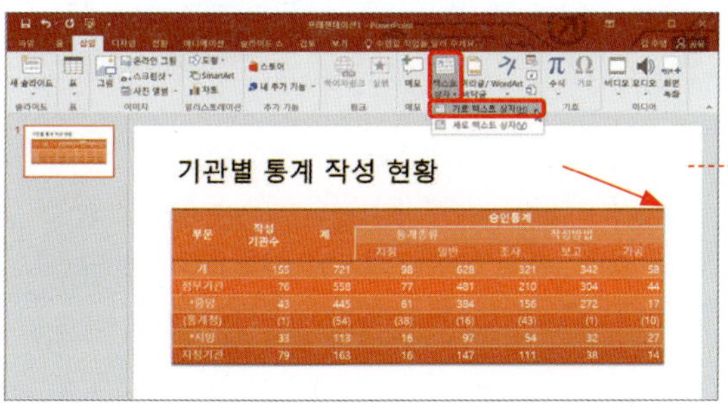

11 저장하기 [파일] 탭–[다른 이름으로 저장]을 선택해 '실습6–4(완성).pptx'로 저장한다.

기본예제 6-5 표 배경으로 그림 넣기

슬라이드에 표를 삽입하고 배경으로 그림을 넣어 보자.

01 레이아웃 바꾸고 표 삽입하기 새 프레젠테이션을 만들고 [홈] 탭–[슬라이드] 그룹–[레이아웃] 목록에서 [제목 및 내용]을 선택한다. 콘텐츠 개체 틀 중앙의 [표 삽입] 단추를 클릭해 [표 삽입] 대화상자가 열리면 [열 개수]에 5를, [행 개수]에 7을 입력하고 [확인]을 클릭해 표를 삽입한다.

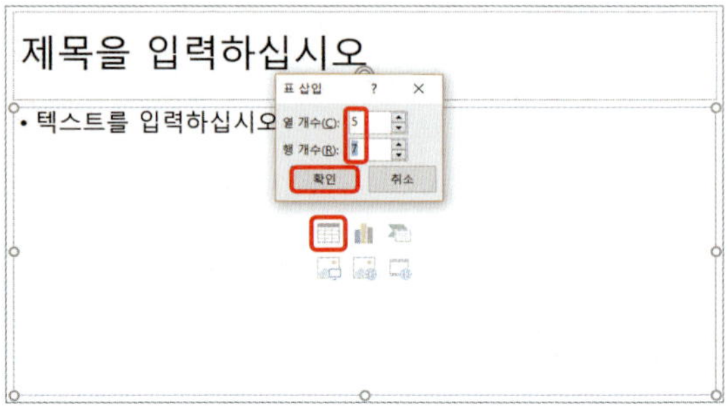

02 표 배경 설정하기 표를 선택하고 [표 도구]–[디자인] 탭–[표 스타일] 그룹–[음영]–[표 배경]–[그림]을 선택한다. [그림 삽입] 대화상자의 [Bing 이미지 검색] 항목에 *바다*를 입력해 검색한 이미지 중에서 적절한 그림을 선택해 삽입한다.

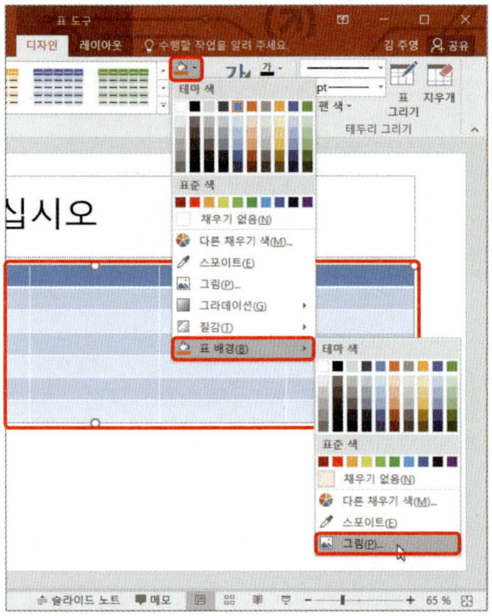

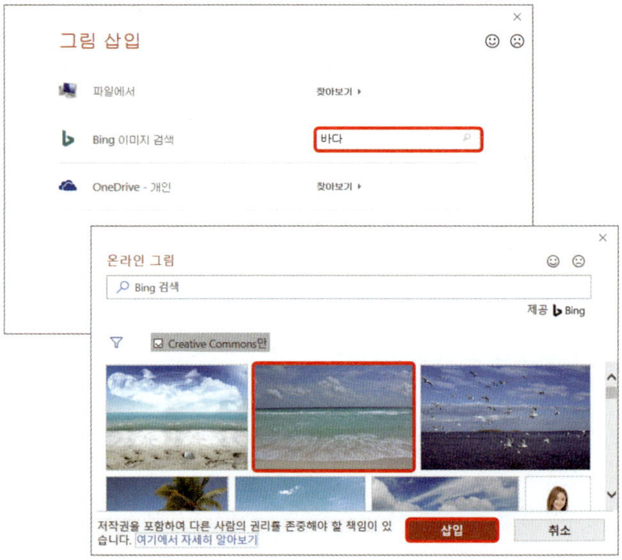

TIP 온라인 그림을 검색하려면 컴퓨터가 인터넷에 연결되어 있어야 한다. 온라인 상태가 아니라면 오프라인 작업 여부를 묻는 대화상자가 열린다. [오프라인으로 작업]을 클릭해 컴퓨터에 저장되어 있는 그림을 선택해 삽입한다. [그림 삽입] 대화상자에서 [파일에서]를 이용해도 컴퓨터에 있는 그림을 삽입할 수 있다.

03 음영 지우기 표 전체를 블록 설정하고 [표 도구]-[디자인] 탭-[표 스타일] 그룹-[음영] 목록에서 [채우기 없음]을 선택한다.

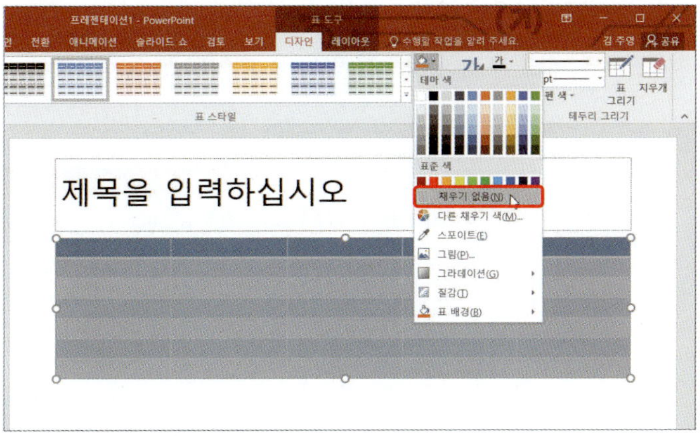

04 내용 입력하기 다음과 같이 제목과 내용을 입력하고 가운데 정렬한다.

주요 해수욕장 연간 이용자 수

	2015년	2016년	2017년	2018년
해운대	713만	672만	591만	612만
대천	826만	805만	719만	651만
망상	439만	422만	397만	364만
속초	526만	576만	482만	452만
무창포	382만	349만	398만	408만
꽃지	529만	541만	537만	502만

05 저장하기 [파일] 탭-[다른 이름으로 저장]을 선택해 '실습6-5(완성).pptx'로 저장한다.

4.3 차트 삽입하기

차트는 표의 수치 데이터를 비교, 분석하기 쉽도록 그래프 형태로 표현한 것이다. 차트를 삽입하려면 [삽입] 탭-[일러스트레이션] 그룹-[차트]를 클릭하거나 콘텐츠 개체 틀에 있는 [차트 삽입] 단추를 클릭한다.

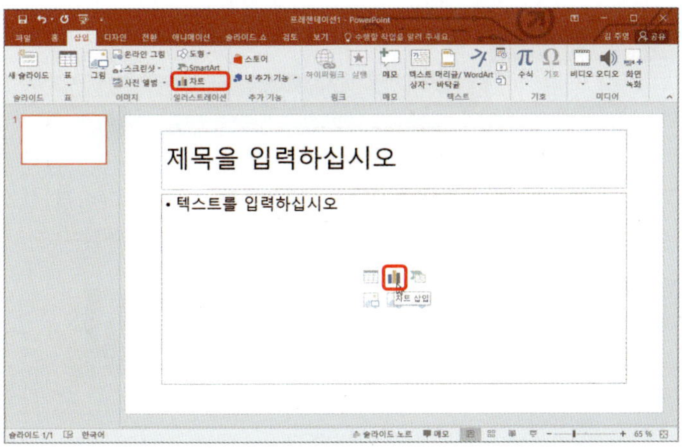

[차트 삽입] 대화상자가 나타나면 차트의 종류를 선택하고 [확인]을 클릭한다. 데이터 편집 창이 열리면 항목, 계열, 값을 수정해 차트를 만든 후 데이터 편집 창을 닫는다.

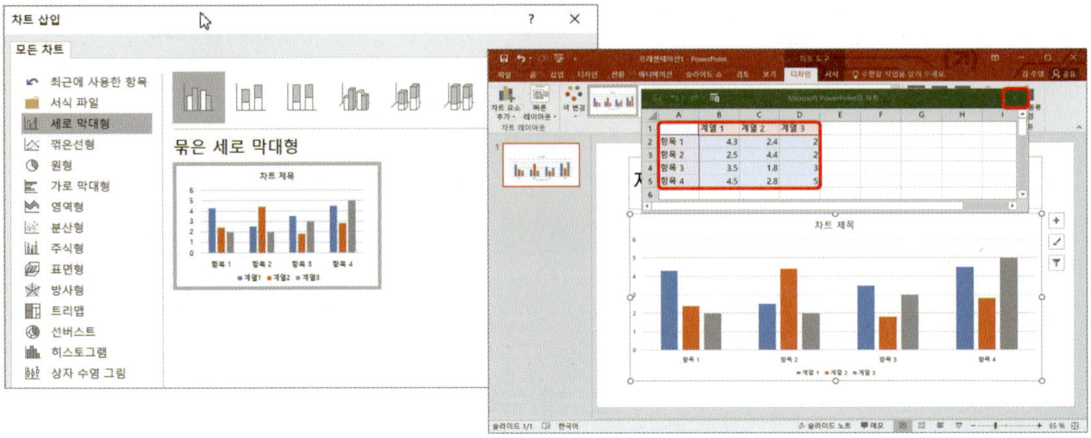

TIP 데이터 편집 창에 차트 데이터를 입력하려면 파란색 가이드라인의 핸들을 드래그해 차트 데이터 범위를 조정하고 데이터를 수정한다.

4.4 차트 편집하기

삽입한 차트의 데이터를 편집하는 방법, 차트 종류와 차트 요소 레이아웃을 변경하는 방법, 서식을 설정하는 방법에 대해 알아본다.

4.4.1 데이터 편집

차트 데이터를 수정하려면 해당 차트를 선택한 후 [차트 도구]-[디자인] 탭-[데이터] 그룹-[데이터 편집]을 클릭한다. 데이터 편집 창이 열리면 데이터를 수정한 후 창을 닫는다.

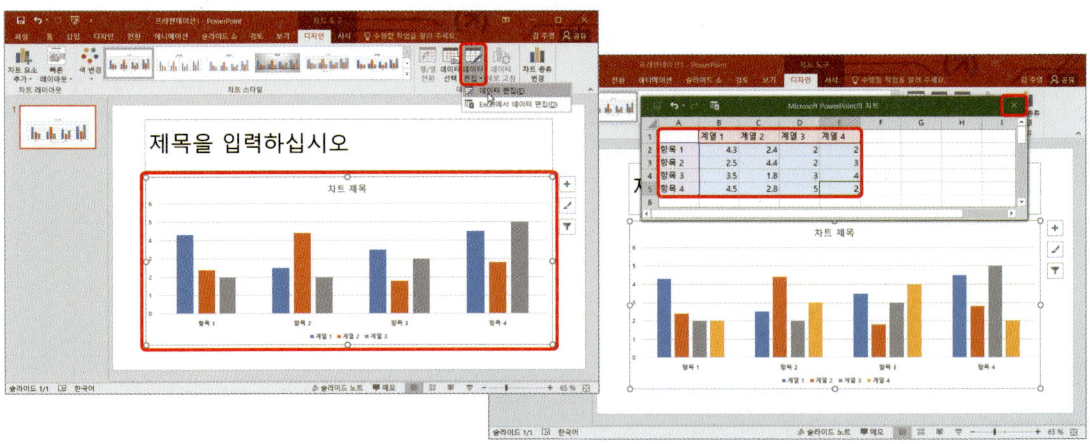

4.4.2 차트 종류 변경

차트 전체의 종류를 변경하려면 차트 내부를 클릭하고 [차트 도구]–[디자인] 탭–[종류] 그룹–[차트 종류 변경]을 클릭한다. [차트 종류 변경] 대화상자가 열리면 차트의 종류와 하위 종류를 선택하고 [확인]을 클릭한다.

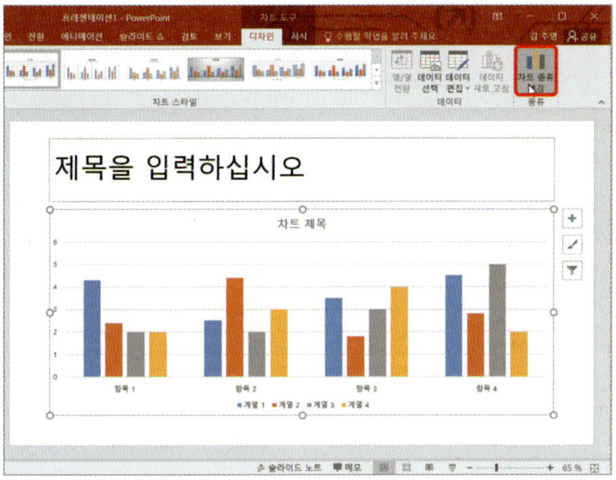

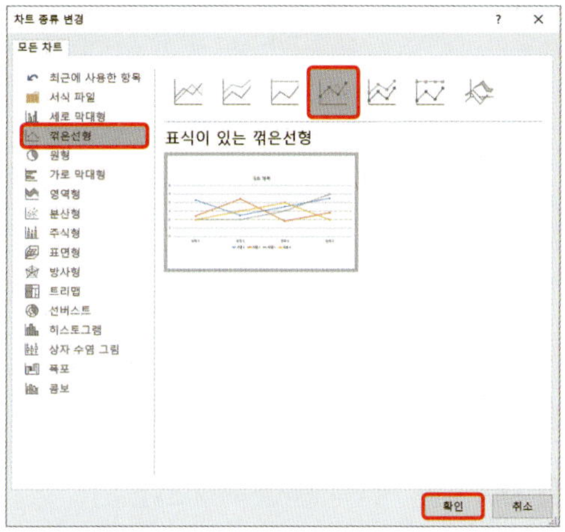

차트 계열의 종류를 변경하려면 해당 차트 계열을 선택하고 [차트 도구]–[디자인] 탭–[종류] 그룹–[차트 종류 변경]을 클릭한다. [차트 종류 변경] 대화상자에서 선택한 계열의 차트 종류를 변경한다.

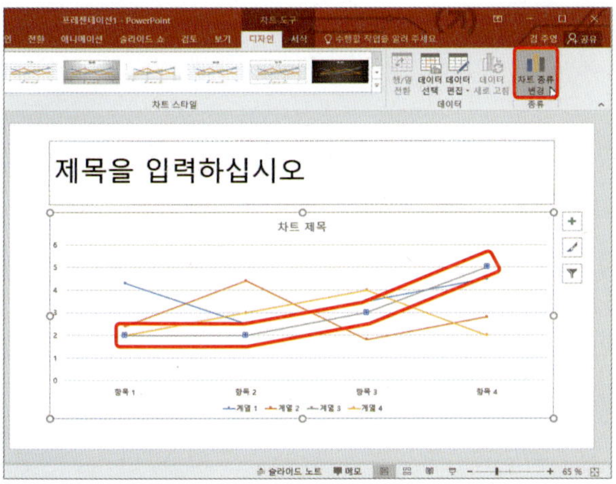

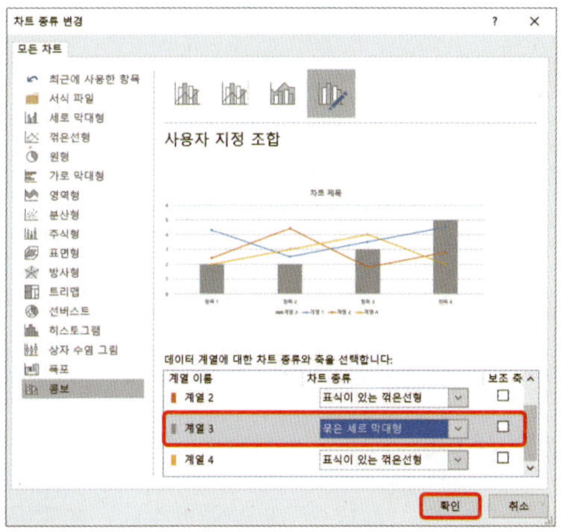

4.4.3 차트 요소

차트 내부를 선택하고 각 요소에 마우스 포인터를 위치시키면 차트 요소의 이름을 확인할 수 있다.

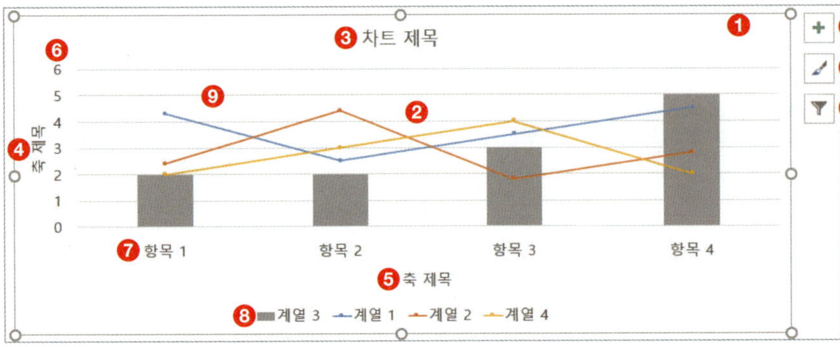

❶ **차트 영역** 차트 전체 범위를 의미한다.

❷ **그림 영역** 계열이 표시되는 영역이다.

❸ **차트 제목** 차트 제목을 표시한다.

❹ **세로 (값) 축 제목** 세로 축 제목을 표시한다.

❺ **가로 (항목) 축 제목** 가로 축 제목을 표시한다.

❻ **세로 (값) 축** 계열 값을 표시한다.

❼ **가로 (항목) 축** 항목을 구분한다.

❽ **범례** 계열을 구분하는 표식을 이름과 함께 표시한다.

❾ **세로 (값) 축 주 눈금선** 계열 값을 알기 쉽도록 표시한다.

❿ **차트 요소** 차트 요소를 추가, 제거하거나 옵션을 변경한다.

⓫ **차트 스타일** 차트 스타일 및 색 구성표를 설정한다.

⓬ **차트 필터** 차트에 표시할 데이터 요소 및 이름을 편집한다.

차트 요소는 차트의 내용에 따라 구성을 달리할 수 있는데, 이를 변경하려면 [차트 도구]–[디자인] 탭–[차트 레이아웃] 그룹–[차트 요소 추가] 목록에서 해당 요소를 선택해 설정한다.

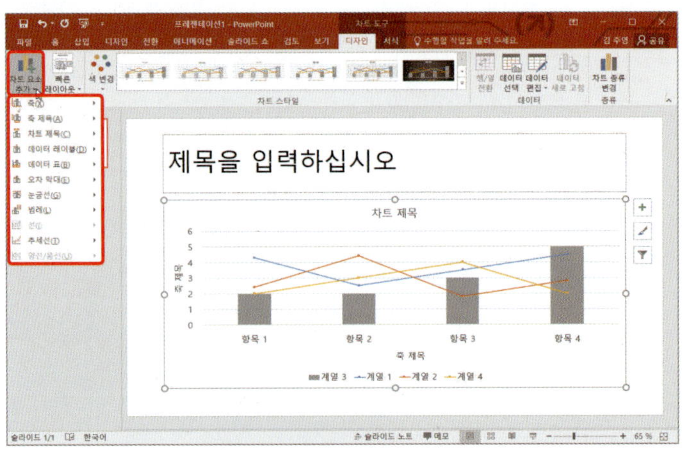

차트 레이아웃을 변경하는 가장 간편한 방법은 [차트 도구]–[디자인] 탭–[차트 레이아웃] 그룹–[빠른 레이아웃] 목록에서 선택하는 것이다.

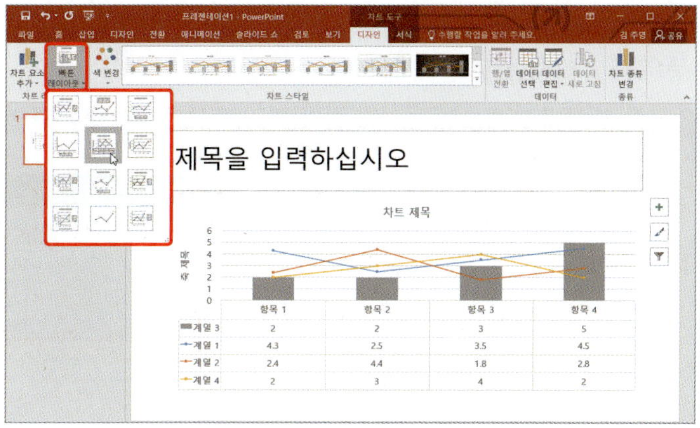

4.4.4 차트 서식 설정

차트 각 요소의 서식을 변경하려면 차트를 선택한 후 원하는 차트 요소를 한 번 더 클릭해 선택하고 [차트 도구]–[서식] 탭–[현재 선택 영역] 그룹–[선택 영역 서식]을 클릭한다. 슬라이드 창 오른쪽에 해당 차트 요소의 작업 창이 열리면 필요한 값을 설정한다.

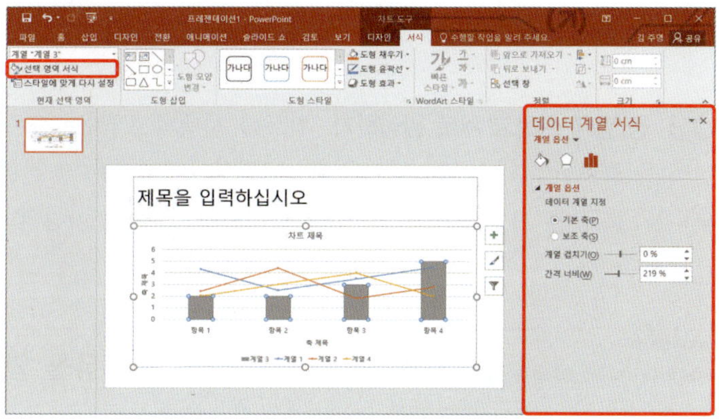

기본예제 6-6 차트 작성하기

차트를 삽입하고 차트 종류와 차트 요소 서식을 변경해 보자.

01 차트 삽입하기 새 프레젠테이션을 만들고 [홈] 탭–[슬라이드] 그룹–[레이아웃] 목록에서 [제목 및 내용]을 선택해 레이아웃을 변경한 후 콘텐츠 개체 틀에서 [차트 삽입] 단추를 클릭한다.

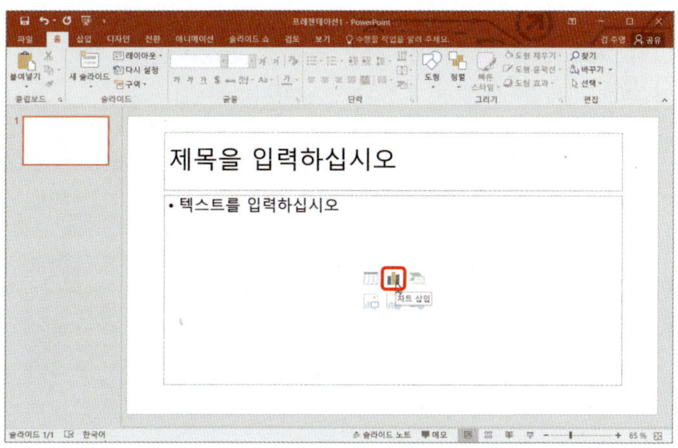

02 차트의 종류를 선택하고 데이터 편집 창에서 입력하기 [차트 삽입] 대화상자에서 [세로 막대형]의 [묶은 세로 막대형]을 선택하고 [확인]을 클릭한다. 데이터 편집 창이 열리면 파란색 가이드라인의 핸들을 [E5] 셀까지 드래그해 데이터 범위를 조절하고 다음 내용을 입력한 후 데이터 입력 창을 닫는다.

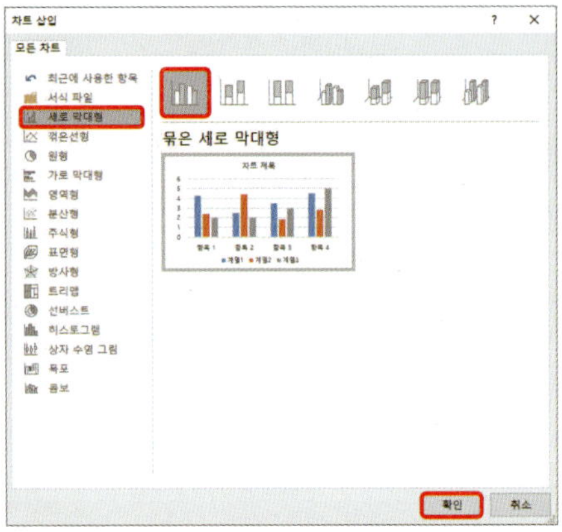

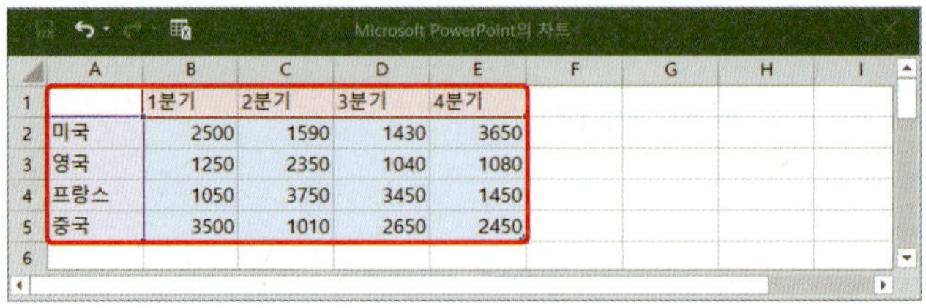

03 행/열 전환하고 차트 완성하기 차트를 선택하고 [차트 도구]–[디자인] 탭–[데이터] 그룹–[데이터 선택]을 클릭한다. [데이터 원본 선택] 대화상자에서 [행/열 전환]을 클릭해 범례 항목(계열)과 가로(항목) 축 레이블을 서로 바꾸고 [확인]을 클릭한다. 데이터 편집 창을 닫고 차트 외의 빈 영역을 클릭해 차트를 완성한다.

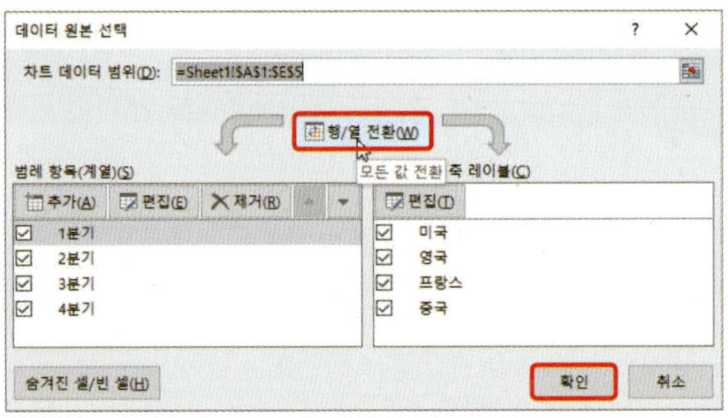

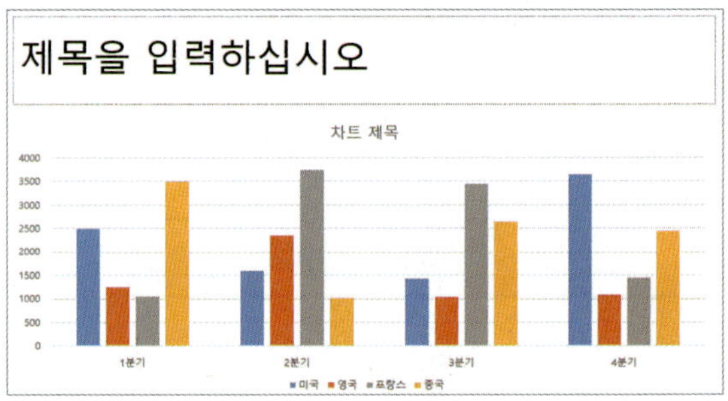

04 차트 종류 변경하기 차트 종류를 변경하기 위해 차트를 선택한 후 [차트 도구]–[디자인] 탭–[종류] 그룹–[차트 종류 변경]을 클릭한다. [차트 종류 변경] 대화상자에서 [꺾은선형]의 [표식이 있는 꺾은선형]을 선택하고 [확인]을 클릭한다.

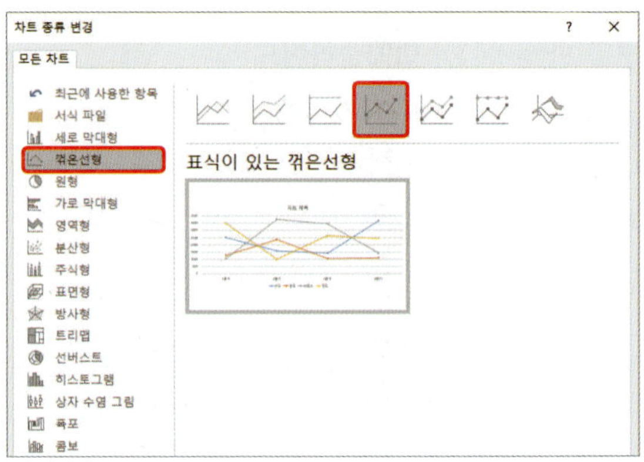

05 데이터 계열 서식 변경하기 변경된 차트를 선택하고 '중국' 계열을 한 번 더 클릭해 선택한 후 [차트 도구]–[서식] 탭–[현재 선택 영역] 그룹–[선택 영역 서식]을 클릭한다. [데이터 계열 서식] 작업 창이 열리면 [계열 옵션]–[채우기 및 선] 탭의 [선]–[선] 항목에서 [실선]을 선택하고 [너비]를 [4pt]로 설정한다. 나머지 계열의 [너비]도 [4pt]로 조정한다.

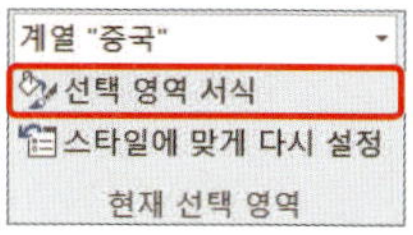

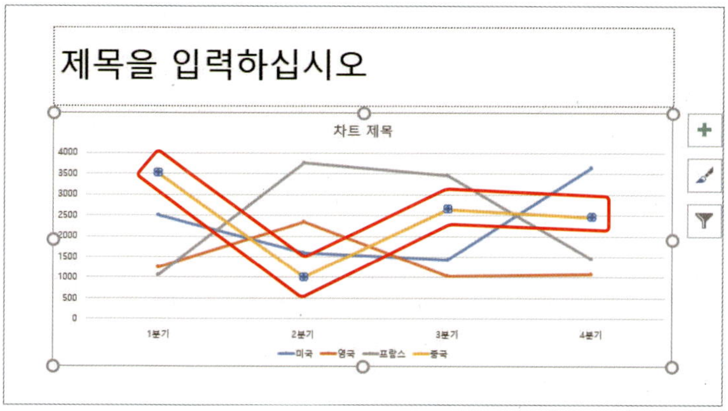

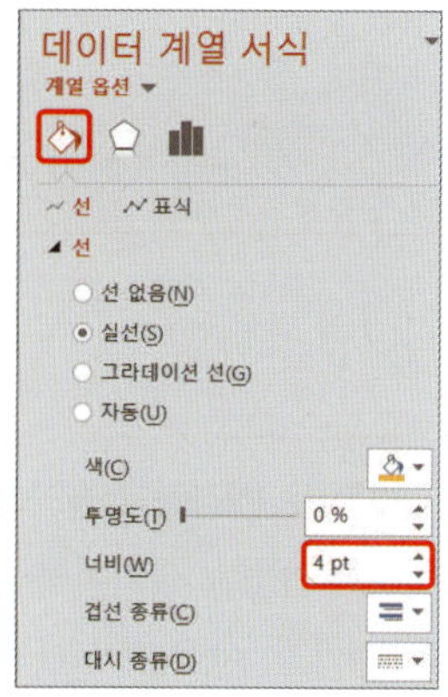

> **TIP** 설정을 변경할 요소를 더블클릭해도 해당 요소의 작업 창이 열린다. 차트에서 다른 요소를 선택하면 작업 창도 해당 요소의 작업 창으로 자동 변경된다.

06 축 서식 변경하기 차트의 세로 (값) 축을 선택하고 [차트 도구]–[서식] 탭–[현재 선택 영역] 그룹–[선택 영역 서식]을 클릭한다. [축 서식] 작업 창의 [축 옵션]–[축 옵션] 탭–[축 옵션] 항목에서 [경계]의 [최대]를 *5000*으로, [단위]의 [주]를 *1000*으로 변경한다.

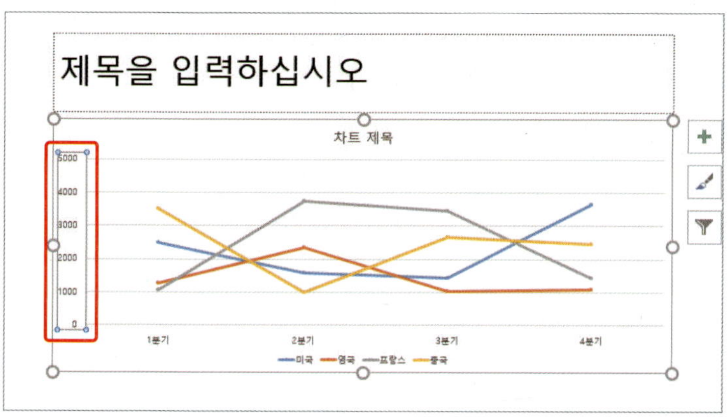

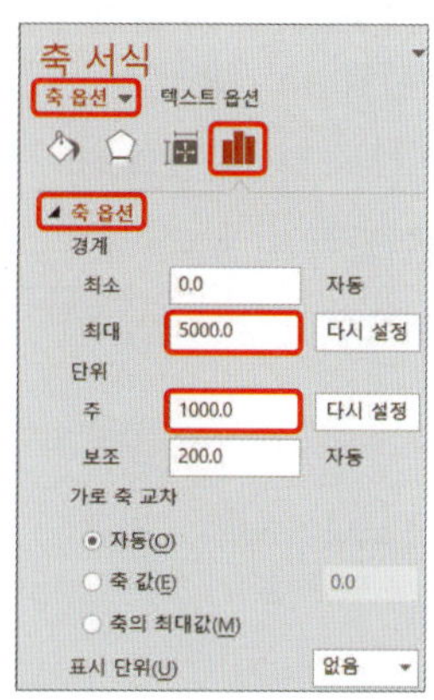

07 그림 영역 채우기 차트의 그림 영역을 선택하고 [그림 영역 서식] 작업 창의 [그림 영역 옵션]–[채우기 및 선] 탭–[채우기] 항목에서 [그라데이션 채우기]를 선택한다. 작업 창 오른쪽 위의 [닫기] 단추를 클릭해 작업 창을 닫는다.

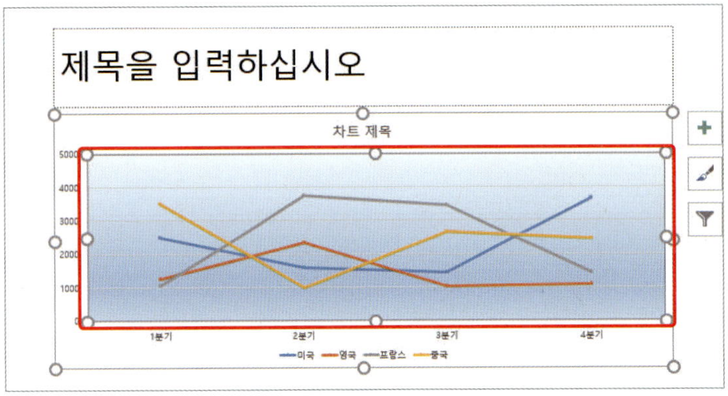

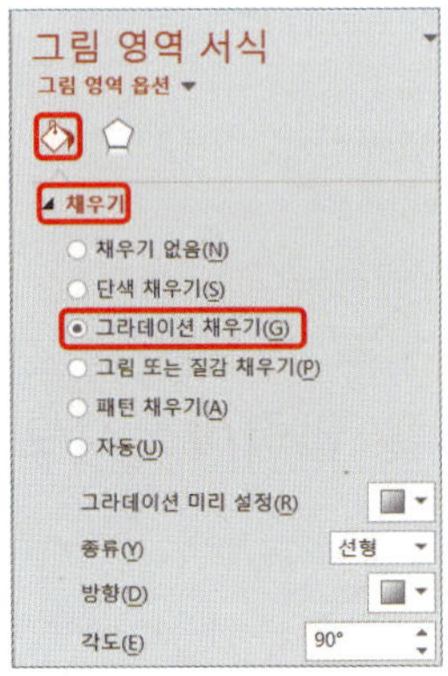

08 차트 레이아웃 변경하고 슬라이드 제목 입력하기 차트 레이아웃을 변경하기 위해 차트 영역을 선택하고 [차트 도구]–[디자인] 탭–[차트 레이아웃] 그룹–[빠른 레이아웃] 목록의 [레이아웃4]를 선택한다. 슬라이드 제목으로 *분기별 수출 실적*을 입력한다.

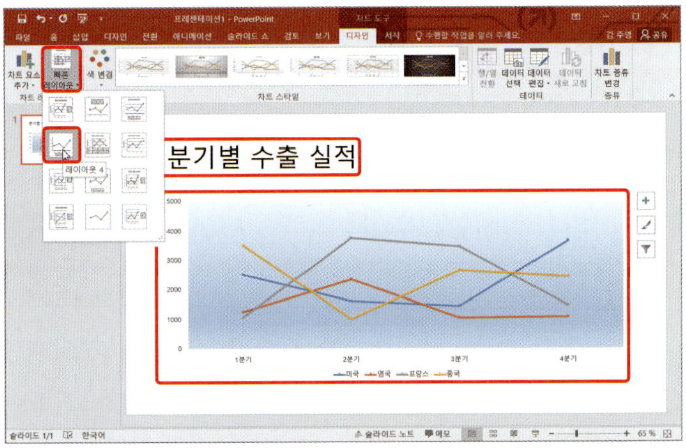

09 차트 텍스트 서식 변경하기 차트 영역을 선택하고 [홈] 탭–[글꼴] 그룹에서 [글꼴 크기]를 [20pt]로 설정해 축 레이블과 범례 레이블의 크기를 일괄적으로 변경한다.

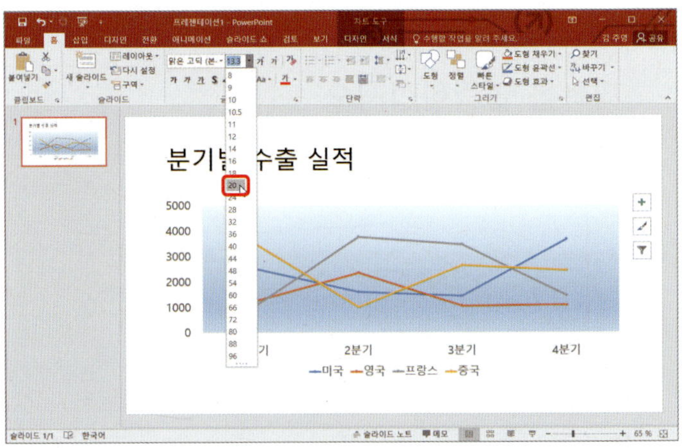

10 저장하기 [파일] 탭–[다른 이름으로 저장]을 선택해 '실습6–6(완성).pptx'로 저장한다.

종합예제

프레젠테이션에 디자인 테마를 적용하고 텍스트, 그림, 표, 차트 등을 삽입해 다음과 같은 프레젠테이션 문서를 만들어 보자.

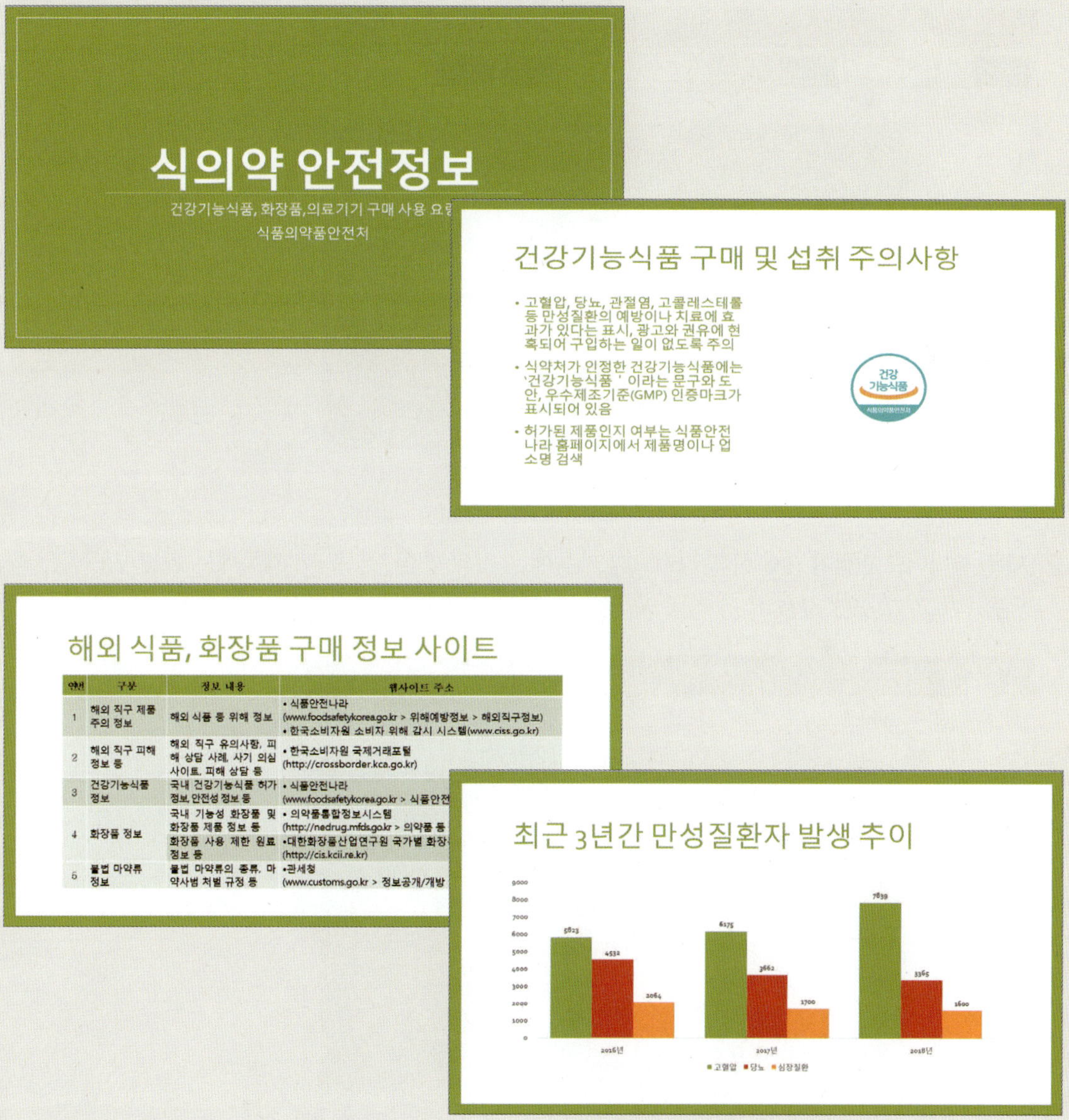

1 새 프레젠테이션에 디자인 테마 적용하기 새 프레젠테이션을 만들고 [디자인] 탭–[테마] 그룹–[기본]을 선택한다.

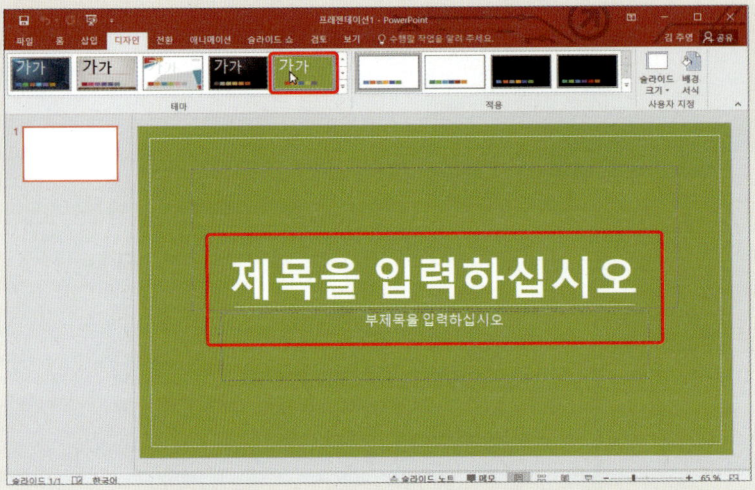

2 [제목] 슬라이드 만들기 [제목] 슬라이드의 제목에는 *식의약 안전정보*, 부제목에는 *건강기능식품, 화장품, 의료기기 구매 사용 요령, 식품의약품안전처*를 입력한다.

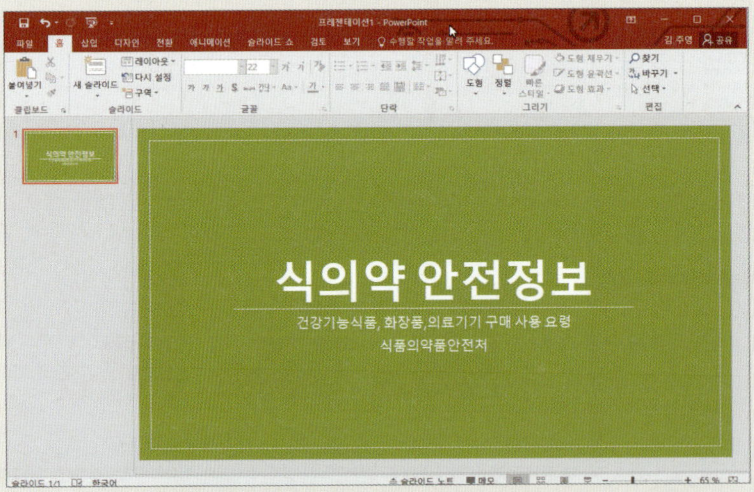

3 [콘텐츠 2개] 슬라이드 삽입하기 [홈] 탭–[슬라이드] 그룹–[새 슬라이드] 목록에서 [콘텐츠 2개]를 선택한다.

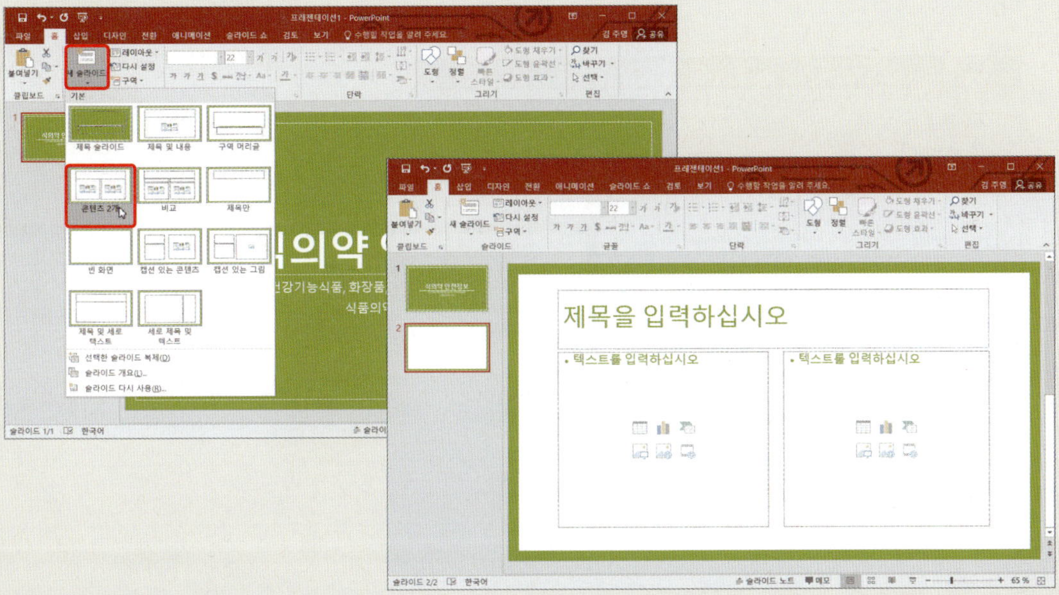

4 슬라이드에 그림 삽입하기 추가한 슬라이드에 다음과 같이 제목과 내용을 입력하고 콘텐츠 개체 틀의 [그림] 단추를 클릭해 'Sch06–04(그림).png' 파일을 삽입한다.

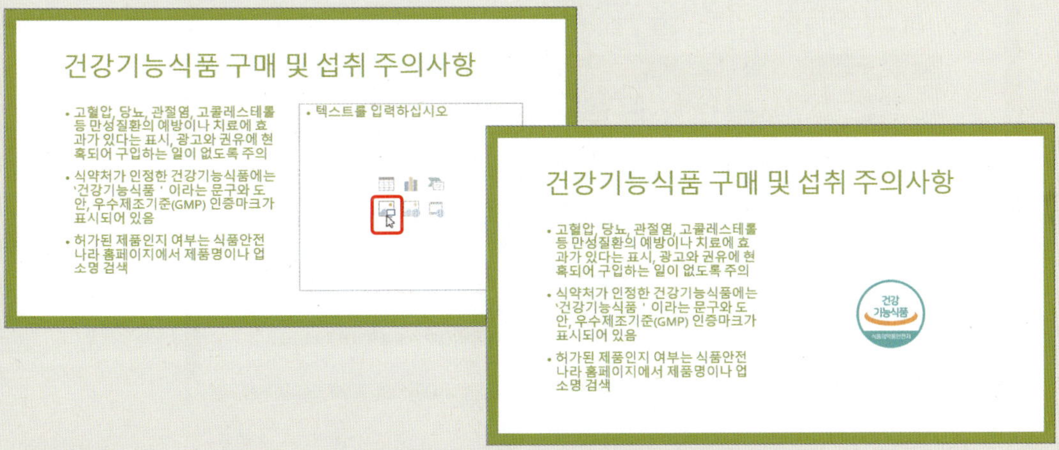

5 [제목 및 내용] 슬라이드를 만들고 표 삽입하기 [홈] 탭-[슬라이드] 그룹-[새 슬라이드] 목록에서 [제목 및 내용] 슬라이드를 선택해 추가하고, 콘텐츠 개체 틀의 [표 삽입] 단추를 클릭해 4×6 표를 삽입한다.

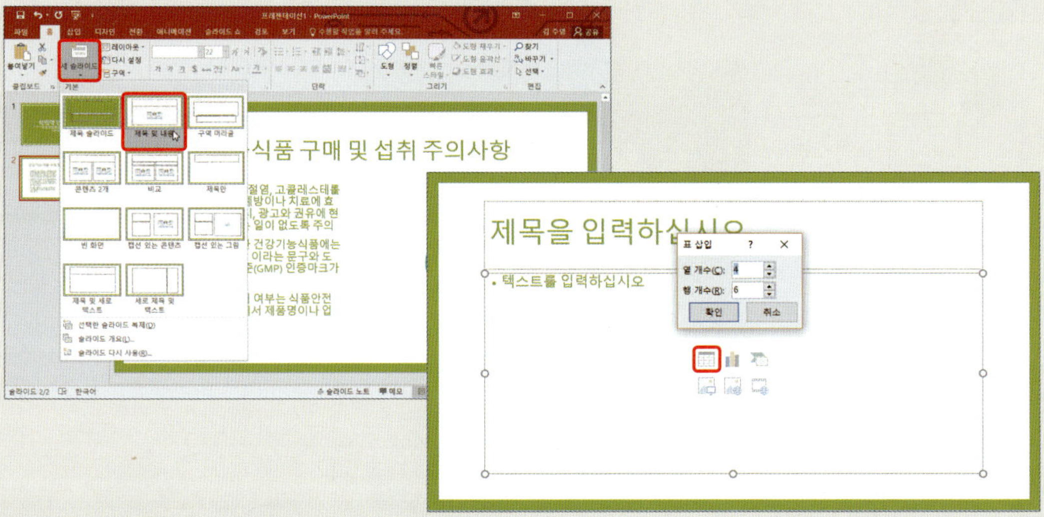

6 표 내용 입력하기 다음과 같이 표 내용을 입력한다.

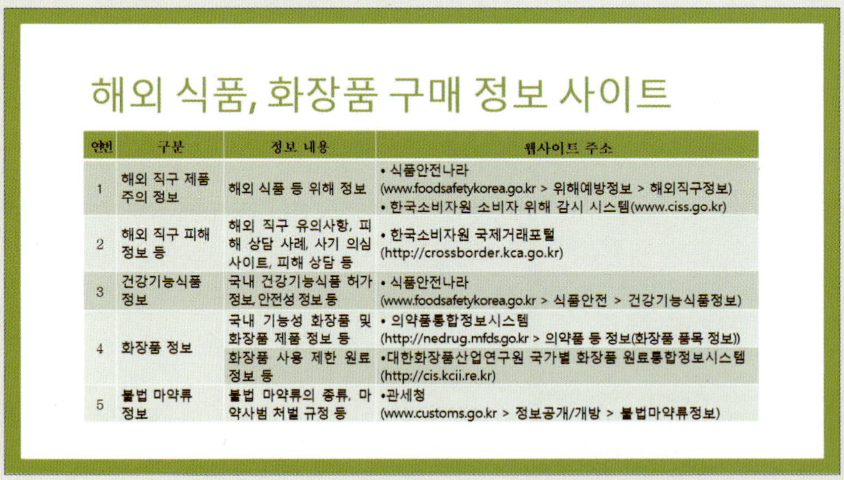
해외 식품, 화장품 구매 정보 사이트

연번	구분	정보 내용	웹사이트 주소
1	해외 직구 제품 주의 정보	해외 식품 등 위해 정보	• 식품안전나라 (www.foodsafetykorea.go.kr > 위해예방정보 > 해외직구정보) • 한국소비자원 소비자 위해 감시 시스템(www.ciss.go.kr)
2	해외 직구 피해 정보 등	해외 직구 유의사항, 피해 상담 사례, 사기 의심 사이트, 피해 상담 등	• 한국소비자원 국제거래포털 (http://crossborder.kca.go.kr)
3	건강기능식품 정보	국내 건강기능식품 허가 정보, 안전성 정보 등	• 식품안전나라 (www.foodsafetykorea.go.kr > 식품안전 > 건강기능식품정보)
4	화장품 정보	국내 기능성 화장품 및 화장품 제품 정보 등	• 의약품통합정보시스템 (http://nedrug.mfds.go.kr > 의약품 등 정보(화장품 품목 정보))
		화장품 사용 제한 원료 정보 등	•대한화장품산업연구원 국가별 화장품 원료통합정보시스템 (http://cis.kcii.re.kr)
5	불법 마약류 정보	불법 마약류의 종류, 마약사범 처벌 규정 등	•관세청 (www.customs.go.kr > 정보공개/개방 > 불법마약류정보)

7 **[제목 및 내용] 슬라이드에 차트 삽입하기** [제목 및 내용] 슬라이드를 하나 더 추가하고 콘텐츠 개체 틀에서 [차트 삽입] 단추를 클릭한다. [차트 삽입] 대화상자에서 [묶은 세로 막대형] 차트를 선택하고 [확인]을 클릭한다. 다음과 같이 데이터를 입력해 차트를 완성한다.

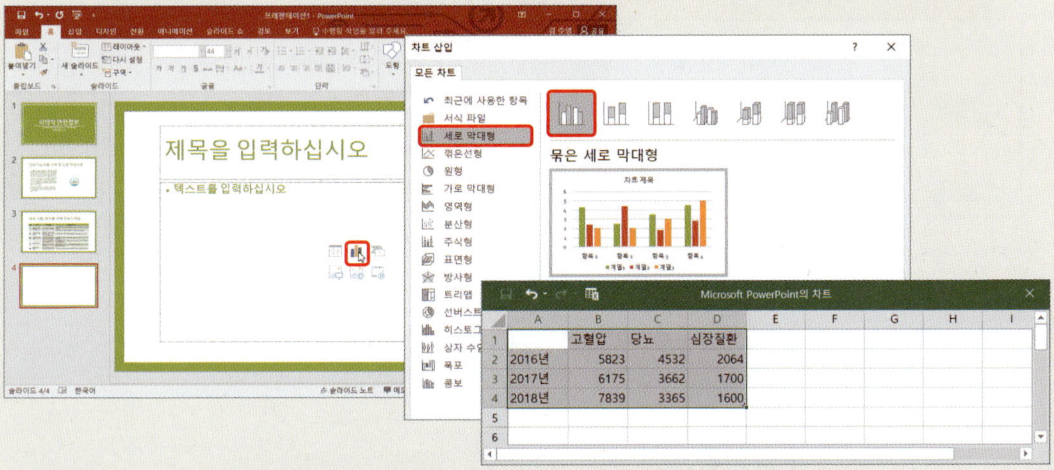

8 **차트 레이아웃 변경하고 슬라이드 제목 입력하기** 차트를 선택하고 [차트 도구]–[디자인] 탭–[차트 레이아웃] 그룹–[빠른 레이아웃] 목록에서 [레이아웃 4]를 선택해 차트 레이아웃을 변경한다. 제목으로 *최근 3년간 만성질환자 발생 추이*를 입력한다.

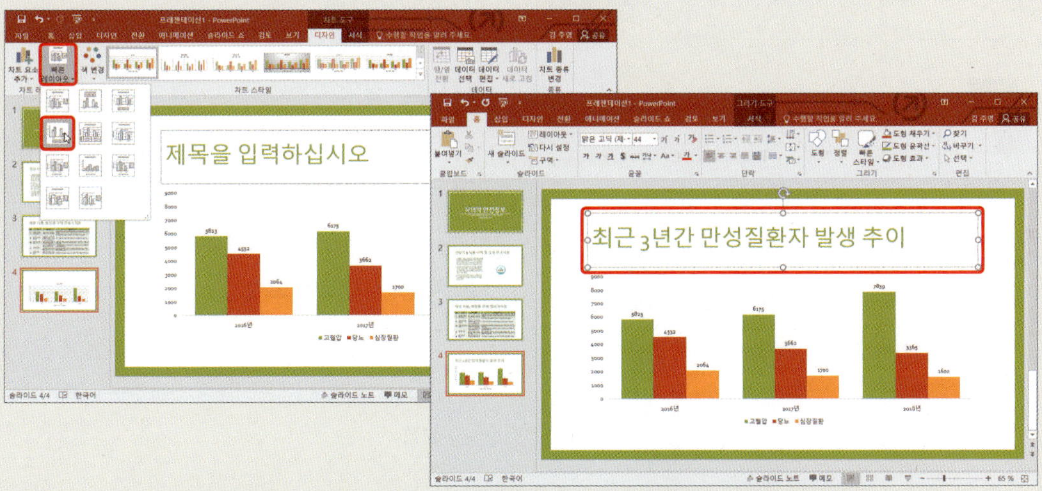

9 **저장하기** [파일]–[다른 이름으로 저장]을 선택해 '종합6(완성).pptx'로 저장한다.

연습문제

1 [제목 및 내용] 레이아웃을 삽입하고 다음과 같은 조건의 슬라이드를 만들어 보자.

조건

❶ [열 개수]는 7, [행 개수]는 6인 표 삽입

❷ 표 안의 내용의 [글꼴]은 [맑은 고딕]으로 설정

❸ 요일의 [글꼴 크기]는 [18pt], 날짜의 [글꼴 크기]는 [20pt]로 설정

❹ 요일에는 [굵게], 날짜에는 [기울임꼴] 적용

❺ [표 스타일]은 [보통 스타일 3 - 강조 2]로 설정

❻ 연도와 월의 글꼴과 글꼴 색 등은 슬라이드와 유사하게 표현

2 [제목만] 레이아웃을 삽입하고 다음과 같은 조건의 슬라이드를 만들어 보자.

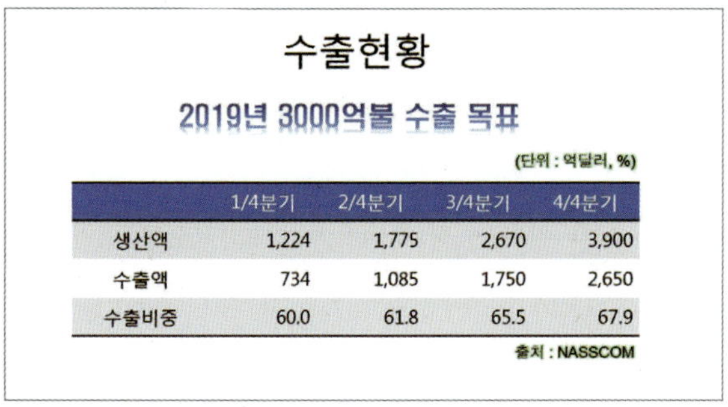

조건

❶ 표

- [열 개수]는 5, [행 개수]는 4인 표 삽입
- [표 스타일]은 [보통 스타일 3 - 강조 5] 적용
- [글꼴]은 [맑은 고딕], [글꼴 크기]는 [22pt]로 설정
- 문자는 [가운데 정렬], 숫자는 [오른쪽 정렬] 적용

❷ 텍스트 상자(2019년 3000억불 수출 목표)

- [WordArt 스타일]을 [그라데이션 채우기 - 파랑, 강조 1, 반사]로 설정
- [글꼴]은 [HY헤드라인M], [글꼴 크기]는 [32pt]로 설정

❸ 텍스트 상자(단위, 출처)

- [글꼴]은 [돋움], [글꼴 크기]는 [18pt]로 설정
- [텍스트 효과]를 [네온]-[녹색, 8pt 네온, 강조색 6]으로 설정

3 다음과 같은 조건의 슬라이드를 만들어 보자.

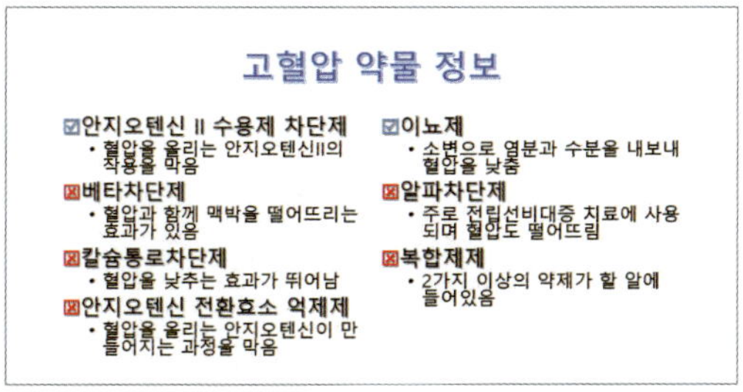

조건

❶ 슬라이드 1
- [제목 및 내용] 레이아웃 적용
- [번호 매기기]–[A, B, C, …] 적용
- 슬라이드 제목에 [WordArt 스타일]과 [텍스트 효과]–[변환] 적용

❷ 슬라이드 2
- [콘텐츠 2개] 레이아웃 적용
- 사용자 지정 글머리 기호(글꼴: Wingdings) 적용
- 슬라이드 제목에 [WordArt 스타일] 적용

❸ 나머지 요소는 슬라이드와 유사하게 표현

4 [빈 화면] 레이아웃을 삽입하고 다음 조건을 참고해 슬라이드에 원형 차트를 삽입해 보자.

판매영업소	판매수량
서울	144
부산	128
청주	60
대구	94
경기	123
제주	67
기타	110

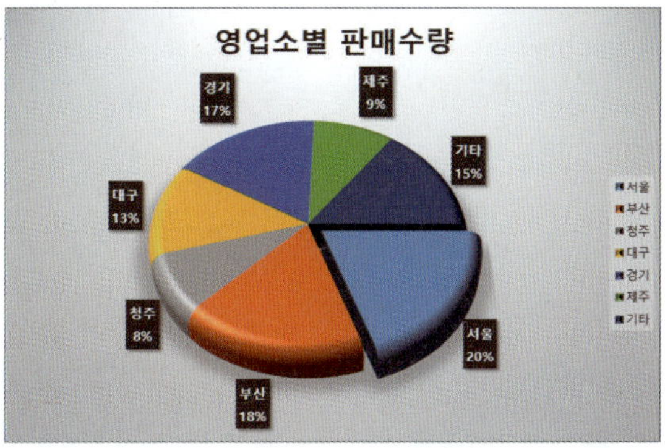

조건

❶ 차트 종류를 [3차원 원형]으로 설정하고 [차트 스타일]은 [스타일 3] 적용

❷ 차트 제목으로 *영업소별 판매수량*을 입력하고 [글꼴]은 [맑은 고딕], [글꼴 크기]는 [28pt]로 설정

❸ 데이터 계열 서식은 [효과] 탭–[3차원 서식] 항목–[위쪽 입체]의 [너비]를 [50pt], [높이]를 [100pt]로 적용

❹ '서울' 데이터 요소의 서식은 [계열 옵션] 탭에서 [첫째 조각의 각]을 [90°], [쪼개진 요소]를 [10%]로 설정

❺ 데이터 레이블에 [항목 이름]과 [백분율]이 표시되고 [바깥쪽 끝에] 위치하도록 설정

❻ 나머지 요소는 슬라이드와 유사하게 표현

5 [빈 화면] 레이아웃을 삽입하고 다음 조건을 참고해 혼합형 차트를 삽입해 보자.

판매영업소	판매수량	판매총액
춘천	108	2,160,000
원주	119	2,380,000
동해	77	1,540,000
강릉	37	740,000
삼척	98	1,960,000
속초	67	1,340,000
기타	29	58,000

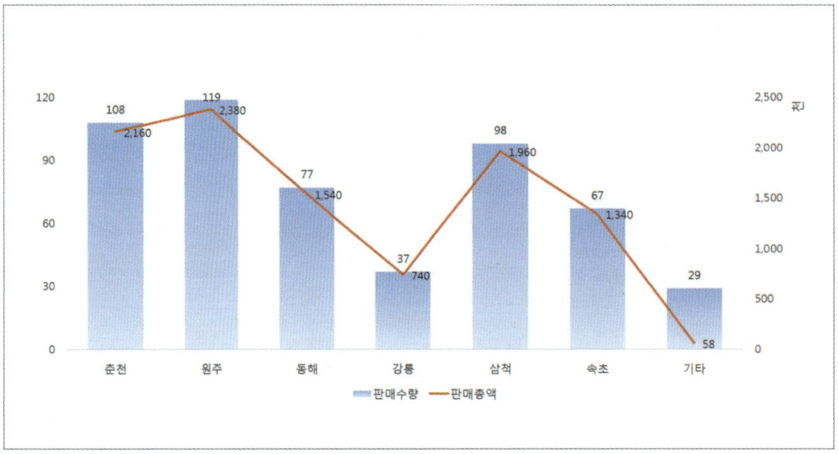

조건

❶ 차트 종류를 [콤보]의 [묶은 세로 막대형 - 꺾은선형, 보조 축]으로 변경하고 '판매총액' 계열을 [보조 축]으로 설정

❷ 보조 축의 [축 서식] 작업 창을 열고 [축 옵션] 탭–[축 옵션] 항목에서 [표시 단위]를 [천]으로 설정

❸ 세로 축의 [축 서식] 작업 창을 열고 [축 옵션] 탭–[축 옵션] 항목에서 [경계]의 [최대]를 120, [단위]의 [주]를 30으로 설정

❹ 차트 레이아웃은 [빠른 레이아웃]에서 [레이아웃 4] 적용

❺ 데이터 계열 서식은 [그라데이션 채우기]로 설정하고 [방향]은 [선형 아래쪽]을 선택한 후 [그라데이션 중지점]을 슬라이드와 유사한 모양이 되도록 조절

❻ 나머지 요소는 슬라이드와 유사하게 표현

CHAPTER

07

파워포인트 2016 활용

01 멀티미디어 삽입하기

02 도형, 스마트아트, 워드아트 삽입하기

03 테마 및 슬라이드 마스터

04 애니메이션, 슬라이드 쇼, 인쇄

05 MOS 자격시험 대비하기

종합예제

연습문제

학습목표

- 그림을 삽입하고 편집할 수 있다.
- 비디오와 오디오 파일을 삽입하고 옵션을 설정할 수 있다.
- 도형을 삽입하고 서식을 설정할 수 있다.
- 스마트아트와 워드아트를 삽입할 수 있다.
- 테마와 슬라이드 마스터의 개념을 이해하고 편집할 수 있다.
- 슬라이드 쇼를 위한 화면 전환 효과와 애니메이션 효과를 사용할 수 있다.
- 슬라이드를 인쇄할 수 있다.

SECTION 01

멀티미디어 삽입하기

프레젠테이션 문서에 그림, 오디오, 비디오 등의 멀티미디어 자료를 삽입하면 문장으로만 설명할 때보다 정보 전달력을 높일 수 있다. 파워포인트에서는 여러 가지 멀티미디어 파일을 삽입할 수 있을 뿐 아니라 간단한 편집도 할 수 있다. 그림 파일을 삽입하고 편집하는 방법, 오디오와 비디오 파일을 삽입해 재생하는 방법에 대해 알아본다.

1.1 그림 삽입하기

파워포인트에서는 컴퓨터에 저장된 그림뿐 아니라 온라인에서 검색한 그림도 삽입할 수 있다. 그림 파일과 온라인 그림을 삽입하고 편집하는 방법에 대해 알아본다.

1.1.1 그림 파일 삽입하기

슬라이드에는 *.jpg, *.gif, *.png, *.bmp 형식을 비롯한 모든 종류의 그림 파일을 삽입할 수 있다. 그림 파일을 삽입하려면 [삽입] 탭–[이미지] 그룹–[그림]을 클릭해 [그림 삽입] 대화상자를 열고 삽입할 그림 파일을 선택한 후 [삽입]을 클릭한다.

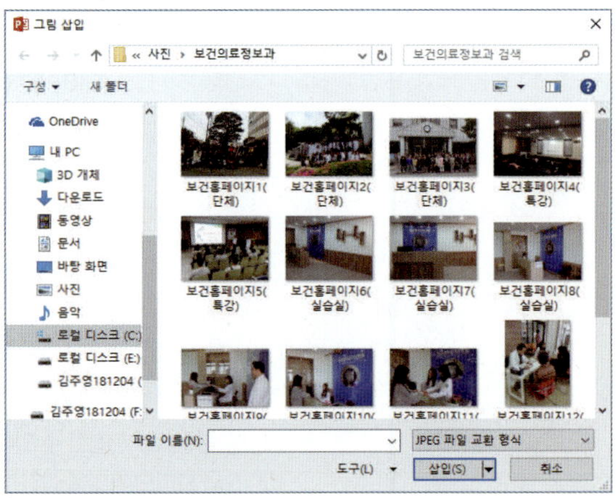

1.1.2 그림 편집하기

삽입한 그림 파일은 별도의 그래픽 소프트웨어 없이 [그림 도구]–[서식] 탭에 있는 도구들을 이용해 간편하게 편집할 수 있다.

❶ 배경 제거 그림에서 배경을 제거해 주제를 강조하거나 주의를 분산시키는 세부 요소를 제거한다.

❷ 수정 그림의 선명도, 상대적인 밝기, 가장 어두운 영역과 가장 밝은 영역 간의 차이(대비)를 조절한다.

❸ 색 그림의 채도와 색조를 조절하고, 다시 칠하기와 투명한 색 설정 등을 한다.

TIP [투명한 색 설정]은 그림 일부를 배경색과 동일하게 만드는 기능이다. 텍스트를 뚜렷하게 표시하거나 그림을 서로 겹칠 때, 강조를 위해 그림의 일부를 제거하거나 숨길 때 사용한다.

❹ 꾸밈 효과 그림에 다양한 꾸밈 효과를 적용해 스케치나 그림 작품처럼 보이게 한다.

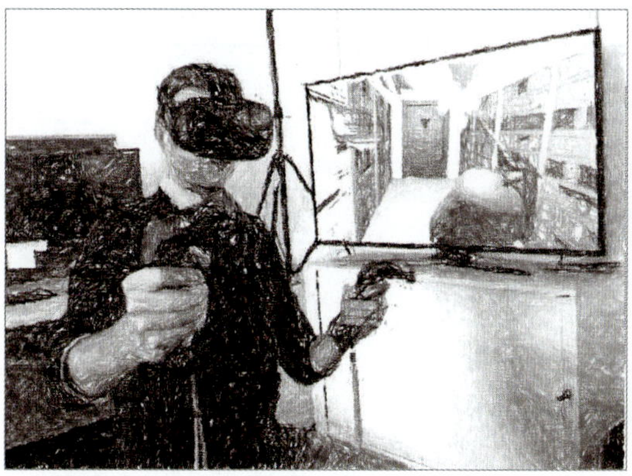

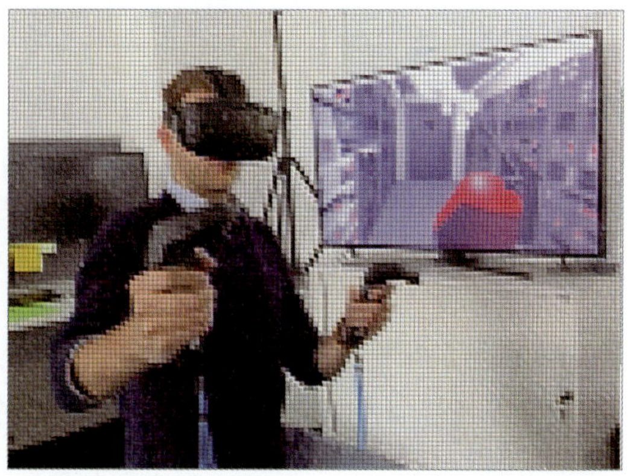

출처 en.wikipedia.org

❺ 그림 압축 슬라이드에 삽입한 그림 파일을 압축해 문서의 파일 크기를 줄인다.

❻ 그림 스타일 다양한 형태의 그림 프레임을 미리 보면서 선택할 수 있다.

❼ 그림 테두리 그림 테두리의 색상과 두께를 설정한다.

❽ 그림 효과 그림자, 반사, 네온, 부드러운 가장자리, 입체 효과, 3차원 회전 등의 효과를 준다.

❾ 그림 레이아웃 삽입한 그림을 SmartArt 그래픽 모양으로 바꾼다.

❿ 자르기 특정 부분을 강조하거나 불필요한 부분을 제거하기 위해 그림의 일부를 숨기거나 잘라낸다.

TIP 그림을 마우스 오른쪽 단추로 클릭하면 열리는 미니 도구 모음에서도 그림 스타일 변경, 자르기, 그림 바꾸기, 크기 및 위치 조절, 그림 서식 변경 등을 할 수 있다.

1.1.3 온라인 그림 삽입하기

슬라이드에는 Bing 이미지 검색을 통해 온라인 그림을 찾아 삽입할 수 있다. [삽입] 탭–[이미지] 그룹–[온라인 그림]을 클릭하고 [그림 삽입] 대화상자에서 적절한 검색어를 입력한 후 검색 결과 중에서 원하는 그림을 선택해 삽입한다.

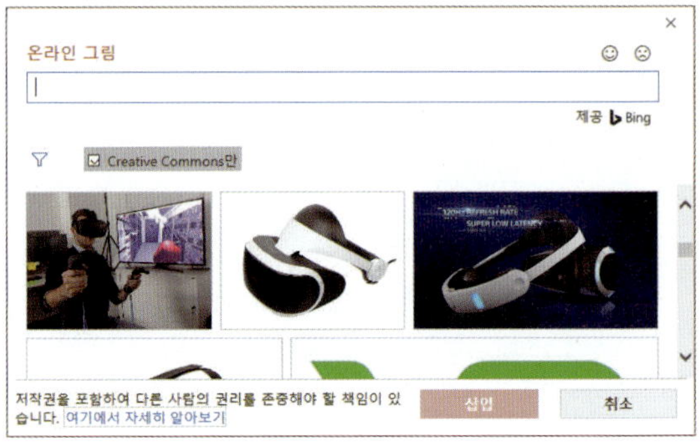

기본예제 7-1 글자를 그림으로 채우기

텍스트 내부를 온라인에서 검색한 그림으로 채워 보자.

01 레이아웃 변경하기 새 프레젠테이션에서 [홈] 탭–[슬라이드] 그룹–[레이아웃]–[빈 화면]을 선택해 레이아웃을 변경한다.

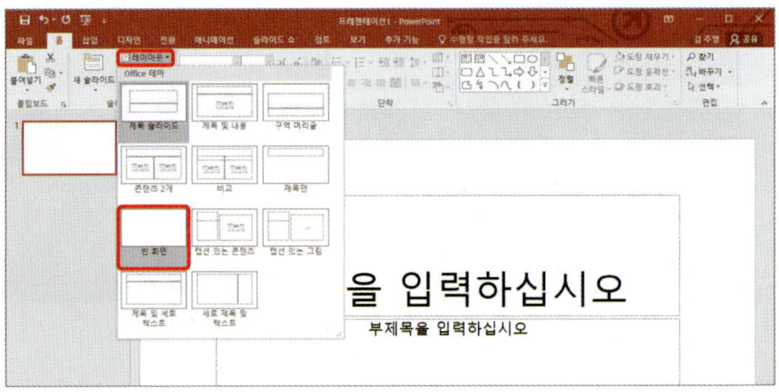

02 텍스트 상자 삽입하고 텍스트 입력하기 [홈] 탭–[그리기] 그룹–[도형] 목록에서 [텍스트 상자]를 선택하고 슬라이드에 적당한 크기로 드래그한다. 텍스트 상자에 *우주 빅뱅이론*이라고 입력한 후 [글꼴]은 [휴먼둥근헤드라인], [글꼴 크기]는 [96pt]로 지정하고 [가운데 맞춤]으로 설정한다.

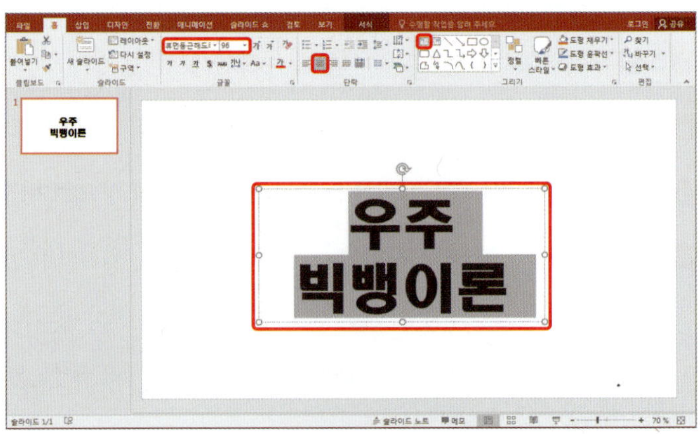

03 [도형 서식] 작업 창 열기 텍스트 상자를 마우스 오른쪽 단추로 클릭해 [도형 서식]을 선택한다. [도형 서식] 작업 창이 열리면 [텍스트 옵션]–[텍스트 채우기 및 윤곽선] 탭–[텍스트 채우기] 항목에서 [그림 또는 질감 채우기]를 선택하고 [온라인 그림]을 클릭한다.

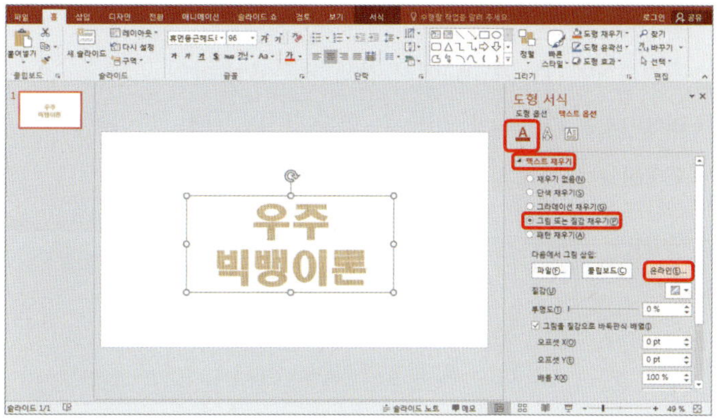

04 온라인 그림 삽입하기 [그림 삽입] 대화상자의 검색란에 *우주*를 입력해 검색한 후 검색 결과 중에서 적당한 그림을 선택하고 [삽입]을 클릭한다.

05 저장하기 텍스트 내부에 그림이 채워져 독창적인 모양이 만들어진다. [파일] 탭–[다른 이름으로 저장]을 선택해 '실습7–1(완성).pptx'로 저장한다.

1.2 비디오 삽입하기

슬라이드에는 YouTube에서 검색한 동영상 파일 또는 *.avi, *.wmv, *.asf, *.mp4, *.mov, *.swf 등의 비디오 파일을 삽입할 수 있다. [삽입] 탭-[미디어] 그룹-[비디오]-[온라인 비디오]를 선택하면 YouTube 사이트의 동영상을 검색해 삽입할 수 있다.

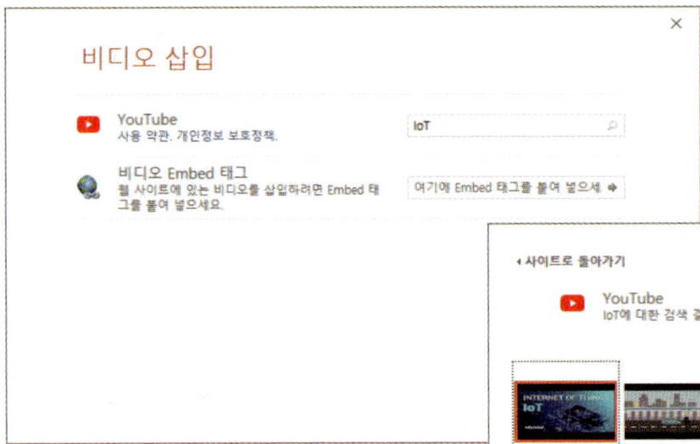

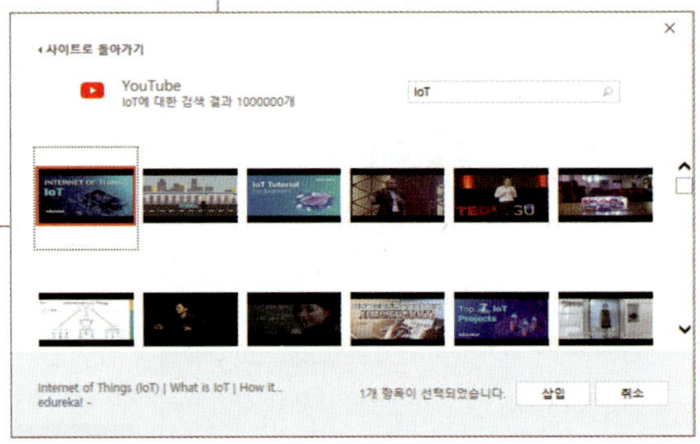

TIP YouTube의 동영상을 검색하려면 컴퓨터가 인터넷에 연결되어 있어야 한다. [삽입] 탭-[미디어] 그룹-[비디오]-[내 PC의 비디오]를 선택하면 갖고 있는 비디오 파일을 삽입할 수 있다.

비디오 재생 옵션은 삽입한 비디오를 선택하면 활성화되는 [비디오 도구]-[재생] 탭의 [비디오 옵션] 그룹에서 설정한다.

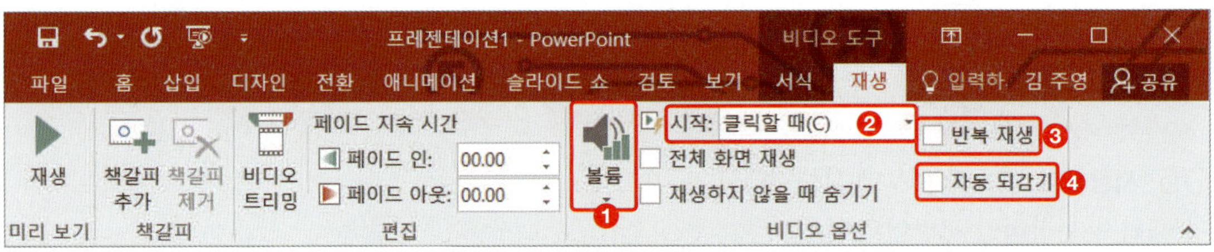

❶ **볼륨** 비디오 볼륨을 [낮음], [중간], [높음], [음소거] 중 하나로 설정한다.

❷ **시작** 목록에서 [자동 실행]을 선택하면 슬라이드 쇼를 실행했을 때 바로 비디오가 재생되고, [클릭할 때]를 선택하면 슬라이드 쇼 상태에서 [재생]을 클릭해야 재생된다.

❸ **반복 재생** 프레젠테이션 중에 비디오가 반복해서 재생된다.

❹ **자동 되감기** 프레젠테이션 중에 비디오를 재생한 후 자동으로 되감는다.

기본예제 7-2 비디오 삽입하기

비디오 클립을 삽입하고 재생 옵션을 설정해 보자.

01 레이아웃 변경하기 새 프레젠테이션을 열고 [홈] 탭–[슬라이드] 그룹–[레이아웃] 목록에서 [빈 화면]을 선택한다.

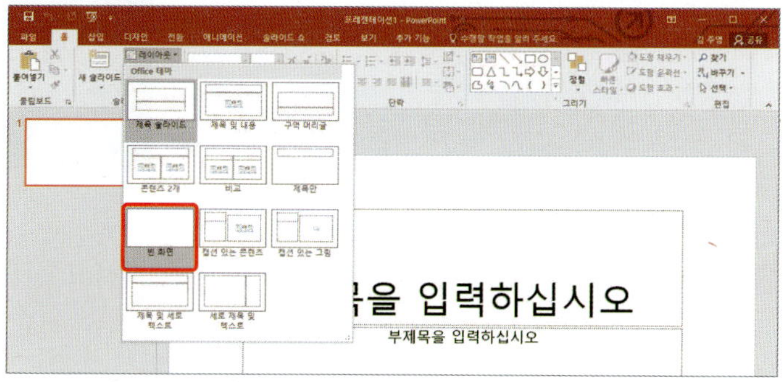

02 비디오 파일 삽입하기 [삽입] 탭–[미디어] 그룹–[비디오]–[내 PC의 비디오]를 선택하고 [비디오 삽입] 대화상자에서 '실습7–2(준비).mp4' 파일을 선택한 후 [삽입]을 클릭한다.

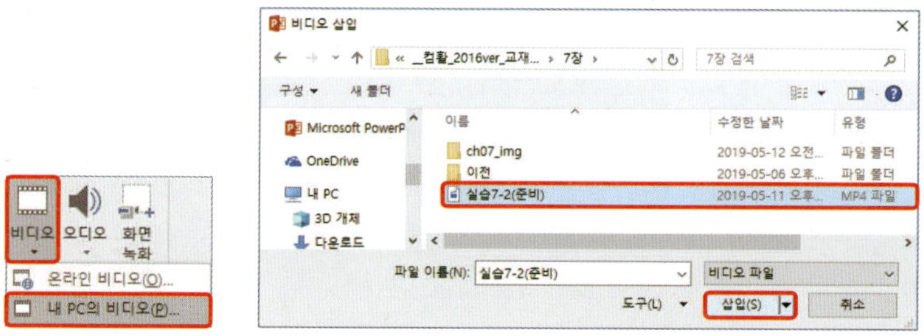

03 재생 옵션 설정하기 슬라이드 쇼가 실행될 때 비디오가 자동으로 실행되도록 하기 위해 비디오 클립이 선택된 상태에서 [비디오 도구]–[재생] 탭–[비디오 옵션] 그룹의 [시작] 목록에서 [자동 실행]을 선택하고, [전체 화면 재생]과 [자동 되감기]를 선택한다.

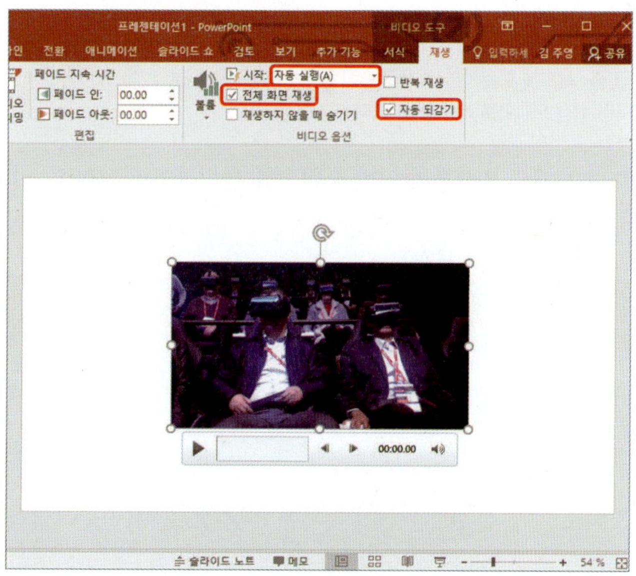

04 재생하기 [슬라이드 쇼] 탭–[슬라이드 쇼 시작] 그룹–[처음부터]를 선택해 비디오가 재생되는지 확인한다.

05 저장하기 [파일] 탭–[다른 이름으로 저장]을 선택하고 '실습7–2(완성).pptx'로 저장한다.

1.3 오디오 삽입하기

슬라이드에는 *.wav, *.mp3, *.mid, *.m4a, *.wma 등의 오디오 파일을 삽입할 수 있다. [삽입] 탭–[미디어] 그룹–[오디오]–[내 PC의 오디오]를 선택한 후 오디오 파일을 선택한다.

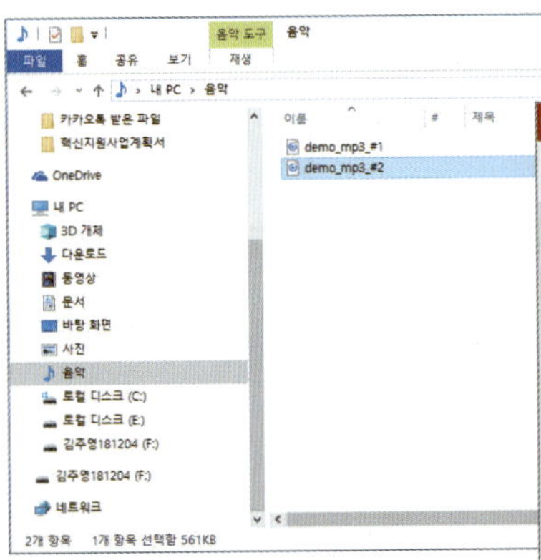

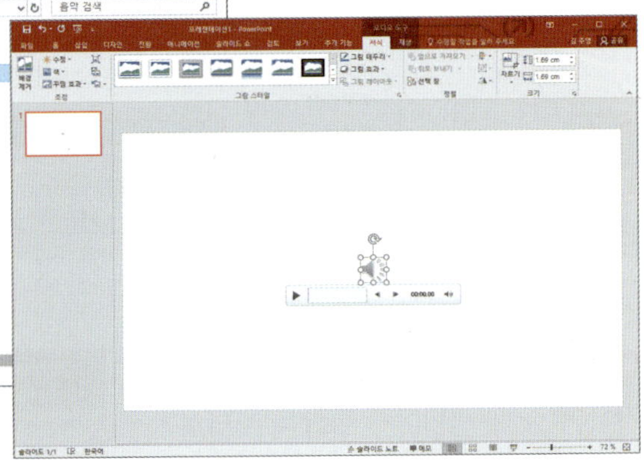

TIP 헤드셋 또는 마이크가 연결된 경우 [오디오 녹음]을 선택하면 직접 오디오를 녹음할 수 있다.

오디오 재생 옵션은 삽입한 오디오를 클릭하면 활성화되는 [오디오 도구]–[재생] 탭–[오디오 옵션] 그룹에서 설정한다.

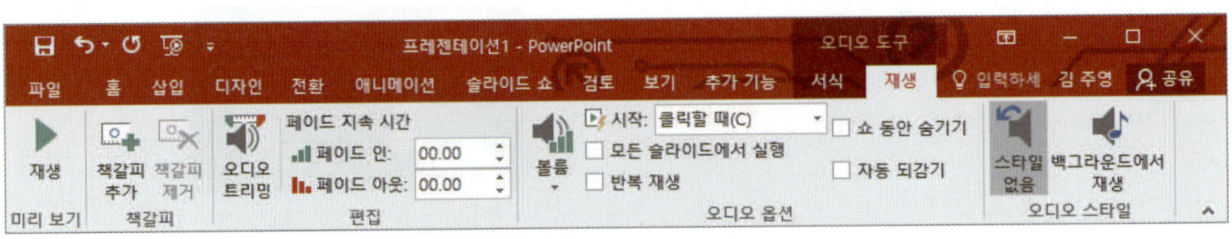

오디오 재생 옵션도 [시작] 목록에서 [자동 실행] 또는 [클릭할 때]로 설정할 수 있다. 슬라이드 쇼를 진행하는 동안 오디오가 계속 재생되도록 하려면 [오디오 스타일] 그룹의 [백그라운드에서 재생]을 클릭한다. 이 경우 [오디오 옵션] 그룹의 [쇼 동안 숨기기], [반복 재생] 등을 같이 선택하는 것이 좋다.

SECTION 02

도형, 스마트아트, 워드아트 삽입하기

텍스트뿐 아니라 도형, 스마트아트, 워드아트 등의 개체를 이용해 내용을 구성하면 전달하려는 내용을 훨씬 효과적으로 표현할 수 있다. 프레젠테이션을 시각화하는 데 가장 중요한 수단인 도형의 삽입, 서식 설정, 정렬 방법과 스마트아트와 워드아트를 삽입하고 편집하는 방법에 대해 알아본다.

2.1 도형 삽입하기

프레젠테이션할 때 내용을 그림으로 구성해 설명하면 원하는 바를 더욱 명확하게 전달할 수 있다. 이를 위하여 파워포인트는 아홉 개의 유형으로 분류된 도형들을 제공하며, 이 도형을 이용하여 복잡한 형태의 다양한 도형을 만들 수 있다.

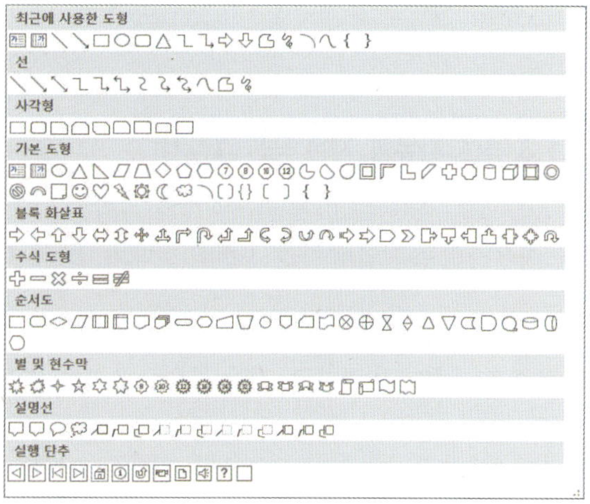

2.1.1 도형 그리기

도형은 [삽입] 탭–[일러스트레이션] 그룹–[도형]을 클릭하고 삽입하고자 하는 도형을 선택한 후 원하는 크기만큼 드래그해 삽입한다.

TIP Shift를 누른 채 드래그하면 정사각형, 정원 등 가로세로 비율이 같은 도형이 그려진다.

2.1.2 선 그리기

선을 삽입하려면 [삽입] 탭-[일러스트레이션] 그룹-[도형]을 클릭한 후 [선] 분류에 있는 선 중에서 원하는 종류를 선택하고 슬라이드에서 드래그한다. 이때 선을 수평, 수직, 45°로 정확하게 그리려면 Shift를 누른 상태에서 드래그한다.

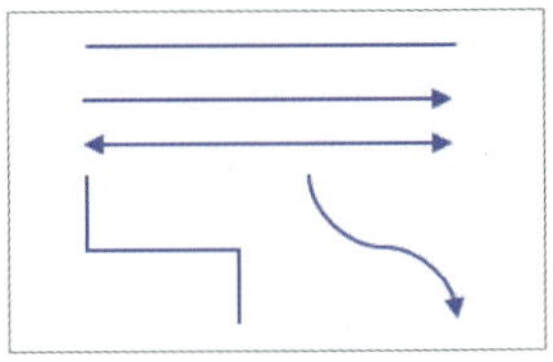

선을 도형과 도형을 잇는 연결선으로 사용할 수도 있다. 선 종류를 선택하고 연결하려는 도형으로 이동해 도형 가장자리에 나타난 검은색 연결점을 클릭한 후 다른 도형의 연결점으로 드래그한다. 도형에 연결된 선은 양 끝이 초록색으로 표시되며, 도형을 이동하더라도 이 선은 해당 연결점에 계속 연결되어 있다.

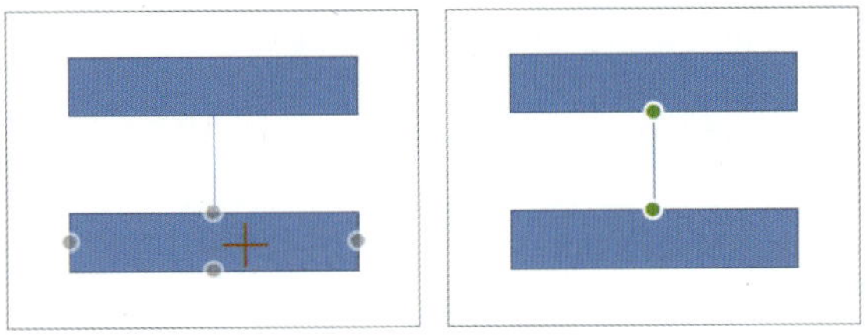

2.1.3 곡선, 자유형, 자유 곡선 그리기

곡선(⌒)을 그리려면 시작 위치에서 클릭하고 마우스를 움직여 곡선의 굴곡이 변하는 지점마다 클릭한다. 마우스의 움직임에 따라 곡선의 형태가 결정된다.

자유형(△)은 직선과 자유 곡선이 혼합된 형태의 도형을 그릴 때 유용하다. 직선으로 도형을 그릴 때는 마우스를 클릭해 연결하고, 자유 곡선으로 도형을 그릴 때는 드래그한다.

> **TIP** 다른 도형을 자유형으로 변형할 수도 있다. 자유형으로 만들 도형을 선택하고 [그리기 도구]-[서식] 탭-[도형 삽입] 그룹-[도형 편집]-[점 편집]을 선택하면 도형 주위에 편집점이 생긴다. 이 편집점을 클릭하고 드래그해 도형의 모양을 변형한다.

자유 곡선(ℓ)은 연필로 드로잉하듯이 자유롭게 도형을 그리거나 부드러운 곡선을 그릴 때 사용한다. 마우스를 클릭한 상태에서 임의의 형태로 드래그한다.

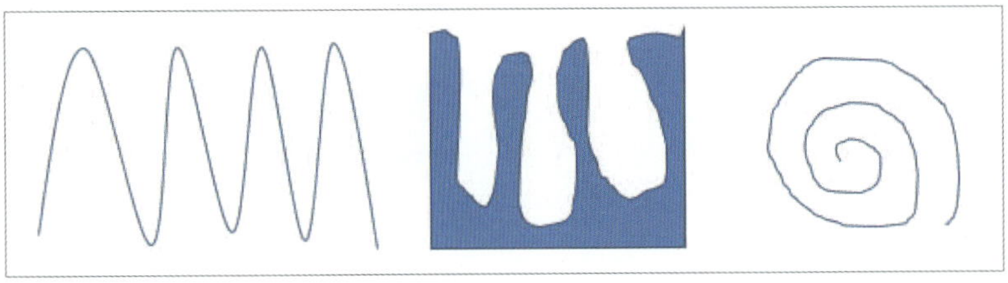

곡선, 자유형, 자유 곡선을 삽입할 때 도형을 열린 상태로 끝내려면 더블클릭을 하고, 닫힌 상태로 끝내려면 시작점 근처를 클릭한다.

2.2 도형 다루기

슬라이드에 삽입한 도형은 크기와 위치를 조절할 수 있을 뿐 아니라 모양도 편집할 수 있다. 도형을 선택하는 방법, 이동/복사/삭제 방법, 크기 및 모양 조절 방법에 대해 알아본다.

2.2.1 도형 선택하기

윤곽선만 있는 도형을 선택하려면 선을 클릭하고, 내부가 채워진 도형을 선택하려면 내부를 클릭한다.

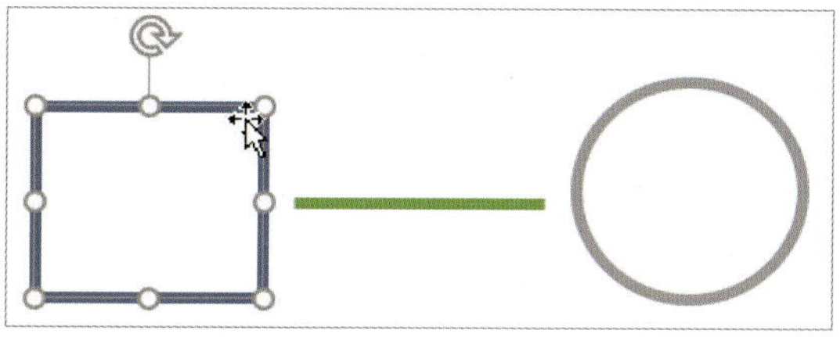

▶ 윤곽선만 있는 도형 선택하기

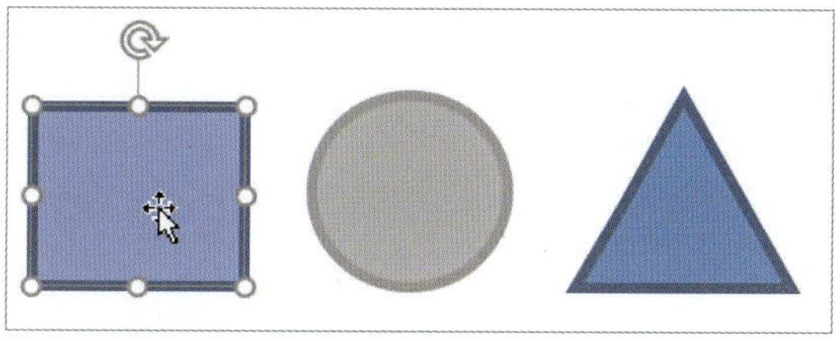

▶ 내부가 채워진 도형 선택하기

여러 도형을 선택하려면 모든 도형을 다 포함하도록 드래그하거나, Shift를 누른 채로 도형을 하나하나 클릭해 선택한다.

▶ 드래그로 선택하기

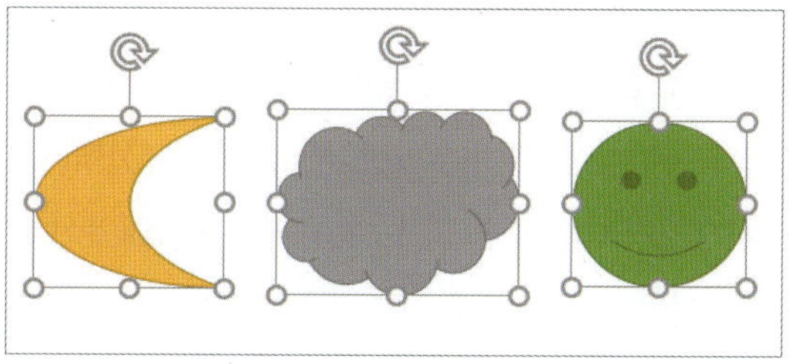

▶ Shift+클릭으로 선택하기

2.2.2 도형 이동, 복사, 삭제하기

도형을 이동하려면 해당 도형을 선택한 후 원하는 위치까지 드래그하거나 키보드의 방향키 ←, →, ↑, ↓를 누른다.

TIP 도형을 좀 더 세밀하게 이동하려면 Ctrl을 누른 채로 방향키를 누른다.

도형을 복사하려면 도형을 선택하고 Ctrl을 누른 상태에서 드래그하거나, Ctrl+C, Ctrl+V를 순서대로 누른다.

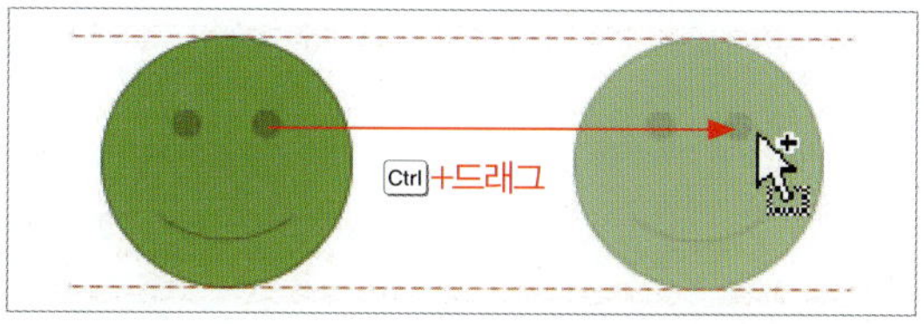

도형을 삭제하려면 도형을 선택하고 Delete를 누른다.

2.2.3 도형의 크기 및 모양 조절하기

도형의 크기를 조절하려면 해당 도형을 선택하고 하얀색 조절점을 원하는 크기만큼 드래그한다.

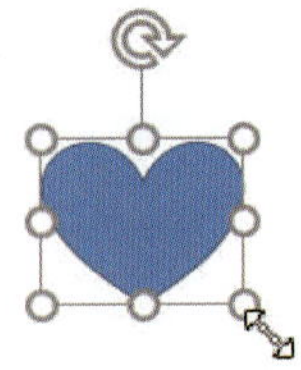

노란색 조절점을 드래그하면 도형의 모양이 변경되는데, 이때 도형의 기본 모양은 유지되면서 세부 간격이나 크기만 조절된다.

TIP 모양 조절점은 도형의 종류에 따라 없는 경우도 있다.

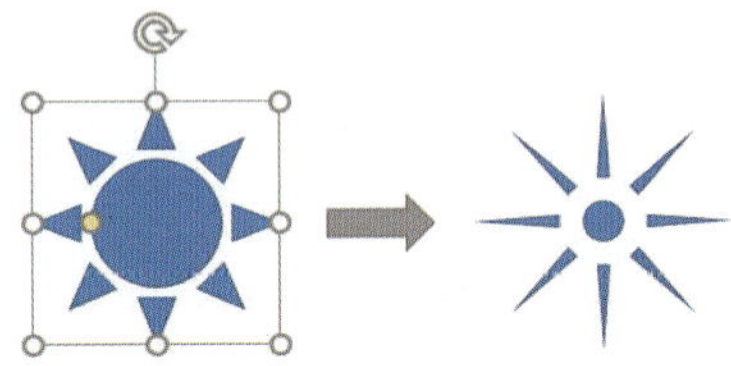

2.3 도형 서식 설정하기

도형의 면과 선은 채우기와 윤곽선 설정 기능을 통해 편집할 수 있다. 또한 효과 및 스타일을 적용할 수 있고, 도형 모양을 변경하거나 병합할 수도 있다. 선의 경우에는 선 색, 두께, 모양, 화살표, 스타일 등을 설정할 수 있다.

2.3.1 도형 채우기 및 윤곽선 설정하기

도형 내부에 색을 채우려면 해당 도형을 선택하고 [그리기 도구]–[서식] 탭–[도형 스타일] 그룹–[도형 채우기]를 클릭해 채우기 색, 그림, 그라데이션, 질감 등의 채우기 유형을 선택한다. 채우기 색은 테마 색과 표준 색으로 제시되어 있는 색 중에서 선택하거나 [다른 채우기 색]을 선택해 [색] 대화상자에서 원하는 색을 선택할 수 있다. 그라데이션으로 채우려면 [도형 채우기]–[그라데이션]을 선택한 후 그라데이션 종류를 선택해 적용한다.

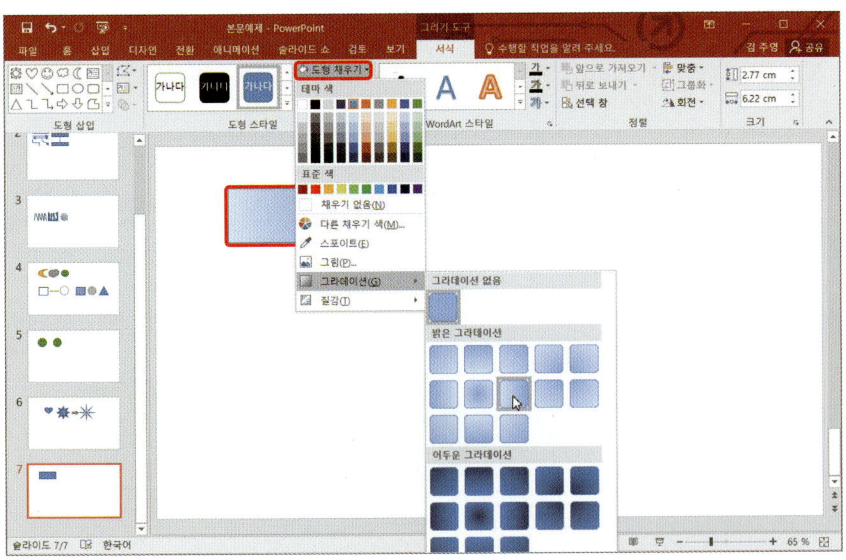

도형 내부에 그림을 채우려면 [그리기 도구]-[서식] 탭-[도형 스타일] 그룹-[도형 채우기]-[그림]을 선택하고 이미지 파일 또는 온라인 그림을 선택해 적용한다. 질감은 [도형 채우기]-[질감]을 선택하고 질감 종류를 선택해 적용한다.

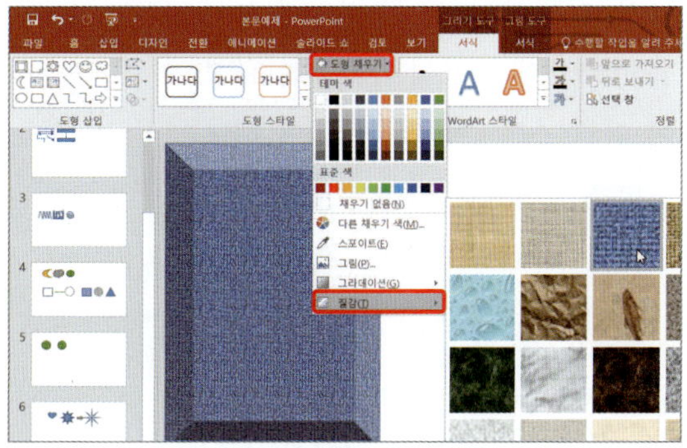

도형 윤곽선은 [그리기 도구]-[서식] 탭-[도형 스타일] 그룹-[도형 윤곽선] 목록에서 색, 두께, 대시 형태 등을 설정한다.

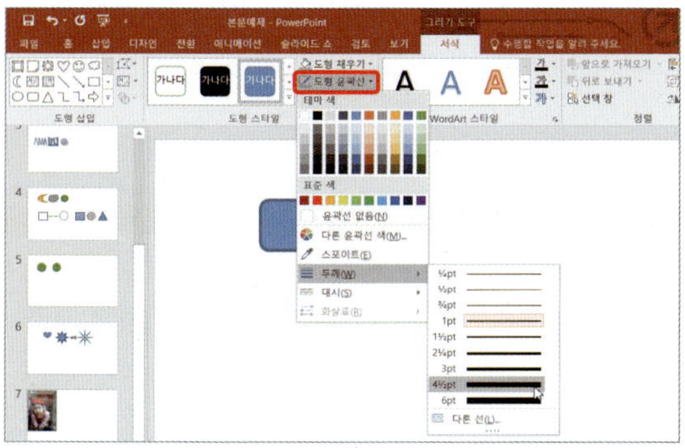

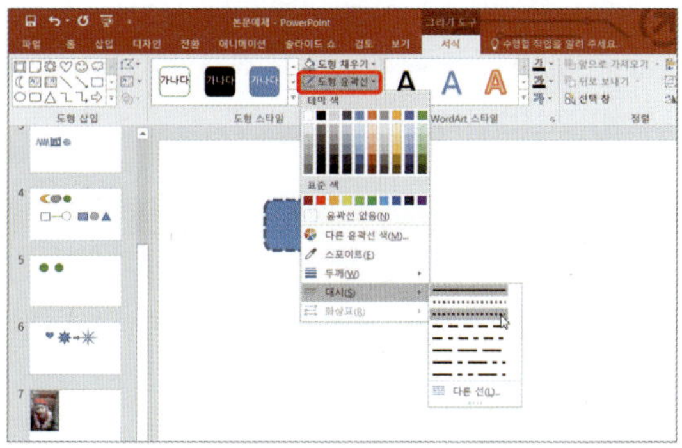

2.3.2 도형 효과 설정하기

도형에 효과를 적용하려면 [그리기 도구]-[서식] 탭-[도형 스타일] 그룹-[도형 효과] 목록에서 [기본 설정], [그림자], [반사], [네온], [부드러운 가장자리], [입체 효과], [3차원 회전]을 선택하고 적용할 효과를 클릭한다.

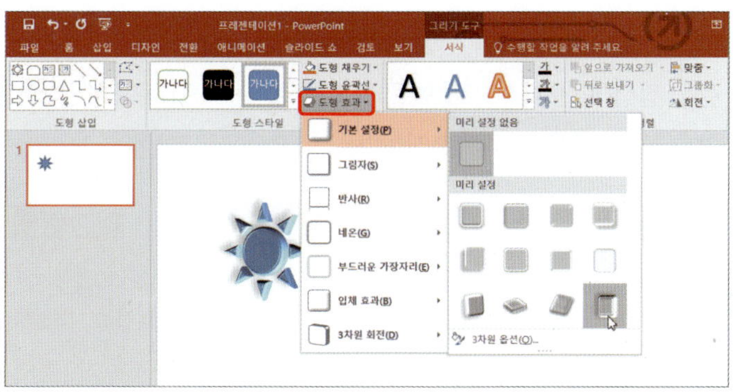

TIP [기본 설정]은 자주 사용하는 효과를 미리 지정해 놓은 것이다. 이를 활용하면 한 번의 클릭만으로도 손쉽게 입체적인 도형 스타일을 적용할 수 있다.

2.3.3 도형에 빠른 스타일 적용하기

빠른 스타일이란 도형에 적용할 서식을 미리 만들어 놓은 것으로, 채우기, 윤곽선, 효과 등 다양한 서식을 한꺼번에 적용할 수 있다. 도형에 빠른 스타일을 적용하려면 해당 도형을 선택하고 [그리기 도구]–[서식] 탭–[도형 스타일] 그룹에서 원하는 스타일을 선택한다.

TIP 빠른 스타일의 색상과 효과는 현재 슬라이드에 적용된 테마에 어울리도록 달라진다.

2.3.4 선 색, 두께, 대시, 화살표 설정하기

선 색을 변경하려면 선을 선택하고 [그리기 도구]–[서식] 탭–[도형 스타일] 그룹–[도형 윤곽선] 목록의 [테마 색]이나 [표준색] 중에서 적용할 선을 선택한다. 선의 두께를 변경하려면 [도형 윤곽선] 목록에서 [두께]를 선택한다.

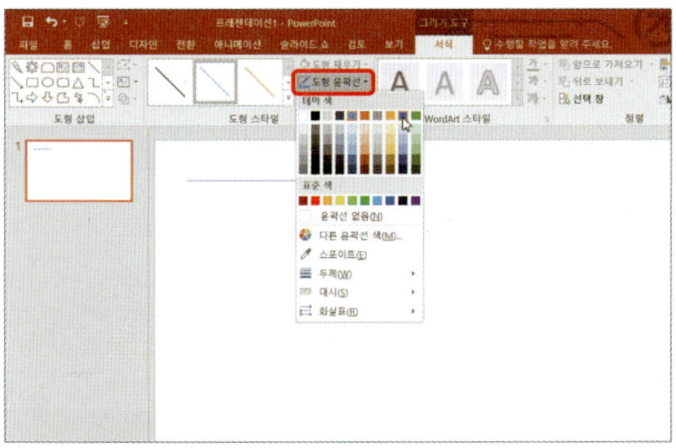

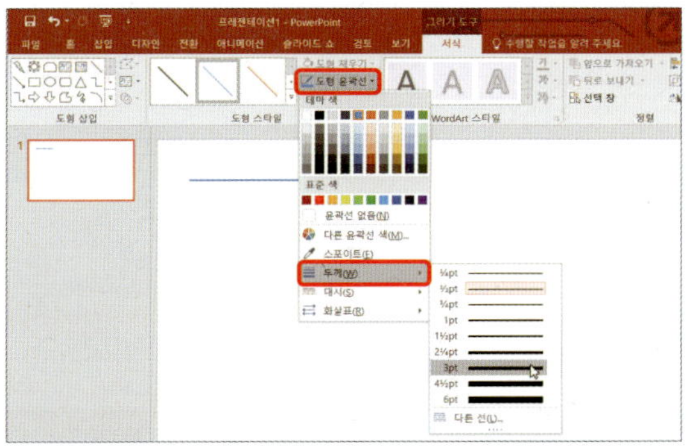

선을 점선 또는 파선으로 만들려면 [도형 윤곽선] 목록의 [대시]에서 종류를 선택하고, 화살표로 바꾸려면 [화살표]에서 종류를 선택한다.

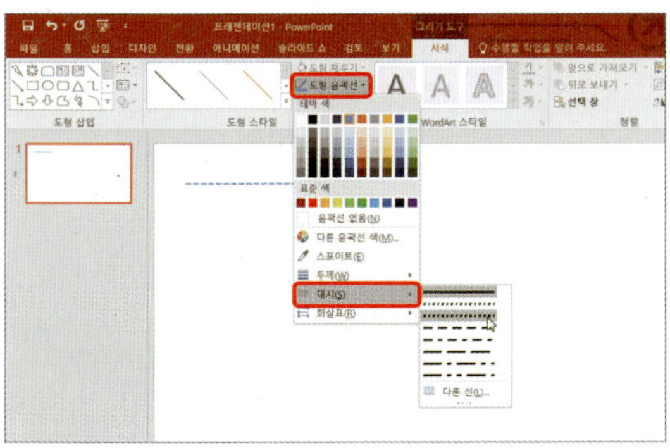

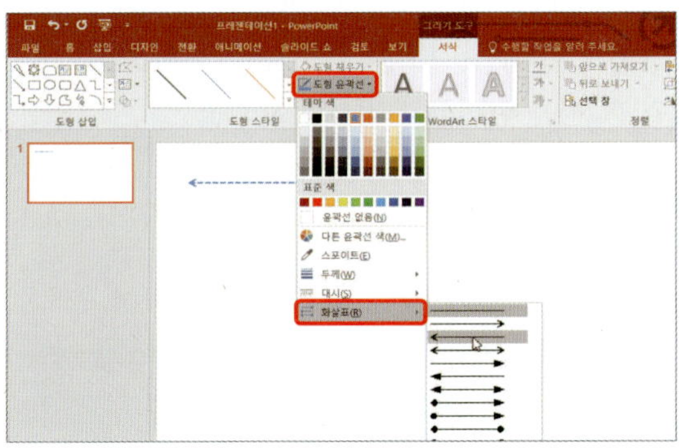

화살표의 머리 부분과 꼬리 부분의 유형과 크기도 변경할 수 있다. [도형 윤곽선] 목록의 [화살표]-[다른 화살표]를 선택하면 열리는 [도형 서식] 작업 창의 [선] 항목에서 설정한다.

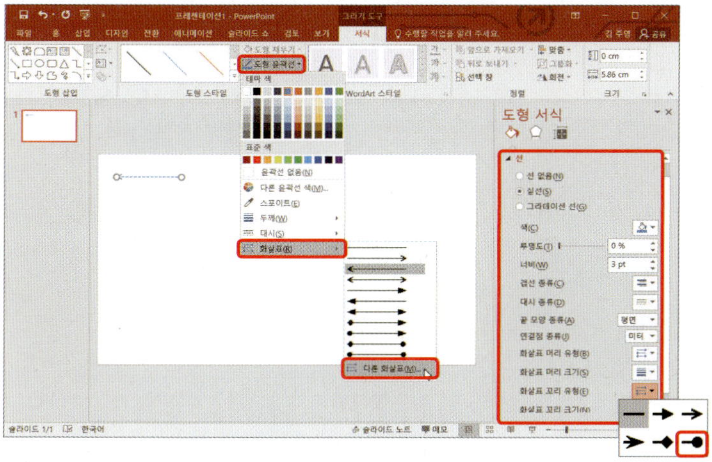

TIP [도형 윤곽선] 목록의 [두께]-[다른 선] 또는 [대시]-[다른 선]을 선택해도 같은 작업 창이 열린다. 선의 서식을 세밀하게 설정하려면 작업 창을 이용하는 것이 효율적이다.

2.3.5 선에 빠른 스타일 적용하기

빠른 스타일에는 도형의 테마 색, 두께, 유형 등의 서식이 미리 설정되어 있으므로 한 번의 클릭만으로도 도형에 서식을 간편하게 적용할 수 있다. 선에 빠른 스타일을 적용하려면 선을 선택하고 [그리기 도구]-[서식] 탭-[도형 스타일] 그룹에서 원하는 스타일을 선택한다.

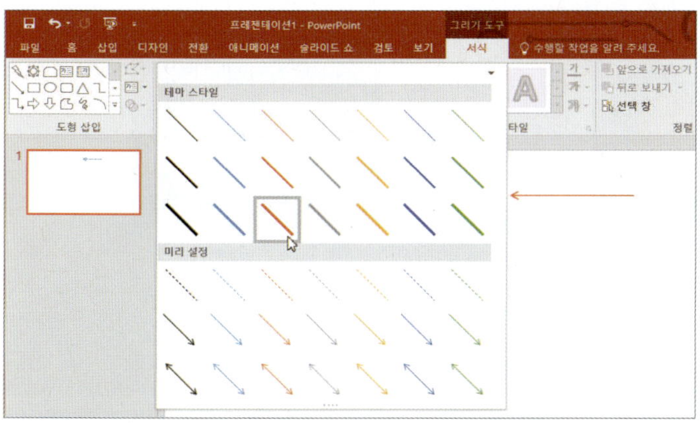

TIP [도형 스타일] 그룹에서 ⊡, ⊡ 단추를 클릭하면 목록을 위아래로 넘기며 찾을 수 있고, [⊡ 자세히] 단추를 클릭하면 위 화면과 같이 빠른 스타일의 전체 목록이 열린다.

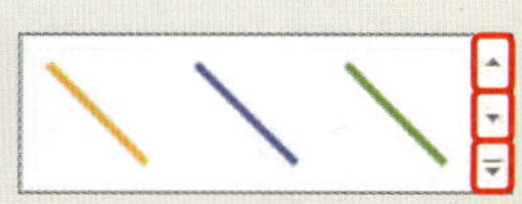

2.3.6 도형 모양 변경하기

슬라이드에 입력한 도형의 모양을 변경하려면 해당 도형을 선택하고 [그리기 도구]-[서식] 탭-[도형 삽입] 그룹-[도형 편집]-[도형 모양 변경] 목록에서 원하는 도형을 선택한다.

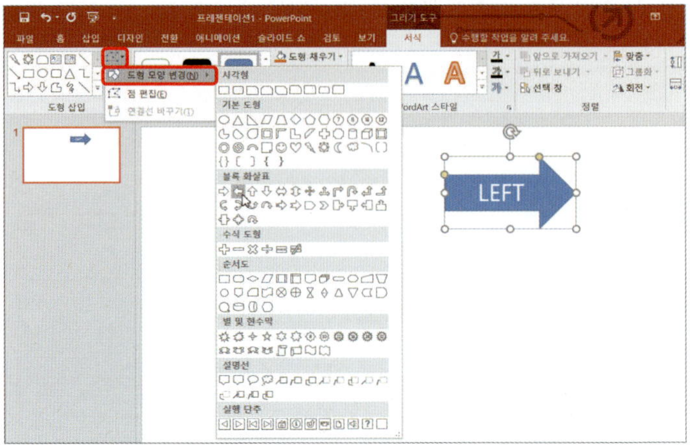

TIP [도형 편집]-[점 편집]을 선택하면 도형의 모양을 세밀하게 편집할 수 있다.

2.3.7 도형 병합하기

도형 병합은 선택한 도형을 병합해 새로운 도형을 만드는 기능이다. 병합하려는 두 개 이상의 도형을 동시에 선택하고 [그리기 도구]-[서식] 탭-[도형 삽입] 그룹-[도형 병합]에서 [병합], [결합], [조각], [교차], [빼기] 등을 선택한다.

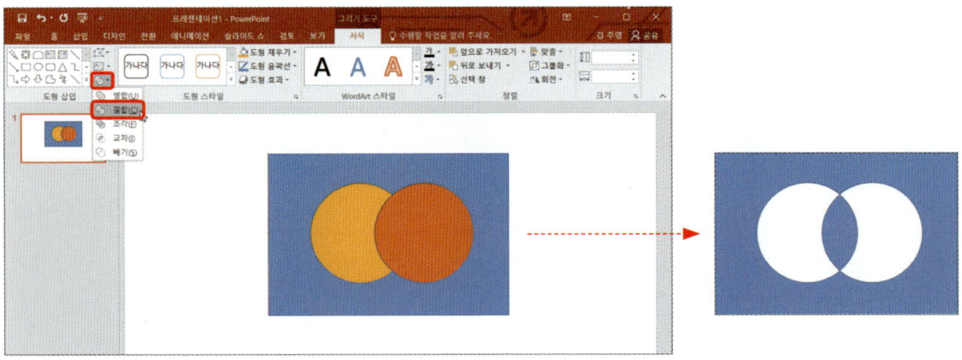

▲ 도형 병합 기능 중 [결합]을 적용한 경우

여기서 잠깐 **도형 병합**

[도형 병합]에서 선택할 수 있는 옵션의 효과는 각각 다음과 같다.

▲ 원본 ▲ 병합 ▲ 결합 ▲ 조각 ▲ 교차 ▲ 빼기

2.4 도형 정렬하기

슬라이드에 여러 개의 도형이 삽입되어 있다면 순서나 위치 등을 적절히 조절해야 깔끔하고 알아보기 쉬운 문서가 된다. 도형의 순서를 변경하는 방법, 일괄적으로 도형을 맞춤 및 배분하는 방법, 도형을 그룹화하고 회전 또는 대칭시키는 방법에 대해 알아본다.

2.4.1 도형 순서 바꾸기

도형은 삽입 순서에 따라 겹치는 위치가 결정되므로 마지막에 삽입한 도형이 이전에 삽입한 도형을 가릴 수 있다. 이 순서를 바꾸려면 순서를 바꿀 도형을 선택하고 [그리기 도구]-[서식] 탭-[정렬] 그룹에서 [뒤로 보내기] 또는 [앞으로 가져오기]를 이용한다.

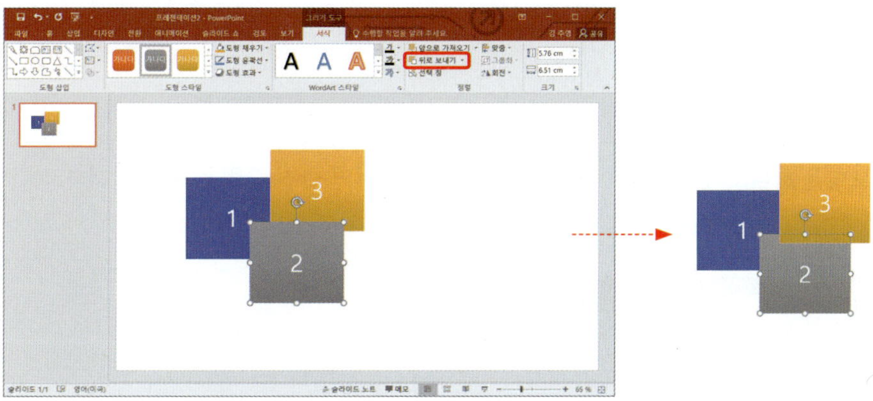

TIP [홈] 탭-[그리기] 그룹-[정렬]을 이용해도 된다.

2.4.2 도형 맞춤 및 배분하기

슬라이드에 삽입된 여러 도형을 정렬할 때는 전체 도형을 드래그해 선택하고 [그리기 도구]-[서식] 탭-[정렬] 그룹의 [개체 맞춤]에서 정렬할 기준 위치를 선택한다.

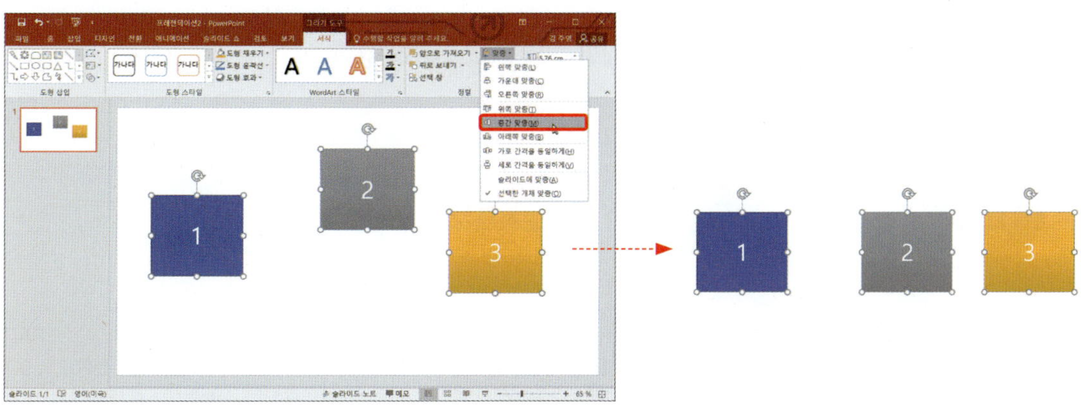

도형 간격을 일정하게 맞추려면 [개체 맞춤]에서 [가로 간격을 동일하게] 또는 [세로 간격을 동일하게]를 선택하여 조절한다.

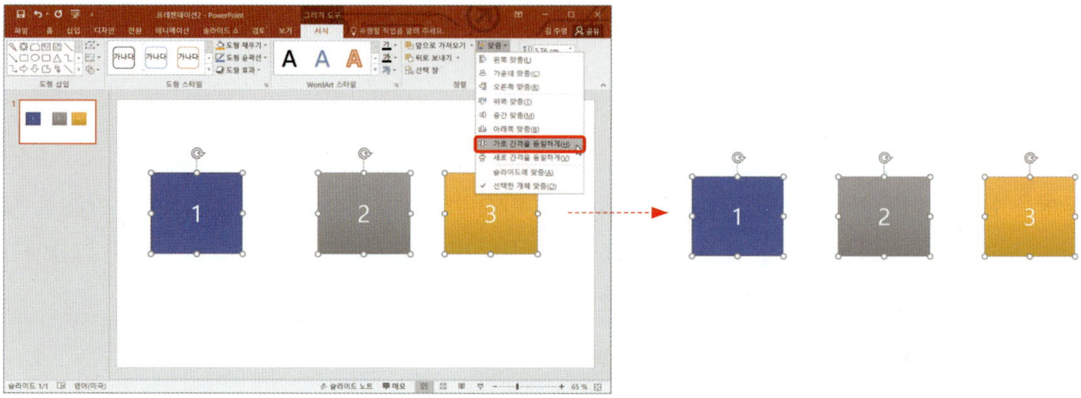

2.4.3 도형 그룹화

도형 그룹화는 여러 도형을 하나로 합치는 것이다. 도형을 그룹화하려면 합칠 도형을 모두 선택하고 [그리기 도구]–[서식] 탭–[정렬] 그룹–[개체 그룹화]–[그룹]을 선택한다.

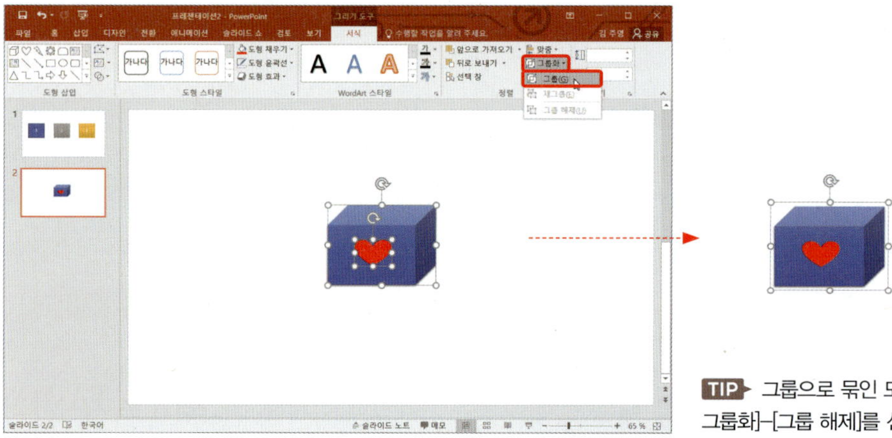

TIP 그룹으로 묶인 도형을 다시 풀려면 [개체 그룹화]–[그룹 해제]를 선택한다.

2.4.4 도형 회전 및 대칭

도형을 회전시키려면 해당 도형을 선택하면 생기는 회전 핸들을 드래그한다.

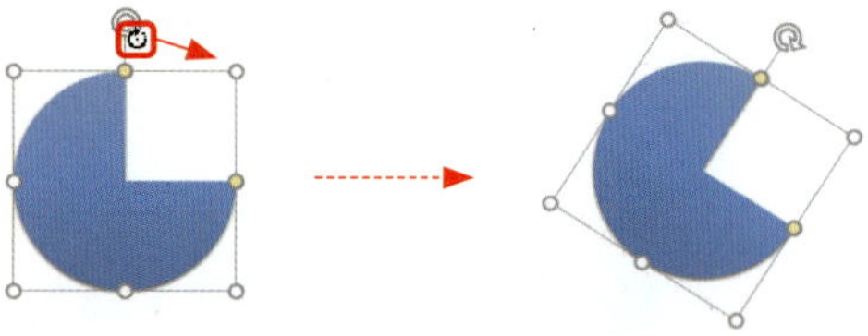

TIP 개체를 직각으로 회전하려면 [그리기 도구]–[서식] 탭–[정렬] 그룹–[개체 회전]의 [오른쪽으로 90° 회전] 또는 [왼쪽으로 90° 회전]을 선택해도 된다.

도형을 대칭으로 변환시키려면 도형을 선택한 후 [그리기 도구]-[서식] 탭-[정렬] 그룹-[개체 회전]의 [상하 대칭] 또는 [좌우 대칭]을 선택한다.

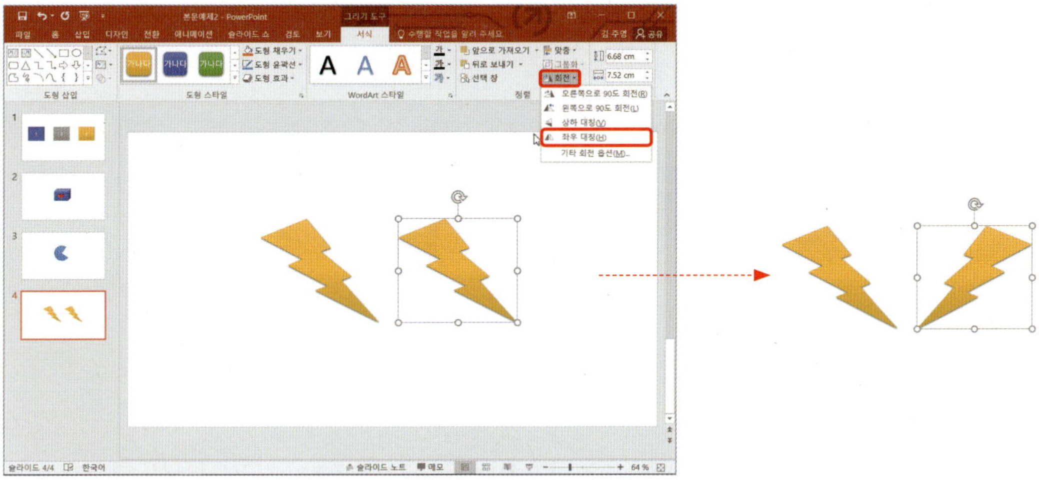

기본예제 7-3 도형을 이용하여 슬라이드 만들기

도형을 그리고 복사해 배치한 후 빠른 스타일을 적용해 보자.

01 슬라이드 레이아웃 변경 및 제목 입력하기 새 프레젠테이션을 열고 [홈] 탭-[슬라이드] 그룹-[레이아웃] 목록에서 [제목만]을 선택한다. 제목 개체 틀에 *Contents*라고 입력한다.

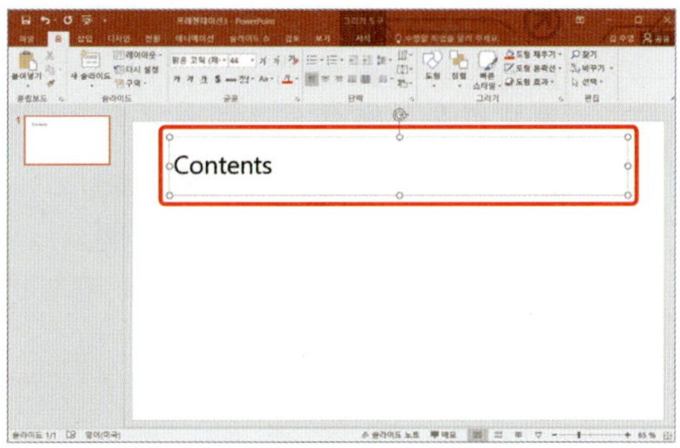

02 도형 그린 후 복사하기 [삽입] 탭-[일러스트레이션] 그룹-[도형] 목록에서 [사각형]을 선택하고 슬라이드에 드래그해 도형을 그린다. 같은 방법으로 다음과 같이 사각형 도형을 하나 더 그린 후 사각형 두 개를 모두 선택하고 Ctrl을 누른 채 드래그해 도형을 복사한다. 도형을 하나 더 복사하고 다음과 같이 배치한다.

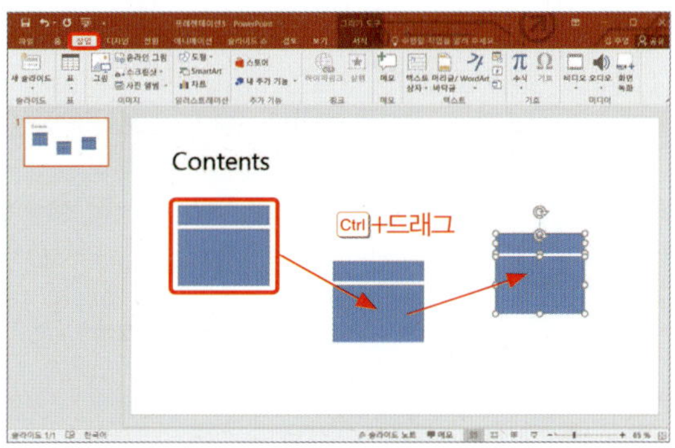

03 연결선 그리기 [삽입] 탭-[일러스트레이션] 그룹-[도형] 목록에서 [선]을 선택하고 다음과 같이 도형을 연결한다.

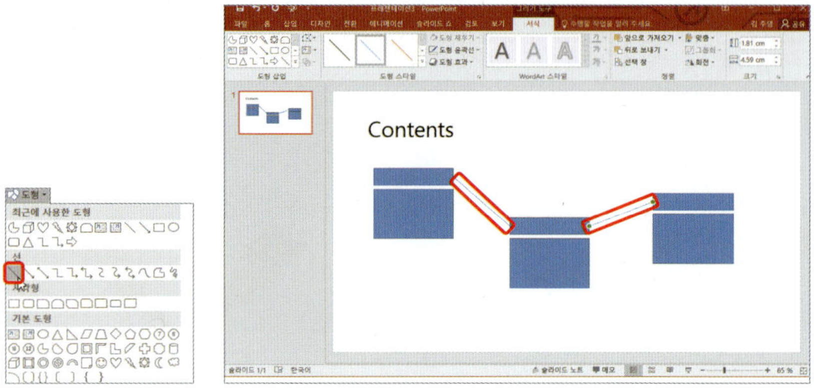

04 도형에 빠른 스타일 적용하기 첫 번째 작은 사각형을 선택하고 [그리기 도구]-[서식] 탭-[도형 스타일] 그룹에서 [강한 효과-파랑, 강조 5]를 적용한다. 두 번째 작은 사각형에는 [강한 효과-회색-50%, 강조 3]를, 세 번째 작은 사각형에는 [강한 효과-녹색, 강조 6]을 적용한다. Shift를 누른 채 큰 사각형 세 개를 모두 선택하고 [도형 스타일] 그룹에서 [투명, 색 윤곽선 - 검정, 어둡게 1]을 선택한다.

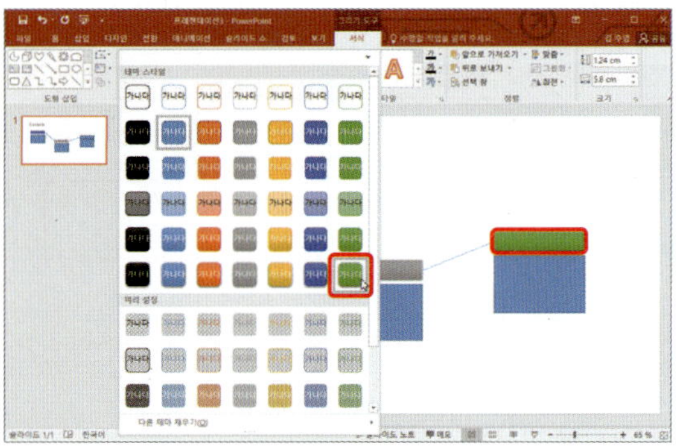

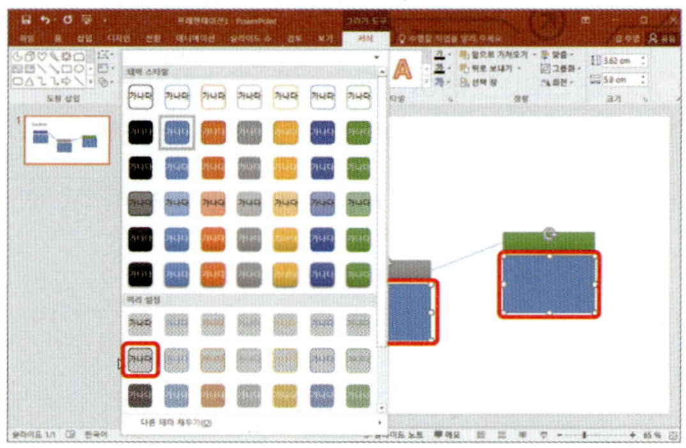

05 선에 빠른 스타일 적용하기 Shift를 누른 채 연결선을 모두 선택하고 [그리기 도구]-[서식] 탭-[도형 스타일]에서 [강한 선 - 어둡게 1]을 적용한다.

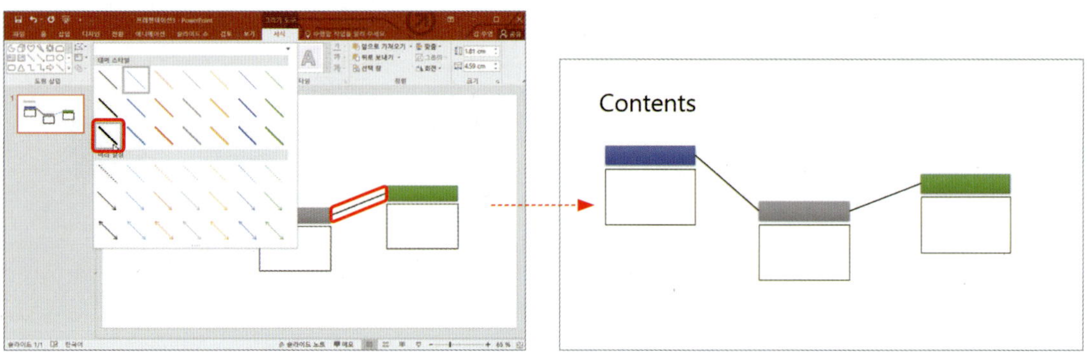

06 텍스트 입력하기 사각형에 다음과 같이 텍스트를 입력하고, '실습7-3(완성).pptx'로 저장한다.

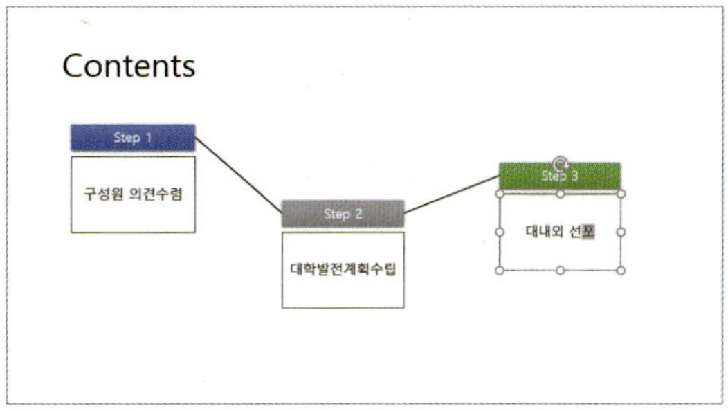

기본예제 7-4 도형 맞춤 설정하기

도형을 그린 후 맞춤 설정을 해 보자.

01 슬라이드 레이아웃 변경하기 새 프레젠테이션을 열고 [홈] 탭-[슬라이드] 그룹-[레이아웃] 목록에서 [빈 화면]을 선택한다.

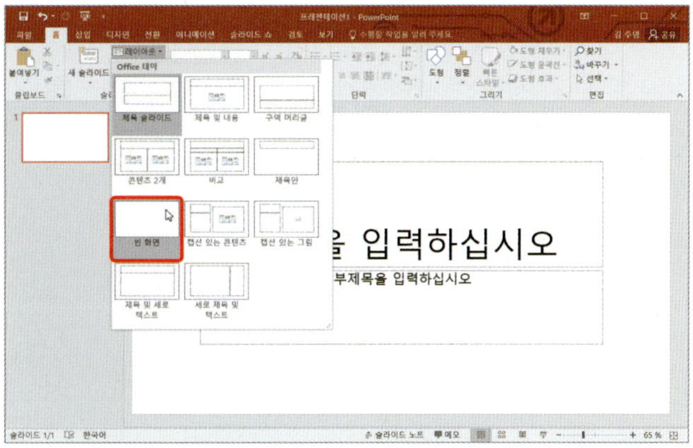

02 도형 그린 후 복사하기 [삽입] 탭-[일러스트레이션] 그룹-[도형] 목록에서 [모서리가 둥근 직사각형]을 선택하고 드래그해 도형을 그린다. 사각형을 선택하고 Ctrl를 누른 채 드래그해 다음과 같이 도형을 두 개 복사한다.

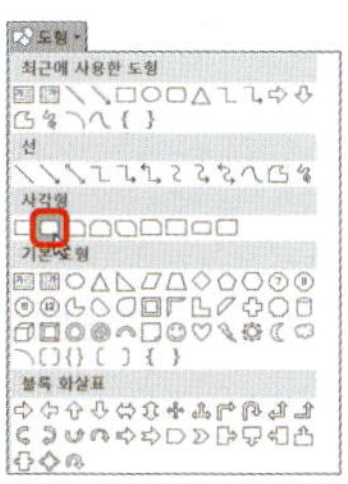

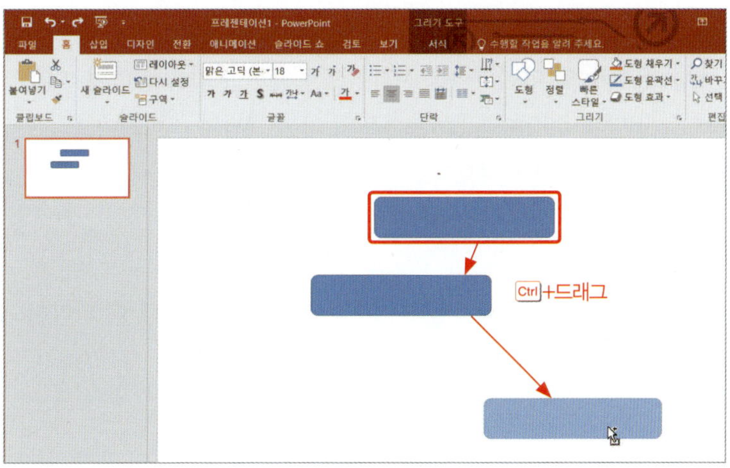

03 도형 정렬하기 도형 세 개를 드래그해 선택하고 [그리기 도구]-[서식] 탭-[정렬] 그룹-[맞춤]의 [가운데 맞춤]과 [세로 간격을 동일하게]를 차례로 선택해 도형을 정렬한다.

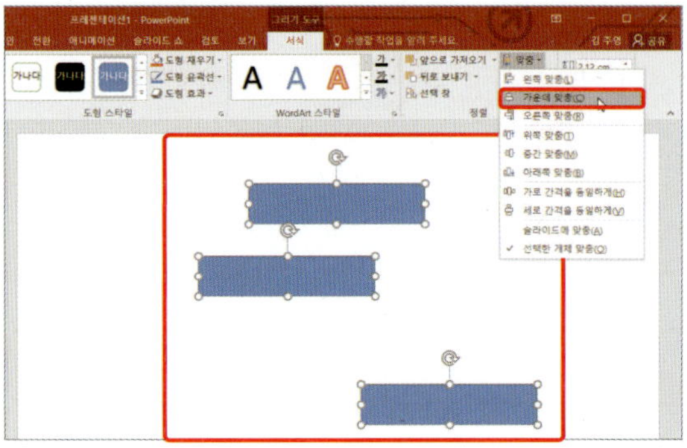

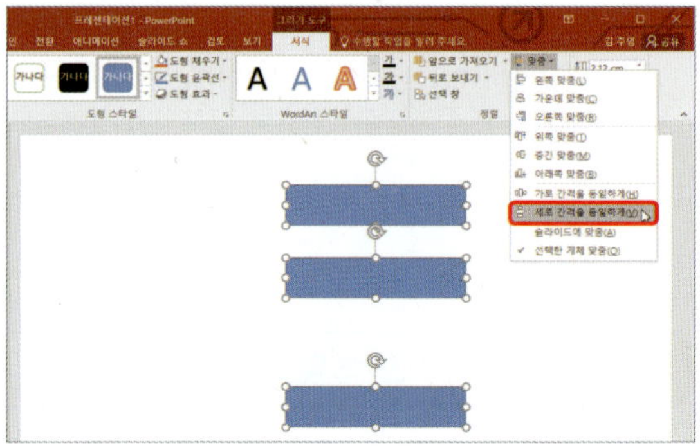

04 도형 효과 설정하기 세 개의 도형을 모두 선택한 상태에서 [도형 스타일] 그룹-[도형 효과]-[그림자]-[원근감 대각선 오른쪽 위]를 선택한다.

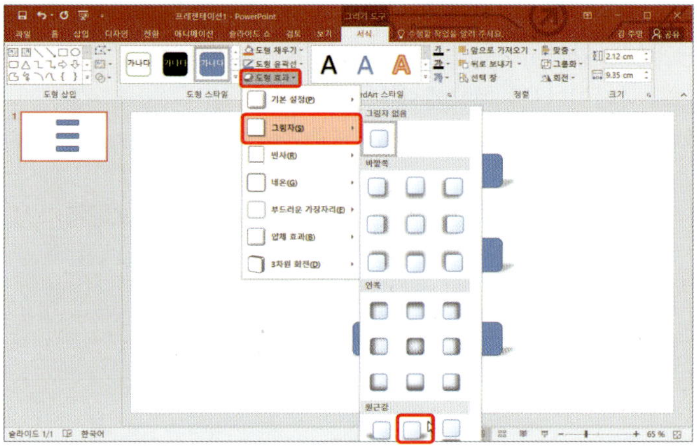

05 저장하기 [파일] 탭-[다른 이름으로 저장]을 선택하고 '실습7-4(완성).pptx'로 저장한다.

2.5 스마트아트

스마트아트(SmartArt)는 정보와 아이디어를 시각적으로 표현한 것을 말하며, 이를 잘 활용하면 메시지를 빠르고 효과적으로 전달할 수 있다. 스마트아트의 기본 개념과 스마트아트를 만들고 편집하는 방법을 알아보고 대표적인 계층 구조형 스마트아트인 조직도를 만들고 정렬해 본다.

2.5.1 스마트아트의 종류

스마트아트에는 목록형, 프로세스형, 주기형, 계층 구조형, 관계형, 행렬형, 피라미드형, 그림 등의 다양한 범주가 있으며, 각 범주에는 여러 레이아웃이 포함되어 있다.

스마트아트의 레이아웃을 선택할 때는 먼저 전달할 내용이 무엇이고 표시하고자 하는 특정한 방식이 있는지 확인한다. 그리고 내용을 가장 잘 표현하는 레이아웃을 찾을 때까지 다양한 레이아웃을 시도해 보는 것이 좋다.

범주	작업
목록형	비순차적인 정보 표시
프로세스형	프로세스 또는 시간 표시 막대에 단계 표시
주기형	연속적인 프로세스 표시
계층 구조형	조직도 만들기, 의사결정 트리 표시
관계형	연결 관계 표시
행렬형	부분과 전체의 관계 표시
피라미드형	가장 큰 구성 요소를 맨 위 또는 아래에 두고 상대적인 관계 표시

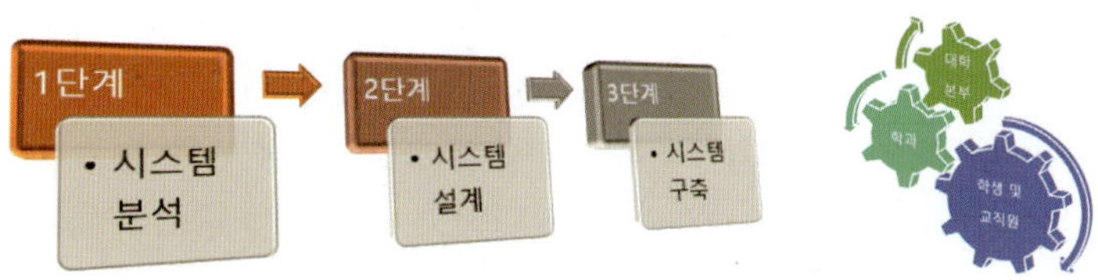

▲ 다양한 스마트아트 그래픽

스마트아트의 레이아웃 및 도형 수는 텍스트 양에 의해 제한되기 때문에 내용 전달에 필요한 만큼의 도형과 텍스트만 사용하는 것이 좋다. 그러나 [목록형] 범주의 [사다리꼴 목록형]과 같은 일부 레이아웃은 텍스트 양이 많은 경우에도 큰 무리가 없다.

2.5.2 스마트아트 만들기

스마트아트를 만들 때는 [삽입] 탭-[일러스트레이션] 그룹-[SmartArt]를 클릭한다. 그리고 [SmartArt 그래픽 선택] 대화상자에서 원하는 범주와 레이아웃을 선택한 후 스마트아트 도형 내부에 텍스트를 입력하거나, 텍스트 창을 이용해 텍스트를 입력한다.

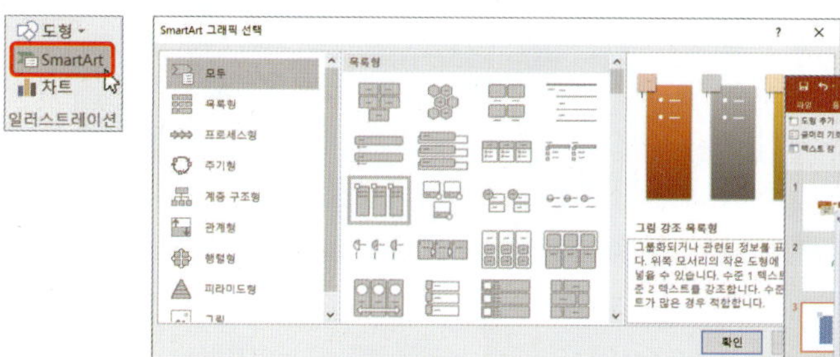

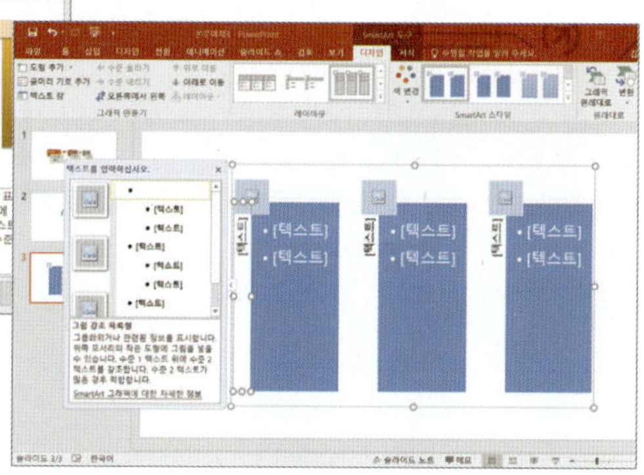

TIP 텍스트 창이 보이지 않을 때는 스마트아트를 클릭하고 [SmartArt 도구]-[디자인] 탭-[그래픽 만들기] 그룹-[텍스트 창]을 클릭한다.

글머리 기호가 붙은 텍스트는 마우스 클릭만으로 스마트아트로 변환할 수 있다. 먼저 텍스트를 블록 설정하고 마우스 오른쪽 단추를 클릭한 후 [SmartArt로 변환]에서 원하는 레이아웃을 선택한다.

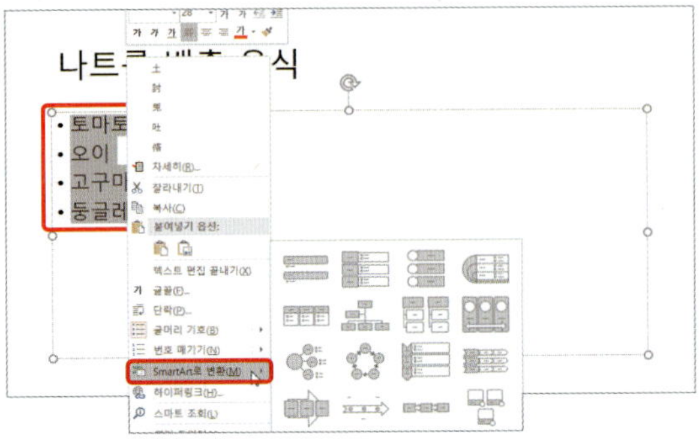

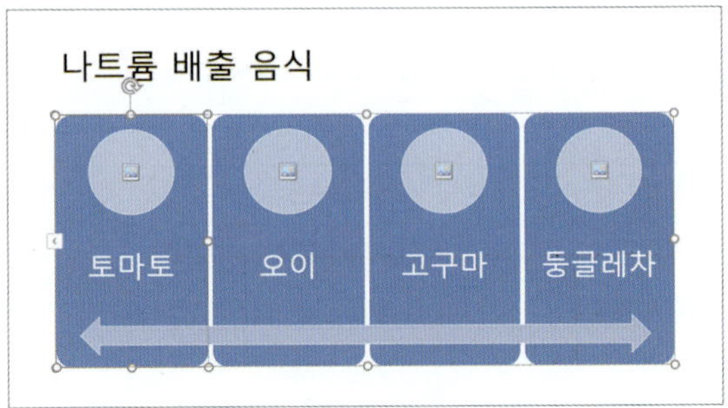

2.5.3 스마트아트 편집하기

스마트아트에는 색과 다양한 스타일을 적용할 수 있으며 준비되어 있는 레이아웃 중에서 선택해 한 번에 형태를 바꿀 수도 있다. 또한 도형을 추가하거나 편집해 내용에 적합한 모양으로 변형할 수도 있고, 스마트아트를 구성하는 일부 도형의 모양만 바꾸거나 서식을 각각 다르게 설정할 수도 있다. 스마트아트를 편집하는 여러 방법에 대해 알아본다.

• **색 및 스타일 변경**

스마트아트의 색은 [SmartArt 도구]–[디자인] 탭–[SmartArt 스타일] 그룹–[색 변경] 목록에서 선택해 변경한다. 스마트아트의 스타일은 선 스타일, 입체 효과, 3차원을 비롯한 다양한 효과의 조합으로, [SmartArt 도구]–[디자인] 탭–[SmartArt 스타일] 그룹에서 [자세히] 단추를 클릭하면 열리는 목록에서 선택한다.

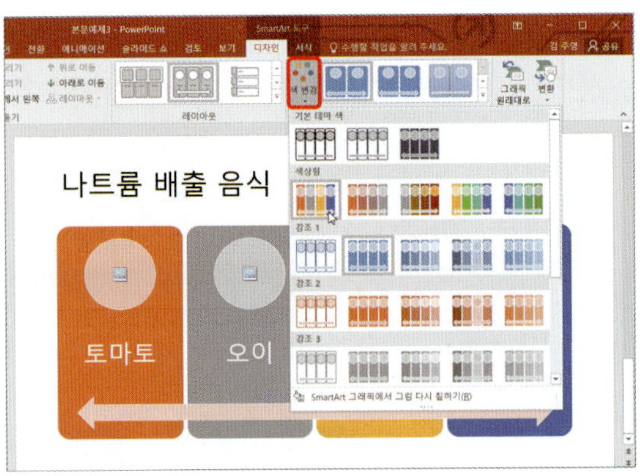

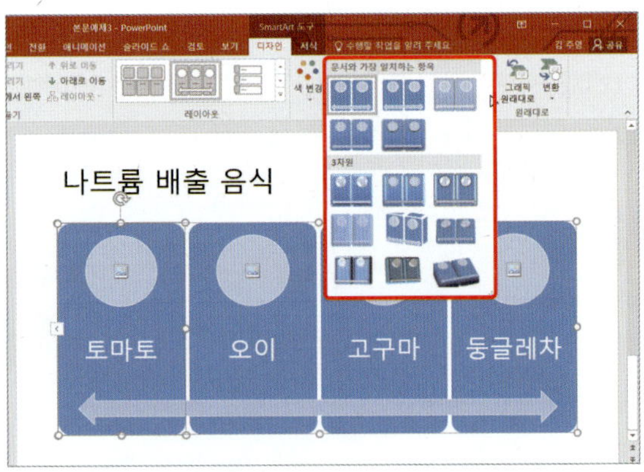

- **레이아웃 변경**

레이아웃 변경은 다른 형태의 스마트아트를 선택하는 것으로, [SmartArt 도구]-[디자인] 탭-[레이아웃] 그룹에서 선택해 변경한다. 한 유형에서 사용 가능한 모든 레이아웃을 보려면 [레이아웃] 그룹에 있는 [자세히] 단추를 클릭하고, 모든 유형과 레이아웃을 보려면 [기타 레이아웃]을 선택한다.

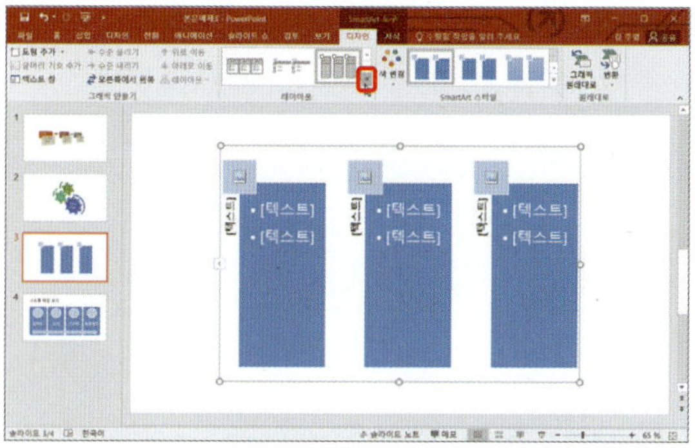

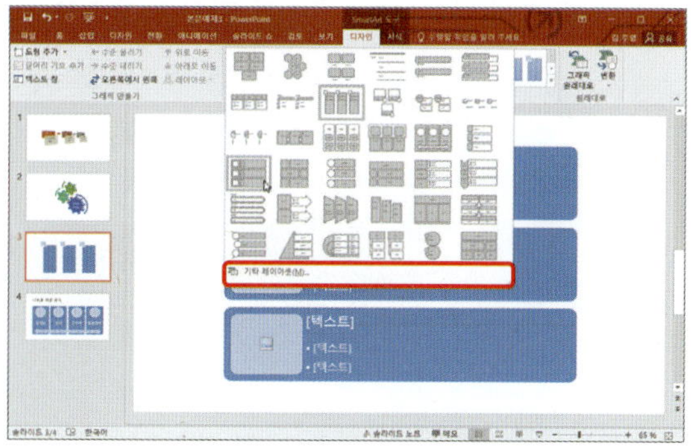

- **도형 추가**

내용에 따라 추가로 도형이 필요할 수 있는데, 이런 경우에는 [SmartArt 도구]-[디자인] 탭-[그래픽 만들기] 그룹-[도형 추가]를 선택해 도형을 추가한다.

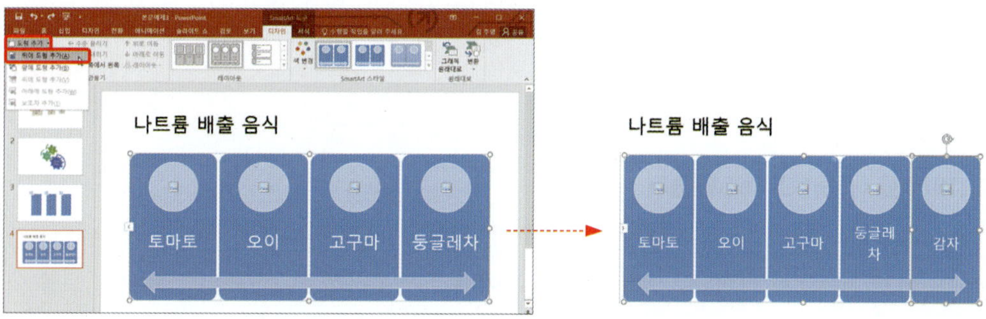

- **좌우 전환**

스마트아트의 진행 방향을 뒤집거나 강조를 변경하려면 [SmartArt 도구]-[디자인] 탭-[그래픽 만들기] 그룹-[오른쪽에서 왼쪽]을 클릭한다.

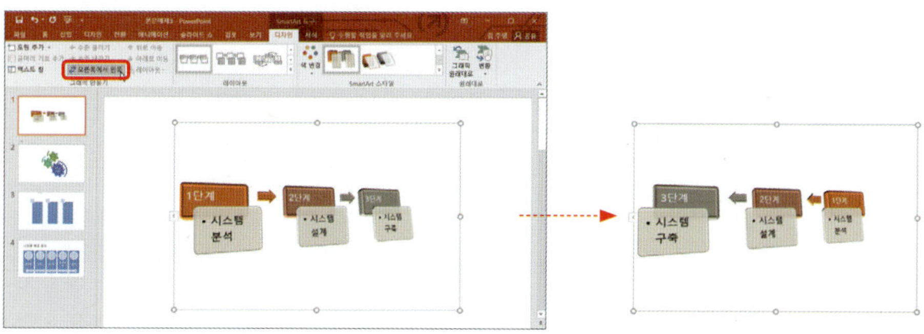

2.5.4 텍스트 창 이용하기

텍스트 창은 스마트아트에 텍스트를 입력하고 편집하는 데 사용하는 창으로, 스마트아트의 왼쪽에 표시된다. 텍스트 창에서 내용을 추가하고 편집하면 스마트아트에 자동으로 업데이트된다.

스마트아트 외부를 클릭하면 텍스트 창이 자동으로 사라지며, 텍스트 창을 숨기지 않으면 스마트아트를 클릭할 때 다시 나타난다. 텍스트 창을 닫으려면 텍스트 창의 [닫기]를 클릭한다.

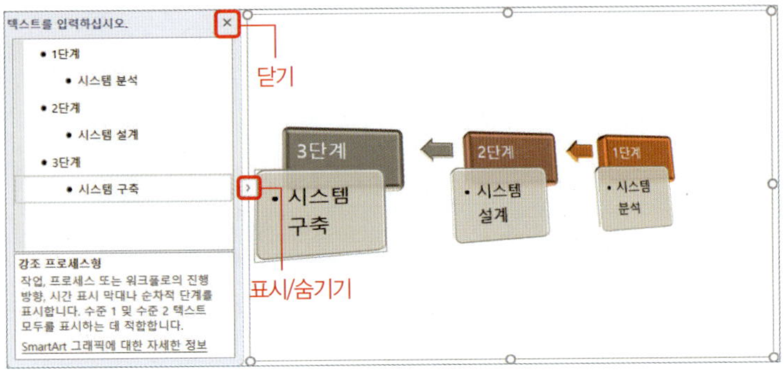

> **여기서 잠깐** 텍스트 창에서 작업할 때 유용한 키
>
> - 글머리 기호가 적용된 새 텍스트 줄 만들기 Enter
> - 한 수준 내리기 Tab
> - 한 수준 올리기 Shift + Tab

2.5.5 스마트아트를 이용해 조직도 만들기

조직도는 회사나 단체의 조직 구성을 보여주는 도표로서, 회사 소개 등을 주제로 하는 프레젠테이션에 많이 사용된다. 가로나 세로로 진행되는 계층 관계를 보여주는 데 유용한 계층 구조형 스마트아트를 이용하면 조직도를 편리하게 구성할 수 있다.

• 조직도 삽입하기

[삽입] 탭–[일러스트레이션] 그룹–[SmartArt]를 클릭하고 [SmartArt 그래픽 선택] 대화상자에서 [계층 구조형]의 레이아웃 중 하나를 선택한다.

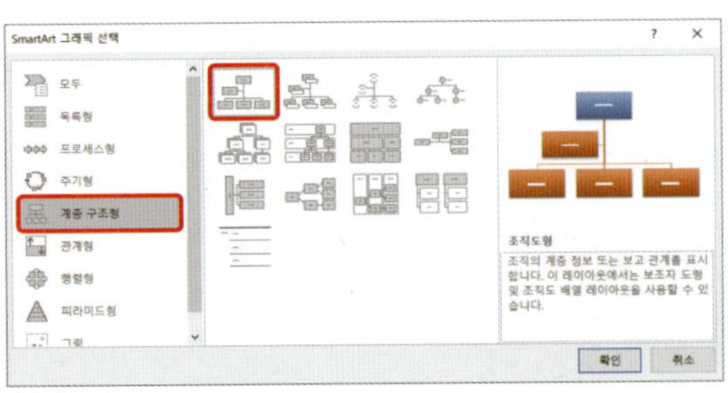

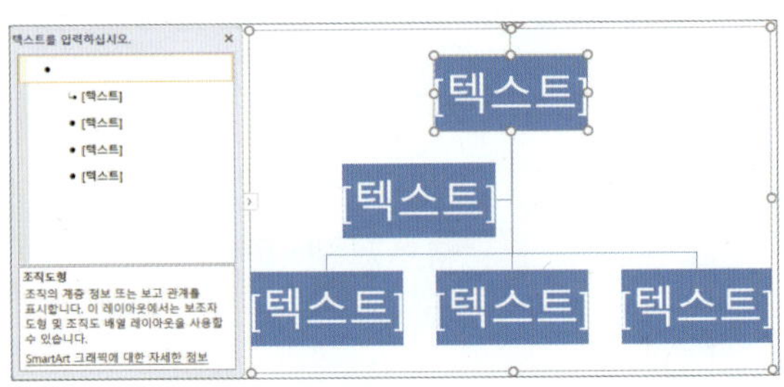

- **도형 삭제 및 추가하기**

스마트아트에서 도형을 삭제하려면 해당 도형을 클릭하고 Delete를 누른다. 도형을 추가하려면 기준이 되는 도형을 선택하고 [SmartArt 도구]–[디자인] 탭–[그래픽 만들기] 그룹–[도형 추가] 목록에서 선택한다.

- **뒤에 도형 추가**: 선택한 도형 다음에 같은 수준의 도형을 삽입한다.
- **앞에 도형 추가**: 선택한 도형 앞에 같은 수준의 도형을 삽입한다.
- **위에 도형 추가**: 선택한 도형보다 한 수준 위에 도형을 삽입한다.
- **아래에 도형 추가**: 선택한 도형보다 한 수준 아래에 도형을 삽입한다.
- **보조자 추가**: 보조자 도형을 추가한다.

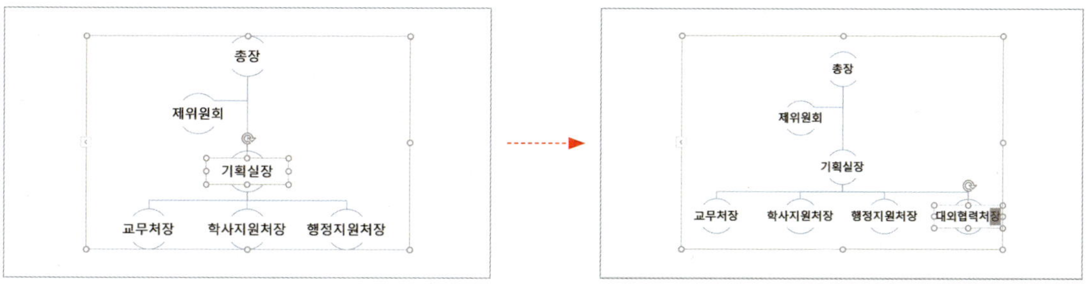

▲ [아래에 도형 추가]를 선택한 경우

- **조직도의 레이아웃 변경**

조직도 레이아웃은 선택한 도형 아래에 있는 모든 도형의 레이아웃에 영향을 준다. 조직도에서 분기 레이아웃을 적용할 도형을 클릭하고 [SmartArt 도구]–[디자인] 탭–[그래픽 만들기] 그룹–[레이아웃] 목록에서 선택한다.

- **표준**: 선택한 도형 아래에 있는 도형을 모두 가운데로 맞춘다.
- **양쪽 균등 배열**: 선택한 도형을 가운데에 놓고 아래에 있는 도형을 각 행에 두 개씩 가로로 정렬한다.
- **왼쪽 배열**: 선택한 도형 왼쪽 아래에 하위 도형을 수직으로 정렬한다.
- **오른쪽 배열**: 선택한 도형 오른쪽 아래에 하위 도형을 수직으로 정렬한다.

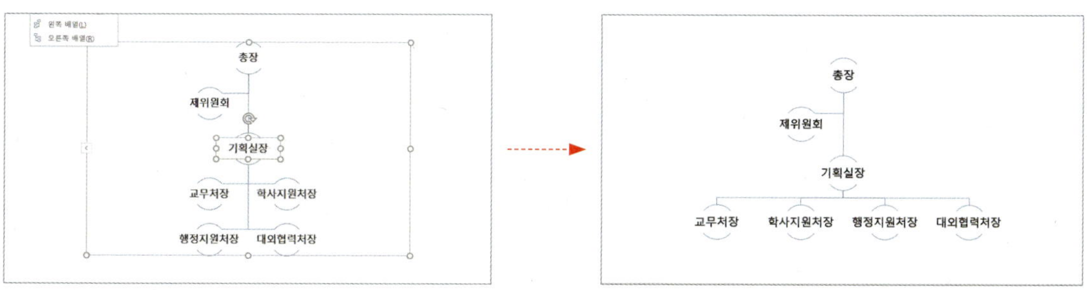

▲ [표준]을 선택한 경우

기본예제 7-5 스마트아트 삽입하기

스마트아트를 삽입하고 편집해 보자.

01 스마트아트 삽입하기 '실습7-5(준비).pptx' 파일을 열고 [삽입] 탭–[일러스트레이션] 그룹–[SmartArt]를 클릭한 후 [SmartArt 그래픽 선택] 대화상자에서 [행렬형]의 [기본 행렬형]을 선택하고 [확인]을 클릭한다.

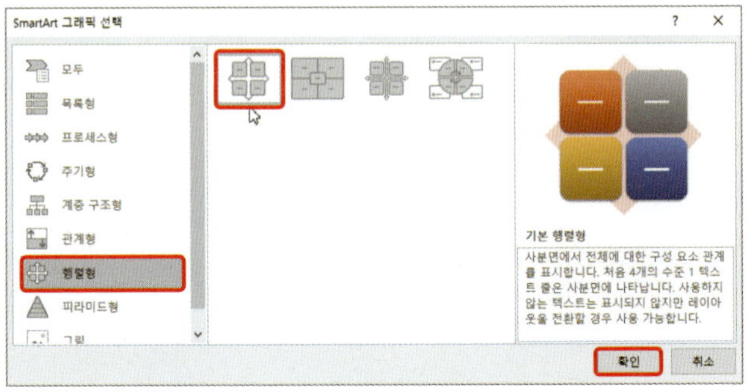

02 텍스트 입력하고 글꼴 크기 조절하기 텍스트 창을 이용해 스마트아트에 내용(마케팅, 시나리오, 주연배우, 감독)을 입력한다. 입력한 내용을 모두 드래그하고 서식 미니 도구 모음에서 [글꼴 크기]를 [24pt]로 설정한다.

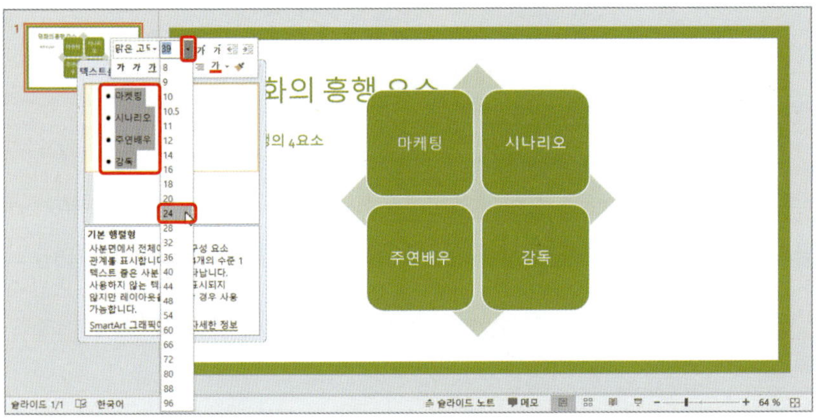

03 스마트아트 스타일 변경하기 텍스트 창을 닫고 스마트아트를 선택한 후 [SmartArt 도구]–[디자인] 탭–[SmartArt 스타일] 그룹에서 [3차원]의 [평면]을 선택한다.

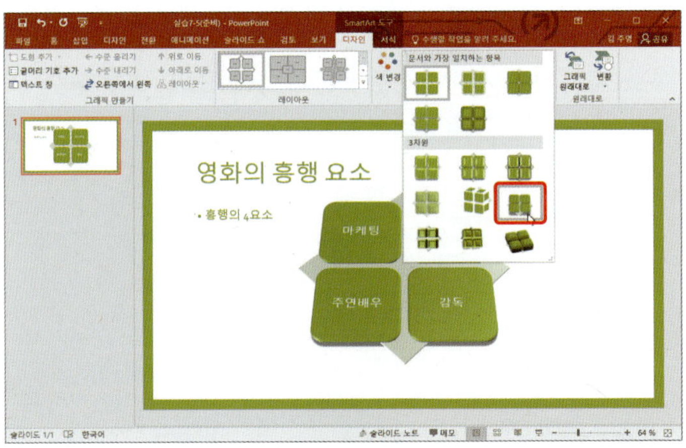

04 색 변경하기 스마트아트를 선택하고 [SmartArt 도구]-[디자인] 탭-[SmartArt 스타일] 그룹-[색 변경] 목록에서 [색상형 범위 - 강조색 5 또는 6]을 선택한다.

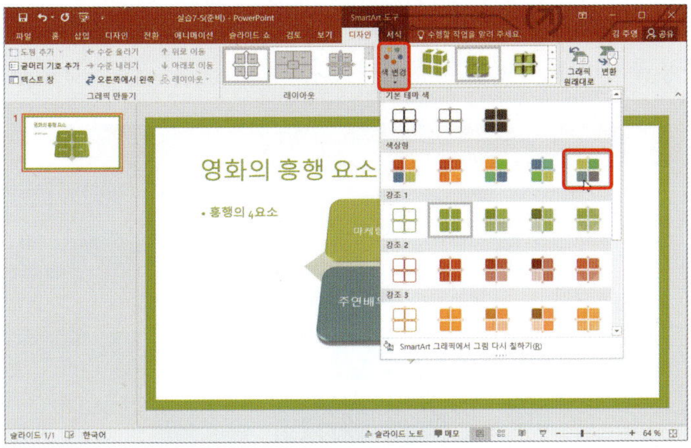

05 저장하기 [파일] 탭-[다른 이름으로 저장]을 선택하고 '실습7-5(완성).pptx'로 저장한다.

기본예제 7-6 조직도 만들기

스마트아트를 이용해 조직도를 만들어 보자.

01 조직도 삽입하기 '실습7-6(준비).pptx' 파일을 열고 [삽입] 탭-[일러스트레이션] 그룹-[SmartArt]를 클릭한 후 [SmartArt 그래픽 선택] 대화상자에서 [계층 구조형]의 [조직도형]을 선택하고 [확인]을 클릭한다.

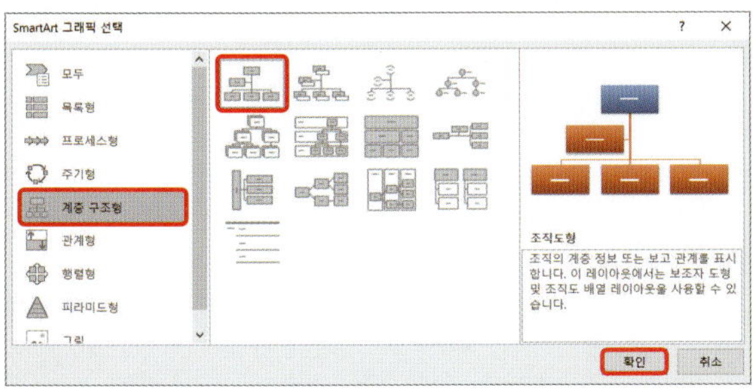

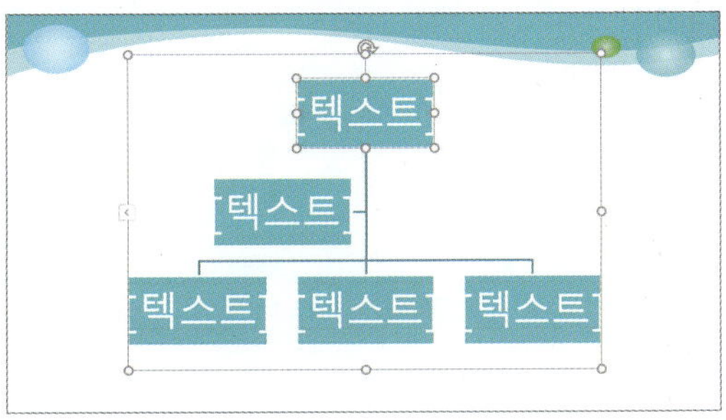

02 보조자 추가하기 1단계 도형을 선택하고 [SmartArt 도구]–[디자인] 탭–[그래픽 만들기] 그룹–[도형 추가]–[보조자 추가]를 선택한다.

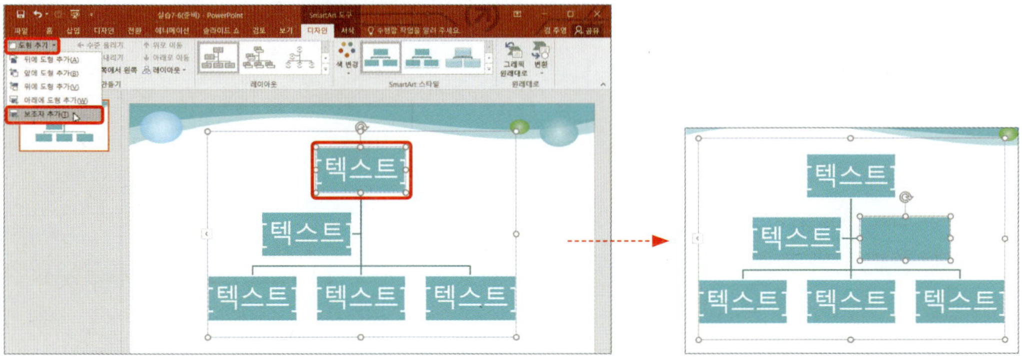

03 도형 삭제하기 2단계 도형 중 하나만 남기고 나머지 도형을 선택하고 Delete를 눌러 삭제한다.

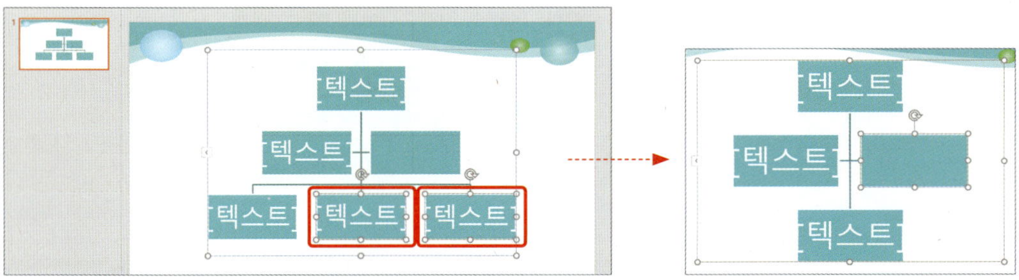

04 도형 추가하고 레이아웃 변경하기 2단계 도형을 선택하고 [SmartArt 도구]–[디자인] 탭–[그래픽 만들기] 그룹–[도형 추가]–[아래에 도형 추가]를 선택해 3단계 도형을 추가한다. 같은 과정을 반복해 3단계에 총 5개의 도형을 추가한다. 2단계 도형을 선택하고 [SmartArt 도구]–[디자인] 탭–[그래픽 만들기] 그룹–[레이아웃]–[표준]을 선택한다.

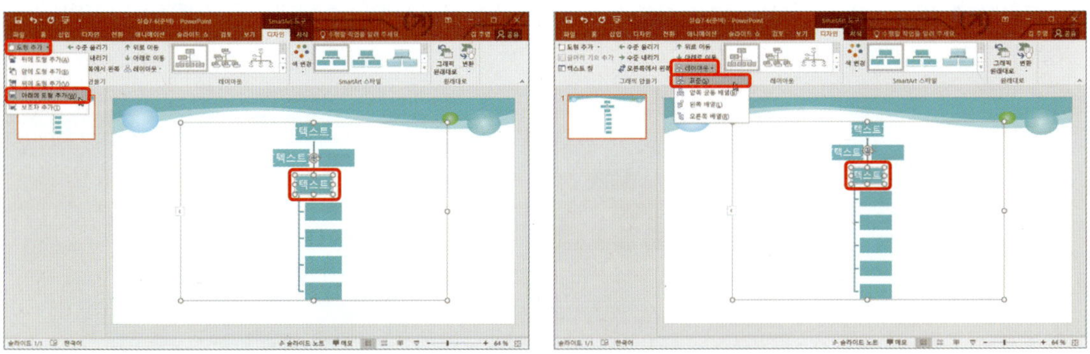

TIP 두 번째 줄의 도형은 보조자 도형이므로 2단계 도형은 세 번째 줄에 있는 도형이다.

05 조직도 내용 입력하기 도형에 다음과 같이 내용(이사장, 감사, 자문위원회, 총괄실장, 기획운영부, 인터넷사업부, 애니메이션사업부, 진흥사업부, 사업지원부)을 입력한다.

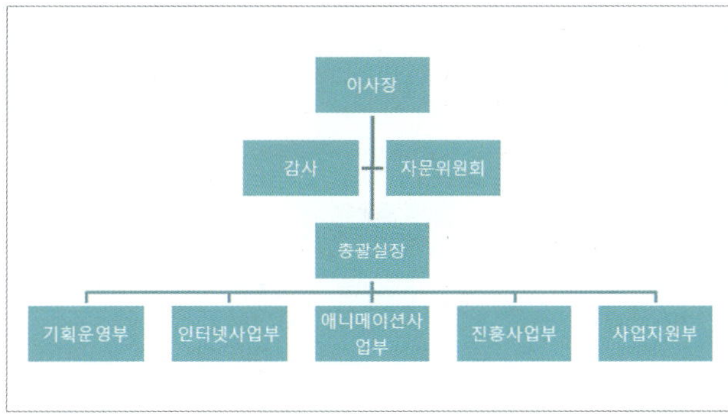

06 조직도 색 및 스타일 변경하기 [SmartArt 도구]–[디자인] 탭–[SmartArt 스타일] 그룹–[색 변경] 목록에서 [색상형 – 강조색]을 선택한 후 [SmartArt 스타일] 그룹에서 [강한 효과]를 선택한다.

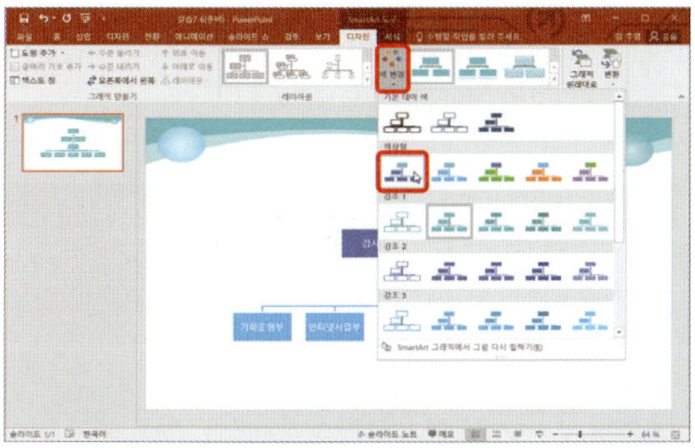

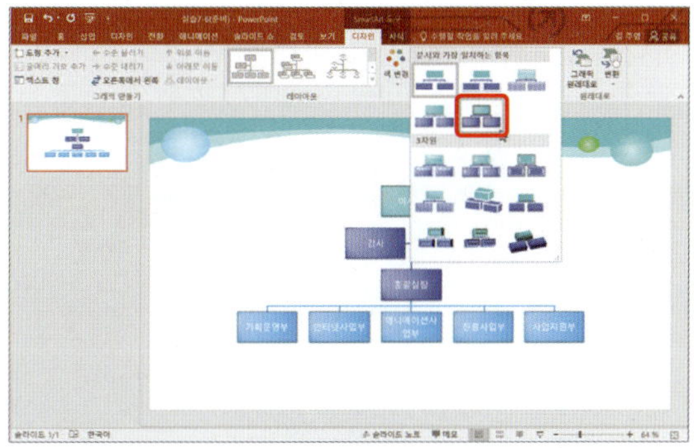

07 저장하기 완성한 조직도를 '실습 7–6(완성).pptx'로 저장한다.

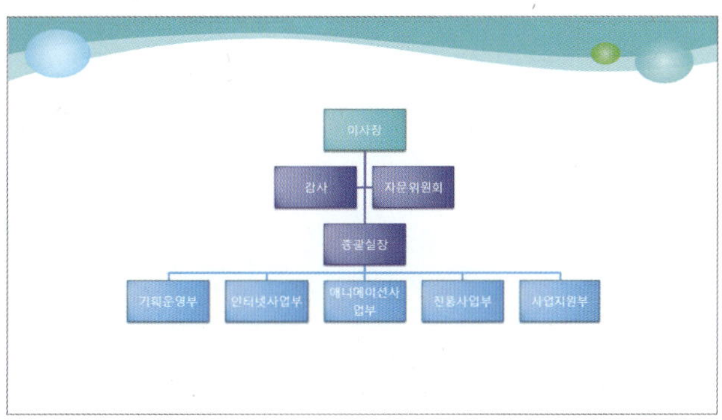

2.6 워드아트

워드아트(WordArt)는 텍스트를 꾸미는 기능으로, 프레젠테이션 제목이나 핵심 키워드를 강조하고 싶은 경우에 주로 사용한다. 다양한 워드아트 도형, 채우기 색, 효과 등의 서식을 적용할 수 있고, 일반 도형과 같이 그림자, 3차원 스타일 등을 적용할 수 있으며, 이동 및 회전도 가능하다. 워드아트를 삽입하고 서식을 변경하는 방법에 대해 알아본다.

2.6.1 워드아트 만들기

워드아트를 삽입하려면 [삽입] 탭–[텍스트] 그룹–[WordArt] 목록에서 원하는 스타일을 선택한 후 텍스트를 입력한다.

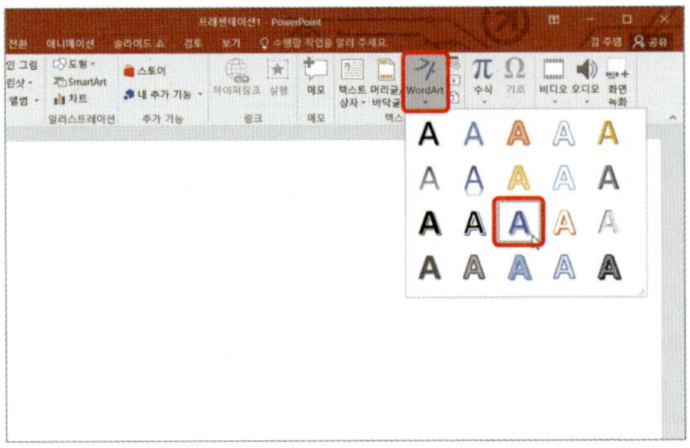

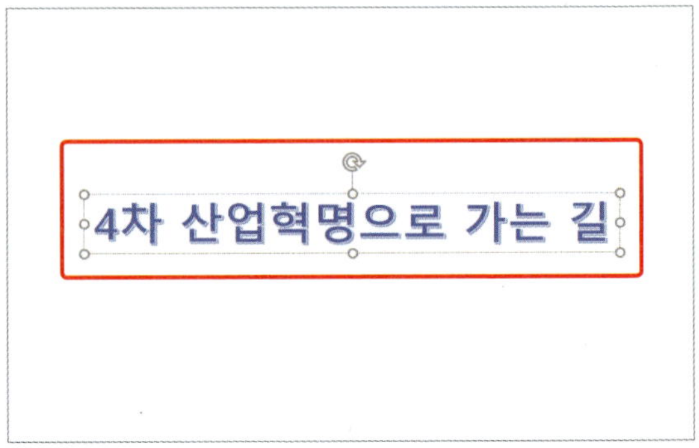

워드아트를 만드는 다른 방법은 슬라이드에 입력한 텍스트를 블록 설정하고 [그리기 도구]–[서식] 탭–[WordArt 스타일] 그룹에서 원하는 워드아트 스타일을 선택하는 것이다.

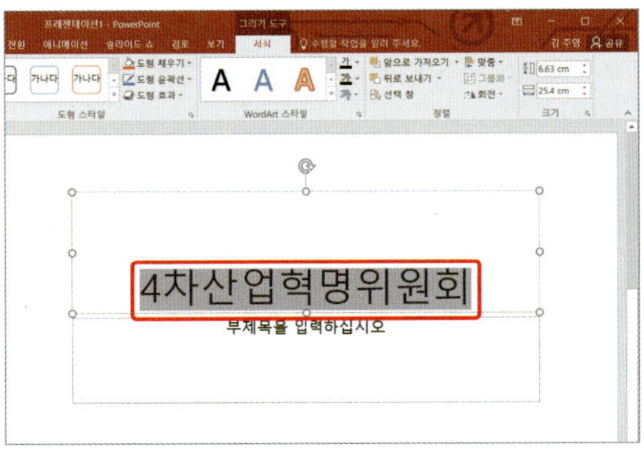

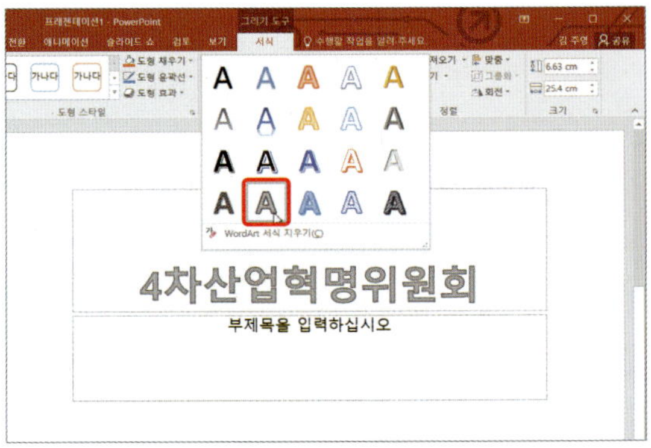

> **TIP** 텍스트 중 일부만 블록 설정하고 워드아트 스타일을 선택하면 선택한 텍스트만 워드아트로 만들어진다. 텍스트가 입력된 개체 틀을 선택한 상태에서 워드아트 스타일을 선택하면 개체 틀에 있는 텍스트 전체가 워드아트로 만들어진다.

2.6.2 워드아트에 서식 설정하기

워드아트의 서식은 [그리기 도구]–[서식] 탭–[WordArt 스타일] 그룹에서 [빠른 스타일]의 [자세히] 단추를 클릭하고 원하는 스타일을 선택해 한 번에 적용할 수 있으며, [텍스트 채우기], [텍스트 윤곽선], [텍스트 효과] 등을 각각 선택해 적용할 수도 있다.

- **텍스트 채우기** 텍스트 내부에 채울 색상을 변경한다.

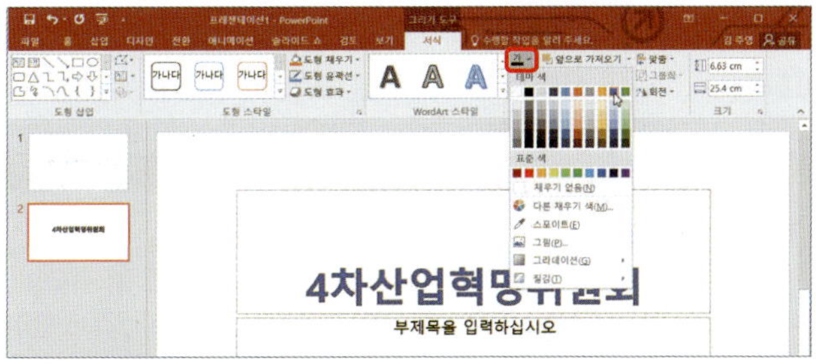

- **텍스트 윤곽선** 텍스트 외곽선의 색상을 변경한다.

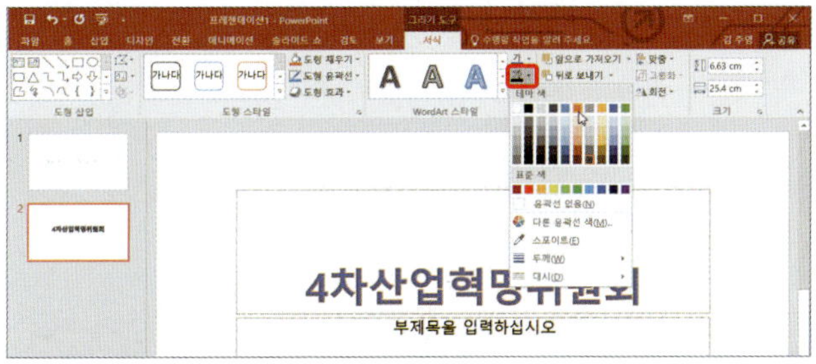

- **텍스트 효과** 그림자, 반사, 네온, 입체, 3차원 회전 등의 효과와 다양한 형태의 도형 스타일로 변환한다.

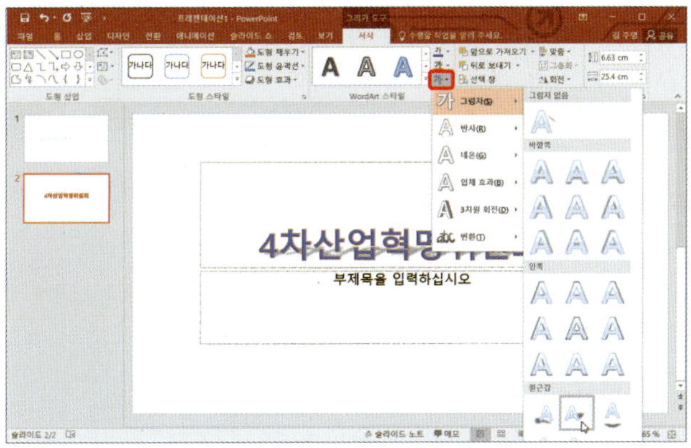

기본예제 7-7 워드아트와 그림 삽입하기

빈 슬라이드에 워드아트를 이용해 슬라이드 제목을 만들고, 연관된 그림 파일을 삽입해 보자.

01 슬라이드 레이아웃 변경하기 새 프레젠테이션을 열고 [홈] 탭–[슬라이드] 그룹–[레이아웃] 목록에서 [빈 화면]을 선택한다.

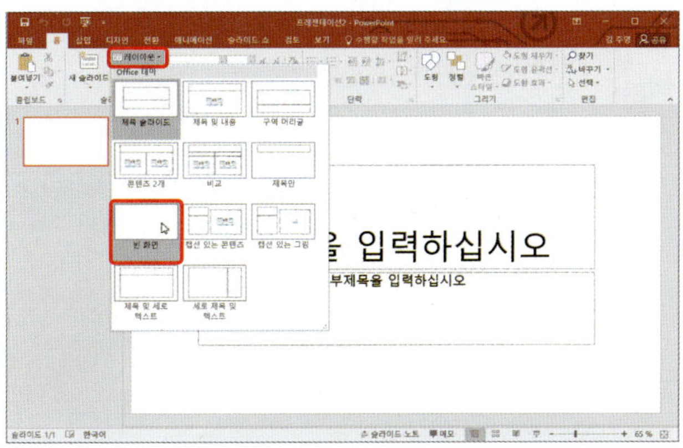

02 워드아트 삽입하기 [삽입] 탭–[텍스트] 그룹–[WordArt] 목록에서 [채우기 – 황금색, 강조 4, 부드러운 입체]를 선택하고 *Childhood Memories*를 입력한다.

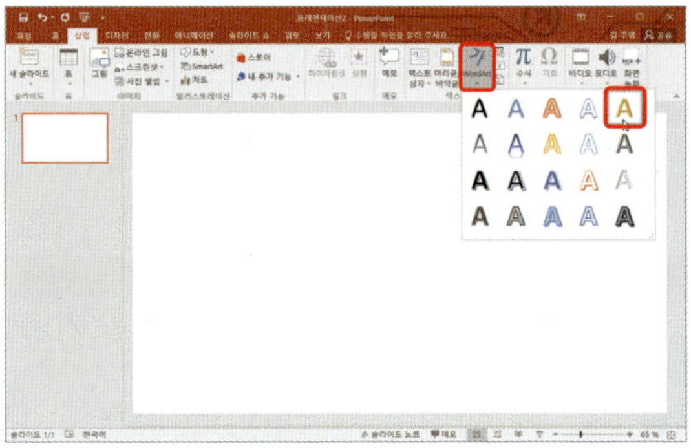

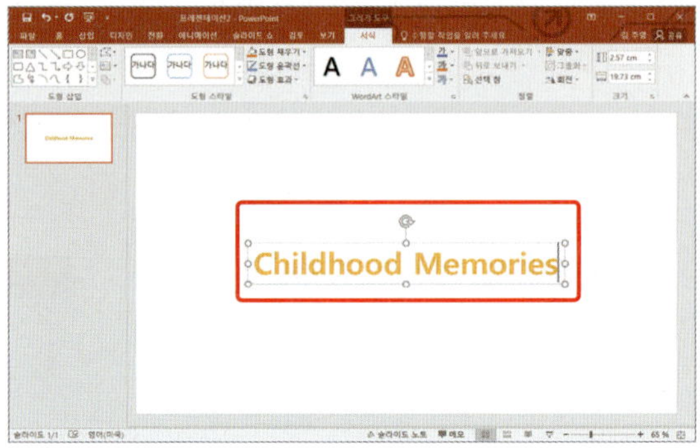

03 워드아트에 효과 설정하고 위치 이동하기 워드아트를 선택하고 [그리기 도구]–[서식] 탭–[WordArt 스타일] 그룹–[텍스트 효과]–[그림자]–[원근감 대각선 오른쪽 위]를 선택한다. WordArt의 테두리를 클릭하고 위쪽으로 드래그해 위치를 이동한다.

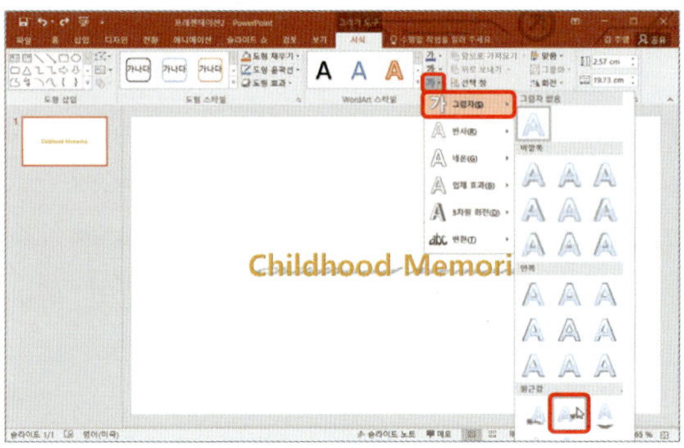

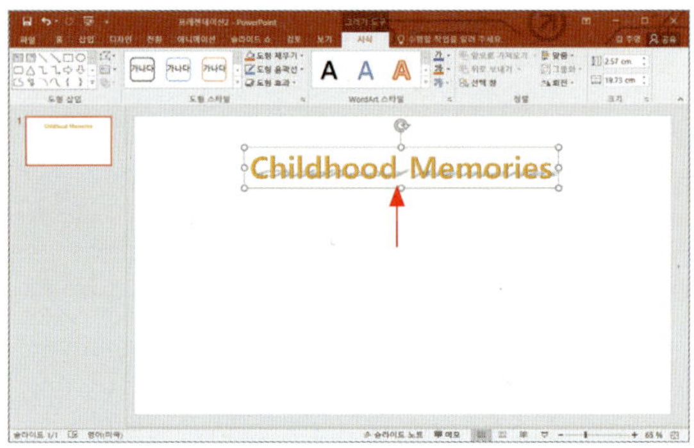

04 그림 삽입 및 색 조정하기 [삽입] 탭–[이미지] 그룹–[그림]을 클릭하고 [그림 삽입] 대화상자에서 '실습7–7(준비).jpg' 파일을 선택해 슬라이드에 삽입한다. [그림 도구]–[서식] 탭–[조정] 그룹–[색] 목록에서 [회색조]를 선택한다.

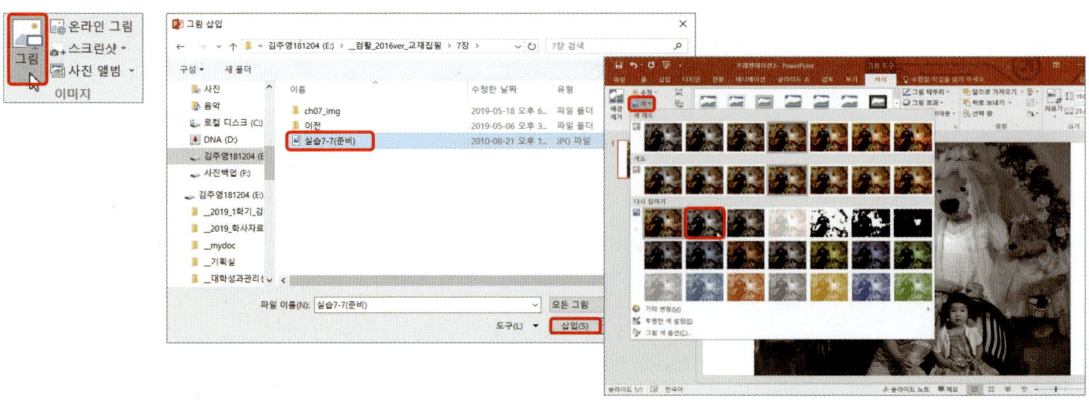

05 그림 스타일 적용하기 그림을 선택하고 [그림 도구]–[서식] 탭–[그림 스타일] 그룹에서 [자세히] 단추를 클릭하고 [회전, 흰색]을 선택한다.

06 그림 크기 조절과 위치 이동하기 그림을 선택하고 조절점을 드래그해 크기를 조절한다. 또 내부를 클릭하고 드래그해 위치를 조절한다.

07 저장하기 [파일] 탭–[다른 이름으로 저장]을 선택하고 '실습7–7(완성).pptx'로 저장한다.

SECTION 03

테마 및 슬라이드 마스터

슬라이드마다 서식이나 레이아웃을 다르게 적용하면 작업 시간이 오래 걸리고 결과물의 일관성도 떨어질 수 있다. 슬라이드 분량이 많은 경우 테마 및 슬라이드 마스터를 활용하면 작업 효율성을 높이고 일관성 있게 디자인할 수 있다. 서식 모음인 테마를 적용하고 수정하는 방법과 슬라이드 마스터를 만들고 서식 파일로 저장하는 방법에 대해 알아본다.

3.1 테마

테마는 색, 글꼴, 효과, 배경 스타일 등으로 구성된 서식 모음이다. 테마를 적용하면 문서 전체에 전문가 수준의 세련된 디자인을 빠르고 간단하게 적용할 수 있다.

3.1.1 테마 적용하기

테마는 [디자인] 탭-[테마] 그룹에서 원하는 테마를 선택해 적용한다.

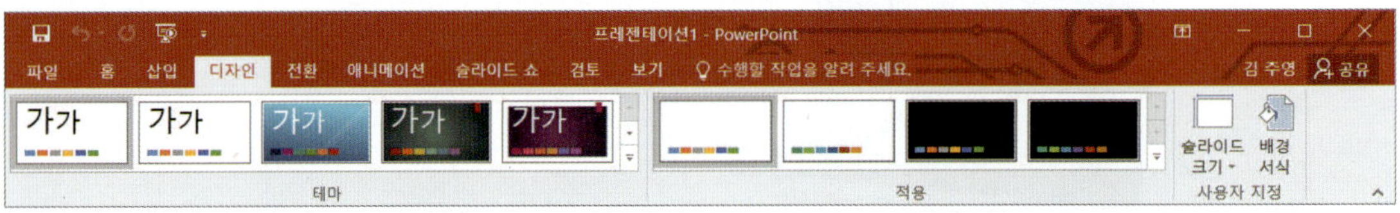

테마를 적용하면 현재 프레젠테이션의 모든 슬라이드에 적용된다. 텍스트뿐 아니라 도형과 차트 등의 스타일도 테마 분위기에 맞게 동시에 바뀐다.

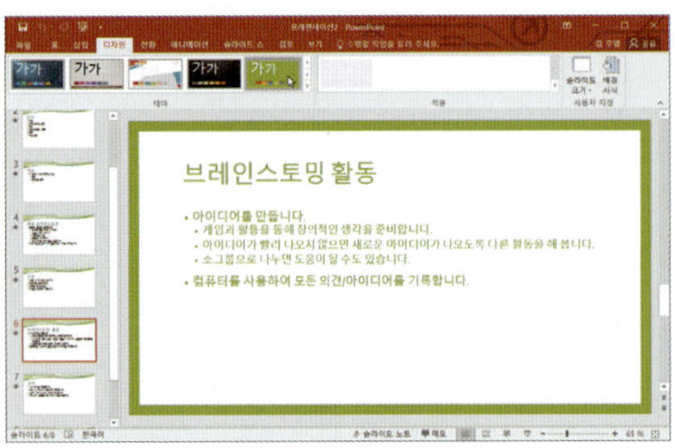

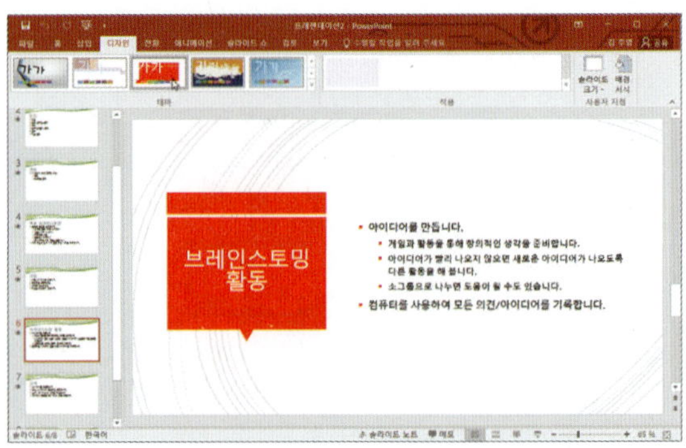

3.1.2 테마 수정하기

테마 색을 수정하려면 [디자인] 탭–[적용] 그룹에서 [⊽ 자세히] 단추를 클릭하고 [색] 목록에서 선택한다.

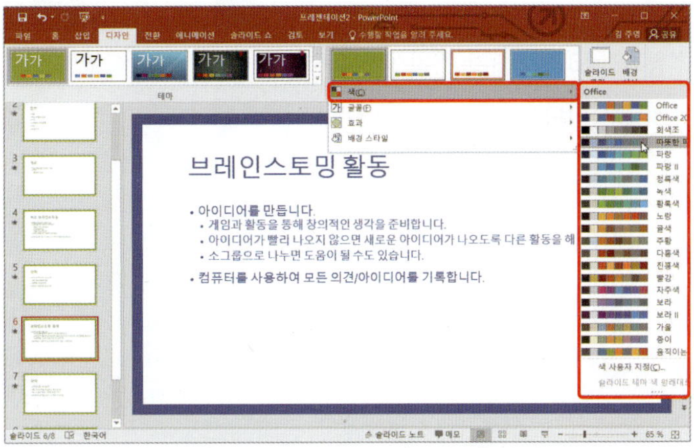

테마 글꼴을 수정하려면 [디자인] 탭–[적용] 그룹에서 [⊽ 자세히] 단추를 클릭하고 [글꼴] 목록에서 선택한다. 전체 슬라이드의 제목이나 본문 글꼴을 한꺼번에 바꿔야 할 때 유용하다.

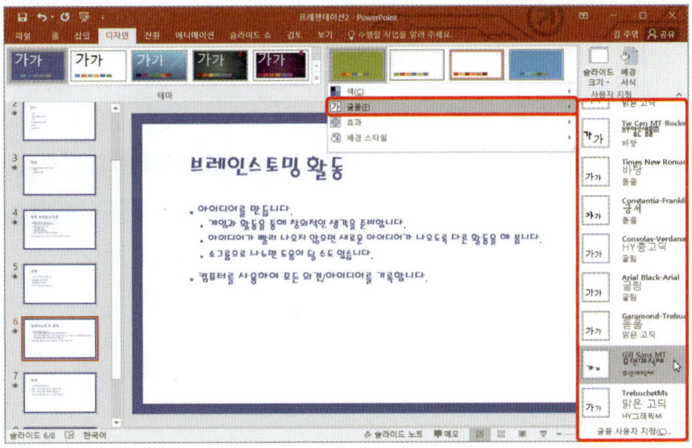

TIP 특정 테마에서 다른 색으로 간편하게 변형하려면 [적용] 그룹에 표시된 색 변형 목록에서 하나를 선택하면 된다. 사용자 지정 테마 또는 이전 버전의 일부 테마는 색 변형 목록이 표시되지 않을 수 있다.

테마 효과를 수정하려면 [디자인] 탭–[적용] 그룹에서 [⊽ 자세히] 단추를 클릭하고 [효과] 목록에서 선택한다. 차트나 표, 도형, 그림 등의 선 스타일, 채우기, 그림자, 3차원 효과 등을 바꿀 수 있다.

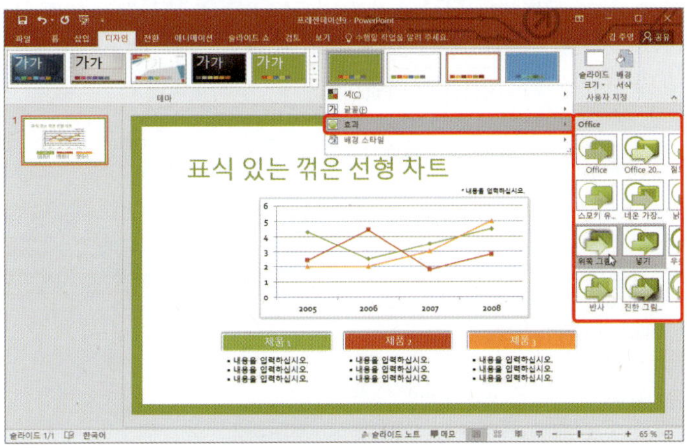

테마의 배경 스타일은 [디자인] 탭-[적용] 그룹에서 [자세히] 단추를 클릭하고 [배경 스타일] 목록에서 선택한다.

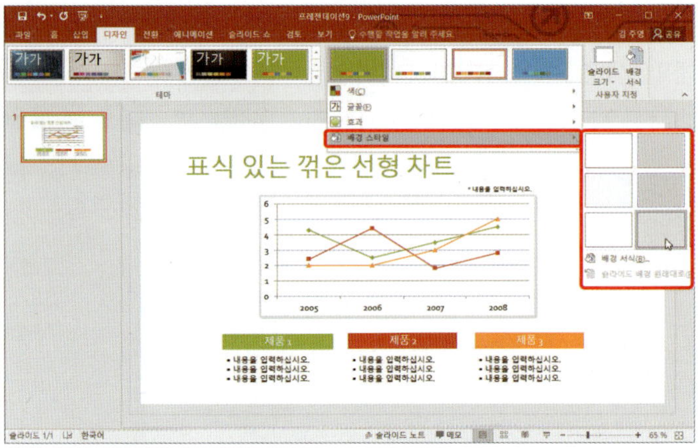

기본예제 7-8 그림을 슬라이드 배경으로 사용하기

슬라이드 배경에 그림을 삽입해 보자.

01 [배경 서식] 작업 창 나타내기 새 프레젠테이션을 열고 [디자인] 탭-[사용자 지정] 그룹-[배경 서식]을 클릭하면 슬라이드 창 오른쪽에 [배경 서식] 작업 창이 열린다.

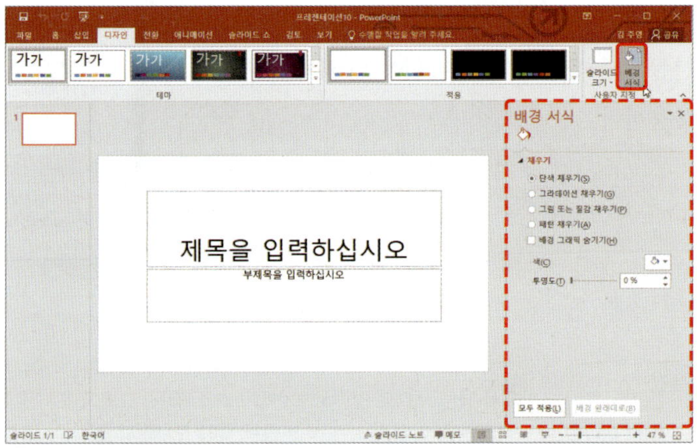

02 배경 그림 선택하기 [배경 서식] 작업 창의 [채우기] 항목에서 [그림 또는 질감 채우기]를 선택한다. [다음에서 그림 삽입] 항목의 [파일]을 클릭한 후 [그림 삽입] 대화상자에서 '실습7-8(준비).jpg' 파일을 선택하고 [삽입]을 클릭한다.

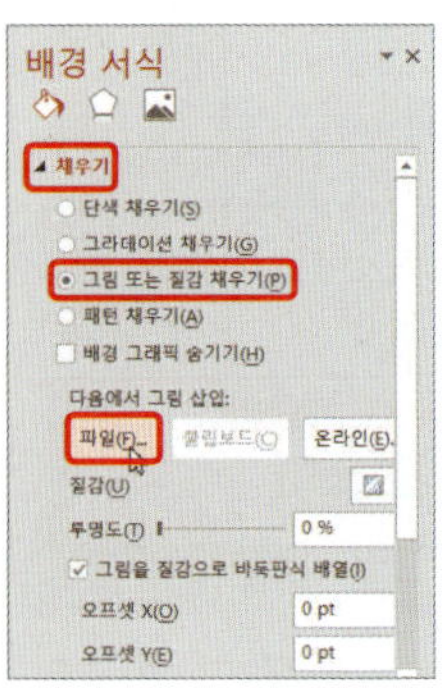

03 그림 투명도 조정하기 슬라이드의 텍스트가 잘 보이도록 [투명도]를 [30%]로 설정한다. 모든 슬라이드의 배경으로 사용하려면 [모두 적용]을 클릭한다. [파일] 탭–[다른 이름으로 저장]을 선택하고 '실습 7–8(완성).pptx'로 저장한다.

3.2 슬라이드 마스터

슬라이드 마스터는 배경, 색, 글꼴, 효과, 개체 틀의 크기 및 위치 등을 정의하는 최상위 슬라이드이다. 모든 프레젠테이션에는 슬라이드 마스터가 하나 이상 포함되어 있고, 슬라이드 마스터를 수정하면 모든 슬라이드에 변경 내용이 적용된다. 슬라이드 마스터를 만드는 방법을 단계별로 알아본다.

3.2.1 슬라이드 마스터 보기

슬라이드 마스터를 보려면 [보기] 탭–[마스터 보기] 그룹–[슬라이드 마스터]를 클릭한다. [슬라이드 마스터] 탭이 활성화되고, 화면 왼쪽 창에는 슬라이드 마스터와 슬라이드 레이아웃 목록이 열린다. 오른쪽 창에서는 슬라이드를 편집할 수 있다.

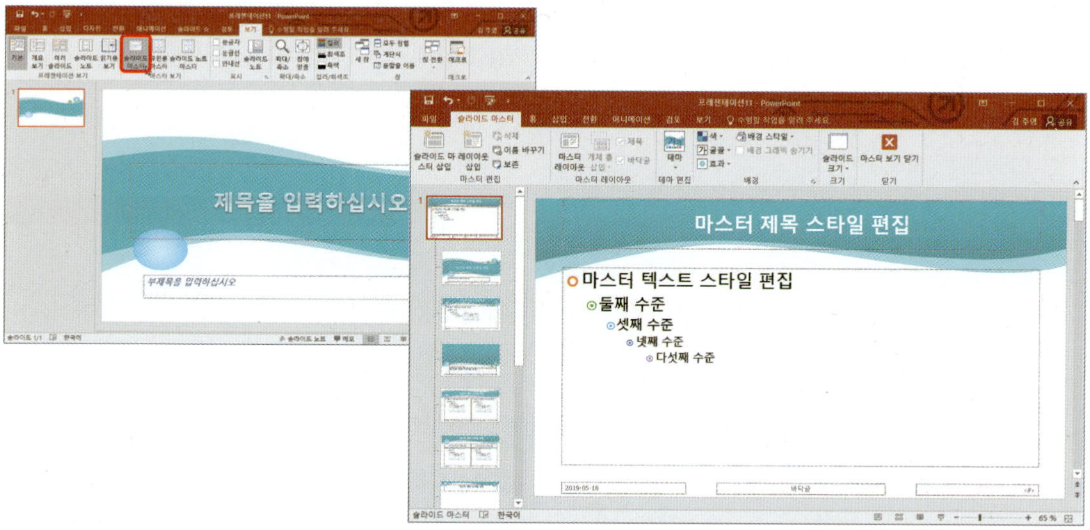

TIP 슬라이드 마스터 편집 화면을 닫으려면 [슬라이드 마스터] 탭–[닫기] 그룹–[마스터 보기 닫기]를 클릭한다.

3.2.2 슬라이드 배경 설정하기

슬라이드 배경은 배경색을 변경하거나 그라데이션, 질감, 그림 등의 채우기 효과를 적용해 디자인한다. 슬라이드 목록 맨 위에 있는 슬라이드 마스터를 선택하고 [슬라이드 마스터] 탭–[배경] 그룹–[배경 스타일] 목록에서 원하는 스타일을 선택한다. 또는 [배경 서식]을 선택해 [배경 서식] 작업 창을 열고 단색, 그라데이션, 그림 또는 질감, 패턴 등을 설정한다.

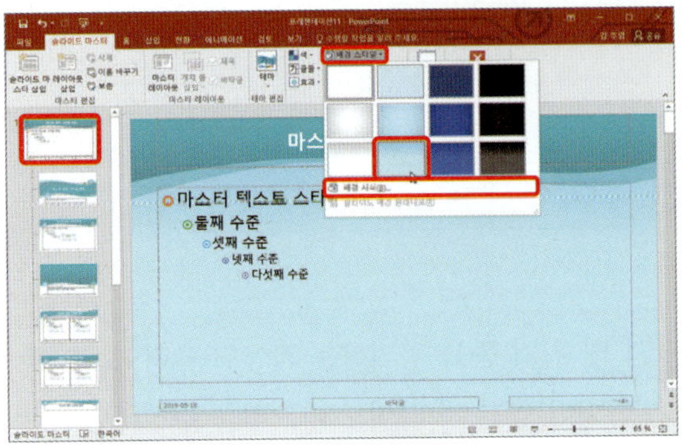

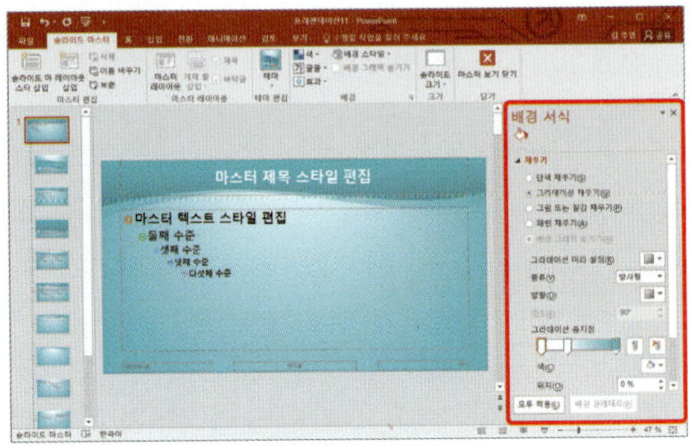

TIP 슬라이드 마스터는 여러 레이아웃을 대표하는 레이아웃이므로 슬라이드 마스터에 배경 서식을 지정하면 하위에 있는 모든 레이아웃에 적용된다.

3.2.3 개체 삽입하기

슬라이드 마스터에 소속 학교나 회사의 로고 등을 삽입하면 슬라이드 전체에 일관되게 보이도록 할 수 있다. 그림을 삽입하려면 [삽입] 탭–[이미지] 그룹–[그림]을 클릭하고 [그림 삽입] 대화상자에서 삽입하고자 하는 이미지를 선택한다.

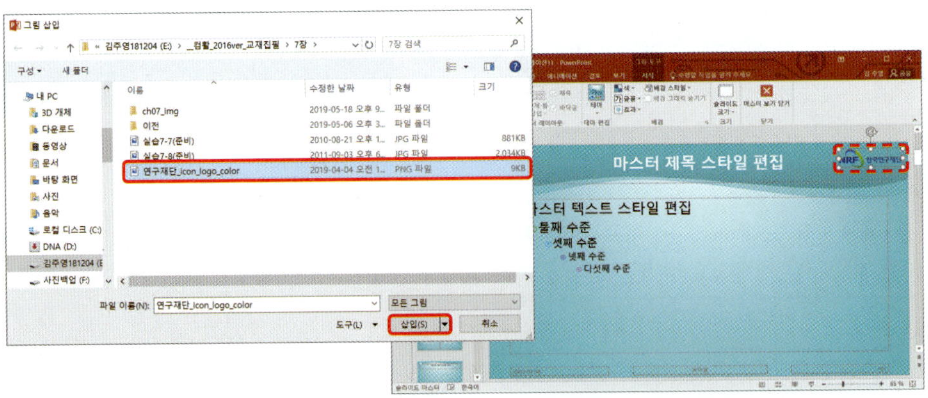

TIP 로고의 배경색을 투명하게 만들려면 [그림 도구]–[서식] 탭–[조정] 그룹–[색]–[투명한 색 설정]을 선택하고 로고 배경을 클릭한다.

3.2.4 바닥글 및 슬라이드 번호 삽입하기

슬라이드 마스터에 날짜, 시간, 슬라이드 번호, 바닥글 등을 삽입하려면 [삽입] 탭-[머리글/바닥글]을 클릭한 후 [머리글/바닥글] 대화상자에서 원하는 요소를 선택한다. 이때 제목 슬라이드에는 바닥글, 슬라이드 번호 등이 표시되지 않도록 하려면 [제목 슬라이드에는 표시 안 함]을 선택한다.

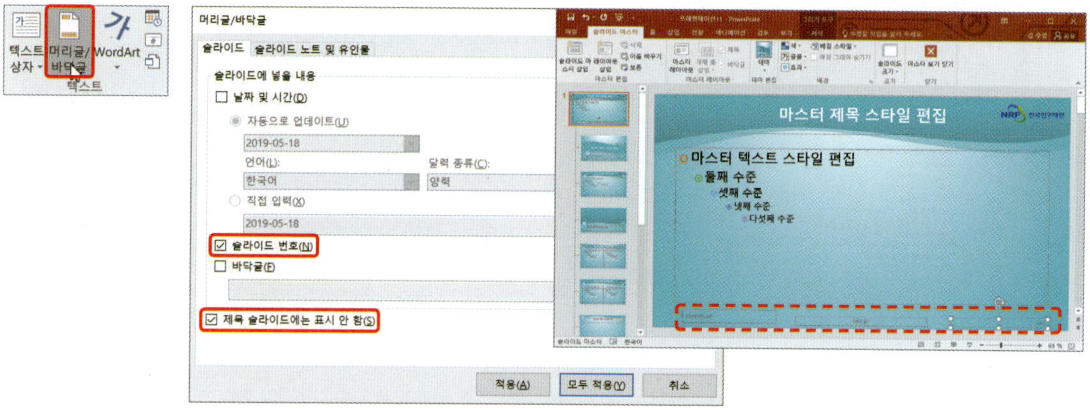

TIP 날짜/시간, 바닥글, 슬라이드 번호 영역의 위치는 각 개체 틀을 드래그해 이동할 수 있다.

여기서 잠깐 **시작 슬라이드 번호 변경하기**

슬라이드 시작 번호를 변경하려면 슬라이드 마스터 보기를 닫은 후 [디자인] 탭-[사용자 지정] 그룹-[슬라이드 크기]-[사용자 지정 슬라이드 크기]를 선택한다. [슬라이드 크기] 대화상자의 [슬라이드 시작 번호] 항목에 프레젠테이션의 첫 번째 슬라이드에 표시할 번호를 입력하고 [확인]을 클릭한다. 예를 들어 두 번째 슬라이드 번호를 1페이지로 하려면 슬라이드 시작번호를 0으로 한다.

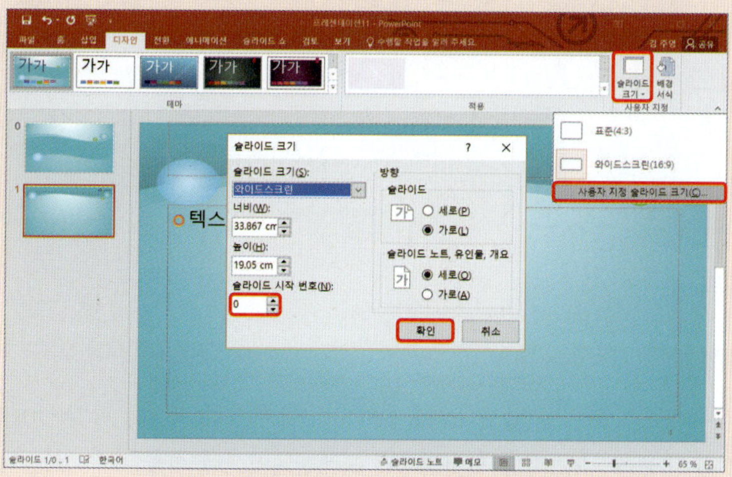

3.2.5 서식과 글머리 기호 변경하기

제목 개체 틀, 내용 개체 틀, 날짜/시간, 바닥글, 슬라이드 번호의 텍스트 서식은 해당 영역의 텍스트를 선택한 후 [홈] 탭의 [글꼴], [단락] 그룹에서 변경한다.

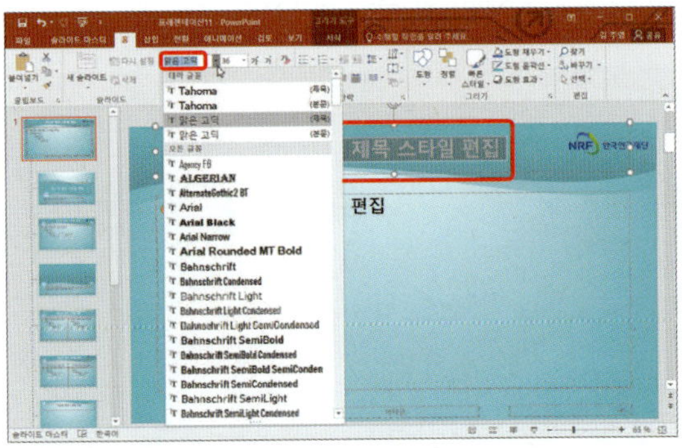

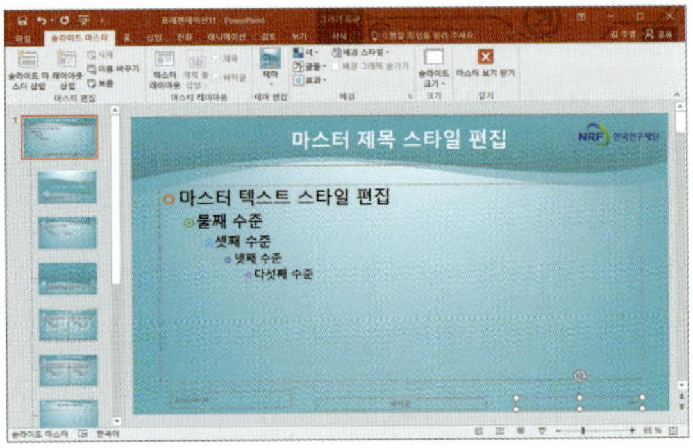

TIP 슬라이드 마스터는 현재 시스템에서 이용할 수 있는 가장 일반적인 형태의 글꼴을 사용해야 한다. 배포된 시스템에 해당 글꼴이 없으면 다른 글꼴로 대체되기 때문이다.

내용 개체 틀의 글머리 기호를 변경하려면 해당 수준의 문단에 커서를 두고 [홈] 탭-[단락] 그룹-[글머리 기호] 또는 [번호 매기기] 목록에서 글머리 또는 번호 유형을 선택한다. 원하는 모양이 없으면 [글머리 기호 및 번호 매기기] 대화상자에서 [사용자 지정]을 클릭해 [기호] 대화상자를 열고 글머리 기호를 선택한다.

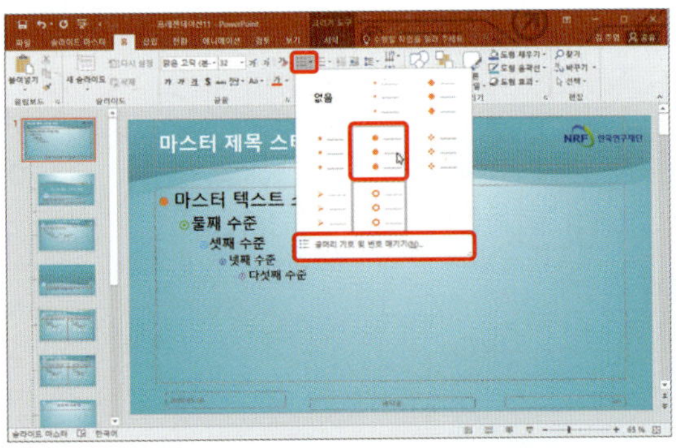

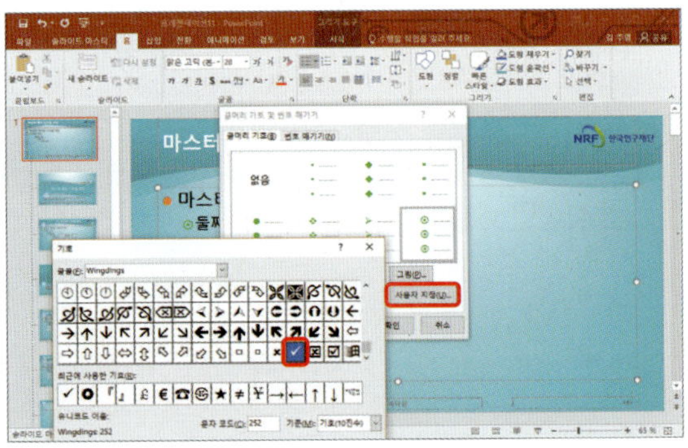

3.3 서식 파일 저장 및 적용하기

서식 파일은 슬라이드 마스터, 레이아웃 및 테마 조합에서 사용자가 지정한 내용을 저장한 파일(*.potx)이다. 슬라이드 마스터에서 설정한 내용을 서식 파일로 저장하면 프레젠테이션에 적용할 수 있는 디자인 정보가 저장되므로 비슷한 유형의 프레젠테이션을 반복해서 만들 때 일관된 서식을 적용할 수 있다.

각 서식 파일에는 슬라이드 마스터가 하나 포함되고 슬라이드 마스터에는 레이아웃이 하나 이상 포함되어야 프레젠테이션에서 해당 서식 파일을 사용할 수 있다. 슬라이드 마스터를 서식 파일로 저장하고 적용하는 방법에 대해 알아본다.

슬라이드 마스터를 서식 파일로 저장하려면 기본 보기 상태에서 [파일] 탭–[다른 이름으로 저장]을 선택하고 [다른 이름으로 저장] 대화상자에서 파일 이름을 입력한 후 파일 형식 목록에서 [PowerPoint 서식 파일]을 선택하고 [저장]을 클릭한다.

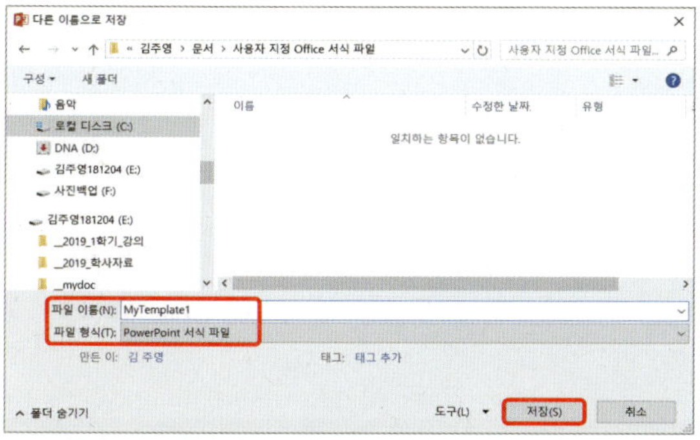

TIP 서식 파일을 나중에 쉽게 찾을 수 있도록 서식 파일 폴더(C:/Program Files/Microsoft Office/Templates)에 저장하는 것이 좋다.

사용자가 정의한 서식 파일을 적용하려면 [파일] 탭–[열기]를 선택하고 [이 PC]에서 서식 파일이 저장된 폴더를 찾거나 [찾아보기]를 클릭하고 [열기] 대화상자에서 사용자 지정 서식 파일을 선택한 후 [열기]를 클릭한다.

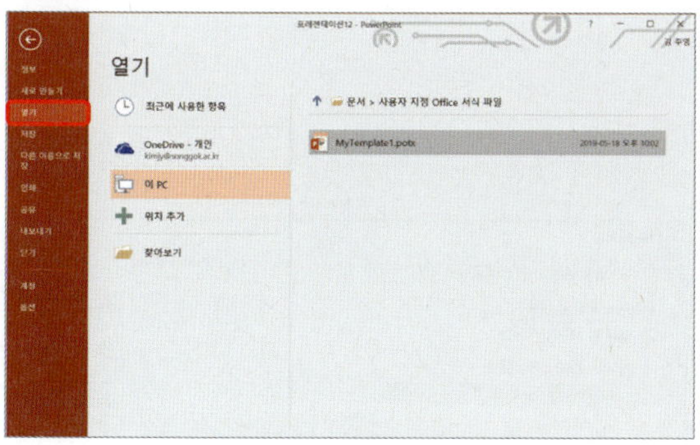

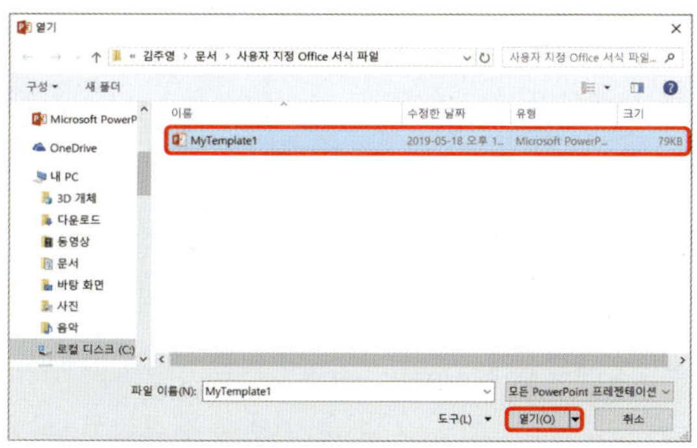

기본예제 7-9 슬라이드 마스터 만들기

새 프레젠테이션에서 슬라이드 마스터를 만들기 위해 슬라이드 배경, 바닥글, 서식 등을 설정하고 이를 서식 파일로 저장해 보자.

01 슬라이드 마스터 화면 보기로 전환하기 새 프레젠테이션을 열고 [보기] 탭–[마스터 보기] 그룹–[슬라이드 마스터]를 클릭해 슬라이드 마스터 화면 보기로 전환한다.

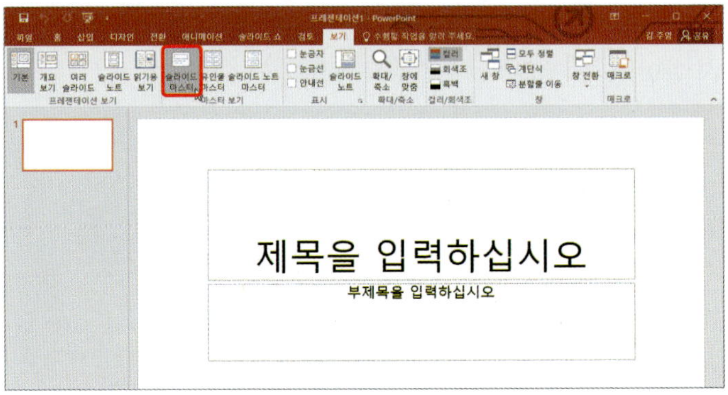

02 슬라이드 마스터 배경 그림 삽입하기 슬라이드 목록 맨 위에 있는 '슬라이드 마스터'를 선택하고 [삽입] 탭–[이미지] 그룹–[그림]을 클릭한 후 '실습7–9(슬라이드마스터).jpg' 파일을 선택해 삽입한다. 그림을 슬라이드 크기에 맞게 조정하고, 기존 개체 틀을 가리지 않도록 [그림 도구]–[서식] 탭–[정렬] 그룹–[뒤로 보내기]–[맨 뒤로 보내기]를 선택한다.

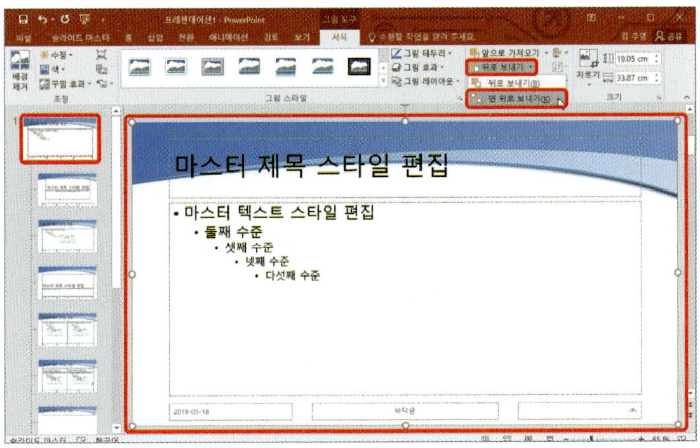

03 슬라이드 번호 삽입하기 [삽입] 탭–[텍스트] 그룹–[머리글/바닥글]을 클릭해 [머리글/바닥글] 대화상자가 열리면 [슬라이드 번호], [제목 슬라이드에는 표시 안 함]을 선택해 체크하고 [모두 적용]을 클릭한다.

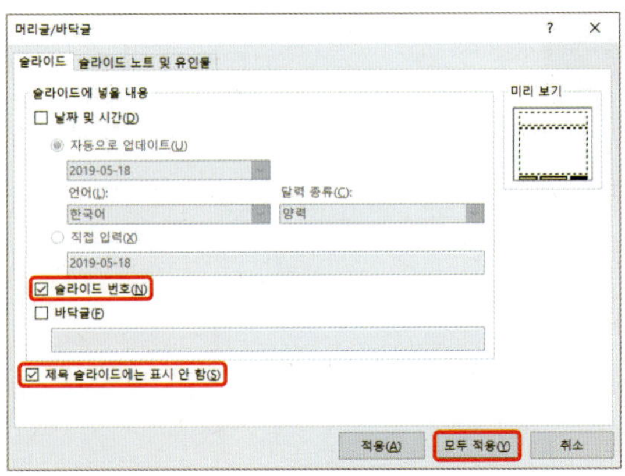

04 제목 틀과 개체 틀 서식 설정하기 제목 개체 틀의 테두리를 클릭하고 [홈] 탭-[글꼴] 그룹에서 [글꼴]을 [HY견고딕], [글꼴 크기]를 [48pt]로, [단락] 그룹에서 문단 정렬 방식을 [가운데 정렬]로 설정한다. 내용 개체 틀의 테두리를 클릭하고 [홈] 탭-[글꼴] 그룹에서 [글꼴]을 [HY중고딕]으로 설정한다.

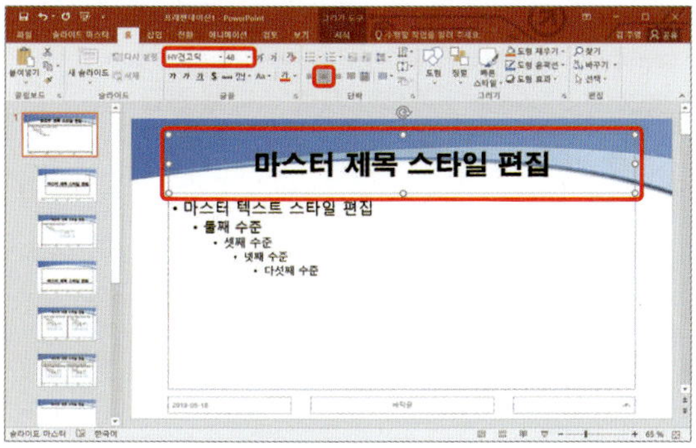

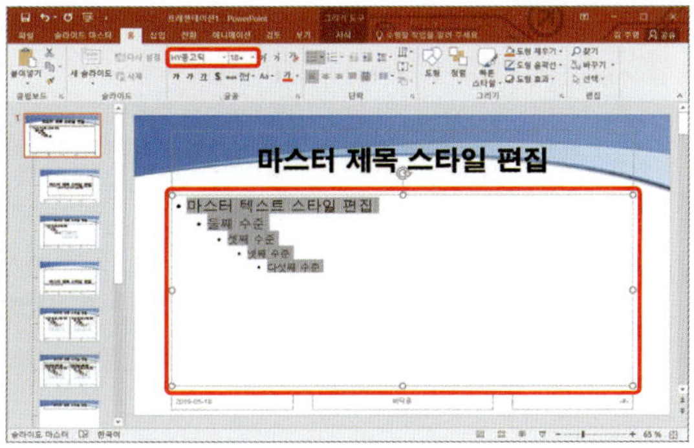

05 글머리 기호 변경하기 첫 번째 수준의 글머리 기호를 변경하기 위해 첫 번째 문단에 커서를 두고 [홈] 탭-[단락] 그룹-[글머리 기호]-[글머리 기호 및 번호 매기기]를 선택한다. [글머리 기호 및 번호 매기기] 대화상자에서 [별표 글머리 기호]를 선택하고 [색]을 [주황, 강조 2]로 설정한 후 [확인]을 클릭한다.

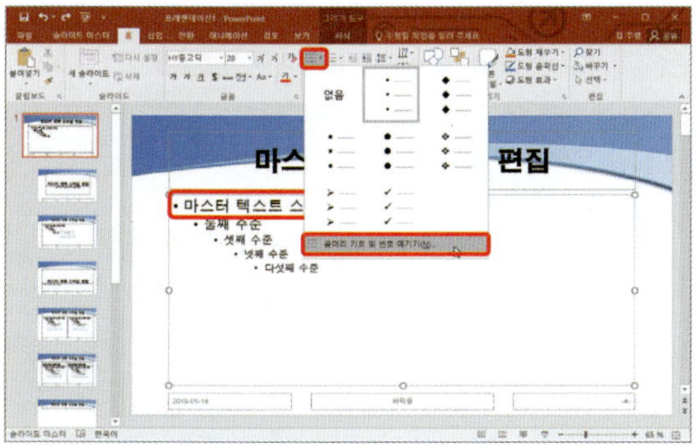

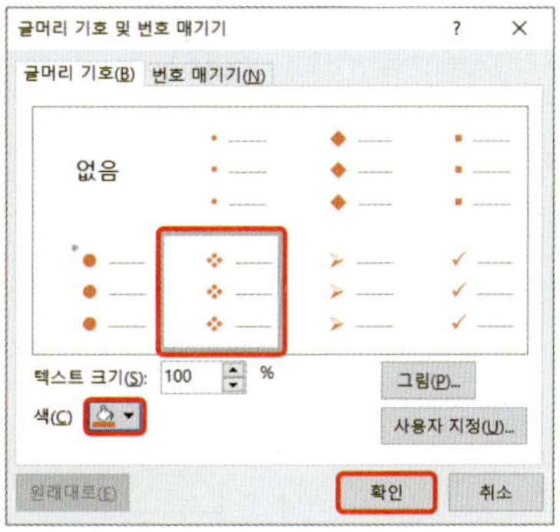

06 불필요한 영역 삭제하기 날짜 및 시간 영역과 바닥글 영역을 각각 선택하고 Delete를 눌러 삭제한다. 슬라이드 번호 영역의 테두리를 선택하고 [홈] 탭-[글꼴] 그룹에서 [글꼴 크기]를 [24pt]로 변경한다.

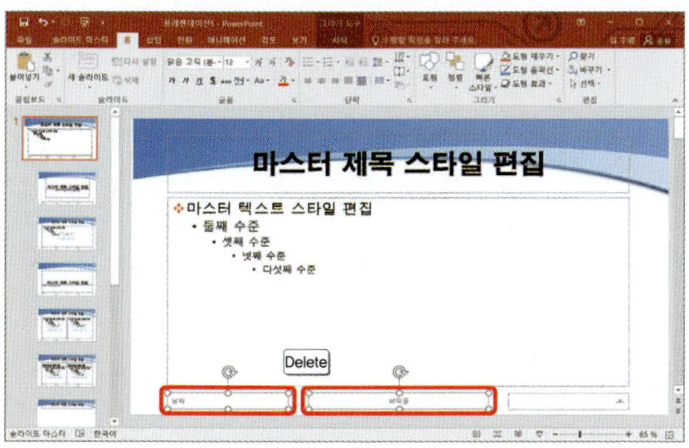

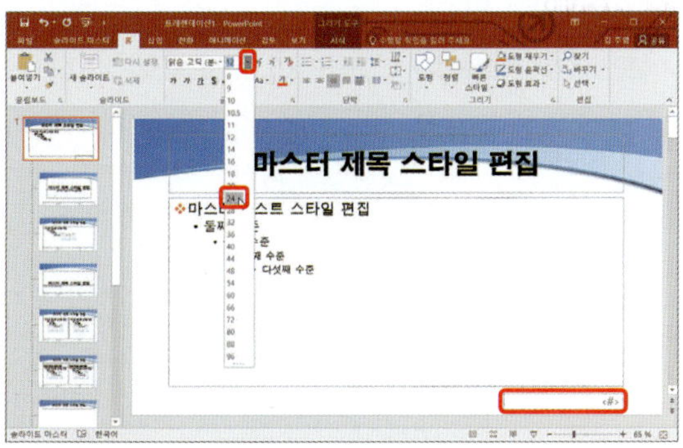

07 로고 삽입하기 [삽입] 탭–[이미지] 그룹–[그림]을 클릭하고 '실습7–9(로고).jpg' 파일을 선택해 로고를 삽입한다. 로고 크기를 적당히 조절해 슬라이드 왼쪽 아래에 배치한다.

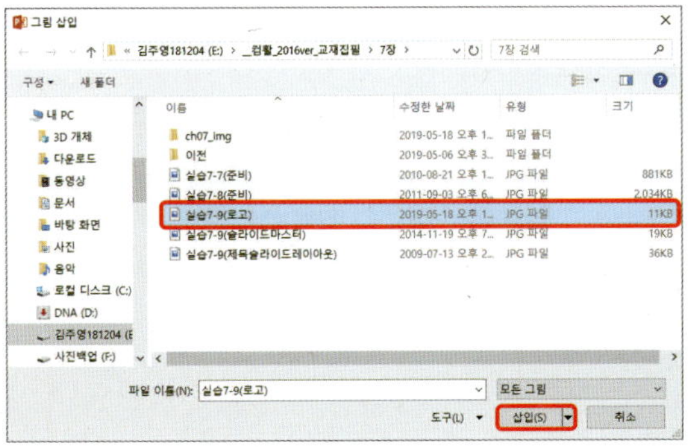

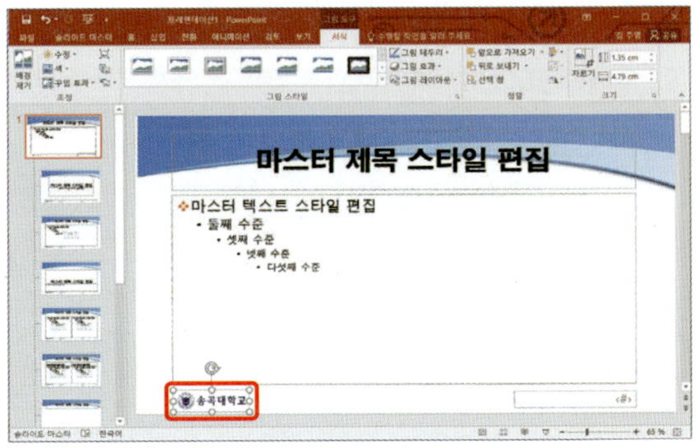

08 제목 슬라이드 레이아웃에 배경 그림 삽입하기 슬라이드 목록 두 번째에 있는 '제목 슬라이드 레이아웃'을 선택하고 [삽입] 탭–[이미지] 그룹–[그림]을 클릭한 후 배경으로 사용할 '실습7–9(제목슬라이드 레이아웃).jpg' 파일을 선택해 삽입한다. 그림을 슬라이드 크기에 맞게 조절하고 기존 개체 틀을 가리지 않도록 [그림 도구]–[서식] 탭–[정렬] 그룹–[뒤로 보내기]–[맨 뒤로 보내기]를 선택한다.

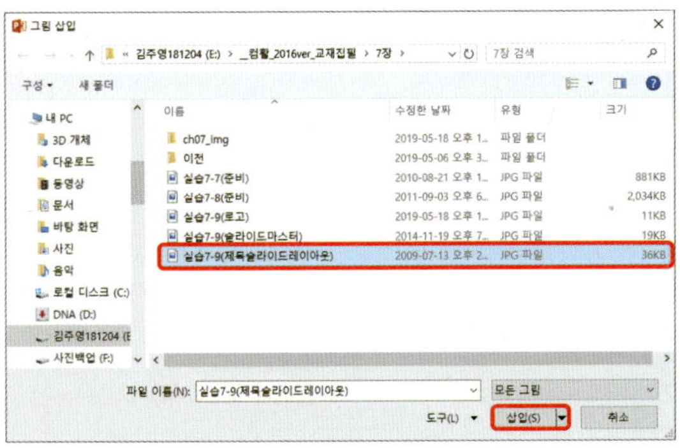

09 제목 슬라이드 레이아웃의 바닥글 감추기 제목 슬라이드에서 날짜 및 시간, 바닥글, 슬라이드 번호 등을 감추기 위해 [슬라이드 마스터] 탭–[마스터 레이아웃] 그룹에서 [바닥글]의 선택을 해제한다. 그리고 [슬라이드 마스터] 탭–[크기] 그룹–[슬라이드 크기]–[사용자 지정 슬라이드 크기]를 선택한 후 [슬라이드 크기] 대화상자의 [슬라이드 시작 번호] 항목에 0을 입력하고 [확인]을 클릭한다.

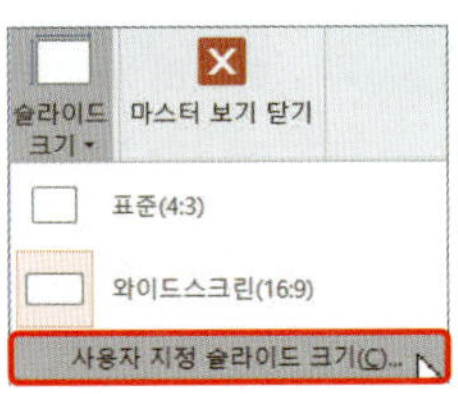

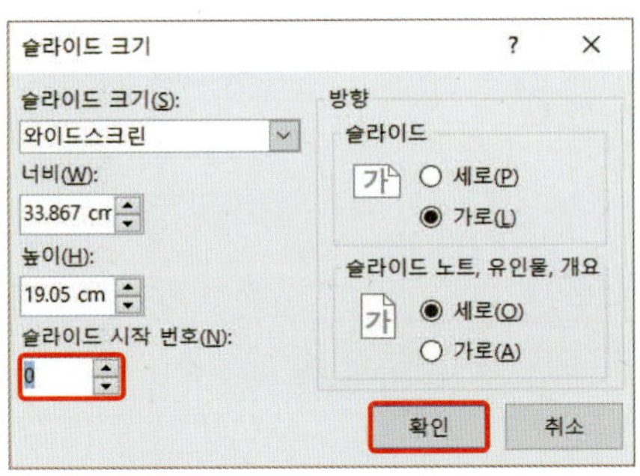

10 서식 파일 저장하기 [슬라이드 마스터] 탭-[닫기] 그룹-[마스터 보기 닫기]를 클릭해 슬라이드 마스터를 닫는다. [파일] 탭-[다른 이름으로 저장]을 선택하고 [찾아보기]를 클릭해 [다른 이름으로 저장] 대화상자에서 서식 폴더(C:/Program Files/Microsoft Office/Templates)를 선택하고 [파일 이름]을 *실습7-9(완성)*으로, [파일 형식]을 [PowerPoint 서식 파일]로 설정하고 [저장]을 클릭한다.

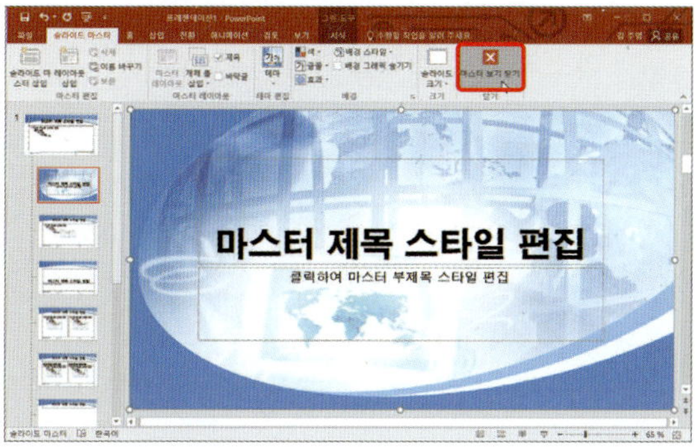

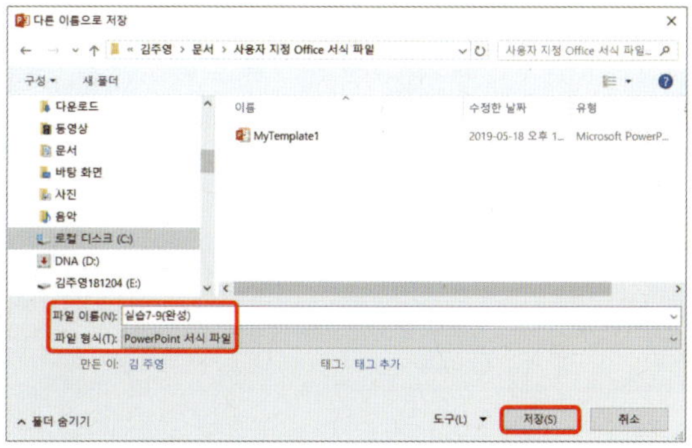

기본예제 7-10 사용자 지정 프롬프트 텍스트 추가하기

사용자 지정 프롬프트란 기본 개체 틀의 텍스트를 사용자 지정 텍스트로 덮어써서 서식 파일을 사용하는 다른 사용자에게 특정 정보를 설명하거나 요청하는 기능이다. 슬라이드 마스터에 사용자 지정 프롬프트 텍스트를 추가해 보자.

01 슬라이드 마스터 화면 보기에서 레이아웃 선택하기 새 프레젠테이션을 열고 [보기] 탭-[마스터 보기] 그룹-[슬라이드 마스터]를 클릭하고, 슬라이드 목록에서 '제목만 레이아웃' 슬라이드를 선택한다.

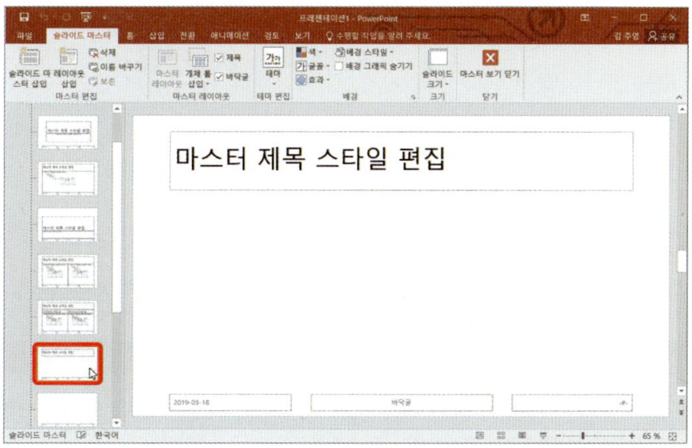

02 개체 틀 삽입하기 [슬라이드 마스터] 탭–[마스터 레이아웃] 그룹–[개체 틀 삽입]–[텍스트]를 선택하고, 원하는 크기만큼 드래그해 텍스트 개체 틀을 만든다.

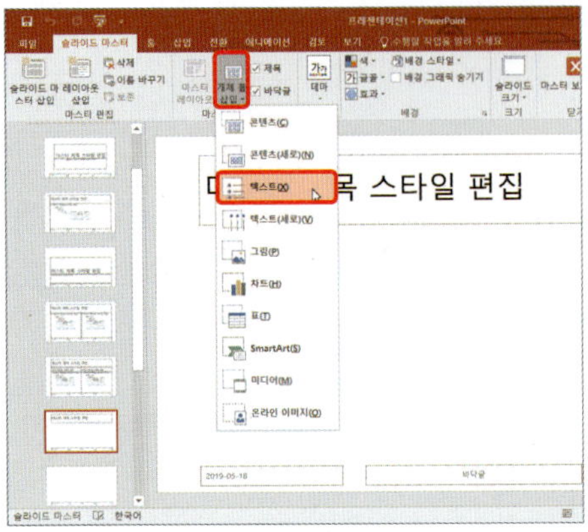

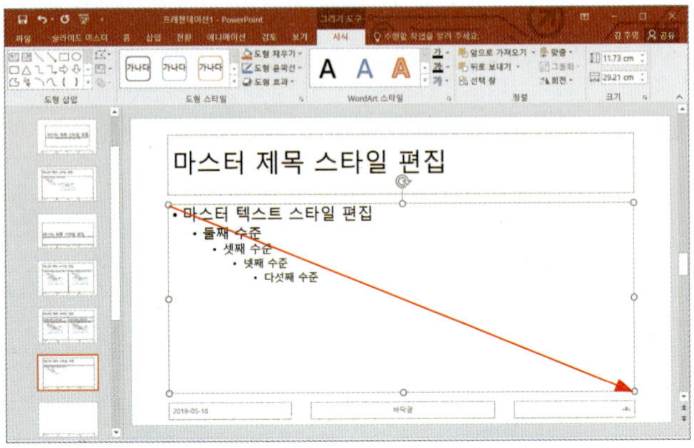

03 프롬프트 텍스트 입력하기 개체 틀의 기본 텍스트를 삭제하고 *내용을 입력해 주세요*라고 입력한다. [슬라이드 마스터] 탭–[닫기] 그룹–[마스터 보기 닫기]를 클릭해 슬라이드 마스터 보기를 닫는다.

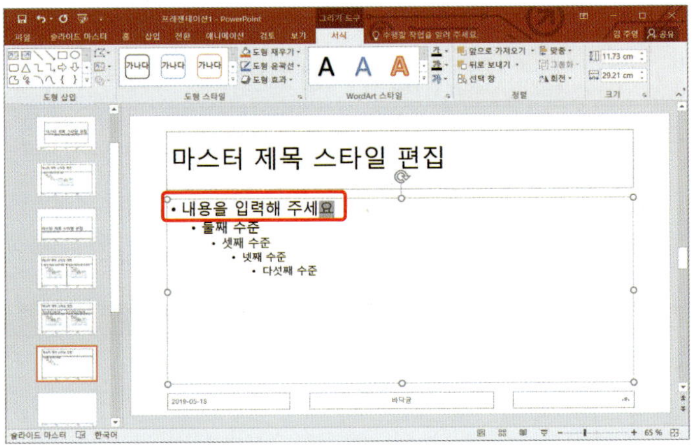

04 프롬프트 텍스트 확인하고 저장하기 [홈] 탭–[슬라이드] 그룹–[레이아웃] 목록에서 [제목만]을 선택한다. 프롬프트 텍스트가 변경된 것을 확인하고, 완성 파일을 '실습7–10(완성).pptx'로 저장한다.

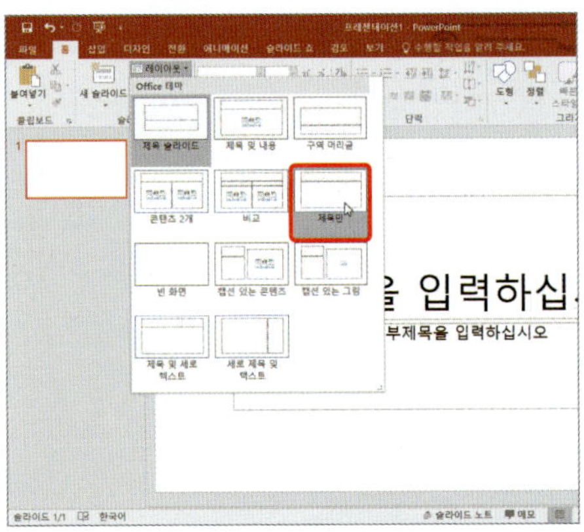

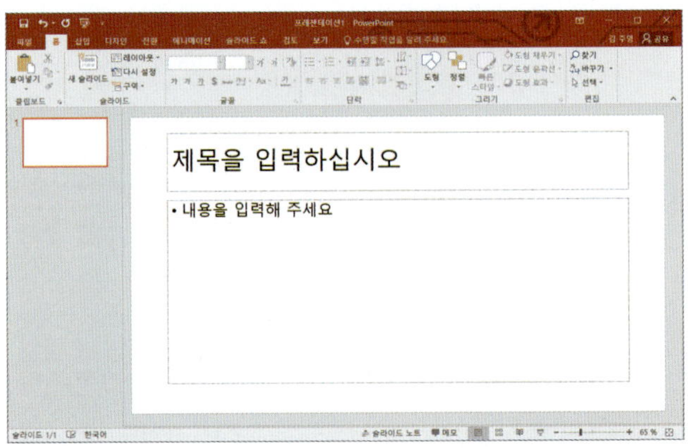

WINDOWS 10 / 한글 2018 / EXCEL 2016 / POWERPOINT 2016

SECTION 04

애니메이션, 슬라이드 쇼, 인쇄

좀 더 완성된 프레젠테이션을 만들려면 각 슬라이드가 적절한 동작으로 전환되도록 하거나 슬라이드에 있는 객체들이 특정한 동작을 하며 변화하도록 만드는 것이 좋다. SECTION 04에서는 슬라이드 간 화면 전환 효과를 설정하는 방법과 슬라이드 객체에 애니메이션을 설정하는 방법에 대해 알아본다. 또한 완성한 프레젠테이션을 슬라이드 쇼로 실행하는 방법과 슬라이드를 인쇄하는 방법에 대해서도 알아본다.

4.1 화면 전환

슬라이드 화면 전환은 프레젠테이션 도중에 슬라이드를 전환할 때 발생하는 동작 효과를 말한다. 화면 전환 효과를 적용하려면 [전환] 탭–[슬라이드 화면 전환] 그룹에서 원하는 효과를 선택한다. 설정한 화면 전환 효과는 [전환] 탭–[미리 보기] 그룹–[미리 보기]를 클릭하거나 슬라이드 쇼를 실행해 확인할 수 있다.

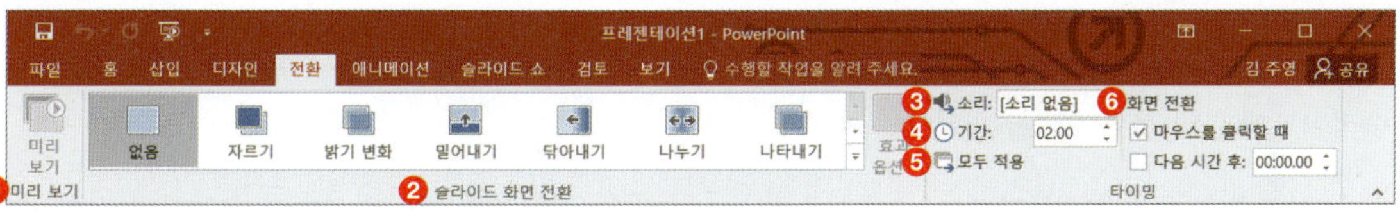

① 미리 보기 선택한 화면 전환 효과를 미리 확인한다.

② 슬라이드 화면 전환 슬라이드에 적용할 화면 전환 효과를 선택한다. [자세히] 단추를 클릭하면 모든 효과를 한 번에 볼 수 있다.

❸ **소리** 화면 전환 효과음을 선택한다. [반복 재생]이 선택되어 있으면 프레젠테이션이 실행되는 동안 계속 효과음이 들린다.

❹ **기간** 화면 전환 효과가 진행되는 속도를 지정한다. 설정된 시간 동안 화면 전환이 진행되며, 0초에 가까울수록 화면 전환 속도가 빨라진다.

❺ **모두 적용** 화면 전환 효과에서 설정한 내용을 모든 슬라이드에 적용한다.

❻ **화면 전환** [마우스로 클릭할 때]를 선택하면 클릭할 때 다음 슬라이드로 전환되고, [다음 시간 후]를 선택하면 입력된 시간이 지나면 다음 슬라이드로 전환된다.

TIP 둘 다 지정하면 조건을 먼저 만족하는 시점에 다음 슬라이드로 전환된다.

모든 슬라이드에 적용된 화면 전환 효과를 취소하려면 임의의 슬라이드를 선택하고 [전환] 탭–[슬라이드 화면 전환] 그룹에서 [없음]을 선택하고 [타이밍] 그룹에서 [모두 적용]을 클릭한다.

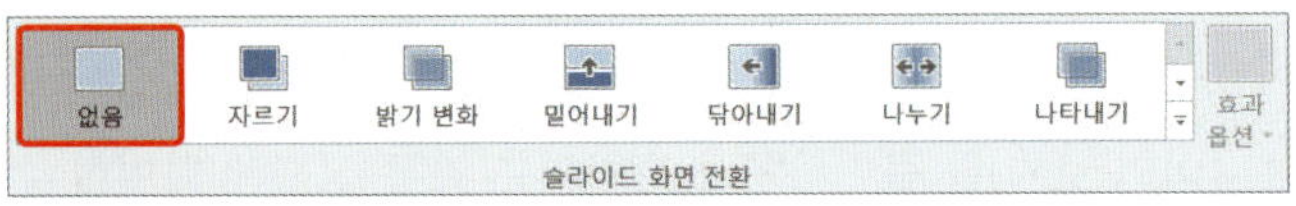

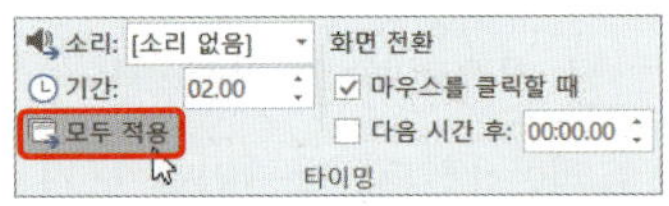

기본예제 7-11 화면 전환 효과 설정하기

슬라이드에 화면 전환 효과를 설정해 보자.

01 화면 전환 효과 설정하기 '실습7-11(준비).pptx' 파일을 열고 [전환] 탭–[슬라이드 화면 전환] 그룹에서 [자세히] 단추를 클릭하고 [늘어뜨리기] 효과를 선택한다. 그리고 [전환] 탭–[타이밍] 그룹에서 [소리]는 [미풍], [기간]은 [02:00]로 설정하고 [모두 적용]을 클릭한다.

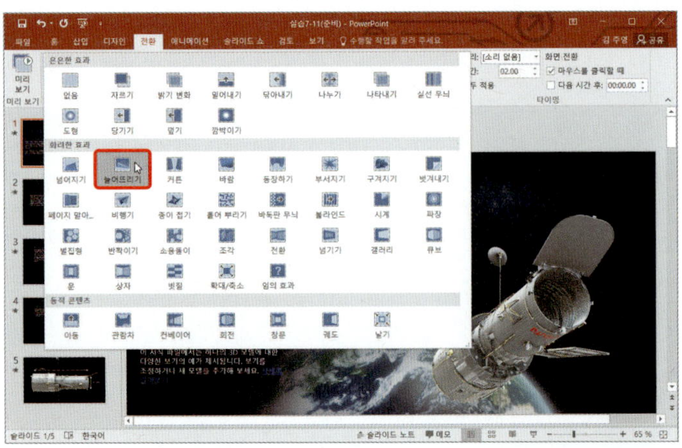

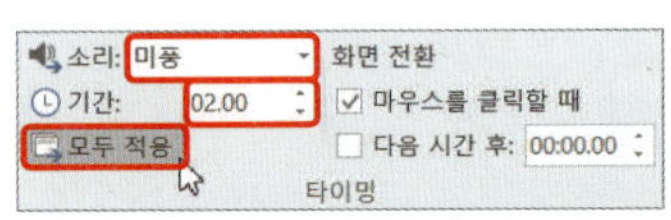

02 슬라이드 쇼 보기와 저장하기 [슬라이드 쇼] 탭–[슬라이드 쇼 시작] 그룹에서 [처음부터]를 클릭하고 슬라이드 쇼 보기에서 화면 전환 효과를 확인한다. 완성 파일은 '실습7–11(완성).pptx'로 저장한다.

4.2 애니메이션

애니메이션은 슬라이드 쇼를 실행할 때 각종 개체에 적용되는 동작 효과를 말한다. 슬라이드 개체에 애니메이션 효과를 설정하는 방법에 대해 알아본다.

4.2.1 애니메이션 도구 모음

애니메이션에 적용하는 여러 가지 설정은 [애니메이션] 탭에서 모두 이루어진다.

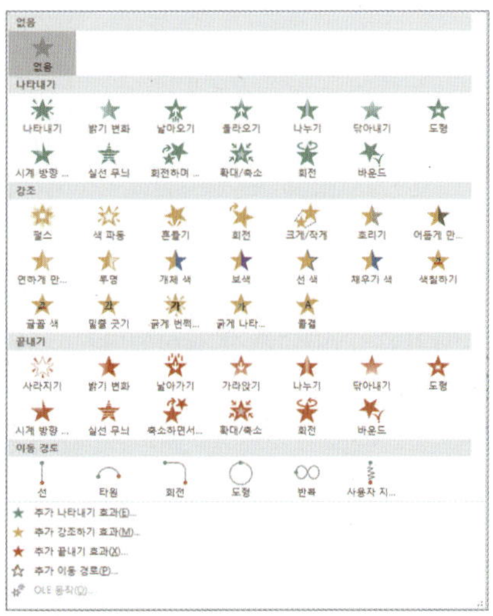

❶ **미리 보기** 선택한 애니메이션 효과를 미리 확인한다.

❷ **애니메이션** 개체에 적용할 애니메이션 효과를 클릭한다.

- **나타내기** 선택한 개체가 슬라이드 화면에 없다가 나타난다.
- **강조** 선택한 개체가 눈에 띄도록 강조된다.
- **끝내기** 선택한 개체가 슬라이드 화면에 있다가 사라진다.
- **이동 경로** 선택한 개체가 지정한 경로를 따라 이동한다.

❸ **애니메이션 추가** 선택한 개체에 애니메이션을 추가로 설정한다.

❹ **애니메이션 창** [애니메이션 창] 작업 창을 표시한다.

❺ **트리거** 어떤 개체에 적용된 애니메이션을 실행하기 위해 같은 슬라이드의 다른 개체를 지정하는 기능이다.

❻ **애니메이션 복사** 선택한 개체의 애니메이션을 복사한다.

❼ **타이밍** 애니메이션의 시작 방법, 재생 시간, 지연, 애니메이션 순서 변경 등을 설정한다.

4.2.2 애니메이션 작업 창

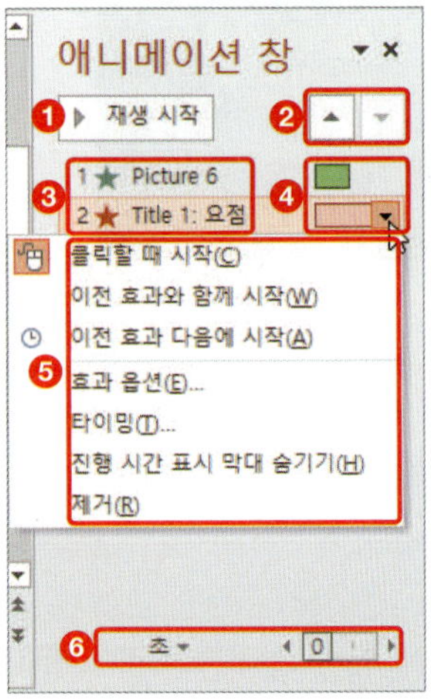

❶ **재생 시작** 애니메이션 효과를 슬라이드 창에서 확인한다.

❷ **순서 조정** 애니메이션의 재생 순서를 조정한다.

❸ **애니메이션 목록** 현재 슬라이드에 적용된 애니메이션 목록이다. 번호는 재생 순서이고, 별의 색상은 애니메이션 효과의 종류(초록: 나타내기, 빨강: 끝내기, 노랑: 강조, 선 종류: 이동 경로)를 의미한다.

❹ **재생 시간 표시 막대** 애니메이션 재생 시간을 도형 너비로 표시한다.

❺ **애니메이션 메뉴** 애니메이션 목록 중에서 하나를 선택하고 오른쪽에 있는 [▼ 메뉴 표시] 단추를 클릭하면 열리는 메뉴로, 애니메이션의 시작 시점, 세부 효과, 타이밍, 제거 등의 옵션을 설정할 수 있다.

❻ **재생 시간** 애니메이션의 재생 시간을 표시한다.

4.2.3 애니메이션 효과 적용하기

- **효과 선택하기**

먼저 개체를 선택한 후 [애니메이션] 탭–[애니메이션] 그룹에서 애니메이션 효과를 선택한다. [자세히] 단추를 클릭해 전체 목록을 나타내고 선택해도 된다. 애니메이션 효과가 적용되면 슬라이드 창에 애니메이션 순서 번호가 표시된다.

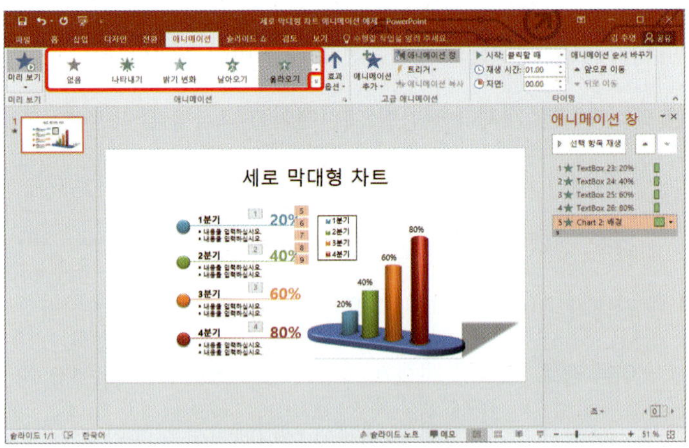

TIP 애니메이션 효과에 대한 세부 옵션은 [애니메이션] 그룹–[효과 옵션]에서 설정한다. [효과 옵션]의 구성은 대상 개체에 적용할 애니메이션 효과에 따라 달라진다.

여기서 잠깐 **애니메이션 창의 개체 이름 변경하기**

슬라이드에 여러 개체를 사용해 작업하다 보면 각 개체와 적용된 애니메이션 효과를 구별하기 어려울 수 있다. [애니메이션 창] 작업 창의 개체 이름으로 슬라이드의 개체를 구별하기 어렵다는 의미이다. 이 경우 [애니메이션 창] 작업 창에 나타나는 개체의 이름을 알아보기 쉽도록 설정하면 개체를 구분하기 수월해진다.

개체의 기본 이름을 변경하려면 [홈] 탭–[편집] 그룹–[선택]–[선택 창]을 선택해 [선택] 작업 창을 열고 기본 개체 이름을 더블클릭한 후 새 이름을 입력한다.

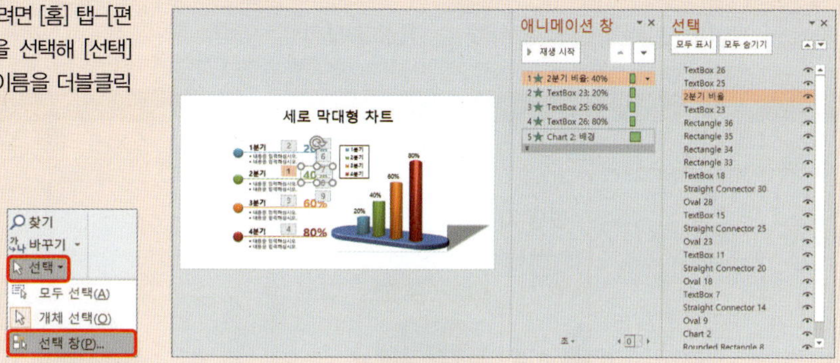

• 타이밍 설정하기

애니메이션의 시작 시점은 [애니메이션] 탭–[타이밍] 그룹–[시작] 목록에서 선택한다. [클릭할 때]를 선택하면 마우스를 클릭했을 때 애니메이션이 실행되고, [이전 효과와 함께] 또는 [이전 효과 다음에]를 선택하면 독립된 순서를 갖지 않고 이전 애니메이션과 연관되어 실행된다. 애니메이션의 진행 속도는 [재생 시간]에서 설정할 수 있다.

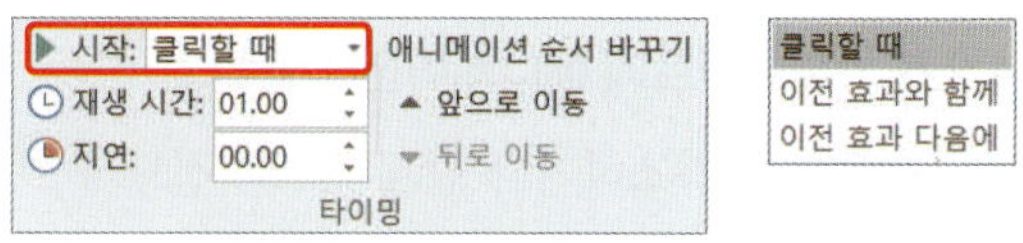

• 순서 조정 및 미리 보기

애니메이션 순서를 조정하려면 해당 개체를 선택하고 [애니메이션] 탭–[타이밍] 그룹–[애니메이션 순서 바꾸기]의 [앞으로 이동] 또는 [뒤로 이동]을 선택한다. 애니메이션 효과 적용이 완료되면 [미리 보기]를 클릭해 원하는 대로 적용되었는지 확인한다.

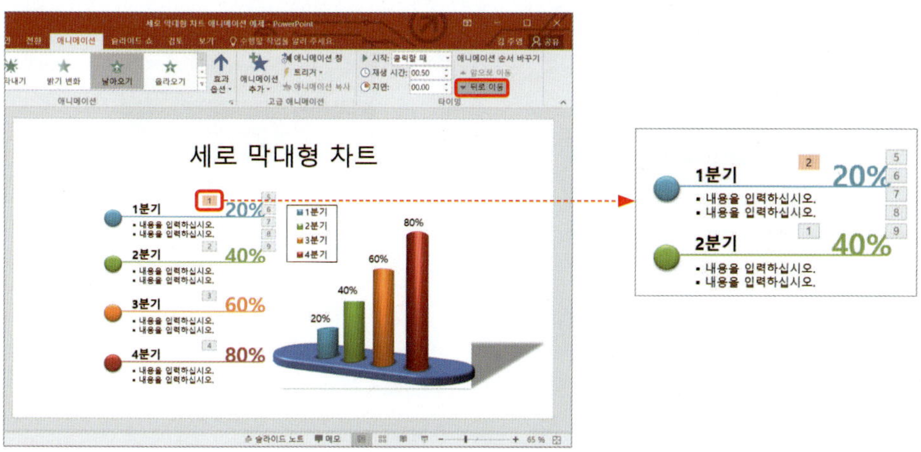

4.2.4 차트에 애니메이션 적용하기

차트 애니메이션은 하나의 개체 단위뿐만 아니라 항목 또는 계열 단위로 적용할 수 있다. 차트의 구성요소별로 애니메이션을 적용하려면 차트를 선택하고 [애니메이션] 탭–[애니메이션] 그룹–[▾ 자세히] 단추를 클릭한 후 차트의 형태와 방향에 따라 적합한 애니메이션 효과를 선택한다. [효과 옵션]을 클릭하면 차트의 계열별 또는 항목별로 실행 순서를 조정할 수 있다.

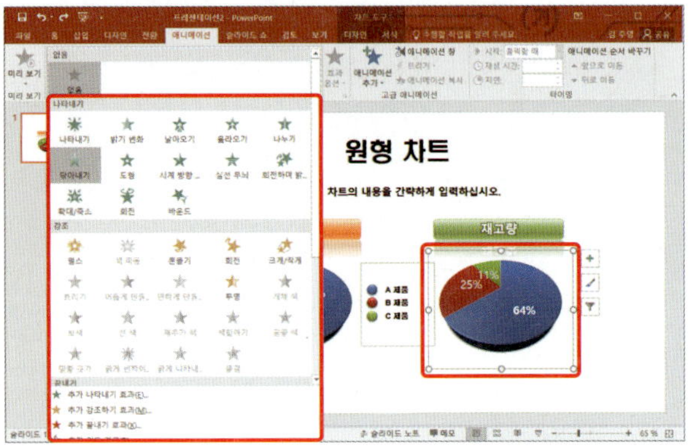

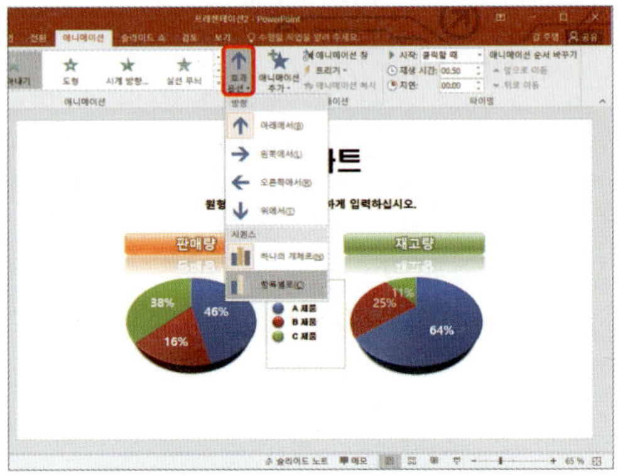

4.2.5 스마트아트에 애니메이션 적용하기

스마트아트를 강조하거나 단계적으로 정보를 표시하기 위해 하나의 개체 또는 도형별로 애니메이션을 적용할 수 있다. 예를 들어 도형을 화면 한쪽에서 빠르게 날아오게 하거나 천천히 나타나게 할 수 있다.

스마트아트에 애니메이션을 적용하려면 먼저 스마트아트를 선택하고 [애니메이션] 탭–[애니메이션] 그룹–[▾ 자세히] 단추를 클릭한 후 효과를 선택한다. 그리고 [효과 옵션]을 클릭하면 스마트아트 도형별 실행 순서를 조정할 수 있다.

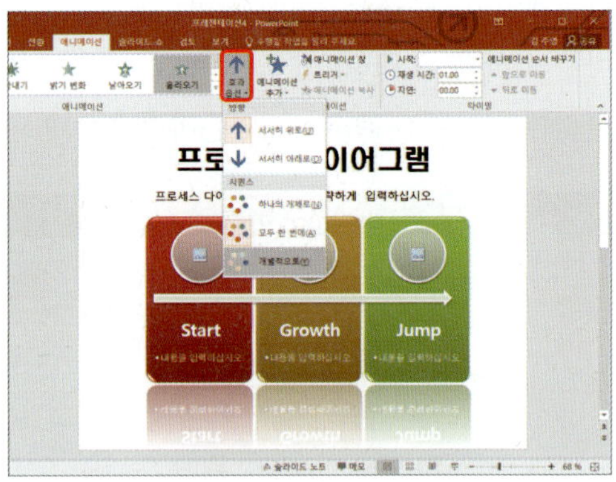

기본예제 7-12 슬라이드 개체에 애니메이션 효과 설정하기

애니메이션 효과를 이용해 슬라이드에 포함된 사진이 차례로 보이도록 설정해 보자.

01 워드아트에 애니메이션 효과 적용하기 '실습7-12(준비).pptx' 파일을 열고 슬라이드에 포함된 세 개의 개체를 확인한다. 워드아트와 펭귄 이미지가 있고, 펭귄 이미지 뒤에는 코알라 이미지가 있다. 워드아트를 선택하고 [애니메이션] 탭-[애니메이션] 그룹-[자세히] 단추를 클릭해 [추가 나타내기 효과]를 선택한다. [나타내기 효과 변경] 대화상자가 열리면 [화려한 효과]의 [떨어지기]를 선택한다.

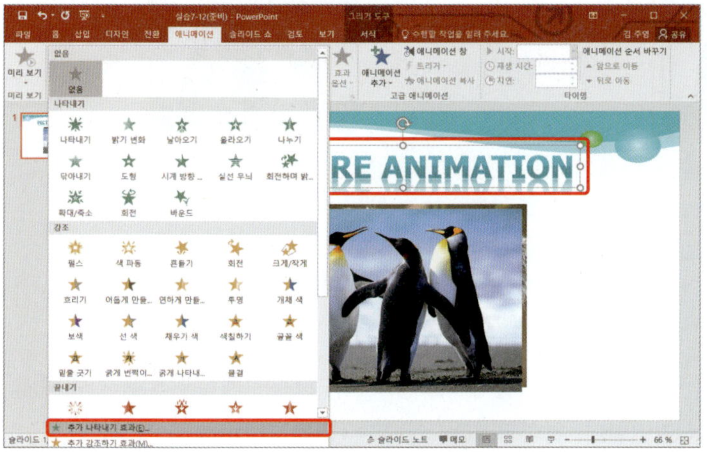

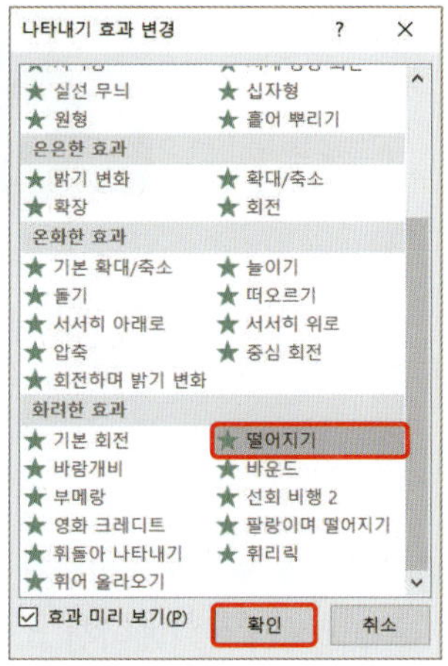

02 펭귄 이미지에 애니메이션 효과 적용하기 펭귄 이미지를 선택하고 [애니메이션] 탭-[애니메이션] 그룹에서 [나타내기]의 [날아오기]를 선택한다. 이어서 [고급 애니메이션] 그룹-[애니메이션 추가] 목록에서 [끝내기]의 [가라앉기]를 선택한다.

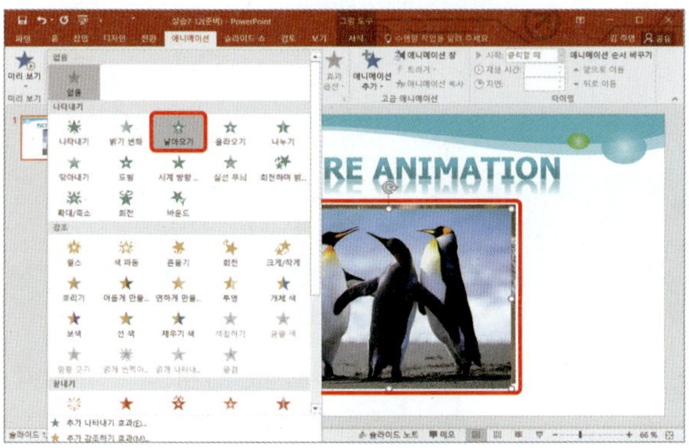

03 코알라 이미지에 애니메이션 효과 적용하기 코알라 이미지를 선택하고 [애니메이션] 탭–[애니메이션] 그룹에서 [나타내기]의 [밝기 변화]를 선택한 후 [타이밍] 그룹–[시작] 목록에서 [이전 효과와 함께]를 선택한다. 첫 번째 그림이 사라지면서 두 번째 그림이 나타난다.

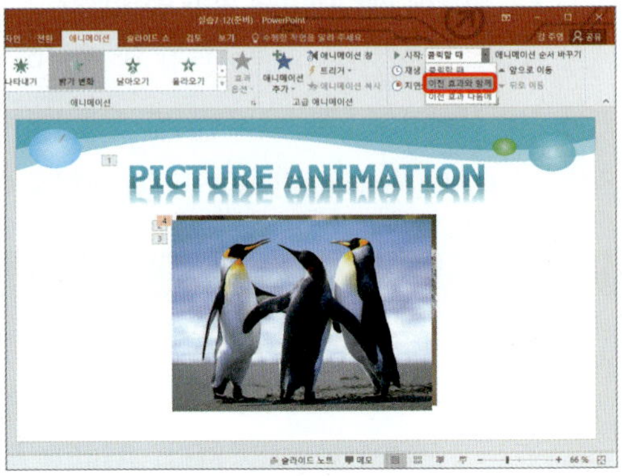

TIP 그림이 겹쳐 있어 뒤의 그림이 잘 선택되지 않는 경우 Tab을 누르면 순서대로 선택할 수 있다.

04 슬라이드 쇼 보기와 저장하기 [슬라이드 쇼] 탭–[슬라이드 쇼 시작] 그룹–[처음부터]를 클릭해 슬라이드 쇼 보기에서 애니메이션 효과를 확인한다. 완성 파일은 '실습7–12(완성).pptx'로 저장한다.

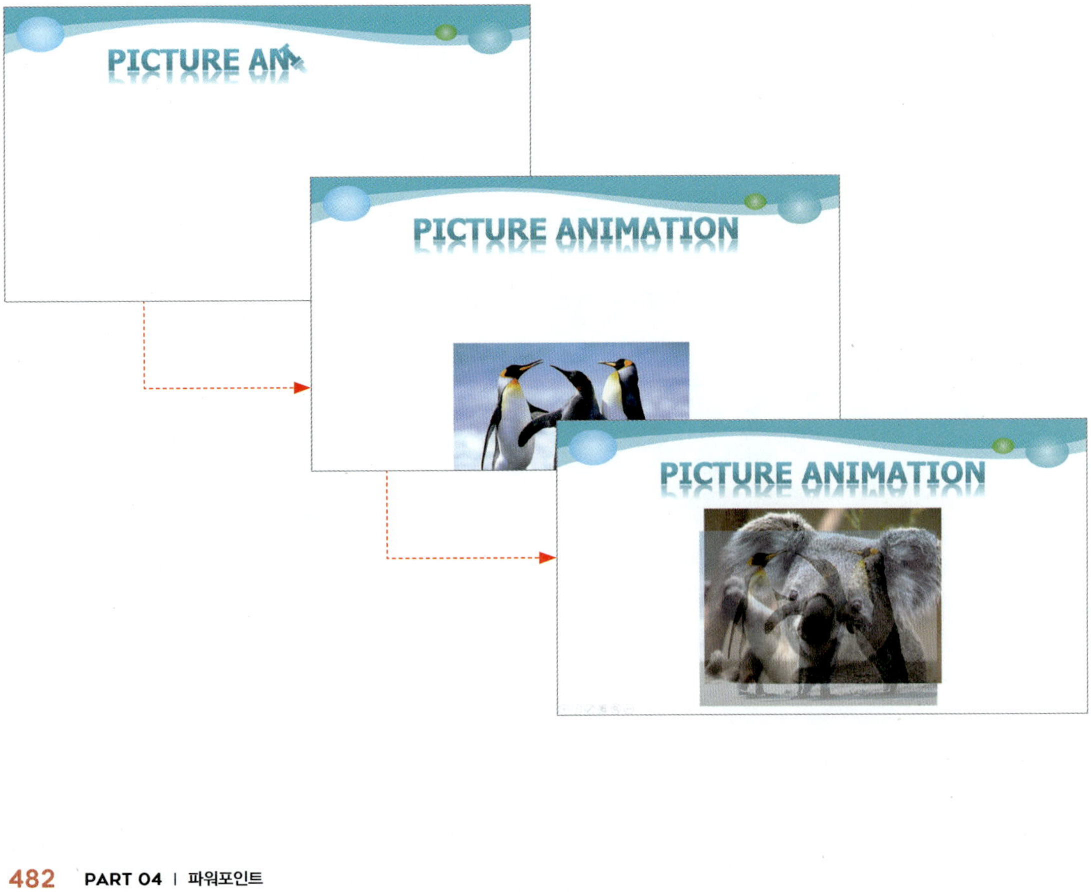

기본예제 7-13 원형 차트에 애니메이션 효과 설정하기

원형 차트의 항목별로 애니메이션 효과를 설정해 보자.

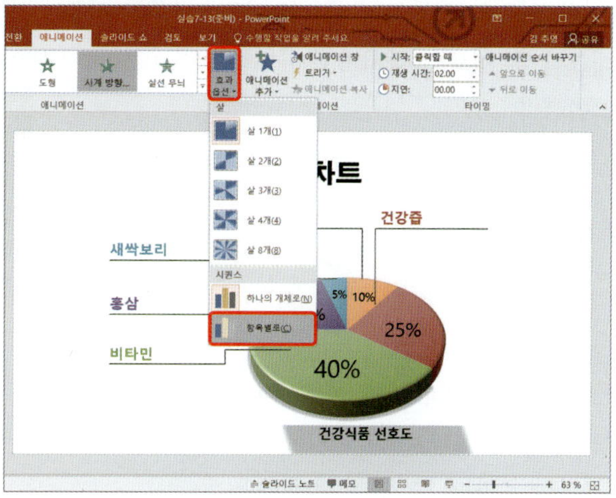

01 차트에 애니메이션 효과 적용하기 '실습7-13(준비).pptx' 파일을 열고 차트를 클릭한 후 [애니메이션] 탭–[애니메이션] 그룹에서 [나타내기]의 [시계 방향 회전]을 선택하고 [효과 옵션] 목록에서 [항목별로]를 선택한다.

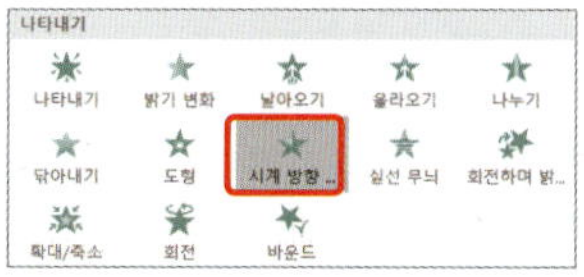

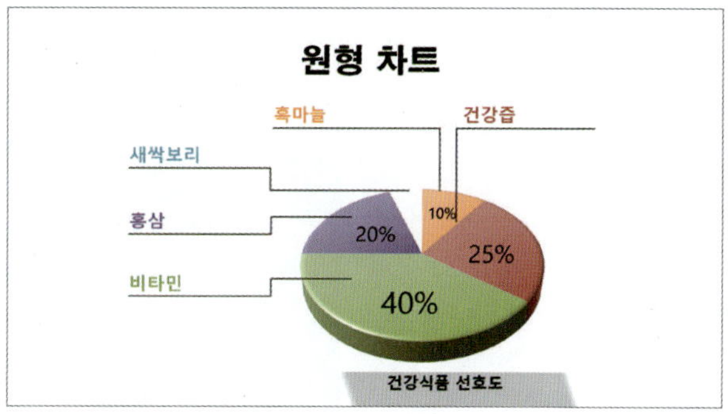

02 슬라이드 쇼 보기와 저장하기 [슬라이드 쇼] 탭–[슬라이드 쇼 시작] 그룹–[처음부터]를 클릭해 슬라이드 쇼 보기에서 차트 애니메이션 효과를 확인한다. 완성 파일은 '실습7-13(완성).pptx'로 저장한다.

기본예제 7-14 이동 경로 애니메이션 효과 설정하기

이동 경로 애니메이션을 이용해 사용자 지정 경로를 설정하고 연결된 효과로 도형 애니메이션을 진행해 보자.

01 차트에 애니메이션 효과 적용하기 '실습7-14(준비).pptx' 파일을 열고 야구공을 클릭한다. [애니메이션] 탭–[애니메이션] 그룹에서 [이동 경로]의 [사용자 지정 경로]를 선택한다.

02 사용자 지정 경로 그리기 투수에서 타자까지 원하는 형태의 선을 그리기 위해 야구공의 중심을 클릭한 채 임의의 이동 경로를 따라 드래그한 후 경로의 마지막에서 더블 클릭한다.

03 도형에 애니메이션 적용하기 '폭발 2(삼진아웃)' 도형을 선택하고 [애니메이션] 탭–[애니메이션] 그룹–[자세히] 단추를 클릭하고 [추가 나타내기 효과]를 선택한다. [나타내기 효과 변경] 대화상자에서 [은은한 효과]의 [확장]을 선택한다.

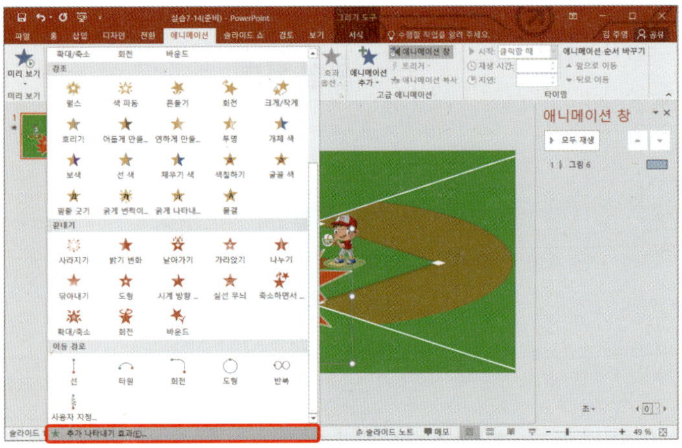

04 애니메이션 시작 옵션 설정하기 [애니메이션] 탭–[고급 애니메이션] 그룹–[애니메이션 창]을 클릭해 [애니메이션 창] 작업 창이 열리면 2번 애니메이션을 선택하고 [메뉴 표시] 단추를 클릭한 후 [이전 효과 다음에 시작]을 선택한다.

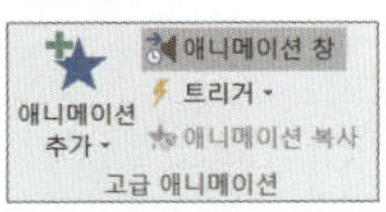

05 애니메이션 추가 설정하기 [애니메이션 창] 작업 창에서 2번 애니메이션을 선택하고 [애니메이션] 탭–[고급 애니메이션] 그룹–[애니메이션 추가] 목록에서 [강조]의 [흔들기]를 선택한다. 2번 애니메이션을 다시 선택하고 [▾ 메뉴 표시] 단추를 클릭한 후 [이전 효과 다음에 시작]을 선택한다.

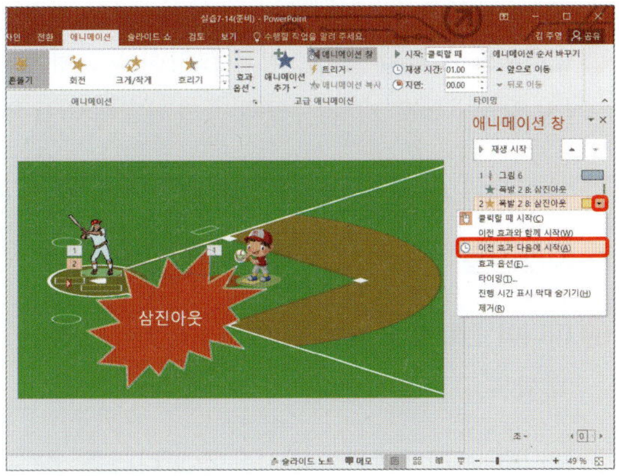

06 슬라이드 쇼 보기와 저장하기 [슬라이드 쇼] 탭–[슬라이드 쇼 시작] 그룹–[처음부터]를 클릭해 슬라이드 쇼 보기에서 애니메이션 효과를 확인한다. 완성 파일은 '실습7–14(완성).pptx'로 저장한다.

4.3 슬라이드 쇼

프레젠테이션은 청중 앞에서 발표함으로써 완성된다. 슬라이드 쇼는 화면 전환 효과와 애니메이션 효과 등을 실행하면서 슬라이드를 보여주는 기능이다. 프레젠테이션을 원활하게 진행하려면 슬라이드 쇼 도구를 적절히 활용할 수 있어야 한다. 슬라이드 쇼 설정, 쇼 재구성, 쇼 보기 방법에 대해 알아본다.

4.3.1 슬라이드 쇼 도구

[슬라이드 쇼] 탭에는 슬라이드 쇼를 실행할 때 필요한 도구와 연습에 유용한 도구, 발표 환경에 알맞게 쇼를 설정하거나 재구성하는 도구들이 있다.

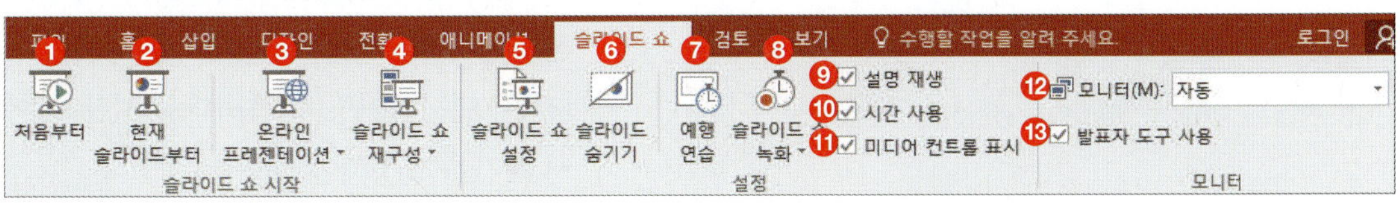

❶ **처음부터** 프레젠테이션의 처음부터 슬라이드 쇼를 실행한다.

❷ **현재 슬라이드부터** 현재 커서가 있는 슬라이드부터 슬라이드 쇼를 실행한다.

❸ **온라인 프레젠테이션** 다른 사람이 볼 수 있도록 온라인에 프레젠테이션을 공개한다.

❹ **슬라이드 쇼 재구성** 필요한 슬라이드만 모아 프레젠테이션을 재구성한다.

❺ **슬라이드 쇼 설정** 슬라이드 쇼의 세부 옵션을 설정할 수 있다.

❻ **슬라이드 숨기기** 프레젠테이션 중에 현재 슬라이드를 표시하지 않도록 숨긴다.

❼ **예행 연습** 실제 프레젠테이션을 할 때처럼 연습하면서 각 슬라이드에 소요된 시간을 파악할 수 있다.

❽ **슬라이드 쇼 녹화** 설명, 잉크 레이저 포인터 동작, 슬라이드와 애니메이션 시간 등을 녹화할 수 있다. [처음부터 녹음 시작], [현재 슬라이드에서 녹음 시작] 중에서 선택할 수 있다.

❾ **설명 재생** 슬라이드 쇼를 하는 동안 오디오 설명과 레이저 포인터 동작을 재생한다.

❿ **시간 사용** 슬라이드 쇼를 하는 동안 슬라이드 및 애니메이션 시간을 재생한다.

⓫ **미디어 컨트롤 표시** 슬라이드 쇼를 하는 동안 오디오, 비디오 클립 위로 마우스 포인터를 이동하면 재생 도구를 표시한다.

⓬ **모니터** 프레젠테이션에 사용할 모니터를 선택한다.

⓭ **발표자 도구 사용** 모니터가 두 대 이상 연결된 경우 청중에게는 슬라이드 쇼 화면을 보여주고, 발표자 모니터는 발표자 도구 화면을 표시한다.

슬라이드 쇼의 세부 옵션은 [슬라이드 쇼] 탭–[설정] 그룹–[슬라이드 쇼 설정]을 클릭하면 열리는 [쇼 설정] 대화상자에서 설정할 수 있다.

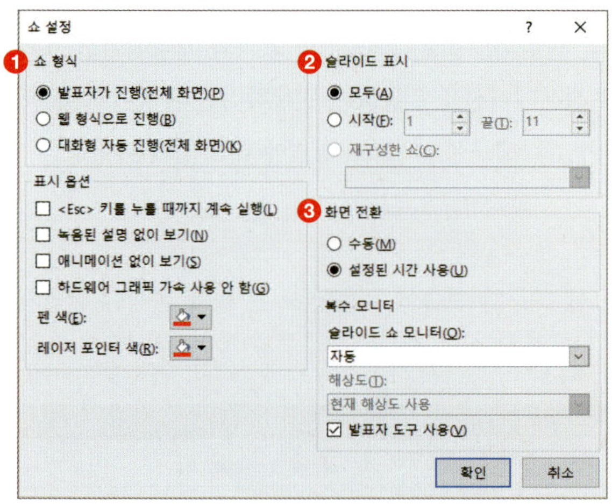

❶ **쇼 형식** 슬라이드 쇼 형식을 선택한다.

- **발표자가 진행(전체 화면)** 가장 일반적인 형식으로, 발표자에게 슬라이드 쇼의 전체적인 진행을 맡기는 형식이다.
- **웹 형식으로 진행** 슬라이드 쇼를 읽기용 보기로 진행한다.
- **대화형 자동 진행(전체 화면)** 전시회 등에서 진행자 없이 자동으로 진행하는 형식이다. [전환] 탭–[타이밍] 그룹–[다음 시간 후]에서 시간을 설정해야 사용할 수 있다.

❷ **슬라이드 표시** 슬라이드 쇼를 실행 범위를 지정한다.

- **모두** 모든 슬라이드를 슬라이드 쇼로 실행한다.
- **시작/끝** 지정한 범위 내의 슬라이드만 슬라이드 쇼로 실행한다.
- **재구성한 쇼** 재구성한 쇼에 있는 슬라이드만 보여준다.

❸ **화면 전환** 슬라이드 쇼의 화면 전환 방식을 선택한다.

- **수동** 진행자가 화면 전환을 한다.
- **설정된 시간 사용** 설정한 시간이 지나면 자동으로 화면 전환이 된다.

4.3.2 쇼 보기

슬라이드 쇼 보기를 하려면 [슬라이드 쇼] 탭–[슬라이드 쇼 시작] 그룹–[처음부터] 또는 [현재 슬라이드부터]를 클릭한다. 슬라이드 쇼 보기를 중간에 마치려면 Esc를 누르거나 화면 왼쪽 아래에 있는 컨트롤 막대에서 [더 보기] 단추를 클릭하고 [쇼 마침]을 선택한다.

> **TIP** [처음부터]의 단축키는 F5이고, [현재 슬라이드부터]의 단축키는 Shift+F5이다. 작업 표시줄에서 [슬라이드 쇼] 단추를 클릭해도 현재 슬라이드부터 쇼가 진행된다.

슬라이드 쇼를 진행하면서 사용할 수 있는 도구는 슬라이스 쇼 화면 왼쪽 아래에 있는 컨트롤 막대에서 선택할 수 있다.

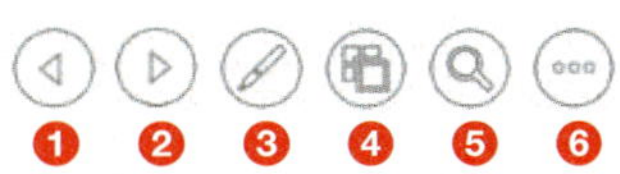

❶ **다음 슬라이드로 이동**

❷ **이전 슬라이드로 이동**

❸ **레이저 포인터/펜/형광펜** 슬라이드 쇼 보기 상태에서 강조하고 싶은 내용이 있는 경우에 레이저 포인터, 펜, 형광펜 등을 사용한다.

> **TIP** 레이저 포인터는 Ctrl을 누른 채로 드래그하거나 Ctrl+L을 눌러도 나타난다. 펜의 단축키는 Ctrl+P, 형광펜의 단축키는 Ctrl+I이다. 다시 화살표로 돌아오려면 해당 단축키를 한 번 더 누른다.

❹ **모든 슬라이드 보기**

❺ **슬라이드 일부 영역 확대하기**

❻ **더 보기** 발표자 도구를 표시하고, 화면/표시 설정/화살표 옵션을 설정하며, 도움말을 보거나 쇼를 마치는 메뉴가 표시된다.

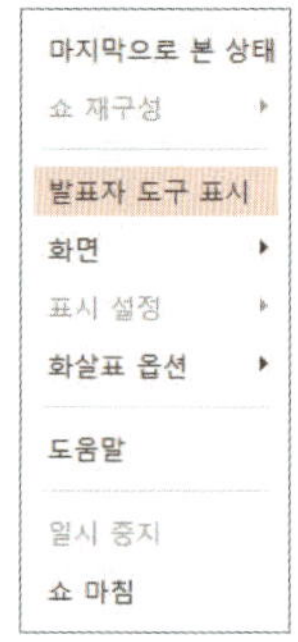

여기서 잠깐 **발표자 도구 사용하기**

모니터가 두 대 이상 연결된 경우 청중에게는 슬라이드 쇼 화면을 보여주고, 발표자 모니터에는 발표자 도구 화면을 표시할 수 있다. 발표자 도구를 사용하려면 [슬라이드 쇼] 탭–[모니터] 그룹–[발표자 도구 사용]을 선택한 후 슬라이드 쇼를 실행한다. 슬라이드 쇼를 진행하는 도중에 발표자 도구에서 선택해도 된다. 발표자 도구 화면에서는 다음 슬라이드의 정보와 슬라이드 노트에 입력된 내용 등을 볼 수 있어 매우 유용하다.

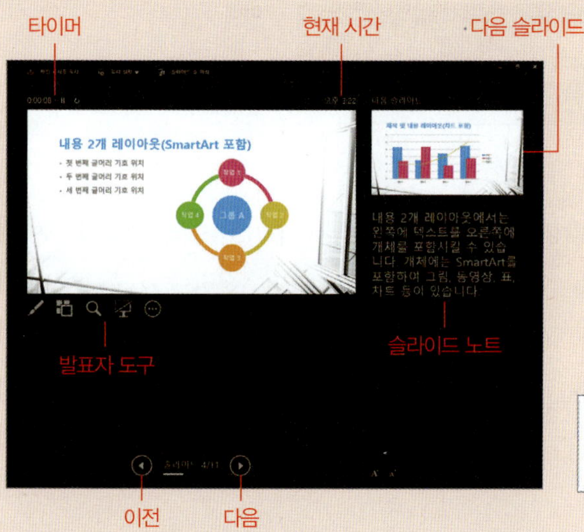

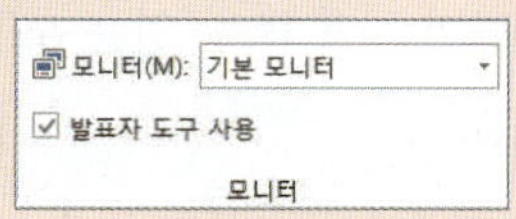

4.3.3 쇼 재구성하기

슬라이드 쇼를 진행할 때 쇼 재구성을 하면 핵심이 되는 슬라이드만 선택해 보여줄 수 있다. 슬라이드 쇼 재구성을 하려면 [슬라이드 쇼] 탭–[슬라이드 쇼 시작] 그룹–[슬라이드 쇼 재구성]–[쇼 재구성]을 선택한다. [쇼 재구성] 대화상자에서 [새로 만들기]를 클릭하면 [쇼 재구성하기] 대화상자가 열리고 전체 슬라이드 제목들이 나열된다. 그중에서 새로 구성할 슬라이드 제목을 선택하고 [추가]를 클릭해 재구성 목록에 추가한다.

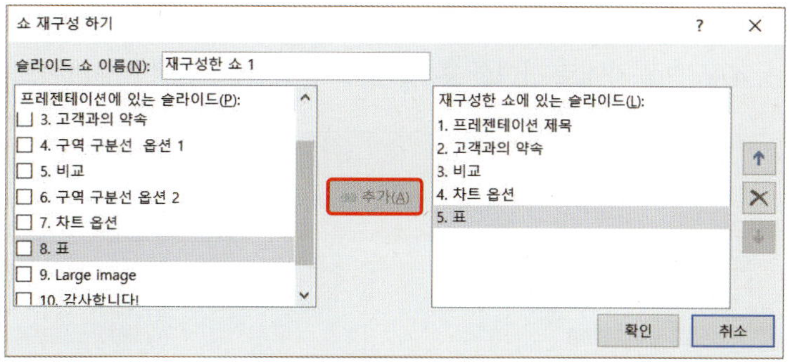

재구성한 쇼를 확인하려면 [쇼 재구성] 대화상자에서 [쇼 보기]를 클릭한다. 또는 [슬라이드 쇼] 탭–[설정] 그룹–[슬라이드 쇼 설정]을 클릭하고 [쇼 설정] 대화상자에서 [재구성한 쇼]를 선택한 후 슬라이드 쇼를 실행한다.

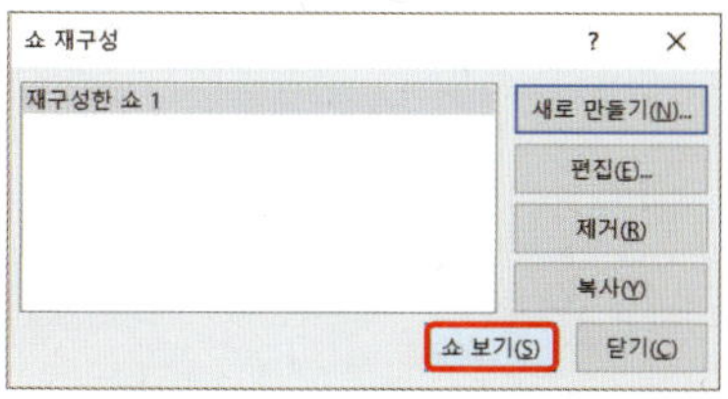

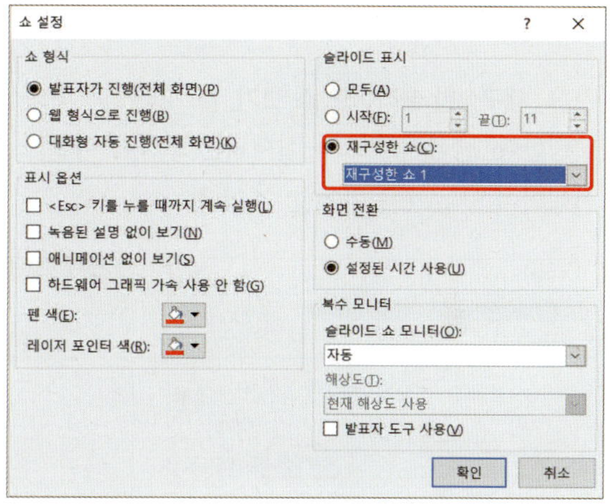

기본예제 7-15 재구성한 슬라이드 쇼 실행하기

슬라이드 쇼 재구성을 해 보고, 재구성한 슬라이드 쇼를 실행해 보자.

01 슬라이스 쇼 재구성 선택하기 '실습7-15(준비).pptx' 파일을 열고 [슬라이드 쇼] 탭–[슬라이드 쇼 시작] 그룹–[슬라이드 쇼 재구성]–[쇼 재구성]을 선택한 후 [쇼 재구성] 대화상자에서 [새로 만들기]를 클릭한다.

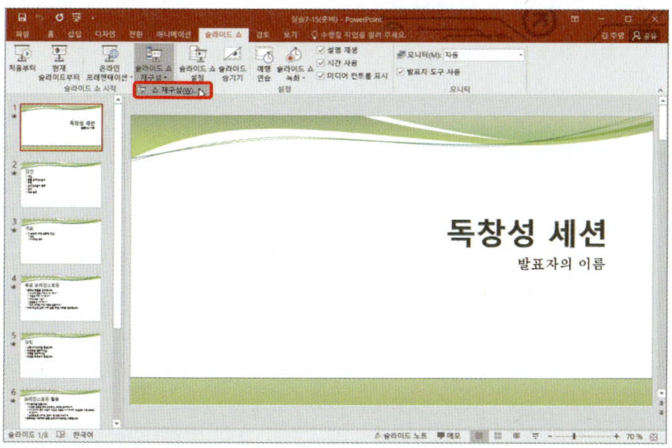

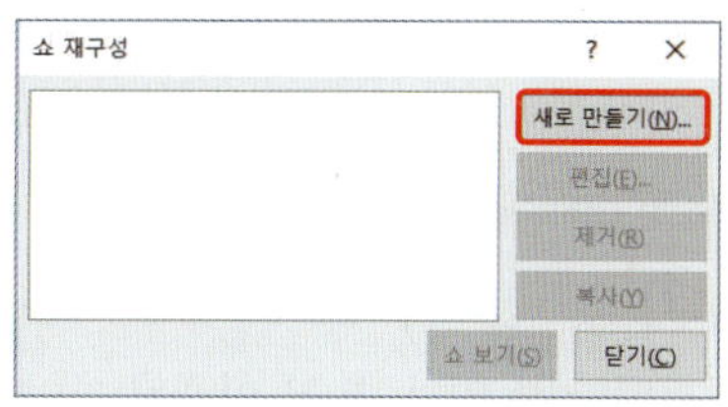

02 쇼 재구성하기 [쇼 재구성하기] 대화상자에서 [슬라이드 쇼 이름]에 *요약*을 입력하고 슬라이드 1, 3, 4, 6, 7을 차례로 선택한 후 [추가]를 클릭한다. 선택한 슬라이드가 추가되었으면 [확인]을 클릭한다.

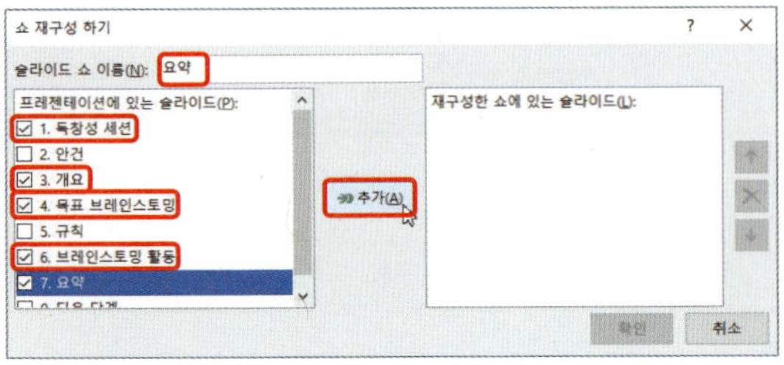

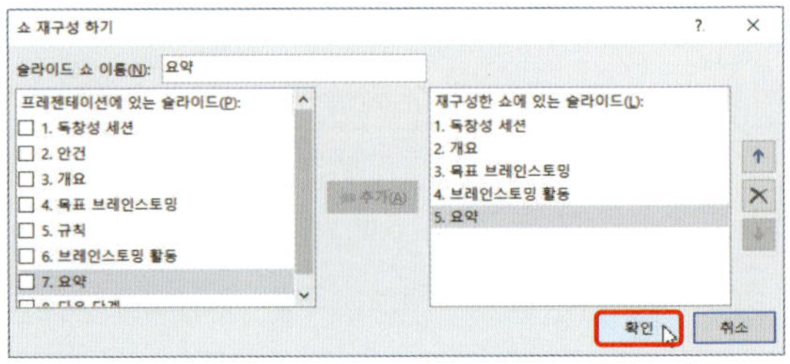

03 재구성한 슬라이드 쇼 보기 [쇼 재구성] 대화상자에서 [쇼 보기]를 클릭해 재구성한 슬라이드 쇼를 실행한다. 슬라이드 쇼가 실행되는 도중에 마우스 오른쪽 단추를 클릭해 보면 [재구성한 쇼]에 '요약'이 선택되어 있는 것을 확인할 수 있다.

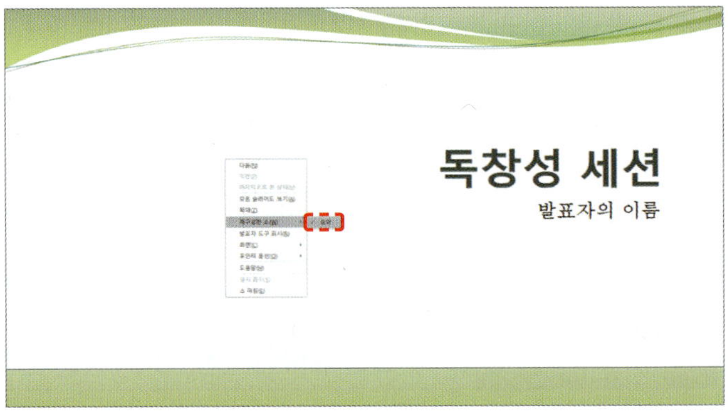

4.4 슬라이드 인쇄

청중에게 보조 자료로 프레젠테이션을 인쇄해 배포하는 경우가 있다. 이때 슬라이드를 그대로 인쇄해도 되지만 필요한 슬라이드만 골라 인쇄하거나 여러 슬라이드를 한 페이지에 인쇄할 수 있고, 프린터에 맞게 색상을 조절할 수도 있다. 여러 가지 인쇄 옵션에 대해 알아본다.

4.4.1 인쇄 설정

[파일] 탭–[인쇄]를 선택하면 열리는 [인쇄] 백스테이지 화면에서 인쇄 부수, 범위, 모양, 순서, 색상 등을 선택할 수 있다. 또한 인쇄될 모양을 미리 보기를 통해 확인할 수 있다.

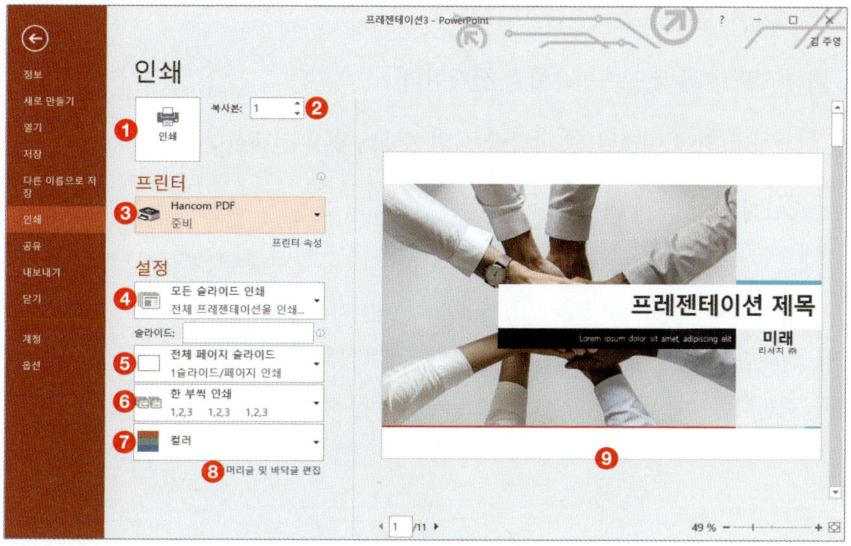

❶ **인쇄** 선택한 프레젠테이션 문서를 인쇄한다.

❷ **인쇄 부수** 문서의 인쇄 부수를 선택한다.

❸ **프린터 설정** 문서를 인쇄할 프린터를 선택한다.

❹ **인쇄 범위 선택** 인쇄할 슬라이드 범위 및 재구성한 쇼를 설정한다.

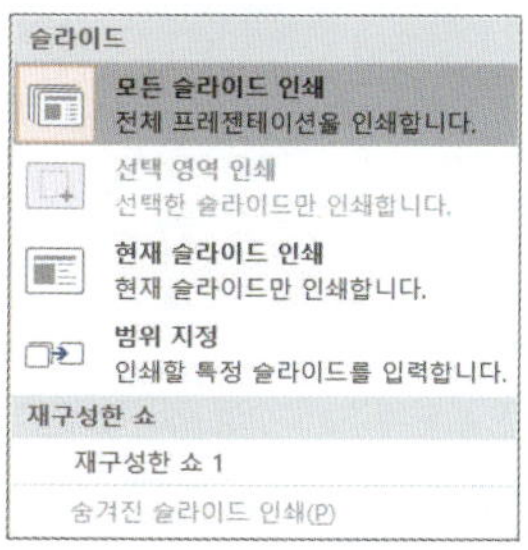

❺ **인쇄 모양 선택** 전체 페이지 슬라이드(기본값), 슬라이드 노트, 개요 등의 인쇄 모양과 청중에게 배포할 유인물의 인쇄 모양을 설정한다.

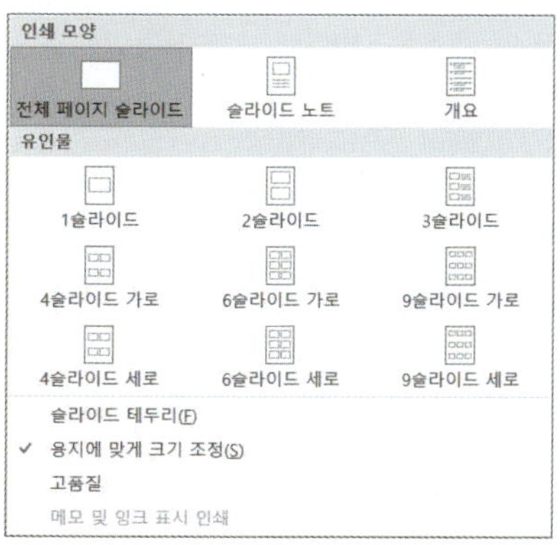

❻ **인쇄 순서 선택** 한부씩 인쇄할지 여부를 선택한다.

❼ **인쇄 색상 선택** 컬러, 회색조 또는 흑백으로 인쇄할지 선택한다.

❽ **머리글 및 바닥글 편집** 인쇄하기 전에 머리글 및 바닥글을 편집하는 경우 선택한다.

❾ **미리 보기** 선택한 인쇄 옵션에 따라 인쇄 미리보기를 확인할 수 있다.

4.4.2 유인물 인쇄하기

청중에게 배포할 유인물을 인쇄할 때는 인쇄 모양, 인쇄 방향, 인쇄 색상 등의 옵션을 설정하고 인쇄 매수를 설정한 후 [인쇄]를 클릭한다. 이때 페이지당 슬라이드 개수가 두 개인 경우는 인쇄 방향을 [세로]로, 네 개인 경우는 [가로]로 설정해 공간을 짜임새 있게 사용한다.

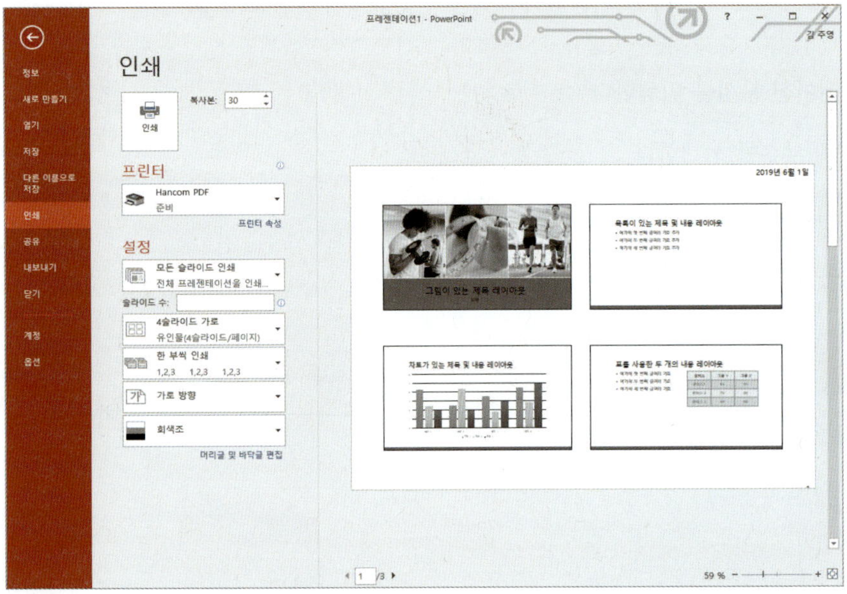

TIP 인쇄 색상은 [흑백]보다는 [회색조]로 설정해야 농도가 자연스럽게 표현된다.

SECTION 05

MOS 자격시험 대비하기

MOS(Microsoft Office Specialist) 자격시험은 Microsoft가 인증하는 국제인증 자격시험이다. 현재 170여 개국, 9500여 개 시험센터에서 시행되는 MOS는 오피스 프로그램과 윈도우 운영체제에 대한 활용능력을 평가하기 위해 Word, Excel, PowerPoint, Access, Outlook의 2010, 2013, 2016 버전에 대한 실기 시험으로 시행된다. 자격증 레벨은 CORE(일반), EXPERT(상급), MASTER 등으로 구분된다. 현재 우리나라에서 MOS 자격증은 기업체의 신입사원 선발, 인사고과, 승·진급 등에 활용되고 대학 졸업인증에도 쓰이고 있다.

5.1 MOS 모의 문제 1

5.1.1 문제

'모의7-1(준비).pptx' 파일을 열고 다음의 지시 사항에 따라 완성하시오.

01 슬라이드 1

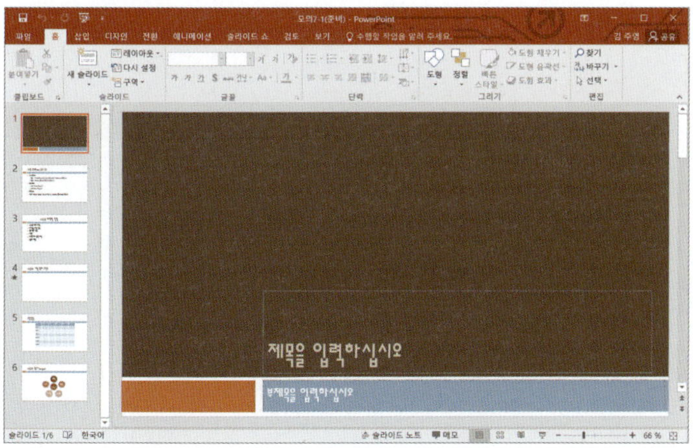

❶ 레이아웃을 [캡션 있는 콘텐츠]로 변경하시오.

❷ 오른쪽 개체 틀에 '컴퓨터' 관련 온라인 그림을 삽입하시오.

02 슬라이드 2

❶ 첫 번째 수준 글머리 기호(□)를 화살표 글머리 기호(➢)로 모두 변경하시오.

❷ 제목을 [채우기 – 담청색, 강조 1, 그림자] 형식의 워드아트로 수정하시오.

❸ 마지막 글머리 기호 텍스트를 두 번째 수준으로 내리시오.

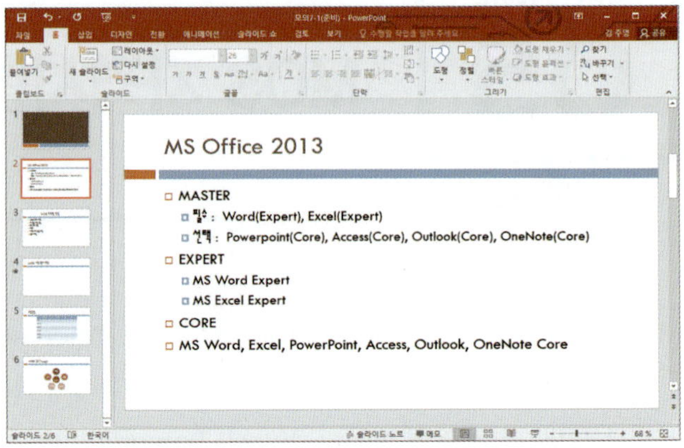

03 슬라이드 3

❶ 메모를 편집하여 메모 첫머리에 텍스트(상담자)를 추가하시오.

❷ 글머리 기호를 [1), 2), 3) …] 서식의 번호로 설정하시오.

❸ 제목 텍스트 중에서 'MOS'에 하이퍼링크(www.ybmit.com)를 설정하시오.

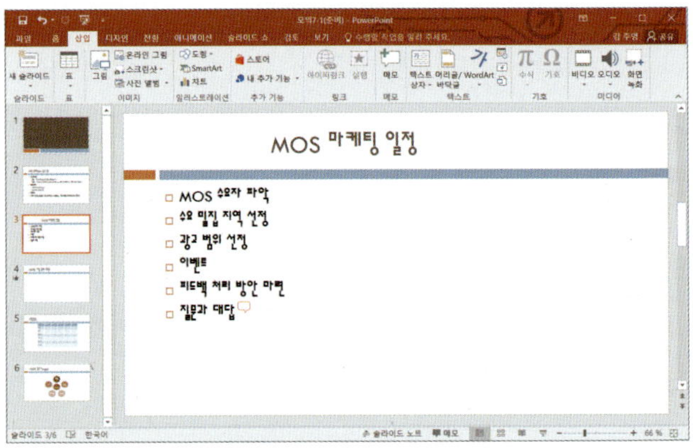

04 슬라이드 4

❶ [조직도형] 스마트아트를 추가하시오.

❷ 자동 화면 전환 시간을 3초로 설정하시오.

❸ 제목 글꼴 서식을 [HY헤드라인M], [48pt]로 지정하시오.

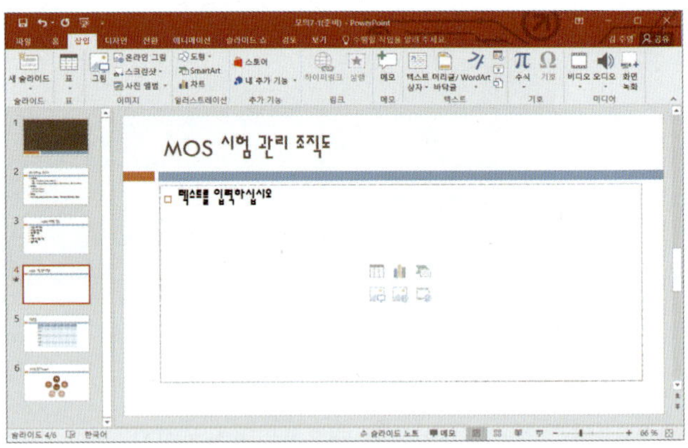

05 슬라이드 5

❶ 제목 영역에 너비 4cm, 높이 2.5cm의 '설명선3' 도형을 삽입하시오.

❷ 표에 [어두운 스타일 1 – 강조 2] 형식을 적용하시오.

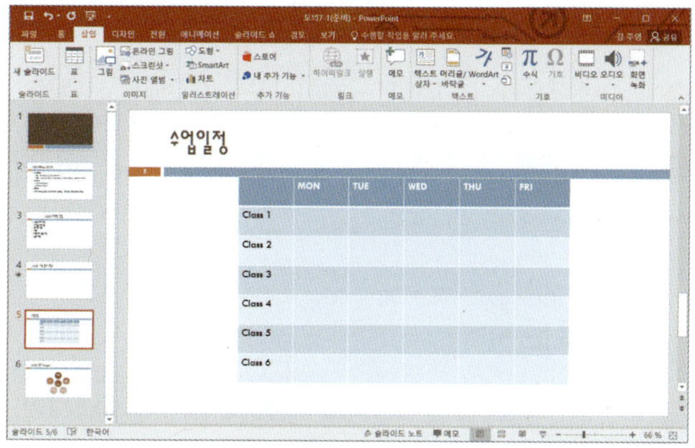

06 슬라이드 6

❶ 스마트아트 그래픽 종류를 [방사 주기형]으로 수정하시오.

❷ 스마트아트 그래픽 애니메이션 효과를 [확대/축소]로 설정하시오.

❸ 그라데이션 미리 설정의 [밝은 그라데이션 – 강조 3], 방향은 [선형 아래쪽]이 적용된 텍스트 상자를 스마트아트 오른쪽에 추가하고, *YBM IT*라고 입력하시오(나머지는 기본 설정을 적용하시오).

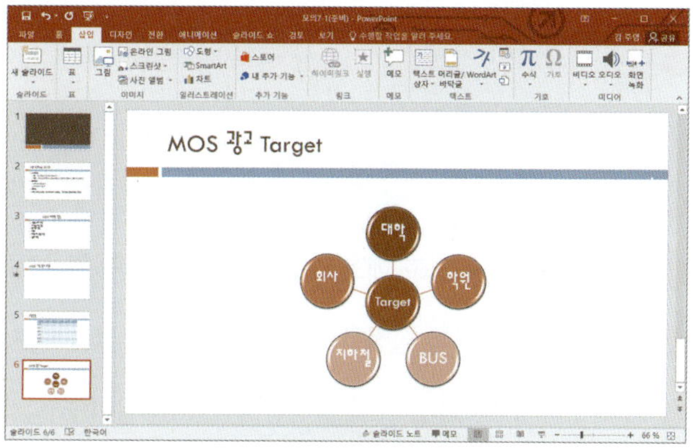

❹ 스마트아트 안에 있는 모든 텍스트를 90도 회전시키시오.

07 슬라이드 전체, 슬라이드 7

❶ 모든 슬라이드에 바닥글로 *한빛미디어*와 슬라이드 번호를 추가하시오.

❷ 슬라이드 6 다음에 새 슬라이드를 추가하시오. 그리고 기본 설정으로 차트를 추가하고 데이터 시트를 닫으시오.

❸ 새로 추가된 슬라이드의 차트 종류를 [묶은 가로 막대형]으로 변경하시오. 그리고 차트 제목을 없애고, 범례를 오른쪽에 표시하시오.

5.1.2 문제 풀이

01 슬라이드 1

❶ [홈] 탭–[슬라이드] 그룹–[레이아웃] 목록에서 선택해 변경한다.

❷ 콘텐츠 개체 틀 중앙의 [온라인 그림] 아이콘을 클릭하고 검색어로 *컴퓨터*를 입력해 온라인 그림을 삽입한다.

02 슬라이드 2

❶ [홈] 탭–[단락] 그룹–[글머리 기호] 목록에서 선택해 변경한다.

❷ 제목 개체 틀을 선택한 후 [그리기 도구]–[서식] 탭–[WordArt 스타일] 그룹–[WordArt 빠른 스타일]에서 선택해 변경한다.

❸ 마지막 글머리 기호의 텍스트를 블록 설정하거나 맨 앞에 커서를 두고 Tab을 누른다.

03 슬라이드 3

❶ 메모 표시를 클릭하고 메모 작업 창에서 내용을 추가한다.

❷ 해당 텍스트를 블록 설정한 후 [홈] 탭–[단락] 그룹–[번호 매기기] 목록에서 선택해 변경한다.

❸ 제목 영역의 'MOS'를 블록 설정한 후 [삽입] 탭–[링크] 그룹–[하이퍼링크]를 클릭해 주소를 입력한다.

04 슬라이드 4

❶ 콘텐츠 개체 틀 중앙의 [SmartArt 그래픽 삽입] 단추를 클릭하고 [조직도형]을 선택한다.

❷ [전환] 탭–[타이밍] 그룹에서 [마우스를 클릭할 때]를 선택 해제하고 [다음 시간 후] 항목을 [00:03.00]으로 설정한다.

❸ 제목 영역을 블록 설정한 후 [홈] 탭–[글꼴] 그룹에서 변경한다.

05 슬라이드 5

❶ [삽입] 탭–[일러스트레이션] 그룹–[도형]을 클릭한 후 '설명선3'을 선택하고 드래그하여 그린다. [그리기 도구]–[서식] 탭–[크기] 그룹에서 너비와 높이를 설정한다.

❷ 표를 선택한 후 [표 도구]–[디자인] 탭–[표 스타일] 그룹에서 선택한다.

06 슬라이드 6

❶ 스마트아트를 선택한 후 [SmartArt 도구]-[디자인] 탭-[레이아웃] 그룹에서 변경한다.

❷ 스마트아트를 선택한 후 [애니메이션] 탭-[애니메이션] 그룹에서 변경한다.

❸ [삽입] 탭-[텍스트] 그룹-[텍스트 상자]-[가로 텍스트 상자]를 클릭하여 텍스트를 입력한 후 도형 서식을 변경한다.

❹ 스마트아트 개체의 둥근 도형을 선택한 후 [홈] 탭-[단락] 그룹-[텍스트 방향]-[모든 텍스트 90도 회전]을 선택한다.

07 슬라이드 전체, 슬라이드 7

❶ [삽입] 탭-[텍스트] 그룹-[머리글/바닥글]을 클릭해 [머리글/바닥글] 대화상자를 열고 바닥글과 슬라이드 번호를 삽입한다.

❷ [홈] 탭-[슬라이드] 그룹-[새 슬라이드]를 클릭한 후 [삽입] 탭-[일러스트레이션] 그룹-[차트]를 클릭해 [세로 막대형] 차트를 삽입한다.

❸ 차트를 선택한 후 [차트 도구]-[디자인] 탭-[종류] 그룹-[차트 종류 변경]을 클릭하고 [묶은 가로 막대형]을 선택한다. 그리고 [차트 도구]-[디자인] 탭-[차트 레이아웃] 그룹-[차트 요소 추가]에서 차트 제목과 범례를 설정한다.

5.2 MOS 모의 문제 2

5.2.1 문제

'모의7-2(준비).pptx' 파일을 열고 다음의 지시 사항에 따라 완성하시오.

01 슬라이드 1

❶ 제목 영역 서식을 [48포인트], [HY 견고딕] 글꼴로 지정하시오.

❷ 왼쪽 위 회사 로고 위치에 타원을 삽입하고 배경 로고와 유사하게 회전시키시오.

❸ 도형을 선택하고 도형의 투명도를 30%, 윤곽선 색을 [진한파랑, 배경2]로 변경하시오.

02 슬라이드 2

❶ 글머리 기호를 [1. 2. 3. …] 서식의 번호로 설정하시오.

❷ 내용 텍스트 중에서 '두산 베어스'에 하이퍼링크(www.doosanbears.com)를 설정하시오.

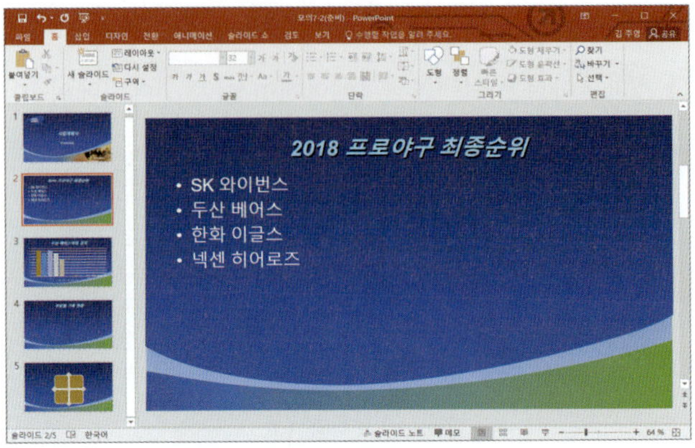

03 슬라이드 3

❶ 차트의 행/열을 전환하시오.

❷ '승' 계열을 보조 축으로 표현하시오.

❸ '승' 계열을 [표식이 있는 꺾은선형] 차트로 변환하시오.

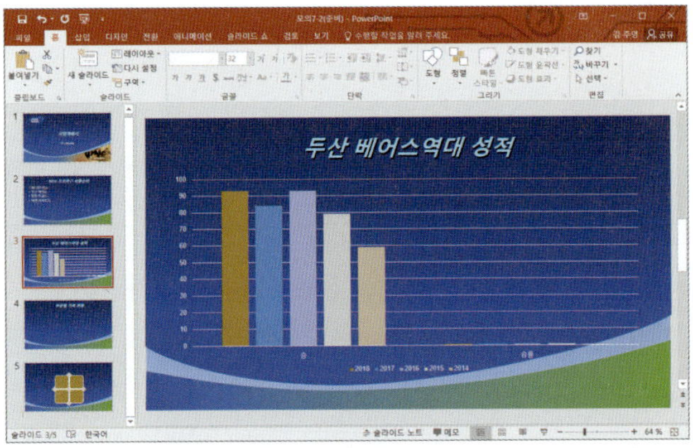

04 슬라이드 4

❶ 7×6 크기의 표를 추가하시오.

❷ 표에 [보통 스타일1 – 강조 2] 형식을 적용하시오.

❸ 제목을 [채우기 – 연한 파랑, 강조 3, 선명한 입체] 형식의 워드아트로 수정하시오.

❹ 표 하단에 너비 11cm, 높이 2cm의 사각형을 삽입하시오.

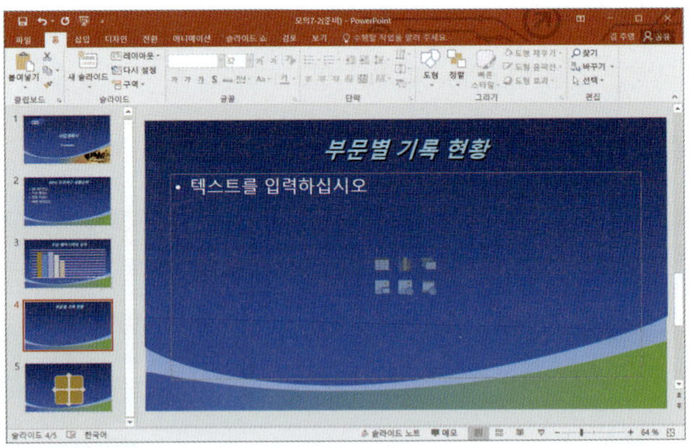

❺ 도형에 *MVP 김재환*을 입력하고 글꼴 서식(HY 견고딕, 40포인트, 가운데 정렬)을 설정하시오.

❻ 도형에 도형 스타일 [강한 효과 – 파랑, 강조 6]을 적용하시오.

05 슬라이드 5

❶ 스마트아트 레이아웃을 [주기 행렬형]으로 변경하시오.

❷ 스마트아트의 색을 [색상형 범위 - 강조색 5 또는 6]으로 변경하시오.

❸ 스마트아트에 애니메이션 효과(닦아내기, 수준(개별적으로))를 설정하시오.

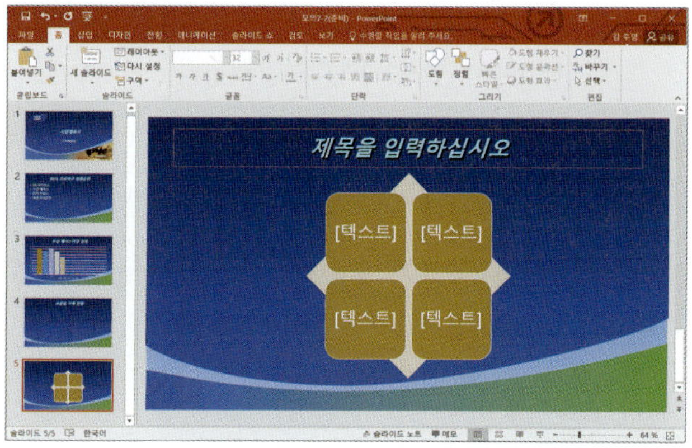

06 슬라이드 전체

❶ 제목 슬라이드를 제외하고 모든 슬라이드에 바닥글로 *IT Company*와 슬라이드 번호를 추가하시오.

❶ 슬라이드 시작 번호를 1부터 시작하도록 설정하시오.

❸ 모든 슬라이드에 [넘기기] 전환 효과를 적용하고 자동 화면 전환 시간을 2초로 설정하시오.

5.2.2 문제 풀이

01 슬라이드 1

❶ 제목을 블록 설정한 후 [홈] 탭–[글꼴] 그룹에서 글꼴 서식을 변경한다.

❷ [삽입] 탭–[일러스트레이션] 그룹–[도형]–[타원]을 선택해 삽입하고, 'Company LOGO' 크기와 유사하게 만든 후 회전 핸들을 이용하여 회전시킨다.

❸ 도형을 선택한 후 도형 서식에서 투명도와 윤곽선 색을 설정한다.

02 슬라이드 2

❶ 해당 텍스트를 블록 설정한 후 [홈] 탭–[단락] 그룹–[번호 매기기] 목록에서 선택해 변경한다.

❷ 내용 중 '두산 베어스'를 블록 설정한 후 [삽입] 탭–[링크] 그룹–[하이퍼링크]를 클릭해 주소를 입력한다.

03 슬라이드 3

❶ 차트를 선택하고 [차트 도구]–[디자인] 탭–[데이터 선택]을 선택하고 [데이터 원본 선택] 대화 상자에서 [행/열 전환]을 클릭한다.

❷ '승' 계열을 선택하고 마우스 오른쪽 단추를 클릭해 [데이터 계열 서식]을 선택한 후 [데이터 계열 지정] 항목에서 [보조 축]을 클릭한다.

❸ '승' 계열을 선택하고 마우스 오른쪽 단추를 클릭한 후 [계열 차트 종류 변경]을 클릭하고 [표식이 있는 꺾은선형]을 선택한다.

04 슬라이드 4

❶ [표 삽입] 단추를 클릭하고 [열 개수]에 [6], [행 개수]에 [7]를 입력해 삽입한다.

❷ [표 도구]–[디자인] 탭–[표 스타일] 그룹에서 스타일을 설정한다.

❸ 제목 개체 틀을 선택하고 [그리기 도구]–[서식] 탭–[WordArt 스타일] 그룹–[WordArt 빠른 스타일]을 선택하고 스타일을 설정한다.

❹ [삽입] 탭–[일러스트레이션] 그룹–[도형] 목록에서 [사각형]을 선택하고 드래그해 그린다. [그리기 도구]–[서식] 탭–[크기] 그룹에서 높이와 너비를 설정한다.

❺ 도형을 선택하고 텍스트를 입력한 후 [홈] 탭의 [글꼴], [단락] 그룹에서 서식을 설정한다.

❻ 도형을 선택하고 [그리기 도구]–[서식] 탭–[도형 스타일] 그룹에서 도형 스타일을 설정한다.

05 슬라이드 5

❶ 스마트아트를 선택하고 [SmartArt 도구]–[디자인] 탭–[레이아웃] 그룹–[레이아웃 변경]에서 레이아웃을 변경한다.

❷ 스마트아트를 선택하고 [SmartArt 도구]–[디자인] 탭–[SmartArt 스타일] 그룹–[색 변경]에서 색을 변경한다.

❸ 스마트아트를 선택하고 [애니메이션] 탭–[애니메이션] 그룹에서 애니메이션 효과를 선택한 후 [효과 옵션]에서 [수준(개별적으로)]를 선택한다.

06 슬라이드 전체

❶ [삽입] 탭–[텍스트] 그룹–[머리글/바닥글]을 클릭해 [머리글/바닥글] 대화상자에서 [제목 슬라이드에는 표시 안 함]에 체크하고 바닥글과 슬라이드 번호를 삽입한다.

❷ [디자인] 탭–[사용자 지정] 그룹–[슬라이드 크기]–[사용자 지정 슬라이드 크기]에서 시작번호를 조정한다.

❸ [전환] 탭의 [슬라이드 화면 전환]과 [타이밍] 그룹에서 설정하고 [모두 적용]을 클릭한다.

5.3 MOS 모의 문제 3

5.3.1 문제

'모의7–3(준비).pptx' 파일을 열고 다음 지시 사항에 따라 완성하시오.

01 슬라이드 1

❶ 레이아웃을 [제목 및 내용]으로 변경하시오.

❷ 내용 틀에 '스마트폰' 관련 온라인 그림을 삽입하시오.

❸ 그림에 [부메랑] 애니메이션 효과를 적용하시오.

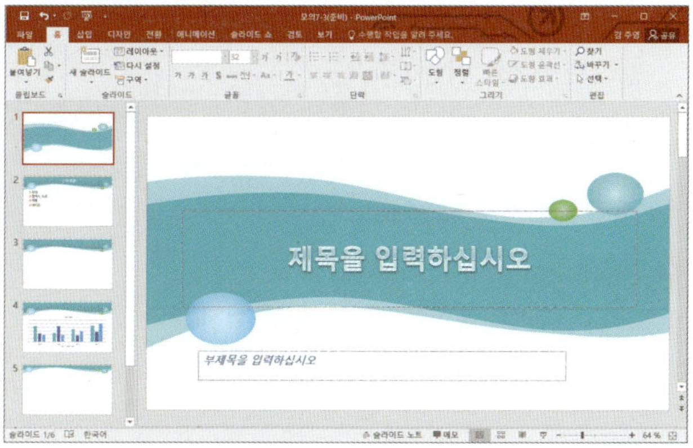

02 슬라이드 2

❶ 두 번째, 네 번째 글머리 기호의 텍스트를 두 번째 수준으로 내리시오.

❷ 첫 번째 수준 글머리 기호를 별표 글머리 기호(❖)로 모두 변경하시오.

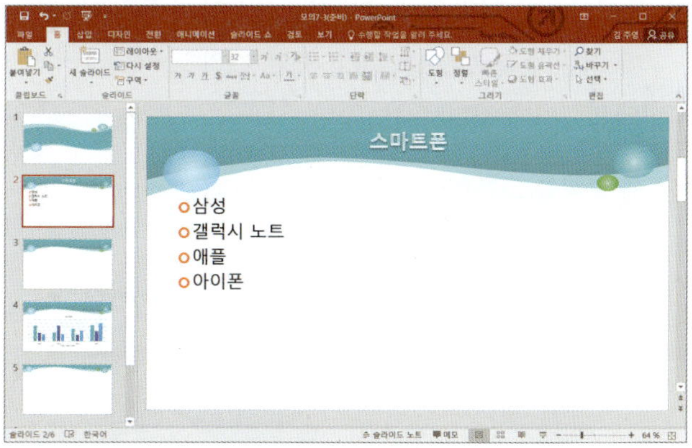

03 슬라이드 3

❶ 조직도형 스마트아트를 추가하시오.

❷ 조직도를 '회장'과 한 수준 밑의 '부장1', '부장2'로 구성하시오.

❸ 조직도에서 '회장' 아래에 보조자 도형을 추가하시오.

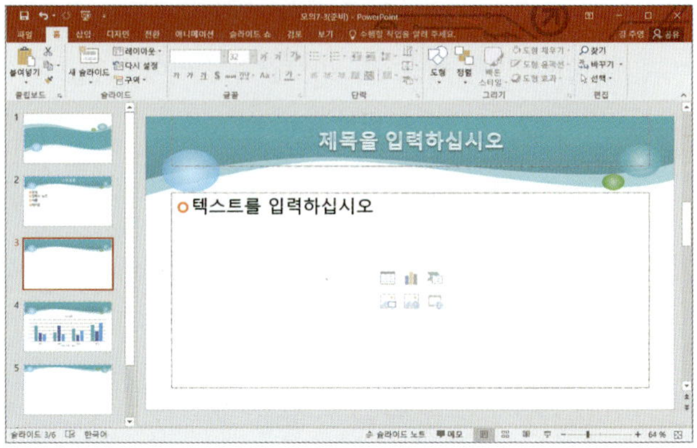

04 슬라이드 4

❶ 차트에 계열별로 [닦아내기] 애니메이션 효과를 적용하시오.

❷ 차트에서 차트 제목을 삭제하고 범례를 오른쪽으로 이동하시오.

❸ 제목에 *분기별 스마트폰 판매 실적*을 입력하시오.

❹ 제목을 [채우기 – 흰색, 윤곽선 – 강조 1, 그림자] 형식의 워드아트로 수정하시오.

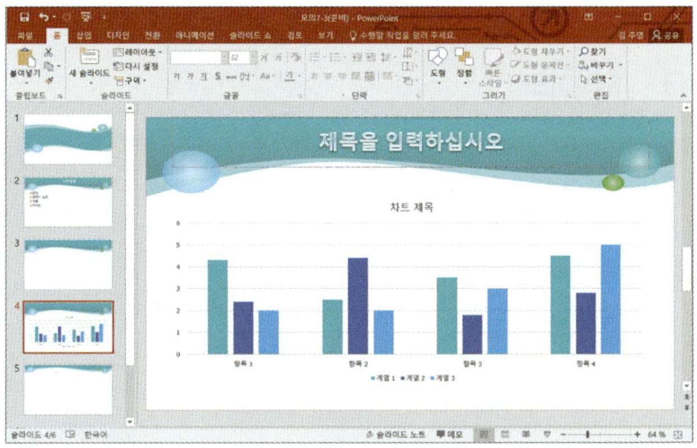

05 슬라이드 5

❶ 높이 2cm, 너비 8cm 크기의 사각형 세 개를 수직으로 삽입하고 세로 간격을 동일하게 설정하시오.

❷ 세 도형을 그룹화하시오.

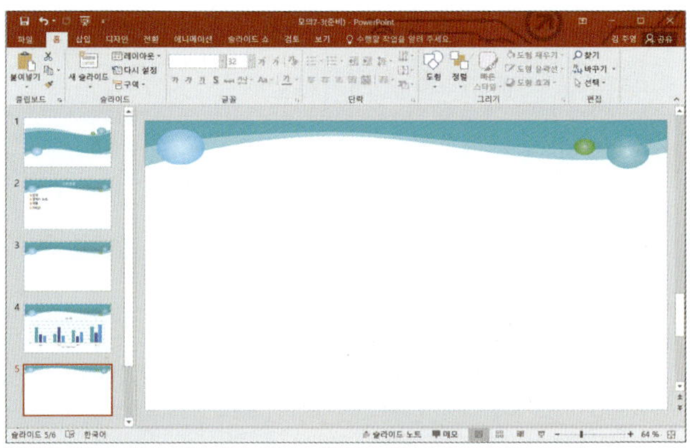

06 슬라이드 6

❶ 내용을 [기본 시간 표시 막대형] 스마트아트로 변환하시오.

❷ 스마트아트의 [글꼴 크기]를 [24pt], [SmartArt 스타일]을 [벽돌]로 설정하시오.

❸ 슬라이드 5 앞으로 이동하시오.

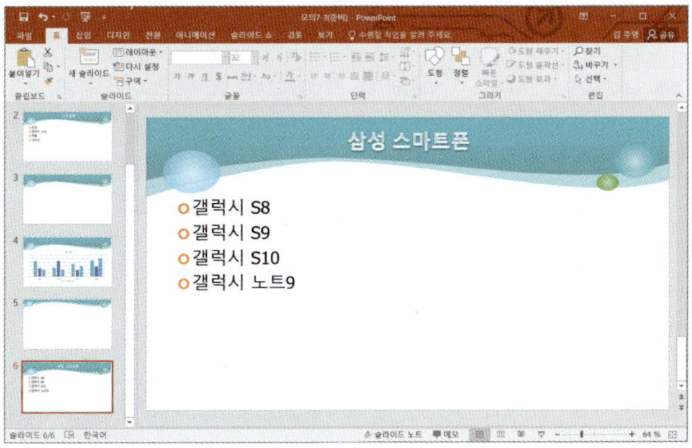

07 슬라이드 전체

❶ 슬라이드 마스터 보기에서 '날짜 및 시간' 영역을 삭제하고 '바닥글' 영역을 '날짜 및 시간'이 있던 자리로 이동하시오.

❷ 모든 슬라이드에 바닥글로 *스마트폰 현황*과 슬라이드 번호를 추가하시오.

❸ 슬라이드 1, 2, 4, 5만 표시되도록 '스마트폰 PT'란 이름의 사용자 지정 슬라이드 쇼를 작성하시오.

5.3.2 문제 풀이

01 슬라이드 1

❶ [홈] 탭-[슬라이드] 그룹-[레이아웃] 목록에서 선택해 변경한다.

❷ 콘텐츠 개체 틀 내의 [온라인 그림] 단추를 클릭하고 검색어로 *컴퓨터*를 입력해 온라인 그림을 찾아 삽입한다.

❸ 그림 개체를 선택한 후 [애니메이션] 탭-[애니메이션] 그룹에서 [부메랑] 효과를 선택해 적용한다.

02 슬라이드 2

❶ 해당 텍스트를 블록 설정하고 Tab을 눌러 수준을 변경한다.

❷ [홈] 탭-[단락] 그룹-[글머리 기호] 목록에서 선택해 변경한다.

03 슬라이드 3

❶ 개체 틀 안쪽 중앙의 [SmartArt 그래픽 삽입] 단추를 클릭하고 [조직도형]을 선택한다.

❷ 보조자 도형과 두 번째 수준의 도형 한 개를 삭제하고 내용을 입력한다.

❸ '회장' 도형을 선택한 후 [SmartArt 도구]–[디자인] 탭–[그래픽 만들기] 그룹–[도형 추가]–[보조자 추가]를 선택하여 추가한다.

04 슬라이드 4

❶ 차트를 선택한 후 [애니메이션] 탭–[애니메이션] 그룹에서 변경한다.

❷ [차트 도구]–[디자인] 탭–[차트 레이아웃] 그룹–[차트 요소 추가]에서 차트 제목과 범례를 설정한다.

❸ 제목 영역을 클릭하고 내용을 입력한다.

❹ 제목 개체 틀 선택 후 [그리기 도구]–[서식] 탭–[WordArt 스타일] 그룹에서 변경한다.

05 슬라이드 5

❶ [삽입] 탭–[일러스트레이션] 그룹–[도형]을 클릭한 후 [사각형]을 선택하고 드래그하여 삽입한다. [그리기 도구]–[서식] 탭에서 도형의 크기와 세로 간격을 설정한다.

❷ 도형을 모두 선택하고 [그리기 도구]–[서식] 탭–[정렬] 그룹–[개체 그룹화]–[그룹]을 클릭한다.

06 슬라이드 6

❶ 텍스트를 블록 설정하고 마우스 오른쪽 단추를 클릭하여 [SmartArt로 변환]을 선택하여 변환한다.

❷ SmartArt 개체를 선택하고 [홈] 탭–[글꼴] 그룹에서 글꼴 크기, [SmartArt 도구]–[디자인] 탭–[SmartArt 스타일] 그룹에서 스타일을 설정한다.

❸ 슬라이드 6을 클릭하고 드래그하여 슬라이드 5 앞으로 이동한다.

07 슬라이드 전체

❶ [보기] 탭–[마스터 보기] 그룹–[슬라이드 마스터]를 선택하고 슬라이드 마스터에서 변경한다.

❷ [삽입] 탭–[텍스트] 그룹–[머리글/바닥글]을 클릭하고 바닥글과 슬라이드 번호를 삽입한다.

❸ [슬라이드 쇼] 탭–[슬라이드 쇼 시작] 그룹–[슬라이드 쇼 재구성]을 선택하여 해당 슬라이드를 재구성한다.

종합예제

'제목 및 내용' 슬라이드에 디자인 테마를 적용하고 텍스트와 함께 그림, 표, 차트 등도 포함시켜 다음과 같은 프레젠테이션을 작성해 보자.

1 레이아웃 변경하기 새 프레젠테이션을 만들고 [홈] 탭–[슬라이드] 그룹–[레이아웃] 목록에서 [제목 및 내용]을 선택해 레이아웃을 변경한다.

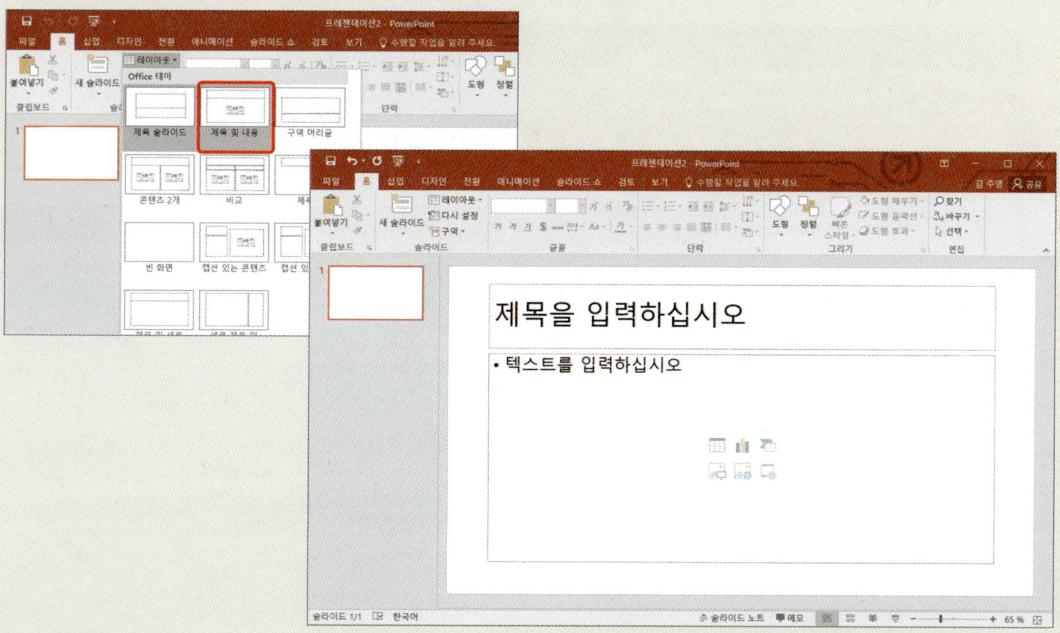

2 스마트아트 종류 선택하기 콘텐츠 개체 틀 내의 [SmartArt 그래픽 삽입] 단추를 클릭하고 [SmartArt 그래픽 선택] 대화상자에서 [프로세스형]의 [기본 시간 표시 막대형]을 선택하고 [확인]을 클릭한다.

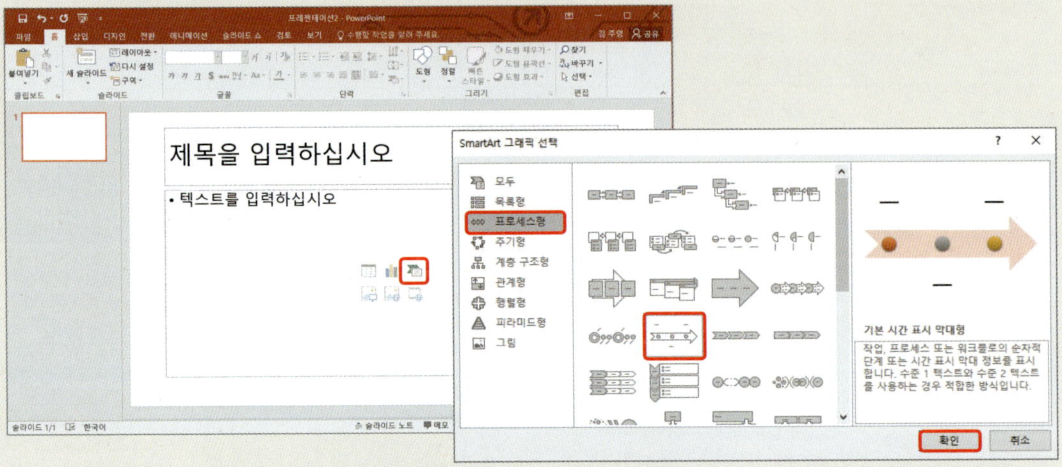

3 스마트아트 내용 입력하기 스마트아트에 *2G CDMA, 3G WCDMA, 4G LTE*를 각각 입력한다. 그리고 [SmartArt 도구]–[디자인] 탭–[그래픽 만들기] 그룹–[도형 추가]–[뒤에 도형 추가]를 선택한 후 추가된 도형에 *5G*를 입력한다.

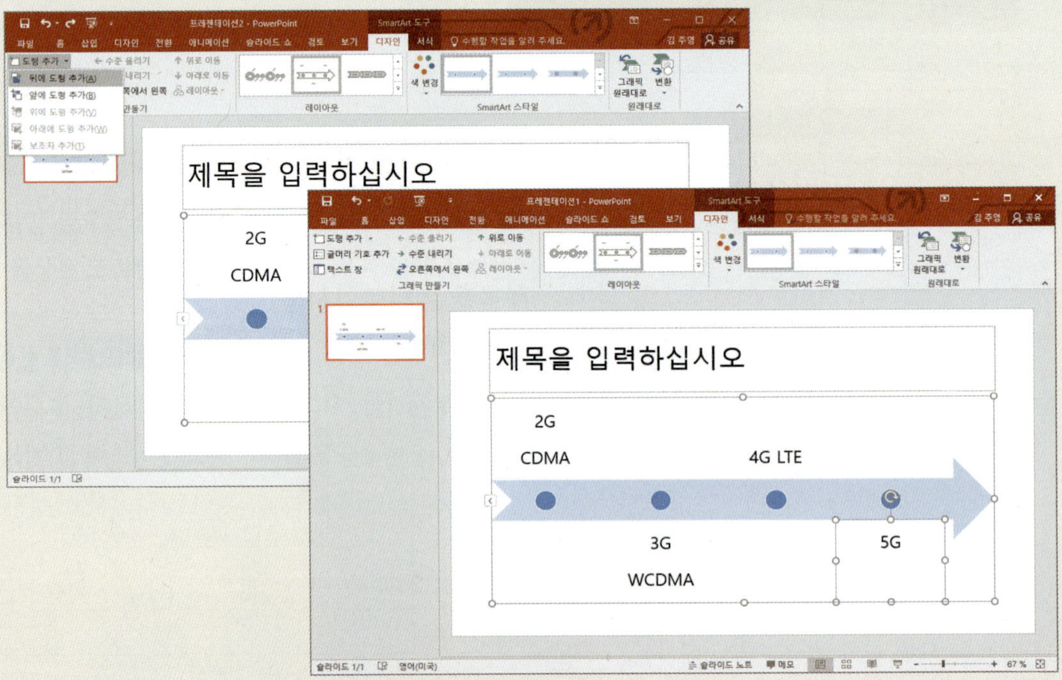

4 SmartArt 스타일 설정하기 [SmartArt 도구]-[디자인] 탭-[SmartArt 스타일] 그룹에서 [3차원]의 [조감도]를 선택한다.

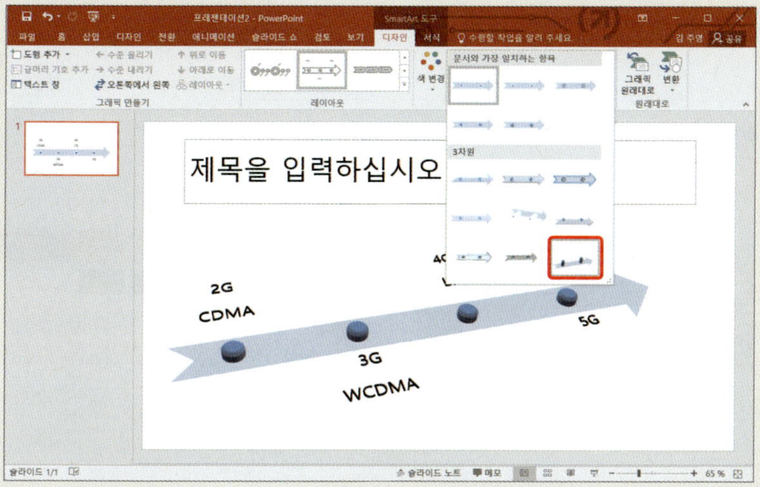

5 WordArt 만들기 슬라이드 제목으로 *이동통신의 발전*을 입력한다. 제목 개체 틀을 선택하고 [그리기 도구]-[서식] 탭-[WordArt 스타일] 그룹에서 [채우기 - 황금색, 강조 4, 부드러운 입체]를 선택해 적용한다.

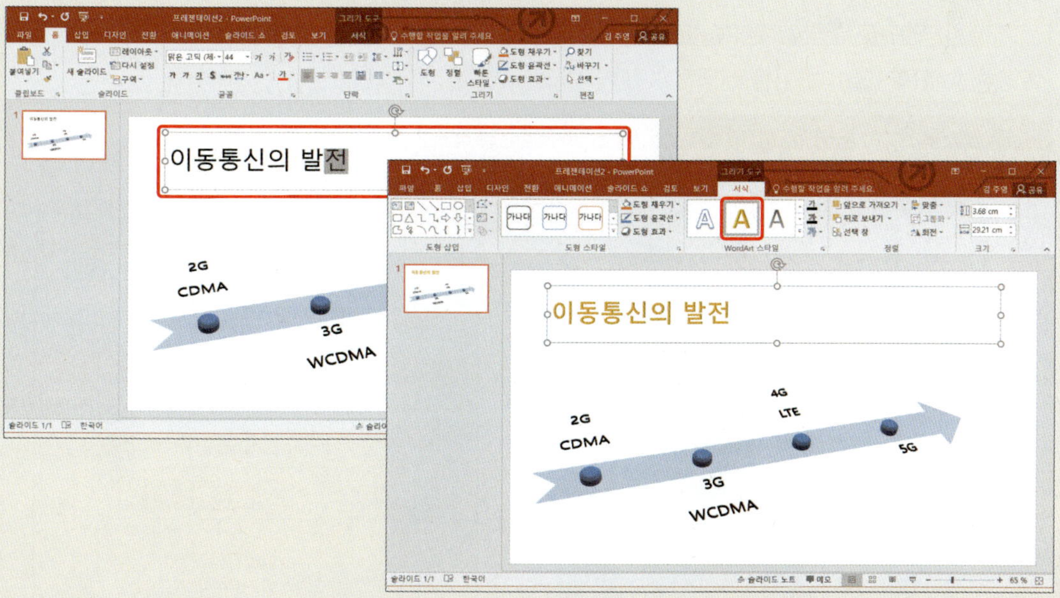

6 배경 그림 삽입하기 [디자인] 탭–[사용자 지정] 그룹–[배경 서식]을 클릭해 [배경 서식] 작업 창을 열고 [채우기 및 선] 탭–[채우기] 항목에서 [그림 또는 질감 채우기]을 선택한 후 [온라인]을 클릭한다. 검색어로 *5G*를 입력해 찾은 그림 중에서 원하는 이미지를 선택해 삽입한다. 배경으로 사용할 그림이므로 [투명도]를 [70%]로 설정한다.

7 워드아트 애니메이션 효과 적용하기 제목 개체 틀을 선택하고 [애니메이션] 탭–[애니메이션] 그룹에서 [▽ 자세히] 단추를 클릭한 후 [추가 나타내기 효과]를 클릭한다. [나타내기 효과 변경] 대화상자에서 [화려한 효과]의 [떨어지기]를 선택하고 [확인]을 클릭한다.

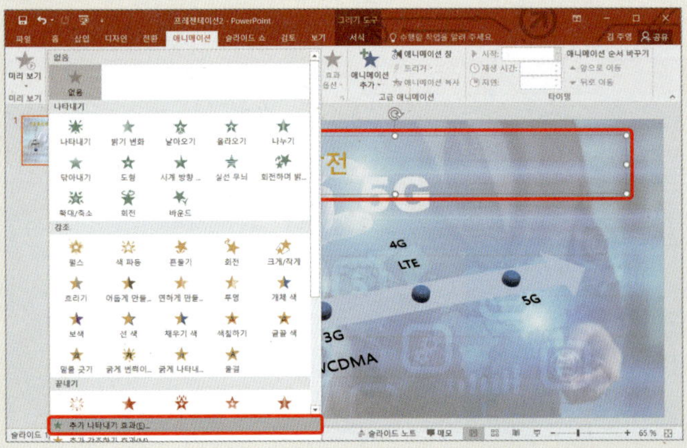

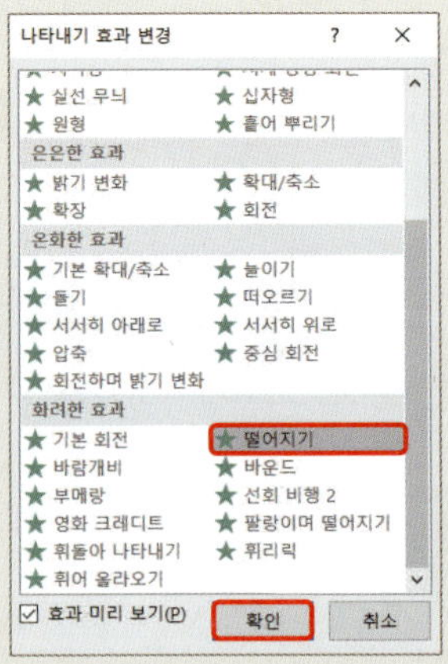

8 SmartArt 애니메이션 효과 적용하기 스마트아트를 선택하고 [애니메이션] 탭–[애니메이션] 그룹에서 [나타내기]의 [바운드]를 선택한 후 [애니메이션] 탭–[애니메이션] 그룹–[효과 옵션]–[개별적으로]를 선택한다.

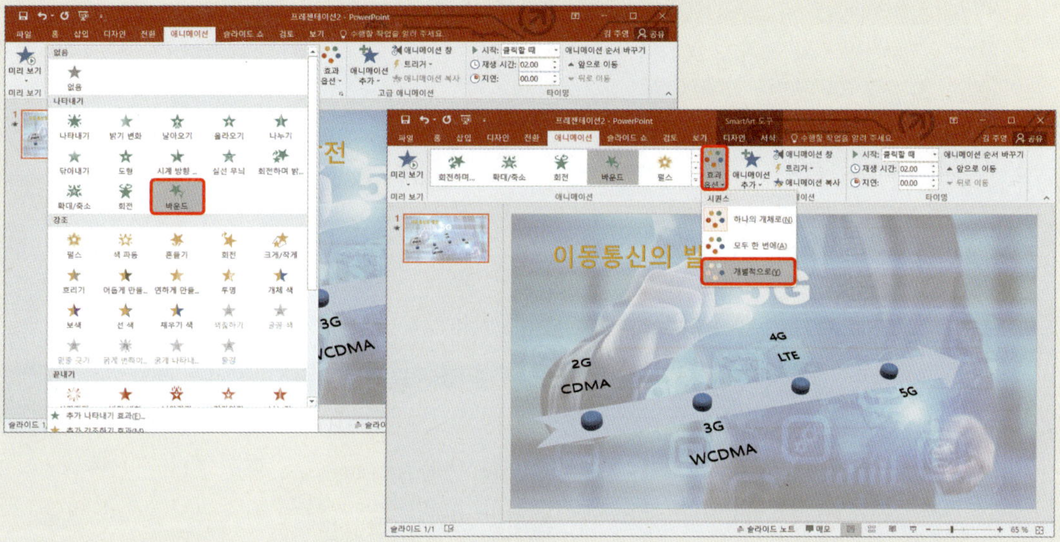

9 슬라이드 쇼 실행하기 [슬라이드 쇼] 탭–[슬라이드 쇼 시작] 그룹–[처음부터]를 선택해 슬라이드 쇼를 실행한다.

10 저장하기 [파일]–[다른 이름으로 저장]을 선택하고 '종합7(완성).pptx'로 저장한다.

연습 문제

1 프레젠테이션에서 수치 정보를 요약할 때 표가 아닌 도형을 이용하면 좀 더 화려한 슬라이드를 만들 수 있다. 다음은 도형을 이용해 표 형태를 만든 것으로, '연습7-1(준비).pptx' 파일을 열고 조건에 맞게 적용해 슬라이드를 편집해 보자.

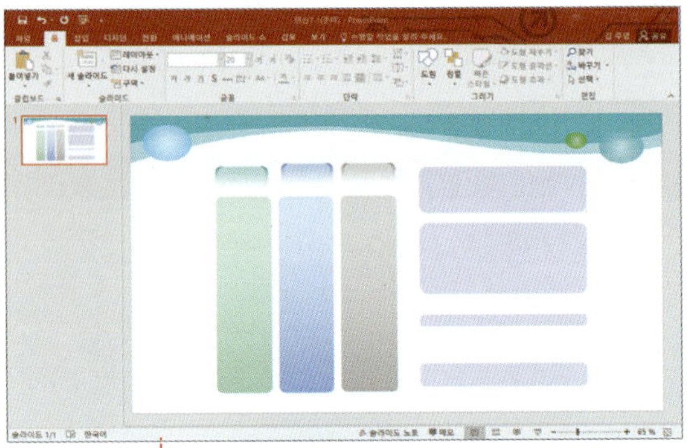

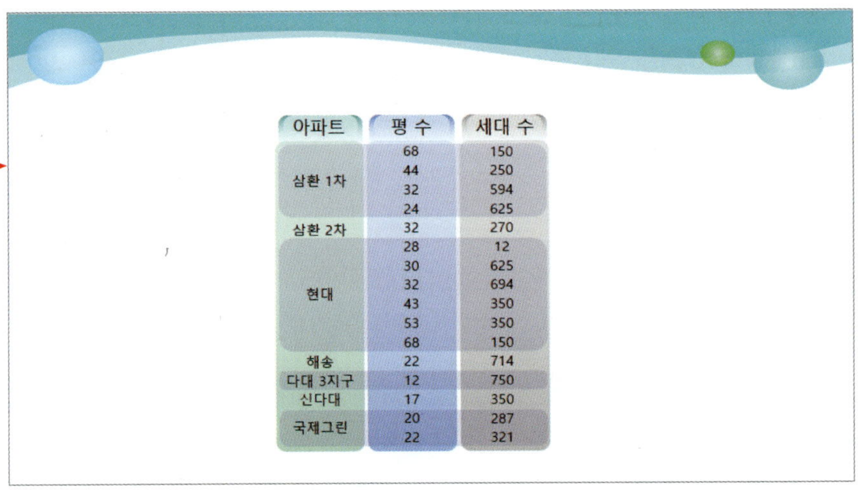

조건

❶ 준비 파일에 있는 도형을 이용해 표 만들기(도형의 색상은 변경 가능함)

❷ 텍스트 글꼴, 크기, 글자색 등은 완성 파일과 유사하게 설정

❸ 텍스트 상자를 이용해 텍스트를 입력하고 [글꼴]은 [HY견고딕], [글꼴 크기]는 [14pt]로 설정

2 [빈 화면] 레이아웃에 워드아트와 온라인 그림을 삽입하고, 세 개체에 다음 조건과 같은 애니메이션 효과를 적용해 연속으로 실행되도록 해 보자.

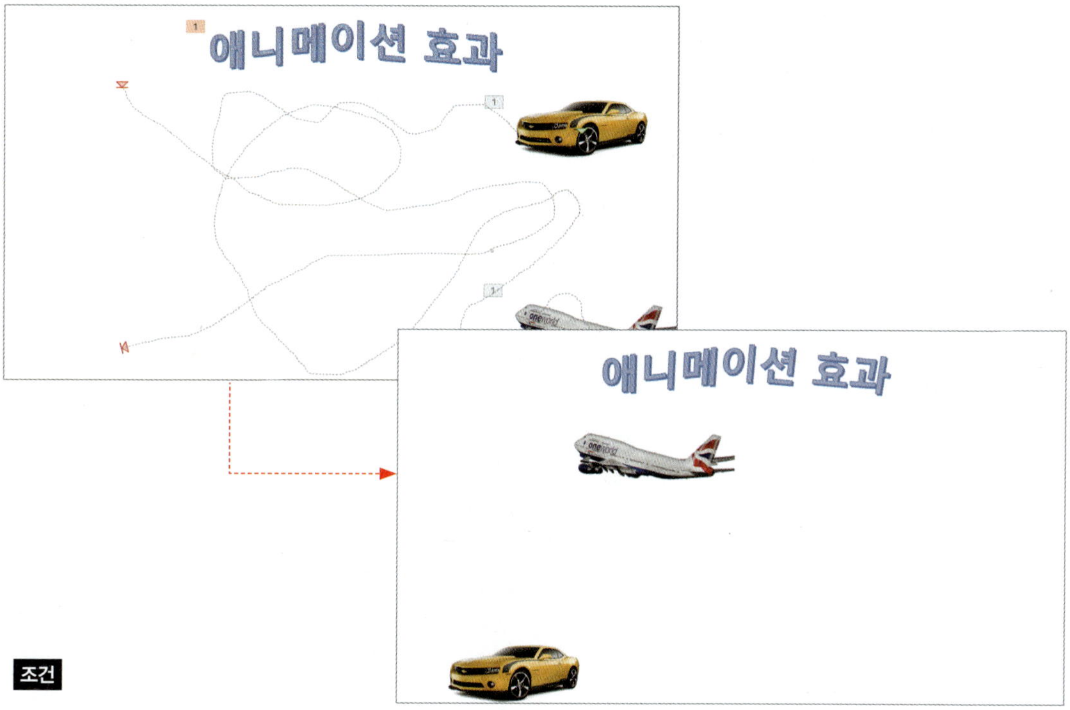

조건

❶ 개체1(워드아트)

- 유형: 무늬 채우기 – 파랑, 강조 1, 50%, 진한 그림자 - 강조1
- 내용: 애니메이션 효과
- 변환: 갈매기형 수장
- 위치: 슬라이드 상단 중앙
- 애니메이션 효과: 팔랑이며 떨어지기

❷ 개체2(온라인 그림)

- 검색어: 자동차
- 애니메이션 효과: 이동 경로 – 사용자 지정 경로

❸ 개체3(온라인 그림)

- 검색어: 비행기
- 애니메이션 효과: 이동 경로 – 사용자 지정 경로

3 조건에 따라 학과, 자기소개, 희망 직업 등을 주제로 한 프레젠테이션 문서를 제목 슬라이드 포함 10개 이상의 슬라이드로 구성해 보자.

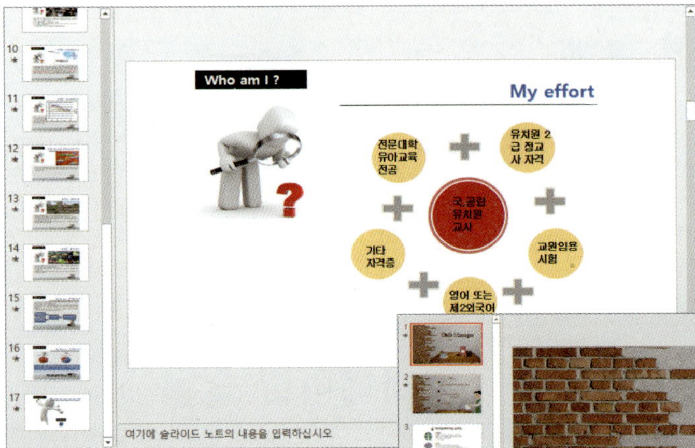

▲ 예시 1

▲ 예시 2

조건

❶ 테마 또는 슬라이드 배경 및 서식 등은 임의로 결정

❷ 표, 차트, 도형, 그림, 온라인 그림, 워드아트, 스마트아트, 비디오, 오디오 등 다양한 형태의 개체 삽입

❸ 화면 전환 효과와 애니메이션 효과 지정

❹ 제목 슬라이드를 제외한 모든 슬라이드에 바닥글 및 슬라이드 번호 삽입

❺ 제출할 경우 유인물 형태로 한 페이지에 슬라이드 두 개씩 인쇄

[윈도우] 찾아보기

[한글] 찾아보기

[엑셀] 찾아보기

[파워포인트] 찾아보기

ㅍ

ㅎ